A SANTA ALIANÇA

Foto de Jeff J. Mitchell (Cordon Press) que ilustra a capa da edição original publicada em 2004, pela Espalsa Calpe, em Madri.

Eric Frattini
A SANTA ALIANÇA
CINCO SÉCULOS DE ESPIONAGEM NO VATICANO

Tradução
Ricardo Liberal

Copyright © Boitempo Editorial, 2009
Copyright © Eric Frattini Alonso, 2004

Direção-geral editorial Ivana Jinkings
Edição Jorge Pereira Filho
Coordenação de produção Juliana Brandt
Assistência editorial Elisa Andrade Buzzo e Frederico Ventura
Assistência de produção Livia Viganó
Revisão Ricardo Miyake e Thaisa Burani
Capa David Amiel
Diagramação Silvana Panzoldo

Imagens: National Gallery of London, Public Record Office, Institute of Documentation in Israel for the Investigation of Nazi War Crimes, American Catholic Historical Association, Archivio del Istituto per la Storia del Risorgimento Italiano, Arnold Daghani Collection, National Archives and Record Administration, Public Record Office, Kingdom of Scotland, The National Archives of Ireland, National Library of Ireland, National Archives and Record Administration, Central Intelligence Agency (CIA), EFE, Arquivo pessoal do autor e Arquivo Espasa

CIP-BRASIL. CATALOGAÇÃO-NA-FONTE
SINDICATO NACIONAL DOS EDITORES DE LIVROS, RJ.

F924s
Frattini, Eric, 1963-
A Santa Aliança : cinco séculos de espionagem no Vaticano / Eric Frattini ; tradução Ricardo Liberal. - São Paulo : Boitempo, 2009.
il.
Tradução de: La Santa Alianza
Inclui bibliografia e Índice
ISBN 978-85-7559-129-1

1. Espionagem - Cidade do Vaticano - História. 2. Serviço de inteligência - Cidade do Vaticano - História. I. Título.

09-0990
CDD: 327.1245634
CDU: 355.40(456.31)
06.03.09   11.03.09
011408

É vedada, nos termos da lei, a reprodução de qualquer parte deste livro sem a expressa autorização da editora.

1ª edição: junho de 2009; 1ª reimpressão: agosto de 2025

BOITEMPO
Jinkings Editores Associados Ltda.
Rua Pereira Leite, 373
05442-000 São Paulo SP
Tel.: (11) 3875-7250 / 3875-7285
editor@boitempoeditorial.com.br | boitempoeditorial.com.br
blogdaboitempo.com.br | youtube.com/tvboitempo

Sumário

Agradecimentos.................................... 11

Introdução....................................... 13

CAPÍTULO UM
Entre a Reforma e uma nova aliança (1566–1570) 17

CAPÍTULO DOIS
Os anos sombrios (1570–1587) 39

CAPÍTULO TRÊS
Tempos de aventura (1587–1605)................... 61

CAPÍTULO QUATRO
Novos horizontes (1605–1644).................... 77

CAPÍTULO CINCO
A era da expansão (1644–1691).................... 95

CAPÍTULO SEIS
Época de intrigas (1691–1721)..................... 111

CAPÍTULO SETE
O governo dos breves (1721–1775) 127

CAPÍTULO OITO
Ascensão e queda das águias (1775–1823) 143

CAPÍTULO NOVE
A ERA DOS ESPIÕES (1823–1878).................. 161

CAPÍTULO DEZ
A ASSOCIAÇÃO DOS ÍMPIOS (1878–1914)................ 181

CAPÍTULO ONZE
O CAVALEIRO DO APOCALIPSE (1914–1917).............. 201

CAPÍTULO DOZE
INTRIGAS PELA PAZ (1917–1922)..................... 221

CAPÍTULO TREZE
A ERA DOS DITADORES (1922–1934).................. 237

CAPÍTULO QUATORZE
A ASCENSÃO DO TERROR (1934–1940)................ 273

CAPÍTULO QUINZE
O FIM DOS MIL ANOS (1940–1945)................... 293

CAPÍTULO DEZESSEIS
ODESSA E O CORREDOR VATICANO (1946–1958)......... 315

CAPÍTULO DEZESSETE
AS NOVAS ALIANÇAS (1958–1976).................... 333

CAPÍTULO DEZOITO
O VATICANO S. A. E OS NEGÓCIOS DE DEUS (1976–1978).... 351

CAPÍTULO DEZENOVE
A HORA DOS ASSASSINOS (1979–1982)................ 367

CAPÍTULO VINTE
OS ANOS POLACOS (1982–2005)..................... 385

EPÍLOGO
OS ANOS VINDOUROS: BENTO XVI..................... 403

ANEXO
RELAÇÃO DOS PAPAS DESDE A CRIAÇÃO DA SANTA ALIANÇA.... 415

BIBLIOGRAFIA.. 417

ARQUIVOS CONSULTADOS.............................. 431

ÍNDICE ONOMÁSTICO................................. 433

*A Hugo, o mais valioso para mim,
por estar sempre presente
e me dar o seu amor
todos os dias da sua vida...*

*A Silvia, por seu amor e
pelo apoio incondicional
em tudo o que faço...*

*A minha mãe, por estar sempre
me apoiando e me incentivando...*

Em cada operação de espionagem existe o que está por cima e o que está por baixo da escrita. Por cima está o que alguém faz segundo as normas. Por baixo está a forma como alguém deve fazer o trabalho.

John le Carré, *Um espião perfeito*

Agradecimentos

Às fontes que me prestaram uma ajuda incalculável e cuja identidade preferi não mencionar neste livro.

Às fontes que me prestaram uma ajuda incalculável e me pediram para não ser citadas neste livro.

Aos arquivistas e aos bibliotecários que trabalham nas mais de 39 instituições de catorze países que eu consultei. Sem a sua boa vontade, não poderia ter escrito este livro.

A Tuviah Friedman, diretor do Institute of Documentation for the Investigation of Nazi War Crimes, em Haifa (Israel), por ter disponibilizado os documentos referentes às conexões entre a Santa Sé e a Alemanha nazista, as informações sobre as relações de membros da hierarquia vaticana na fuga de criminosos de guerra nazistas e os papéis originais de altos responsáveis nazistas que mantiveram contato com Pio XII durante a ocupação italiana.

A Alison Weir, por sua incomparável documentação sobre o reinado de Maria Stuart e sua época.

A Dorothee Lottmann-Kaeseler, diretora do Active Museum of German Jewish History, em Wiesbaden, Alemanha.

A Debbie Weierman, do quartel-general do FBI em Washington D.C., por me permitir o livre acesso aos documentos sobre o governo de Ronald Reagan.

A Lee Strickland, coordenador do Departamento de Informação da Agência Central de Inteligência (CIA), em Washington D.C., por me permitir o livre acesso aos documentos sobre a intervenção dos Estados Unidos na Polônia.

A William B. Black Junior, subdiretor do Serviço Central de Segurança da Agência de Segurança Nacional (NSA), em Fort Meade (Maryland).

A David M. Cheney, por me permitir consultar os seus excelentes e bem documentados arquivos históricos sobre a hierarquia católica e a cúria romana. Sem eles, teria sido difícil escrever este livro.

A Javier Soriano Abellán, pela sua imprescindível ajuda para classificar o material fotográfico deste livro.

A Marisol Blanco-Soler, José Miguel Carrillo de Albornoz, Marisa González Serna, Soledad Abellán e Javier Soriano, por terem me emprestado manuscritos raros e difíceis de encontrar.

A José Manuel Vidal, por seus magníficos conselhos de especialista e por ter realizado a penosa tarefa de ler o manuscrito.

A Juan Torres, por me ajudar a proteger este texto dos ataques de vírus eletrônicos, e a SET127, por não tê-lo conseguido.

A Manuel Fernández Alvarez, um verdadeiro mestre, pelo que aprendi ao ler o seu livro *Felipe II y su tiempo*.

Em relação a Luis Arbaiza Blanco-Soler, não sei se devo ou não lhe agradecer o estímulo dado no verão de 2003 para escrever este livro. De qualquer modo, também lhe agradeço.

A Olga Adeva, pelo carinho com que sempre trata os meus textos.

A Pilar Cortés, a minha editora, por acreditar nesta história e em mim.

E, por último, e muito em especial, um agradecimento a todas as pessoas e órgãos que me colocaram entraves, barreiras e dificuldades para evitar a publicação deste livro. Foi isso que me aguçou a curiosidade e, portanto, a minha pesquisa.

A todos, o meu mais humilde e sincero agradecimento. Uma parte deste livro pertence a todos eles.

Introdução

Suprema autoridade da Igreja católica, o papado é a mais antiga organização do planeta e a única instituição que floresceu na Idade Média. Além da grande influência que exerceu no Renascimento, foi um dos protagonistas em passagens como a Reforma e a Contra-Reforma, a Revolução Francesa e a era industrial, e a ascensão e queda do comunismo. Durante séculos, os papas, respaldados por sua famosa "infalibilidade", centralizaram o impacto social que os fatos históricos causavam em todo o mundo. No seu estudo sobre a trajetória do protestantismo, o historiador Thomas Babington afirmou que os papas souberam fortalecer a Igreja e ao mesmo tempo amortecer o seu impacto nos eventos históricos, com extrema habilidade para se apropriar dos novos movimentos sociais que se formaram ao longo dos séculos – ou mesmo se adaptar a eles.

O imperador Napoleão Bonaparte considerava o papado "um dos melhores ofícios do mundo", e Adolf Hitler dizia ser "um dos mais perigosos e frágeis da política mundial". Napoleão comparava o poder de um único papa à força de um exército de 200 mil homens. Na verdade, o papado sempre exerceu dois papéis na História: ser o quartel-general da Igreja católica e uma das maiores organizações políticas do planeta. Se por um lado os papas abençoavam os seus fiéis, por outro recebiam embaixadores e chefes de Estado de vários países e enviavam núncios e mensageiros em missões especiais.

Essa soberania levou diversas pessoas a encarar os papas muito mais como "pais dos príncipes" do que como "vigários de Cristo". Desde o século VIII, os pontífices clamavam para os seus atos a primazia e a jurisdição universal, até que, em 1931, com a criação da Rádio Vaticano e o conseqüente contato ininterrupto com o mundo, isso se tornou possível. Na Reforma, Lutero acusou o papado de ser um mal humano desnecessário. O historiador católico lord Acton criticava a excessiva centralização do papas e, após uma viagem a Roma, afirmou que "o poder corrompe e o poder absoluto corrompem absolutamente".

Assim como a história da Santa Aliança – o serviço de espionagem do Vaticano – está intrinsecamente ligada à história dos papas, esta também o está à história da Igreja católica, e nenhuma delas pode ser contada separadamente. É óbvio que sem o catolicismo o papa não existiria e, como disse Paulo VI na sua encíclica *Ecclesiam suam*, "sem o papa a Igreja católica talvez não fosse católica". O fato é que sem o poder real que os papas tiveram não haveria nem a Santa Aliança, nem o Sodalitium Pianum (SP) – a contra-espionagem. Desde suas respectivas fundações – 1566, por ordem do papa Pio V, e 1913, pelo papa Pio X –, as duas organizações fizeram parte da engrenagem que ajudaram a construir.

Outro historiador, Carlo Castiglioni, autor de uma das melhores enciclopédias sobre os papas, escreveu: "A tripla tiara que os pontífices usam simboliza, sem dúvida, o poder destes no céu, na Terra e no mundo terreno (*underworld*)". É fácil explicar essa afirmação: no céu, o papa tem Deus, na Terra, tem a si mesmo e, na clandestinidade (*underworld*[1]), a Santa Aliança.

Embora a modernização mundial e as renovações políticas e econômicas tenham diminuído a autoridade papal, os interesses da Igreja sempre foram a razão de existir dos espiões do Vaticano. Os vaticanistas garantem que a Igreja e as estruturas papais nunca abriram mão da sua imagem de império e que o culto pela figura de um imperador foi simplesmente transferido para a figura do pontífice.

De Pio V a João Paulo II, os quarenta papas que governaram, ou melhor, "reinaram" desde a criação da Santa Aliança foram obrigados a lidar com descristianizações e cismas, revoluções e ditaduras, colonizações e expulsões, perseguições e atentados, guerras civis e guerras mundiais, assassinatos e seqüestros. A política dos papas era um objetivo, e a Santa Aliança, apenas uma poderosa ferramenta para concretizá-la.

Do século XVI ao XVIII, os inimigos que o papado e a Santa Aliança realmente precisaram enfrentar foram o liberalismo, o constitucionalismo, a democracia, o republicanismo e o socialismo. Nos séculos XIX e XX esses oponentes se converteram em darwinismo, imperialismo americano, modernismo, racismo, fascismo, comunismo, totalitarismo e revolução sexual. E no século XXI serão a intromissão dos cientistas nas questões religiosas, a globalização política, a superpopulação, o feminismo e o agnosticismo.

---

[1] Além de mundo terreno ou clandestino, o termo inglês *underworld* significa também inferno, gente de má vida, mundo do vício ou de baixa moral.

INTRODUÇÃO

Isso demonstra que freqüentemente a política vaticana e o seu serviço secreto andaram de mãos dadas, utilizando métodos distintos com o propósito único de alcançar um mesmo fim. Se por um lado o papa negociava a paralisação de medidas contrárias a Roma, por outro a Santa Aliança e a Ordem Negra intervinham na destruição de seus inimigos.

David Rizzio, Lamberto Macchi, Roberto Ridolfi, James Fitzmaurice, William Parry, Marco Antonio Massia, Giulio Alberoni, Alexandre de Médicis, Giulio Guarnieri, Tebaldo Fieschi, Charles Tournon, John Bell e Giovanni DaNicola foram alguns dos agentes da Santa Aliança que, por meio de suas manobras, mudaram o curso da História desde meados do século XVI até o século XXI.

Ludovico Ludovisi, Lorenzo Magalotti, Olimpia Maidalchini, Sforza Pallavicino, Paluzzo Paluzzi, Bartolomeo Pacca, Giovanni Battista Caprara, Annibale Albani, Pietro Fumasoni Biondi e Luigi Poggi foram alguns dos poderosos chefes da espionagem pontifícia que, sempre em defesa da fé, decidiram e realizaram diversas missões clandestinas, vários crimes políticos e de Estado ou simples "queimas de arquivos" de figuras secundárias que interferiam na política do papa vigente e na de Deus no mundo.

Houve reis assassinados, diplomatas envenenados, grupos em luta foram apoiados como norma da diplomacia papal, fecharam-se os olhos a catástrofes e holocaustos, organizações terroristas e ditadores sul-americanos foram financiados, protegeram-se criminosos de guerra, lavou-se dinheiro da máfia, manipularam-se mercados financeiros e falências bancárias, condenaram-se os conflitos enquanto armas eram vendidas aos combatentes, e tudo isso em nome de Deus, tendo como instrumentos a Santa Aliança e o Sodalitium Pianum.

Desde o século XVI, quando o inquisidor Pio V, santificado anos depois, fundou essa espionagem apenas para acabar com a vida da herege Elizabeth I, rainha da Inglaterra, e apoiar a católica Maria Stuart, o Estado Vaticano nunca reconheceu a existência da Santa Aliança ou do Sodalitium Pianum, embora se possa dizer que as suas atividades fossem um "segredo de polichinelo". Simon Wiesenthal, o famoso caçador de nazistas, afirmou numa entrevista: "O melhor e mais eficaz serviço de espionagem que eu conheço no mundo é o do Vaticano". Em decorrência dos estreitos contatos com a Mossad*, o cardeal Luigi Poggi, conhecido como "o espião do papa" (João Paulo II), foi quem concretizou uma das maiores modernizações da Santa Aliança. Graças à sua influência, o serviço secreto israelita pôde desarticular um atentado contra a primeira-ministra Golda Meir na sua visita à Itália. Em uma operação conjunta entre a CIA de William Casey e a Santa Aliança, Poggi seria também o responsável por utilizar

---

* Serviço secreto israelita. (N. T.)

os fundos necessários do Vaticano, por meio do IOR* de Paul Marcinkus, para financiar o sindicato Solidariedade, de Lech Walesa.

Nos seus quase quinhentos anos de existência, a Santa Aliança deixou uma extensa sombra que se tornou visível nas lutas contra a rainha Elizabeth I da Inglaterra ou na carnificina na noite de São Bartolomeu; na aventura da Armada Invencível, no assassinato de Guilherme de Orange e de Henrique IV, rei da França; na Guerra da Sucessão Espanhola ou na crise com a França dos cardeais Richelieu e Mazarino; no atentado contra o rei de Portugal dom José I; na Revolução Francesa e em Austerlitz; na ascensão e queda de Napoleão, na Guerra Civil Americana e na de Cuba; nas relações secretas com o *kaiser* Guilherme II durante a Primeira Guerra Mundial ou com Adolf Hitler na Segunda Guerra Mundial; com o "Ouro da Croácia" e a Organização Odessa; na luta contra o grupo terrorista Setembro Negro, Carlos o Chacal ou o comunismo; nas obscuras finanças do IOR e nas muito mais obscuras relações com a maçonaria, a máfia e o tráfico de armas; na criação de empresas financeiras em paraísos fiscais ou no financiamento de ditadores de direita, como Anastasio Somoza ou Jorge Videla.

Durante os últimos cinco séculos, as sociedades secretas subordinadas à Santa Aliança, como o Círculo Octogonus ou a Ordem Negra, realizaram diversas operações clandestinas para serviços de espionagem de outros países, como a Mossad e a CIA. Enquanto estas lutavam contra inimigos claros, o terrorismo árabe e o "maléfico" comunismo, a espionagem vaticana adaptou-se aos tempos e às situações que marcaram os sumos pontífices, porque, como disse um dia o todo-poderoso cardeal Paluzzo Paluzzi, chefe da Santa Aliança em meados do século XVII, "se o papa ordena liquidar alguém em defesa da fé, fazemos isso sem hesitar. É a voz de Deus, e nós [a Santa Aliança], a sua mão executora".

Este livro é apenas um pequeno "passeio" de cinco séculos pelas atividades clandestinas do poderoso serviço de espionagem da Cidade-Estado do Vaticano. Por ordens do sumo pontífice, os sacerdotes-agentes da Santa Aliança e do Sodalitium Pianum mataram, roubaram, conspiraram e atraiçoaram em nome de Deus e da fé católica. Os espiões do papado foram o reflexo perfeito da simbiose sob cujo lema viveram: "Pela Cruz e pela Espada". Tanto os fatos quanto os personagens encontrados nestas páginas são reais.

Tamaral, 2004

---

* Sigla de Istituto per le Opere di Religione, ou Banco Vaticano. (N. T.)

CAPÍTULO UM

Entre a Reforma e uma nova aliança (1566-1570)

> Porque há muitos por aí, de quem repetidas vezes vos tenho falado e agora o digo, chorando, que se portam como inimigos da cruz de Cristo.
>
> *Filipenses 3, 18**

Existem versões distintas sobre quem realmente fundou a chamada Santa Aliança, o serviço de espionagem do Vaticano. Mas uma coisa se sabe: em 1566, quem organizou o primeiro serviço de espionagem papal para lutar contra o protestantismo de Elizabeth I da Inglaterra foi o papa Pio IV (1566–1572).

Protegido pelo poderoso cardeal Juan Pedro Caraffa (o então futuro papa Paulo IV), Miguel Ghislieri foi chamado a Roma, a mando do sumo pontífice, para comandar uma missão especial: criar uma espécie de serviço de contra-espionagem responsável por obter, de forma piramidal, informações de todos aqueles que pudessem violar os preceitos papais e os dogmas da Igreja e, conseqüentemente, ser julgados pela Inquisição.

Muito devotado às sociedades secretas, o jovem presbítero considerava o Santo Ofício uma das mais influentes do seu tempo. A atuação dos agentes de Ghislieri nas regiões de Como e Bérgamo despertaram a atenção dos poderosos de Roma. Em menos de um ano, foram julgadas pelo tribunal da Inquisição quase 1200 pessoas, entre agricultores e nobres, das quais 200 foram consideradas culpadas e, depois de sofrerem terríveis torturas, executadas.

A principal tortura consistia em amarrar as mãos do suposto herege atrás das costas e içá-lo por meio de uma corda presa no teto. Uma vez suspenso, era repentinamente solto até chegar a um metro do solo, puxado pelo peso do próprio corpo. O violento tranco causado pela brusca interrupção da queda deslocava seus ombros.

---

* *Bíblia Católica Online*, disponível em <http://www.bibliacatolica.com.br/>. (N. T.)

Outra tortura amplamente utilizada era a da água. Os carrascos deitavam a vítima num cepo de madeira em formato de duto e enfiavam um lenço fino molhado na sua garganta, enquanto lhe tapavam o nariz para que não pudesse respirar. Um dos algozes lhe derramava água na boca e nas narinas, obstruindo a sua respiração por completo. Quando, a pedido do médico da Inquisição, esse tormento era interrompido, vários réus já estavam mortos[1].

Por causa dos serviços prestados, em 1551 Miguel Ghislieri foi promovido por Caraffa a geral da Inquisição em Roma, sob o pontificado de Julio III (1550–1555). Com isso, a Congregação do Santo Ofício passou a ter todas as condições necessárias para atingir seus objetivos. Em primeiro lugar, o chamado Conselho da Suprema sofreu uma boa reforma, e o papa nomeou um grupo de cardeais para o controlarem. Dessa forma, quando o assunto era julgar pessoas importantes da sociedade romana, os purpurados faziam as vezes tanto de juízes como de conselheiros do pontífice.

Foi Ghislieri quem, no início de 1552, determinou os sete grupos passíveis de julgamento pelo tribunal do Santo Ofício: os hereges; os suspeitos de heresia; os que acobertavam os hereges; os magos, bruxos e feiticeiros; os blasfemos; os que resistissem a autoridades ou agentes da Inquisição; e os que quebrassem, afrontassem ou violassem selos ou símbolos oficiais do Vaticano.

Nesse mesmo ano, Ghislieri estabeleceu uma autêntica rede de espiões, que atuavam na cidade inteira, investigando desde os prostíbulos até as cozinhas dos palácios da nobreza romana. Todas as informações conseguidas eram transmitidas a Ghislieri pelos próprios agentes da Inquisição tanto oralmente como pelo chamado Informi Rosso (Relatório Vermelho), um pequeno pergaminho enrolado em uma fita vermelha e lacrado com o escudo do Santo Ofício. De acordo com as leis vigentes, o rompimento do selo era punido imediatamente com a morte. Os agentes de Ghislieri registravam tudo o que pudesse interessar a um tribunal da Inquisição e que servisse para acusar qualquer cidadão de Roma de violar as regras da Igreja, mesmo que não houvesse provas – o que ocorria com freqüência. Na sede romana do Santo Ofício, o Informi Rosso era depositado num pequeno vaso de bronze destinado exclusivamente para isso.

Durante anos, o geral da Inquisição comandou uma das maiores e mais eficazes redes de espiões e um dos melhores arquivos de dados pessoais de cidadãos de toda a Roma. Nas ruelas ou nas praças romanas não havia movimentação ou conversa que escapasse ao conhecimento de Ghislieri. No Vaticano ninguém transitava ou falava sem que ele o não conhecesse.

---

[1] Leonardo Gallois, *Historia general de la Inquisición* (Servicio de Reproducción de Libros, Barcelona, 1869).

Após o breve pontificado de menos de um mês do papa Marcelo II e sem a oposição imperial nem francesa, o cardeal Juan Pedro Caraffa foi eleito papa no conclave de 23 de maio de 1555. O embaixador de Veneza, Giacomo Navagero, definia assim o novo santo padre de 79 anos: "Caraffa é um papa de um temperamento violento e irrequieto. É demasiado impetuoso no tratamento dos assuntos da Igreja e por isso o velho pontífice não tolera que ninguém o contradiga"[2].

Já como papa Paulo IV, Caraffa chegou a temer o grande poder de Ghislieri. Em Roma, o geral da Inquisição era chamado pelo povo de "o papa na sombra". Mesmo assim, ele recebeu do pontífice a púrpura cardinalícia. Embora a partir de então Ghislieri tenha se tornado um inquisidor ainda mais perigoso e poderoso, vários membros do Colégio Cardinalício não consentiram que no posto ocupado na temível Inquisição ele tomasse as rédeas dos destinos da Igreja católica.

Conhecidos como os "monges negros", os agentes de Ghislieri vangloriavam-se de impor o terror nas ruas de Roma. Após a escolha da vítima, os espiões do cardeal esperavam que ela entrasse em uma rua isolada, onde era então abordada e colocada à força numa carruagem hermeticamente fechada, que seguia para uma sala da Inquisição. Um frade que foi testemunha disso descreveu a chegada dos seqüestrados ao palácio romano do Santo Ofício, assim publicada na obra de Leonardo Gallois, *Historia general de la Inquisición*, de 1869:

> A vítima era deixada num piso inferior do primeiro pátio, ao lado da porta principal. Ali começava a sua iniciação, numa sala circular, onde dez esqueletos pregados na parede lhe anunciavam que, às vezes, naquela hospedaria, cravavam-se em vida os hóspedes para deixá-los esperar a morte com tranqüilidade. Depois de um aviso tão santo, encontrava numa galeria contígua mais dois esqueletos humanos, não dispostos de pé, na atitude de receber as visitas, mas estendidos em forma de mosaico ou de estrado. Na mesma galeria podia distinguir claramente à direita um forno manchado por várias nódoas de gordura e destinado a substituir em segredo as fogueiras das praças públicas, caídas em desuso por causa da picardia do século corrompido. [...] Poucos calabouços propriamente ditos se encontram neste primeiro corpo de edifícios, mas, em contrapartida, no segundo piso à direita está a sala do Santo Tribunal, protegida por duas portas. Uma é coroada por um letreiro que indica *stanza del primo padre compagno*, e por outro que indica *stanza del secondo padre compagno*. Assim se chamavam os dois inquisidores encarregados da dupla missão de ajudar a Suprema a descobrir os criminosos e converter definitivamente o réu.[3]

---

[2] Javier Paredes, Maximiliano Barrio, Domingo Ramos-Lissón e Luis Suárez, *Diccionario de los papas y concilios* (Ariel, Barcelona, 1998).

[3] Em 1873, foram feitas escavações no Palácio do Santo Ofício, em Roma, em cujos sótãos se descobriram restos de vestimentas de diversas épocas, madeixas de cabelos e até moedas com

Mas a situação do cardeal Ghislieri mudaria completamente com a repentina morte do papa Paulo IV na noite de 18 de agosto de 1559. Após ser conhecida a notícia do falecimento, a revolta popular espalhou-se pelas ruas de Roma: capturar e prender os espiões de Ghislieri converteu-se numa de suas principais motivações. A população assassinou muitos dos que serviram fielmente à Santa Inquisição, e seus cadáveres eram lançados nas cloacas. Não completamente satisfeito, o povo assaltou o palácio do Tribunal da Inquisição e destruiu a estátua do pontífice falecido[4].

O cardeal Ghislieri e alguns dos seus homens conseguiram salvar boa parte dos arquivos secretos, levados em oito carruagens na sua fuga de Roma. Por fim, em 25 de dezembro de 1559 a situação voltou à normalidade com a eleição do cardeal Giovanni Angelo Médicis, que era inimigo do papa anterior, ao posto de sumo pontífice sob o nome de Pio IV.

Diplomata habilidoso e homem de caráter firme, o papa estava determinado a limpar a Igreja de todos os resquícios do pontífice anterior, Paulo IV. Para isso, rodeou-se de dois fiéis cardeais e seus sobrinhos, Marcos Sittich de Altemps e Carlos Borromeo. O primeiro era um perito na arte da guerra e da espada; o segundo, um mestre da diplomacia.

Borromeo foi nomeado arcebispo de Milão, legado papal em Bolonha e em România, responsável pelo governo dos Estados Pontifícios e secretário particular de Pio IV. Como primeira medida, ordenou a detenção e a reclusão no castelo de Sant'Angelo dos cardeais Carlo e Alfonso Caraffa, de Juan Caraffa, duque de Paliano, e de outros cavaleiros da comitiva ducal acusados do assassinato da esposa deste.

Como segunda providência, o papa, influenciado por Carlos Borromeo, resolveu reabilitar o cardeal Morone e o bispo Fiescherati, antes acusados de heresia pelo Santo Ofício por ordem de Paulo IV. Como terceira disposição, Pio IV ordenou o "exílio" do cardeal Miguel Ghislieri, então geral da Inquisição, e a dissolução dos "monges negros"[5]. Refugiado num mosteiro isolado, o cardeal retomou seu trabalho pastoral no antigo bispado, o que o fez ser visto com bons olhos quando o conclave tornou a se reunir após a morte de Pio IV, em 9 de dezembro de 1565. Depois de três semanas de conclave, o

---

a efígie do papa Pio VII (14/3/1800–20/8/1823), o que demonstrou que mesmo durante aquele pontificado os agentes da Inquisição puderam operar na cidade.

[4] Walter Goetz, Paul Joachimsen, Erich Marcks, Wilhelm Mommsen e Hans Heinrich, *La época de la revolución religiosa, la Reforma y la Contrarreforma (1500–1660)* (Espasa Calpe, Madri, 1975, tomo V).

[5] Os "monges negros", que passavam informações somente ao sumo pontífice, agiam com o rosto encoberto para não serem reconhecidos e por alguns séculos foram a mão executora da Santa Aliança.

cardeal Carlos Borromeo, homem de confiança do papa falecido, curiosamente decidiu defender a candidatura de Ghislieri, que contava com o apoio do rei Felipe II e havia alguns anos recebia da Coroa da Espanha uma subvenção de 800 ducados[6].

Em 7 de janeiro de 1566, o cardeal Ghislieri foi eleito papa, adotando o nome de Pio V. O então embaixador de Espanha declarou: "Pio V é o papa que os tempos exigem". Felipe II também era favorável à chegada de um aliado ao trono de São Pedro. A sua nomeação supunha a vitória de todos os que queriam um pontífice austero e piedoso, mas capaz de lutar e agir com grande determinação contra a Reforma protestante. O que era certo é que o papa Pio V utilizaria a sua vasta experiência à frente da Inquisição para criar um verdadeiro serviço de espionagem, implacável e de cega obediência às ordens supremas do sumo sacerdote.

A primeira incumbência dos agentes da Santa Aliança – nome dado pelo próprio papa ao seu serviço secreto em homenagem à aliança entre o Vaticano e a rainha católica Maria Stuart – era, sobretudo, conseguir informações dos possíveis movimentos políticos e das intrigas originadas na corte de Londres. As informações obtidas eram enviadas aos influentes monarcas que apoiavam o catolicismo e o poder pontifício em detrimento do cada vez mais difundido protestantismo. O objetivo primordial dos espiões de Pio IV era prestar os seus serviços à rainha Maria Stuart a fim de restaurar o catolicismo na Escócia, declarada presbiteriana em 1560, e lutar contra o protestantismo. O papa entendia que o seu principal inimigo era a Igreja cismática da Inglaterra, representada pela rainha Elizabeth, filha de Henrique VIII e de Ana Bolena.

O rei Henrique VIII rompera com a Igreja católica em 1532, quando pediu ao papa Clemente VII (19/11/1523–25/9/1534) autorização para se divorciar da rainha Catarina de Aragão – filha de reis católicos e tia do imperador Carlos I da Espanha e V da Alemanha – e se casar com a sua amante, Ana Bolena[7]. O pontífice estudou a carta enviada pelo rei da Inglaterra, um velho pergaminho de 60 por 90 centímetros, endossado com a assinatura de 75 altas personalidades do Reino e do qual pendiam 75 fitas de seda vermelha com 75 selos de lacre[8].

No texto, Henrique VIII exprimia o desejo de casar-se com a sua amante e pedia a autorização papal para se divorciar da sua esposa, a rainha Catarina de Aragão. A solicitação foi negada pelo sumo pontífice, o que desencadeou a revolta de Henrique VIII e seu afastamento da Igreja católica. Mas, apesar

---

[6] Manuel Fernández Álvarez, *Felipe II y su tiempo* (Espasa Calpe, Madri, 1998).
[7] VV. AA., *Dictionary of Beliefs and Religions* (W. & R. Chambers, Londres, 1992).
[8] Eric Frattini, *Secretos vaticanos* (EDAF, Madri, 2003).

da recusa de Roma, o monarca da Inglaterra decidiu contrair matrimônio com Ana Bolena e anulou assim o seu casamento com Catarina.

O rompimento definitivo ocorreu em 15 de janeiro de 1535, sob o pontificado de Paulo III, quando, para dar uma sustentação jurídica à sua nova supremacia eclesiástica, Henrique VIII convocara os sábios de todas as universidades do Reino e o clero para que declarassem publicamente que o papa romano não tinha nenhum direito divino nem autoridade sobre a Inglaterra. A nova Igreja tinha, assim, suas bases reais na Igreja católica anglicana, sob a autoridade da Coroa.

Os cinco anos de reinado de Maria Tudor foram bastante intensos. Guerras, execuções, rebeliões internas, golpes de Estado e conflitos religiosos espalharam-se pelo Reino. Com isso, na própria noite de sua morte, ocorrida em 17 de novembro de 1558, sua irmã Elizabeth, filha de Henrique VIII e Ana Bolena, foi proclamada rainha de Inglaterra.

Em parte pela má recordação deixada por Maria Tudor – popularmente batizada de Maria, a Sanguinária (*Bloody Mary*) –, uma boa parcela do povo recebeu com júbilo a nova rainha. Desde a sua chegada ao trono, Maria estava decidida, com o apoio de Paulo IV e a resistência do embaixador da Espanha ao protestantismo, a implantar o catolicismo a ferro e fogo, mas para isso devia antes cortar as cabeças dos que defenderam a Reforma.

Diversos bispos protestantes, que Maria Tudor definia como "maus pastores que conduziram suas ovelhas à perdição"[9], seriam os primeiros a arder na fogueira por crime de heresia. O ex-bispo de Londres, Ridley, que pouco tempo antes proclamara Jane Grey como rainha de Inglaterra e considerara Maria Tudor como bastarda, foi queimado vivo em 16 de outubro de 1555 numa praça da cidade de Oxford. Na fogueira também o acompanharia o ex-bispo de Worcester, Latimer. Em um ato que surpreenderia até mesmo Roma e o Parlamento inglês, a rainha ordenou ainda a execução, em 21 de março de 1556, de Thomas Cranmer (ex-bispo de Canterbury), que no passado declarara a anulação do matrimônio do rei Henrique VIII com Catarina de Aragão e consumara a ruptura definitiva com o poder papal.

Em 15 de janeiro de 1559, Elizabeth I foi coroada rainha de Inglaterra e em 8 de maio inaugurava a sessão do Parlamento, na qual pedia a ratificação das leis que permitiam o restabelecimento do protestantismo em todo o Reino e nos seus domínios. Roma e a Igreja católica, dirigida por um ancião de 83 anos, o papa Paulo IV, já não tinham pulso para fazer pressão adiante da mudança religiosa que novamente se avizinhava na Inglaterra[10].

---

[9] VV. AA., *Dictionary of Beliefs and Religions*, cit.
[10] Samuel Doran, *Monarchy and Matrimony: The Countersships of Elizabeth I* (HarperCollins, Nova York, 1996).

Apesar disso, o pontífice sabia que a única possibilidade de manter uma célula católica na protestante Inglaterra seria apoiar a rainha da Escócia, Maria Stuart. Nos anos seguintes ela se converteria numa marionete das conspirações ocorridas entre o papa Paulo IV e os seus sucessores, o poderoso e monástico rei Felipe II da Espanha, o caprichoso rei Carlos IX de França, o insignificante e inculto Fernando da Áustria e aquele que seria o herdeiro da Coroa escocesa e traidor da sua própria mãe, o príncipe Jacob.

Quando os dois homens mais próximos de Maria Stuart se converteram em espiões de poderosas potências com grandes interesses na Escócia, o círculo começou a se fechar para ela. Em 29 de julho de 1565, casou-se com o católico Henrique Darnley, um homem que, por ser alto, forte e loiro atraía muito as mulheres, mas cuja cultura deixava bastante a desejar. O novo rei consorte da Escócia, com quem a rainha partilhava o leito, era um fantoche nas mãos dos nobres escoceses e de sir Francis Walsingham, o chefe dos espiões de Elizabeth. Em síntese, Darnley era um covarde[11].

Por outro lado, na visita que fez à Escócia no final de 1565, Maria Stuart tornou-se amiga de David Rizzio, um jovem piemontês de pele escura que fazia parte do séquito do embaixador de Sabóia, o marquês de Moreta[12]. Com 28 anos, olhos redondos e verdes – atributos que chamaram a atenção da rainha, uma admiradora da beleza masculina –, Rizzio dominava as artes da música e da poesia, o alaúde e os versos, mas também era sacerdote e um dos agentes mais atuantes da recém-criada Santa Aliança[13].

Maria Stuart solicita ao embaixador de Sabóia que lhe ceda Rizzio para sua diversão particular. Em poucos dias, o jovem piemontês ascende no séquito: de mero cantor converte-se em "moço de câmara" da rainha, passando a receber 75 libras anuais. Graças ao estreito convívio com a monarca, Rizzio tem acesso direto aos seus documentos mais secretos.

A rainha encontra no italiano o que falta em seu próprio marido, Henrique Darnley. Além de ter idéias muito claras e cultura artística, Rizzio domina o latim e fala fluentemente francês, italiano e inglês. Embora conte com o apoio régio, o espião ainda faz suas refeições na mesa dos criados. No entanto, a oportunidade para alterar essa situação surge quando a rainha despede Raulet – seu secretário particular e até então seu homem de confiança – por descobrir que ele fazia vista grossa às constantes denúncias de diversos nobres escoceses a respeito dos "subornos" ingleses.

---

[11] John Eliot e Laurence Brockliss, *The World of the Favourite* (Yale University Press, New Haven, 1999).

[12] Stefan Zweig, *Maria Stuart* (Williams, Zurique, 1976).

[13] Alison Weir, *Mary, Queen of Scots, and the Murder of Lord Darnley* (Random House, Londres, 2003).

Walsingham, chefe da espionagem isabelina, empregava boa parte dos fundos da Coroa para subornar os agentes infiltrados na corte escocesa. O gabinete de Raulet passa a ser ocupado por David Rizzio, que, apesar de ser um fiel defensor da Contra-Reforma e informar o papa Pio V de qualquer movimento inglês ou escocês, dedica-se de corpo e alma a servir a rainha Maria.

O espião da Santa Aliança torna-se cada vez mais poderoso, e Darnley está ciente disso. O marido da rainha não ignora que, se quiser se livrar de Rizzio, deverá antes se aconselhar com Walsingham e este, por sua vez, com Elizabeth. Darnley sabe que só assim poderá estar protegido caso o assassinato do jovem piemontês seja descoberto pela monarca, sua esposa.

Rizzio e o seu irmão José, a quem fora buscar na Itália para acompanhá-lo, passaram a fazer parte da equipe de espiões da Santa Aliança na Escócia com a missão, determinada pelo papa, de obter informações sobre John Knox, discípulo mais ortodoxo e conservador do que o próprio mestre, Calvino. Para Pio V, Knox pode ser o único obstáculo à tarefa de recolocar a Escócia sob o manto protetor da Igreja de Roma. Segundo os relatórios da espionagem papal, ele era um antigo e insignificante sacerdote católico que resolvera mergulhar na Reforma. Esse integrista teve Calvino e George Wishart como seus mestres, seus guias espirituais, até o dia em que a rainha regente da Escócia ordenou que Wishart ardesse na fogueira até a morte. Isso provocou em Knox o integrismo que passou a praticar, mas também fez nascer um profundo e visceral ódio pela casa Stuart.

Quando seu mestre morreu, John Knox tornou-se líder da chamada "Sublevação contra a Regência". Mandadas à Escócia para ajudar Maria de Guisa, as tropas francesas capturaram Knox e enviaram-no para as galés[14].

Após ser libertado, Knox refugia-se em terras calvinistas, onde aprende a fazer uso da palavra, com um ódio implacável a qualquer tipo de idéia esclarecedora, e assim que retorna à Escócia consegue arrastar os lordes e o povo para as águas profundas da Reforma. José, o irmão de David Rizzio, informa ao papa os movimentos de Knox e escreve num documento:

> Todos os domingos no púlpito de Saint Gilles, e convertido num profeta escocês, lança ódios e maldições contra aqueles que não escutam o seu sermão. Comemora de forma infantil toda derrota sobre um católico ou outro adversário de diferente religião. Quando um inimigo é assassinado, Knox fala da mão de Deus. Ao terminar o seu discurso dominical, sempre invoca Deus e pede-Lhe que acabe depressa com o reinado dos Stuarts usurpadores, bem como com a rainha que ocupa um trono que lhe não cabe.[15]

---

[14] Stefan Zweig, *Maria Stuart*, cit.
[15] Walter Goetz e outros, *La época de la revolución religiosa*, cit.

Mas é David Rizzio quem relata ao papa Pio IV o encontro entre John Knox e a monarca Maria Stuart:
"O encontro entre a católica rainha da Escócia e o fanático protestante John Knox aconteceu em Edimburgo. O pregador mostra-se rude e chama a Igreja católica romana de a puta que não pode ser a esposa de Deus. Essas palavras ofendem a rainha Maria."[16] A Santa Aliança solicita aos irmãos Rizzio que intensifiquem as suas precauções de segurança, já que parece terem feito muitos inimigos em tão pouco tempo e a espionagem do papa não quer perder agentes tão estimados. Dois dos principais oponentes dos italianos e da Contra-Reforma na Escócia seriam os próprios conselheiros da monarca: Moray, um meio-irmão bastardo da soberana, e William Maitland, ambos protestantes.

Entretanto, logo os espiões da Santa Aliança descobrem, por meio de um traidor, que a própria rainha Elizabeth I da Inglaterra teria subornado o conselheiro Moray e vários lordes a fim de promover a rebelião na Escócia contra Maria Stuart. O papa pode avisar somente o rei espanhol Felipe II, e este comunica ao seu embaixador na corte inglesa que, se tal sucedesse, talvez fosse obrigado a ajudar a rainha católica. O embaixador, apesar de conhecê-la, não fez nenhuma referência à carta enviada pelo papa Pio V à rainha Maria em 10 de janeiro de 1566: "Minha filha muito querida: Soubemos com grande alegria que vós e o vosso marido tereis dado uma brilhante prova de zelo ao restaurardes no vosso Reino o verdadeiro culto de Deus"[17].

Mas a cada vez mais íntima relação de Maria Stuart com seu secretário, David Rizzio, começa a incomodar muitos dos poderosos que a rodeavam. O seu casamento com Henrique Darnley estava de mal a pior. Darnley não se sentia rejeitado pela esposa apenas como homem, mas também como monarca. O marido de Maria Stuart ressentia-se por não ter sido proclamado rei da Escócia de pleno direito, mas somente a título honorário.

Felipe II escreveu uma carta ao embaixador espanhol, Guzman da Silva, dizendo-lhe que "devia informar a rainha da Escócia de que era necessário agir com moderação [em relação a Rizzio] e evitar tudo o que pudesse irritar a rainha de Inglaterra". Esse texto acabou nas mãos de Elizabeth I graças a um infiltrado na casa de Guzman e muito fiel a Randolph, o embaixador inglês. De fato, Felipe II não conhecia o temperamento de Maria Stuart, o que colocaria em sérias dificuldades o espião do papa. Em um encontro

---

[16] Alison Weir, *Mary, Queen of Scots, and the Murder of Lord Darnley*, cit.
[17] Michel Duchein, *Élisabeth Ire d'Angleterre* (Fayard, Paris, 1992) e Wallace MacCaiffrey, *Queen Elizabeth and the Making of Policy, 1572–1588* (Princeton University Press, Princeton, 1981).

íntimo com Maria, Rizzio afirmou ter descoberto que os ingleses pagavam aos rebeldes na Escócia[18].

Por sua vez, Randolph ignorava que haviam sido Rizzio e o seu irmão que descobriram, no início de fevereiro de 1566, que por intermédio dele fora financiada a evasão da Inglaterra dos escoceses que procuraram se rebelar contra a rainha no ano anterior. Com a informação redigida pelo italiano, no dia 20 de fevereiro a rainha Maria Stuart convocou o embaixador inglês para uma reunião.

Graças aos espiões italianos, Maria Stuart dispõe de muitos dados sobre o apoio e o papel desempenhado pelo diplomata inglês nos distúrbios escoceses ocorridos um ano antes. Expulsar um embaixador já não é tarefa fácil hoje, mas muito menos o era no século XVI, principalmente quando a idéia era se livrar das conseqüências – e Maria Stuart não as considerou. No dia seguinte à expulsão, ela envia a Elizabeth I uma carta em que a desculpa de tudo, embora soubesse que, se Randolph era a mão executora, Elizabeth era o cérebro da operação. Mesmo os quase 3 mil escudos utilizados pelos homens de Walsingham para subornar os que ajudaram na fuga dos revoltosos escoceses provinham das arcas particulares da rainha inglesa, mas a soberana da Escócia ainda tinha frescas na mente as palavras do monarca espanhol no que tange a não fazer nada que pudesse incomodar Elizabeth[19]. Maria Stuart escreve a Elizabeth I, em 21 de fevereiro de 1566:

> Senhora, minha boa irmã: Em consideração à sinceridade que sempre mantive convosco, julguei ser meu dever escrever estas palavras pelas quais sereis informada dos maus hábitos que o vosso ministro, Randolph, tem praticado por aqui. Fui seguramente advertida [por Rizzio e a Santa Aliança] de que, no mais grave dos distúrbios que os meus rebeldes provocaram, esse dito Randolph os ajudou com a quantia de 3 mil escudos para assim subornar as pessoas e fortalecer-se contra mim. A fim de cortar o mal pela raiz, me vi obrigada a requisitar o comparecimento de Randolph e do meu Conselho à minha presença e solicitar que essa informação fosse mantida [confirmar a acusação] por aquele a quem foi entregue o dinheiro. Como me atrevo a esperar que, tendo sido ele enviado por vós para prestar bons serviços e já que vem se dedicando a praticar o contrário, o considerareis indigno de resguardar-se no vosso mandato, preferi não lançar mão de atitudes mais drásticas a não ser enviá-lo com as minhas cartas, que vos transmitirão mais amplamente a minha acusação.

Em 1º de março de 1566, o embaixador Randolph abandonava a Escócia juntamente com o seu séquito, não sem antes deixar praticamente preparado

---

[18] Alison Weir, *Mary, Queen of Scots, and the Murder of Lord Darnley*, cit.
[19] Robert Naunton, *Fragmenta Regalia or Observations on Queen Elizabeth, her Times and Favourites* (Cerovski Publishers, Toronto, 1985).

o golpe contra os espiões do papa Pio V. Nessa vingança, um de seus maiores aliados seria o próprio marido da rainha, Henrique Darnley.

Regressando a Londres, o embaixador Randolph detém-se na cidade de Bestwick à espera de ordens da sua soberana. De lá envia uma carta à rainha Elizabeth I, na qual declara:

> [...] graves acontecimentos se preparam na Escócia. O lord Darnley está furioso com a rainha, porque ela lhe nega a coroa matrimonial e ele tem conhecimento de um comportamento [a sua relação com David Rizzio] da rainha que é impossível tolerar. [...] Por isso, Darnley decidiu livrar-se do causador deste escândalo [o agente da Santa Aliança], o que deverá ser feito antes da sessão do Parlamento.[20]

Darnley deixa de ser convidado para as sessões especiais do Conselho de Estado, fica proibido de usar os escudos reais da Escócia e passa a ser apenas simples príncipe consorte. Mas o desprezo pelo marido de Maria Stuart já não parte somente da própria rainha, mas também dos cortesãos mais próximos. Assim, David Rizzio, como secretário particular da monarca, já não lhe mostra os documentos oficiais e sela com o chamado *Iron Stamp*, a chancela real, sem o consultar. O embaixador inglês já não o trata por Majestade, as moedas com as efígies e a inscrição *Henricus et Maria* são retiradas de circulação e substituídas por outras com a nova inscrição, *Maria Regina Scotiae*. A tudo isso se juntam os rumores acerca da relação de Maria com David Rizzio, convertido em *maître du plaisir*, o "mestre do prazer" da rainha.

Graças à sua habilidade para consolar Maria Stuart, o agente da Santa Aliança exibe modos principescos e exerce com arrogância o mais importante cargo do Estado, quando ainda poucos meses antes fazia as refeições com os criados e dormia na parte de cima dos estábulos. Os nobres, muitos deles protestantes, sabem que Rizzio é apenas uma pequena ferramenta do papa Pio V para transformar a Escócia numa nação católica dentro do grande plano da Contra-Reforma realizado por Roma[21]. Ao que tudo indica, Maria Stuart comprometeu-se com Pio V a fazer da Escócia o primeiro país a abrir mão da Reforma e regressar à grande união católica.

O pontífice ordenou que seus agentes protegessem Maria Stuart contra qualquer perigo que impossibilitasse tão importante passo.

David Rizzio é visto pelos nobres escoceses como o responsável oculto por essa união. O embaixador Randolph menciona exatamente isso à sua soberana quando lhe diz, na carta enviada de Bestwick, que "Deus lhe prepara [a David

---

[20] John Eliot e Laurence Brockliss, *The World of the Favourite*, cit.
[21] Stefan Zweig, *Maria Stuart*, cit.

Rizzio] um rápido final ou a eles [os nobres escoceses protestantes] uma vida insuportável".

A despeito do ódio que nutrem pelo espião italiano, os nobres não pretendem enfrentar a rainha Maria. Conhecem a severidade com que ela reprimiu a última rebelião e de forma alguma desejam acompanhar Moray na sua sorte do exílio inglês.

Eles sabem que, se conquistarem o apoio de Henrique Darnley, o assassinato de Rizzio passará a ser apenas um crime passional e, portanto, um ato de rebelião contra a rainha, um gesto patriótico em favor da verdadeira fé (a protestante).

A fim de trazer o italiano para sua causa, os conspiradores utilizarão algo tão simples como o ciúme que Darnley sente em relação a ele. Mas o que ignoram é que Rizzio, a mando do papa, impediu Maria Stuart de conceder a Darnley o direito de regência (*matrimonial crown*). Pio V pretende evitar a todo custo que, se algo acontecer à rainha, o regente (Darnley) possa desistir de converter a Escócia numa nação católica. Nada disso, porém, desagrada tanto a Darnley quanto o fato de sua esposa, Maria Stuart, não permitir que lhe toque, enquanto consente ao espião da Santa Aliança que passe com ela longas noites no seu próprio aposento.

Maria Stuart já está grávida de quem anos mais tarde seria o rei Jacob VI da Escócia e I da Inglaterra. Pela primeira vez na história escocesa, os conspiradores têm a autorização de um rei para se rebelarem contra a sua soberana. Eles prometem retirar o poder das mãos de Maria e dá-lo a Darnley como novo rei da Escócia. Este, por sua vez, compromete-se a conceder-lhes o indulto e recompensá-los com novas propriedades logo que assuma a Coroa. Os espiões de Walsingham informam que "a rainha [Maria Stuart] está arrependida do seu enlace com Henrique Darnley. Fala-se em entregar a Coroa da Escócia a ele [Darnley], queira ou não a rainha. Sei que, caso se chegue assim a bom termo nos próximos dias, terão cortado a cabeça a Rizzio com a anuência do rei"[22].

Darnley não quer o fim do espião do papa por questões políticas, mas por simples ciúme por causa daquele que lhe roubou a confiança da esposa e a autoridade real. Moray prepara o seu retorno à Escócia assim que o golpe se concretize, e, em seu sermão, o fanático John Knox enaltece a morte, ou, em outras palavras, a execução de um miserável católico[23].

---

[22] John Eliot e Laurence Brockliss, *The World of the Favourite*, cit.

[23] Manuel Carbonero y Sol, *Fin funesto de los perseguidores y enemigos de la Iglesia, desde Herodes el Grande hasta nuestros días* (Librería y Tipografía Católica, Barcelona, 1878).

Na manhã de 9 de março de 1566, David Rizzio recebe um aviso de um de seus espiões, mas não dá importância. Sabe que, se passar o dia inteiro ao lado da rainha, nada poderá ameaçá-lo. Ninguém se atreveria a levantar a arma ou a mão contra ele na presença de Maria Stuart: mas engana-se[24].

A tarde passa depressa no castelo de Holyrood. Maria Stuart lê em seu aposento, situado no quarto piso da torre. Henrique Darnley convida Rizzio para um jogo de cartas. De fato, o italiano não desconfia de nada. À mesa do dormitório real sentam-se vários nobres. Vestido com uma casaca cor de damasco, Rizzio está de frente para a meia-irmã da rainha. A conversa é prazerosa, e uma música invade o pequeno salão. Atrás de uma cortina, abre-se uma pequena porta para dar passagem a Darnley, que se acomoda ao lado da esposa. A porta fica destrancada de propósito.

Segundos depois a cortina se abre repentinamente e os conspiradores aparecem na sala munidos de espadas e punhais. O primeiro a entrar com a espada na mão e a ser reconhecido pela rainha é lord Patrick Ruthven.

Derrubando a cadeira em que estava sentada, Maria Stuart se levanta e recrimina Ruthven pela sua entrada diante dela com a espada em punho. O nobre escocês lhe diz que não deve temer nada, que sua presença ali só diz respeito ao espião italiano. Mesmo sem estar armado, Rizzio se levantou. Somente a rainha é capaz de protegê-lo. Darnley afasta-se um pouco, resguardando-se da peleja que se aproxima. Depois de se posicionar à frente de Ruthven, que procura Rizzio com o olhar, Maria o ordena a baixar sua arma. E o escocês apenas retruca: "Perguntai ao vosso marido".

A rainha então volta seu olhar para Darnley, que, escondido atrás de uma cortina, consegue apenas responder por entre soluços: "Não tenho nada a ver com este assunto".

Entretanto, após galgar a estreita escada de caracol que dá acesso ao salão real, mais alguns conspiradores juntam-se a Ruthven de espada na mão. Rizzio tenta escapar, mas é agarrado pelo braço.

Os conjurados gritam à rainha que Rizzio é um espião do papa e por isso deve morrer. Maria Stuart responde que, se David Rizzio tem que dizer algo, deverá fazê-lo no Parlamento. Ruthven segura o italiano pelos braços, enquanto outro lhe enlaça o corpo com uma corda. Arrastado, Rizzio agarra-se ao vestido da monarca, que se rasga pela pressão daqueles dedos aterrorizados.

Maria continua a resistir, mas um dos rebeldes aponta-lhe uma pistola. Graças a um safanão dado por Ruthven, o tiro é desviado da cabeça da rainha para a parede. Darnley segura a esposa, que a essa altura está toda

---

[24] Stefan Zweig, *Maria Stuart*, cit.

desgrenhada. Ao ser arrastado pela pequena escada, Rizzio sente a cabeça se chocando contra os degraus.

Uma vez fora dos aposentos reais, os sublevados lançam-se sobre o espião da Santa Aliança. Uma primeira punhalada entra no seu flanco esquerdo e, quando tenta proteger o rosto, a segunda lhe atravessa a mão direita, cravando-se no pescoço. Sangrando muito, o italiano se levanta com dificuldade, quando uma nova punhalada lhe corta a jugular. Um grito é abafado pelo sangue lhe escapa da boca. Ruthven desfere uma certeira estocada, que lhe entra no coração. Rizzio está morto[25].

Agarrada por Darnley, Maria Stuart não pára de esbravejar contra os conjurados e seu marido traidor. Sussurrando em seu ouvido, ele a censura por tê-lo trocado na sua cama por Rizzio, quando Ruthven adentra a sala com a espada manchada do sangue do italiano. Com voz baixa e grave, dirigindo-se ao nobre escocês e ao marido traidor, a rainha lhes diz uma e outra vez que eles acabaram de assinar sua própria sentença de morte. A vingança será terrível[26].

Os gritos e o barulho produzido pelas espadas chamaram a atenção do comandante da Guarda Real, James Bothwell, que em vão tentou entrar no quarto trancado. Diante da situação, Bothwell e Huntley, o imediato, saltaram pela janela com a espada em punho. Henrique Darnley tranqüiliza-os, dizendo-lhes que apenas haviam matado um espião do papa Pio V, que desejava facilitar o desembarque de tropas espanholas na Escócia. Com o assassinato de Rizzio, de um só golpe Maria Stuart foi afastada da Coroa escocesa e a linha direta entre a rainha e o papa, interrompida.

Em 19 de junho de 1566, Maria Stuart deu à luz o herdeiro da Coroa da Escócia, Jacob, que deve ter sido gerado em setembro de 1565. Nesse mês ocorreu a rebelião da Escócia, e a rainha havia expulsado Henrique Darnley de sua cama, com quem contraíra casamento apenas dois meses antes. Como David Rizzio apareceu na corte escocesa em meados de setembro, é bem provável que Jacob VI seja realmente filho do espião da Santa Aliança. Maria Stuart, muito inteligentemente, perdoa Darnley, recuperando a coroa e a liberdade, e permite o regresso de Moray a Edimburgo. Mas a Santa Aliança não está disposta a aceitar a morte de um de seus agentes sem poder vingá-la.

O papa deu ordens expressas aos seus espiões para averiguar quem havia sido o conspirador que comandara o assassinato de Rizzio, e Henrique Darnley aparecia em primeiro lugar na lista de suspeitos[27].

---

[25] Stefan Zweig, *Maria Stuart*, cit.
[26] Robert Naunton, *Fragmenta Regalia*, cit.
[27] Alison Weir, *Mary, Queen of Scots, and the Murder of Lord Darnley*, cit.

Existem várias versões sobre quem realmente foi o mandante da vingança contra os assassinos de David Rizzio, mas quem quer que fosse ignorava que isso seria mais um passo na queda de Maria Stuart como rainha da Escócia[28].

Elizabeth I da Inglaterra devia apresentar no Parlamento a lei de sucessão, na qual se decidiria sobre o nome da pessoa que ocuparia o lugar da rainha quando ela morresse. Maria Stuart acreditava ser seu esse direito, mas não podia, portanto, cometer nenhum erro que pusesse em perigo tal decisão. Cada vez mais Jacob era visto pelos cidadãos das duas nações como o príncipe da Escócia e da Inglaterra, o que de certo modo desagradava a Elizabeth; mas Maria pensa em como romper o círculo de inimigos que a rodeava e vingar assim a morte de Rizzio, o seu fiel servidor.

Henrique Darnley, o esposo traidor, sabe que não pode colocar em perigo o filho que Maria Stuart leva no ventre, porque no fim de contas ele será o futuro rei da Escócia e, se tiver sorte, também da Inglaterra. Dessa forma, acaba com o cerco da rainha e permite que ela seja assistida por um médico e dois auxiliares. Maria Stuart usa uma das enfermeiras para se comunicar com seus homens de confiança, Bothwell e Huntley. A facção de conspiradores torna-se cada vez mais fraca quando Maria Stuart consegue arregimentar Darnley para a sua causa.

Passadas 48 horas do assassinato, tudo já está esquecido. O espião da Santa Aliança foi enterrado num local secreto, e a rainha se viu obrigada a assinar o perdão dos conspiradores. É chegada a hora de começar a preparar a vingança.

Os quatro primeiros alvos serão Ruthven, o nobre que agarrou Rizzio pelos braços; Fawdonshide, que atirou na rainha com sua pistola; John Knox, o radical pregador que a chamou de bastarda; e Moray. Nenhum deles ignora que nunca serão perdoados por Maria Stuart, e ao mesmo tempo reconhecem que os nobres não moverão um só dedo em auxílio deles, porque sabem que o filho que a rainha carrega no ventre será o futuro monarca de um reino formado pela Escócia e pela Inglaterra.

O papa Pio V não está disposto a permitir o assassinato de um de seus agentes por quatro protestantes sem fazer justiça e, para isso, faz valer a sua suprema autoridade. O antigo chefe da Inquisição ordena então que o sacerdote Lamberto Macchi seja trazido à sua presença.

Oriundo de uma nobre família, este jovem veronense tinha tomado o hábito quando contava apenas catorze anos e estava nos jesuítas, ordem religiosa fundada havia 26 anos por Inácio de Loyola. Na verdade, fora criada em 1540 como um instrumento de ação rápida, com uma legião de soldados dispostos

---

[28] Michel Duchein, *Élisabeth Ire d'Angleterre*, cit.

a morrer pela fé e pelo papa, honrando as quatro palavras em latim que constituíam o seu lema: *Ad Majorem Dei Gloriam* [À maior glória de Deus][29].

Inácio de Loyola fundou a ordem com base em três claras premissas: a primeira, estarem sempre dispostos a atender ao chamado do pontífice, em qualquer momento e lugar. Os jesuítas seriam, assim, os chamados "homens do papa". A segunda, serem soldados do santo padre. Os seus membros deviam se preparar para ser homens devotos, mas também soldados de Deus. Os jesuítas eram enforcados nas praças de Londres, estripados na Etiópia, devorados vivos pelos iroqueses no Canadá, envenenados na Alemanha, flagelados até a morte na Terra Santa, crucificados no Sião, deixados morrer de fome na América do Sul, decapitados no Japão ou afogados em Madagascar, mas o espírito de aventura em nome de Deus fez com que o jovem nobre Lamberto Macchi se ligasse às tropas jesuítas.

Para Inácio de Loyola era imprescindível que seus membros, sempre postos a serviço do pontífice, alcançassem a polivalência. A ordem dos jesuítas necessitava de intelectuais, químicos, biólogos, zoólogos, lingüistas, exploradores, professores, diplomatas, confessores, filósofos, teólogos, matemáticos, artistas, escritores e arquitetos, mas também de comandantes, agentes secretos, espiões e mensageiros especiais, função para a qual Macchi seria perfeito. Educado como filho de um comerciante rico, aprendera a arte da esgrima enquanto estudava filosofia, o uso de explosivos enquanto estudava teologia e a arte do crime enquanto estudava línguas estrangeiras.

O papa ordenou que Lamberto Macchi, acompanhado de mais três jesuítas, fosse até a corte da Escócia para investigar e descobrir os assassinos de Rizzio. Macchi sabia o que precisava ser feito assim que tivesse a lista dos algozes do espião da Santa Aliança. Para ele, exterminar quatro protestantes era muito mais uma questão religiosa do que pessoal, porque afinal a ordem vinha do papa. Na sua bagagem levava um Informi Rosso que lhe dava carta branca para tomar qualquer atitude em nome da fé. O nome desse documento procedia da época em que o papa era o geral da Inquisição em Roma.

O contato de Macchi na corte da Escócia não era outro senão o próprio chefe da guarda da rainha Maria Stuart, o conde Bothwell, que então cumpria as funções de assessor para os conselheiros e de uma espécie de regente do Reino, o que muito desagradava aos britânicos em geral e particularmente à rainha Elizabeth I da Inglaterra[30]. Desgostosos, alguns nobres do Reino comentam que Bothwell se mostra muito mais arrogante do que o italiano David Rizzio, mas a

---

[29] Malachi Martin, *The Jesuits: The Society of Jesus and the Betrayal of the Roman Catholic Church* (Simon & Schuster, Nova York, 1988).

[30] Robert Naunton, *Fragmenta Regalia*, cit.

diferença é que este conhecia quem eram seus inimigos – e um deles era próprio o marido da rainha, Henrique Darnley. Moray é agora aliado de Bothwell, o que o coloca em confronto direto com Darnley, que começou a enviar cartas acusadoras à rainha Elizabeth. Nas missivas ele declara que a esposa, Maria Stuart, é uma rainha bem pouco segura no que diz respeito à fé e que entrega a Escócia a Felipe II como um verdadeiro protetor do catolicismo.

No final de setembro, após lhe ter sido negada a condição de rei, Darnley tomou a séria decisão de abandonar a Escócia. Com isso, Maria Stuart se vê em uma situação delicada. Henrique Darnley não pode deixar a Escócia antes de ser nomeado o herdeiro no castelo de Stirling, sobretudo depois dos constantes boatos a respeito da verdadeira paternidade do príncipe Jacob. Mas o marido da rainha ainda não definiu em que manto de proteção se refugiará: o de Elizabeth I da Inglaterra ou o de Catarina de Médicis na França. Como contra-ataque, Maria Stuart enviou uma carta diplomática a Catarina acusando o marido de uma possível traição.

Esperando o momento certo para agir, nesse ínterim o agente da Santa Aliança, Lamberto Macchi, e os três acompanhantes refugiaram-se numa casa em Edimburgo sob a proteção dos homens de Bothwell. Pouco antes do fim de 1566, Maria Stuart, sempre aconselhada por Moray e Bothwell, assina o perdão para os rebelados que assassinaram Rizzio, mas Macchi não se mostra disposto a aceitar isso. O jesuíta tem uma ordem expressa do papa e deve cumpri-la sem discussão nem hesitação. Para Lamberto Macchi uma ordem pontifícia é um dogma de fé.

Moray também está na sua mira como um dos instigadores, e Darnley sabe que, apesar da publicidade dada na corte ao perdão real, ele será o primeiro alvo dos vingadores. Assim, decide fugir e se esconder no castelo de seu pai em Glasgow[31].

Bothwell apenas terá de colocar os conjurados ao alcance dos agentes do papa para que eles os executem, mas também sabe que será o único responsável pelos crimes diante de Deus, da própria rainha e do povo da Escócia – um risco e uma tarefa que está disposto a assumir.

Em 22 de janeiro de 1567, Henrique Darnley cai seriamente enfermo de sífilis, mas permanece escondido em Glasgow sob a proteção de seu pai, o conde de Lennox. Apesar da doença do marido, Maria Stuart vai buscá-lo para trazê-lo de volta a Edimburgo, dando-lhe escolta pessoal. Mesmo protegido, Darnley sabe que em qualquer momento pode ser surpreendido pelos seguidores de Bothwell, os enviados do pontífice, ou por seus antigos companheiros de conspiração que regressaram à Escócia após o perdão real e a quem ele

---

[31] Stefan Zweig, *Maria Stuart*, cit.

abandonou[32]. Mas Darnley ignora que o retorno a Edimburgo é também o seu caminho para a morte, já que não sairá com vida da capital escocesa.

Os vingadores da Santa Aliança devem acabar com o marido de Maria Stuart se desejam assim eliminar de uma só vez todos os envolvidos na conjura contra David Rizzio. O cenário escolhido para o golpe é a própria casa de Darnley, uma construção isabelina, na periferia do bairro de Kirk O'Field, à qual se chega por meio de um estreito e sombrio caminho conhecido como "trilha dos bandidos"[33].

O interior da residência é decorado por uma suntuosa galeria, chaminés ornamentadas, alfombras exóticas, belos objetos de prata com o escudo real escocês, tapetes persas e uma confortável cama que Maria de Guisa trouxera consigo da França[34]. Como pretendem usar explosivos na missão, Lamberto Macchi e os seus comparsas não poderão se aproximar muito de Darnley. A data escolhida para o primeiro passo da vingança é a passagem do domingo 9 para a segunda-feira 10 de fevereiro de 1567.

Nessa noite a rainha Maria Stuart oferecerá um grande baile e um banquete em homenagem a dois dos seus mais fiéis servidores, que se casaram. É óbvio que lord Darnley e sua comitiva de confiança serão convidados e isso dará muito tempo para preparar o ataque assim que a residência de Kirk O'Field ficasse sem vigilância[35].

O conselheiro Moray sumiu de Edimburgo misteriosamente e Bothwell não aparece em parte alguma, o que é notado não só pelos nobres vão à festa, mas também por Darnley, ainda debilitado pela doença. Logo após as 23 horas, Henrique Darnley retira-se, cansado, mas como a rainha não permite que o marido passe a noite na residência real de Holyrood ele regressa à fria mansão de Kirk O'Field.

Ajudados por Bothwell, os executores da Santa Aliança envolveram os pilares da mansão em uma grande carga de pólvora. Por volta das duas da manhã, a terra treme na Escócia. A explosão é tão forte que reverbera até as grossas paredes da residência de Maria Stuart. De repente, a porta do quarto real é aberta com violência e um criado, exaurido, informa que a casa do rei em Kirk O'Field foi destruída[36].

---

[32] Michel Duchein, *Élisabeth Ire d'Angleterre*, cit.

[33] Alison Weir, *Mary, Queen of Scots, and the Murder of Lord Darnley*, cit.

[34] Sir Banister Fletcher, *Historia de la arquitectura por el método comparado* (Canosa, Barcelona, 1931, parte II, v. I).

[35] Stefan Zweig, *Maria Stuart*, cit.

[36] Alison Weir, *Mary, Queen of Scots, and the Murder of Lord Darnley*, cit.

Escoltada por guardas armados, Maria Stuart se dirige às pressas para o lugar onde até poucas horas antes se erguia uma grande mansão senhorial rodeada por verdes prados e onde agora se vê uma enorme cratera de terra enegrecida e tudo queimado em seu redor. Os corpos dos criados de Henrique Darnley foram atirados a centenas de metros do local da explosão. Em um riacho que corre a poucos metros dali está o cadáver do rei, incrustado por vários de seus pertences, junto ao de um criado e entre os restos retorcidos da cama. Os ferimentos causados no corpo do rei consorte da Escócia pela explosão não permitem ver as marcas deixadas pela fina corda com a qual fora estrangulado[37].

O sistema de nó empregado para matar Darnley e seu criado foi o mesmo que usavam os membros da seita dos *ashishin*[38] nas montanhas de Alborz, a noroeste de Teerã e a nordeste de Qazvin. Em 1273 o explorador Marco Polo visitara o castelo de Alamut, onde operavam os *ashishin*. Os segredos, os sistemas e os meios de assassinar, incluídas as mais de 32 formas de estrangulamento, ficaram registrados num dos seus diários de viagem[39]. Uma parte do texto seria recuperada pelo jesuíta Matteo Ricci durante uma de suas passagens por aquelas regiões, seguindo os passos do veneziano[40].

Os quatro homens da Santa Aliança, um dos quais era José Rizzio, irmão de David, saíram de Edimburgo a cavalo após terem ateado fogo às mechas. A deflagração nem sequer os obrigou a olhar para trás, pois Lamberto Macchi sabia perfeitamente qual seria o resultado. A primeira parte da vingança fora cumprida e assim se fez saber ao sumo pontífice, em Roma.

Em 15 de maio de 1567, e ainda de luto, Maria Stuart casa-se com Bothwell, a quem todos apontam como responsável intelectual pelo assassinato de Henrique Darnley. Em 6 de junho, um grupo de lordes rebela-se contra a iminente coroação de Bothwell como rei da Escócia e, passados nove dias, após uma confusa batalha na colina de Carberry, Bothwell foge e Maria Stuart é feita prisioneira[41].

Após uma série de acontecimentos, as relações entre Elizabeth I e Felipe II foram de mal a pior, e o relatório do papa Pio V, recebido na corte de Madri, não contribuiu em nada para melhorá-las. O texto trazia ao conhecimento

---

[37] Ver nas páginas centrais os croquis da cena do crime feitos no dia seguinte ao atentado em Kirk O'Field por um autor desconhecido para a comissão investigadora.

[38] Essa seita mítica foi a que deu o nome aos atuais "assassinos".

[39] Edward Burman, *Assassins: Holy Killers of Islam* (HarperCollins, Nova York, 1987).

[40] Tanto o texto sobre a viagem de Marco Polo ao castelo de Alamut em 1273 como o diário de viagem do jesuíta Matteo Ricci ficaram sob os cuidados do Vaticano e foram incluídos no chamado *Index Librorum Prohibitorum* por ordem do papa Paulo IV, em 1557. Ambos seriam recuperados misteriosamente durante o pontificado de Pio V.

[41] Michel Duchein, *Élisabeth Ire d'Angleterre*, cit.

do poderoso monarca a implicação da Coroa inglesa nos fatos ocorridos na Escócia, que acabaram por destronar a católica Maria Stuart[42]. Tudo evidenciava que 1568 seria o *annus horribilis* do reinado de Felipe II, e as operações da Santa Aliança nada poderiam fazer para mudar esse quadro. Para o maior protetor da cristandade aquilo era realmente um problema tão grande quanto a arrogância dos ingleses.

Era evidente que, com os exércitos espanhóis liderados pelo duque de Alba posicionados em Bruxelas, a protestante Elizabeth da Inglaterra nada faria contra a católica Maria Stuart. Felipe II mostrava assim o seu poderio em relação às demais nações.

Lamberto Macchi e seus parceiros continuavam à caça dos outros rebelados. No bolso do líder permanecia envolto em papel vermelho o documento papal que os protegia e onde estava definida a sua missão. O pergaminho devia ser destruído assim que a vingança fosse cumprida ou devolvido ao papa no caso de insucesso. Os futuros alvos do agente da Santa Aliança eram os três lordes Patrick Ruthven, Fawdonshide, que apontara a pistola à rainha, e Moray, o esquivo e hábil meio irmão de Maria Stuart, e ainda o pregador radical John Knox.

O próximo a cair seria Fawdonshide, e dessa vez Lamberto Macchi e seus companheiros não tiveram dificuldade em encontrá-lo. Com a mesma coragem demonstrada ao apontar a arma para a rainha, Fawdonshide espera sua morte confortavelmente instalado numa pequena casa dos arredores de Lochleven. Sem resistir, foi levado até uma árvore próxima e ali pendurado pelo pescoço[43]. O nobre escocês estrebuchou suspenso pela corda enquanto os quatro cavaleiros da Santa Aliança se afastaram à procura de outra vítima. O nome de Fawdonshide é sublinhado com sangue vermelho no Informi Rosso.

Moray cairia em 11 de janeiro de 1570, vítima de uma punhalada que lhe atravessou o pescoço. Macchi molhou seu dedo no sangue e sublinhou o nome dele no pergaminho. A vingança pelo assassinato de David Rizzio ainda não fora concluída – restavam John Knox e Patrick Ruthven –, motivo pelo qual o Informi Rosso, que fora entregue em Roma selado com o escudo pontifício e que Lamberto Macchi carregava no bolso, não podia ser ainda destruído.

Quase um mês depois, em 25 de fevereiro, Pio V tornava pública a bula *Regnans in Excelsis*, na qual declarava a excomunhão da herege Elizabeth I da Inglaterra[44]. Na Europa do século XVI, essa sentença pontifícia era de fato uma medida de extrema gravidade, que afetava muito mais o povo da Inglaterra do que a soberana propriamente dita. Os católicos ingleses estavam

---

[42] Manuel Fernández Álvarez, *Felipe II y su tiempo*, cit.
[43] Alison Weir, *Mary, Queen of Scots, and the Murder of Lord Darnley*, cit.
[44] Eric Frattini, *Secretos vaticanos*, cit.

divididos entre ser leais à rainha e a quem deviam a fé, ou seja, ao santo padre. Os protestantes ingleses dispunham do argumento para acusar o papa de ser "o anti-Cristo de Roma"[45]. O que mais preocupava Elizabeth não era o valor do documento em si, mas que por trás da assinatura papal estivesse a mão de Felipe II da Espanha e de Carlos IX da França.

O monarca espanhol enviou uma carta ao seu embaixador na corte de Londres, Guerau de Spes, na qual se mostra surpreso:

> [...] Sua Santidade promulgou uma bula sem me consultar em absoluto nem disso me informar. Certamente eu teria dado conselhos mais sensatos. Receio que tudo isso, longe de melhorar a situação dos católicos ingleses, leve a rainha e os seus conselheiros a acirrar a perseguição.

Para o rei da Espanha a bula do papa Pio V significava uma séria intromissão nos assuntos políticos europeus. O próprio Felipe II sabia que já tinham ficado para trás os anos em que um papa (Gregório VII) podia obrigar um imperador a se humilhar perante ele ou em que outro (Urbano IV) podia oferecer o Reino da Sicília a um príncipe. Na opinião do monarca espanhol, não havia dúvida de que Pio V se enganara de século[46].

As conseqüências da missiva papal seriam o martírio de milhares de católicos ingleses e o fim de qualquer possibilidade de aproximação entre Londres e Roma. Em curto e médio prazos a principal vítima da bula não seria a rainha Elizabeth I da Inglaterra, mas o próprio catolicismo. As cabeças coroadas da Europa sabiam disso, mas o papa Pio V – o monge inquisidor e criador da espionagem pontifícia –, não estava disposto a voltar atrás, mesmo que tivesse de lançar mão dos assassinos da Santa Aliança em defesa da fé. Avizinham-se, assim, anos sombrios.

---

[45] Michel Duchein, *Élisabeth Ire d'Angleterre*, cit.
[46] Walter Goetz e outros, *La época de la revolución religiosa*, cit., e Manuel Fernandez Alvarez, *Felipe II y su tiempo*, cit.

CAPÍTULO DOIS

Os anos sombrios
(1570-1587)

Comportai-vos nobremente entre os pagãos. Assim, naquilo em que vos caluniam como malfeitores, chegarão, considerando vossas boas obras, a glorificar a Deus no dia em que ele os visitar. Porque esta é a vontade de Deus que, praticando o bem, façais emudecer a ignorância dos insensatos.

I São Pedro, 2, 15*

Na posição das duas grandes potências católicas da época, França e Espanha – e suas respectivas coroas – havia apenas duas opções políticas em relação à Inglaterra depois da excomunhão de Elizabeth I. A primeira consistia em ajudar a qualquer preço os católicos ingleses a se livrar da soberana herege e, assim, entronar a católica Maria Stuart. A segunda era fazer vista grossa e continuar a manter boas relações diplomáticas com a corte de Londres. A França estava à beira da guerra civil, sofrendo fortes pressões por parte do partido dos huguenotes[1].

À rainha escocesa já não restava outra solução a não ser considerar a Espanha sua única aliada e uma possível saída para a situação em que se encontrava.

Entretanto, Maria Stuart mostrava-se uma das mais fervorosas católicas nas suas mensagens ao papa Pio V e a Felipe II, uma moderada protestante nas cartas a Elizabeth I e ainda uma amiga em apuros na companhia de Carlos IX.

O papa Pio V precisava de alguém que chefiasse a conspiração contra a herege Elizabeth, e para isso escolheu Roberto Ridolfi, banqueiro de Florença e agente da Santa Aliança muito familiarizado com as intrigas sobre as rainhas da Escócia e da Inglaterra. Rechonchudo, bom conversador, culto e bem relacionado nos dois lados do canal da Mancha, Ridolfi era um amigo bastante íntimo do diplomata espanhol Guerau de Spes, com quem partilhava a necessidade de apoiar política e economicamente um possível partido católico inglês[2]. Ambos

---

* *Bíblia Católica Online*, cit. (N. T.)
[1] Walter Goetz e outros, *La época de la revolución religiosa*, cit.
[2] VV. AA., *La stampa a Firenze, 1471-1550: omaggio a Roberto Ridolfi* (L. S. Olschki, Roma, 1984).

eram bem afeitos a correspondências secretas e cifradas, encontros em lugares seguros e isolados e coisas do gênero[3].

Aprovado por Pio V, o plano de Roberto Ridolfi consistia em organizar uma rebelião contra Elizabeth no interior da Inglaterra. Após desembarcar em vários pontos da costa, as tropas espanholas deviam se concentrar em Londres e libertar Maria Stuart com a ajuda de agentes da Santa Aliança e de homens que lhe eram fiéis, a fim de colocá-la no trono inglês no lugar da herege Tudor.

Embora aquele não fosse o momento mais propício para aplicar o golpe, Felipe II sabe que precisa tentar. A Espanha ainda não controlara a rebelião dos mouros em Granada e está em plena negociação para criar a Santa Liga a fim de lutar contra os turcos no Mediterrâneo, devido ao poder conquistado por eles na ilha de Chipre. Talvez o monarca espanhol aceitasse o fato de que da corte de Londres chegavam rumores de conspiração dos nobres contra a rainha Elizabeth[4]. Por várias razões, os duques de Norfolk, Westmoreland, Arundel e Northumberland eram os mais interessados em acabar com o reinado de Elizabeth.

Norfolk, o mais decidido dos quatro a concretizar qualquer ação para dar cabo da soberana inglesa, acabava de ser libertado da Torre de Londres. Apesar de estar fortemente vigiado, o duque era visto pelo espião florentino da Santa Aliança e pelo embaixador espanhol como o mais apto para chefiar a grande conspiração. Norfolk revelara um interesse inusitado por Maria Stuart. Ele julgava possível que a rainha da Escócia pudesse assumir a Coroa da Inglaterra – e tratou de deixar Ridolfi ciente disso. Ademais, se as potências católicas, incluindo o papa Pio V, apoiassem o casamento, ela se veria obrigada a restaurar a religião católica em todo o país, conforme queria a Contra-Reforma[5].

Antes de se lançar nessa empreitada, em 21 de janeiro de 1570 Felipe II se aconselhou com o duque de Alba, mas o brilhante general espanhol via a "aventura inglesa" do outro lado do canal da Mancha como algo desproposital. Mesmo assim ainda respondeu a Felipe II:

> E para ir ao encontro do que Vossa Majestade me ordena na sua carta, digo que há três formas de invadir o Reino da Inglaterra: a primeira, aliando-se Vossa Majestade ao rei da França. A segunda, realizando Vossa Majestade essa aventura sozinho. A terceira, por haver na Escócia ou na Inglaterra algumas pessoas que podem fomentá-la em segredo, devem ser estas a abrir o caminho.[6]

---

[3] Michel Duchein, *Élisabeth Ire d'Angleterre*, cit.
[4] Manuel Fernández Álvarez, *Felipe II y su tiempo*, cit.
[5] Walter Goetz e outros, *La época de la revolución religiosa*, cit.
[6] Carta transcrita na obra citada de Manuel Fernández Álvarez.

Ridolfi criou uma verdadeira malha de espiões de Edimburgo a Londres e de Glasgow aos Países Baixos. O primeiro contato do agente da Santa Aliança com o duque de Norfolk é feito no final de novembro ou no começo de dezembro de 1570. O florentino deseja a palavra de Norfolk de que, após o casamento com Maria Stuart, ele adote a religião católica e, sendo ela rainha de Inglaterra, ordene que todos os cidadãos do Reino tomem a mesma atitude[7]. Mas antes de abençoar a operação o papa Pio V deseja obter de Norfolk um compromisso por escrito.

Esse documento fazia de Norfolk uma presa do santo padre e dos espiões da Santa Aliança. Se ele o assinasse, sua própria cabeça estaria em jogo, já que ficaria sujeito de corpo e alma ao destino da conspiração contra Elizabeth.

A primeira função de Norfolk seria intermediar a remessa de grandes somas de dinheiro para os partidários de Maria Stuart, que continuavam entrincheirados nos castelos de Dumbarton. Ridolfi manejava as peças como numa partida de xadrez, enviando cartas ao duque de Alba, ao rei Felipe II, ao bispo de Ross e ao papa Pio V. Acompanhado por vários agentes da Santa Aliança, entre eles Lamberto Macchi – o "executor" de Darnley, Fawdonshide e Moray –, percorre secretamente os Países Baixos, a Itália e a Espanha.

A operação consistia no desembarque de 6 a 10 mil homens provenientes dos Países Baixos, uma boa parte das tropas do duque de Alba. O embaixador Spes considerava a ação uma obra-prima de engenharia, mas o nobre, muito mais perito em matéria militar, via as coisas de um modo diferente. Para ele, Roberto Ridolfi era um italiano que gostava de falar muito. A despeito das cartas de advertência do poderoso militar ao seu rei, Felipe II decidiu levar muito a sério as informações do espião da Santa Aliança[8]. O próprio monarca apresentou ao Conselho como ponto a discutir o assassinato de Elizabeth I da Inglaterra, e com essa decisão Felipe II dava em pleno século XVI o que no século XXI seria conhecido como "ordem de execução".

O problema era que naquela época, devido às distâncias entre os rebelados e à lentidão das comunicações, operar todas as peças da engrenagem com perfeição se revelava muito complicado. Por fim, o serviço secreto de Elizabeth I começou a detectar os primeiros sinais da chamada "conspiração Ridolfi". O primeiro alerta foi recebido pela própria rainha inglesa em maio, quando o grão-duque da Toscana, que era protestante, informou Londres de um "possível" complô contra ela por parte de Roberto Ridolfi, um conhecido espião florentino da

---

[7] Neville Williams, *All the Queen's Men: Elizabeth I and her Courtiers* (Cardinal, Londres, 1974).

[8] Michel Duchein, *Élisabeth Ire d'Angleterre*, cit., e Wallace MacCaffrey, *Queen Elizabeth and the Making of Policy, 1572–1588*, cit.

Santa Aliança[9]. Depois, alguns agentes ingleses descobriram uma pequena arca com cerca de seiscentas libras, mandadas pelo duque de Norfolk a Maria Stuart[10]. Um membro da Santa Aliança foi preso em 11 de abril em Dover com cartas cifradas, enquanto na Escócia, e após a queda de Dumbarton, eram apreendidos documentos comprometedores para os conjurados.

Joana de Albret, rainha de Navarra que vivia na França sob a proteção da Coroa, mandou entregar a um mensageiro do duque de Alba outras cartas e relatórios, que seriam enviados a Elizabeth I. Em agosto de 1571, a espionagem inglesa sabia o nome e a função de todos os participantes da conspiração. A rede estava prestes a ser desmascarada.

Em abril do mesmo ano, curiosamente a rainha inglesa tinha dado um passo – ou pelo menos tentado – em direção à liberdade religiosa. Convocara o Parlamento com a revolucionária idéia de debater a questão da "liberdade religiosa, mas com toda a lealdade à rainha". O documento apresentado dizia:

> Sua Majestade deseja que se saiba que todos os seus súditos, desde que se sujeitem às leis e não cometam nenhuma infração declarada, não serão molestados nem submetidos a nenhuma humilhação. Sua Majestade não pretende violentar as consciências nem renunciar à sua clemência natural.[11]

Para a decisão final, porém, a rainha precisava do Parlamento, que era declaradamente contra o catolicismo. O documento emitido pela Câmara deixava muito claro para a soberana qual seria a sua posição:

> A idéia de que os homens podem ter direito a professar outras opiniões em matéria de religião é perigosa para o Estado. Um Deus, um rei, uma fé são necessários para manter uma monarquia. A desunião enfraquece, mas a união fortalece.

Elizabeth manifestou, então, o seu desagrado com o texto, mas isso deixava a questão em suspenso e a rainha de mãos atadas.

A descoberta da "conspiração Ridolfi" e das manobras da Santa Aliança para acabar com o reinado de Elizabeth I colocou Maria Stuart em grande perigo. A rede dos conjurados seria finalmente denunciada pelo pirata John Hawkins[12]. O corsário convenceu Roberto Ridolfi de que estaria disposto a lutar por Felipe II e Maria Stuart como comandante de uma frota católica

---

[9] Jane Resh Thomas, *Behind the Mask: The Life of Queen Elizabeth I* (Houghton Mifflin Harcourt, Londres, 1998).

[10] Neville Williams, *A Tudor Tragedy: Thomas Howard, Fourth Duke of Norfolk* (Barrie & Jenkins, Londres, 1989).

[11] Susan Doran, *Elizabeth I and Religion 1558–1603* (Taylor & Francis Books, Londres, 1993).

[12] Harry Kelsey, *Sir John Hawkins: Queen Elizabeth's Slave Trader* (Yale University Press, New Haven, 2003).

inglesa. Para Ridolfi isso significava uma carta na manga que poderia ser usada para propagar a idéia de que no interior da Inglaterra ocorria uma rebelião civil contra a rainha Elizabeth. O que se ignorava era que realmente Hawkins servia à espionagem inglesa sob as ordens de Cecil, o favorito da rainha.

Elizabeth I da Inglaterra pôde ler o relatório de John Hawkins:

> Fui encarregado de reunir a minha frota à do duque de Alba e a outra que o duque de Medina prepara na Espanha. Todos juntos devemos invadir a Inglaterra e restabelecer a rainha da Escócia. Com a ajuda de Deus, esses traidores hão de cair nas suas próprias armadilhas. Assinado, John Hawkins, fiel servidor de Sua Majestade, a rainha Elizabeth, a quem Deus guarde por muitos anos, 4 de setembro de 1571.[13]

No dia 7 de setembro, foi detido o duque de Norfolk; dois dias depois, o bispo de Ross, e no seguinte Maria Stuart era trancafiada numa sombria sala do castelo de Sheffield.

Preso na Torre de Londres, Norfolk continuava negando qualquer envolvimento na "conspiração Ridolfi" e chegava mesmo a refutar a autoria das cartas escritas por seu punho e letra e enviadas ao espião papal. A rainha havia pessoalmente ordenado que Norfolk não fosse torturado e que o interrogatório se concentrasse no bispo de Ross[14].

Entre uma e outra tortura, o bispo esbravejava que não tinham o direito de atentar contra um embaixador de um país estrangeiro (Escócia), mas para os ingleses Ross era somente um padre conspirador que representava os interesses da rainha destronada (Maria Stuart) e, portanto, não podia desfrutar da imunidade diplomática. Com as unhas arrancadas, o corpo ferido pelas torturas e os pés em carne viva depois de serem queimados, o bispo de Ross confessa que a rainha da Escócia envenenou o seu primeiro marido (o rei Francisco II da França), permitiu o assassinato do segundo (lord Henrique Darnley), casou-se depois com o instigador (lord Bothwell) e tentou desposar um traidor (o duque de Norfolk).

Assim que toma conhecimento das conseqüências da declaração *motu proprio* de Ross, Maria Stuart afirma que "o bispo não é mais do que um sacerdote assustado e torturado. Eu tenho a importância de uma rainha e confio que serei libertada pelos meus amigos da Espanha e da França". O rei Felipe II, que não estava muito convencido do resultado do plano de Ridolfi, e muito menos o duque de Alba, decidiu deixá-la à sua sorte, como também a todos os conjurados. A única medida contra a Espanha foi a expulsão, em dezembro de 1571, do embaixador em Londres, Guerau de Spes. Enquanto isso, Norfolk, Arundel, Southampton, Cobham e Lumley estavam encarcerados na Torre de

---

[13] Idem.
[14] Michel Duchein, *Élisabeth Iʳᵉ d'Angleterre*, cit.

Londres à espera de julgamento. Em 16 de janeiro de 1572, a Câmara dos Lordes condenou Norfolk ao cadafalso. Assim que fosse pronunciada a sentença, a rainha Elizabeth devia ratificá-la. O pai do nobre, o terceiro duque de Norfolk, fora decapitado pelo pai de Elizabeth I, o rei Henrique VIII, e agora ela devia assinar a sentença de morte do filho, o quarto duque de Norfolk[15].

Passaram-se meses sem que a rainha decidisse ratificar a sentença de execução. Em 8 de maio de 1572, o Parlamento voltou a se reunir com um único tema na ordem do dia: a execução do duque de Norfolk. Elizabeth recebeu a mensagem e, por fim, em 1º de junho, ordenou que levassem o documento. Com a pena, a rainha assinou "Elizabeth R", e depois o lord Guardião do Grande Selo derramou ao lado da assinatura uns pingos de lacre, onde estampou o selo real[16].

Na manhã de 2 de junho, Norfolk foi escoltado até ao pátio principal da torre. Ainda de pé, afirmou sua lealdade à rainha Elizabeth I e sua fidelidade ao protestantismo, a verdadeira religião do Reino. Em seguida, deu uma moeda de prata ao carrasco, que a segurou com sua mão ensangüentada. Ajoelhou-se, colocou os braços para trás e, com um único golpe do machado, teve a cabeça separada do corpo. Roberto Ridolfi, por sua vez, conseguiu fugir de Inglaterra no barco que ficava ancorado num porto afastado para levá-lo até a França caso a conspiração falhasse[17].

Haviam transcorrido apenas duas semanas desde que o cardeal Hugo Boncompagni, com o decisivo apoio do rei Felipe II, fora eleito papa no conclave realizado depois da morte do ardiloso Pio V, em 1º de maio de 1572[18].

Boncompagni provinha de uma família bem instalada em Bolonha, onde estudara direito. Após atuar como professor universitário, foi chamado a Roma pelo cardeal Parisio, sob cuja proteção começou a carreira na Cúria Eclesiástica de Roma. Apesar da formação jurídica e de seu caráter reservado, não resistiu ao estilo de vida adotado na Roma do Renascimento.

Seria o papa Pio IV (25/12/1559–9/12/1565) quem enviaria Boncompagni à corte de Madri como representante eclesiástico. Foi lá que ele pôde construir boas relações com o monarca espanhol até que, pela morte de Pio IV e a eleição de Pio V ao trono de São Pedro, o cardeal é chamado a Roma para tomar conta da Secretaria dos Breves.

---

[15] Neville Williams, *A Tudor Tragedy*, cit.

[16] Susan Doran, *Elizabeth I and Religion, 1558–1603*, cit.

[17] Roberto Ridolfi voltou para Florença, onde continuou trabalhando como banqueiro e financiando as operações da Santa Aliança. Algumas fontes asseguram que ele seria assassinado por agentes ingleses em setembro de 1600, ao passo que outras afirmam que morreria de febre em 1601. Entretanto, não existem evidências que comprovem nenhuma dessas versões.

[18] Hsia Pochia, *The World of Catholic Renewal 1540–1770* (Cambridge University Press, Cambridge, 1998).

Quando Pio V faleceu, e devido ao apoio incondicional de Felipe II, Hugo Boncompagni foi escolhido papa num conclave que durou menos de 24 horas, no dia 13 de maio de 1572. Em honra de São Gregório Magno, em cuja festividade havia sido nomeado cardeal, ele adotou o nome de Gregório XIII[19].

O novo pontífice remodelou os trinos da Espanha e de Portugal, ratificou a reforma das carmelitas descalças iniciada por Santa Teresa de Ávila e aprovou a fundação da Congregação do Oratório de São Felipe Neri. Seria ele também quem organizaria, auxiliado pelos jesuítas, a primeira força de choque da Santa Aliança. Tal força consistia num pequeno grupo selecionado da Companhia e de fiéis à autoridade papal, cujo único objetivo seria exterminar a rainha da Inglaterra, cabeça do protestantismo.

Embora os planos para destronar Elizabeth I com a ajuda de Felipe II e dos católicos irlandeses terem sido abandonados depois do fracasso de duas invasões e uma conspiração interna, a Santa Aliança não recuaria na sua obstinação de acabar com a rainha herege.

Os resultados da "conspiração Ridolfi", da excomunhão pontifícia e da rebelião do norte tinham abalado a confiança dos cidadãos interioranos na rainha inglesa. Elizabeth I sabia que somente a união com a França acabaria com a idéia de Felipe II de uma intervenção militar na Inglaterra. O rei Carlos IX ampliara a liberdade de culto dos protestantes e, após o edital de Saint-Germain-en-Laye de 1570, a paz civil com os huguenotes estava cada vez mais consolidada, o que desagradava a Madri. Carlos IX estava convencido de que, caso se aliasse a Elizabeth I, poderia enfrentar qualquer tentativa de intervencionismo do lado espanhol e, portanto, qualquer ataque-surpresa do papa Gregório XIII.

Mas os huguenotes também consideravam possível uma parceria anglo-francesa na luta contra o duque de Alba nos Países Baixos. Influenciado ainda mais pelos conselhos do fiel Gaspar de Coligny, o rei Carlos IX estendeu sua mão conciliadora a Elizabeth I, assinando o tratado de Blois em 29 de abril de 1572. A rainha inglesa conseguira que nesse documento não constasse o nome de Maria Stuart, nem sua libertação ou sua restituição ao trono escocês. Durante anos essa circunstância havia prejudicado as relações entre Londres e Paris[20]. As aventuras e traições políticas, bem como a mão do papa e de seus agentes da Santa Aliança, alterariam o cenário, fazendo surgir novos espiões para novas situações.

Mesmo durante a negociação do tratado anglo-francês, a rainha Elizabeth não deixou de vigiar a Espanha, especialmente depois da expulsão do embaixador

---

[19] Javier Paredes e outros, *Diccionario de los papas y concilios*, cit.
[20] Wallace MacCaffrey, *Queen Elizabeth and the Making of Policy, 1572–1588*, cit.

Guerau de Spes pela sua participação na "conspiração Ridolfi". Todos os assuntos da Coroa espanhola em Londres ficaram nas mãos de Antonio de Guaras, um secretário sem poderes diplomáticos. No final de 1572, ele foi capturado pela espionagem papal para informar de qualquer movimento de Elizabeth I até a Santa Aliança poder infiltrar outros agentes no círculo da rainha. Desde a "conspiração Ridolfi", o serviço secreto inglês capturou e executou cerca de dez espiões do Vaticano, mas o jesuíta Lamberto Macchi continuava ativo, e dessa vez em Londres.

O primeiro movimento partiu de Elizabeth para Felipe II: ela mandou expulsar os navios corsários holandeses conhecidos como "*Gueux* do mar" ("mendigos do mar") de todos os portos ingleses, onde estavam instalados desde 1566. Seus tripulantes eram, originalmente, marinheiros mercantes da região de Flandres que, fugindo das tropas do duque de Alba, lançaram-se ao mar à procura de barcos espanhóis e seus valiosos tesouros de guerra. A bordo havia também corsários ingleses, escoceses e irlandeses fiéis a Elizabeth I e até mesmo huguenotes franceses. Todos tinham "patentes de corso" conferidas por Guilherme de Orange como príncipe soberano de Orange, na Provença[21]. As "patentes de corso" eram documentos pelos quais uma potência beligerante concedia aos marinheiros civis o direito de atacar e abordar qualquer embarcação de um país inimigo.

Expulsando esses importunos holandeses, Elizabeth I atingia dois claros objetivos: acabar de uma vez por todas com o contrabando feito por eles e agradar aos espanhóis. Mas a expulsão provocou uma reação indesejada. A Santa Aliança informou que Guilherme de La Marck, comandante dos *Gueux*, precisava urgentemente de um porto para abastecer, e era óbvio que não podia fazê-lo na Inglaterra ou na França, tendo assim de procurar um lugar seguro nos Países Baixos e atacar os espanhóis. Roma instruiu seus espiões para que alertassem os agentes do duque de Alba infiltrados em algumas cidades costeiras inglesas sobre qualquer movimento de barcos de guerra.

Dessa forma, em 1º de abril de 1572, tomaram o porto e a cidade de Brielle, na ilha holandesa de Voorne, na foz do rio Mosa. A Santa Aliança informou que os corsários de La Marck não se estabeleceriam ali: poucos dias depois, os barcos soltaram as amarras e, na ilha de Wacheren, invadiram a cidade fortificada de Flessinga, da qual controlavam a foz do rio Escaut e onde hastearam a bandeira de Guilherme de Orange[22].

Por meio dos agentes da Santa Aliança, o duque de Alba fica ciente de que uma onda de júbilo toma conta da Inglaterra protestante, onde já se começa

---

[21] Robert Fagle, *William of Orange and the Revolt of the Netherlands, 1572–1584* (Ashgate, Londres, 2003).

[22] Michel Duchein, *Élisabeth Iʳᵉ d'Angleterre*, cit.

a falar da ruína espanhola nos Países Baixos. Esse júbilo fez com que milhares de soldados ingleses e huguenotes franceses se alistassem voluntariamente e se juntassem aos corsários de Guilherme de La Marck em Flessinga. O entusiasmo continuou se alastrando e levantou a população de Flandres, Holanda, Zelanda, Güeldres e Frísia contra as autoridades espanholas. De Londres, o notável espião Lamberto Macchi havia anunciado que a rainha Elizabeth recebia constantes reivindicações por parte de Guilherme de Orange e de Luís de Nassau para que a Inglaterra chefiasse o movimento de independência dos Países Baixos sob a bandeira do protestantismo. Macchi escreve ao santo padre:

> Elizabeth tem apenas duas opções: permanecer neutra ou intervir numa guerra aberta contra a Espanha no continente. Ela sabe que é um risco muito alto. Se o duque de Alba puder recuperar o controle das cidades rebeldes, os exércitos não se deterão lá e continuarão avançando até Londres com o consentimento oficial do rei Felipe. Elizabeth não pode se colocar em tão grande perigo e tampouco lhe interessa acabar com o domínio espanhol no outro lado do Canal e permitir que Guilherme de Orange se torne um poderoso vizinho.

O espião da Santa Aliança sabia muito bem que, embora Leicester e Walsingham, então embaixador em Paris, fossem favoráveis a essa intervenção, pesava mais na corte a opinião de Burghley a favor de uma posição de "esperar para ver"[23].

O favorito Coligny aconselhou Carlos IX da França a liderar os protestantes e os católicos na luta contra a Espanha a fim de unir o Reino, bem como a nomear o duque de Anjou vice-rei dos Países Baixos. Essa idéia de grandeza agradava a Carlos IX. Em todo o continente, até o início de junho se pensava que uma grande mudança nos poderes da Europa estava prestes a ocorrer e que o protestantismo acabaria com a força católica espanhola. A isso se somava a partida de quase 1500 voluntários ingleses, que com os *Gueux* conquistaram Bruges. Esse fato colocou a rainha Elizabeth I em maus lençóis perante Felipe II.

Os primeiros triunfos que enchiam de glória os defensores da Reforma rapidamente se converteram em terríveis derrotas e posteriores massacres por parte dos defensores da Contra-Reforma. Em junho, Guilherme de Orange era rechaçado e mais uma vez empurrado pelas tropas espanholas para a Alemanha em meio a enormes baixas. Mons [Bélgica] capitula sem saber que as tropas de huguenotes vindas da França em seu auxílio sob as ordens do general De Genlis, parente de Coligny, o ardiloso conselheiro do rei Carlos IX, tinham sido completamente massacradas na passagem de Quiévrain. O duque de Alba ordenou que suas tropas não fizessem prisioneiros.

---

[23] Wallace MacCaffrey, *Queen Elizabeth and the Making of Policy, 1572–1588*, cit.

Por isso, Guilherme de Orange passa a ser o novo alvo da Santa Aliança. Usando os huguenotes como bodes expiatórios da derrota protestante nos Países Baixos, o papa Gregório XIII deu ordens para acabar com ele e com o beneplácito do monarca espanhol. Para evitar retaliação por parte da Espanha, Carlos IX arquitetou um casamento entre Francisco, duque de Alençon, e a rainha Elizabeth. Sabia que, se o enlace fosse bem-sucedido, Felipe II não ousaria arriscar a delicada estabilidade das relações entre Madri e Londres para atacar a França.

Francisco de Alençon estava disposto a abraçar a fé protestante se isso resultasse em uma aproximação com Elizabeth. Para isso, enviou a Londres o seu embaixador Boniface de la Mole, mas nem um nem outro sabiam que naquele mesmo instante começara em Paris a matança de protestantes.

Na primeira semana de agosto, o rei Carlos IX passou a transitar por dois territórios, mas o seu conselheiro, Coligny, continuava a favor da guerra aberta contra Felipe II. Por outro lado, o rei sofria pressões contrárias de sua própria mãe, Catarina de Médicis, do irmão, Henrique de Anjou, do embaixador espanhol, Zuñiga, e até mesmo do preposto de Gregório XIII na corte. Sucessor da Coroa da França e um católico muito convicto, o príncipe Henrique sabia que, se quisesse acabar com a idéia de seu irmão Carlos de atacar Felipe II, precisaria eliminar Coligny. Ciente de que devia evitar sujar as mãos de sangue, o herdeiro convenceu um homem enviado pelo núncio do papa – ao que tudo indicava, um agente da Santa Aliança – a fazer o serviço. Na noite de 22 de agosto, Coligny segue numa carruagem aberta pelas ruas de Paris quando, num cruzamento, duas carruagens fechadas se interpõem no seu caminho. Do interior saem quatro homens que, com as espadas, tentam atingir o insolente conselheiro real, mas a rápida ação da guarda os obriga a fugir. Gaspar de Coligny é ferido no rosto e no braço direito. Torna-se, assim, evidente que pessoas muito próximas do rei desejam a sua morte.

Por saberem que Coligny tem poder para incitar os huguenotes em todo o país contra o rei, Henrique e Catarina de Médicis o convencem a espalhar suas milícias pela capital francesa. Na noite de 23 e até 24 de agosto, Dia de São Bartolomeu, iniciou-se em Paris um verdadeiro banho de sangue. Cerca de 5 mil huguenotes, segundo algumas fontes, ou uns 20 mil, de acordo com outras, foram assassinados apenas em dois dias[24]. Após se instalaram na cidade sem muita dificuldade, os membros da milícia entravam nas casas dos huguenotes, matavam os homens, violavam as mulheres e degolavam as crianças. Os cadáveres eram, então, atirados em enormes fogueiras[25].

---

[24] Philippe Erlanger, *St. Bartholomew's Night: The Massacre of Saint Bartholomew* (Greenwood, Nova York, 1975).

[25] Norman Sutherland, *The Massacre of St. Bartholomew and the European Conflict, 1559–1572* (Barnes & Noble, Nova York, 1996).

O almirante Gaspar de Coligny caiu nesse mesmo dia. Depois do atentado sofrido, refugiou-se no castelo familiar de Chatillon. Sabia que, se não conseguisse entrar em contato com Guilherme de Orange, podia ser assassinado a qualquer momento. De fato, na noite de 26 de agosto, três homens entraram em seus aposentos e o mataram com nove punhaladas. Diz a lenda que Coligny teria sido executado por agentes da Santa Aliança.

Nas capitais protestantes, o povo viu – nessa que futuramente seria conhecida como A Noite de São Bartolomeu – o resultado de uma conspiração entre Felipe II, Catarina de Médicis, o duque de Alba e o papa Gregório XIII. A verdade é que durante meses os espiões da Santa Aliança enviaram mensagens para Roma sobre as possíveis conseqüências das revoltas em Paris, entre as quais estaria a morte em massa de protestantes. Mas o Vaticano não alertou ninguém, porque afinal as vítimas seriam velhos, mulheres e crianças, todos hereges.

Os relatórios do embaixador inglês, Walsingham, sobre este caso mostram-se claros: "Não sei como esta tragédia não comove todo o Reino". O diplomata foi salvo das milícias pela Guarda Real enviada do palácio por Carlos IX, o que protegeu os ingleses que, como Walter Raleigh, estavam em Paris naquele dia sangrento. Para amenizar os efeitos do golpe, a própria Catarina de Médicis criou uma versão que seria defendida pelo rei no Parlamento parisiense e espalhada pelos agentes da Santa Aliança em toda a Europa: "Gaspar de Coligny concebera um plano para matar o rei, seus irmãos e a família real. Graças à bondade divina, o governo foi avisado a tempo [acredita-se que por espiões do papa] e, devido a uma ordem do rei, o almirante [Coligny] e seus cúmplices foram executados para evitar o mais desumano golpe de Estado". E assim ficou resolvida a questão sobre o assassinato de milhares de pessoas.

Embora Maria Stuart continuasse a ser rainha da Escócia, seus partidários diminuíam dia a dia. A sua intervenção na "conspiração Ridolfi" colocou-a numa posição delicada perante Elizabeth. A França, por sua vez, já não se mostrava tão disposta a apoiá-la devido a um projeto de entendimento entre Paris e Londres. E até mesmo a esposa de Carlos IX, Ana da Áustria, havia escolhido Elizabeth I como madrinha de sua filha que acabara de nascer. Cada vez mais, o ainda jovem Jacob da Escócia era reconhecido como rei de pleno direito.

De Londres, Macchi informou a Gregório XIII que os ingleses estavam tramando algo contra a católica Escócia, pois Elizabeth tinha enviado Henry Killigrew a Edimburgo com instruções precisas:

> É sabido que a presença da rainha da Escócia é tão perigosa para Sua Majestade [Jacob] e para o seu Reino que se faz necessário nos livrarmos dela. E, ainda que se possa fazer justiça aqui mesmo, por diversas razões parece preferível, sem dúvida,

enviá-la para a Escócia e entregá-la ao regente [Morton] para ser julgada pelos meios legais, de tal modo que ninguém possa ser prejudicado por ela.[26]

Este texto demonstrava claramente o interesse de Elizabeth em mandar Maria Stuart para a morte. Mas Morton explicou ao enviado de Londres que, se na verdade queriam ajudar a Escócia, bastava "dar uma mãozinha" para acabar com o espinho católico encravado na protestante Escócia, que era o castelo de Edimburgo, ainda em poder dos partidários da ex-rainha Maria Stuart. Para os ingleses, reconhecer Jacob VI como rei era uma coisa, mas intervir abertamente na Escócia era outra.

Com Carlos IX e Felipe II ocupados, respectivamente, em La Rochelle e no conflito dos Países Baixos, Elizabeth I estava segura de que nenhum deles se mostraria disposto a ajudar Maria Stuart. Assim, em 17 de abril de 1573, um exército inglês invadiu a Escócia. Lamberto Macchi enviara uma mensagem urgente para Roma relatando que um grande número de homens e sua artilharia tinham cruzado a fronteira escocesa. Quando a informação do agente chegou ao Vaticano, no dia 28 de abril, já era tarde demais. Na manhã de 17 de maio, começou o bombardeio sobre a fortaleza de Edimburgo e doze dias depois os sitiados se renderam.

Ainda sob os efeitos da "conspiração Ridolfi", do massacre de São Bartolomeu e do ataque inglês ao castelo de Edimburgo, a Europa vivenciou um período incerto pelos dez anos que se seguiram. França, Espanha e Roma adotam o continuísmo em seus reinados. Elizabeth I da Inglaterra, Felipe II da Espanha, Gregório XIII no Vaticano e Henrique III, que subiu ao trono francês depois da morte de Carlos IX, em 1574, marcam a política do período de transição do século XVI para o XVII.

Por ordem do rei Felipe II, no final de 1573 Luis de Requesens assumiu o posto do duque de Alba. Requesens ficou no poder apenas até 1576, quando veio a falecer. O monarca nomeou então dom João da Áustria, que também morreu em seguida, em 1578, e a este lhe sucedeu Alessandro Farnese, o duque de Parma, seu lugar-tenente e homem de confiança.

Instalados em Flessinga, os *Gueux* fiéis a Guilherme continuavam a atacar as frotas que navegavam pelo Canal da Mancha. Elizabeth já tinha alertado o príncipe de Orange de que, se ele continuasse abordando os navios ingleses, ela seria obrigada a se aliar aos espanhóis para castigar os *Gueux*. Devido à pressão militar dos exércitos espanhóis, em 1578 Guilherme ofereceu a Elizabeth da Inglaterra a Coroa dos Países Baixos já libertados. Entretanto, a rainha sabia que se aceitasse colocaria em perigo a tão instável união entre Londres e Madri[27].

---

[26] Michel Duchein, *Élisabeth Ire d'Angleterre*, cit.
[27] Robert Fagle, *William of Orange and the Revolt of the Netherlands*, cit.

Por outro lado, a morte de Inácio de Loyola em 31 de julho de 1556 deixara a Companhia de Jesus sem uma liderança definida para cuidar dos seus quase 5 mil membros espalhados pelo mundo. Em 1581, a eleição do italiano de 37 anos, Claudio Acquaviva, como seu padre geral, marca o começo da chamada "época dourada" dos jesuítas. Acquaviva e o papa Gregório XIII formariam uma das melhores alianças de toda a história da Igreja[28].

Fazia muito tempo que os jesuítas tinham percebido a situação estratégica do ponto de vista militar da católica Irlanda numa possível reconquista da protestante Inglaterra. O papa estava convencido de que qualquer apoio a James Fitzmaurice, sobrinho do conde Desmond, contribuiria para o avanço da causa católica nas ilhas inglesas. A idéia dos jesuítas era organizar uma expedição militar a Munster (Ulster), onde Fitzmaurice acreditava poder liderar a rebelião contra a rainha Elizabeth.

Para comandá-la, os jesuítas e os agentes do papa escolheram Thomas Stukeley, um verdadeiro camponês, antigo pirata, conhecido pela espionagem inglesa e por alegar que era filho bastardo do rei Henrique VIII. Convertido num obstinado defensor do catolicismo, Stukeley solicitou a proteção da corte de Madri, onde Felipe II lhe conferiu o título de marquês da Irlanda. Antes da sua partida, ávido por aventuras e honrarias, ele decidiu se envolver numa ridícula cruzada contra os infiéis de Marrocos ao lado do rei dom Sebastião de Portugal. Em 4 de agosto de 1578, decepam-lhe a cabeça na batalha de Alcácer Quibir, e com isso a Santa Aliança se viu obrigada a procurar outro líder para a rebelião irlandesa.

Assim, Fitzmaurice retornava ao comando da empreitada. Disposto a financiar e abençoar a operação irlandesa, o papa Gregório XIII ordenou que um membro da Santa Aliança o acompanhasse na expedição militar. Para essa tarefa foi escolhido o padre Nicholas Sanders[29], um inglês que ficou muito conhecido durante o reinado de Elizabeth I por seus textos contra a heresia anglicana.

Em 27 de junho de 1579, James Fitzmaurice e Nicholas Sanders, sob a bandeira pontifícia, zarparam do porto de El Ferrol rumo às terras irlandesas. A tropa e a tripulação eram compostas por meia centena de homens, na maioria italianos e espanhóis. Um mês depois chegaram à península de Smerwick, onde se entrincheiraram à espera de reforços espanhóis. Rapidamente a operação começou a sofrer baixas. Fitzmaurice foi abatido pelos tiros das tropas inimigas, mas o conde de Desmond, que regressara à Irlanda após cumprir pena na

---

[28] Malachi Martin, *The Jesuits*, cit.
[29] Nicholas Canny, *Making Ireland British, 1580–1650* (Oxford University Press, Oxford, 2001).

prisão da Torre de Londres, assumiu o comando e em poucas semanas todo o Munster estava em rebelião aberta contra os ingleses.

Enquanto isso, Nicholas Sanders, com o texto da bula de excomunhão de Elizabeth I em punho, adentrava todas as igrejas da Irlanda para pedir aos irlandeses que se posicionassem contra a rainha herege. Os protestantes estavam refugiados em Dublin e Cork. O conde de Ormond comandava as tropas irlandesas fiéis à Inglaterra. Por fim, em setembro de 1580 a Espanha enviou tropas de apoio, mas um dia antes da sua chegada Elizabeth mandou reforços e uma grande frota para acabar com a insurreição. Em novembro, o forte estava cercado por terra e por mar.

Passados vários dias de negociações, o comandante espanhol perguntou ao lord Grey de Wilton, chefe das forças inglesas, quais seriam as condições da rendição. Wilton tinha ordem da própria rainha Elizabeth para conseguir a capitulação e o aniquilamento total dos rebeldes.

Em 10 de novembro de 1580, as tropas inglesas e irlandesas fiéis a Elizabeth invadiram a fortaleza. Mais de meia centena de homens foram ali mesmo executados, bem como os católicos irlandeses, homens, mulheres e crianças que haviam buscado abrigo no interior do forte. Resgatados com muita dificuldade, trinta oficiais espanhóis conseguiram regressar a seu país natal. Um inglês católico e dois irlandeses que vieram da Espanha com James Fitzmaurice foram torturados e executados[30].

Nicholas Sanders, que não estava no forte, continuou seu trabalho clandestino como agente da Santa Aliança na Irlanda até 1581, quando faleceu vítima de frio e de fome[31].

Depois da Operação Munster, da Santa Aliança, Elizabeth I foi tirar satisfações com Mendoza, o embaixador de Espanha. A soberana inglesa acusava os espanhóis e o rei Felipe II de atos de hostilidade pelo desembarque de tropas num território sob a soberania da Inglaterra. O diplomata explicou então que a Espanha nada tinha a ver com aquela aventura, que ela fora planejada e financiada pelo papa Gregório XIII.

A explicação oficial dada pela corte de Madri foi que "os navios pontifícios bem como as suas tropas tinham liberdade de transitar pelo território e pelos portos do rei de Espanha, príncipe católico e defensor da fé". Indignada, Elizabeth da Inglaterra ameaçou enviar tropas para os Países Baixos. E, mais uma vez, o embaixador Mendoza respondia à soberana inglesa de forma

---

[30] John O'Beirne Ranelagh, *A Short History of Ireland* (Cambridge University Press, Cambridge, 1995) e Nicholas Canny, *Making Ireland British, 1580–1650*, cit.

[31] Nicholas Sanders é considerado um mártir da fé pelos católicos da República da Irlanda, e em algumas de suas igrejas ainda hoje ele é reverenciado no dia de sua morte.

pouco diplomática: "No vosso próprio interesse, deveis saber que, se o rei da Espanha decidir fazer-vos a guerra, o fará com tal força que não tereis sequer tempo de respirar antes que venha o golpe"[32].

O fracasso irlandês fez com que o papa Gregório XIII fechasse os olhos, bem como Elizabeth I e Felipe II, à questão escocesa, que ainda estava pendente.

Após a queda do castelo de Edimburgo, sete anos antes, Maria Stuart perdera todo poder na Escócia. Graças ao regente Morton, os protestantes e a rainha Elizabeth mantiveram as rédeas bem curtas até que o adolescente Jacob VI se tornasse um bom rei. Mas as nuvens negras voltavam a assombrar a Escócia como um peão numa partida de xadrez religiosa.

Jacob VI entrou triunfante em Edimburgo no dia 17 de outubro de 1578. A entusiasmada e calorosa recepção de seu povo despertou nele o gosto pelo poder. O jovem monarca era inteligente e, ciente de suas responsabilidades como rei, sabia que precisava de um conselheiro que o auxiliasse a manejar a difícil política escocesa. O eleito foi Esmé Stuart, senhor de Aubigny, um primo francês do monarca pelo lado materno da família, a qual se instalara em Berry durante a Guerra dos Cem Anos[33].

Esmé de Aubigny era um fervoroso católico que jurara lealdade ao papa Gregório XIII e rapidamente se transformou numa espécie de agente livre da Santa Aliança em território escocês. Devido à sua posição privilegiada, quase melhor do que a do finado David Rizzio em relação a Maria Stuart, poderia convencer o jovem rei a converter a Escócia numa nação católica – ou pelo menos era isso que se esperava em Roma. Afinal, Rizzio só cuidava dos problemas íntimos de uma rainha, ao passo que Esmé de Aubigny conduziria os assuntos políticos de um rei.

O francês chegara à corte da Escócia em 1579 e um ano depois abraçou o protestantismo para passar despercebido entre os nobres de Jacob. O monarca não somente o nomeara conde de Lennox – e depois duque – em 1582, como também via no primo afastado um possível herdeiro da Coroa[34].

Os reis e os conselheiros das cortes européias se perguntavam por que Esmé de Aubigny tinha tanto interesse na Escócia e em Jacob VI. Para Guilherme de Orange, o francês era um joguete da França e, para Elizabeth I, um agente do papa e um trunfo dos jesuítas. Na verdade, o francês era apenas um aventu-

---

[32] Michel Duchein, *Élisabeth Ire d'Angleterre*, cit.

[33] Antonia Pakenham, *King James VI of Scotland, I of England* (Random House, Nova York, 1975).

[34] Esmé de Aubigny, duque de Lennox, era primo-irmão de Henrique Darnley, suposto pai do rei Jacob VI, o que o tornava um possível herdeiro da Coroa escocesa por parte dos Stuart-Lennox.

reiro em busca da sua própria fortuna. Aubigny podia ser um perfeito católico para Gregório XIII e Felipe II e um fervoroso protestante para Elizabeth I e Jacob VI.

Aconselhado pela Santa Aliança, Esmé de Aubigny sabia que, se desejava algum dia ser rei da Escócia, deveria tirar do caminho o poderoso conde de Morton, o regente. Na noite de 31 de dezembro de 1580, sob a acusação de ter participado do assassinato de Henrique Darnley catorze anos antes, Morton foi detido por um guarda especial quando entrava no palácio real. E o até então regente da Escócia se viu trancafiado numa cela sombria do castelo de Edimburgo à espera de seu julgamento.

Ao saber dos acontecimentos na Escócia, a rainha Elizabeth decidiu enviar o embaixador Thomas Randolph para exigir a imediata libertação de Morton. A soberana inglesa foi informada de que Jacob VI e Aubigny estavam sendo manipulados por uma nova conspiração papal – e isso era mais do que certo.

Nessa altura, Walsingham, que exercia o cargo não só de secretário de Estado da Inglaterra, mas também de chefe da espionagem, aconselha a rainha a adotar um dos dois caminhos sugeridos por ele: enviar uma frota de navios de guerra para as costas escocesas a fim de amedrontar Jacob VI e, assim, libertar Morton, ou simplesmente ordenar o assassinato de Esmé de Aubigny. Elizabeth aceita a segunda opção, mas deixa bem claro que a morte do agente de Santa Aliança não deve ocorrer na presença do rei[35].

Numa noite de março de 1581, quatro homens mandados por Walsingham surpreendem Esmé de Aubigny, duque de Lennox. Hábil com a espada, o francês desfere uma estocada certeira no primeiro que o ataca, matando-o logo, mas o tiro de outro agente inglês o deixa ligeiramente ferido num braço. Ao perceberam que a guarda do conselheiro do rei se aproxima, os espiões de Walsingham desatam a fugir. O golpe tinha falhado, mas Aubigny não deixaria aquilo passar em branco. Para se prevenir contra um novo ataque, o influente conselheiro ordenou a execução de Morton no dia 2 de junho.

Por sua vez, Jacob VI e Esmé de Aubigny ocuparam-se de tecer uma poderosa rede contra Elizabeth I. A "conspiração Throckmorton", como ficou conhecida, contava com várias pessoas influentes: Felipe II, Henrique III, Gregório XIII e Maria Stuart. O objetivo continuava a ser destronar a herege rainha Elizabeth I e colocar Maria Stuart no trono da Inglaterra.

Nos primeiros meses de 1583, Thomas Morgan, então secretário da embaixada da Escócia na França, recrutou Francis Throckmorton, um católico inglês de 28 anos, defensor do papa e bom apreciador de intrigas.

---

[35] Michel Duchein, *Élisabeth I*ʳᵉ *d'Angleterre*, cit. e Roy Strong, *Gloriana: The Portraits of Queen Elizabeth I* (Pimlico, Londres, 2003).

Enviado à Inglaterra, dedicou-se a reunir o máximo de dados sobre segurança do país, como as linhas costeiras, os pontos de defesa, os possíveis locais de desembarque etc. As principais ligações com o continente eram Charles Paget – outro membro da Santa Aliança em Londres –, encarregado de viajar constantemente a Paris para levar cartas cifradas, e Michel de Castelnau de Mauvissière, embaixador da França na corte de Elizabeth.

As informações de Throckmorton tinham também como destino a embaixada da Espanha em Londres e em Paris e a da França em Londres[36]. O embaixador Mendoza na Inglaterra e o embaixador Juan Bautista de Taxis na França relatavam ao rei Felipe II os avanços de uma conspiração da qual não estavam muito propensos a participar.

Na primavera de 1583, Walsingham tinha boa parte do plano sobre a mesa, bem como o nome dos rebeldes e dos agentes da Santa Aliança. Throckmorton não sabia então que a infiltração dos ingleses fora concretizada na legação francesa em Londres. No início daquele ano, Walsingham conseguira infiltrar na embaixada francesa um espião cujo codinome era Fagot. Na verdade – e só se saberia isso muitos anos depois –, Fagot não era outro senão o célebre filósofo italiano Giordano Bruno, tal como observa o historiador John Bossy no seu ótimo livro *Giordano Bruno e o mistério da embaixada*. Até bem poucos anos atrás se acreditava que o verdadeiro traidor e responsável por desmantelar a "conspiração Throckmorton" fosse mesmo o secretário do embaixador, Jean Arnault, senhor de Cherelles[37].

Graças às informações fornecidas pelo dominicano Bruno ao próprio Walsingham, Throckmorton foi detido em 12 de outubro. Antes de sua prisão, uma criada que trabalhava na embaixada da Espanha conseguiu salvar importantes documentos que acusavam de participar da conjura os diplomatas espanhóis e o próprio rei da Espanha. O agente da Santa Aliança Francis Throckmorton seria executado em 10 de julho de 1584[38], ao passo que Giordano Bruno, ou melhor, Fagot continuou a trabalhar para a espionagem inglesa até 1586, quando deixou de residir na embaixada francesa em Londres[39].

O que ficava claro é que a finalidade das intrigas oriundas de Madri e de Roma era aumentar a tensão na Escócia. A primeira idéia era criar uma força militar católica que, depois de desembarcar na Escócia, capturasse vivo o rei

---

[36] John Bossy, *Giordano Bruno e o mistério da embaixada* (Ediouro, São Paulo, 1993).
[37] Michel Duchein, *Élisabeth Ire d'Angleterre*, cit.
[38] John Bossy, *Giordano Bruno e o mistério da embaixada*, cit.
[39] Por questionar o dogma da Trindade, seis anos depois de acabar com a "conspiração Throckmorton", o dominicano e filósofo nascido em Nápoles, Giordano Bruno, foi queimado na fogueira pela Inquisição em 1600 no Campo dei Fiori, em Roma.

Jacob VI e o levasse para a França, onde seria obrigado a se converter ao catolicismo – caso não o fizesse por vontade própria. Nessa mesma operação, vários membros da Santa Aliança auxiliados por católicos ingleses deviam libertar a rainha Maria Stuart e restituí-la ao trono[40].

Os agentes de espionagem do papa eram os jesuítas Crichton, Holt, Edmund Campion e Robert Parsons. Por ser mais fiel a Claudio Acquaviva, o padre geral dos jesuítas, do que ao papa Gregório XIII, Crichton se transformaria numa verdadeira lenda na Santa Aliança, até ser capturado, em 3 de setembro de 1584. Além de muito culto, Campion era diplomata e um hábil conversador. Parsons, por sua vez, era um guerreiro habilidoso com a espada e um orador veemente[41].

Financiados por Felipe II e pelo papa, os religiosos tinham a missão de ir até Edimburgo para encontrar os lordes, que haviam se comprometido a apoiar causa da rainha Maria Stuart. Henrique III, que acabara de se nomear responsável pela tarefa, planejava uma grande operação militar. Em um mapa da Escócia distribuíra uma tropa com cerca de 20 mil homens, algo quase impossível naquela época. Por seu lado, Maria Stuart pensava em enviar o filho, o destronado Jacob VI, para Espanha, sob a "proteção", ou melhor, a vigilância de Felipe II, na esperança de que ele abraçasse o catolicismo.

A fim de evitar males maiores, Walsingham arquitetou uma operação para acabar com a conspiração. O chefe da espionagem inglesa ordenou ao conde de Gowrie, inimigo de Esmé de Aubigny, que detivesse Jacob VI no castelo de Ruthven até que os protestantes retomassem o poder em Edimburgo.

Uma semana depois da prisão do monarca, Esmé de Aubigny, duque de Lennox, fugiu da Escócia e refugiou-se na França. Os agentes de Walsingham conseguiram capturar o jesuíta Holt, que, após ser torturado para confessar a sua participação e a da Santa Aliança na conspiração, foi enforcado sem nenhum julgamento. O padre Crichton fugiu e regressou a Roma, ao passo que o padre Parsons conseguiu escapar e se refugiar na França, onde continuou a trabalhar para a espionagem papal. O padre Campion também fugiu da Escócia, mas foi preso pouco tempo depois em terras inglesas. Encarcerado na Torre de Londres, foi torturado e executado em Tyburn no dia 1º de dezembro.

Durante 1583, a questão escocesa continuou a se impor na política européia do final do século XVI. Reconduzido ao trono da Escócia em 29 de junho e ciente de que sua mãe estava envolvida na conspiração para destroná-lo, Jacob decide cortar de vez as relações com ela. Oficialmente, e perante a Inglaterra, a Escócia rompe com a ex-rainha Maria Stuart por ordem de seu próprio filho.

---

[40] Antonia Pakeraham, *King James VI of Scotland, I of England*, cit.
[41] Malachi Martin, *The Jesuits*, cit.

OS ANOS SOMBRIOS (1570-1587)

Apesar da frágil saúde e de seus 83 anos, o papa Gregório XIII ainda tem disposição para dar sua última cartada antes de morrer: ordenar à Santa Aliança que elimine o príncipe protestante Guilherme de Orange, que já tinha sobrevivido a outro atentado dois anos antes. Naquela época, o assassinato político era muito comum na Europa.

Para executar com sucesso a operação, o pontífice escolheu o jesuíta Crichton, que fugira da Escócia e estava em Roma. Tanto o holandês como a rainha protestante da Inglaterra deviam morrer em nome da verdadeira fé. O padre Crichton chegara à Holanda em abril de 1584 e, a partir de então, estabeleceu estreitas relações com Baltasar Gérard e Gaspar de Albrech, dois fanáticos católicos da Borgonha.

Ambos se mostravam dispostos a acabar com a vida do herói protestante, mesmo numa missão suicida. A oportunidade chegou em 10 de julho de 1584 na cidade de Delft. Nessa manhã, Guilherme de Orange e alguns membros do seu séquito tinham ido à praça principal para se reunir com as autoridades. O holandês conseguiu se esquivar da primeira tentativa, de Albrech, mas não da segunda, de Gérard. A estocada atravessou-lhe o pulmão e ele morreu à noite em decorrência dos ferimentos[42]. As Províncias Unidas choraram a morte de seu chefe, porque, apesar de a guerra com a Espanha estar longe de terminar, surgia uma nova nação, a Holanda, numa Europa devastada por guerras e conflitos religiosos.

Na manhã de 6 de setembro de 1584, corsários holandeses atacaram um navio que passava pelo mar do Norte sem bandeira. Depois de matarem uma parte da tripulação e dominarem o restante, os piratas revistaram a embarcação e encontraram um homem que se recusava a se identificar. Era o jesuíta Crichton, que, após o regicídio, conseguira fugir das possíveis represálias dos protestantes. Entregue aos ingleses, o padre foi encarcerado por ordem de Walsingham na Torre de Londres para ser interrogado[43].

Os corsários holandeses entregaram o padre jesuíta ao chefe da espionagem inglesa juntamente com documentos comprometedores, recuperados pelos assaltantes após Crichton tê-los atirado ao mar. Os papéis em poder de Walsingham elucidavam o plano de invadir a Inglaterra com uma grande força católica, resgatar Maria Stuart e colocá-lo no trono da Inglaterra no lugar da herege Elizabeth[44].

---

[42] Robert Fagle, *William of Orange and the Revolt of the Netherlands*, cit.

[43] O jesuíta Crichton foi posto em liberdade e expulso de Inglaterra. Se algum dia voltasse a ser detido em território inglês, seria executado imediatamente. O agente da Santa Aliança escapou da forca por não ser súdito inglês e por ter sido preso fora do território da Inglaterra. Crichton regressou a Roma, onde morreu aos 86 anos.

[44] Michel Duchein, *Élisabeth Ire d'Angleterre*, cit.

Com o jesuíta foi também encontrada uma carta assinada pelo cardeal Galli, bispo de Como e secretário de Estado do Vaticano, dirigida a Crichton, na qual se lia:

> Visto que essa mulher é culpada e causa de tanto dano à fé católica e pela perda de tantos milhões de almas, não há dúvida de que quem a afastar deste mundo com a piedosa intenção de servir a Deus não só não pecará, como também ganhará méritos eternos.

A sessão do Parlamento realizou-se em 23 de novembro de 1584 e nela vários deputados se serviram da chamada "Lei complementar contra jesuítas, sacerdotes, seminaristas e outras pessoas semelhantes e desobedientes". Promulgada em 1559, determinava que quem se enquadrasse nela deveria deixar o solo inglês no prazo de quarenta dias, sob pena de morte. William Parry, deputado conhecido por sua afinidade ao catolicismo, atacou o texto da lei e aqueles que defendiam a sua prática, alegando que na Inglaterra viviam muitos católicos dispostos a morrer pela rainha Elizabeth. Poucos sabiam que Parry trabalhara na Europa para o serviço de espionagem inglês, mas também que arquitetara assassinar Elizabeth I quatro anos antes – plano que abandonou por motivos de consciência.

Terminada a sessão, William Parry foi detido por traição e levado para a Torre de Londres. Apesar disso, a própria rainha ordenaria a sua libertação, livrando assim a sua pele – mas não por muito tempo[45].

Nessa época, começou a ser tramado um complô para acabar com a vida de Elizabeth I, mas um dos envolvidos, Edmund Neville, duque de Westmoreland, decidiu abandonar o plano e denunciá-lo a Walsingham. O assunto caiu como uma bomba entre os membros da corte, que tinham bem presente o assassinato de Guilherme de Orange. William Parry aparecia então como chefe dos conspiradores católicos e mais uma vez emergia atrás dele a mão do velho papa Gregório XIII e a da Santa Aliança.

A idéia era atirar contra a carruagem real durante as celebrações do começo do ano. O plano havia sido esboçado por Thomas Morgan, um dos homens de confiança de Maria Stuart. No interrogatório de Parry apareceram ligações com os católicos escoceses que viviam refugiados na França, protegidos pelo também católico Henrique III.

O julgamento de William Parry foi realizado com rapidez, assim como a sua execução, em 2 de março de 1585. Por ter participado do complô, Thomas Morgan seria preso na Bastilha e libertado quatro meses depois. Apesar de ter

---

[45] Geoffrey Parker, *Success is Never Final: Empire, War, and Faith in Early Modern Europe* (Basic Books, Londres, 2002).

sido considerado inocente, Edmund Neville foi obrigado a abandonar a Inglaterra, tendo morrido em Roma em 1619, sob a proteção do papa Paulo V.

Em 24 de abril de 1585, o cardeal e franciscano Felice Peretti foi eleito o novo pontífice depois da morte de Gregório XIII, ocorrida duas semanas antes. O papa Sisto V – nome adotado por Peretti – tinha sido um homem muito próximo de Pio V, chegando mesmo a ser consultor da Congregação da Inquisição graças ao apoio dele. Por trás da sua eleição, via-se novamente a mão de Felipe II.

Na verdade, seria Sisto V o responsável por estabelecer os mais estreitos laços com a congregação dos jesuítas, empregando-os como um tipo de tropa de choque em todos os lugares para onde fossem enviados a fim de defender a fé, independentemente da sua missão[46]. O santo padre via com bons olhos a utilização dos jesuítas como uma força militar, mas não aprovava os seus pontos de vista teológicos.

Claudio Acquaviva sabia que, se Sisto V pretendia manter os jesuítas como uma força de choque para "missões especiais", deveria ceder às suas idéias teológicas. Por sua vez, o pontífice era consciente de que, se levasse adiante a pressão contra a ordem, Acquaviva contra-atacaria e pediria aos membros a sua opinião sobre os pontos de vista do santo padre e a obediência a ele. Sem perder tempo, o papa surpreendeu o padre geral dos jesuítas: em 1590 ordenou que a "Companhia de Jesus" fosse a partir de então chamada de "Ordem de Inácio". O uso do nome de Jesus pelos jesuítas era um tanto quanto ofensivo para Sisto V, assim como para muitos cardeais da época, obrigados a se descobrir ou inclinar a cabeça quando se referiam à poderosa ordem. Apesar da decisão papal, nunca nenhum padre geral nem a Congregação Geral dos Jesuítas adotou a nova nomenclatura.

Na primavera de 1586, teve início a chamada "conspiração de Babington", cujo propósito era devolver o trono da Escócia a Maria Stuart e, se possível, eliminar Elizabeth I para que a rainha católica assumisse os dois Reinos. Na verdade, para os ingleses e os escoceses do final do século XVI, tanto católicos como protestantes, levantar a mão contra uma cabeça coroada significava, mais do que um crime, um sacrilégio. Maria Stuart cometeria sacrilégio por participar da conspiração contra Elizabeth I, que, por sua vez, cometeria sacrilégio se mandasse executar Maria Stuart caso descobrisse a existência da conjura.

Em agosto todos os rebelados estavam presos. Ballard, Savage e o próprio Babington foram encarcerados na Torre de Londres. O julgamento de Maria Stuart começou em 14 de outubro de 1576 no castelo de Fotheringhay, no condado de Northampton. Onze dias depois saiu o veredicto: culpada de alta

---

[46] Malachi Martin, *The Jesuits*, cit.

traição, sedição e apoio aos conspiradores que desejavam eliminar a rainha Elizabeth. A condenação dada pelo tribunal à ex-rainha da Escócia foi a morte.

As reações à sentença foram bastante fracas. Henrique III da França estava muito ocupado em lutar contra os dois Henriques: de Navarra e os protestantes, e de Guisa e os partidários católicos. As atenções de Felipe II estavam voltadas para Flandres, e o papa Sisto V decidiu olhar para outro lado, porque Jacob VI da Escócia lhe acenara com a possibilidade de que, uma vez herdeiro do trono inglês e depois de assumir a coroa conjunta da Escócia e da Inglaterra após a morte de Elizabeth, reimplantaria o catolicismo. Diante dessa perspectiva, o pontífice decidiu retirar da Inglaterra os agentes da Santa Aliança[47].

Em 1º de fevereiro, Elizabeth assinou o documento que autorizava a execução de Maria Stuart. Uma semana depois, na manhã de 8 de fevereiro de 1587, a soberana ungida da Escócia entrou no grande salão do castelo de Fotheringhay, no meio do qual fora erguido o cadafalso. Rainha desde que nascera, Maria Stuart comportou-se como tal na hora da execução. Os condes de Shrewsbury e de Kent participam como testemunhas da rainha da Inglaterra.

Após fazer uma curta oração em latim e pronunciar as palavras *"In te domine, confido, ne confundar in aeternum"*, ela inclina a cabeça sobre o estrado, ao qual se agarra com os braços. O carrasco levanta o machado mirando o pescoço branco de Maria Stuart, mas golpeia apenas uma parte do cérebro. O segundo golpe atinge-a em cheio na nuca e só o terceiro é que lhe separa a cabeça do corpo. O carrasco agarra os cabelos da morta para exibir o resultado de seu trabalho, mas nesse momento se vê com uma peruca na mão enquanto a cabeça quase calva e grisalha de uma mulher já idosa rola pelo chão de madeira. Diante de semelhante visão, alguém ainda pôde gritar: "Deus salve a rainha"[48].

Elizabeth I da Inglaterra colocou um ponto final na questão escocesa, mas Felipe II e o papa Sisto V estão inconformados com a execução de uma soberana católica. A Armada Invencível e os assassinos da Santa Aliança serão postos a serviço da fé e contra a rainha herege. Aproximam-se tempos de aventura.

---

[47] Geoffrey Parker, *Success is Never Final*, cit., e Antonia Pakenham, *King James VI of Scotland, I of England*, cit.

[48] Stefan Zweig, *Maria Stuart*, cit.

CAPÍTULO TRÊS

Tempos de aventura
(1587-1605)

O Senhor disse a Moisés: "Estende a mão para o céu, e que se formem sobre todo o Egito trevas (tão espessas) que se possam apalpar".

*Êxodo 10, 21**

Fazia anos, quase desde 1570, quando Elizabeth fora excomungada, que se comentava a possibilidade de um ataque declarado da Espanha contra a Inglaterra. No âmbito da espionagem, mesmo a britânica, era conhecida a possível operação militar com o codinome de "Empreitada". Havia muitos interessados em convencer o rei Felipe II a concretizar a investida: o próprio papa Sisto V e os jesuítas por questões religiosas; os partidários de Maria Stuart, os católicos escoceses, com o objetivo de reconduzi-la ao trono da Escócia, e os católicos ingleses na intenção de proclamar a rainha Maria soberana da Inglaterra e restaurar o catolicismo, assim que a rainha herege fosse eliminada. Outro que tinha interesse na realização da Operação Empreitada era João da Áustria, parente de Felipe II, que almejava desposar Maria Stuart para assim se tornar rei da Inglaterra e da Escócia.

Por outro lado, Felipe II receava tomar uma decisão equivocada na tentativa de agradar alguma das partes. O monarca espanhol não era muito a favor de colocar no trono inglês uma rainha meio francesa, nem permitir que tão poderoso Reino fosse comandado por um irmão em quem não confiava completamente e, assim, contentar o papa, já que muitos poderiam pensar que a sua mão era guiada por Roma[1].

As contínuas guerras nos Países Baixos custavam ao rei Felipe II bastante dinheiro, e o Vaticano exigia cada vez mais sem dar quase nada em troca. Mas o que Londres não sabia era que o soberano espanhol considerava Elizabeth

---
* *Bíblia Católica Online*, cit. (N. T.)
[1] Michel Duchein, *Élisabeth Ire d'Angleterre*, cit.

da Inglaterra uma agressora e, portanto, passível de ser atacada do ponto de vista político. A Inglaterra se intrometera abertamente nos Países Baixos com a assinatura do tratado de Nonsuch, e Elizabeth tinha dado luz verde para que os navios piratas de Francis Drake começassem as operações de pilhagem nas costas espanholas.

A Santa Aliança informara o pontífice de que, com a execução de Maria Stuart, Elizabeth acreditava que por ter eliminado o possível ponto de união entre católicos escoceses e ingleses nada mais faria o rei espanhol embarcar numa aventura militar que pudesse culminar na libertação de Maria Stuart. Mas a nova situação não deixava nenhuma porta aberta a Roma para restabelecer o catolicismo nas ilhas. Jacob VI continuaria a ser defensor do protestantismo apesar das tímidas mensagens enviadas a Sisto V sobre o motivo de não intervir claramente contra a rainha Elizabeth pela execução de sua mãe.

Jacob VI queria ser o herdeiro legítimo de Elizabeth para, assim que ela fosse tirada do caminho, tornar-se rei da Escócia e da Inglaterra. Havia convencido Sisto V a não alterar a ordem dada aos católicos até ser nomeado sucessor da Coroa por direito, ordem esta que consistia em afastar Elizabeth do trono e, na corte de Londres, protegê-la de qualquer agente da Santa Aliança com vontade de pôr fim à sua vida. Jacob VI teria, inclusive, comentado discretamente com os espiões do papa que talvez, quando portasse ambas as coroas, pudesse devolver os dois Reinos ao catolicismo ou pelo menos dar mais liberdade religiosa aos católicos na Escócia e na Inglaterra, como nunca antes houvera[2].

As primeiras informações sobre a Operação Empreitada datam do final de 1585. Mas foi no começo do ano seguinte que o serviço de espionagem inglês veio a conhecer, por meio de vários relatórios, a formação de uma grande frota cuja meta era atacar a Inglaterra[3]. Por isso, o embaixador inglês em Paris escrevia a Walsingham:

> O partido espanhol alardeia aqui na França que em três meses a Inglaterra será atacada e que uma grande frota armada se prepara para isso. Custa-me acreditar porque o tempo é curto.[4]

Por sua vez, Walsingham acreditava de certo modo nas informações enviadas pelo diplomata. O chefe dos espiões de Elizabeth suspeitava que Felipe II

---

[2] Antonia Pakenham, *King James VI of Scotland, I of England*, cit.
[3] Neil Hanson, *The Confident Hope of a Miracle: The Real History of the Spanish Armada* (Doubleday, Londres, 2003).
[4] Michel Duchein, *Élisabeth Iʳᵉ d'Angleterre*, cit.

estava organizando uma grande frota, não para assaltar a Inglaterra, mas os Países Baixos, para assim apoiar o duque de Parma. De qualquer forma havia também a possibilidade de que a frota espanhola se dirigisse à Escócia ou à Irlanda, investida que obrigaria a Inglaterra a responder militarmente. Por seu lado, Felipe II pensava que, uma vez atacada a Inglaterra, a amedrontada Elizabeth I se sentiria no dever de negociar uma saída honrosa com Madri. De fato, o monarca espanhol não conhecia o temperamento da rainha da Inglaterra[5].

Na primavera de 1587, passados exatos dois meses da execução de Maria Stuart, Walsingham mostra-se totalmente dedicado à defesa da Inglaterra e aos seus preparativos. Ele foi informado por seus agentes, espalhados em pontos estratégicos da Europa, de que Felipe II está decidido a levar a "Empreitada" adiante.

Como revide, a rainha Elizabeth autorizou o seu fiel Francis Drake a zarpar com uma esquadra constituída por quase vinte navios na missão de impedir a reunião da frota espanhola fora de seus portos. Os barcos ingleses devem atrapalhar o abastecimento dos espanhóis, persegui-los e afundá-los no caso de rumarem para a Inglaterra ou a Irlanda. Por meio dos agentes da Santa Aliança, a Espanha ficou sabendo que a frota de Drake estava prestes a partir do porto de Plymouth para atacar os portos e a costa próximos a El Ferrol[6].

Na noite de 2 de abril, e sem aviso, os vinte barcos partiram enquanto Elizabeth I se arrependia da decisão tomada. A soberana pediu a Walsingham que enviasse uma mensagem urgente a Drake cancelando o ataque aos portos espanhóis. A primeira mensagem chegou a Plymouth na manhã do dia 3, quando as velas dos navios ingleses ainda apontavam no horizonte. Uma segunda mensagem enviada por Walsingham fora interceptada pelos agentes do Vaticano. Depois de saberem o que a missiva propunha, informaram com urgência Madri e Roma, mas tanto para Elizabeth I como para Felipe II era tarde demais. Drake decidira mudar de planos e, em vez de agir nas Antilhas ou em qualquer porto da Galícia ou da Cantábria, resolveu inverter o rumo e assaltar a cidade de Cádiz[7]. A bordo do navio Isabel Buenaventura e amparado pelos barcos de escolta, Drake investiu contra a cidade fortificada e a entrada do porto. Em poucas horas, ele afundou cerca de trinta barcos espanhóis que se preparavam para reforçar a armada. Apenas nas duas horas que durou a

---

[5] Colin Martin e Geoffrey Parker, *The Spanish Armada* (Manchester University Press, Manchester, 2002).

[6] Harry Kelsey, *Sir Francis Drake: The Queen's Pirate* (Yale University Press, New Haven, 2000).

[7] Michel Le Bris, *D'or, de rêves et de sang: l'épopée de la flibuste (1494–1588)* (Hachette, Paris, 2001).

operação militar, os navios de Drake destruíram os depósitos da Marinha e sua provisão de munições[8].

Quando a notícia do ataque ao poderio espanhol se espalhou, o papa Sisto V chegou a afirmar: "Admiramos Drake, que conseguiu fazer tanto com tão poucos meios". No entanto, a informação tinha caído mal em Madri, em cujas ruas se ouvia dizer: "O nosso rei só pensa, ao passo que a rainha herege faz"[9].

É inegável que a Operação de Cádiz tenha sido conduzida com extrema habilidade por Francis Drake. Entretanto, apesar do duro golpe sofrido pela Espanha, que além das perdas materiais teve seu orgulho próprio ferido, a armada foi atrasada apenas em um ano. Nesse ínterim, os agentes da Santa Aliança continuavam a agir abertamente nos Países Baixos, protegidos pelo duque de Parma, o todo-poderoso governador de Felipe II.

Uma das suas principais operações foi a de Geertruidenberg. Na primavera de 1588, enquanto se negociava um acordo de paz, os espiões do papa conseguiram insuflar em rebelião os mercenários que defendiam a praça-de-guerra de Geertruidenberg, localizada estrategicamente às margens do rio Mosa. A primeira linha de defesa era formada por mercenários alemães; a segunda, por mercenários holandeses, e a terceira, a mais importante, por mercenários ingleses e irlandeses protestantes. Como não recebiam soldo algum havia quase quatro meses, esses homens foram facilmente influenciados pelos agentes do Vaticano, que faziam discursos na praça da cidade holandesa contra "os poderosos que descansam as ancas nos tronos da Europa e viram o rosto na hora de recompensar os que defendem seus reinados".

A Inglaterra se recusava a pagar os 210 mil florins – ou, em moeda britânica, as quase 22 mil libras esterlinas – devidos aos mercenários de Geertruidenberg, argumentando que a dívida era um problema dos Estados Gerais. Estes, por sua vez, alegavam que os mercenários recrutados pela Inglaterra serviam mais fielmente à causa de Elizabeth I do que à do protestantismo nos Países Baixos. Walsingham sabia que a mão de Sisto V estava por trás da rebelião e, portanto, a do duque de Parma e a do próprio Felipe II.

O chefe dos espiões ingleses estava consciente de que, mais cedo ou mais tarde, deveriam pagar se não quisessem que a estratégica cidade fosse tomada pelos espanhóis. Por fim, e quando estava prestes a expirar o prazo para que os mercenários entregassem a praça à Espanha por falta de pagamento dos soldos, chegou uma mensagem dos Estados reivindicando a dívida para si. Por muito pouco o exército espanhol não tinha se apoderado de uma praça militar importante sem disparar um tiro sequer graças aos agentes da Santa Aliança.

---

[8] Harry Kelsey, *Sir Francis Drake*, cit.
[9] Michel Duchein, *Élisabeth Ire d'Angleterre*, cit.

Felipe II não esqueceria tão facilmente o golpe dado por Elizabeth I em Cádiz e por isso colocou em prática a "Empreitada" o mais rápido possível. O plano era bem simples. Saindo de Lisboa, uma grande frota devia rumar para o canal da Mancha, evitar qualquer confronto com os galeões ingleses, atravessar o estreito de Calais e aportar em Margate, ao norte de Kent, onde se juntariam às tropas do duque de Parma vindas dos portos espanhóis dos Países Baixos. No total, uns 30 mil homens tinham a missão de derrotar o fraco exército inglês e invadir Londres[10]. No papel, a estratégia era simples e clara, mas na prática, e no final do século XVI, a história era bem diferente.

Os agentes espalhados na zona faziam certos reparos à operação militar. Num documento enviado ao papa, um dos agentes pergunta como transferir as tropas do duque de Parma dos Países Baixos para Inglaterra. Por sua vez, o próprio Sisto V pergunta a Felipe II o que aconteceria se a Inglaterra caísse em mãos espanholas, mas essas perguntas não obtêm nenhuma resposta.

O duque de Parma, de fato, deixara claro que poderia concentrar os seus 15 mil homens em Dunquerque, Nieuport e Sluis, mas sem a proteção da armada seria quase impossível cruzar o canal da Mancha, tomado por galeões corsários holandeses e pelos ingleses de Drake. O governador espanhol solicitou ao rei que, antes de ir para a Inglaterra, retirasse a armada da costa dos Países Baixos para defender as suas tropas. O problema é que isso não podia ser concretizado sem que antes encontrassem um porto seguro na Inglaterra, por exemplo, em Dover[11]. Mas a questão se tornaria, segundo o historiador Garret Mattingly no seu livro *The Defeat of Spanish Armada*, o ponto fraco de toda a operação.

Sisto V havia orientado a Santa Aliança a procurar apoio nas populações da costa inglesa no caso de uma possível revolta contra as autoridades locais quando fossem avistadas as velas da armada. Os agentes papais também tinham a missão de apoiar a operação por meio de uma grande linha de comunicação que deveria abranger a costa oriental da Inglaterra e a costa ocidental de Flandres e da França, a fim de manter informados os espanhóis de qualquer movimento dos ingleses.

Um dos agentes mais ativos da Santa Aliança, o genovês Marco Antonio Massia, enviou ao papa o seguinte relatório:

Aqui na Inglaterra, acredita-se que os espanhóis trarão diversas forcas para dependurar os homens, chicotes para açoitar as mulheres e ainda 4 mil amas para amamentar os bebês que levarão nos seus navios para Espanha. Diz-se também

---

[10] Neil Hanson, *The Confident Hope of a Miracle*, cit.
[11] G. Mattingly, *The Defeat of Spanish Armada* (Random House, Londres, 2000).

que todas as crianças de sete aos doze anos serão marcadas com ferros em brasa. E essas coisas induzem o povo à resistência contra os espanhóis.

Em Roma e em Madri sabia-se que essas histórias, disseminadas pelos homens de Walsingham, impactavam a população inculta daquela época. Mas a verdade é que Felipe II não tinha muitos planos sobre a sucessão de Elizabeth I, nem sequer pensara no assunto depois da morte de Maria Stuart.

Na opinião do rei espanhol, o herdeiro Jacob VI da Escócia, de religião protestante, não era um candidato válido para suceder a rainha Elizabeth I, embora pudesse sempre acontecer de Sisto V declará-lo herege e excomungá-lo. Na verdade, o pontífice divergia cada vez mais de Felipe II, principalmente depois de saber, por seus agentes infiltrados na corte de Madri, sobre o desejo do monarca de ser declarado rei da Inglaterra na sua qualidade de descendente pelo lado materno da casa de Lancaster[12].

Mas Sisto V, considerando os diversos territórios que então se encontravam sob o domínio de Felipe II, não permitiria que o rei espanhol juntasse a coroa da Inglaterra às de Espanha, Portugal, Sicília e Nápoles.

Para o comando da armada, o monarca designou o almirante Alvaro de Bazán, um perito militar e homem do mar que já vencera a frota francesa em 1582, na batalha dos Açores. O problema era que o almirante estava muito velho e os preparativos da missão acabaram com ele, em 9 de março de 1588. Felipe II substituiu-o pelo duque de Medina-Sidônia. Na verdade, o nobre era, quando muito, apenas um ricaço extremamente leal ao rei. Como a história o demonstraria, era pessimista, vacilante e até um tanto covarde, três características bastante negativas num militar responsável por uma tarefa tão grandiosa como aquela. Felipe II conhecia bem os defeitos do seu inexperiente almirante e por isso decidiu liderar pessoalmente a empreitada. Medina-Sidônia era somente a sua mão executora na frota[13].

Os espiões do Vaticano mantinham o santo padre constantemente a par dos arranjos ingleses para enfrentar a chegada da armada espanhola. Charles Howard, que, mesmo sendo o irmão mais novo do duque de Norfolk – executado em 1572 – continuava fiel à rainha Elizabeth e fora por ela nomeado lord-almirante. A esquadra inglesa ancorada em Plymouth seria chefiada por Francis Drake, cuja missão era impedir a entrada dos galeões espanhóis no canal da Mancha. Por sua vez, Howard devia evitar que os navios de Felipe II rumassem para o mar do Norte.

---

[12] A dinastia Lancaster reinou na Inglaterra durante os séculos XIV e XV.
[13] Colin Martin e Geoffrey Parker, *The Spanish Armada: Revised Edition*, cit.

Então na Inglaterra, o genovês Marco Antonio Massia novamente informa Sisto V de que os ingleses haviam desenvolvido um sistema de sinais costeiros através de fogueiras para anunciar com rapidez a chegada da armada. As tropas do duque de Parma deviam ser bloqueadas pela frota holandesa, composta por cerca de trinta embarcações, sob o comando do almirante Justin de Nassau. A Santa Aliança alerta o pontífice ainda para um contínuo movimento de tropas e galeões em vários portos de Flandres e da Zelândia. No começo de julho, a corte de Londres fica sabendo da partida da grande armada espanhola – a sorte estava lançada.

Nas semanas anteriores, a polícia de Walsingham dedicara-se a perseguir e capturar espiões do Vaticano. Muitos deles, os mais importantes, foram encaminhados ao castelo de Wisbech, bem próximo aos pântanos de Cambridgeshire.

Na frente diplomática, Elizabeth estava certa de que a França não apoiaria a Espanha. Henrique III comunicara a Madri a impossibilidade de lhe ser partidária num ataque à Inglaterra devido à sua posição já comprometida. Em contrapartida, havia Jacob VI da Escócia. A rainha não estava tão segura de que o filho de Maria Stuart não apoiaria Felipe II se ele o ajudasse a ascender ao trono inglês como legítimo herdeiro. Jacob precisava de um exército que afirmasse o seu valor num confronto aberto com Elizabeth e a armada podia ser esse exército[14].

Walsingham sugeriu a Elizabeth que deslocasse as tropas na fronteira com a Escócia, explicando a Jacob que não era uma agressão contra o seu país, mas uma prevenção caso os espanhóis invadissem a Inglaterra pela Escócia – e de fato Elizabeth I receava uma possível aliança hispano-escocesa. Tal como relatam coincidentemente os historiadores Neil Hanson, Colin Martin, Geoffrey Parker e Garret Mattingly nas suas obras *The Confident Hope of a Miracle: The Real History of the Spanish Armada*, *The Spanish Armada: Revised Edition* e *The Defeat of Spanish Armada*, os ingleses tinham encarado a defesa do Reino antes da chegada dos espanhóis quase como uma brincadeira. Walsingham escrevia então: "A nossa maneira de agir é tão fria e despreocupada que só a graça de Deus e um milagre para nos proteger de semelhante perigo" – e esse milagre aconteceu.

Os números da armada eram surpreendentes para a época: 130 galeões divididos em oito esquadras que transportavam 30 mil homens, aos quais se juntariam os 15 mil que esperavam sob o comando do duque de Parma nos portos de Flandres, prontos para zarpar rumo à Inglaterra[15]. A frota defensiva

---

[14] Antonia Pakenham, *King James VI of Scotland, I of England*, cit.
[15] Informação do cardeal arquiduque Alberto, vice-rei da Espanha em Portugal, fornecida ao papa Sisto V por um espião da Santa Aliança.

inglesa era composta por 34 embarcações e 6700 homens. Do ponto de vista naval, a Espanha superava a Inglaterra quase em quatro para um em navios e sete para um em homens. Todos sabiam que o combate que se travaria era de cinco Golias espanhóis contra um anão e raquítico Davi inglês.

A grande frota saiu de Lisboa em 7 de junho. Uma forte tempestade castiga o Atlântico e dispersa uma grande parte da armada, que se reagrupa na Corunha muito danificada. A água apodreceu nas barricas, a carne está cheia de vermes e várias centenas de doentes precisam ser desembarcados. Em 22 de julho, a armada parte de novo da costa galega para o norte e em 29 chega à Inglaterra. Os espiões de Walsingham avistam as velas na Cornualha, trazidas pelo forte vento que sopra de oeste. Em posição de arco, com o navio principal à frente, passam diante da costa de Devon. No dia 31 de julho, os navios de Drake e de Howard começam a atacar os barcos que vinham por último[16].

Em 4 de agosto, um dos galeões levando importantes documentos foi a pique na costa francesa. Passados dois dias, o vento mudou e Medina-Sidônia tomou uma decisão errada: ordenou que a armada se refugiasse em Calais, mas a verdade é que, com a baía era muito pequena, grande parte da frota ficou desprotegida.

Mais uma vez Drake e Howard decidem atacar os barcos espanhóis, que lutam para ficar ancorados e não ser arrastados para o mar do Norte. As tropas do duque de Parma continuam sem dar sinal de vida, enquanto a frota anglo-holandesa bloqueia a retirada espanhola. A essa altura, diversos barcos de Medina-Sidônia estão incendiados, afundados, desarvorados ou perdidos.

Em 8 de agosto, o almirante Howard lança a última grande investida contra a armada, impedindo completamente qualquer contra-ataque dos galeões espanhóis. A operação militar idealizada por Felipe II fora mal planejada desde o princípio, como observara o espião Marco Antonio Massia num relatório enviado ao papa. O monarca espanhol projetou toda a operação militar como um maciço desembarque na Inglaterra seguido por uma invasão, mas nunca como uma batalha naval. Mas os canhões de Drake e de Howard fizeram o serviço.

Dez dias depois, Felipe II recebeu uma mensagem enviada por seu embaixador em Londres informando que Medina-Sidônia havia afundado quinze barcos de Drake, incluindo o navio-almirante. Sentado no trono de Roma, Sisto V foi o primeiro a tomar conhecimento de todos os pormenores da derrota espanhola, graças à eficácia dos agentes da Santa Aliança. Escrevia-se a história para a posteridade. As tripulações naufragadas na Escócia foram socorridas

---

[16] Harry Kelsey, *Sir Francis Drake*, cit., e Michel Le Bris, *D'or, de rêves et de sang*, cit.

e repatriadas por ordem do rei Jacob VI, mas os náufragos da Irlanda foram massacrados. Sabe-se que apenas 27 barcos conseguiram regressar à Espanha. E Medina-Sidônia, apesar de ser acusado de incompetência e covardia, continuou a ser homem de confiança de Felipe II.

Em contrapartida, na Inglaterra proclamava-se a vitória sobre a menos poderosa Espanha e o triunfo da verdadeira religião sobre as trevas do papismo católico. Por ordem da rainha Elizabeth foi cunhada uma moeda com a imagem de um galeão espanhol lutando contra as ondas sob a legenda *"Venit, vidit, fugit"* (Veio, viu e fugiu). Pedro de Valdés, um dos lugares-tenentes de Medina-Sidônia e então prisioneiro de Francis Drake, permaneceu na casa do pirata inglês por cinco anos, sendo mostrado aos visitantes como um animal humilhado[17].

Apelidada ironicamente pelos ingleses de "Invencível", a armada entrou para a história, bem como a participação dos agentes da Santa Aliança, sobretudo a do genovês Marco Massia antes e durante da operação militar, assim como durante ela. Muitos dos espiões do papa foram utilizados como meros mensageiros, outros como espiões em portos inimigos e ainda alguns como salvadores de vários náufragos da frota espanhola. O próprio Massia foi quem negociou com o rei Jacob VI a repatriação de quase 630 marinheiros e soldados espanhóis que haviam naufragado nas costas escocesas.

A verdade é que pouco depois os vencidos se converteram em heróis, e os vencedores, em vencidos. Os sobreviventes espanhóis foram tratados como heróis pelo povo e por Felipe II, e muitos dos vencedores ingleses que tinham retornado à vida civil caíram dizimados pelo tifo, pela fome e pelo esgotamento, sem que a rainha Elizabeth I lhes prestasse nenhum auxílio. Os triunfadores esqueciam depressa os heróis, mas os vencidos glorificavam os seus homens. O rei Felipe II conseguiu reequilibrar suas maltratadas finanças graças aos barcos lotados de ouro e pedras preciosas que chegavam dos seus domínios na América, enquanto a Inglaterra era obrigada a se dedicar ao saque e à pirataria.

A década de 1580 terminou com muitos falecimentos. O conde de Leicester morre devido a um resfriado em 4 de setembro de 1588, e em 1589 desaparece Walter Mildway, homem de confiança de Elizabeth I, ministro da Fazenda e vítima dos espiões da Santa Aliança – segundo dizem, envenenado por eles. Em 1590, morrem Francis Walsingham, mestre de espiões e verdadeiro fundador da espionagem britânica, e o seu quase antagonista, o papa Sisto V, em 27 de agosto, com 69 anos. O pontífice foi quem mais utilizou a Santa Aliança como instrumento de espionagem e operações especiais, incluindo o assassinato.

---

[17] Michel Le Bris, *D'or, de rêves et de sang*, cit.

Apenas em quinze meses, três papas ocupam o trono de São Pedro: Urbano VII, Gregório XIV e Inocêncio IX. Nesse curto período não ocorrem operações secretas da Santa Aliança, ou pelo menos não aparecem documentadas. A eleição do cardeal Hipólito Aldobrandini, em 30 de janeiro de 1592, com o nome de Clemente VIII, reativa as operações da espionagem pontifícia. A Santa Aliança prepara novos planos para eliminar a herege Elizabeth I.

Descendente de uma nobre família florentina, o novo papa estabelecera bons contatos com os espiões de Felipe II na época em que pertencera ao séquito do cardeal Miguel Bonelli, legado *a latere*[18] do Vaticano na corte de Madri. Nos anos de 1571 e 1572, Aldobrandini tornou-se uma espécie de agente estável da Santa Aliança na capital do Império espanhol, de onde mantinha diretamente informado o papa Pio V, fundador da espionagem pontifícia apenas seis anos antes.

Com a morte de Pio V, a carreira de Hipólito Aldobrandini como espião sofre um duro golpe. No pontificado de Gregório XIII, o espião de Pio V fica relegado à prática jurídica até a ascensão de Sisto V ao trono de São Pedro. Convertido em seu protetor, o novo pontífice o encarrega de missões especiais, além de lhe conceder a púrpura cardinalícia[19].

O papa Sisto V sabe que Aldobrandini é experiente nos universos diplomático, religioso e da espionagem e, mais importante, dispõe de boas relações no círculo de Felipe II.

A primeira missão especial do espião Hipólito Aldobrandini ocorreu em maio de 1588, quando o papa o enviou à Polônia. O agente da Santa Aliança devia servir de intermediário entre as facções que apoiavam os dois pretendentes à Coroa depois da morte do rei Estêvão I Báthory. Aldobrandini pretendia conseguir um acordo pacífico entre os herdeiros, Segismundo de Vasa e Maximiliano de Habsburgo, mas também um compromisso sólido para manter a Polônia na religião católica e em clara obediência ao papa. Segismundo de Vasa não apenas assumiu a coroa da Polônia, mas estabeleceu ainda um acordo de paz estável e duradouro com Maximiliano de Habsburgo em 9 de março de 1589.

O resultado da operação da Polônia fez de Aldobrandini um dos mais prestigiados membros do Colégio Cardinalício.

Em 30 de dezembro de 1591, o inesperado falecimento de Inocêncio IX desencadeou pela quarta vez em menos de dezessete meses a convocação do conclave. A pressão espanhola, tão corriqueira nos conclaves anteriores, era

---

[18] Os chamados *legati a latere* são uma espécie de enviados à disposição do papa para cumprir uma missão diplomática especial e, portanto, mantêm a imunidade diplomática. Ver também Eric Frattini, *Secretos vaticanos*, cit.

[19] Javier Paredes e outros, *Diccionario de los papas e concilios*, cit.

muito forte. Felipe II queria no trono de São Pedro um papa mais dócil do que fora Sisto V, a quem considerava "ardiloso e demasiado independente". Por fim, e graças ao apoio do rei espanhol, o antigo espião Hipólito Aldobrandini foi nomeado papa em 30 de janeiro de 1592.

Clemente VIII chegava ao trono de São Pedro numa época de grande confusão na Europa. Os Países Baixos ardiam pelos quatro cantos e Mauricio de Nassau convertia-se num autêntico líder na guerra contra os espanhóis.

No ano anterior, as tropas de Felipe II tinham perdido Zutphen, Deventer, Hults e por fim a estratégica Nimega. Com isso, a parte meridional da futura Holanda fica bem protegida. Em dezembro de 1592, a morte de Alessandro Farnese, duque de Parma, traz uma reviravolta inesperada para a situação. A corte de Madri nomeia diversos sucessores que não passam de testemunhas da caminhada final, entre eles o conde Mansfeld, o arquiduque Ernesto, o conde de Fuentes e o arquiduque Alberto[20]. Pouco a pouco, a futura Holanda consolida cada vez mais as suas fronteiras definitivas: Nimega (em 1591), Groninga e Geertruidenberg, que foi recuperada em 1593 depois de um longo assédio por parte das tropas de Mauricio de Nassau.

No mesmo ano e em pouco tempo, abre-se uma nova frente na França. Depois da fuga de Paris de Henrique III de Valois, Henrique IV torna-se monarca. O rei deposto seria assassinado em 1589 por um frade jacobita que, segundo alguns relatórios, era também agente da Santa Aliança. Tudo indicava que Sisto V não queria nenhum obstáculo – com Henrique III, por exemplo – no caminho de Henrique IV e da França para o catolicismo[21].

Rei de Navarra e calvinista, Henrique de Bourbon havia sido um dos maiores defensores do protestantismo e, por isso mesmo, fora condenado pelo papa Sisto V. Mesmo assim, um elevado número de católicos franceses o aceitaram como seu soberano – e Felipe II e Clemente VIII não contavam com isso.

Como primeira medida de seu reinado, Henrique IV ordenara a retirada total das tropas espanholas de Paris. Felipe II encarou o fato como uma séria advertência que podia ocasionar uma guerra aberta entre os dois países. Os agentes da Santa Aliança aconselharam o papa Clemente VIII a não interferir diretamente, porque sabiam que Henrique IV estava disposto a renegar o calvinismo e abraçar a religião católica – como realmente aconteceu. Ciente de que esse era o único caminho para unificar o Reino, Henrique IV decidiu adotar o catolicismo em 25 de julho de 1593, tal como haviam previsto os espiões da Santa Aliança.

---

[20] Manuel Fernández Álvarez, *Felipe II y su tiempo*, cit.
[21] Edward Burman, *Assassins*, cit.

No mesmo ano, o novo rei da França enviou a Roma um emissário para convencer o papa a revogar as censuras e as penas impostas por Sisto V, mas Clemente VIII mostra-se indeciso. Os cardeais estão dispostos a conceder a absolvição a Henrique IV e, para confirmar a reconciliação entre Roma e Paris, são reatadas as relações diplomáticas interrompidas desde 1588.

Em vez de apoiar Madri, o papa Clemente VIII intercedeu para que a católica França e a católica Espanha assinassem a paz de Vervins em 2 de maio de 1598 e acabassem com uma guerra que por três anos castigara os dois países. Com a assinatura de Vervins, Felipe II reconhecia Henrique IV como verdadeiro rei e devolvia-lhe as conquistas espanholas do noroeste da França. Calais regressava às mãos francesas após muitos anos de dominação espanhola. Por sua vez, Henrique IV efetivou a liberdade religiosa em todo o Reino pelo édito de Nantes.

Ainda preocupada com a reconciliação franco-espanhola, Elizabeth I definia o rei de França como "um anti-Cristo da ingratidão". A sua resistência em estabelecer uma paz estável mais uma vez a colocaria na mira dos agentes da Santa Aliança. De qualquer modo Clemente VIII continuaria a defender a verdadeira fé, mesmo que para isso tivesse que aprovar as tentativas de eliminar a rainha herege.

Para provar que não lhe tremia a mão na hora de cercear o catolicismo, Elizabeth I manifestou uma crueldade sem precedentes. No início da década de 1590, a rainha ordenou a execução de 61 sacerdotes e 47 leigos. Em 1593, o Parlamento votou a chamada "lei contra os países papistas", que proibia aos católicos se afastar mais de vinte quilômetros de suas casas[22]. Depois da morte de Maria Stuart, os católicos ingleses haviam se acalmado – ou talvez tivessem compreendido qual seria o seu papel na história –, mas os jesuítas fiéis ao papa e a Felipe II continuavam a ser os mais perigosos inimigos da herege Elizabeth.

Em 1593, um jesuíta enviado pela Santa Aliança partiu dos Países Baixos com a intenção de incendiar a carruagem real e acabar assim com a vida de Elizabeth[23]. Supõe-se que os agentes de Walsingham tenham conseguido evitar isso, mas quem estaria muito perto de poder matar Elizabeth da Inglaterra seria o médico Rodrigo Lopes.

Nos primeiros meses de 1594, a corte inglesa ainda vivia tempos de dúvida devido a um caso que envolveu o conde de Essex, favorito da rainha. Fazia cerca de oito anos que Elizabeth I tinha como seu médico pessoal Rodrigo Lopes, um português de origem judaica convertido ao cristianismo, que ficara muito

---

[22] Susan Doran, *Elizabeth I and Religion 1558–1603*, cit.
[23] Essa tentativa de assassinato aparece descrita no livro *Élisabeth Ire d'Angleterre*, de Michel Duchein. Não há mais nenhuma informação sobre o assunto.

conhecido dos nobres depois de se instalar em Londres, em 1558. Entre os seus clientes se encontrava a mais alta elite da corte: lord Burghley, conde de Leicester, Robert Cecil e até o próprio Essex. Pelos serviços prestados à rainha, tinham-lhe concedido o monopólio da importação de grãos de anis, o que o tornara muito rico. De fato, ninguém se surpreendia ao ver o médico chegar a altas horas da noite ao Palácio Real, trazendo as maletas escuras repletas de medicamentos.

Graças à sua origem portuguesa, pertencia ao círculo de amizades de dom Antônio, o pretendente à Coroa de Portugal. Mas na verdade era espião do sumo pontífice, do rei da Espanha e de Burghley, o chefe dos agentes ingleses. Em dezembro de 1593, Essex empreendeu a sua própria caça a Lopes, a quem ele acusava de tentar matar a rainha em nome do papa Clemente VIII e de Felipe II. Em janeiro de 1594, o lord Essex enviou uma informação a Anthony Bacon, um dos homens de confiança da rainha Elizabeth I:

> Descobri uma perigosa e abominável traição. Trata-se de assassinar Sua Majestade por envenenamento. O executor deve ser o doutor Lopes. Tenho todos os elementos para provar este fato, que é tão claro como o dia.[24]

A carta chegou às mãos de Burghley. O chefe dos espiões de Elizabeth colocava em dúvida a veracidade das acusações de Essex – afinal, que motivos teria Lopes para matar uma rainha que lhe cobria de atenções e favores? Essex ignorava, porém, que o doutor Rodrigo Lopes também passava informações a Burghley sobre os movimentos e as conspirações tramadas contra Elizabeth em Roma e em Madri. Para maior precaução, Lopes foi orientado a não sair de casa. À rainha seria dito que ele estava doente e que, para evitar contagiá-la, permanecia recolhido na sua própria residência. A peste continuava a assolar Londres, e a corte tinha se mudado para Hamptom Court. Ao notar que a acusação contra Lopes não surtia o efeito desejado, Essex resolveu revelar suas suspeitas à rainha, que o mandou se calar, acusando-o de querer acabar com um homem tão fiel por simples ciúmes[25].

Mas Essex não esmoreceu no seu empenho. Em 29 de janeiro Lopes foi levado em segredo para a Torre de Londres a fim de ser interrogado pelo próprio Essex e por Robert Cecil. Torturado brutalmente, Rodrigo Lopes acabou por confessar que pertencia à Santa Aliança e que, a mando do papa Clemente VIII, deveria envenenar a soberana da Inglaterra. Como prova disso, contou-lhes sobre o anel de ouro que recebera do próprio Felipe II como "pagamento" pelo serviço e

---

[24] John Eliot e Laurence Brockliss, *The World of the Favourite*, cit., e Robert Naunton, *Fragmenta Regalia or Observations on Queen Elizabeth, her Times and Favourites*, cit.

[25] Michel Duchein, *Élisabeth Ire d'Angleterre*, cit.

com o qual presenteara a rainha Elizabeth. O anel foi devolvido pela monarca ao médico, que no entanto se negou a aceitá-lo.

O que era evidente, e depois se confirmaria no julgamento, é que Rodrigo Lopes tinha procurado cobrar dos dois lados: 50 mil coroas de Felipe II assim que a rainha fosse eliminada. Questionado por Burghley por que não denunciara antes a conspiração, Rodrigo Lopes disse saber que, mesmo que a tivesse denunciado, seria condenado à morte pelas leis aprovadas na época de Maria Stuart.

O julgamento do médico e de Claudino Tinico, o espião da Santa Aliança que atuava como ponte entre Lopes e Roma, ocorreu em 14 de março. A sentença foi a morte, mas curiosamente a rainha Elizabeth não pôs o seu selo sobre o documento de ratificação até 17 de junho. Na noite de março, Lopes e Tinico foram levados para o pátio central da Torre de Londres, espancados até a morte e esquartejados. Apesar de tudo, a rainha ainda acreditava que Rodrigo Lopes era inocente, mas quem poderia saber disso a não ser o próprio réu? O fato é que, embora Lopes tenha cometido crime de alta traição, sua viúva recebeu todos os seus bens e uma pensão para o resto da vida. Elizabeth I usaria o anel que Felipe II tentara devolver ao médico até o dia da sua morte[26].

Apesar dos protestos dos médicos Juan Gómez de Sanabria e Cristóbal Pérez de Herrera, responsáveis pela saúde de Felipe II, no final de junho o rei ordenou a mudança da corte para o El Escorial. O frio da serra madrilena não lhe fazia bem. Em 1º de setembro de 1598, muito debilitado, o monarca abandona oficialmente todas as tarefas de Estado. A partir desse dia é somente frei Diego de Yepes, seu confessor, quem lhe dá assistência espiritual. Às 3 da madrugada de 13 de setembro de 1598, o rei Felipe II morria tranquilamente no seu quarto do mosteiro de San Lorenzo de El Escorial[27]. E a Santa Aliança, fundada 32 anos antes, perdia um de seus principais pilares espirituais e financeiros.

A morte do principal sustentáculo do serviço secreto pontifício, porém, não melhoraria a situação de Elizabeth I nem a libertaria de futuras intrigas – pelo menos no que dependesse do papa Clemente VIII. Havia ainda muitas intrigas para tecer e grandes conspirações para organizar contra a rainha herege.

Mas dessa vez a conspiração contra a rainha Elizabeth I era tramada nos Países Baixos, sob o manto protetor do governador, o arquiduque Alberto, ex-cardeal e então casado com a estimada filha de Felipe II, a infanta Isabel Clara Eugênia. Três jesuítas, um deles o padre Carew, atravessaram o Canal

---

[26] O fato de as origens judaicas de Rodrigo Lopes terem sido mencionadas no julgamento provocou na Inglaterra uma onda anti-semita que somente pôde ser contida pela intervenção da rainha Elizabeth. Conta-se que William Shakespeare se inspirou no doutor Rodrigo Lopes para criar o comerciante judeu Shylock de O mercador de Veneza.

[27] Manuel Fernández Álvarez, Felipe II y su tiempo, cit.

da Mancha a bordo de um barco de pesca. Já em território inglês, dirigiram-se para Londres, com o propósito de colocar debaixo da cama da rainha uma carga explosiva. Para se aproximarem, os enviados da Santa Aliança contataram um criado católico do palácio real. Dias antes do atentado, dois dos jesuítas foram capturados na pousada onde se instalaram. O terceiro, o padre Carew, conseguiu ainda escapar. Ao que parece, o criado denunciara o caso a Robert Cecil[28]. Em abril de 1602, os dois jesuítas seriam executados e esquartejados na Torre de Londres, e o padre Carew, detido pouco depois, em fevereiro de 1603.

Aproveitando que as forças inglesas se viam ocupada com a guerra da Irlanda, em junho de 1601 os espanhóis deram início ao cerco de Ostende – o exército inglês não resistiria a duas frentes ao mesmo tempo. Elizabeth, então, entrou em negociações com Henrique da França para manter vigiada a passagem de Calais, evitando assim que os espanhóis invadissem seu Reino por esse caminho.

Henrique IV decidiu enviar o seu amigo íntimo e colega de armas, o duque de Biron, à presença da rainha Elizabeth para lhe transmitir a promessa do rei de que não consentiria que as forças espanholas utilizassem Calais como via de uma suposta invasão das terras inglesas.

Em março de 1602, o serviço secreto de Henrique IV informou-o de que o duque de Biron atuava como espião da Santa Aliança o serviço de Felipe III. A idéia do duque era entregar à Espanha todo o sul e o leste da França em troca de ser nomeado rei da Borgonha e do Franco-Condado. As provas eram contundentes: um dos supostos agentes do papa que o duque utilizara como seu mensageiro trabalhava na verdade para a espionagem francesa e por isso todas as informações enviadas a Clemente VIII e a Felipe III haviam caído em poder de Henrique IV. Em 31 de julho de 1602, o duque de Biron foi executado na Bastilha, clamando piedade ao rei e seu amigo.

No início de 1603, o cetro estava prestes a cair das mãos de Elizabeth depois de 45 anos de reinado. Em 14 de março, tendo recuperado boa parte da saúde, a monarca recebe o embaixador Giovanni Scaramelli, enviado pelo doge* de Veneza para restabelecer as relações diplomáticas entre a Inglaterra e a Sereníssima República. A anciã de setenta anos é até mesmo capaz de brincar com o veneziano, mas dois dias depois sofre uma recaída da qual não se recuperaria. Nas primeiras horas de 24 de março de 1603, Elizabeth da Inglaterra morre tranquilamente na sua cama, tal como acontecera cinco anos antes com Felipe II – seu inimigo histórico –, deixando como legítimo herdeiro

---

[28] Michel Duchein, *Élisabeth Ire d'Angleterre*, cit.

* Magistrado eleito das antigas repúblicas de Veneza e Gênova que exercia um poder quase absoluto. (N. T.)

Jacob VI da Escócia, que adotaria o nome de James I da Inglaterra[29]. A primeira medida como novo imperador foi transportar o corpo de sua mãe, Maria Stuart, do pequeno túmulo do cemitério de Peterborough para a cripta dos reis de Inglaterra na abadia de Westminster, onde as duas rainhas, Elizabeth e Maria, repousariam juntas pela eternidade[30].

Roma recebeu a notícia com júbilo. A grande inimiga do catolicismo estava morta, e Clemente VIII ordenava o repicar dos sinos. Mas a sua alegria duraria bem pouco, apenas até descobrir que James I, rei da Inglaterra, Irlanda, França e Escócia, 24º rei da Inglaterra desde Guilherme, o Conquistador, não tinha mais a mínima intenção de converter o país num Reino católico.

O papa determinou a criação em Roma de um colégio para sacerdotes escoceses, além de ratificar os seminários ingleses fundados por Felipe II em Sevilha e em Valladolid e conceder-lhes importantes privilégios, confiando seu comando aos jesuítas. Desses centros sairiam muitos agentes da Santa Aliança prontos a dar a sua vida em nome da verdadeira fé numa total obediência ao sumo pontífice. Pode dizer-se que Clemente VIII converteu a espionagem vaticana num autêntico serviço secreto e transformou todos os membros – na maioria jesuítas – em especialistas em missões "sagradas".

O papa apoiou também a evangelização da América, com a criação de mais dioceses, e do longínquo Oriente, estendendo a todas as ordens o privilégio de Gregório XIII, que restringira a evangelização da China e do Japão aos jesuítas, a sua força de choque.

Em 5 de março de 1605, Clemente VIII morria em Roma, mas deixava a seus sucessores, no século então recém-iniciado, mais horizontes por descobrir e novos espaços em que a Santa Aliança deveria atuar. Os hereges ingleses já não eram um objetivo primordial.

---

[29] Antonia Pakenham, *King James VI of Scotland, I of England*, cit.
[30] Stefan Zweig, *Maria Stuart*, cit.

CAPÍTULO QUATRO

Novos horizontes
(1605-1644)

> De semblante mais brando do que o creme, trazem, contudo, no coração a hostilidade; suas palavras são mais untuosas do que o óleo, porém, na verdade, são espadas afiadas.
>
> *Salmos 55, 21**

Alexandre de Médicis passará à história mais como um brilhante espião do que como papa. Oriundo de um ramo pouco importante da célebre família florentina, Alexandre converteu-se num perfeito espião, primeiro a serviço de Cosimo I, seu primo e grão-duque da Toscana, e anos depois sob as ordens do papa Clemente VIII.

Em 1596, o sumo pontífice o enviou à França com a missão de obter de Henrique IV a ratificação do acordo com Roma, ou seja, a adoção do catolicismo, a reorganização da Igreja no país e o estabelecimento da paz definitiva com Felipe II, que assinaria o tratado de Vervins em 2 de maio de 1598, acabando com uma guerra que assolava as duas nações desde 1595[1].

Por dois anos o cardeal De Médicis ocupou-se da passagem da França ao catolicismo e da criação de uma ampla rede de espiões ligados à Santa Aliança em todo o território. Na volta a Roma, Alexandre seria recebido pelo povo e pelo próprio papa Clemente VIII como um verdadeiro herói. No mais puro estilo renascentista, os banquetes regados a vinho realizados em sua homenagem duraram seis dias.

Após o falecimento de Clemente VIII, o conclave ficou dividido em três poderosas facções: a espanhola, a francesa e a dos cardeais nomeados por ele. O candidato destes últimos não foi escolhido, mas sim o dos espanhóis e franceses, que elegeram Alexandre de Médicis como papa em 11 de abril de 1605. Sob o nome de Leão XI, o novo pontífice morreu dezesseis dias depois em

---

* *Bíblia Católica Online*, cit. (N. T.)
[1] Ver o capítulo 3.

decorrência do forte resfriado que contraíra após sua consagração, em Latrão. Por ter criado na França uma das mais eficientes redes de espiões papais – que perduraria quase até a era napoleônica –, marcou a história da Santa Aliança muito mais como cardeal De Médicis do que como papa Leão XI[2].

O seu sucessor no trono de São Pedro seria o cardeal Camilo Borghese, oriundo de Siena. Em virtude de seu grande conhecimento jurídico, em 1593 fora enviado pelo papa a Madri, onde estabeleceu boas ligações com os altos membros da corte e com o próprio Felipe II. Devido aos serviços prestados na Espanha, Clemente VIII concedeu-lhe a púrpura cardinalícia, e em 1603 Borghese tornou-se cardeal-vigário de Roma. Depois da morte repentina de Leão XI, o conclave mostrava-se cada vez mais dividido. Com o apoio dos franceses, os espanhóis apresentaram a sua candidatura, recusada, entretanto, por um grupo de cardeais. Por fim, Camilo Borghese – que, a despeito de receber uma pensão de Felipe II, permanecia em segundo plano, fora das discussões – apareceu como a única solução possível. Em 16 de maio de 1605 foi eleito papa, adotando o nome de Paulo V. O novo pontífice era um homem de profundas reflexões, o que prolongava a tomada de decisões importantes até os limites máximos, algo difícil de compreender em uma Europa de extrema agitação.

A política de Paulo V baseou-se numa espécie de neutralidade entre Madri e Paris, com constantes apelos à união de católicos franceses e espanhóis. Na Inglaterra, os católicos eram obrigados a prestar juramento de lealdade ao rei James I, e na Alemanha ocorreram certos conflitos religiosos que causariam a chamada Guerra dos Trinta Anos.

Contudo, as coisas não corriam melhor para a causa na França. Alguns anos antes, o monarca conseguira manter uma *entente cordiale* inter-religiosa em todo o Estado. Os huguenotes, com quem Henrique IV conservara uma relação de amizade, estavam do seu lado; os protestantes eram reconhecidos, bem como as suas práticas religiosas, depois da assinatura em 1598 em Nantes de uma permissão real de liberdade de culto, com a cláusula de fidelidade ao rei. Na seqüência da Contra-Reforma, a antiga Igreja conseguiu uma grande vitória na França: o soberano mandou expulsar todos os jesuítas, embora os voltasse a admitir em 1603[3].

O deslize de Henrique IV foi tentar reunir em 1610 uma grande força protestante por toda a católica França e lutar contra o inimigo histórico, a Espanha. Em uma mensagem clara enviada ao rei gaulês, Paulo V insistia que ele mantivesse uma posição menos ofensiva em relação a Felipe III. No fim de contas, Madri continuava a ser uma das mais importantes fontes de finan-

---

[2] Javier Paredes e outros, *Diccionario de los papas y concilios*, cit.
[3] David Buisseret, *Henry IV: King of France* (Unwin Hyman, Boston, 1990).

ciamento das aventuras católicas empreendidas por Roma e a Santa Aliança, que então já se transformara em um autêntico braço armado.

Henrique IV – que em 1594 já escapara de ser assassinado por um frade enviado por Roma, a qual mantinha sua tradição do extermínio político utilizando a Santa Aliança como arma efetiva para alterar o rumo das políticas européias – foi então ferido apenas num braço, visto que a lamina da adaga era pequena e não chegou a lhe atingir os órgãos vitais[4].

Em 1604 Denis Lebey de Batilly, alto funcionário do rei e presidente do Tribunal de Metz, escreveu então o tratado de 64 páginas *Traicte de l'origine des anciens assassins porte-couteaux*[*], cujo subtítulo era "Com exemplos das suas tentativas e homicídios contra certos reis, príncipes e senhores da cristandade".

O livro era um estudo muito bem-feito da história dos "assassinos" e dos "assassinatos". Devido à sua falta de conhecimentos históricos, Lebey de Batilly afirmou em uma nota inusitada sobre a origem dos "assassinos" que eles eram oriundos de uma seita pré-maometana já existente no tempo de Alexandre Magno. Entretanto, segundo o historiador Edward Burman na obra *Assassins: Holy Killers of Islam*, apesar desses erros Lebey teceu certas observações e revelações que possibilitaram alguma compreensão acerca da maneira de ser dos "assassinos" na Europa do século XVII.

A parte mais interessante do manuscrito descreve como esses "assassinos" se ocupavam em acabar com as suas vítimas, que abrangiam desde pequenos comerciantes até grandes senhores. Um funcionário de Henrique IV faz a seguinte análise:

> Fica a cargo do leitor comparar a história dos assassinos aos acontecimentos da sua própria época e aos miseráveis efeitos que os homens tiveram que sofrer durante algum tempo. Porque infelizmente existem, mesmo na sua época, religiões que contam com assassinos de punhal tão nocivos quanto aqueles fanáticos medievais que estimulados por outros, dirigentes de falsas crenças, mostram-se dispostos a matar reis e príncipes que não pertençam à mesma seita deles.[5]

Um desses dirigentes seria o papa Paulo V, que, ainda como cardeal Camilo Borghese e vigário-geral de Roma, conseguiu fazer, com a ajuda do embaixador de Espanha na corte de Paris, uma cópia do manuscrito de Denis Lebey de Batilly, editado em Lyon. Um ano depois, já como sumo pontífice, transformou a Santa Aliança numa unidade especializada em assassinatos direcionados.

---

[4] Edward Burman, *Assassins*, cit.
[*] Em francês no original: "Tratado sobre a origem dos antigos assassinos de punhal", tradução livre. (N. T.)
[5] Edward Burman, *Assassins*, cit.

A idéia de Paulo V era estabelecer um braço da Santa Aliança pronto a matar e morrer em nome da fé e a cumprir com urgência e sem nunca vacilar as ordens transmitidas pelo santo padre de Roma. O papa ficou completamente dominado pelas histórias dos *fida'i*[6] relatadas por Lebey de Battily no seu tratado. Para o espírito de um papa do século XVII era algo perfeitamente tolerável um católico fervoroso sacrificar a sua própria vida a fim de acabar com a existência de um herege. E, se este era um príncipe contrário à verdadeira fé ou aos seus interesses, com certeza o assassino católico chegaria mais depressa ao céu (o paraíso para os muçulmanos). Paulo V estava disposto a impor à alvoroçada Europa a sua unidade de *fida'i* católicos.

O sumo pontífice estava também se encantara com as histórias descritas por Gerhard de Estrasburgo quando este viajou pela Síria em 1175 em missão diplomática por ordem do imperador Frederico Barba Ruiva. O diplomata escreveu ao imperador a seguinte carta:

> Há uma seita conhecida como os *heyssessini*, que vivem entre Damasco e Alepo. O seu líder, o príncipe Sinan, a quem os *heyssessini* obedecem, habita uma alta montanha, onde existem belos palácios, que se encontram bem protegidos por grandes muros. O líder vive rodeado de criados, a quem ensina várias línguas, como latim, grego, romano, sarraceno e ainda muitas outras. Os professores ensinam crianças, desde a mais tenra idade até se tornarem adultos, a obedecer a todas as palavras e ordens do senhor da sua terra e dizem-lhes que, se assim o fizerem, ele, que tem o poder sobre todas as coisas vivas, lhes consentirá o acesso às delícias do paraíso. Ensinam-lhes ainda que não poderão se salvar se resistirem de alguma forma à sua vontade. Observe-se que, assim que são tomadas, ainda crianças, não vêem mais ninguém a não ser os mestres e os professores e não recebem nenhuma outra instrução até serem chamados à presença do príncipe Sinan para irem assassinar alguém. Quando se encontram na sua presença, ele lhes pergunta se estão dispostos a obedecer às suas ordens para saber se lhes pode conceder o paraíso. Depois, tal como foram ensinados e sem a menor objeção ou dúvida, lançam-se aos seus pés e respondem com fervor que lhe obedecerão em tudo aquilo que ele decida ordenar-lhes. Então, o príncipe dá a cada um uma adaga dourada e os manda assassinar qualquer outro príncipe por ele mesmo indicado.[7]

Passados quase 500 anos, Paulo V descobria uma grande semelhança entre a sua época e a história contada por Gerhard de Estrasburgo em pleno século XII: o papa era um príncipe Sinan do século XVII e seus agentes da Santa Aliança eram os *fida'i*, prontos a dar a vida para executar qualquer ordem proferida

---

[6] A palavra *fida'i* significa "auto-sacrificado", ou seja, um assassino disposto a se sacrificar em nome da verdadeira fé, a católica, cumprindo o objetivo definido numa missão.

[7] Edward Burman, *Assassins*, cit.

pelo santo padre. Camilo Borghese definia-se mesmo como um tipo de "velho" da montanha de Alamut, o refúgio dos assassinos.

O que mais agradava a Borghese era o trecho no qual o autor descrevia que, em seus galopes pelo campo, o príncipe Sinan sempre obrigava um homem que o precedia a gritar: "Fujam daquele que vai matar reis e príncipes com as suas mãos". De fato, o papa Paulo V desejava profundamente ser ou pelo menos simbolizar esse príncipe dos assassinos em nome da fé.

O primeiro a ser morto foi o rei Henrique IV da França. Até 1609 o monarca manteve uma política externa pacífica, mas no começo de 1610 iniciou os preparativos para intervir na Alemanha contra a dinastia católica dos Habsburgo, movimento ao qual se opuseram alguns católicos franceses[8].

Como já havia alguns meses que temia ser assassinado, o monarca passou a evitar as festas e as manifestações públicas. Mas os seus sombrios pressentimentos estavam prestes a se cumprir.

Na manhã de 14 de maio, o rei reuniu-se cedo com o duque de Vendôme, o embaixador da França na corte de Madri e Villeroy, seu fiel secretário de Estado. Durante um passeio pelo Jardim das Tulherias, Henrique IV confessou ao duque de Guisa que sabia que ia morrer muito em breve, como lhe haviam indicado os astros, aos quais era bastante dedicado[9].

Antes de sair, dirigiu-se aos seus aposentos, onde encontrou uma carta sem lacre. Ao abri-la, leu as seguintes palavras: "Sire[*], não deveis sair esta tarde sob nenhum pretexto". Menosprezando a advertência, o rei deixou o palácio. Seu segundo chefe de escolta, o capitão Pralin, fez menção de acompanhá-lo, mas Henrique IV recusou sua proteção, ordenando-lhe que ficasse ali.

Na carruagem estão também diversos cortesãos: à direita do rei, D'Epernon; à sua esquerda, Montalban e Laforce; e, à frente, Mirabeau e Llancourt. Seguindo-os, há uma tropa de escolta a cavalo e alguns criados a pé. Próximo do palácio de Logueville, Henrique IV assoma à janela e pede ao cocheiro que se dirija ao cemitério dos Inocentes. Embora fosse um lugar estranho para ser visitado pelo rei, imediatamente o cocheiro toca os cavalos. Até então ninguém percebera que um homem robusto, armado com uma adaga de lâmina dupla, acompanhava a pé a carruagem real[10].

---

[8] David Buisseret, *Henri IV*, cit.
[9] Edward Frederick Langley, *Henry of Navarre: Henry IV of France* (Hale, Londres, 1998).
[*] Tratamento que se dava aos reis de França, a senhores feudais, a imperadores e a outros personagens venerandos. (N. T.)
[10] Edward Frederick Langley, *Henry of Navarre*, cit.

Alguns minutos depois, a carruagem diminui a velocidade ao entrar na rua da Ferronnerie (serralherias). A rua é muito estreita e um grupo de cidadãos se detém para aclamar o rei. O cocheiro conduz os cavalos pelas rédeas, mas subitamente a carruagem se vê presa entre uma carroça com vasilhas e outra com feno. Quando ele tenta desviá-la, uma das rodas fica entalada num sulco, impedindo-a de se mover por instantes.

Os criados pegaram outra rua como atalho para chegar ao cemitério, mas a escolta se viu imobilizada diante de um grupo de partidários do monarca. Com o braço apoiado sobre o ombro de D'Epernon, Henrique IV lê uma carta oficial. Nesse momento, o homem que os havia seguido avança rápido, sobe no estribo da carruagem e com a perfeita técnica dos *fida'i* desfere no rei a primeira estocada, que somente o fere de leve no peito[11].

O rei percebe que está ferido ao ver a grande mancha vermelha que se formou em sua casaca. O assassino lança então a segunda punhalada, que atravessa o pulmão e atinge a aorta de Henrique IV. A ação foi tão veloz que ninguém reagiu ao primeiro ataque.

O monarca pôde apenas exclamar "Não é nada" antes de tombar sobre Montalban com uma golfada de sangue a se esvair da boca. São 4 horas da tarde do dia 14 de maio de 1610. Em vez de fugir na confusão, o regicida fica parado diante da carruagem com a adaga na mão. De repente, três homens vindos não se sabe de onde e com a espada em punho se atiram sobre o algoz do rei aos gritos: "Morte ao assassino!" Imediatamente, os membros da escolta real enfrentam os três homens misteriosos, expulsando-os dali.

O duque D'Epernon ordenou que o assassino fosse poupado e conduzido, sob escolta, a um lugar seguro, longe da revolta da multidão que se juntara ao redor da carruagem.

O rei é levado urgentemente para o Palácio e atendido por seu médico particular, o doutor Petit, que já não pode fazer nada para salvar a sua vida. Henrique IV morreu logo depois de receber a segunda estocada certeira[12].

O preso foi levado por uma tropa da Guarda Real ao palácio de Retz, próximo ao Louvre. Em seus bolsos havia oito moedas de prata, um papel com o nome de Beillard, um rosário e um misterioso pedaço de pergaminho em formato octogonal com o nome de Jesus escrito em cada lado e uma frase no meio: "Disposto à dor pelo tormento, em nome de Deus". Descobriu-se que ele se chamava Jean-François Ravaillac e que provinha da cidade de Angoulême,

---

[11] Roland Mousnier, *The Assassination of Henry IV: The Tyrannicide Problem and the Consolidation of the French Absolute Monarchy in the Early Seventeenth Century* (Scribner, Nova York, 1973).

[12] David Buisseret, *Henry IV*, cit.

onde teria nascido 32 anos antes. Homem forte, ruivo, de olhos fundos e nariz comprido, Ravaillac aparentava ser mais velho do que na verdade era[13].

O mais estranho é que D'Epernon conhecia Ravaillac da época em que fora governador de Angoulême. Jean-François Ravaillac havia sido enviado a D'Epernon por ordem do padre jesuíta D'Aubigny. Os jesuítas planejavam introduzir Ravaillac no serviço do governador como uma espécie de guarda-costas e ao mesmo tempo agente da Santa Aliança.

Durante o interrogatório, conduzido por De Jeannin, Buillon e Loménie, informaram-lhe que o rei apenas estava ferido e lhe pediram que revelasse o nome dos conspiradores. Sem dizer uma palavra, Ravaillac foi levado com grilhetas nos pés e nas mãos para a torre de Montgmorey, na Conciergerie. O regicida apenas repetia que "nenhum francês ou romano [seguidores do papa] participou ou me ajudou". Mesmo depois da acareação com o padre jesuíta D'Aubigny, nada foi esclarecido, e, após ser julgado, Ravaillac foi condenado à morte.

Depois da execução de Ravaillac surgiram novas pistas sobre o complô. Uma criada da marquesa de Verneuil acusou o duque D'Epernon, o duque de Guisa e a própria marquesa de serem, juntamente com os jesuítas, os instigadores do assassinato de Henrique IV, e disse ter ouvido bem como todos haviam tramado o crime algumas semanas antes.

A criada desapareceu em seguida, justamente quando a rainha viúva foi nomeada regente da França até a maioridade do delfim, que reinaria sob o nome de Luís XIII. Em Roma, o papa Paulo V rezava uma missa solene em memória do rei defunto, enquanto num lugar secreto das catacumbas da Cidade Eterna era celebrada outra missa, esta pelo mártir católico Jean-François Ravaillac.

A verdade é que muitas perguntas ficaram no ar sem resposta, tais como "Depois do atentado, de onde saíram tão rapidamente os três homens armados e vestidos com capas negras?", "Quem eram?", "Quem os enviara para lá?", "Estavam a serviço de quem?", "Pretendiam esconder a mão executora do regicídio a fim de evitar que os verdadeiros cérebros da conjura fossem descobertos?", "O duque D'Epernon estava envolvido?", "Que papel os jesuítas desempenharam na conspiração?", "Quem deixou a nota de aviso ao rei?". Mas nenhuma dessas perguntas jamais foi respondida.

Seja como for, passados alguns anos a polícia francesa descobriu que Jean-François Ravaillac havia participado de um estranho grupo místico-católico chamado Círculo Octogonus[14], ou "dos Oito". De fato, seus membros eram

---

[13] Roland Mousnier, *The Assassination of Henry IV*, cit.

[14] Esse grupo de assassinos tornaria a aparecer nos anos seguintes, especialmente na época napoleônica. Alguns de seus atentados foram documentados em várias obras, embora nunca se

fanáticos religiosos com cega obediência ao papa, tinham preparação militar – particularmente no uso de armas especiais – e estavam sempre dispostos a dar a vida em nome da verdadeira religião. O símbolo da organização era igual ao que o assassino de Henrique IV portava: um octógono com o nome de Jesus em cada lado e no meio o lema "Disposto à dor pelo tormento, em nome de Deus".

Em vários documentos e livros, o misterioso e secreto Círculo Octogonus foi relacionado à Santa Aliança – o serviço de espionagem papal –, embora nunca tenha sido possível demonstrar esse fato claramente. Ainda hoje as atividades e a existência dessa organização continuam a ser um mistério, bem como a sua própria origem ou a identidade de seu fundador.

A rainha regente decide demitir o então primeiro-ministro, o duque de Sully, e substituí-lo pelo aventureiro florentino Concino Concini, que logo se tornou o seu favorito.

O italiano conseguiu imprimiu sua marca na vida política da década de 1620, a ponto de seus contemporâneos reconhecerem que chegou a exercer um poder considerável e quase desmedido para um estrangeiro na corte francesa[15]. Concini também se transformou numa das melhores fontes de informação de Paulo V em Paris. De fato, ele não foi apenas um membro da Santa Aliança, mas um dos espiões mais importantes que qualquer papa podia ter no século XVII.

Alguns historiadores garantem que Concino Concini se reportava ao cardeal Alexandre de Médicis, futuro papa Leão XI, durante a sua missão na França, e que foi um dos que ajudaram a criar a rede francesa de espiões do Vaticano. O fato é que, nessa época, o florentino se destacou como um dos mais famosos agentes papais. Outras fontes asseguram ainda que, na verdade, Concini apenas servia a si mesmo e que suas operações de espionagem na França lhe deram mais poder na estrutura política ao longo da regência.

Segundo os historiadores John Eliot e Laurence Brockliss, o seu poder se desenvolveu em três fases principais: entre 1610 e 1614, de 1614 a 1616 e, por último, em 1617.

Na primeira fase, Concino Concini e a sua esposa, Leonora Galigai, se ocuparam em acumular uma vultosa fortuna bem como adquirir terras e conquistar cargos por meio da estreita relação que a própria Leonora mantinha com a rainha regente. Acredita-se que a influência da mulher de Concini sobre

---

conseguisse demonstrar a sua implicação concreta em nenhum dos golpes, assassinatos ou ataques de que eram responsabilizados. Nem mesmo a sua própria existência e sua relação com a Santa Aliança foram comprovadas.

[15] John Eliot e Laurence Brockliss, *The World of the Favourite*, cit.

Maria de Médicis contribuiu muito para beneficiar economicamente o espião florentino. Em bem pouco tempo, Concino Concini conseguira influenciar a nomeação dos altos cargos da Casa Real e a designação de bispos franceses. Os favores econômicos lhe permitiram adquirir o marquesado de Ancre em 1610 e ser nomeado marechal em 1613. Apenas em três anos, e graças em parte à sua esposa, o italiano passou de simples mensageiro do cardeal De Médicis e espião de pouco destaque sob as ordens de Paulo V a marechal da França[16]. Nesse mesmo ano o delfim atinge a maioridade e torna-se rei, e Maria de Médicis passa a ser chefe do governo. O casal Concini mantém a sua esfera de poder, mas é em 1616 que alcança o seu auge.

Concino Concini e a esposa tudo fizeram para manipular a política da França a seu bel prazer. Na época corriam certos rumores de que Concini nutria relações bem estreitas com o papa Paulo V. O golpe de mestre aplicado pelo florentino derrubou todos os ministros do assassinado Henrique IV e fez surgiu um novo governo, do agrado de Concini e do Vaticano. Barbin é eleito ministro das Finanças, Mangot passa a guardião do Selo e Richelieu torna-se ministro dos Negócios Estrangeiros[17].

Graças à rede de espionagem instaurada nas cozinhas das grandes famílias francesas, o italiano está cada vez mais infiltrado nas altas esferas, e vários desses espiões já haviam trabalhado para o cardeal Alexandre de Médicis antes de sua eleição a papa sob o nome de Leão XI.

Filho e sobrinho de ministros do grão-duque da Toscana, Concino Concini é partidário do absolutismo, e seus conselhos ao rei Luís XIII são direcionados a reforçar esse sistema de governo. Devido à sua aproximação com o monarca, Concini opinava em todos os assuntos da França, desde a nomeação de um bispo até aos documentos que tratavam das possíveis alianças com outros Estados[18]. Todas essas informações eram transmitidas a Roma por meio da ampla rede de espionagem que atuava na França por ordem de Paulo V.

Na verdade, quem estabeleceu as ligações com a Santa Aliança não foi Concino Concini, mas sua esposa. Desde 1601, Galigai, como dama de companhia, era muito próxima da rainha Maria de Médicis. Embora isto nunca tenha sido comprovado, alguns historiadores garantiram que a mulher de Concini era só uma agente de ligação entre a monarca e a Santa Aliança do papa Clemente VIII[19]. Em 1605, Concini ingressou no círculo de confiança da

---

[16] Sharon Jansen, *The Monstrous Regiment of Women: Female Rulers in Early Modern Europe* (Palgrave Macmillan, Nova York, 2002).
[17] L. Moore, *Louis XIII, the Just* (University of California Press, Los Angeles, 1991).
[18] John Eliot e Laurence Brockliss, *The World of the Favourite*, cit.
[19] Sharon Jansen, *The Monstrous Regiment of Women*, cit.

rainha e, em pouco menos de uma década, o aventureiro florentino passou de chefe de cavalaria a chefe de câmara do rei, em 1617, ano da sua queda.

Nos primeiros anos da regência, Concino Concini preocupou-se principalmente com as nomeações de cargos relacionados às finanças da França. Com a formação de um novo governo, em 1616, e sob o mandato do rei Luís XIII, Concini infiltrasse definitivamente na política do Reino. É dessa época a carta do núncio vaticano Bentivoglio enviada a Roma e que hoje se encontra na Biblioteca Nacional de Paris:

> O marechal [Concini] falou-me destes três novos ministros [Barbin, Mangot e Richelieu] como homens de sua confiança e mostrou grande prazer quando elogiei Mangot e Luçon, a quem eu já tinha visitado, e disse-me que considerava mais Barbin, por este sobrepujar os outros dois em assuntos importantes.[20]

É evidente que os três eram crias do espião Concino Concini, visto que lhe deviam a nomeação como ministros, mas, depois de eleitos, estariam já acima das decisões do florentino.

Outra medida do espião muito criticada pelos cidadãos foi a construção de fortificações destinadas não a defender o Reino de algum agressão exterior, mas sim de seus próprios cidadãos. Para Concini, aquelas edificações eram a forma de mostrar ao povo o autêntico poder do rei, mesmo que fosse pelo medo. Para concretizar essa política, o marechal de Ancre mandou chamar os melhores técnicos no assunto, os engenheiros italianos que serviram a Espanha em Flandres: Pompeo Frangipani, Apollon Dougnano e Giuseppe Gamurrini. Entre 1615 e 1617, auxiliado pelos italianos, Concini começou a intensificar o domínio real com a construção de fortalezas, poder este que permaneceu até mesmo depois de sua morte. Alguns exemplos claros dessa prática seriam a fortificação de Montpellier em 1622, a de Marselha com o forte de Saint Nicolas em 1660 e, em Bordeaux, o castelo de Trompette, em 1675[21].

Curiosamente, as cópias dos planos de todas essas fortificações foram catalogadas em 1743 por ordem do papa Bento XIV e estão até hoje nos Arquivos Secretos do Vaticano.

A queda do casal Concini ocorreria em 1617. Em janeiro, o florentino se vê no centro do furacão que pode provocar uma nova guerra civil francesa. Aconselhado pelo núncio Bentivoglio, o papa Paulo V decidiu, então, romper com a política dos Concini na França. Para tanto, pediu aos agentes da Santa Aliança que suspendessem toda atividade ordenada pelo italiano e que, a partir

---

[20] "Manipula os ministros a seu prazer" (Bentivoglio, núncio na França, Biblioteca Nacional de Paris, Ms. ital. 1770, fol. 237,13-I-1617).
[21] John Eliot e Laurence Brockliss, *The World of the Favourite*, cit.

daquele momento, consultassem Roma sobre qualquer instrução dada pelo marechal aos membros da espionagem vaticana. A crescente impopularidade de Concini prejudicava enormemente não apenas Maria de Médicis, mas também Luís XIII e até a monarquia. Pouco a pouco, o peso da opinião pública e a antipatia pessoal do monarca em relação ao marechal começaram a dar frutos entre os nobres que viam Concino Concini apenas como um estrangeiro e espião do papa[22].

Finalmente, em 24 de abril de 1617, quando se dirigia a pé para o palácio do Louvre, Concini foi apunhalado até a morte por três homens desconhecidos. Os assassinos pertenciam à Guarda Real de Luís XIII e agiram por ordem expressa do rei. "É impossível tirar o poder de Concino Concini. Antes, há que matá-lo", disse um dia o cardeal Richelieu, que se tornaria um dos poderosos da política e, por que não?, também da intriga na França[23].

Marechal da França e espião do papa, Concino Concini – o aventureiro florentino que elevara o suborno e a intriga política à categoria de arte –, tornara-se uma figura incômoda para o rei Luís, e a única saída para o monarca foi ordenar a sua execução:

> Concini, escreve o núncio Bentivoglio ao papa Paulo V, cometeu três graves erros: expôs as suas riquezas obtidas através do rei, exibiu riquezas não dignas de um homem da sua origem humilde, e conquistou-as de forma imoral ou pelo menos duvidosa.[24]

No próprio dia do assassinato de Concini, Luís XIII determinou a detenção de Leonora Galigai. O monarca não podia deixar nenhuma ponta solta, e a esposa de Concini era uma delas. Tudo indica que a ordem de acabar com a mulher do marechal de Ancre foi dada pelo rei ao cardeal Richelieu, que se ocupou de realizar o último ato da tarefa.

Os agentes do cardeal espalharam boatos pelas ruas de Paris sobre o possível envolvimento de Leonora Galigai com a bruxaria, por meio da qual teria enfeitiçado a rainha Maria de Médicis. Embora tivesse escrito ao núncio Bentivoglio pedindo proteção para si e para seus criados na nunciatura papal, Galigai foi detida pela Guarda Real em sua própria residência, localizada próxima ao Palácio[25].

---

[22] Lloyd Moore, *Louis XIII, the Just*, cit.
[23] Joseph Bergin, *The Rise of Richelieu: Studies in Early Modern European History* (Manchester University Press, Manchester, 1997).
[24] John Eliot e Laurence Brockliss, *The World of the Favourite*, cit.
[25] Sharon Jansen, *The Monstrous Regiment of Women*, cit.

Na revista à sua casa, os soldados encontraram três livros com caracteres mágicos, cinco rolos de tecido vermelho para dominar o espírito dos poderosos e alguns lenços que Galigai costumava usar no pescoço, os quais foram admitidos como talismãs e amuletos para rituais satânicos e usados como prova da acusação de bruxaria contra ela[26]. Esposa de Concino Concini, dama de companhia da rainha Maria de Médicis e espiã do papa Paulo V, Leonora Galigai foi considerada culpada de feitiçaria e condenada à morte. No dia seguinte ao julgamento, num lugar desconhecido, os homens da Guarda Real que assassinaram seu marido decapitaram-na, e seu corpo ardeu numa fogueira, em 1617.

As mortes de Concino Concini e de sua mulher colocaram a França numa nova fase de intrigas, dessa vez comandadas pelo cardeal Richelieu, discípulo aplicado do espião florentino e um dos maiores estadistas da época. A Santa Aliança, no entanto, tem outros objetivos nas mãos dos jesuítas. O papa Paulo V está mais interessado em utilizar a espionagem para conquistar almas para a causa da fé católica do que para dispor de mais poder econômico ou político numa Europa que se aniquila na chamada Guerra dos Trinta Anos.

Em 21 de janeiro de 1621 morre Paulo V e, após dois dias de conclave, um novo sumo pontífice é eleito: o cardeal Alessandro Ludovisi, que adota o nome de Gregório XV. Assim como o cardeal Maffeo Barberini, que anos mais tarde seria o papa Urbano VIII, o cardeal Ludovisi era excelente diplomata e hábil espião, tendo atuado na Espanha e na França. Ludovisi foi o responsável pela negociação da paz entre Felipe III da Espanha e Carlos Manuel de Sabóia no problema com o marquesado de Monferrato. Em 19 de setembro de 1616, recebeu a púrpura cardinalícia e, segundo certos indícios, foi encarregado por Paulo V de reformar a Santa Aliança e estabelecer uma série de normas para a organização clandestina, quando se cumpria meio século de sua fundação, por Pio V.

Já como papa, Gregório XV tentou cercar-se de familiares, nomeando-os para ocupar altos cargos no Vaticano. Um dos mais importantes na história da Santa Aliança seria seu sobrinho, Ludovico Ludovisi, nascido em Bolonha, tal como o santo padre. No dia seguinte à coroação de Gregório XV, o jovem foi nomeado cardeal, com apenas 25 anos. Ao sobrinho do pontífice é atribuída a tarefa de vigiar os assuntos religiosos e políticos da Igreja e ainda as operações realizadas pelo serviço de espionagem.

Os dois anos em que Ludovico Ludovisi comandou a Santa Aliança foram condicionados pela Guerra dos Trinta Anos (1618–1648) e especialmente pela sucessão da Áustria e pelas guerras da Boêmia e do Palatinado. Os seus agentes estiveram muito ocupados em fomentar a derrota do príncipe palatino

---

[26] Anthony Levi, *Cardinal Richelieu and the Making of France* (Carroll & Graf, Nova York, 2000) e Lloyd Moore, *Louis XIII, the Just*, cit.

Frederico V, chefe da chamada União Evangélica, e em apoiar Maximiliano da Baviera (1598-1651)[27].

Deixando o sobrinho como responsável pela Santa Aliança, Gregório XV morreria em 8 de julho de 1623. Contudo, a chegada de um novo papa ao Vaticano acabaria com a curta, mas intensa, carreira de Ludovico à frente da espionagem papal. Urbano VIII, sucessor de Gregório XV, enviaria Ludovico Ludovisi para Bolonha, cidade da qual era arcebispo desde 1621 e onde ficaria até sua morte, ocorrida em 18 de novembro de 1632, com 36 anos. Segundo algumas fontes, o jovem Ludovisi teria sido envenenado por agentes protestantes seguidores de Frederico V como vingança por sua atuação na guerra contra Maximiliano da Baviera.

A eleição do cardeal Maffeo Barberini como novo papa é, sob todos os ângulos, o início de uma das fases mais sombrias e pouco gloriosas do serviço de espionagem pontifício.

Oriundo de uma rica família florentina de comerciantes de tapeçarias do Oriente, o então futuro papa tinha três anos de idade quando o pai morreu e a mãe decidiu educá-lo nos jesuítas de Florença. Pouco depois, foi confiado aos jesuítas de Roma e, em seguida, ingressou na Universidade de Pisa, onde estudou Direito. Sob a proteção do tio Francesco Barberini, começa sua carreira eclesiástica, uma das mais fulgurantes de toda a história da Igreja católica. Em 1601, Clemente VIII o envia à França para felicitar o rei Henrique IV pelo nascimento do delfim. Em 1604, é nomeado núncio apostólico em Paris, onde presta um grande serviço aos jesuítas[28].

Em 11 de setembro de 1606, o papa Paulo V lhe concede o capelo cardinalício, que o próprio Henrique IV lhe impõe em cerimônia solene. Dois anos mais tarde Maffeo Barberini é nomeado protetor do Reino da Escócia[29].

O pontificado de Urbano VIII seria marcado por dois aspectos bem claros: o seu evidente nepotismo e o gosto pelas intrigas – a propósito dos quais utilizaria, se necessário, os serviços dos espiões da Santa Aliança. O novo santo padre rodeou-se de uma grande corte familiar. Em 1623, nomeou seu irmão mais velho, Carlos, como general dos exércitos papais e duque de Monte Redondo, e o jovem de 26 anos Francisco, o primogênito de Carlos, como cardeal. Em 1624, Antônio, outro filho de Carlos, é escolhido como cardeal penitenciário, bibliotecário principal, camarlengo e prefeito da Nunciatura.

Apesar dos poderes de que dispôs, nunca o cardeal Antonio Barberini, sobrinho do pontífice, pôde controlar a Santa Aliança, porque essa tarefa foi

---

[27] Walter Goetz e outros, *La época de la revolución religiosa*, cit.
[28] Malachi Martin, *The Jesuits*, cit.
[29] Javier Paredes e outros, *Diccionario de los papas y concilios*, cit.

reservada ao cardeal e amigo de Urbano VIII, Lorenzo Magaloti, que se dividiu entre o comando do serviço secreto papal e o cargo de secretário de Estado desde 1628. De fato, Magaloti reunia em si todos os poderes do Colégio Cardinalício, o que causou sérias reações nos outros purpurados. Para tranqüilizá-los, Urbano VIII lhes concedeu os títulos de "eminências" e "príncipes da Igreja", mas a tarefa mais árdua estava reservada para Magaloti. O chefe da Santa Aliança teria pela frente um gênio da intriga e um grande conspirador do século XVIII, o cardeal Richelieu.

O cardeal se convertera num dos homens mais poderosos da França. Era proveniente de uma família nobre, mas desprovida de recursos financeiros, o que o levou, ainda jovem, a abraçar a carreira eclesiástica, na qual chegaria a bispo[30].

Logo descobriu, entretanto, que absolutamente tudo o que o rodeava era uma questão de Estado, desde a economia até as guerras religiosas. Depois do assassinato de Henrique IV e do início da regência de Maria de Médicis, o cardeal viveu o seu momento de glória, sempre protegido por Concino Concini. Mas, quando Luís XIII passou a governar e rompeu os laços com todos os favoritos da rainha, Richelieu teve de partir para o exílio.

Graças a diversas conspirações, o cardeal conseguiu regressar à corte de Luís XIII em 1624, quando contava 38 anos. Pouco a pouco, assumiu as rédeas do governo, até ser formalmente nomeado primeiro-ministro francês. Começava uma grande mas inescrupulosa carreira a serviço da França. François Le Clerc du Tremblay, o padre Joseph – antigo espião da Santa Aliança e, como afirmam alguns, membro do Círculo Octogonus, a organização ultra-secreta à qual também pertencia Jean-François Ravaillac, o assassino de Henrique IV –, converte-se nos olhos e nos ouvidos de Richelieu fora do Palácio Real. Os livros de história não estão de acordo em definir se Tremblay era a sombra de Richelieu ou vice-versa, mas o certo é que a colaboração do cardeal com o dominicano consolidou uma das uniões mais eficazes para governar uma nação e fazer intrigas no grande tabuleiro de xadrez que se tinha tornado o continente europeu na primeira metade do século XVII[31].

Nascido em Paris em novembro de 1577, Joseph du Tremblay foi ordenado sacerdote em 1604. Viajou para Roma em 1616, quando o pontificado de Paulo V estava no seu ápice. Manteve contatos ali com outros dominicanos membros da Santa Aliança, que lhe ensinaram os sistemas de espionagem da época, como as perseguições, as formas de assassinato por envenenamento e a técnica de codificar as mensagens. De volta à França, passou por várias cidades,

---

[30] Joseph Bergin, *The Rise of Richelieu*, cit.
[31] Hsia Pochia, *The World of Catholic Renewal, 1540–1770*, cit.

até que em abril de 1624 ingressou no restrito círculo do cardeal Richelieu. Muitos asseguram que foi no mesmo ano, ou talvez em 1625, que Joseph du Tremblay se tornou ministro "oficioso" dos Negócios Estrangeiros da França e também um dos mais obstinados inimigos dos agentes da Santa Aliança[32].

Para Richelieu, o poder absoluto da Coroa não era um fim em si, pois o rei era o principal servidor do Estado. Única e exclusivamente por questões religiosas, o cardeal era contrário à velha política externa européia, motivo pelo qual pendia para política da razão de Estado, porque para ele os temas religiosos e os interesses do Estado, na maioria das vezes, entravam em contradição. O melhor exemplo disso seria a posição da França contra a Espanha-Habsburgo, apoiada em parte pelo receio do próprio Urbano VIII em relação aos Habsburgos na Itália, o que provocou a ruptura da unidade católica mundial e serviu como lenha para alimentar a fogueira da Guerra dos Trinta Anos.

Uma das maiores conspirações promovidas pela Santa Aliança na França de Richelieu foi a chamada "união da nobreza".

O cardeal Magaloti não estava disposto a permitir que Richelieu perseguisse uma grande parte da nobreza católica francesa, a qual se opunha a que a França esquecesse as tendências religiosas de seus inimigos e os convertesse então em aliados na luta contra a Espanha.

O homem de confiança de Urbano VIII encarregou da missão um jovem sacerdote de Siena, Giulio Guarnieri, filho de pai italiano e mãe francesa. Ele deveria criar uma rede na França envolvendo todos os nobres católicos que se opunham a Richelieu e à sua política antiespanhola.

Guarnieri era filho de um comerciante de vinhos que percorria todo o território francês em busca das melhores bebidas, as quais eram depois vendidas às grandes e nobres famílias de Paris, Siena, Florença e Roma. Isso permitiu ao jovem Giulio entrar em contato com os maiores senhores da França e lhe rendeu um bom dinheiro, pois também se fazia de mensageiro ocasional entre os políticos da França e os de Mântua contrários aos interesses da Espanha. A idéia do cardeal Magaloti, chefe da Santa Aliança, era manter um pé na França no caso de Urbano VIII resolver aliar-se à Espanha no seu apoio a Richelieu[33].

O papa já havia se declarado contrário aos interesses da Espanha nos conflitos da Valtelina e de Mântua e a favor das pretensões francesas. No primeiro caso, apoiou o chamado tratado de Monçon de 1626, que segregava os católicos da Valtelina do domínio dos grisões protestantes. Valtelina era uma região aparentemente sem importância, situada entre a França, a Itália e a Suíça, mas Urbano VIII e Magaloti queriam saber por que motivo

---

[32] Anthony Levi, *Cardinal Richelieu and the Making of France*, cit.
[33] Idem.

Richelieu tinha tanto interesse nela. Bom conhecedor da região graças às viagens com seu pai, o agente da Santa Aliança Giulio Guarnieri escrevia então ao cardeal Magaloti:

> O cardeal Richelieu tem um grande interesse na Valtelina devido a um estreito vale de grande valor estratégico, o que permite a passagem das tropas espanholas da Lombardia para a Alemanha e os Países Baixos. Se o vale ficar fechado pelos franceses, é evidente que os espanhóis não poderão atingir o norte a não ser pelo mar.

A região estratégica, exatamente como tinha previsto o agente Guarnieri, caiu prisioneira das lutas religiosas pelo seu controle. O grupo protestante procurou então apoio em Veneza e na França de Richelieu, ao passo que a facção católica buscou ajuda na Espanha e na Áustria. Por fim, em 1620, os espanhóis ocuparam a Valtelina e os austríacos, o vale de Munster. A solução não convinha à França, e o cardeal Richelieu resolveu o problema a seu favor com um golpe de mestre. Como hábil cardeal, garantia a plena autonomia aos habitantes dos vales sempre e quando eles exercessem a religião católica, o que constituía um êxito para o papa, que proclamou a si próprio juiz das negociações de paz[34].

Guarnieri, no entanto, tinha as mãos livres para continuar a agir dentro do próprio território de França e manter estreitos contatos com a nobreza católica francesa, cada vez mais perseguida por sua oposição ao antiespanholismo de Richelieu. Guarnieri era o único vínculo dos líderes católicos com o Vaticano e o papa Urbano VIII.

Durante esses trágicos acontecimentos, a atitude do santo pontífice não foi muito clara. Sua simpatia pela França, que era aliada dos protestantes e do cardeal Richelieu, foi censurada pelo legado imperial em Roma, o cardeal Pasmany. Poucos anos depois, viria à tona que Giulio Guarnieri e talvez o seu chefe, o cardeal Lorenzo Magaloti, trabalhavam para Pasmany, que, por sua vez, informava a Espanha e os imperiais sobre os movimentos de tropas protestantes.

Comandados por Joseph du Tremblay, os espiões de Richelieu procuraram, sem muito êxito, o espião do cardeal Magaloti ao longo de mais de oito anos. Tendo chegado a batizar Giulio Guarnieri de "o espião fantasma", eles fizeram mesmo crer que realmente o agente da Santa Aliança era uma invenção do próprio Lorenzo Magaloti.

Entretanto, para enfraquecer o prestígio da Casa da Áustria e aumentar o de Luís XIII, Richelieu menosprezou os princípios da religião e manteve

---

[34] Henry B. Hill, *Political Testament of Cardinal Richelieu: The Significant Chapters and Supporting Selections* (University of Wisconsin Press, Wisconsin, 1964).

a França sob o horror permanente da guerra. Foi o remorso provocado pela contradição entre o próprio conflito religioso e os compromissos da política que mais torturou o espírito de Joseph du Tremblay, o padre Joseph, como era conhecido[35].

Em 1638, o chefe dos espiões da França faleceria após um ataque de apoplexia, no castelo de Rueil, que pertencia ao cardeal Richelieu. Quatro anos depois morria também Armand Jean du Plessis, cardeal Richelieu, legando sua política e suas intrigas ao cardeal Jules Mazarino, de origem italiana.

O papa Urbano VIII morreria em 29 de julho de 1644, sendo enterrado no sepulcro que Bernini construíra na basílica de São Pedro. Após 21 anos de pontificado, deixou uma sombria recordação entre os católicos, que, por sua atuação na Guerra dos Trinta Anos, acusaram-no de se comportar como um traidor.

Giulio Guarnieri, o "espião fantasma", continuaria a atuar para a Santa Aliança na França de Mazarino e de Luís XIV. Encerrava-se assim uma obscura fase para a espionagem papal, que se vira obrigada a trabalhar pelo protestantismo devido à neutralidade de Urbano VIII. Mas, graças a homens como o cardeal Lorenzo Magaloti, chefe da Santa Aliança, ou ao espião Giulio Guarnieri, a causa católica permanecia protegida numa Europa desgarrada e esfomeada, quando começava uma nova era de expansão.

---

[35] Richard Bonney, *The European Dynastic States, 1494–1660* (Oxford University Press, Oxford, 1992) e *The Thirty Years' War, 1618–1648* (Osprey Publishers Company, Londres, 2002).

CAPÍTULO CINCO

A ERA DA EXPANSÃO (1644-1691)

> Não levantarás um boato falso; não darás tua mão ao perverso para levantar um falso testemunho. Não seguirás o mau exemplo da multidão. Não deporás num processo, metendo-te do lado da maioria de maneira a perverter a justiça.
>
> *Êxodo 23, 1-2**

Com a morte do santo padre, o conclave voltou a se reunir para eleger o seu sucessor, e mais uma vez o Colégio Cardinalício se mostrava dividido por disputas e grupos. De um lado, estava o partido hispano-austríaco, contrário à política do papa anterior e, por conseguinte, a qualquer possível candidato que tivesse sido nomeado cardeal por Urbano VIII. De outro, havia o partido francês, comandado pelo cardeal Antonio Barberini e apoiado em Paris pelo cardeal Jules Mazarino.

A Espanha se declarara abertamente favorável ao cardeal Sachetti, o qual, embora fosse indicado pelo cardeal Francesco Barberini, primo de Antonio, seria rejeitado por Mazarino. Poucos dias depois, em 15 de setembro de 1644, os cardeais Barberini decidiram apoiar a candidatura opcional do cardeal Giambattista Pamphili, um ancião de 72 anos que adotaria o nome de Inocêncio X.

O novo papa manteve a política de nomeação de membros familiares para ocupar as altas hierarquias da Igreja e de Roma. O único problema era que seu parente mais capaz para fazê-lo era uma mulher, a sua cunhada Olimpia Maidalchini[1].

Desde que ficara viúva do irmão mais velho do pontífice, a poderosa Olimpia conseguiu colocar em elevadas posições sociais todos os seus filhos. Inocêncio X concedeu a púrpura cardinalícia ao sobrinho e primogênito de Olimpia, Camilo Pamphili, a fim de que, por meio dele, a mãe pudesse aconselhar o papa e ajudá-lo a dirigir a Igreja[2].

---
* *Bíblia Católica Online*, cit. (N. T.)
[1] Alfio Cavoli, *La papessa Olimpia* (Scipioni, Milão, 1992).
[2] Javier Paredes e outros, *Diccionario de los papas y concilios*, cit.

Em pouco tempo, Olimpia Maidalchini tornou-se uma das conselheiras mais influentes do santo padre, apesar de não lhe ser permitido sequer falar em particular com ele. Todas as comunicações e ordens eram feitas através do cardeal Camilo Pamphili.

Nos primeiros três anos de pontificado, Olimpia apenas assessorou o papa em questões políticas pouco importantes, como os assuntos relacionados à infra-estrutura da cidade ou a decisão sobre quais nobres famílias deveriam ser favorecidas e quais castigadas. Em janeiro de 1647, Camilo Pamphili – o correio secreto entre Inocêncio X e Olimpia Maidalchini – renunciou ao posto de cardeal para contrair casamento com Olimpia Aldobrandini, sobrinha de Clemente VIII e viúva de Paolo Borghese. Impunha-se sem dúvida escolher um novo mensageiro, que também se mostrasse bem discreto.

O pontífice então elevou ao posto de cardeal Francesco Maidalchini e Camilo Astalli, ambos familiares da cunhada, com o propósito de convertê-los em simples testas-de-ferro da ligação entre Inocêncio X e Olimpia Maidalchini. Teria sido a própria Olimpia que sugerira ao antigo santo padre a nomeação do cardeal Panciroli como secretário de Estado e responsável pela Santa Aliança. Mas Urbano VIII preferia que a espionagem e a política da Igreja católica estivessem nas mesmas mãos e caminhassem juntas[3].

Por meio de Panciroli, Olimpia controlava os atos da Santa Aliança de forma oficiosa. Não apenas assistia secretamente às audiências de Inocêncio X com o seu secretário de Estado, mas chegava a decidir que operações deveriam ser concretizadas. Um dos principais inimigos da Santa Aliança continuava a ser a França do cardeal Mazarino, mas Olimpia conduziu a situação com um toque feminino.

Luís XIII, que tinha morrido meses depois de Richelieu, foi sucedido por seu filho, Luís XIV, de apenas cinco anos. Contudo, devido à tenra idade do monarca, o governo passou a ser exercido por sua mãe, Ana da Áustria, na qualidade de regente. A rainha-mãe nomeou o cardeal Jules Mazarino como responsável pelo Conselho de Regência e, a partir de então, Mazarino – conhecido por seus inimigos como "o vilão da Sicília", pela sua origem italiana – começou a controlar absolutamente todo o poder do Estado[4].

Desde a sua época como núncio pontifício na França, ele conseguira manter uma estreita amizade com Richelieu, o seu protetor. Jules Mazarino, então, abandonou o serviço do papa e infiltrou-se nas engrenagens do poder em Paris. A confiança da rainha Ana e a incapacidade da família real para governar fizeram o resto.

---

[3] Alfio Cavoli, *La papessa Olimpia*, cit.
[4] William Beik, *Louis XIV and Absolutism: A Brief Study With Documents* (Palgrave Macmillan, Londres, 2000).

Pouco a pouco, a situação foi-se degradando até o ponto em que a nobreza, em grande parte católica, começou a fazer intrigas contra o poder cada vez mais absolutista do Estado[5]. Esse movimento foi em parte apoiado e, segundo dizem, financiado pela Santa Aliança por indicação da sua dirigente oculta, Olímpia Maidalchini.

O cardeal Jules Mazarino conseguiu introduzir na Santa Sé alguns espiões que o informavam dos planos do papa contra a França. Foi nessa altura que Olímpia criou uma espécie de serviço de contra-espionagem dentro da Santa Aliança, batizado como Ordem Negra. A tarefa dos seus membros seria descobrir os agentes de Mazarino e executá-los imediatamente[6].

Para isso foi entregue aos seus 11 componentes, escolhidos nas tropas da Santa Aliança por Olímpia em pessoa, um selo pontifício gravado em prata no qual se via uma mulher vestida de toga, com uma cruz na mão e a espada na outra. Ao que tudo indica, o escudo da Ordem Negra era uma homenagem à própria responsável pela espionagem papal[7].

Um dos melhores espiões de Mazarino no Vaticano era um padre de origem genovesa chamado Alberto Mercati. Na verdade, Mercati fora recrutado pela espionagem de Mazarino quando este era núncio papal na França. No seu regresso a Roma, o padre italiano passou a integrar o séquito do cardeal Panciroli e foi admitido na Secretaria de Estado como especialista em assuntos franceses. Entre 1647 e 1650, pelas mãos de Alberto Mercati passaram importantes documentos relacionados à França, que eram prontamente levados ao conhecimento do próprio Mazarino por meio de um complexo sistema de correios.

Mercati sabia que os monges da Ordem Negra estavam na sua pista e que a própria Olímpia Maidalchini havia prometido a captura do "cérebro" que agia protegido por alguma alta hierarquia eclesiástica[8]. Para o espião, a sua captura tornou-se mais um jogo do que uma questão de pura e simples espionagem. Mercati deixava pistas falsas em estrebarias e tabernas a fim de despistar os agentes da Santa Aliança, mas também sabia que mais cedo ou mais tarde a Ordem Negra acabaria por descobrir a sua identidade.

---

[5] Richard Bonney, *The European Dynastic States 1494–1660*, cit.

[6] Na verdade, a Ordem Negra não era um serviço de contra-espionagem tal como hoje se conhece, mas antes um grupo de assassinos cujo único propósito era exterminar todos os agentes da França e do cardeal Mazarino infiltrados no Vaticano. O serviço de contra-espionagem da Santa Sé denominado Sodalitium Pianum (Associação de Pio), ou S. P., foi criado de forma oficial em 1906 por ordem do papa Pio X. Ver também Eric Frattini, *Secretos vaticanos*, cit.

[7] Eric Jon Phelps, *Vatican Assassins: Wounded in the House of my Friends* (Halcyon Unified Services, Londres, 2000).

[8] Alfio Cavoli, *La papessa Olimpia*, cit.

Uma das operações da Santa Aliança que Alberto Mercati pôde desvendar foi a do chamado "movimento da Fronda". Declaradamente anti-Mazarino e antiabsolutista, era formado por poderosos senhores católicos, dos quais, por ordem de Mazarino, eram cobrados altíssimos impostos, cujo destino não era outro senão as próprias arcas do cardeal e de seus mais fiéis seguidores, sempre com o consentimento da regente Ana da Áustria[9].

O nome do movimento procedia de um jogo praticado pelas crianças na Paris do século XVII que consistia em atirar pedras com um tipo de estilingue. Vários deputados da Assembléia adeptos da Fronda não aceitavam novos impostos sem a aprovação do Parlamento. Por isso mesmo determinaram que nenhum súdito do rei poderia ser detido por mais de 24 horas, período de tempo em que deveria ser interrogado e apresentado ao juiz[10].

Graças a um documento enviado por um agente na França ao cardeal Panciroli, o espião Alberto Mercati tomou conhecimento da implicação do Vaticano e de Inocêncio X no complô contra Mazarino. O espião infiltrado tentou enviar uma carta urgente ao próprio cardeal Mazarino para informá-lo da conspiração de uma organização chamada Fronda, cujo propósito era derrubar o rei Luís XIV, a rainha Ana da Áustria e Mazarino. A mensagem, no entanto, nunca chegaria ao seu destino[11].

Escrita por Mercati em código, a missiva sem assinatura havia sido entregue a um dos guardas suíços do papa, que era de origem francesa, encarregado de fazê-la chegar a Paris, mas os monges da Ordem Negra interceptaram-na. O cadáver do soldado pontifício foi descoberto no dia seguinte, pendurado em uma ponte, com as mãos cortadas e de cuja roupa pendia o símbolo da Ordem Negra: uma faixa preta de pano cruzada por duas franjas.

A carta seria entregue nesse mesmo dia a Olimpia Maidalchini pelo chefe da guarda para ser destruída, enquanto a França era assolada por distúrbios. As ruas de Paris transformaram-se em campo de lutas e barreiras. O país estava à beira da guerra civil entre os partidários de Ana da Áustria e do cardeal Mazarino e os seguidores de Louis Joseph de Bourbon, príncipe de Condé, os quais desejavam derrubar o cardeal[12]. Para apoiar o príncipe Condé, o papa Inocêncio X enviou o cardeal de Retz, um gascão que era também tio de Luís XIV[13].

---

[9] Walter Goetz e outros, *La época de la revolución religiosa*, cit.
[10] W. Gibson, *A Tragic Farce: The Fronde (1648–1653)* (Intellect, Nova York, 1998).
[11] Orest Ranum, *The Fronde: A French Revolution, 1648–1652 (Revolutions in the Modern World)* (W. W. Northon & Company, Londres, 1993).
[12] Manuel Carbonero y Sol, *Fin funesto de los perseguidores y enemigos de la Iglesia*, cit.
[13] William Beik, *Louis XIV and Absolutism*, cit.

Embora os membros mais importantes da Fronda não se mostrassem muito seguros da fidelidade de Retz, o cardeal era o enviado de Roma e tinha o respaldo de Louis Joseph de Bourbon e de Inocêncio X.

A revolta conseguiu ser sufocada apenas em três meses e a paz foi restaurada momentaneamente. Em 1650, no entanto, Louis Joseph de Bourbon foi detido a mando de Mazarino, o que provocou uma nova "Fronda", que se estendeu até 1652. Na verdade, o príncipe de Condé havia sido preso por ordem de Ana da Áustria, cansada das insolências do nobre, da sua ânsia pelo poder e de seu desejo de tomar o posto do cardeal, mas os agentes da Santa Aliança em Paris preferiram divulgar à população que a sua detenção era parte de uma conspiração organizada pelo odiado cardeal Mazarino. E isso alimentou a chama do ódio[14].

As províncias da Borgonha e de Guyena revoltaram-se contra essa prisão, tal como o duque de Lorena e o conde D'Harcourt. Os cidadãos de Paris armaram-se, e o Parlamento pediu o exílio de Mazarino. Em vez de aceitar a recomendação, ele decidiu ceder e libertar Louis Joseph de Bourbon, que depois se refugiou na Alemanha.

Contudo, em Roma, desde o início de 1651, depois da morte do cardeal Panciroli, Olimpia Maidalchini mantinha o controle da Santa Aliança. Para substituir Panciroli, o papa Inocêncio X nomeou o cardeal Fabio Chigi, futuro Alexandre VII. Chigi desejava tomar as rédeas do poder no Vaticano, incluindo a Santa Aliança, e a cunhada do santo padre era realmente um grande entrave.

Por fim, com a intervenção do próprio Inocêncio X, Chigi chegou a um acordo com Olimpia: ela não mais poderia controlar a Santa Aliança nem seus agentes, mas continuava no comando da Ordem Negra[15]. Embora desejasse ardentemente a ruína do cardeal Mazarino, não lhe restava outro remédio senão aceitar.

Em 6 de setembro de 1652, o genovês Alberto Mercati apareceu enforcado numa viga em sua casa de Roma, com um pequeno pano negro com as duas faixas vermelhas cruzadas enfiado na boca. O longo braço da Ordem Negra atingiu um dos mais brilhantes espiões inimigos que atuavam no Vaticano. Segundo parece, antes de morrer o agente acusara o cardeal Panciroli de lhe ordenar que passasse informações ao cardeal Mazarino, mas isso nunca pôde ser comprovado.

Em 7 de janeiro de 1655, morria o papa Inocêncio X, com 81 anos de idade. O seu corpo ficou exposto durante horas na basílica de São Pedro, mas, como ninguém sabia o que fazer com ele, transportaram-no a um cômodo escuro, onde os trabalhadores guardavam as ferramentas. Mais tarde foi enterrado em um modesto túmulo na igreja de Santa Inês, na concorrida praça Navona. Com a morte de Inocêncio X, terminava o pontificado da Contra-Reforma.

---

[14] Wendy Gibson, *A Tragic Farce*, cit.
[15] Alfio Cavoli, *La papessa Olimpia*, cit.

Mais uma vez os grandes poderes na Europa deveriam decidir sobre o novo dirigente da Igreja católica, e o que estava mais bem cotado era o cardeal Saccheti, grande inimigo da Santa Aliança, organização à qual qualificava como um "instrumento do diabo que apenas servia para fazer o mal na sombra". Saccheti declarara abertamente o seu receio por um aparelho da Igreja tão poderoso que nem sequer os próprios papas podiam controlar. Por isso, estava decidido a acabar com a espionagem custasse o que custasse, e talvez tenha sido essa posição que o impediu de ser escolhido sucessor de Inocêncio X.

O cardeal Fabio Chigi, que chefiava a Santa Aliança desde 1651, não queria ver extinto o serviço de espionagem que custou tantas vidas. Para isso decidiu realizar um perigoso jogo, que consistia em revelar a Felipe IV da Espanha as atividades claramente pró-francesas do cardeal Saccheti e sua possível amizade com o cardeal Mazarino. De posse dessa informação, o monarca resolveu vetar Saccheti e apoiar o fiel Chigi como sucessor de Inocêncio X[16]. Em 7 de abril de 1655, após quatro meses de conclave, o cardeal Fabio Chigi foi por fim eleito novo papa e adotou o nome de Alexandre VII.

O seu pontificado transcorreria envolto em dezenas de conspirações políticas e confrontos claros com a França, em parte pela debilidade sofrida pelos Estados Pontifícios depois da assinatura da "infame" Paz de Vestefália, em 1648.

Alexandre VII era um homem com uma habilidade natural para a diplomacia. Contrário ao nepotismo praticado por seus antecessores, o novo papa preferia tomar ele mesmo as suas decisões depois de consultar os especialistas em cada assunto.

Como primeira medida, o santo padre resolveu remodelar toda a cúria romana, incluindo os serviços secretos. Tal medida afetaria Olimpia Maidalchini, que ainda comandava a Ordem Negra[17]. O papa obrigou Maidalchini a devolver à Santa Aliança o controle da misteriosa organização – que em seguida foi dissolvida e cujos membros passaram a se reportar a ele – e a retirar-se da vida pública, medidas pelas quais recebeu uma boa soma de dinheiro.

Em clara obediência a Alexandre VII, a ainda poderosa Olimpia Maidalchini aceitou todas as exigências e se recolheu à sua residência romana, onde permaneceria até sua morte, em 1657, com 64 anos. Com ela terminava um dos períodos mais sombrios – mas nem por isso menos interessante – da história da espionagem do Vaticano. A nova direção da Santa Aliança passava às mãos do cardeal Corrado, que também pertencia à Congregação da Imunidade.

O cardeal Corrado não era um perito em política e muito menos em questões como as intrigas, característica muito necessária para dirigir um aparelho

---

[16] Robert A. Stradling, *Philip IV and the Government of Spain, 1621–1665* (Cambridge University Press, Cambridge, 1988).

[17] Alfio Cavoli, *La papessa Olimpia*, cit.

tão poderoso quanto a Santa Aliança. Estava mais empenhado no estudo da religião do que em temas tão mundanos como comandar um serviço de espionagem, mesmo que este fosse o responsável por proteger os interesses do papa e da Igreja católica numa Europa cada vez mais belicista em relação aos Estados Pontifícios[18].

As relações entre Roma e Paris não estavam em seu melhor momento. A França não conseguiu vencer a Espanha, e a situação interna continuava instável depois da última Fronda. Ao lado de um cada vez mais enfraquecido Mazarino aparecia Fouquet, ministro da Fazenda, como o novo homem forte da França. Sua ambição e sua cobiça eram ainda maiores que a de seus antecessores, Mazarino e Richelieu. As ruas da capital vêem-se castigadas por distúrbios religiosos, promovidos pelos jansenistas, que reclamam uma reforma católica, o que começa a afetar o governo e a Coroa[19]. O tratado de amizade anglo-francês de 1655, firmado com Oliver Cromwell, lord protetor da Inglaterra, consentia a Mazarino novos poderes para continuar a sua guerra contra a Espanha. A conquista inglesa das praças espanholas em Dunquerque e da longínqua Jamaica obrigou o rei Felipe IV a assinar a paz[20].

Planejadas pela rainha Ana da Áustria e pelo cardeal Mazarino, as negociações concentraram-se num possível enlace entre o jovem rei Luís XIV e a filha de Felipe IV, Maria Teresa. O papa Alexandre VII e seu conselheiro, cardeal Sforza Pallavicino, abençoavam essa união. Pallavicino – que se tornou um dos mais próximos conselheiros do papa, afastando inclusive o cardeal Corrado do comando da Santa Aliança – viu no casamento régio uma possibilidade de diminuir o belicismo francês em relação aos precários Estados Pontifícios.

Estipulado em 1658, o enlace ocorreu em 7 de novembro de 1659, quando também se assinou a Paz dos Pireneus, na fronteira hispano-francesa. O documento, no qual o próprio Alexandre VII opinou, dava à França um maior número de concessões.

Como dirigente da Fronda, Condé retomava suas possessões, enquanto as tropas francesas deixavam a Catalunha e diversas comarcas eram devolvidas à Espanha. Portugal foi sacrificado pela França, embora mantivesse a sua própria independência. O poder da Espanha na Itália e o franco-condado da Borgonha permaneceram intactos. Mas o que estava claro era que a Paz dos Pireneus, como a de Vestefália, foi um tratado assinado pelo cansaço, e a França aparecia como a nova potência européia, diante do cada vez mais enfraquecido poder espanhol. Em 9 de março de 1661 morria o cardeal Mazarino, o que pressupunha o começo da monarquia absolutista de Luís XIV e, com isso, o domínio francês por toda a Europa.

---

[18] Javier Paredes e outros, *Diccionario de los papas y concilios*, cit.
[19] Walter Goetz e outros, *La época de la revolución religiosa*, cit.
[20] Robert A. Stradling, *Philip IV and the Government of Spain*, cit.

Durantes esses anos, o papa Alexandre VII não passou de uma testemunha ocasional dos acontecimentos desencadeados numa Europa em convulsão. O que o pontífice de Roma menos desejava era alterar os ânimos da vizinha e poderosa França, mas uma mão oculta se mostrava disposta a que tais ímpetos se agitassem perigosamente.

Dois graves incidentes estiveram a ponto de provocar uma guerra aberta entre Luís XIV e Alexandre VII. O primeiro aconteceu em 11 de junho de 1662, quando o novo embaixador da França em Roma, o duque de Crèqui, escoltado por duzentos guardas armados, tentou ser recebido pelo pontífice. Crèqui entendia que Alexandre VII devia lhe prestar cortesias como representante de Luís XIV, mas o santo padre não estava disposto a isso. O cardeal Pallavicino ordenou então à Guarda Corsa que formasse uma linha de proteção às portas da residência papal para assim impedir qualquer tentativa de entrada dos franceses nos aposentos do pontífice. O embaixador Crèqui protestou diante do cardeal Rospigliosi, secretário de Estado, e em seguida o duque de Crèqui informou o rei Luís XIV da afronta sofrida como representante da Coroa da França em Roma.

O segundo incidente aconteceria em 20 de agosto de 1662, quando quatro homens, supostamente agentes da Santa Aliança, tiveram um desentendimento com três diplomatas franceses. O que de início pareceu ser uma simples desavença, acabou por se transformar num duelo de espadas nas ruas próximas do palácio Farnese, onde estava instalada a missão diplomática francesa. O barulho das espadas despertou a atenção de uma patrulha da Guarda Corsa papal que vigiava os arredores e de uma tropa de soldados franceses que protegia o edifício. Ao chegar ao local da luta, encontraram dois franceses e um dos espiões da Santa Aliança gravemente feridos. Os outros foram presos e enviados para os calabouços de um dos quartéis da Guarda Corsa, não sem antes terem uma séria discussão com as tropas francesas[21].

Os três agentes da Santa Aliança eram antigos membros da Ordem Negra e foram postos em liberdade. Tudo indica que, apesar da oposição do papa Alexandre VII, o cardeal Pallavicino decidira reativar a organização clandestina como serviço de contra-espionagem. Sforza Pallavicino desejava manter como núcleo de poder os homens formados por Olimpia Maidalchini, bem como os segredos que conseguiram obter ao longo dos anos em que a cunhada de Inocêncio X dirigiu a espionagem pontifícia.

Quando as notícias do segundo conflito chegaram a Paris, Luís XIV ordenou a expulsão imediata do núncio papal na França, as tropas francesas ocuparam o condado de Avignon e o exército se pôs em alerta para uma demorada

---

[21] Carlo Castiglioni, *Storia dei papi* (Torinese, Turim, 1939).

campanha de caráter punitivo contra o orgulhoso Estado Pontifício[22]. A guerra batia à porta de Roma e dessa vez a frágil Espanha de Felipe IV pouco poderia fazer para evitá-la.

Alexandre VII procurou, em vão, obter a mediação da duquesa regente de Sabóia, tia de Luís XIV. O papa foi, assim, obrigado a se humilhar e aceitar as condições do tratado de Pisa assinado em 12 de fevereiro de 1664[23]. Os cardeais Chigi e Imperiali – este governador de Roma – viajaram a Paris a fim de apresentar as suas desculpas ao rei Luís XIV. Mario e Agostino Chigi, parentes do papa, foram mandados ao palácio Farnese para formalizar um pedido de desculpas ao embaixador da França, o duque de Crèqui; por sua vez, os membros da Guarda Corsa foram despedidos e a unidade, dissolvida; o cardeal Pallavicino foi afastado para segundo plano, embora continuasse com o mesmo poder dentro dos muros de Roma. Mas o papa Alexandre VII garantia um bom papel na história ao proclamar uma "bula secreta" em 18 de fevereiro de 1664, em que protestava contra as imposições dos franceses e lamentava ter concordado com as cláusulas do tratado de Pisa – firmado apenas seis dias antes –, cujo intuito era salvar a Itália da ocupação estrangeira.

> Por conseguinte declaramos que, diante de tais fatos, nos opusemos à violência, à força e à necessidade por não podermos resistir de forma alguma por nosso consentimento ou vontade. Ordeno que o presente protesto e declaração, escrito por nós, tenha validade na defesa da verdade, com pleno e total efeito e com toda a força, embora não possamos torná-lo público.[24]

O que ficava óbvio era que a brutalidade demonstrada por Luís XIV contra o santo padre depois do incidente de 20 de agosto foi só um pretexto para humilhar Roma, Alexandre VII e o seu governo e a Igreja católica. No próprio leito de morte, o sumo pontífice jogava na cara do duque de Chaulues os maus tratos sofridos por seu núncio em Paris e os danos causados pela autoridade real à Igreja da França. Em 22 de maio de 1667, Alexandre VII morria, com 69 anos, e era sepultado no magnífico mausoléu que Bernini construíra na basílica de São Pedro.

O falecimento de Alexandre VII provocaria uma nova onda de operações da Santa Aliança na Ásia.

Na segunda metade do século XVII, com o desmoronar da dinastia Ming começaram a chegar à China delegações diplomáticas européias, todas bem-vindas pelo governo Qing. Em 1668, seriam os holandeses e, em 1670, os

---

[22] Javier Paredes e outros, *Diccionario de los papas y concilios*, cit.
[23] Carlo Castiglioni, *Storia dei papi*, cit.
[24] O texto integral desta bula secreta papal se encontra nos arquivos da Biblioteca do Vaticano e foi publicado por Carlo Castiglioni em seu livro *Storia dei papi*, cit.

portugueses, seguindo-se as embaixadas da Rússia e dos Estados Pontifícios, já no início do século XVIII. Tais movimentos fizeram da China mais uma extensão dos problemas políticos e religiosos que então assolavam a Europa e, por conseqüência, uma perfeita incubadora para as operações realizadas pelos espiões de ambos os lados[25].

O primeiro agente a aparecer foi um holandês chamado Olfert Dapper, que chegou à China em 1667 sob as ordens de Van Hoorn. Dapper procurara entrar em acordo com as altas hierarquias da corte Qing a fim de conseguir uma concessão comercial exclusiva para o seu país em detrimento de outras potências européias, o que incluía extinguir o imposto sobre os galeões holandeses que atracavam nos portos chineses[26].

Informado da trama enredada pelos holandeses, o papa Clemente IX ordenou aos seus espiões que acabassem com qualquer entrave imposto aos navios ou aos interesses dos países católicos na China. Em 11 de outubro de 1668, Olfert Dapper apareceu decapitado num casebre próximo do porto de Cantão.

Os europeus residentes pensaram que havia sido um mero ajuste de contas com alguma gangue chinesa, embora no seio das delegações européias se dissesse que o diplomata e comerciante holandês tinha sido executado pelo Círculo Octogonus – o mesmo a que pertencia Jean-François Ravaillac, o assassino do rei Henrique IV da França – ou pela Ordem Negra. Mas a verdade é que a morte de Olfert Dapper atrasou por muitos anos a assinatura de um acordo comercial entre a Holanda e a China[27].

O súbito falecimento de Clemente IX – o que fez dele um papa de transição – obriga novamente o conclave a se reunir, e não menos de seis partidos disputam a eleição que escolheria o sucessor do ex-chefe da Igreja em seu breve pontificado, interrompido em 9 de dezembro de 1669. Os espanhóis ligados ao cardeal Chigi lançaram a candidatura do cardeal Escipión d'Elce, que, no entanto, foi rejeitado pelos franceses. O cardeal Azzolini apresentou então como candidato o cardeal Vidoni, antigo núncio na Polônia, mas dessa vez os espanhóis impuseram o seu veto. E apenas quando os reis de Veneza, da Espanha e da França ordenaram aos seus embaixadores que encontrassem um candidato de consenso é que o conclave, depois de quatro meses de votações, elegeu o ancião cardeal Emilio Altieri como novo papa. Em homenagem a seu antecessor, que o fizera ascender à púrpura cardinalícia, Altieri adotou no nome de Clemente X[28].

---

[25] Hsia Pochia, *The World of Catholic Renewal, 1540–1770*, cit.
[26] Jaime Do Inso, *China* (Europa, Lisboa, 1938).
[27] Idem.
[28] Javier Paredes e outros, *Diccionario de los papas y concilios*, cit.

Por preferir a sutileza da política e da diplomacia aos métodos violentos utilizados pela Santa Aliança, Clemente X não deu muita importância ao papel que a espionagem vaticana deveria desempenhar no xadrez político da Europa. O novo pontífice decidiu passar a outros o seu poder, mas, por não contar com familiares diretos, optou por derramá-lo sobre os ombros do influente cardeal Paluzzi. O seu poder era tanto que mesmo os políticos e poderosos da época chegaram a batizar Paluzzi de cardeal Paluzzi-Altieri, brincando com o próprio nome do santo padre[29]. Em poucos meses, Paluzzi não só se converteu na sombra do papa, mas assumiu as rédeas da Santa Aliança e dos assuntos de Estado. Nada nem ninguém, nem mesmo o secretário de Estado, respirava em Roma sem que ele o soubesse.

Acredita-se que foi o cardeal quem ressuscitou a Ordem Negra como serviço de contra-espionagem, embora não exista nenhum documento que o prove. O certo é que, durante os poucos mais de seis anos nos quais o papa Clemente X ocupou o trono de São Pedro, Paluzzi concentrou em suas mãos um dos maiores poderes de toda a história da cúria romana. Para ele, a espionagem e a contra-espionagem eram apenas armas perigosas em mãos influentes, e não havia a menor dúvida de que estava preparado e disposto a usá-las.

Com Clemente X as relações com a França tampouco passaram por seu melhor momento, sobretudo pela prepotência de Luís XIV em relação a tudo o que dissesse respeito ao papa e a Roma. A crise mais grave entre Paris e Roma ocorreu em 21 de maio de 1670, quando o embaixador da França, o duque D'Estrées, acusou Paluzzi de vetar a nomeação de qualquer cardeal francês ou claramente pró-francês. O poderoso cardeal rejeitou a acusação e atribuiu ao rei Luís XIV uma posição antipapista e anticatólica, enquanto Clemente X se levantava do trono para dar por encerrada a audiência. Nesse instante, o francês lançou-se sobre o velho pontífice, forçando-o a se sentar. O santo padre olhou o diplomata e jurou-lhe que não permitiria outra afronta francesa. E o cardeal Paluzzi tomou nota disso[30].

Na noite de 26 de maio, cinco dias após o incidente, o secretário da delegação diplomática de Luís XIV em Roma apareceu morto[31]. Ao que tudo indica, o jovem francês, depois de despachar com o duque D'Estrées, deixou a embaixada e dirigiu-se a pé para o Trastevere, na outra margem do Tibre, onde existiam prostíbulos e tabernas. Enquanto jantava numa delas, foi abordado por dois homens educados que diziam ser estudantes de Florença recém-chegados a Roma para ver a possibilidade de tomar os hábitos, como lhes tinham ordenado as suas nobres famílias.

---

[29] Carlo Castiglioni, *Storia dei papi*, cit.
[30] Idem.
[31] William Beik, *Louis XIV and Absolutism*, cit.

Num dado momento, o francês saiu da sala para ir ao banheiro e, quando regressou, os dois italianos haviam desaparecido. O secretário de D'Estrées voltou a se sentar e continuou a comer o que ainda tinha no prato. Ao sair, a noite primaveril estava agradável e ele decidiu regressar a pé ao pequeno quarto alugado próximo da embaixada da França. No meio do caminho, suava de tal maneira que quase não conseguia respirar nem andar. Sentou-se junto de uma fonte, de onde nunca se levantou. O secretário tinha sido envenenado.

Os dois jovens florentinos desapareceram pelas estreitas ruas de Laterano e saltaram um muro coberto por trepadeiras. Do outro lado o cardeal Paluzzi os aguardava. Um deles – na verdade, um sacerdote – ajoelhou-se e lhe beijou o anel cardinalício, enquanto lhe entregava um pequeno pergaminho amarrado com uma cinta de seda vermelha, o Informi Rosso[32]. O trabalho estava feito.

No dia seguinte, antes mesmo que a embaixada francesa se recuperasse da notícia pela morte do jovem secretário, o papa Clemente X nomeava seis novos cardeais, nenhum deles francês. A partir desse momento, as relações entre a França e Roma, entre Luís XIV e o papa Clemente X, foram praticamente interrompidas[33].

Clemente X morreu em 22 de julho de 1676, não sem antes beatificar Pio V, o grande papa da reforma e fundador da Santa Aliança[34].

Em agosto, os cardeais fecharam-se em conclave para eleger um novo pontífice. Os melhores candidatos para ocupar o trono de São Pedro eram os cardeais Gregório Barbarigo e Benedito Odescalchi, ambos muito próximos do santo padre que acabava de falecer.

Barbarigo comunicou ao colégio cardinalício sua decisão de não aceitar a tiara pontifícia. Para o cardeal Paluzzi isso resolvia um problema, uma vez que, em diversas ocasiões, Barbarigo se declarara contrário aos métodos utilizados pela Santa Aliança. Se ele chegasse a papa, era óbvio que as operações da espionagem vaticana seriam reduzidas à mínima expressão, exatamente quando se faziam tão necessárias no continente, dominado por uma França católica cada vez mais combativa em relação a Roma.

Apesar da oposição francesa, em 21 de setembro os cardeais votaram em Odescalchi, que adotou o nome de Inocêncio XI em honra ao papa Inocêncio X. Assim como Pamphili, o novo chefe da Igreja apoiaria nos seus treze anos de pontificado o uso dos serviços da Santa Aliança como um mal necessário. Para isso, manteve no comando dos espiões do Vaticano o cardeal Paluzzi, afastando-o, porém, da Secretaria de Estado, que passou a ser dirigida pelo cardeal Alderano

---

[32] Ver o capítulo 1.
[33] Javier Paredes e outros, *Diccionario de los papas y concilios*, cit.
[34] Carlo Castiglioni, *Storia dei papi*, cit.

Cibo. Ao contrário de Clemente X, Inocêncio XI não se reunia com Paluzzi para tratar dos assuntos relacionados ao serviço de espionagem, o que fazia diretamente com o cardeal Cibo conforme a agenda do dia[35].

A política de Inocêncio XI estaria focada no que seriam os principais cavalos-de-batalha da Santa Aliança: as permanentemente conflituosas relações com a França e o Rei Sol, a luta contra o Turco e a esperança de converter a Inglaterra ao catolicismo. Assim, os agentes do cardeal Paluzzi concentrariam suas missões na França e na Inglaterra.

Cansado das intromissões de Luís XIV nos assuntos da Igreja, o papa Inocêncio XI decidiu enviar ao Rei Sol três cartas, respectivamente em 1678, 1679 e 1680, pedindo-lhe que renunciasse à extensão do direito de "regalias"[36].

Luís XIV pensou então que a Coroa da França podia correr perigo em relação às obrigações dos católicos para com ela, o que o levou a convocar uma reunião do clero francês em 1680. Nesse encontro todos, exceto dois bispos, apresentaram as desculpas ao rei pelas palavras utilizadas por Inocêncio XI em suas missivas e confirmaram sua fidelidade à Coroa. Um ano depois, o rei promoveu outra assembléia, na qual reconhecia as "regalias" como um direito soberano. Os cardeais Cibo e Paluzzi aconselharam o papa a contra-atacar, visto que o monarca francês não pararia por ali, como realmente aconteceu.

Em 19 de março de 1682, quando a corte mudou para o palácio de Versalhes, Luís XIV aprovou os "quatro artigos" da declaração redigida por Bossuet, os quais defendiam a independência absoluta do rei da França quanto às questões civis, a superioridade do Concílio de Constança sobre o papa, a infalibilidade do pontífice condicionada ao consentimento do episcopado e a inviolabilidade dos antigos costumes da igreja anglicana. Para fechar a questão, ordenou o ensino dos "quatro artigos" em todas as escolas do país[37].

Inocêncio XI manifestou seu desgosto pela posição dos bispos franceses em relação a seu rei, perante o qual não defenderam os direitos da Igreja. Quanto aos "quatro artigos", preferiu não intervir, mas negou a instituição canônica a todos os que haviam assistido às reuniões com Luís XIV. Em 1687, aconselhado por Cibo, o santo padre nomeou arcebispo de Colônia o candidato imperial, em detrimento do proposto pela França, e, por instigação de Paluzzi, aboliu ainda o direito de asilo nas embaixadas em Roma. Ao contrário

---

[35] Javier Paredes e outros, *Diccionario de los papas y concilios*, cit.

[36] Direito que ostentava a Coroa de França desde a Idade Média sobre algumas dioceses, as "regalias" consistiam em administrar os seus bens, cobrar as rendas (regalia civil) e conferir às dioceses os benefícios sem cura de almas (regalia espiritual). Em 1673, Luís XIV estendeu esse direito a todas as dioceses francesas.

[37] Javier Paredes e outros, *Diccionario de los papas y concilios*, cit.

da França, Espanha e Veneza sujeitaram-se a essa ordem papal, que provocaria uma guerra encoberta entre a França e os Estados Pontifícios por causa do chamado caso da rede "Scipion".

Dois anos antes, a Santa Aliança detectara a infiltração de alguns agentes franceses na Secretaria de Estado. Os espiões de Luís XIV eram três religiosos que trabalhavam nos arquivos do órgão, cujos documentos classificados como "Material confidencial" eram, em sua maioria, copiados e enviados por meio de um sistema de correios à delegação diplomática francesa em Roma. O chefe dessa rede era conhecido como Scipion.

Alderano Cibo convocou Paluzzi e ordenou-lhe que utilizasse todos os métodos necessários para extinguir a rede de espiões franceses que agia dentro do Laterano. Paluzzi realmente lançaria mão de todos os recursos ao seu alcance, como Cibo tinha solicitado, envolvendo até mesmo os próprios monges da Ordem Negra.

O primeiro alvo foi um dos membros da rede Scipion. Na manhã de 11 de maio de 1687, dois agentes da Ordem Negra prenderam um *scriptor*[38] que trabalhava na Biblioteca Vaticana copiando documentos da Secretaria de Estado para serem enviados aos membros da cúria. A Santa Aliança descobrira que alguns desses papéis, em especial os relacionados à França, eram requeridos por esse *scriptor*. A espionagem pontifícia contabilizou o número de cópias feitas pelo frade e as que depois eram distribuídas. Sempre que se tratava de um documento classificado como "material suscetível" e pertinente à França ou a Luís XIV, uma das cópias deixava de ser entregue ou simplesmente desaparecia.

Ao tomar ciência do caso, o cardeal Paluzzi determinou aos monges da Ordem Negra que capturassem o *scriptor* com vida. Em 19 de maio, os agentes prenderam o frade e o conduziram à sede da espionagem papal. Após ser interrogado sob tortura, o espião de Scipion revelou o nome dos dois outros membros da rede que trabalhava para o rei Luís XIV em Roma.

Em 21 de maio, o corpo torturado do frade apareceu pendurado em uma ponte do Tibre com um pequeno pano negro sob duas faixas vermelhas cruzadas. O terrível braço da Igreja eliminara mais um inimigo, mas outros dois espiões ainda estavam livres.

Na tarde de 23 de maio, quando estava prestes a ser detido pelos agentes da Santa Aliança, um sacerdote que trabalhava sob as ordens do cardeal Alderano Cibo conseguiu escapar e pedir asilo na embaixada francesa. Aplicando a extin-

---

[38] Os *scriptores* eram os frades que copiavam à mão os manuscritos para a Biblioteca Vaticana desde 1431, durante o pontificado de Martinho V (1417–1431). Até hoje os trabalhadores da Biblioteca Vaticana são chamados de *scriptores*. Ver também Eric Frattini, *Secretos vaticanos*, cit.

ção do direito de asilo nas embaixadas em Roma decretada por Inocêncio XI, seis monges da Ordem Negra, com o rosto encoberto, invadiram o palácio Farnese e levaram consigo o tal sacerdote.

Após o interrogatório dos monges, apurou-se que por detrás do codinome Scipion se escondia um frade que tempos antes fizera parte da Santa Aliança e fora recrutado pela espionagem de Luís XIV devido à sua origem francesa. Filho de pai veneziano e mãe florentina, Scipion fora educado na França de Mazarino. Parece que, na Santa Aliança, ele se especializou em eliminar "inimigos da Igreja" com o envenenamento.

Em 26 de maio de 1687, oito membros da Ordem Negra entraram de espada em punho no quarto de uma hospedaria perto do palácio papal em Roma. Numa carruagem preta, com o emblema pontifício nas portas, os cardeais Paluzzo Paluzzi e Alderano Cibo observavam a operação. De acordo com as ordens recebidas, não havia nenhuma patrulha da guarda papal nas redondezas, uma vez que não deveria haver ali testemunhas da eliminação de Scipion[39].

Quando os primeiros monges subiam pela estreita escada, Scipion surgiu de espada na mão e em guarda. O combate durou pouco em face do número de atacantes, que obrigaram o espião de Luís XIV a fugir. Ao tentar escapar por uma pequena janela, caiu de vários metros no chão, onde o esperava outro membro da Ordem Negra. Um dos oficiais cravou a espada no pescoço do espião, que, sangrando muito, procurava se levantar para continuar a luta. Nessa altura, Scipion recebeu três estocadas carteiras, uma das quais lhe cortou o coração em dois. E, antes de cair, estava morto.

Antes de a carruagem se afastar, o cardeal Paluzzi fez o sinal da cruz com a mão direita enluvada e fechou a cortina. Mais uma vez os segredos da Igreja ficavam bem guardados e protegidos de olhares indiscretos. Os corpos de Scipion e do sacerdote arrancado da embaixada francesa apareceram pendurados numa das pontes sobre o Tibre, como lembrete para todos os cidadãos romanos e estrangeiros que ainda duvidassem da implacável justiça de Deus bem como da Santa Aliança e da Ordem Negra como seus instrumentos de concretização na Terra.

O incidente na embaixada da França com os agentes da Santa Aliança provocou sérias reações na corte de Paris. Luís XIV ordenou ao seu novo embaixador que entrasse em Roma em novembro de 1687 escoltado por uma tropa fortemente armada. O papa Inocêncio XI excomungou o enviado do rei e não o recebeu em audiência. No início de 1688, através do seu núncio em

---

[39] Jeremy Black, *From Louis XIV to Napoleon: The Fate of a Great Power* (UCI, Londres, 1999).

Paris, o pontífice comunicou a Luís XIV que tanto ele quanto seus ministros deviam se considerar *incursus* em censuras eclesiásticas[40].

Em pleno esplendor do poder, o monarca francês ignorou as advertências do santo padre e, como já fizera no pontificado de Alexandre VII, ordenou que seus exércitos ocupassem Avignon e Venassin.

Ao mesmo tempo, a evidente ansiedade pela chegada de um rei católico à Coroa inglesa ofereceu algum otimismo ao papa quase no final do século XVII. Jacob II, católico fervoroso que subira ao trono em 1685, enviou um embaixador a Inocêncio XI e permitiu o regresso dos jesuítas[41]. Foi nessa altura que a Santa Aliança espalhou um maior número de espiões por toda a Inglaterra. O cardeal Paluzzi sabe que, mais cedo ou mais tarde, a situação religiosa nas ilhas voltará à normalidade, ou seja, à religião protestante.

Apesar dos conselhos do pontífice, Jacob tentou imitar o absolutismo de Luís XIV. Segundo informaram os agentes da Santa Aliança na corte inglesa, a reação dos protestantes só foi temporariamente contida graças ao fato de ele não ter filhos e as filhas estarem casadas com príncipes protestantes[42]. Assim, bastava esperar que ele morresse, mas em 1686 a segunda mulher do rei lhe deu um filho, o que abriu a possibilidade de uma dinastia católica e autoritária.

Os protestantes, então, se rebelaram e ofereceram a corte da Inglaterra a Guilherme III de Orange, casado com a primogênita de Jacob. Em 5 de novembro de 1688, o próprio Guilherme desembarcou em território inglês com suas tropas e, em pouco tempo, assumiu o poder. Jacob II foi obrigado a se refugiar na França até sua morte, e a derrota do catolicismo na Inglaterra ficou consumada até hoje.

Sucedido no trono de São Pedro pelo cardeal Pedro Ottoboni, que adotaria o nome de Alexandre VIII, Inocêncio XI não testemunhou esses fatos, por ter morrido cerca de três meses antes. O novo dirigente da Igreja, que só governaria dezesseis meses, cederia às pressões do despótico Luís XIV até morrer, em 1º de fevereiro de 1691. O seu sucessor, o papa Inocêncio XII, tornou-se o último santo padre do século XVII, mas isso não significava que teria um pontificado tranqüilo.

A Europa estava imersa em guerras religiosas e políticas, e Luís XIV mantinha sua influência e poder não apenas em toda a França, mas também no resto do continente, o que lhe permitia exercer o controle absoluto para enfrentar a época de intrigas que se aproximava.

---

[40] William Beik, *Louis XIV and Absolutism*, cit.
[41] Malachi Martin, *The Jesuits*, cit.
[42] Javier Paredes e outros, *Diccionario de los papas y concilios*, cit.

CAPÍTULO SEIS

ÉPOCA DE INTRIGAS
(1691-1721)

> A vós, ó sacerdotes, dou esta ordem: Eis que vou abater vosso braço, espalhar-vos esterco no rosto – o esterco de vossas festas – e sereis lançados fora com ele.
>
> *Malaquias 2; 1 e 3*

Após a morte do papa Alexandre VIII, em 1º de fevereiro de 1691, o conclave se reuniu para eleger aquele que provavelmente seria o último pontífice do século XVII. Mais uma vez o cardeal Gregório Barbarigo, como já ocorrera na eleição de Inocêncio XI, tornou-se o mais firme candidato para ocupar o trono de São Pedro.

Embora fosse um homem piedoso, Barbarigo era um ferrenho inimigo das operações da Santa Aliança, e, assim como em 1676, o cardeal Paluzzi – que ainda detinha o controle da espionagem papal – não estava disposto a se desfazer-se de um aparelho de segurança com tamanho poder[1].

De todos os conclaves do século XVII, o de 1691 foi o mais longo, com duração de cinco meses, entre 12 de fevereiro e 12 de julho. Os espanhóis, os franceses e os imperiais não estavam dispostos a votar em Barbarigo. A chegada do calor a Roma acelerou a escolha de um candidato comum a todos, Antonio Pignatelli, que em 12 de julho adotou o nome de Inocêncio XII[2].

Nascido no coração de uma das mais nobres famílias de Bari, o pai do novo papa era príncipe de Minervino e um dos poderosos da Espanha. As suas relações com a cúria romana ajudaram o filho a subir no seio eclesiástico, chegando a ocupar os cargos de vice-legado em Urbino, governador de Viterbo, núncio em Florença, Viena e Polônia e inquisidor em Malta. É nesta ultima fase que Antonio Pignatelli estreita ainda mais sua relação com os agentes da Santa Aliança e com seu chefe, o cardeal Paluzzo Paluzzi.

---

[*] *Bíblia Católica Online*, cit. (N. T.)
[1] Ver o capítulo 5.
[2] Javier Paredes e outros, *Diccionario de los papas y concilios*, cit.

Nesse tempo, trabalhava em Malta um comerciante irlandês e protestante, William DeKerry. Nas ruas da ilha comentava-se que ele não era apenas um mero comerciante, mas também espião dos ingleses e contrabandista. Os galeões da Marinha permitiam a livre passagem dos barcos de DeKerry em troca de informações sobre a chegada e as rotas dos navios que navegavam sob bandeiras inimigas ou de nações católicas. Parece que o irlandês subornava as autoridades do cais, que lhe passavam dados sobre rotas, cargas e datas de partida dos galeões dos países adversários[3].

Por meio de uma carta remetida ao cardeal Paluzzi, o inquisidor Antonio Pignatelli informou o secretário de Estado e o serviço secreto papal. A Santa Aliança decidiu, então, enviar cinco agentes para a ilha a fim de exterminar a rede montada por DeKerry. Os monges resolveram o assunto com o seqüestro do oficial do porto de Malta. Ameaçado de ser entregue ao Santo Ofício, o homem confessou que era muito bem recompensado por passar as informações a DeKerry a respeito do tráfego portuário, operação na qual também estavam implicados vários despachantes alfandegários.

Paluzzi decidiu que o melhor caminho para acabar com a rede seria eliminar justamente o seu chefe e assim ordenou aos agentes. Uma noite, quando o irlandês caminhava para a casa do embaixador da França, quatro homens armados de espada e espadachim foram ao seu encontro. Minutos depois seu corpo era lançado às águas do Mediterrâneo. Com a morte e o desaparecimento de William DeKerry, a rede foi desmantelada, e os agentes da Santa Aliança silenciosamente deixaram Malta. Mais uma vez o longo braço da Igreja atingia seus inimigos.

Foi ainda no pontificado de Inocêncio XII que se atenuaram as ligações com a França de Luís XIV. O primeiro passo foi dado pelo poderoso monarca: anular a ordem de ensinar os "quatro artigos" gauleses nas escolas públicas[4]. Como resposta, o santo padre finalmente outorgou a instituição canônica aos candidatos aos cargos livres, mas por sugestão do cardeal Paluzzi, que vivera toda a controvérsia no papado de Inocêncio XI, ao mesmo tempo exigiu de todas as hierarquias da Igreja na França uma carta lamentando, pelo menos de um modo geral, tudo o que acontecera. Os especialistas Javier Paredes, Maximiliano Barrio, Domingo Ramos-Lissón e Luis Suárez, no *Diccionario de los papas y concilios*, asseguram que não se pode falar de uma rendição de Luís XIV ao pontífice, já que o decreto das "regalias" não fora revogado e os chamados

---

[3] Frans Ciappara, *The Roman Inquisition in Enlightened Malta* (Pubblikazzjonijiet Indipedenza, Malta, 2000).

[4] Os "quatro artigos" aparecem na *Declaratio Cleri Gallicani* [Declaração do Clero Francês], aprovada em 1682 sob o pontificado de Inocêncio XI.

"quatro artigos" gauleses, como não haviam sido abolidos por Luís XIV, continuaram a ser ensinados nas escolas e nas universidades.

Com clara inclinação a inquisidor, Inocêncio XII, porém, havia de manter a cruzada contra os hereges, utilizando a Santa Aliança do cardeal Paluzzi como o extenso braço da fé – e um de seus alvos seria Charles Blount[5].

Surgida no século XVI com a Reforma, a teoria do livre-arbítrio não contribuiu apenas para a desarticulação do protestantismo, mas deu origem a pequenas seitas, entre elas o deísmo. Apesar de ser comum mencionar como primeiro deísta o lord Edward de Cherbury, que viveu no final do século XVI, é de Charles Blount, nascido em meados do século XVII, que se tem a primeira documentação, no *Diccionario enciclopédico de teología católica*, de Wetzer e Welth[6].

No seu refúgio inglês, Blount destacou-se como um inimigo cada vez mais influente da Igreja de Roma por meio do deísmo, que penetrava nas fronteiras dos Estados Pontifícios através de pregadores que clandestinamente tentavam conseguir adeptos. Presos pelos membros do Santo Ofício e torturados, vários deles confessaram ser seguidores de Charles Blount[7].

O papa não se mostrava disposto a admitir semelhante heresia e assim ordenou a Paluzzi que lhe pusesse termo. O velho cardeal optou por enviar três monges da Ordem Negra à Inglaterra.

Numa manhã de 1693, o corpo do polêmico Charles Blount foi encontrado no chão de sua residência, baleado no peito. As autoridades disseram que certamente Blount se suicidara por lhe terem impedido de casar com a própria cunhada – a quem tanto amava – e que por causa da depressão acabara com a própria vida atirando no coração. Com essa explicação, o caso foi encerrado, e os monges de Paluzzi regressaram a Roma.

Os últimos anos do pontificado de Inocêncio XII se concentrariam no problema da sucessão à Coroa espanhola. O rei Carlos II, que já a ostentava desde 1665, pediu conselho ao papa, que se pronunciou a favor do príncipe da Baviera, José Fernando, de quatro anos. Filho de Maximiliano Manuel, o eleitor* da Baviera, e da arquiduquesa Maria Antonia, neta de Felipe IV, José Fernando foi escolhido o sucessor de Carlos II em 1696, com a mediação de Mariana da Áustria e do santo padre.

Assinado em Haia graças à influência de Luís XIV, o tratado de Separação lhe entregava os Reinos peninsulares – com exceção de Guipúzcoa, das colônias

---

[5] Manuel Carbonero y Sol, *Fin funesto*, cit.
[6] Idem.
[7] Heinrich Brueck, *History of the Catholic Church* (Benziger Brothers, Chicago, 1885).
* Na Alemanha antiga, príncipe ou bispo que participava da eleição do imperador. (N. T.)

na América, da Sardenha e dos Países Baixos – e determinava que os demais territórios ficassem para o arquiduque Carlos da Áustria ou para o delfim da França. Quando a notícia chegou à Espanha, Carlos II nomeou o pequeno José Fernando como herdeiro universal de todos os seus Reinos, Estados e Senhorios, sem permitir a renúncia a nenhum deles[8].

O cardeal Paluzzi aconselhou então o papa a proteger a criança se um dia quisesse vê-la reinar na Espanha. O chefe dos espiões do pontífice sabia que mais cedo ou mais tarde Luís XIV tentaria algo contra o herdeiro em benefício de seu neto, Felipe de Anjou. Paluzzi nunca chegou a ver confirmados os seus receios, já que faleceu com 75 anos, em 29 de junho de 1698, em Ravena, onde fora nomeado arcebispo emérito.

Segundo a lenda, o homem que ao longo de quase três décadas comandou os destinos da Santa Aliança nos papados de Clemente X, Inocêncio XI, Alexandre VIII e Inocêncio XII, acabou morrendo envenenado por agentes de Luís XIV depois de um banquete. O cardeal Paluzzo Paluzzi Altieri Degli Albertoni teria ingerido uma forte dose de veneno ao comer um cordeiro que supostamente fora preparado com folhas de heléboro preto, uma planta muito tóxica que na Antiguidade se usava para envenenar a água ou as pontas das flechas[9]. Ninguém na cozinha do cardeal provou os pratos que foram servidos na última e suntuosa ceia do chefe dos espiões[10].

Pouco tempo depois – nos primeiros dias de 1699 –, cumprindo-se a profecia de Paluzzi, o pequeno José Fernando da Baviera adoeceu repentinamente. Após cerca de um mês de tratamento sem resultado, seu estado de saúde era preocupante e, na madrugada de 6 de fevereiro, com apenas sete anos, o príncipe faleceu entre vômitos e convulsões, o que permitiria a chegada dos Bourbons ao trono espanhol com Felipe IV. Em várias cortes européias circulou o rumor de que a criança havia sido envenenada conforme instruções de Versalhes, mas, como no caso do cardeal Paluzzi, isso nunca foi provado. Luís XIV estava disposto a tudo para alçar seu neto ao trono da Espanha, mesmo que para isso tivesse de arrastar a Europa para uma nova guerra.

Em 27 de setembro de 1700 morria Inocêncio XII, aos 85 anos, deixando como herança o problema da sucessão na Coroa espanhola. O seu substituto no trono de São Pedro seria aquele que vivenciaria a chamada Guerra da Su-

---

[8] José Calvo Poyato, *Carlos II el hechizado y su época* (Planeta, Barcelona, 1991).

[9] Adrienne Mayor, *Greek Fire, Poison Arrows & Scorpion Bombs. Biological and Chemical Warfare in the Ancient World* (Overlook Duckworth, Londres, 2003).

[10] Realmente se trata de uma lenda e, por não existirem provas documentais nem bibliográficas sobre este caso, o "possível" assassinato por agentes de Luís XIV do cardeal Paluzzo Paluzzi, chefe da Santa Aliança entre 1670 e 1698, por meio de envenenamento por heléboro preto ou "Rosa de Natal" deve ser encarado como tal.

cessão. As armas e as intrigas já estavam prontas, e Luís XIV tinha em Roma vários cardeais preparados para o conclave que se aproximava.

Dominado pela facção francesa, o colégio cardinalício se reuniu ao entardecer de 9 de outubro para eleger um novo papa. Em oposição, encontravam-se os setores hispano-imperiais e os *zelanti*. As conversas, discussões, negociações e manobras políticas prolongavam-se, até que em 19 de novembro chegou a notícia da morte de Carlos II da Espanha. A partir desse momento, não só o conclave como todas as nações do mundo voltaram sua atenção para o Palácio Real de Madri.

Com a morte do pequeno José Fernando de Baviera, o moribundo rei Carlos decidiu assinar um último testamento declarando que seu trono passaria para o duque de Anjou, neto do poderoso Luís XIV da França[11].

Temerosas de que o vasto império espanhol caísse nas mãos de uma só dinastia, as nações da Europa chegaram a um acordo para dividir as terras. O imperador Leopoldo I e o rei Luís XIV já tinham assinado um tratado em Viena em 1668, no qual estipulavam a distribuição dos territórios espanhóis entre a Áustria e a França no caso de o rei Carlos morrer sem descendência, como de fato aconteceu. Mas também entravam em jogo a Inglaterra e os Países Baixos, depois de sua união sob um só rei, Guilherme III de Orange[12].

Em 3 de outubro de 1700, enquanto transcorria o conclave que devia eleger o novo papa, Carlos II redigiu seu derradeiro testamento, no qual deixava toda a herança e a Coroa ao segundo filho do delfim de França. Se Anjou não aceitasse, a Coroa voltaria para o arquiduque Carlos. Poucos minutos antes das 3 horas da tarde de 1º de novembro, morria o último rei da Espanha da Casa da Áustria. Sob a monarquia de Carlos II, o império espanhol afundara, e os espanhóis ansiavam por um rei que lhes resgatasse os tempos de Felipe II, uma época que na realidade não voltariam a viver.

Diante das nuvens negras que recobriam a Europa e percebendo que tanto o setor francês como o hispano-imperial não chegavam a um consenso, o grupo dos *zelanti* resolveu lançar a candidatura do cardeal Juan Francisco Albani. Quando todo o conclave se mostrou de acordo com o candidato, o próprio Albani se negou a aceitar a tiara. Antes de concordar com a sua nomeação, resolveu aconselhar-se com um prestigiado grupo de teólogos. Por fim, em 23 de novembro de 1700, o cardeal Albani passou a ser o papa Clemente XI.

---

[11] Henry Arthur Kamen, *Philip V of Spain: The King Who Reigned Twice* (Yale University Press, New Haven, 2001).

[12] Ricardo García Cárcel e Rosa María Alabrús, *España en 1700: ¿Austrias o Borbones?* (Arlanza, Madri, 2001).

Embora aos 51 anos fosse um homem jovial e muito culto, o novo pontífice tomava suas decisões políticas de forma um tanto quanto lenta – ainda mais considerando a efervescência do momento em que vivia. Uma das resoluções que demoraram a chegar foi a nomeação de um novo chefe da Santa Aliança.

Desde o possível assassinato do poderoso cardeal Paluzzo Paluzzi por agentes franceses, as operações dos espiões do Vaticano tinham sido claramente interrompidas, o que vinha a calhar para as atividades da Secretaria de Estado, desocupada desde a morte de Inocêncio XII. Exemplo disso foi o fato de o conclave ter se inteirado do falecimento de Carlos II somente dezoito dias após o ocorrido[13].

Durante vários anos de governo o papa Clemente XI não aceitou a necessidade de um serviço de informações eficaz para os acontecimentos que assolariam a Europa nos meses seguintes. Muito embora outros pontífices tivessem utilizado a Santa Aliança como uma peça importante no intrincado xadrez da política européia, o novo santo padre não sabia ainda como ou pelo menos em que medida os espiões do Vaticano podiam ajudá-lo a tomar uma decisão correta.

O cardeal Paolucci – novo secretário de Estado – era um homem hábil e político experiente, mas não acreditava muito em como a Santa Aliança poderia auxiliar o papa a tomar certas resoluções em matéria de política externa. Contudo, Paolucci estava enganado, como depois seria comprovado pelos fatos que se desenrolariam.

No dia 8 de maio de 1701, em Madri, conforme determinava o testamento de Carlos II, Felipe de Anjou foi coroado como novo rei, adotando o nome de Felipe V, mas o imperador questionou a validade do testamento do falecido monarca e declarou que o seu filho, o arquiduque Carlos, tinha os mesmos direitos sucessórios de Felipe V[14].

Clemente XI ofereceu-se como mediador na disputa para que o Império e a França não entrassem em guerra. Nesses dias, por recomendação do cardeal Paolucci, o papa nomeou o seu sobrinho Annibale Albani[15], especialista em diplomacia e muito próximo da Santa Sé, como responsável pela Santa Aliança.

Sob a direção de um novo chefe, os agentes do Vaticano começaram a direcionar suas operações para a Secretaria de Estado do cardeal Paolucci. As primeiras informações dizem respeito aos aliados que, a fim de se garantir caso

---

[13] José Calvo Poyato, *Carlos II el hechizado y su época*, cit.

[14] John Lynch, *The Hispanic World in Crisis and Change, 1598–1700 (History o Spain)* (Blackwell, Londres, 1992).

[15] Pelos serviços prestados como chefe da Santa Aliança durante a chamada Guerra da Sucessão, Annibale Albani seria elevado à púrpura cardinalícia em 23 de dezembro de 1711 pelo papa Clemente XI, que era também seu tio.

as hostilidades se agravassem, procuram os mesmos grupos. A Santa Aliança afirma que Felipe V busca como partidários os duques de Mântua e de Parma, enquanto o arquiduque Carlos tenta fazer uma aliança com o duque de Modena. Clemente XI escreve então uma carta aos três recomendando-lhes uma rigorosa neutralidade. O cardeal Paolucci e Annibale Albani sabiam que, se algum deles se juntasse à causa de qualquer um dos adversários, a inevitável guerra poderia afetar os Estados Pontifícios[16].

O veneziano Vicenzo Lascari – um dos conselheiros do duque de Modena na época – sugeriu-lhe que, no caso de guerra aberta com Felipe V, unisse suas forças às do imperador da Áustria em defesa do arquiduque Carlos. Lascari sabia que o duque poderia conseguir importantes privilégios territoriais se a causa de Carlos ganhasse a Coroa da Espanha. Apesar das advertências do próprio santo padre, o duque de Modena declarou estar disposto a entrar na guerra em defesa da causa do filho do imperador[17].

A influência do veneziano sobre o duque de Modena tornara-se extremamente perigosa para o cardeal Paolucci e os Estados Pontifícios, o que fez dele um problema a ser eliminado. De fato, para as hierarquias próximas do pontífice, era muito mais perigoso que a guerra se abeirasse de suas portas do que se eclodisse em maiores proporções, em todo o continente.

Antes tomar uma decisão mais drástica, o cardeal secretário de Estado, Fabrizio Paolucci, decidiu enviar uma carta ao conselheiro do duque de Modena a fim de lhe abrir os olhos para o perigo de incitar a guerra que se desencadearia em breve até mesmo no coração dos reinos italianos. Vicenzo Lascari preferiu ignorar a missiva e manteve sua clara política de apoio à causa do arquiduque Carlos. Finalmente, os agentes de Annibale Albani resolveram agir e na noite de 11 de janeiro de 1702 assassinaram o veneziano quando ele se preparava para subir numa carruagem. O fiel conselheiro do duque de Modena tinha ido visitar uma cortesã – ao que tudo indica, uma informante local dos agentes da espionagem pontifícia –, e foi exatamente por orientação da Santa Aliança que essa mulher recebera Lascari em sua casa.

Quando ele saiu de madrugada para regressar à sua residência, os assassinos já o esperavam na rua de punhal na mão e, com seis punhaladas, tiraram-lhe a vida. No dia seguinte, assim que soube da terrível notícia do assassinato, o duque de Modena enviou uma mensagem ao cardeal Paolucci, comunicando a sua disposição de se manter neutro na Guerra da Sucessão. Mais uma vez, a Santa Aliança tinha defendido os interesses da Igreja e do papa.

---

[16] Javier Paredes e outros, *Diccionario de los papas y concilios*, cit.

[17] Henry Arthur Kamen, *The War of Succession in Spain, 1700–1715* (Indiana University Press, Bloomington, 1969).

Ao longo de 1701, o monarca Luís XIV, em nome de seu neto, o rei da Espanha, ocupara militarmente com êxito as possessões espanholas na Itália, como o ducado de Milão, os Reinos de Nápoles e da Sicília e a ilha de Sardenha. E tinha também enviado tropas para as províncias ao sul dos Países Baixos, cuja capital era Bruxelas. O resto das colônias – as Ilhas Canárias, todo o sul e centro da América, as ilhas Filipinas e várias fortificações na costa norte de África – foram colocadas sob o comando do rei Felipe V[18].

"O atual estado do Reino era o mais lamentável do mundo, porque o débil governo dos últimos reis provocara uma terrível desordem geral: a justiça foi abandonada; a polícia, esquecida; os recursos, esgotados; os fundos, vendidos; o povo, oprimido, e o amor e o respeito pelo soberano, perdidos", dizia o duque de Escalona, marquês de Villena, numa carta a Luís XIV em 1700[19].

Quando a guerra já parecia quase inevitável, um poderoso exército do imperador da Áustria, sob o comando do general e príncipe Eugenio de Sabóia-Carignan, entrou no território italiano. No final de maio de 1702, os agentes da Santa Aliança na Catalunha informaram Roma de que Felipe V preparava uma esquadra de navios franceses para se dirigir a Nápoles. Em 8 de abril, as nove embarcações do rei da Espanha zarparam do porto de Barcelona em direção à região napolitana[20]. Luís XIV sabia que, diante da situação internacional, claramente belicista, a Itália precisava de um sinal do novo rei. Nessa altura, a França vê-se confrontada por uma aliança entre Inglaterra, as Províncias Unidas e o imperador. Luís XIV conta apenas com o apoio do duque da Baviera e do príncipe eleitor de Colônia.

A deserção mais significativa – que, segundo dizem, ocorreu por recomendação do papa Clemente XI e da Santa Aliança – seria a do próprio duque de Sabóia. Em outubro de 1701, enquanto sua filha desposava Felipe V, ele unia suas tropas e sua fidelidade ao imperador da Áustria para lutar contra o avô de seu próprio genro.

Em 19 de março de 1702, antes de poder participar ativamente da luta, falecia Guilherme III de Orange, que um ano antes encabeçara a segunda Grande Aliança e interviera na Guerra da Sucessão espanhola. Ana Stuart, irmã de sua esposa, ocuparia então o trono da Inglaterra e da Irlanda[21].

---

[18] Devido às guerras contra a França no final do século XVII, a Espanha perdera o Franco-Condado, a maior parte dos Países Baixos meridionais e quase todas as possessões no Caribe.

[19] Henry Arthur Kamen, *Spain in the Later Seventeenth Century*, cit.

[20] Idem, *Philip V of Spain*, cit.

[21] Em 1709, Ana Stuart é proclamada rainha da Grã-Bretanha, o que definitivamente unia os reinos da Inglaterra e da Escócia.

A chegada de Felipe V a Nápoles não poderia ocorrer em melhor hora. Os napolitanos não gostavam do novo rei nem da Espanha, e alguns meses antes a Santa Aliança havia descoberto um complô para eliminar o vice-rei.

A "conspiração dos nobres", como ficou conhecida, foi orquestrada por um grupo de nobres, – quase todos napolitanos –, que apoiavam o levante em favor do arquiduque Carlos na esperança de que, em troca, lhes concedesse a independência. Poucos dias antes de consumar o atentado, o cabeça da rebelião foi detido por agentes espanhóis orientados por espiões do Vaticano. O maior problema dos espiões espanhóis da época era que praticamente nenhum deles falava italiano ou o dialeto local, e por isso seus principais informantes eram os criados espanhóis que trabalhavam nas grandes casas da nobreza da cidade. Em contrapartida, os agentes do papa eram todos florentinos, sieneses, venezianos e até napolitanos e, por conseguinte, as suas fontes de informações estavam mais espalhadas. Assim, apenas em três dias, dezenove pessoas envolvidas no conluio foram presas e a maior parte delas, executadas[22].

Em 15 de maio de 1702, e quase ao mesmo tempo em que Felipe V assistia à representação da ópera *Tibério*, de Alessandro Scarlatti, a Inglaterra, as Províncias Unidas e o Império declaravam guerra à França, o que fazia supor o início da Guerra da Sucessão espanhola. Assim, os receios do papa Clemente XI tornavam-se uma realidade brutal. A partir de então, Annibale Albani e os seus espiões poderiam agir única e exclusivamente em prol da Santa Sé, mantendo-se sempre na perigosa posição de neutralidade, que no fim acabaria por direcionar a conta ao sumo pontífice.

Antes de sair de Nápoles, o rei enviou um embaixador a Clemente XI para lhe apresentar os seus cumprimentos como um gesto de cortesia. Escoltado por vinte navios, em 2 de junho Felipe V parte para o norte. A chegada a Milão foi realmente seu primeiro contato com a guerra[23].

Nesse ínterim, os agentes da Santa Aliança informaram o papa sobre um estranho incidente ocorrido no porto de Vigo. Alguns barcos ingleses e holandeses atacaram de surpresa os galeões espanhóis que traziam prata da América. As cargas foram saqueadas e os barcos, afundados[24]. Mas essa passagem da história ocultava muito mais do que isso.

Em fevereiro de 1702, um espião da Santa Aliança em Londres, chamado Tebaldo Fieschi, informou Albani de que os ingleses estavam preparando uma grande operação naval contra o território espanhol, talvez em Cádiz ou em Vigo.

---

[22] Henry Arthur Kamen, *The War of Succession in Spain, 1700–1715*, cit.
[23] Idem, *Spain in the Later Seventeenth Century*, cit.
[24] Idem, *Philip V of Spain*, cit.

Rico comerciante de sedas já aos dezoito anos, Fieschi era um elegante jovem sienense. Desde criança, conviveu com o poder pontifício, uma vez que seu pai servira sob as ordens de diferentes papas. Fieschi negou-se a entrar para a Igreja por meio do sacerdócio, até ser recrutado pelo cardeal Paluzzi para ingressar na espionagem papal. Seus melhores clientes eram os nobres da corte de Guilherme de Orange – a quem, inclusive, conhecera pessoalmente –, e entre eles estava lady Rooke, esposa do almirante sir George Rooke.

O italiano não era apenas o fornecedor de tecidos de lady Rooke, mas também seu amante, o que lhe possibilitava o acesso a importantes documentos guardados pelo almirante em sua residência nos arredores de Londres. Assim que tomou conhecimento dos planos dos ingleses para sitiar a cidade de Cádiz, fez chegar a informação ao cardeal Paolucci, secretário de Estado do sumo pontífice. Curiosamente, o Vaticano não avisou Madri sobre o ataque que se aproximava, talvez porque isso significasse para Roma o fim da neutralidade tão defendida pelo papa.

Poucos meses depois, exatamente em julho, uma frota anglo-holandesa, composta por cinqüenta galeões sob o comando de sir George Rooke, sitiava Cádiz[25]. A resistência da guarnição da cidade dificultou as coisas para as tropas de Rooke, que, castigadas pelo estado do mar, decidiram se retirar e retomar o cerco à cidade um mês depois. O almirante Rooke preferiu não fazer uma análise derrotista do incidente, como escreve no seu próprio diário, *Journal of Sir George Rooke, Admiral of the Fleet*[26].

Diante da notícia da chegada iminente de uma enorme frota espanhola vinda da América, o descalabro de Cádiz foi rapidamente esquecido. Carregados de prata, os barcos espanhóis seguiam com destino ao porto de Vigo muito bem escoltados por galeões franceses, sob o comando do almirante Chateaurenaud.

O almirante sir Cloudesley Shovell chefia a primeira frota inglesa enviada para encabeçar o ataque, seguida pela de sir George Rooke, encarregado de desembarcar as tropas para assaltar os barcos espanhóis a partir de terra. Novamente Fieschi informou a Santa Aliança em Roma de que zarpara uma grande frota sob o comando de Rooke, mas que desconhecia a sua situação. O que Tebaldo Fieschi sabia era que Rooke pretendia alcançar a Frota da Prata para tentar capturar o seu carregamento. A informação foi obtida pelo sienense durante uma das aventuras amorosas com lady Elizabeth Rooke.

---

[25] Murray Williamson e Alvin Bernstein, *The Making of Strategy: Rulers, States and War* (Cambridge University Press, Cambridge, 1996).

[26] Oscar Browning, *Journal of Sir George Rooke, Admiral of the Fleet* (Navy Records Society, Londres, 1998, reprodução da edição de 1897).

Ciente disso, Paolucci comunicou o fato o papa Clemente XI, que por sua vez ordenou que essa mesma informação fosse repassada aos espanhóis por intermédio dos agentes da Santa Aliança na Espanha. Os espiões do Vaticano entregaram o relatório de Fieschi ao cardeal Luis Manuel Fernández de Portocarrero[27], primeiro-ministro de Felipe V. Em 23 de setembro de 1702 travou-se o primeiro combate entre os navios franco-espanhóis e ingleses[28]. Em poucas horas, diversos galeões carregados vão a pique, enquanto outros são capturados, sua carga, apreendida, e em seguida, afundados.

O que ocorreu em Vigo foi que a armada dos almirantes Rooke e Shovell realmente afundou a Frota da Prata, procedente da América. Três galeões e treze navios foram incendiados e afundados, com exceção de seis, que foram apreendidos pelo inimigo. A esquadra francesa de escolta também foi aniquilada, mas seis galeões foram capturados e incorporados à Marinha inglesa[29]. A segunda parte dessa história foi que George Rooke e Cloudesley Shovell só encontraram nos porões dos navios cacau, pimenta e peles, mas nem um grão de prata. Ao que tudo indica, com a informação dada pelo espião da Santa Aliança em Londres ao cardeal Portocarrero, os espanhóis decidiram desembarcar no mais absoluto segredo toda a prata dos barcos e levá-la para o Alcazar de Segóvia, onde a carga ficou a salvo e longe das mãos inglesas.

Em fevereiro de 1703, Felipe V promulgou um decreto pelo qual declarava que, ante o criminoso ataque dos barcos de guerra aliados à sua frota, a prata transportada pelos navios afundados e cujo destino eram os comerciantes ingleses e holandeses deveria ser confiscada. E ainda decidiu tomar para si uma boa quantidade de prata que era destinada aos comerciantes e ao consulado de Sevilha[30]. O monarca fez de tudo para conseguir mais de metade da carga da frota assaltada. De fato, Felipe V pôde converter uma autêntica tragédia num esplêndido e benéfico negócio, a respeito do que o cardeal Portocarrero declarou: "O financeiro salvou o político".

---

[27] O cardeal Portocarrero (1635–1709) convenceu o rei Carlos II a nomear Felipe de Anjou herdeiro da Coroa depois da morte do principal candidato, José Fernando da Baviera. Foi regente ao lado da rainha viúva, Mariana de Neuburgo. Quando o duque de Anjou foi eleito rei (Felipe V), em 1701, nomeou Portocarrero como primeiro-ministro. Anos depois, o cardeal tomaria partido do arquiduque Carlos na Guerra da Sucessão.
[28] David Cordingly, *Under the Black Flag: The Romance and the Reality of Life Among the Pirates* (Harvest Books, Nova York, 1997).
[29] Murray Williamson e Alvin Bernstein, *The Making of Strategy*, cit.
[30] Arquivo Geral das Índias. Indiferente, legs. 2530, 2634.

Foi a espionagem papal que comunicou o incidente ao marquês de Louville, tutor do rei e que no futuro estabeleceria importantes laços com a Santa Aliança[31].

A relação entre o rei e o marquês de Louville era tão próxima que o próprio Felipe V chegou a conceder lhe o comando do chamado "Velho Tércio dos Morados". Com quase 6 mil homens divididos em dois regimentos, um espanhol e outro valão, que acompanhou o rei desde Barcelona, o Tércio foi destinado à Guarda do Palácio, em substituição às antigas companhias de arqueiros e de alemães que exerciam essa função no reinado dos Áustrias. A partir desse então, o marquês de Louville torna-se o melhor espião do santo padre na corte do rei da Espanha.

A Guerra da Sucessão espanhola quase se transformara numa guerra mundial, não tanto pelas batalhas e estratégias em si, mas porque o conflito estava provocando reações econômicas e políticas do Peru a Moscou, da Jamaica a Roma, de Paris a Madri.

Em setembro de 1703, o segundo filho do imperador Leopoldo é coroado rei da Espanha em Viena, aos dezoito anos de idade, e adota o nome de Carlos III. No dia 7 de março do ano seguinte, Carlos entra em Portugal escoltado por uma esquadra inglesa sob o comando do almirante sir George Rooke e trezentos soldados alemães, 4 mil ingleses e 2 mil holandeses.

Inteirado dessas notícias, Felipe V decide atravessar as fronteiras, deflagrando uma guerra com Portugal. Nesse mesmo ano, Annibale Albani envia à Espanha o seu melhor espião, Tebaldo Fieschi, sob o mesmo disfarce utilizado na Inglaterra: comerciante de sedas. Com várias cartas de recomendação de diferentes nobres de Veneza e de Roma, Fieschi aproxima-se da princesa dos Ursinos, uma das mais fiéis conselheiras da rainha Maria Luísa.

Graças a essa posição tão privilegiada, Fieschi manteve uma boa relação com Jean Orry, o enviado de Luís XIV para renovar os exércitos espanhóis. Mas pouco depois começaram a chegar a Roma importantes novidades militares[32]. Nos seus textos, o espião da Santa Aliança explicava que Orry e o rei da França propunham a substituição do antiquado armamento, como o arcabuz ou a lança, pela espingarda francesa com baioneta. Ao mesmo tempo, os agentes do serviço secreto papal na França relatavam muitos carregamentos de pistolas, espingardas, balas, fardas e barracas militares despachados para a Espanha.

---

[31] Vários historiadores chegaram a afirmar que o marquês de Louville, tutor de Felipe V, era realmente o agente duplo que trabalhava ao mesmo tempo para Luís XIV e para a Santa Aliança. As cartas assinadas pelo próprio marquês dirigidas ao cardeal secretário de Estado, Fabrizio Paolucci, encontradas nos arquivos do Vaticano foram tema de muito estudo, já que são consideradas importantes relatórios sobre os movimentos de Felipe V e da sua corte.

[32] Roberto Fernández Díaz, *La España del siglo XVIII* (Madri, Anaya, 1990).

Desde o início da guerra, Clemente XI nunca pretendeu fazer nenhuma aliança com os Bourbons ou com a Casa da Áustria, mas a pressão militar dos Habsburgo no norte de Itália, que ameaçava a estabilidade dos Estados Pontifícios, obrigou-o a tomar partido de um dos adversários. Em 15 de janeiro de 1709, o santo padre emitiu um comunicado em que, mesmo sem questionar o direito de Felipe V à Coroa espanhola, reconhecia o arquiduque Carlos como "rei católico" das regiões hispânicas ocupadas[33].

Esse ato abria assim uma nova frente na Espanha. O passo seguinte de Clemente XI seria o envio de um núncio para Barcelona, onde Carlos estabelecera a sua corte. A partir de então, havia na Espanha dois reinos e dois núncios, um em Castela e outro na Catalunha. Felipe V reagiu e retirou o embaixador de Roma, expulsou o núncio de Castela e decretou o corte de relações com o papa[34].

A situação agravou-se ainda mais quando o decreto de Felipe V proibiu toda comunicação oficial com Roma e qualquer transação financeira com os Estados Pontifícios, determinando ainda um pagamento de impostos sobre qualquer quantia em dinheiro que fosse enviada à Igreja católica. Como última medida, o monarca estabeleceu o chamado *pase regio*, segundo o qual todos os documentos provenientes de Roma deveriam ser retidos pela censura e "saber se de sua prática e execução poderia resultar algum inconveniente ou prejuízo para o bem comum ou para o Estado"[35].

A desesperada situação na França obrigou Luís XIV a retirar todas as suas tropas da Espanha. Numa carta enviada a seu neto, Felipe V, o Rei Sol fala da fome, da guerra e do transbordamento dos rios. E este seria o primeiro passo para o fim dos conflitos. Apesar de as negociações de Geertruidenberg terem fracassado, o caminho para a paz era praticamente inevitável.

Em abril de 1711, depois de apenas seis anos de reinado, morria o imperador José da Áustria. Por não ter herdeiro, seu sucessor seria o arquiduque Carlos e, a partir desse momento, as armas dariam lugar à diplomacia. Em 27 de setembro de 1711, o então imperador Carlos VI da Áustria saía de Barcelona, para nunca mais voltar, a bordo de um navio inglês comandado pelo almirante Rooke.

Em agosto de 1712, desapareciam todas as hostilidades entre Inglaterra, Holanda, Portugal, França e Espanha, e em 11 de abril de 1713 era assinada a paz de Utrecht. A Catalunha permaneceu armada contra Felipe V até 11 de setembro de 1714, data da rendição de Barcelona. Na mesma tarde, Tebaldo

---

[33] Carlo Castiglioni, *Storia dei papi*, cit.

[34] Javier Paredes e outros, *Diccionario de los papas y concilios*, cit.

[35] O corte de relações entre Felipe V e Roma se estendeu até 1717. De qualquer forma, ele sabia que Clemente XI agia sob pressão e por isso aceitou o papel espiritual do papado, mas assumindo que o pontífice estava prisioneiro.

Fieschi, o espião da Santa Aliança, enviou um relatório ao seu chefe em Roma, Annibale Albani, dizendo: "Um exército franco-espanhol formado por 35 mil soldados de infantaria e 5 mil de cavalaria combateu com 16 mil soldados e cidadãos. Berwick, ao comando das tropas de Felipe V, arrasou a cidade a sangue e fogo". O último capítulo da Guerra da Sucessão seria mesmo a rendição de Maiorca em junho de 1715 para um exército de 10 mil homens chefiados pelo general D'Asfeld. Felipe V ordenou que poupassem as vidas dos sitiados e emitiu um indulto real para toda a cidade. A paz finalmente chegava, mas o monarca, que nunca esqueceria a rebelião da Catalunha e as suas trágicas conseqüências, submeteria a região à lei marcial durante alguns anos.

Com o fim da guerra e o reconhecimento de Felipe V como rei da Espanha, o cardeal secretário de Estado, Fabrizzio Paolucci, tentou conseguir uma aproximação por meio de Elisabetta de Farnese, a nova esposa do monarca. Aconselhado pelo cardeal Alberoni, Clemente XI decidiu afastar Paolucci da negociação e obrigou o cardeal Albani e retirar de Madri todos os agentes da Santa Aliança, mas Tebaldo Fieschi permaneceu na Espanha em segredo por ordem de Annibale Albani.

A ascensão de Alberoni havia sido meteórica. Em 1702, o duque de Parma o enviou em missão diplomática a Louis Joseph de Bourbon, que o contratou como secretário. Vendôme era o comandante-chefe do exército francês no norte de Itália. Rapidamente a sua influência na corte espanhola se tornou uma realidade: além de negociar o casamento entre o rei Felipe V e Elisabetta de Farnese, em 1717 é ao mesmo tempo nomeado cardeal por Clemente XI e primeiro-ministro por Felipe V[36]. O santo padre premiava assim as valiosas informações transmitidas pelo espião Alberoni, embora não fossem importantes para a Santa Aliança. O cardeal Albani acreditava que a maioria das informações sobre as tropas francesas recebidas em Roma não fossem verdadeiras. Por exemplo, o chefe dos espiões papais recebeu um relatório de Giulio Alberoni no qual ele afirmava haver um possível movimento de tropas francesas nos Estados Pontifícios. Pouco depois essa informação seria tida como falsa, uma vez que Vendôme seria enviado nessa data para a Espanha a fim de comandar os exércitos de Felipe V.

Em poucos anos Giulio Alberoni passou de um mero espião da Santa Aliança no norte de Itália a responsável por negociar a restituição dos direitos da Igreja católica na Espanha como primeiro-ministro de Felipe V, através de uma Concordata* que em nada beneficiou Roma.

---

[36] Henry Arthur Kamen, *Philip V of Spain*, cit.

* Acordo ou tratado diplomático público e solene que o Vaticano celebra com outro Estado, com o qual teve um passado de desinteligência, por meio do qual se regulam suas relações mútuas, nas matérias de interesse comum. (N. T.)

Em fevereiro de 1718, tal como Paolucci havia previsto, as relações entre Madri e Roma voltaram a ser rompidas. O certo é que Alberoni Albani demonstrou ser um péssimo espião e um primeiro-ministro ineficiente. A sua má política externa e a derrota das forças espanholas na invasão franco-britânica foram decisivas para o cardeal Giulio Alberoni cair em desgraça em 5 de dezembro de 1719.

O espião Tebaldo Fieschi, já com 37 anos, converteu-se num dos mais assíduos da corte da rainha Elisabetta de Farnese no palácio do Prado. Mulher de grande inteligência, amante das artes e dos prazeres, formou seu círculo de relações com um bom número de italianos, atores venezianos, músicos florentinos, artistas napolitanos e comerciantes sieneses. Fieschi aproveitou sua experiência como agente do papa Clemente XI em Londres durante quase vinte anos para também ser aceito nesse seleto grupo. Pela sua posição de privilégio e graças ao espião da Santa Aliança, Roma seria testemunha dos fatos que em breve despontariam numa Europa em mudança.

Luís XIV, o poderoso Rei Sol, faleceu em 1º de setembro de 1715, depois de 65 anos de reinado. Luís XV, uma criança de seis anos, passava então a ser o novo soberano da maior potência européia. Clemente XI morria em 19 de março de 1721 e seria sepultado na basílica de São Pedro, deixando uma sociedade que se guiava pela razão política. Felipe V abdicaria em favor de seu filho Luís – que reinaria por pouco tempo –, mas logo seria obrigado a reassumir a Coroa.

Nas décadas seguintes, durante os pontificados de Inocêncio XIII, Bento XIII e Clemente XII, a Santa Aliança viveria uma fase de profundas mudanças e, na maioria dos casos, de quase total inatividade. Os sucessores de Clemente XI não consideram necessário um serviço de espionagem nos anos em que o poder vaticano começa a se consolidar na nova Europa, renascida das suas cinzas após os anos de guerra.

CAPÍTULO SETE

O GOVERNO DOS BREVES (1721-1775)

> Ai de vós, escribas e fariseus hipócritas! Sois semelhantes aos sepulcros caiados: por fora parecem formosos, mas por dentro estão cheios de ossos, de cadáveres e de toda espécie de podridão. Assim também vós: por fora pareceis justos aos olhos dos homens, mas por dentro estais cheios de hipocrisia e de iniqüidade.
>
> *São Mateus 23, 27-28**

Em Roma, o conclave escolheu o sucessor de Clemente XI. A maioria do Colégio Cardinalício havia sido nomeada pelo papa falecido, e nas primeiras votações Fabrizzio Paolucci apareceu em posição de obter os dois terços dos votos necessários para se eleger. Para a Santa Aliança, a eleição de Paolucci seria uma verdadeira oportunidade de ampliar sua área de atuação. O cardeal Annibale Albani sabia que, se o antigo secretário de Estado de Clemente XI fosse escolhido como novo pontífice, a espionagem viveria momentos de glória. Mas a alegria durou pouco, pois o cardeal Althan logo tornou público no conclave o veto imperial a Paolucci, decretado em parte por seu papel durante a Guerra da Sucessão espanhola[1].

Eliminado o poderoso cardeal Paolucci da corrida pelo comando da Igreja, demoraram quase seis semanas e meia para um novo candidato ser escolhido. Por fim, em 8 de maio de 1721, o cardeal Michelangelo Conti foi proclamado santo padre, com o nome de Inocêncio XIII. Conti seria realmente um papa de transição – governaria apenas cerca de três anos –, mas antes de morrer daria luz verde às represálias contra os jesuítas, cuja atividade se intensificaria nos pontificados seguintes.

Os agentes da Santa Aliança na Ásia, quase todos jesuítas, haviam informado Roma sobre os missionários da ordem na China que eram a favor de permitir os ritos chineses em concomitância com os católicos. Imediatamente

---
* *Bíblia Católica Online*, cit. (N. T.)
[1] Carlo Castiglioni, *Storia dei papi*, cit.

Inocêncio XIII ordenou ao Congregatio de Propaganda Fide [Congregação para a Propagação da Fé] que enviasse uma carta de censura ao geral da Companhia[2].

O geral dos jesuítas defendeu os seus membros, alegando que os missionários adaptaram as normas pontifícias à realidade chinesa sem desobedecer às ordens do papa. Este seria o primeiro trovão da grande tempestade que se abateria sobre a Companhia de Jesus nos anos seguintes.

Durante os três anos em que Inocêncio XIII ocupou o trono de São Pedro, as atividades da Santa Aliança quase desapareceram, em parte pelo fato de o papa nunca ter nomeado um chefe para a organização – o que também ocorreria no pontificado seguinte. Embora sem poderes efetivos, apenas como figura representativa, o cardeal Annibale Albani continuava a comandar o serviço secreto vaticano. O único apoio que Albani tinha no Vaticano era o cardeal Fabrizzio Paolucci, que voltaria a ser favorito na corrida ao papado no conclave que se seguiria.

Com a morte de Inocêncio XIII, em 7 de março de 1724, o conclave voltou a se reunir em Roma, e mais uma vez os candidatos foram os cardeais Piazza, indicado pelos imperiais, e Paolucci, com o apoio de Felipe V. Apesar disso, o Colégio elegeu em 29 de maio de 1724 Pietro Francesco Orsini, que queria ser chamado de Bento XIV. Avisado de que Bento XIII, conhecido como o "Papa Lua", nunca tinha sido consagrado como pontífice, Orsini decidiu então adotar o nome de Bento XIII.

Três meses antes, na Espanha, Felipe V abdicava do trono em favor de seu filho Luís. Em 9 de fevereiro de 1724, o príncipe das Astúrias foi proclamado rei da Espanha aos dezessete anos. A partir de então, o jovem rei Luís e sua esposa, a rainha Luísa Isabel de Orleans, passaram a assumir as tarefas do governo[3].

As primeiras expectativas dos espanhóis com a chegada à Coroa de um rei espanhol foram rapidamente frustradas. Na verdade, quem governava a partir do palácio de La Granja de San Ildefonso era Felipe V, e todas as decisões tomadas pelo rei deviam ser ratificadas por seu pai depois de discutidas com aquele que até então fora o homem forte da Espanha, o marquês José de Grimaldo[4].

Em 26 de junho, Felipe V reúne-se com seu filho e a nora em La Granja. A rainha, apenas com catorze anos, mantém um comportamento inconveniente e indecoroso, porque quase sempre veste apenas uma camisa e nenhuma roupa de baixo, deixando tudo à mostra. O próprio marquês de Santa Cruz escreve a Grimaldo, dizendo que "muitas vezes a rainha é vista com dois italianos de

---

[2] Malachi Martin, *The Jesuits*, cit.
[3] Henry Arthur Kamen, *Philip V of Spain*, cit.
[4] Roberto Fernández Díaz, *La España del siglo XVIII*, cit.

forma indecente". Um deles talvez fosse Tebaldo Fieschi, o espião sienense da Santa Aliança.

Cansado da conduta da esposa, Luís decide trancar Luísa Isabel no Alcazar até que ela prometa se comportar adequadamente. Após sete dias de encerramento, foi posta em liberdade, e os dois italianos, um dos quais de fato era Fieschi, foram expulsos da Espanha[5].

Mas outra situação agravou ainda mais os problemas do rei Luís. Na metade de agosto, subitamente adoece de varíola. Transcorrem apenas pouco mais de duas semanas até que a febre alta o leve à morte, após um reinado de sete meses e meio. Felipe V é assim obrigado a assumir a Coroa da Espanha e abandonar o seu prazeroso retiro no palácio de La Granja[6].

Em Roma, o novo papa trouxe consigo as pessoas de confiança que tinham colaborado com ele nas dioceses de Benevento, Manfredonia e Cesena. Uma delas era Niccolò Coscia, que fora seu coadjutor[*] em Benevento.

Tirando vantagem da relação com o sumo pontífice, Coscia exerceu durante anos um poder corrupto sem precedentes como seu secretário particular. Apoderou-se indevidamente de enormes quantias de dinheiro, colocando em perigo o orçamento do Vaticano; manipulou em proveito próprio a sua aproximação com o papa; tentou manobrar as relações externas do Estado Pontifício a seu favor e principalmente utilizou os recursos da Santa Aliança para beneficiar reis e príncipes da Europa com a política eclesiástica[7].

Apesar da oposição majoritária a Coscia no Vaticano, Bento XIII nomeou-o cardeal e conferiu-lhe uma posição similar à que os favoritos dos papas ocupavam em pontificados anteriores. Annibale Albani, que ainda mantinha poder na Santa Aliança, informou então o cardeal Fabrizzio Paolucci sobre a intenção do cardeal Coscia de comandar a organização e ter acesso aos seus documentos. Albani inclusive recomendou a vários cardeais que vigiem de perto as atividades financeiras do "escolhido" do santo padre.

Enquanto uma parte do Colégio Cardinalício prefere fazer vista grossa ao poder cada vez maior de Niccolò Coscia, outra – chefiada por Paolucci – aconselha o santo padre a controlar com mais cuidado as ações do seu "preferido".

---

[5] O famoso espião Tebaldo Fieschi volta a aparecer em Roma sob o comando do cardeal Annibale Albani, chefe da Santa Aliança até 1730, ano em que deixa o cargo. Algumas fontes asseguram que Fieschi se retirou para Florença, onde morreu vítima de febre entre os anos de 1732 e 1740.

[6] Henry Arthur Kamen, *Philip V of Spain*, cit.

[*] Sacerdote nomeado para ajudar ou substituir um prior ou prelado no exercício de suas funções. (N. T.)

[7] Javier Paredes e outros, *Diccionario de los papas y concilios*, cit.

Coscia procurava ganhar terreno tanto na Secretaria de Estado, de Paolucci, quanto na Santa Aliança, controlada por Albani, mas a tarefa não seria fácil em nenhuma das duas frentes. Paolucci usufruía de um poder considerável no Colégio, porque afinal fora por duas vezes candidato a papa, ao passo que Albani cuidava de um departamento da Igreja no qual Bento XIII não tinha muito interesse em intervir[8].

A situação tornou-se mais tensa quando o próprio pontífice acusou Paolucci, Albani e ainda outros cardeais de espalharem calúnias contra Niccolò Coscia, mas tanto o secretário de Estado como o chefe da Santa Aliança sabiam que o favorito do santo padre recebia suborno de diversos monarcas europeus. A questão era como provar o envolvimento do cardeal Coscia nos casos de corrupção que lhe eram atribuídos.

Albani decidiu então por em prática a Operação Iscariotes – assim denominada em memória ao apóstolo traidor de Jesus Cristo –, uma ação que consistia em introduzir "troianos"[9] (agentes da Santa Aliança que espionavam a própria organização) na secretaria dirigida por Coscia.

Em fevereiro de 1726, o cerco ao cardeal Coscia começou a se apertar. Paolucci se via cada vez mais disposto a acabar com o corrupto secretário do papa, custasse o que custasse. Ciente das intenções da Santa Aliança, Coscia resolveu dar um sinal de aviso. Uma tarde, o cadáver do padre Enrico Fasano apareceu perto de uma ponte do Tibre. Algumas partes do corpo haviam sido amputadas durante a tortura a que fora submetido.

Fasano era um agente da Santa Aliança recrutado por Albani para a Operação Iscariotes. A sua missão era obter informações sobre o pequeno exército de malfeitores que Niccolò Coscia tinha reunido com fundos do Vaticano no mais violento dos bairros pobres de Roma. Utilizado pelo corrupto cardeal como "guarda-costas" em surdina, esse bando especial estava encarregado de apagar qualquer rasto ou pista que ameaçasse o seu poderoso chefe[10].

No entanto, nunca se chegou a descobrir a implicação do secretário de Bento XIII no assassinato de Fasano. Mas o fato é que, após esse ataque, Albani não esmoreceu no objetivo de conseguir informações mais detalhadas sobre os casos de corrupção encabeçados por Coscia.

---

[8] Heinrich Brueck, *History of the Catholic Church*, cit.

[9] O termo "troiano" ainda é empregado na espionagem papal para definir os agentes da Santa Aliança que conseguem penetrar em organizações ou países beligerantes com o Vaticano ou o sumo pontífice. Os primeiros "troianos" foram utilizados pelo cardeal Albani, chefe da Santa Aliança (1701-1730), em 1726, durante a investigação contra o cardeal Coscia.

[10] Frederic J. Baumgartner, *Behind Locked Doors: A History of the Papal Elections* (Palgrave Macmillan, Nova York, 2003).

O alvo seguinte do adjunto do papa seria o padre Lorenzo Valdo, um dominicano que trabalhava na secretaria pontifícia desde os tempos de Inocêncio XII. Valdo fora um agente menor da espionagem, mas a sua posição muito próxima de Coscia fazia dele um privilegiado aos olhos de Annibale Albani.

Na noite de 9 de junho de 1726, Valdo deixou o Palácio Papal com uma carta timbrada por Bento XIII que devia ser entregue numa residência de Roma. O dominicano sabia que sua missão era quase sagrada porque levava nas mãos uma mensagem pontifícia. Ao chegar a tal casa e bater à porta, foi puxado para dentro por três homens, que o apunhalaram no pescoço. O corpo de Valdo foi lançado nas águas do Tibre.

A investigação do cardeal Albani demonstrou que possivelmente a carta transportada por Lorenzo Valdo estava em branco e que alguém muito próximo ao papa Bento XIII, com certeza cardeal Coscia, utilizara o selo pontifício com astúcia para enganar o dominicano.

Três dias depois do assassinato de Lorenzo Valdo, em 12 de junho, morria misteriosamente aquele que fora duas vezes candidato a papa, por 24 anos secretário de Estado e um dos melhores aliados que a Santa Aliança pôde ter em toda a sua história: o cardeal Fabrizzio Paolucci. Com isso, Annibale Albani estava sozinho no combate a Niccolò Coscia.

Outra operação conduzida pelo favorito do papa em 1727 descoberta pela Santa Aliança foi a manipulação das relações da Igreja com Vittorio Amadeo II de Sabóia, rei da Sardenha, que resultou na assinatura de uma Concordata. Como embaixador em Roma, Vittorio Amadeo enviou o marquês D'Ormea, hábil e astuto diplomata que sempre soube obter bons privilégios da parte do cardeal Coscia. Um deles foi a permissão consentida a Vittorio de Sabóia para apresentar candidatos a cardeais, vetar os bispos nomeados para a sua região e ainda representar todas as igrejas, catedrais, abadias e priorados[11]. Ao que parece, Niccolò Coscia conseguiu que Bento XIII assinasse o decreto, pelo que recebeu de Vittorio Amadeo de Sabóia uma significativa quantidade de terras na região de Piemonte[12].

Coscia também seria responsável por um grande conflito com a comunidade judaica local. Entre 1634 e 1790, mais de 2 mil judeus de Roma converteram-se ao catolicismo, e o papa Bento XIII batizou 26 deles.

Enquanto a essas conversões se seguiam fogos de artifício e procissões religiosas, nos guetos os judeus eram dizimados pelo exército especial de Coscia. Se algum deles era encontrado acendendo uma vela nos funerais ou colocando

---

[11] Carlo Castiglioni, *Storia dei papi*, cit.
[12] Javier Paredes e outros, *Diccionario de los papas y concilios*, cit.

pequenas pedras nas tumbas, os guardas de Coscia ou do Vaticano estavam autorizados a açoitá-los[13].

Os rufiões do cardeal Coscia eram praticamente donos das ruas de Roma, e alguns deles até espalharam a lenda de que, se um católico conseguisse converter um herege, poderia ganhar um lugar no paraíso.

Durante os meses seguintes, inúmeras crianças judias foram arrancadas de suas casas e batizadas à força em fontes ou com a água da chuva. Todos esses fatos ocorriam, supostamente, sem o conhecimento do papa Bento XIII[14].

No começo de 1730, a saúde do santo padre se complicou. Acamado em decorrência da febre, acabaria morrendo em 21 de fevereiro, com 82 anos de idade. O melhor historiador sobre os pontífices, Luis von Pastor, tinha razão quando afirmava que "não basta ser um bom monge para ser um bom papa", e no caso de Bento XIII essa regra cumpria-se na perfeição. O seu pontificado foi mais religioso do que político, o que propiciou que um homem como o cardeal Niccolò Coscia chegasse à cúpula da Santa Sé[15].

O conclave que então se realizou durou cerca de cinco longos meses, de 6 de março a 12 de julho. Como nenhuma das facções dominava o Colégio Cardinalício, ninguém podia impor um candidato. A chegada do calor e a morte de vários cardeais levaram o cardeal Álvaro Cienfuegos, do partido imperial, a se unir aos simpatizantes do cardeal Corsini, que em 12 de julho de 1730 foi eleito papa, adotando o nome de Clemente XII[16].

Com 78 anos, o novo pontífice ainda conservava a sua perspicácia, virtude que, na sua época de regente da Chancelaria e clérigo da Câmara Apostólica, fora imprescindível para auxiliá-lo se manter neutro nas duras lutas internas da Igreja e da Cúria. Lorenzo Corsini vivera plenamente as duas vidas, a civil e a religiosa, o que muito o ajudaria na difícil tarefa de exercer o cargo de santo padre[17].

A primeira medida adotada, em 24 de julho de 1730, foi demitir o cardeal Albani de seu cargo de responsável pela espionagem pontifícia. Clemente XII acusava Albani de não ter sabido defender os interesses da Igreja como chefe da Santa Aliança. Mas o papa também considerou inepta e ineficaz a Operação Iscariotes, que causou a morte dos agentes Enrico Fasano e Lorenzo Valdo[18]. Finalmente chegara a vez do cardeal Niccolò Coscia.

---

[13] Peter de Rosa, *Vicars of Christ: The Dark Side of the Papacy* (Poolbeg, Dublin, 2000).

[14] Idem.

[15] Michael J. Walsh, *The Conclave: A Sometimes Secret and Occasionally Bloody History of Papal Elections* (Sheed and Ward, Londres, 2003).

[16] Frederic J. Baumgartner, *Behind Locked Doors*, cit.

[17] Carlo Castiglioni, *Storia dei papi*, cit.

[18] Em 24 de julho de 1730, o cardeal Annibale Albani foi nomeado pelo papa Clemente XII

Antes de Bento XIII falecer, Coscia e os seus amigos decidiram fugir de Roma, mas quando chegaram às portas da cidade a Guarda Suíça impediu o cardeal de passar, já que deveria participar do conclave para eleger o sucessor daquele que fora seu protetor.

Curiosamente, durante uma das votações do conclave, o nome de Niccolò Coscia apareceu num dos boletins de voto, o que provocou protestos por parte de alguns membros do Colégio Cardinalício[19].

A primeira atitude do papa Clemente XII contra Coscia foi determinar a criação de quatro tribunais eclesiásticos com o objetivo de julgar o corrupto cardeal e a sua obra. O primeiro deveria julgar o próprio Niccolò Coscia; o segundo, examinar sua trajetória até o ponto de se converter no homem de confiança do papa, para que tal não voltasse a se repetir; o terceiro, estudar os casos de privilégios obtidos por ele para os príncipes da Europa, e o quarto, analisar a situação das finanças da Câmara Apostólica e apurar todas as quantias mal aplicadas pelo cardeal.

Ao ver-se assim perseguido, imediatamente Niccolò Coscia pediu a proteção de Carlos VI, na esperança de que o imperador ordenasse a paralisação do processo, mas, ao inteirar-se disso, Clemente XII ratificou a abertura do julgamento contra ele[20].

O cardeal fugiu de noite e refugiou-se em Nápoles, mas foi obrigado a regressar aos Estados Pontifícios após receber uma severa carta escrita pelo próprio papa. Com Niccolò Coscia, também foram julgados o seu irmão Filippo, bispo auxiliar de Targa, e o cardeal Francesco Fini.

Tudo indica que Fini era encarregado de revelar a Coscia qualquer movimento dos agentes da Santa Aliança e de seu chefe, o cardeal Annibale Albani, contra o corrupto cardeal. Enquanto trabalhava na Secretaria de Estado, Francesco Fini também atuou como uma espécie de "homem de confiança" do falecido cardeal Fabrizzio Paolucci e inclusive como "mensageiro secreto" entre ele e Albani.

O processo ficou concluído em 22 de maio de 1733. Os dezesseis cardeais que compunham a comissão aprovaram por unanimidade a condenação de Niccolò Coscia, que seria ratificada pelo sumo pontífice em 25 de maio, três dias depois do veredicto. Todos os bens do cardeal foram confiscados e distribuídos aos pobres. O corrupto devia pagar aos cofres da Igreja e de Roma a quantia de 100 mil escudos pelos danos causados. Perdia também todas as

---

bispo de Sabina, onde permaneceu até morrer, em 21 de outubro de 1751, levando consigo os segredos que descobrira ao longo de quase trinta anos como chefe da Santa Aliança.

[19] Michael J. Walsh, *The Conclave*, cit.
[20] Carlo Castiglioni, *Storia dei papi*, cit.

honrarias e cargos eclesiásticos bem como o direito de voto nos próximos conclaves. Por último, foi condenado a uma pena de dez anos de prisão numa cela do castelo de Sant'Angelo[21].

Cumprida essa condenação, o papa Clemente XII absolveu-o da restrição e restituiu-lhe o direito de voto no conclave. Reintegrado na sua dignidade cardinalícia, Niccolò Coscia afastou-se para Nápoles, onde morreu em 14 de setembro de 1755, inteiramente só e esquecido[22].

Passados dois anos de pontificado, apesar da boa saúde, Clemente XII começou a apresentar problemas de visão, que por fim o deixaram cego. Embora precisasse de ajuda até para assinar os documentos, o papa manteve-se à frente dos assuntos do pontificado, delegando boa parte das questões de Estado a seu sobrinho, Neri Corsini, que fora elevado à púrpura cardinalícia em 14 de agosto de 1730. Corsini assumiria as rédeas da Santa Aliança depois da destituição de Annibale Albani.

Nesse período, em que as relações com Felipe V estavam realmente deterioradas, o serviço secreto vaticano, sob o comando de Corsini, dedicou-se muito mais à perseguição religiosa dentro da Igreja e à maçonaria do que a se intrometer nas questões políticas. A constante passagem das tropas espanholas pelo Estado Pontifício, os recrutamentos forçados e a própria recusa do papa em conceder a entrega do Reino de Nápoles a Carlos de Bourbon, filho de Felipe V, desembocaram numa nova ruptura entre Madri e Roma. Essas relações apenas se restabeleceriam em 1737 com a assinatura de uma Concordata, cujo principal ponto era justamente a transferência de Nápoles para Carlos de Bourbon autorizada por Clemente XII.

Passado um ano, depois de ter recebido um importante relatório da Santa Aliança sobre a cada vez mais ameaçadora maçonaria dentro da Igreja católica, o santo padre decidiu condená-la através da bula *In Eminenti*, promulgada em 28 de abril de 1738. No texto, Clemente XII proibia todos os seus súditos de pertencerem à maçonaria ou assistirem às suas cerimônias sob pena de excomunhão[23]. Para o sumo pontífice, a maçonaria impedia que as pessoas vivenciassem a religião de uma forma plena e antepunha a sua lealdade a uma sociedade secreta mais do que a Deus.

Redigido em dezembro de 1733, o primeiro grande relatório da Santa Aliança sobre a maçonaria fez com que em 14 de janeiro de 1734 o papa Clemente XII aprovasse uma nova Constituição do Estado Pontifício, segundo a qual qualquer

---

[21] Idem.
[22] Idem.
[23] Martin Short, *Inside the Brotherhood: Explosive Secrets of the Freemasons* (HarperCollins, Nova York, 1989).

cidadão estava proibido de participar dos rituais maçônicos sob pena de morte e confisco de seus bens. A nova lei ordenava aos religiosos que denunciassem todos os rituais e quem os praticava aos magistrados eclesiásticos.

O pontífice seguinte, Bento XIV, com a bula *Providas*, publicada em 18 de maio de 1751, ratificaria as medidas de Clemente XII, mas também Pio VII em 1814, Leão XII em 1825 e Pio IX em 1865 condenariam a maçonaria e os seus rituais. O papa Leão XIII, em 1884, com a encíclica *Humanum Gens*, alertava os cristãos para o avanço da seita secreta[24].

Em 6 de fevereiro de 1740, o papa Clemente XII morreu aos 87 anos, o que exigia a abertura de um novo conclave. Apesar da fama de grande especialista em direito canônico e muito embora fosse bem-visto por seus colegas, o cardeal Próspero Lambertini não aparecia entre os mais favoritos no conclave que se iniciou em 14 de fevereiro.

A verdade é que, devido ao poder das várias facções do Colégio Cardinalício e à nítida divergência existente entre elas, começava um dos conclaves mais longos de toda a história da Igreja católica. O setor francês estava ligado ao austríaco; o espanhol, ao napolitano, ao toscano e ao sardenho. O cardeal Neri Corsini, chefe da Santa Aliança, liderava os cardeais nomeados por seu tio, o papa Clemente XII. Mas também as diversas facções se dividiam em duas – os *zelanti*, partidários de um papa intransigente e firme na defesa dos direitos da Igreja, e os que se mostravam a favor de um pontífice mais conciliador e diplomata[25].

As votações e apurações repetiam-se sem nenhum resultado positivo, até que alguém apresentou a candidatura do cardeal Próspero Lambertini. Depois de seis meses de conclave, Lambertini foi eleito papa na manhã de 17 de agosto de 1740. A primeira medida tomada pelo sumo pontífice, que adotou o nome de Bento XIV, foi a nomeação do sábio cardeal Silvio Valenti como secretário de Estado e a ratificação do cardeal Neri Corsini para o cargo de chefe da espionagem vaticana.

Bento XIV passaria à história muito mais como o papa das concordatas do que como uma figura política. Desde o primeiro ano de seu governo, apressou-se a resolver as questões com outros Estados que os pontífices anteriores haviam deixado pendentes.

Foi estabelecida uma nova Concordata com os Reinos da Sardenha, de Portugal e da Espanha, e também se fecharam as complicadas Concordatas com Nápoles e a Lombardia austríaca. Durante esse tempo, os agentes da

---

[24] Idem.
[25] Javier Paredes e outros, *Diccionario de los papas y concilios*, cit.

Santa Aliança permaneceram inativos ou como simples observadores políticos às ordens do cardeal Valenti.

A inatividade da espionagem papal fez, por exemplo, que a Santa Aliança recebesse com alguns dias de atraso a notícia da morte do rei Felipe, ocorrida em 9 de julho de 1746. Como de costume, o rei esteve reunido no Bom Retiro com os seus ministros durante a noite, recolhendo-se para dormir às sete e meia da manhã. Por volta da uma e meia da tarde, Felipe V disse à rainha que sentia vontade de vomitar, mas o seu médico não estava no palácio. Em poucos minutos, seu pescoço e sua língua começaram a inchar. Ao tentar se levantar, caiu de costas na cama. Estava morto[26].

A inesperada morte do rei, aos 72 anos, fora conseqüência de sua própria deterioração física e mental, escreve o historiador Henry Arthur Kamen na sua biografia *Philip V of Spain: The King Who Reigned Twice*. De fato, fazia pelo menos cerca de quatro meses que Felipe V não tomava banho, e o seu estado era tão lastimável que, ao preparar o corpo, os criados acabavam arrancando pedaços de pele com as esponjas. Amortalhado em roupas de ouro e prata, o monarca seria sepultado oito dias depois, em 17 de julho, na igreja de San Ildefonso, em La Granja[27]. O príncipe das Astúrias seria, então, proclamado rei da Espanha e reinaria sob o nome de Fernando VI.

Sobre as atividades da Santa Aliança nos dezoito anos de pontificado de Bento XIV realmente pouco se sabe. E isso pode ser decorrente do fato de que, desde a sua fundação, o serviço de espionagem papal tinha entre seus membros uma grande quantidade de jesuítas, uma ordem com a qual o santo padre não simpatizava muito.

Realmente, o sinal verde para acabar com a Companhia chegaria através das mãos de Bento XIV, que, cedendo às pressões do ministro marquês de Pombal, incumbiria o cardeal Saldanha, arcebispo de Lisboa, de examinar e estudar as atividades dos jesuítas portugueses[28]. O pontífice morreria em 3 de maio de 1758, com 83 anos de idade.

Doze dias depois começava um novo conclave. Surgiram duas tendências na votação, os *zelanti* e o partido "das coroas", que desejava a continuidade da política de Bento XIV. Por sua vez, os cardeais Corsini e Portocarrero apoiavam Cavalchini, que em 28 de junho não foi escolhido papa apenas por um voto. O cardeal Rodt, representante da corte imperial, e o cardeal Spinelli decidiram lançar a candidatura de Rezzonico, que seria eleito em 6 de julho de 1758[29].

---

[26] Henry Arthur Kamen, *Philip V of Spain*, cit.
[27] Felipe V seria o primeiro rei desde o século XVI a não ser sepultado no Escorial.
[28] Malachi Martin, *The Jesuits*, cit.
[29] Michael J. Walsh, *The Conclave*, cit.

Natural de Veneza, Carlo Rezzonico, que adotou o nome de Clemente XIII, não tinha talento algum nem para a política, nem para a diplomacia. Para suprir esse defeito, o santo padre nomeou como secretário de Estado o cardeal Torrigiani, que, além de amigo dos jesuítas, era um homem muito autoritário[30].

Também nesse pontificado a guerra aberta contra a Companhia de Jesus foi mais latente, o que provocou a quase total inatividade da Santa Aliança. Os monarcas da época – Fernando VI na Espanha, José I em Portugal, Frederico II na Prússia, Leopoldo na Toscana, José II na Áustria e Carlos III, primeiro em Nápoles e depois na Espanha – receiam cada vez mais o influente poder da ordem. Os seus ministros reprovam os jesuítas por seu ensino conservador, pela obstinada defesa da intervenção da Igreja nos assuntos políticos e, principalmente, por sua clara dependência da Santa Sé.

O fim da Companhia de Jesus começaria em 13 de setembro de 1758. De madrugada, o rei dom José I de Portugal regressava incógnito ao palácio depois de uma noite com a marquesa de Távora, sua amante. Quando a carruagem diminuiu a marcha numa rua estreita, vários tiros foram disparados contra o monarca. Num primeiro instante, pensou-se que o ataque havia sido obra do marquês de Távora, revoltado pela relação da esposa com o soberano do Reino. Mas, pouco a pouco, a investigação realizada por Sebastião José de Carvalho e Melo, marquês de Pombal e primeiro-ministro de José I, demonstrou que Távora, o cérebro do atentado, não fora levado por ciúmes, mas sim por motivos políticos. Fazia anos que o rei e seu primeiro-ministro haviam estabelecido a monarquia absolutista, relegando os nobres a simples espectadores da política, sem voz nem voto[31].

Em 12 de janeiro de 1759, o marquês de Távora e mais onze nobres foram julgados, condenados à morte e executados por tentativa de regicídio[32]. No julgamento, Pombal comprovou que alguns dos doze condenados mantiveram uma estreita relação com a Santa Aliança e todos eles com os jesuítas[33]. A sentença dizia que o duque de Aveiro, para recuperar a perda de influência dos nobres na corte, convenceu os jesuítas a considerarem que assassinar o rei seria apenas um pecado venial.

---

[30] Javier Paredes e outros, *Diccionario de los papas y concilios*, cit.

[31] Carlo Castiglioni, *Storia dei papi*, cit.

[32] O duque de Aveiro foi esquartejado vivo; o marquês de Távora e seus dois filhos, enforcados; e a marquesa de Távora, cúmplice da conspiração e amante do rei, decapitada.

[33] Na verdade, nenhuma das duas informações pôde ser comprovada, nem mesmo nos documentos relativos ao julgamento "dos Doze", que vieram a público e existem até hoje. O primeiro-ministro Pombal e o chefe da Guarda basearam-se em simples boatos sobre as relações que alguns dos acusados teriam com João Aristides, um agente da Santa Aliança que tinha atuado em Portugal sob as ordens do cardeal Saldanha, arcebispo de Lisboa. Aristides, no entanto, nem sequer pertencia à ordem dos jesuítas, mas sim aos dominicanos.

Em 19 de janeiro, um decreto real ordenou a expulsão dos jesuítas bem como a confiscação de todos os seus bens nos territórios da Coroa. O papa receberia a notícia oficial no dia seguinte. Os constantes protestos da Santa Sé contra o governo de Lisboa levariam à expulsão do núncio pontifício em 15 de junho de 1760. A perseguição contra os jesuítas estava aberta em toda a Europa, e os espiões do Vaticano viveriam momentos de incerteza por não saber o que deveriam fazer ou a quem deveriam se reportar[34].

Clemente XIII acusava o serviço de espionagem de não tê-lo informado sobre as operações do padre Lavalette, ao passo que os espiões, por sua vez, negavam qualquer responsabilidade, alegando que desde o começo do pontificado de Bento XIV eles haviam sido reduzidos e, portanto, os tentáculos da Santa Aliança, mais do que isso, foram quase amputados.

O terceiro e último ato da tragédia dos jesuítas ocorreria em 1767, exatamente no dia 27 de março, quando após o motim de Esquilache o rei Carlos III, que sucedera a seu meio-irmão Fernando VI depois de sua morte, em 1759, decretara a expulsão deles "de todos os meus domínios, das Índias, das Ilhas Filipinas e de outras adjacentes [...] e que se resgatem todas as temporalidades*". A parte mais afetada pela atitude do monarca espanhol seriam as missões, mas também uma das mais vastas redes de informações da Santa Aliança no estrangeiro, já que cerca de 2 mil jesuítas foram obrigados a abandonar as missões. Seguindo os exemplos português, francês e espanhol, o grão-mestre de Malta assinou também a ordem de expulsão da Companhia e de seus membros em 22 de abril de 1768 e comunicou ao papa que se via obrigado a proceder assim em virtude de seus compromissos com o Reino de Nápoles. Nesse mesmo ano, o ducado de Parma adotou igual atitude em relação aos jesuítas.

Os protestos formais de Clemente XIII e as bulas contra a medida levaram as tropas francesas a ocupar Avignon e o condado de Venaissin; Nápoles tomaria as cidades pontifícias de Benevento e Pontecorvo; Parma ameaçava o papa com a invasão do Estado Pontifício se não retirasse as bulas e as condenações. Em janeiro de 1769, os embaixadores da Espanha, da França e de Nápoles em Roma pediram formalmente ao santo padre a completa eliminação da Companhia de Jesus. Clemente XIII preparou-se para resistir, mas em poucos dias morreria vítima de uma apoplexia, e o papa seguinte, Clemente XIV, daria a questão por encerrada.

O conclave que se seguiu à morte de Clemente XIII foi, sem dúvida, o mais politizado da história do papado. Nos seus três meses de duração foram incessantes os confrontos, não dos cardeais, mas dos embaixadores das cortes católicas, que eram os verdadeiros árbitros da política eclesiástica da Santa Sé.

---

[34] Javier Paredes e outros, *Diccionario de los papas y concilios*, cit.

* Poderes civis das autoridades eclesiásticas. (N. T.)

Todos desejavam um santo padre que fosse facilmente manipulável – e talvez Clemente XIV pudesse ser esse papa[35].

A questão não era eleger um bom pontífice especialista em Direito Canônico, nem um político hábil ou um diplomata sensato. O que na verdade se procurava era um cardeal de caráter fraco e que como papa se declarasse abertamente inimigo dos jesuítas.

O partido a favor dos jesuítas tinha como líder o cardeal Torrigiani, ao passo que a facção contrária era comandada pelos cardeais espanhóis Francisco Solís e Buenaventura Spínola de la Cerda e pelo cardeal francês De Bernis. Por fim, após um exaustivo conclave cheio de intrigas e pressões, o cardeal Antonio Ganganelli foi eleito papa em 19 de maio de 1769, adotando o nome de Clemente XIV. Entretanto, como escreve o investigador Michael J. Walsh no seu livro *The Conclave: A Sometimes Secret and Occasionally Bloody History of Papal Elections*, a verdade é que existiu um pacto no conclave para eleger o cardeal Ganganelli em troca de seu comprometimento em extinguir os jesuítas uma vez consumada a posse.

Em 1848, no pontificado de Pio IX, a Santa Aliança divulgou um pequeno papel que Ganganelli havia escrito durante o conclave de 1769, admitindo se aliar ao partido dos antijesuítas. Curiosamente, no dia seguinte à data do documento, o cardeal seria eleito papa[36]. Apesar disso, De Bernis sempre negou a existência de qualquer tipo de conchavo político no conclave que conduziu Ganganelli ao comando da Igreja.

Como primeiras medidas, o papa afastou Torrigiani da Secretaria de Estado – substituindo-o pelo cardeal Pallavicini – e proibiu a entrada de qualquer jesuíta nos serviços de espionagem da Santa Sé. Clemente XIV desconhecia que, na verdade, o núcleo principal de agentes livres e informadores infiltrados nos maiores centros de poder da Europa pertencia à Companhia de Jesus.

Em 21 de julho de 1773, o santo padre assinava o breve *Dominus ac Redemptor*[*], que suprimia a Companhia de Jesus. O documento, que somente no dia 16 de agosto foi lido pelo padre Ricci, o geral da ordem, atestava o seguinte:

> Extinguimos e suprimimos a mencionada Companhia, anulamos e revogamos os seus ofícios, ministérios, repartições, casas, escolas, colégios, hospícios [...], estatutos, práticas, decretos, leis. [...] É do nosso entendimento e vontade que os sacerdotes sejam considerados presbíteros seculares.[37]

---

[35] Michael J. Walsh, *The Conclave*, cit.
[36] Malachi Martin, *The Jesuits*, cit.
[*] Carta ou escrito papal que encerra comunicação de alguma decisão, concessão de indulgências, testemunho de apreço ou aprovação etc. (N. T.)
[37] Javier Paredes e outros, *Diccionario de los papas y concilios*, cit.

A SANTA ALIANÇA

Era realmente ultrajante ver como a própria Guarda Pontifícia cumpria o decreto do santo padre, invadindo as casas dos jesuítas e revistando todos os documentos da ordem. Em 23 de setembro, Lorenzo Ricci e os seus mais fiéis colaboradores foram escoltados até ao castelo de Sant'Angelo em Roma, onde deveriam ficar detidos. As restrições eram tão severas que, mesmo sendo vizinhos de cela, o próprio Ricci apenas soube da morte do seu secretário, Cornolli, depois de seis meses. Enquanto isso se passava, a maior parte dos agentes da Santa Aliança se via reduzida à sua mínima expressão.

Embora a Justiça tenha exigido que Lorenzo Ricci e seus companheiros fossem postos em liberdade, isso não ocorreu – aparentemente por receio de que os jesuítas mesmo dispersos se reunissem à volta do seu antigo chefe para reconstruir a sociedade no seio do catolicismo[38]. Como "recompensa" pelo trabalho realizado contra a Companhia, Clemente XIV conseguiu a restituição do Estado Pontifício de Avignon, Venaissin, Benevento e Pontecorvo. Depois da supressão da ordem, o papa só viveria mais catorze meses, falecendo em 21 de setembro de 1774. Mas a Santa Aliança estava disposta a dar um último golpe, que seria desferido em pleno pontificado de Pio VI, sucessor de Clemente XIV.

Com a morte do rei dom José I de Portugal, em 24 de fevereiro de 1777, o marquês de Pombal foi obrigado a se demitir do cargo e o até então primeiro-ministro se refugiou em suas terras em Oeiras. O serviço secreto vaticano, porém, não permitiria que o marquês de Pombal, o grande inimigo dos jesuítas, saísse impune. Em seu discurso durante a coroação da rainha Maria I de Portugal, na praça de Lisboa, o cavaleiro Francisco Coelho da Silva atreveu-se a declarar:

> Portugal tem ainda abertas as feridas que lhe provocaram o despotismo cego e sem limites desse ministro [Pombal], agora afastado.[39]

Ao que tudo indica, agentes livres da Santa Aliança relacionados com os jesuítas fizeram chegar misteriosamente aos juízes do Reino um detalhado relatório de 28 páginas com provas acusatórias contra o marquês de Pombal. O documento deu lugar à abertura de um processo contra o antigo primeiro-ministro do rei. Em 11 de janeiro de 1780, Sebastião José de Carvalho e Melo

---

[38] No final de agosto de 1775, Lorenzo Ricci enviou um apelo ao papa Pio VI para obter a sua libertação. Contudo, enquanto o Vaticano estudava o seu pedido, ele veio a falecer, em 24 de novembro. O santo padre ordenou um suntuoso funeral na igreja de São João dos Florentinos, perto do castelo de Sant'Angelo, e Ricci seria enterrado na igreja de Gesù, junto de seus antecessores da Companhia de Jesus.

[39] Manuel Carbonero y Sol, *Fin funesto*, cit.

foi declarado culpado de corrupção e de enriquecimento ilegal à custa da Coroa e condenado a uma árdua pena de prisão. Mas, depois de tomar conhecimento da sentença, em 1º de janeiro de 1781 a rainha Maria concedeu o indulto ao acusado pela sua já avançada idade. O marquês de Pombal morreria em 18 de maio de 1782, abandonado por todos.

Com a morte de Clemente XIV, a Santa Sé caía numa total confusão. Vários cardeais, especialmente os *zelanti*, estavam descontentes com o ineficaz e quase submisso domínio das coroas européias a que Ganganelli conduzira a Igreja, mas os Bourbons e os seus fiéis aliados no continente se mostravam decididos a não alterar sua linha política em relação à Igreja e ao Pontificado. O futuro da Santa Aliança se configurava um tanto quanto negro naqueles anos, que testemunhariam revoluções e ascensões e quedas das águias.

CAPÍTULO OITO

Ascensão e queda das águias (1775-1823)

> [...] Senhor, Senhor, não pregamos nós em vosso nome, e não foi em vosso nome que expulsamos os demônios e fizemos muitos milagres? [...] Retirai-vos de mim, operários maus!
>
> *Mateus 7:22-23*[*]

Em 5 de outubro de 1774 o conclave se reuniu para eleger o sucessor do polêmico Clemente XIV. De novo, os *zelanti*, os Bourbons, os franceses e os imperiais formavam grupos diferentes. Paris e Madri apoiavam o cardeal Pallavicini, antigo secretário de Estado do recém-falecido pontífice.

Pallavicini foi recusado pelos imperiais, e Albano Albani apresentou a candidatura do cardeal Braschi, que fazia parte dos independentes. Apesar da oposição de Portugal e graças ao apoio das cortes regidas pelos Bourbons, Juan Angel Braschi foi eleito papa em 15 de fevereiro de 1775. Em homenagem a Pio V, inquisidor e fundador da Santa Aliança, o cardeal adotou o nome de Pio VI[1]. O seu pontificado se daria num dos períodos mais agitados da história, quando a religião católica vivenciaria uma profunda crise, abalada primeiro por significativas reformas e depois pelas conseqüências da Revolução Francesa.

O mais importante movimento revolucionário da França interferiria bastante na segunda etapa do longo tempo em que Pio VI comandaria a Igreja. Nos primeiros dias de julho de 1789, o medo toma conta da população de Paris, em parte pela bem-sucedida criação de uma Assembléia Nacional, que desafiou a ordem do rei Luís XVI de dissolvê-la e se comprometeu a se manter unida até a França dispor de uma Constituição. Por outro lado, havia também o receio dos *brigands*, bandidos que surgiram em virtude da intensa migração dos camponeses para as grandes cidades dêem busca de recursos para vencer a fome[2].

---

[*] *Bíblia Católica Online*, cit. (N. T.)
[1] Michael J. Walsh, *The Conclave*, cit.
[2] Thomas Carlyle, *The French Revolution: A History* (Modern Library, Londres, 2002).

A burguesia parisiense estava decidida a se defender de seus inimigos, os monarquistas e os anarquistas, e para isso necessitava de armas a fim de formar uma milícia nacional. Na verdade, a burguesia foi o motor da Revolução Francesa e não os trabalhadores, que à época não tinham líder que os guiasse. Os primeiros "revolucionários" foram os marqueses de Mirabeau e de La Fayette, os advogados Desmoulins, Robespierre, Danton e Vergniaud, e o médico Marat[3]. Jacques Necker, a pessoa que toda a França acreditava ser capaz de solucionar a crise econômica que provocava a fome no país, foi destituído por Luís XVI. A notícia seria apenas o estopim, como afirma Simon Schama no seu livro *Citizens: A Chronicle of the French Revolution*. O barril de pólvora seria colocado pelo revolucionário Camille Desmoulins quando este subiu em uma mesa do Palácio Real e gritou: "Necker foi destituído. Este é o sinal de alarme para uma noite de São Bartolomeu de patriotas. Esta noite os batalhões suíços e alemães sairão do Campo de Marte [sede dos seus quartéis] para nos degolar. Cidadãos! Peguem suas armas!"[4]. O problema era que as armas de que tanto precisavam estavam armazenadas na Bastilha, a fortaleza situada no centro de Paris, símbolo do poder real, e protegida constantemente por seus canhões, apontados aos cidadãos, em quem Luís XVI não confiava. E foram eles que se lançaram no ataque à Bastilha, em 14 de julho de 1789[5].

O governador da Bastilha, De Launey, ordenou que suas tropas abrissem fogo contra os invasores, mas no fim a fortaleza se rendeu. Um cozinheiro chamado Desnot degolou De Launey com um cutelo de carniceiro. O mesmo aconteceria ao comandante do destacamento da fortaleza, Losme-Salbray, e a outros oficiais. A cabeça de cada um seria levada pelas ruas de Paris na ponta de uma lança. É o marco do fim da monarquia absolutista.

Nos primeiros momentos revolucionários o papa Pio VI manteve-se neutro, apesar dos avisos do cardeal Giovanni Battista Caprara[6], chefe da Santa Aliança, cujos agentes começavam a observar claros movimentos anticlericais na França. Em 12 de julho de 1790, a Assembléia Constituinte promulgou a Constituição Civil do Clero e impôs a todos os religiosos que prestassem juramento de fidelidade à nova lei. Dois dias depois, o rei Luís XVI, a rainha Maria

---

[3] Simon Schama, *Citizens: A Chronicle of the French Revolution* (Vintage, Nova York, 1990).

[4] Ver o capítulo 2.

[5] Douglas Liversidge, *The Day the Bastille Fell: July 14th, 1789, The Beginning of the End of the French Monarchy* (Franklin Watts, Nova York, 1972).

[6] O cardeal Giovanni Battista Caprara comandou a Santa Aliança de 18 de julho de 1790 a 18 de junho de 1808. Ele seria substituído pelo cardeal Bartolomeo Pacca, que chefiaria a espionagem pontifícia de 18 de julho de 1808 até morrer, em 19 de abril de 1844, com 87 anos.

Antonieta e o delfim juraram fidelidade à nação. Em 10 de março de 1791, Pio VI promulgou então o breve *Quod aliquantum*, em que condenava de uma só tacada tudo o que fora decretado pela Assembléia em relação à Igreja. Como contramedida, em maio os novos governantes da França decidiram expulsar o núncio pontifício, o que acarretaria o rompimento definitivo das relações entre uma Paris revolucionária e a Roma papal. As perseguições aos religiosos, a execução de Luís XVI na guilhotina e a permanente descristianização da França aumentaram o já existente abismo entre os dois países[7].

A ruptura entre o povo e Luís XVI – razão pela qual literalmente perderia a cabeça – seria em parte provocada pelos espiões da Santa Aliança. Mas bastou apenas o rei utilizar o direito de veto concedido-lhe pela nova Constituição para que as pessoas duvidassem dele.

Os agentes do serviço secreto papal haviam informado o monarca de que a Assembléia Nacional se preparava para aprovar várias reformas, entre elas a do clero francês, na qual se ordenava acabar com a obediência ao sumo pontífice. Os espiões de Pio VI solicitaram ao rei que impugnasse essa lei por meio do seu direito constitucional de veto, pedido que Luís XVI realmente decidiu acatar.

Em 2 de abril, morreu Mirabeau, o homem que mantinha a França caminhando ao mesmo tempo entre a revolução e a monarquia. Os agentes do papa pediram novamente ao monarca que fugisse e se refugiasse junto de suas tropas para assim reconquistar a Coroa francesa com todos os direitos.

A Santa Aliança e os realistas conseguiram despistar os espiões revolucionários e colocar a família real numa carruagem em direção à fronteira. A fuga, porém, duraria muito pouco, porque em 21 de julho de 1791 o grupo é detido e obrigado a regressar a Paris. O rompimento entre Luís XVI e o povo era total[8]. O monarca voltou a utilizar o seu direito de veto contra o decreto dos sacerdotes refratários, aqueles que se negavam a jurar lealdade à nação em detrimento da fidelidade ao santo padre.

Em meados de 1792, a invasão às Tulherias deu início ao chamado Governo do Terror. A guilhotina foi erguida em 22 de agosto e, exatos seis meses depois, instalada definitivamente na praça da Revolução, atual praça da Concórdia. E o rei, sem alternativa, tomou coragem, colocou o chapéu e partiu para a morte.

Quando chegou ao local da guilhotina, ajoelhou-se ao lado do padre e recebeu a última bênção. Os ajudantes de Sansom começaram a amarrar suas mãos, mas o monarca tentou impedi-los, dizendo que não permitiria aquilo. Os carrascos já se preparavam para usar a força, quando o abade Edgeworth

---

[7] T. C. Blanning, *The French Revolutionary Wars, 1787–1802* (Edward Arnold, Oxford, 1996, Modern Wars).

[8] J. Hardman, *Louis XVI* (Yale University Press, New Haven, 1994).

aconselhou o rei: "Faça este sacrifício, senhor. Este novo ultraje é, na verdade, mais um ponto de união entre Sua Majestade e Deus". Os homens, então, prenderam-lhe as mãos atrás das costas com um lenço e em seguida cortaram seu cabelo. Apoiado ao padre, Luís XVI subiu para a guilhotina, mas no último instante se desviou, caminhando para o extremo da plataforma na direção das Tulherias, e proclamou: "Franceses, eu sou inocente e perdôo os autores da minha morte. Rogo a Deus para que o meu sangue vertido não volte a se derramar sobre a França!"[9].

Os quatro carrascos colocam-no à força na prancha da guilhotina. O rei resiste, grita, mas a lamina desce com extraordinária rapidez e lhe corta a cabeça, espirrando sangue no padre. Sansom pega a cabeça pelos cabelos e a exibe para o povo. Os federados, os fanáticos, os radicais da revolução sobem à plataforma e molham seus sabres, lenços, facas e mãos no sangue do rei. Então gritam: "Viva a nação!", "Viva a república!", mas quase ninguém lhes responde. A rainha Maria Antonieta teria a mesma sorte em 16 de setembro de 1793.

Os protestos de Pio VI provocaram a ocupação de Avignon e do condado de Venaissin pelo exército revolucionário francês. Os diplomatas e os políticos papais abriram caminho aos espiões da Santa Aliança, que desempenhariam um papel importante nos anos seguintes. Um dos mais eficazes seria o abade Salamon, que funcionaria como um tipo de representante clandestino do pontífice na França revolucionária do final do século XVIII.

Nesse mesmo ano, Salamon criou uma das melhores redes de informação e evasão de toda a França[10]. A Assembléia Nacional – a Convenção Popular que destituíra do poder o rei Luís XVI e seus ministros – decidiu confiscar todas as propriedades da nobreza e da Igreja, além de abolir as ordens monásticas, reduzir o número de dioceses e institucionalizar uma espécie de clero civil partidário do novo regime. Apesar de não poder contar com o núncio, que regressara a Roma, Salamon converteu-se nos olhos e nos ouvidos do papa Pio VI numa Paris assolada pelo terror. De sua pequena casa, o abade informava constantemente a Santa Aliança em Roma sobre os rumores das novas medidas contra os religiosos adotadas pelo governo revolucionário da França[11].

Mas há outra história que foi difundida na Santa Aliança muito mais como lenda do que como verdade: o caso de Carlos Luís Capeto, filho do rei executado, a quem os monárquicos conheciam como Luís XVII.

---

[9] Idem.

[10] David Alvarez, *Spies in the Vatican: Espionage and Intrigue from Napoleon to the Holocaust* (University Press of Kansas, Kansas, 2002).

[11] Idem.

Em 3 de agosto de 1793, o pequeno Luís, de apenas sete anos, foi separado de sua mãe, que seria executada, e recolhido a uma cela sombria. A criança ficou sob a proteção de dois guardiões. Os agentes do papa informaram que ele entrara na prisão em 13 de agosto de 1792 e a sua guarda fora confiada a um casal. O abade Salamon estava disposto a salvar o pequeno Capeto – ou pelo menos a tentar isso[12].

Existem duas versões sobre o caso de Luís XVII. A primeira é que o garoto, que não participava ativamente da política francesa devido à pouca idade, acabaria falecendo aos dez anos na mesma prisão, em 8 de junho de 1795. Algumas fontes asseguram que foi envenenado, mas a verdade é que Luís XVII morreu vítima da forçada permanência numa cela sem espaço para se mexer e em lamentáveis condições de higiene, sempre acompanhado pelos ratos[13]. No mês de maio foi visitado por um médico, que o encontrou com a saúde seriamente abalada, tanto física quanto psíquica[14].

Nos dias 6 e 7 de junho, o seu estado era muito grave, e às duas da tarde do dia 8 morria aquele que, para uns, era Luís XVII e, para outros, o cidadão Carlos Luís Capeto. Depois de tomadas as providências burocráticas e práticas, o pequeno Luís foi enterrado no cemitério de Santa Margarida às nove da manhã. Dois soldados ficaram de guarda durante alguns dias para evitar que pudessem fazer algo com o corpo do último rei de França, já que a sua morte aguçava a imaginação sobre o que realmente teria ocorrido.

Nesses dias, os monarquistas usaram o assassinato de todos os membros do Comitê de Salvação Pública e o desejo de alçar o jovem Luís ao trono francês como justificativa para se revoltar. À frente das conspirações estava Pierre Gaspard Chaumette – segundo diziam, um membro muito ativo da Santa Aliança –, que com a restauração da monarquia prometera a Roma restituir a antiga situação à Igreja da França.

As histórias que então circulavam eram que de fato o pequeno Luís que falecera não era o filho de Luís XVI, mas outro muito parecido fisicamente e com a mesma idade, e que o verdadeiro rei se encontrava a salvo na corte do rei Carlos IV da Espanha, graças a uma operação da Santa Aliança[15].

Por outro lado, as cartas encontradas nos Arquivos Nacionais da França demonstraram que, enquanto se dizia que o inocente Luís XVII estava livre

---

[12] Philippe Delorme, *L'affaire Louis XVII* (Jules Tallandier, Paris, 2000).

[13] Deborah Cadbury, *The Lost King of France: How DNA Solved the Mystery of Murdered Son of Louis XVI and Marie Antoinette* (Griffin Trade Paperback, Londres, 2003).

[14] Idem, *The Lost King of France: A True Story of Revolution, Revenge and DNA* (St. Martin's Press, Londres, 2002).

[15] Idem.

de perigo na Espanha, o rei Carlos IV enviava várias missivas para convencer as autoridades revolucionárias a entregar os dois irmãos filhos de Luís XVI e de Maria Antonieta, mas Paris não atendeu aos seus pedidos.

Um agente da Santa Aliança de nome Frotté recebera a ordem de tentar encontrar o jovem rei e colocá-lo a salvo. Depois de entrar em Paris pela região da Vendéia, Frotté escreveu: "Tive a infelicidade de confirmar que fomos enganados. Os monstros duas vezes regicidas, depois de deixá-lo enfraquecer na prisão por muito tempo, fizeram-no morrer na sua cela. Não nos resta outro remédio senão chorar".

Surgida em 1801, uma versão mais romântica da história diz que Émille Fronzac — outro membro da rede do abade Salamon — resgatara o delfim de Paris dentro de um brinquedo, um cavalinho de madeira, e colocado no seu lugar uma criança órfã. Para sair do palácio e cruzar seus jardins, o agente da Santa Aliança teria utilizado o suborno.

Na fuga, quando chegaram às linhas do exército monárquico, um grupo de guardas deteve a carruagem. Mas, antes de se render, o espião foi ajudado por soldados vendeanos, que mataram os revolucionários e pegaram o legítimo rei Luís XVII da França[16].

A investigadora Deborah Cadbury, no seu estudo *The Lost King of France: A True Story of Revolution, Revenge and DNA*, pergunta: se esta versão é verdadeira, então onde é que estava o rei? Segundo um escritor da época que registra a aventura do espião Émille Fronzac e do delfim da França, após a morte dos revolucionários, Luís XVII foi embarcado para a América, mas uma fragata francesa conseguiu interceptá-la e, ao descobrir a identidade do passageiro, a criança foi logo devolvida a Paris, onde morreria na cela. Lendas ou verdades, de qualquer maneira essas histórias ajudaram a criar uma idéia mais romântica da Santa Aliança e dos espiões do papa numa época em que os religiosos católicos substituiriam os nobres no caminho para a guilhotina.

A tentativa de evasão do rei Luís XVI e de sua família, auxiliados por agentes do papa Pio VI, e os permanentes discursos do Conselho Revolucionário igualando os nobres e os religiosos despertaram uma verdadeira fúria em setembro de 1792, e mais de duzentos sacerdotes foram assassinados[17]. Milhares de religiosos tiveram de fugir e os que ficaram na França foram obrigados a levar uma vida clandestina.

Dentre aqueles que decidiram ficar, o abade Salamon foi um dos mais importantes. Todos os dias andava por ruas e praças, lojas e tabernas de Paris recolhendo informações para a Santa Aliança em Roma. Conhecido na Santa

---

[16] Philippe Delorme, *L'affaire Louis XVII*, cit.
[17] David Alvarez, *Spies in the Vatican*, cit.

Sé como os "ouvidos de Pio", numa clara alusão ao papa, pôde desenvolver inúmeros contatos com bispos e sacerdotes das províncias.

Para fugir da severa vigilância a que estava sujeito pela sua condição religiosa, Salamon conseguiu criar canais seguros de ligação com Roma, que depois de ser descoberto, detido e condenado à prisão o salvaram do célebre massacre de setembro de 1792[18]. Após a sua libertação, em dezembro de 1798, o padre voltou ao seu trabalho na espionagem papal e pôde reconstruir a rede que tinha ficado inoperante desde sua captura[19]. Outras fontes afirmavam que, devido à sua experiência nas operações de espionagem, foi requisitado por Pio VI para dirigir o serviço secreto da Santa Sé.

No Estado Pontifício promoveu-se uma intensiva campanha na qual se apresentava a Revolução e seus dirigentes como uma obra satânica fruto de uma grande conspiração anticatólica. O objetivo era defender a religião por meio de um apelo à "guerra santa" contra a França e seus exércitos. Mas isso não deteve o implacável avanço das tropas francesas. O seu comandante-chefe, Napoleão Bonaparte, obrigou o papa a assinar o humilhante armistício de Bolonha em 23 de junho de 1796, em que o santo padre se comprometia a renunciar à autoridade de Ferrara, Bolonha e Ancona, bem como a entregar 21 milhões de escudos como forma de indenização, além de quinhentos manuscritos e uma centena de obras de arte renascentistas[20].

Pio VI pediu então proteção à Áustria. Para Napoleão aquilo era uma "violação" do acordo de Bolonha, o que levou a ocupar o Estado Pontifício com suas tropas. Depois da assinatura da paz de Tolentino, o francês ainda exigiu ao papa a cessão definitiva de Avignon e do condado de Venaissin, a renúncia às legações de Bolonha, Ferrara e Romania, bem como a entrega de 46 milhões de escudos e numerosas obras de arte[21].

A situação ficou dramática quando os agentes da Santa Aliança ou antigos membros da Ordem Negra decidiram matar o general Mathurin-Léonard Duphot. O militar era um dos homens de confiança de Napoleão e um de seus melhores estrategistas. Duphot, que participara com o exército dos Alpes nas campanhas de Sabóia, passou à reserva militar em 13 de junho de 1795, mas foi novamente recrutado em 9 de fevereiro do ano seguinte. A sua estada na

---

[18] Calcula-se que, durante a Revolução, cerca de 2 mil sacerdotes se casaram, dos quais 1.750 durante o terror, a partir de 1794. As outras opções eram a forca ou a guilhotina. Oito bispos foram executados, e só em Orange foram assassinados 77 religiosos num único dia.

[19] As aventuras do espião abade Salamon sob as ordens da espionagem papal foram compiladas no livro *Correspondance secrète de l'abbé de Salamon*, escrito pelo visconde de Richemont e publicado em 1898 pela editorial Plon, Nourrit et Ce., de Paris.

[20] Robert Asprey, *The Rise of Napoleon Bonaparte* (Basic Books, Londres, 2001).

[21] Max Gallo, *Napoléon* (Robert Laffont, Paris, 1997).

Itália em agosto de 1796 levou-o a combater nas campanhas de Mântua, Rivoli e La Favorita. Promovido a general de brigada pelo próprio comandante-chefe em 30 de março de 1797, foi destinado a Roma para acompanhar o irmão de Napoleão, José Bonaparte, que fora nomeado embaixador na Santa Sé[22].

Em 28 de dezembro de 1797, o povo concentrou-se em frente à residência do embaixador francês para assim reclamar a proclamação da República. Como represália, um contingente da guarda papal afastou a multidão, e várias pessoas se refugiaram na própria embaixada.

O general Duphot, que procurava manter a calma, foi apunhalado nas costas sem que ninguém visse o rosto do atacante. Em poucos minutos se esvaiu em sangue e morreu logo depois. Os soldados franceses, que conseguiram expulsar da área a multidão e a guarda papal, encontraram no chão, perto do cadáver do militar, um octógono em pano com o nome de Jesus em cada lado e no centro a frase: "Sujeito à dor pelo tormento, em nome de Deus" e ainda o símbolo do chamado Círculo Octogonus[23].

Como retaliação pela morte do general Duphot, Napoleão ordenou que o general Berthier, comandante-chefe do Exército da Itália, enviasse suas tropas para tomar Roma[24].

Em 15 de fevereiro de 1798, as tropas de Napoleão ocuparam Roma e em 17 de março depuseram o papa Pio VI do cargo de soberano civil, ao mesmo tempo que se proclamava a República Romana. Em seguida, as primeiras unidades francesas chegavam ao palácio do Quirinal e descobriam que a Guarda Suíça lhes abria o caminho. Pio VI ordenou que fossem desarmados e não oferecessem resistência aos franceses. O santo padre seria preso, e os arquivos, embargados e levados para a França[25].

A partir de então, a Santa Aliança interrompeu suas atividades na Itália, e ocorreram diversos atentados contra o invasor francês promovidos pelos membros do Círculo Octogonus e até da Ordem Negra.

Condenado ao exílio, o papa se viu obrigado a abandonar Roma em 20 de fevereiro de 1798. Após uma estada em Siena, foi recolhido à cartuxa* de Florença, onde continuou a tratar dos assuntos religiosos. Em 13 de novembro,

---

[22] J. Balteau, *Dictionnaire de biographie française* (Letouzey et Ané, Paris, 1933).

[23] O sacerdote Jean-François Ravaillac, que foi o assassino do rei Henrique IV da França, pertencia a essa organização. Ver o capítulo 4.

[24] Robert Asprey, *The Rise of Napoleon Bonaparte*, cit.

[25] J. Robinson, *Historical and Philosophical Memoirs of Pius the Sixth and of his Pontificate* (S. Hamilton, Londres, 1799).

* Convento da ordem religiosa de grande austeridade fundada por são Bruno em 1066 e que levava o mesmo nome. (N. T.)

Pio VI publicou a bula *Quum nos*, na qual estabelecia as disposições caso ele morresse e as normas a seguir no conclave que se daria[26].

Em março de 1799, o sumo pontífice foi transferido para Parma e, após uma tentativa de libertação por parte de membros da Santa Aliança, para Turim. No final daquele ano, com 81 anos e doente, foi novamente levado numa liteira através dos Alpes até Briançon por receio de que os agentes da espionagem papal, auxiliados pelos austríacos, pudessem fazer algo com o santo padre. A viagem acabou em 13 de julho de 1794 na cidade francesa de Valence, onde Pio VI permaneceu recolhido até sua morte, ocorrida em 19 de março de 1799. Em Fevereiro de 1802 seu corpo seria transportado para Roma num caixão de chumbo a fim de ser sepultado.

Ao saber da morte do pontífice, Napoleão escreveu: "Morreu o papa. A velha máquina da Igreja desmorona-se por si mesma". Como todos os grandes ditadores da história, acreditava piamente que o seu império perduraria ao longo dos séculos – o que não aconteceu –, enquanto a Igreja, que ele acreditava arruinada, conseguiu sobreviver, embora tivesse antes de passar por momentos terríveis.

Em 13 de outubro de 1799, o cardeal Giovanni Francesco Albani, refugiado em Veneza, então parte do império austríaco, decidiu convocar o conclave em 18 de dezembro. As votações sucedem-se umas às outras, mas nenhum dos candidatos propostos obtém os dois terços necessários para ser eleito[27].

Por fim, o cardeal Ettore Consalvi resolveu intervir, apresentando como candidato o cardeal Barnaba Chiaramonti, que seria eleito sumo pontífice em 14 de março de 1800 e governaria sob o nome de Pio VII.

Após a eleição, o papa não pôde se mudar para Roma até 3 de julho. O imperador Francisco II procurava convencer o santo padre a estabelecer a sede papal em qualquer local sob o controle austríaco, mas Pio VII defendia a necessidade de uma Igreja livre e sem intromissões. E o que de fato aceitou foi a nomeação de um secretário de Estado partidário da Áustria.

Durante o conclave veneziano, ocorriam em Paris fatos que mudariam a história, não só da França, mas de toda a Europa. O Diretório aprovara o Consulado. A ratificação de uma nova Constituição em 13 de dezembro de 1799, apoiada em peso pelo povo francês em 7 de fevereiro de 1800, convertia em amo e senhor dos destinos do país o glorioso general Napoleão Bonaparte[28].

Terminada a Revolução, o primeiro cônsul dedicou-se à tarefa de regularizar as relações entre a França e a Igreja. Napoleão compreendeu que a nação

---

[26] Javier Paredes e outros, *Diccionario de los papas y concilios*, cit.
[27] Michael Walsh, *The Conclave*, cit.
[28] Jeremy Black, *From Louis XIV to Napoleon*, cit.

desejava continuar católica e por isso deu o primeiro passo para se aproximar do pontífice. Na verdade, embora fosse batizado, Napoleão era agnóstico, mas no fundo queria agradar as poderosas monarquias católicas e um dia ser recebido nas cortes européias[29].

Napoleão sabia ainda que deveria arranjar alguém capaz de controlar não apenas o seu próprio serviço secreto, mas também as possíveis infiltrações dos serviços de espionagem de outras potências, especialmente os austríacos e os britânicos, além dos agentes da Santa Aliança. E o homem escolhido para essa tarefa foi Joseph Fouché[30].

Nascido em uma família abastada, o espião estudou em Nantes para seguir a carreira eclesiástica e, em 1792, passou a fazer parte da Assembléia Nacional. Um ano depois, revelou-se favorável à morte de Luís XVI. Em sua trajetória política caracterizou-se por se ligar aos mais poderosos. Uma de suas intervenções mais cruéis deu-se na rebelião da Vendéia e mais tarde em Lyon. Em 1795, retirou-se por algum tempo das questões políticas, embora mantivesse a amizade com as pessoas influentes, até Napoleão Bonaparte o nomear chefe dos seus poderosos serviços de espionagem[31]. A partir de então, Fouché transformou-se no principal inimigo da Santa Aliança.

O primeiro complô que teve de liquidar foi a conhecida "conjura de Enghien", em que estavam envolvidos os generais Moreau, Pichegru e Georges Cadoudal, além de Bouvet de Lozier, que fora adjunto geral do exército dos príncipes. Encabeçando a revolta encontrava-se Louis-Antoine Henry de Bourbon, duque de Enghien. Pouco depois Fouché descobriria que alguns dos conspirados estiveram em contato com o cardeal Caprara, chefe da espionagem papal, e talvez com um importante membro da Santa Aliança em Paris[32].

O plano consistia em seqüestrar Napoleão e assassiná-lo. O general Moreau substituiria Bonaparte até a situação se acalmar. Passados alguns meses, o duque de Enghien assumiria a Coroa e Pichegru seria nomeado segundo cônsul da França. Cadoudal percebeu que Moreau – um popular e vitorioso general muito estimado por seus soldados – e o general Pichegru apenas queriam derrubar Napoleão em proveito próprio.

O primeiro a cair foi o general Moreau, preso por ordem de Napoleão. Para evitar qualquer desconfiança, o até então glorioso militar deveria ser julgado por um tribunal civil. Na ação contra Moreau foram detidos outros

---

[29] Margaret O'Dwyer, *The Papacy in the Age of Napoleon and the Restoration: Pius VII, 1800–1823* (Rowman & Littlefield, Londres, 1986).
[30] Nils Forssell, *Fouché, the Man Napoleon Feared* (AMS, Nova York, 1971).
[31] Stefan Zweig, *Fouché* (Fischer, Frankfurt, 2000).
[32] Max Gallo, *Napoléon*, cit.

quinze conspiradores, entre os quais se encontrava um cidadão suíço ligado à embaixada da Rússia e à nunciatura papal[33].

Segundo informações de Fouché, o suíço pertencera ao corpo da Guarda Suíça de Pio VI e fora recrutado pela Santa Aliança para realizar operações clandestinas na França de Napoleão durante o pontificado do papa Pio VII[34].

O embaixador da Rússia, Markof, pediu pessoalmente a Napoleão que libertasse o cidadão suíço, mas o comandante-chefe se negou a fazê-lo, e em Paris todos já comentavam da prisão de Moreau.

Na noite de 26 para 27 de fevereiro de 1804, após ser localizado na casa de número 39 da rua de Chabanais, o general Pichegru foi detido. Méhée de la Touche, o melhor espião de Napoleão em Paris, descobriu que Cadoudal ainda estava na capital e que com certeza tentava fazer contato, através da nunciatura ou de um espião do papa como mensageiro, com o duque de Enghien[35].

A conspiração se descortinava para Napoleão: um príncipe de sangue azul como líder, os generais Moreau e Pichegru como cérebros e Cadoudal como carrasco e mão executora. Em 9 de março, Cadoudal é localizado pelo agente De la Touche e denunciado à policia. Antes de ser preso, Cadoudal matou um agente e deixou outro gravemente ferido. Mas ainda faltava prender o príncipe.

Nesse ínterim, Napoleão e seus cônsules decidiam se executariam Louis-Antoine Henry de Bourbon ou se o deixariam preso pelo resto da vida. As lembranças da guilhotina decapitando as cabeças reais ainda estavam bem frescas. Durante a noite, o fiel Berthier, ministro da Guerra de Napoleão, foi por ele instruído a prender Enghien, que se encontrava em Ettenheiem, nos arredores de Estrasburgo.

No dia 17 de março caíram Louis-Antoine Henry de Bourbon e outros conjurados. Napoleão Bonaparte achou justo que Enghien morresse. Para ele, "se um homem conspira como um homem qualquer, deve ser tratado como um homem qualquer", mas Joseph Fouché era contra essa medida. Na noite de 20 para 21, abriu-se o processo contra Louis-Antoine e na manhã do dia 21 tudo ficou resolvido: o duque de Enghien foi fuzilado[36].

Em 6 de abril de 1804, Pichegru foi estrangulado na sua própria cela. Segundo uma versão, o ex-general teria sido assassinado por seguidores de Napoleão, mas este se defendeu, alegando que seria estúpido eliminar a sua principal testemunha contra o general Moreau. Outra versão afirmava que o

---

[33] Robin Anderson, *Pope Pius VII (1800–1823): His Life, Times, and Struggle with Napoleon in the Aftermath of the French Revolution* (Tan Books & Publishers, Nova York, 2000).

[34] Nils Forssell, *Fouché, the Man Napoleon Feared*, cit.

[35] Max Gallo, *Napoléon*, cit.

[36] Jeremy Black, *From Louis XIV to Napoleon*, cit.

general podia ter sido morto por um mandante enviado de Roma para evitar que ele revelasse as ligações da "conjura Enghien" com o Vaticano.

O último ato da chamada "conspiração Enghien" ocorreu em 26 de junho do mesmo ano, quando Henri Samson, o mesmo carrasco que degolara Luís XVI e sua esposa, a rainha Maria Antonieta, aciona a guilhotina para decepar a cabeça de Georges Cadoudal e de mais doze cúmplices, incluindo a do cidadão suíço suspeito de pertencer à Santa Aliança. O general Moreau seria autorizado por Napoleão a abandonar a França depois do embargo de todas as suas propriedades.

Em março de 1804, após o fuzilamento do duque de Enghien e a destruição da carta em que Luís XVIII denunciava o usurpador, Napoleão sabia que, a fim de evitar novas tentativas de assassinato e intervenções dos Bourbons, deveria se tornar imortal para a França e para os franceses. Bonaparte encontrou-se com o cardeal Giovanni Battista Caprara, chefe dos espiões do papa e legado *a latere* em Paris, para lhe comunicar o desejo expresso de ser coroado imperador da França por Pio VII em pessoa. Em 12 de dezembro, Napoleão Bonaparte coroa a si próprio na Notre Dame de Paris e em seguida ele mesmo procede à coroação de Josefina, de joelhos em terra, cena que foi imortalizada pelo pintor Louis David, tendo o papa Pio VII como testemunha especial.

O santo padre permaneceria quatro meses em Paris e regressaria a Roma em 4 de abril de 1805, mesmo ano em que os exércitos do então imperador Napoleão Bonaparte obtiveram uma grande vitória em Austerlitz, em parte graças às informações passadas por um agente duplo que colaborara com os serviços de espionagem austríacos, com a Santa Aliança e com os espiões bonapartistas. O seu nome era Karl Schulmeister[37].

Natural da cidade de Baden, Schulmeister cresceu numa família de pastores. Trabalhando como comerciante, um dia percebeu que as informações obtidas em suas viagens poderiam lhe render mais dinheiro do que os negócios, sempre e quando soubesse a quem as vender. Era o mecanismo da oferta e da procura transportado para o universo da espionagem.

Durante anos foi espião austríaco, até ser recrutado pela Santa Aliança. Como bom católico, Schulmeister alegava que a religião o obrigava a servir o papa de Roma com grande obediência. De fato, as informações que o alsaciano passava ao serviço secreto pontifício eram quase irrelevantes, já que as importantes iam diretamente para Napoleão.

Poucos anos depois viria à tona que Karl Schulmeister teria desempenhado um papel crucial na captura de Louis-Antoine Henry de Bourbon durante a "conjura Enghien". Tudo indica que, Savary, chefe do serviço de segurança de Napoleão,

---

[37] Eddy Bauer, *Espías: enciclopedia del espionaje* (Idées & Éditions, Paris, 1971, v. 8).

planejava seqüestrar o duque de Enghien em Baden, cidade onde estava refugiado. O duplo agente comentou com Savary que talvez pudesse fazer Bourbon se aproximar da fronteira com a França para facilitar a sua captura.

Schulmeister sabia que o duque mantinha como amante uma dama da alta sociedade de Estrasburgo chamada Charlotte de Rohan. Falsificando a caligrafia dessa mulher, o espião escreveu uma carta a Louis-Antoine Henry de Bourbon na qual pedia que se encontrasse com ela em Ettenheim, perto de Estrasburgo. O resto já pertence à história. O duque de Enghien seria preso e, em seguida, executado[38].

Por essa operação, Karl Schulmeister receberia uma grande fortuna das mãos do próprio Napoleão, a quem ele definia como "um homem totalmente racional, e sem coração". Depois desse feito o imperador confiou ao agente a nova campanha contra a Áustria.

Como primeira medida, Schulmeister enviou uma carta ao marechal barão Mack von Liebereich, comandante das forças austríacas, na qual se dizia alvo da hostilidade dos franceses devido às suas origens nobres, que, na verdade, não existiam. Para isso, o espião comprara os títulos de uma família recém-chegada da Hungria, os Biersk, e ainda se muniu de uma carta do serviço secreto vaticano como garantia perante Mack.

Schulmeister foi chamado a Viena para ser ouvido pela espionagem austríaca. Seus conhecimentos sobre as unidades francesas, os generais napoleônicos e a sua estratégia militar eram tão amplos que o marechal Mack o designou para ocupar um posto no Estado-Maior austríaco. Pouco tempo depois ele seria nomeado chefe do serviço de informações militares. O antigo espião da Santa Aliança entregava a Mack jornais franceses impressos por Savary especialmente para o agente e cartas de correspondentes fictícios, nas quais se comentava o claro descontentamento da população francesa em relação ao seu líder. Quando o marechal Mack von Liebereich se lançou na campanha, Schulmeister convenceu-o de que os exércitos de Napoleão estavam espalhados pelo Reno para sufocar as revoltas internas. Caindo na armadilha preparada pelo agente duplo, Mack fez o seu primeiro ataque em 7 de outubro. O desastre de Ulm, no dia 19, custou a morte a 10 mil soldados austríacos, a vergonha e a humilhação do marechal Mack, com uma pena de vinte anos de prisão. Em contrapartida, Napoleão perdia quase 6 mil soldados[39].

Feito prisioneiro pela espionagem austríaca, Schulmeister acusou o marechal Mack de ser o responsável pela derrota por não ter ouvido suas recomendações e as informações da sua rede de espiões na França – que, na verdade,

---

[38] Idem.
[39] George Bruce, *Dictionary of Wars* (HarperCollins, Londres, 1995).

não existia. O espião convenceu o Estado-Maior austríaco de sua inocência e obrigou os austríacos a adotar um novo plano estratégico contra os exércitos napoleônicos. Mas a cereja do bolo desse plano estava numa cidade chamada Austerlitz (atual Slavkov, na República Checa).

A batalha, que foi uma das maiores vitórias militares de Napoleão I, travou-se nas proximidades de Austerlitz, em 2 de dezembro de 1805, entre um contingente francês de 73 mil homens e 139 canhões, e as tropas austro-russas, compostas por 60 mil soldados russos e 25 mil austríacos, com 278 canhões. Algumas vezes denominada a batalha dos "Três Imperadores" – por terem participado dela Napoleão I, Francisco II, imperador do Sacro Império romano-germânico (posteriormente, Francisco I da Áustria) e Alexandre I da Rússia –, causou a perda de 27 mil soldados austro-russos e quase 8 mil franceses[40].

Karl Schulmeister, de quem o serviço secreto austríaco suspeitava após certas informações recebidas pela Santa Aliança, estava prestes a ser detido e acusado de alta traição quando as tropas francesas entraram em Viena. Napoleão Bonaparte recompensou-o com boas somas de dinheiro, mas nunca lhe conferiu nenhuma condecoração militar. Segundo Napoleão, depois da batalha de Austerlitz, "um homem que vende seus irmãos e os homens que estão às suas ordens não merece uma condecoração, mas apenas umas trinta moedas de prata", em alusão à recompensa dada a Judas Iscariotes por entregar Jesus Cristo.

Karl Schulmeister terminaria a sua carreira como chefe da contra-espionagem bonapartista até ter sido obrigado a se demitir quando a influência austríaca se fez notar em torno da imperatriz Maria Luísa, que era filha do rei Francisco I da Áustria e então a nova esposa de Napoleão. Por não ter um herdeiro de Josefina, o imperador francês decidiu se divorciar dela em 1809 e se casar com a filha do monarca derrotado em Austerlitz[41].

As relações entre Paris e Roma estavam cada vez mais tensas, quase próximas do rompimento, o que aconteceu em novembro de 1806, quando Napoleão ordenou ao papa Pio VII que expulsasse de Roma todos os cidadãos das nações inimigas da França.

O santo padre foi avisado pela espionagem do Vaticano de que as tropas francesas haviam se posicionado em estado de alerta para o caso ser necessário ocupar Roma. Apesar das advertências da Santa Aliança, Pio VII recusou-se

---

[40] Robert Asprey, *The Rise of Napoleon Bonaparte*, cit.

[41] Depois da Guerra dos Cem Dias, na qual Napoleão tentou retomar o poder em 1815, os austríacos, que ocuparam a França, prenderam o espião. Para se salvar da execução, Karl Schulmeister entregou todo o seu dinheiro e bens como suborno e refugiou-se em Estrasburgo, onde viveria na mais absoluta miséria até morrer, em 1820. O agente duplo acabou enterrado numa vala comum no cemitério de Saint Urbain.

a expulsar os estrangeiros e participar do bloqueio contra a Inglaterra ou até mesmo apoiá-lo. Tampouco demitiu o cardeal Consalvi do cargo de secretário de Estado, como exigia Napoleão[42].

O confronto estava armado e Napoleão determinara a ocupação de Ancona e de Lácio. Finalmente, em 12 de fevereiro, o imperador mandou o general Miollis invadir Roma, desarmar a guarda pontifícia e ocupar o castelo de Sant'Angelo. O terceiro agrupamento do exército cercou o palácio do Quirinal e posicionou dez canhões apontados para os aposentos papais. Pio VII se tornou um prisioneiro no próprio palácio, e o controle do Vaticano passou à administração francesa[43].

Os cardeais Pacca – que um ano antes fora nomeado chefe da Santa Aliança – e Consalvi dissolveram o serviço de espionagem papal e proibiram todas as suas operações no Estado Pontifício, então tomado pelos soldados de Napoleão. Nem um nem outro pretendiam qualquer tipo de confronto dentro de Roma que pudesse provocar o ocupante francês, tal como sucedera após o assassinato do general Duphot nove anos antes.

Em 10 de junho de 1809, Napoleão declarou Roma cidade aberta e destituiu o papa Pio VII de todo o seu poder. Em contra-ataque, o sumo pontífice lançou uma bula pela qual ameaçava excomungar quem promovesse qualquer forma de violência contra a Santa Sé ou seus representantes. Napoleão então ordenou ao general Radet que invadisse o Quirinal e capturasse o santo padre. Na noite de 5 para 6 de julho, Radet entrou à força no palácio papal, arrombando portas, e encontrou Pio VII sentado à sua mesa de trabalho ao lado do cardeal Bartolomeo Pacca. Praticamente arrancado de Roma, o pontífice não pôde levar mais do que um pequeno lenço[44].

Orgulhoso de ter em seu poder o chefe da Igreja, o general Radet não podia permitir que nada nem ninguém se interpusesse entre o prisioneiro e os interesses de seu imperador. A situação agravava-se com a disenteria de que sofria o papa. Quando chegaram a Savona, escala final da viagem, já haviam se passado 42 dias da captura em Roma. E, enquanto os arquivos eram levados para Paris, o Colégio Cardinalício foi convocado a comparecer na França, e instalar-se em um palácio, preparado para servir de residência do papa Pio VII. Na verdade, Napoleão queria transformar Paris num Vaticano sujeito às ordens do Império. O cardeal Consalvi ordenara a Bartolomeo Pacca que todos os arquivos da Santa Aliança fossem retirados do Vaticano pelos próprios agentes da espionagem papal e guardados em lugar seguro.

---

[42] Margaret O'Dwyer, *The Papacy of the Age of Napoleon*, cit.
[43] Robin Anderson, *Pope Pius VII (1800–1823)*, cit.
[44] Idem.

Esses arquivos foram transportados em 36 carruagens fechadas e levados para um local secreto em Veneza. Quando os franceses vasculharam o Estado Pontifício, não encontraram um único documento da Santa Aliança.

Em 9 de junho de 1812, foi novamente determinada a mudança de Pio VII, dessa vez de Savona para Fontainebleau. Segundo informações dos espiões de Fouché, um grupo de frades da Ordem Negra estava tentando resgatar o santo padre e colocá-lo a salvo. O oficial que o vigiava o obrigou a se vestir totalmente de negro e viajar de noite para não ser reconhecido por ninguém. Os frades da Ordem Negra chegariam ao esconderijo do papa apenas seis horas depois da sua partida. Após dez dias de viagem, o pontífice e a sua escolta alcançaram seu destino, onde Pio VII conseguiu recuperar as forças[45]. Entre 19 e 25 de janeiro de 1813, ele e Napoleão Bonaparte têm constantes encontros em que não discutem apenas política, mas também questões pessoais.

A marcha da guerra e as contínuas derrotas francesas em diversas frentes provocaram o assédio da França e a libertação do papa, que pôde regressar a Roma em 24 de maio de 1814. O golpe final nesse grande Império forjado por Napoleão ocorreria num lugar chamado Waterloo[46].

Inglaterra, Rússia, Áustria e Prússia haviam firmado o compromisso de se manter unidas por vinte anos para impedir que Napoleão permanecesse no poder. Apesar de Bonaparte não ter cedido, suas manobras não conseguiram deter o avanço dos exércitos aliados, que se chegaram às portas de Paris em 30 de março e obrigaram a capital francesa a se render. Como última tentativa, o imperador francês pretendia lançar o resto do exército para recuperar Paris, mas os marechais mais ilustres – os mesmos que estiveram a seu lado em inúmeras batalhas, dos quais se destacavam Michel Ney, Lefebvre e Moncey Oudinot – negavam-se a segui-lo e até lhe pediram que abdicasse[47].

Cansado de uma guerra permanente, o povo desejava a paz a qualquer preço. Em 6 de abril de 1814, em Fontainebleau, o mesmo palácio onde Pio VII se refugiara, Napoleão Bonaparte assinava a sua renúncia, quando em Paris o Senado instituiu perante os aliados um governo provisório sob a presidência de Talleyrand. O antigo homem de confiança do ex-imperador devia manter a ordem na capital francesa até a chegada do rei Luís XVIII, que restauraria a monarquia dos Bourbons na França. Alguns dias depois, em 10 de abril, o

---

[45] Stefan Zweig, *Fouché*, cit.

[46] David Howarth, *Great Battles: Waterloo – A Near Run Thing* (Phoenix Press, Londres, 2003).

[47] David Hamilton-Williams, *The Fall of Napoleon: The Final Betrayal* (John Wiley & Sons, Londres, 1996).

general Wellington derrotava o general Soult na Península Ibérica, sem que nenhum deles soubesse ainda da rendição de Napoleão[48].

Aquele que fora amo e senhor dos destinos da Europa seria expatriado na ilha de Elba, situada na costa meridional italiana, enquanto sua esposa, Maria Luísa, e o filho recebiam o ducado de Parma. A França se via obrigada a voltar às fronteiras de 1792. No entanto, incentivado por um pequeno grupo de marechais e generais, Napoleão decidiu sair do seu exílio, conhecido como os "Cem Dias".

O desastre de Waterloo em 15 de junho de 1815 representou para Napoleão e sua família o repúdio de todas as cortes da Europa. A fim de evitar um novo foco bonapartista, os aliados resolveram enviar Napoleão para a ilha de Santa Helena – um pedaço de pedra encravado a 2 mil quilômetros da costa africana e a mais de dois meses de barco da Inglaterra –, onde viveria de 15 de outubro de 1815 a 5 de maio de 1821, quando morreria envenenado[49].

Depois do exílio de Napoleão em Santa Helena, o santo padre ordenou ao chefe da Santa Aliança, cardeal Bartolomeo Pacca, que se encarregasse da proteção à família do derrotado imperador de França. A mãe de Napoleão, Maria Letícia, instalou-se no palácio da romana Piazza Venecia, onde morreu em 1836, ainda amparada pelo papa Gregório XVI. Além disso, Pio VII acolheu o tio e os irmãos de Napoleão, o cardeal Joseph Fesch, Lucien e Luís Bonaparte, que fora rei da Holanda. O filho deste, Carlos Luís Napoleão, também abrigado pelo manto protetor do pontífice e da Santa Aliança, chegaria anos mais tarde a governar a França sob o nome de Napoleão III.

Pouco antes de falecer, em 20 de agosto de 1823, o papa Pio VII pronunciou o nome das cidades de Savona e de Fontainebleau como símbolos do sofrimento que vivenciara nos anos de ascensão e queda das águias. Os anos seguintes trariam revoltas e conspirações. Seria a era dos espiões.

---

[48] Jeremy Black, *From Louis XIV to Napoleon*, cit.
[49] David Hamilton-Williams, *The Fall of Napoleon*, cit.

CAPÍTULO NOVE

A ERA DOS ESPIÕES (1823-1878)

> Os bandidos são a força dela, uma quadrilha
> de sacerdotes; assassinam no caminho de Siquém,
> porque seu proceder é criminoso.
>
> *Oséias 6:9**

O ano de 1823 começaria com o conclave para eleger o sucessor de Pio VII. A disputa se dava entre o candidato dos *zelanti* e o dos *politicanti*, os dois únicos grupos que reclamavam a liderança na Santa Sé. Os *zelanti*, ou "zelosos", eram liderados pelos cardeais Bartolomeo Pacca – este, chefe da Santa Aliança – e Agostino Rivarola, favoráveis a manter uma organização dura e conservadora e impedir a infiltração de qualquer liberalismo em Roma[1]. Aos *zelanti*, e em especial ao próprio Pacca, não agradava em nada o radicalismo revolucionário, que tentara estabelecer uma nova ordem até mesmo dentro dos muros do Vaticano. Pacca, Rivarola e outros defendiam a posição de que tudo deveria permanecer exatamente como estava.

Os *politicanti*, por sua vez, admitiam a necessidade de evoluir para uma ordem mais social na Igreja. Líder dessa facção, o cardeal Consalvi acreditava que a queda do governo eclesiástico durante a era napoleônica deveria ser aproveitada para implantar no Estado Pontifício uma administração reformulada.

Governadas na maioria por monarquias absolutistas, as nações católicas não viam Consalvi com bons olhos e acusavam-no de ter introduzido certas medidas revolucionárias, como a extinção dos direitos feudais da nobreza ou a anulação de privilégios de algumas cidades. Os que encabeçavam essa campanha contra o ex-secretário de Estado se diziam patriotas italianos e alegavam que Consalvi se vendera, tal como o próprio Vaticano, para os austríacos. No

---
* *Bíblia Católica Online*, cit. (N. T.)
[1] Javier Paredes e outros, *Diccionario de los papas y concilios*, cit.

conclave, Pacca conseguiu que Consalvi se aproximasse dele sem nenhum tipo de interesse para se eleger sumo pontífice[2].

A peleja entre os cardeais Consalvi e Pacca fez com que a Áustria vetasse qualquer candidato dos *zelanti*, "não pela rigidez dos princípios, mas por eles serem italianos demais", como escreveu o famoso Chateaubriand, ministro francês dos Negócios Estrangeiros[3].

O nome de Annibale della Genga não aparecia entre os candidatos e, apesar de por três anos ter sido o vigário de Roma, era para os cidadãos um completo desconhecido. Em 28 de setembro, 34 dos 49 cardeais eleitores votaram em Della Genga e ele, surpreendido pela vitória, pôde então dizer: "Haveis votado num cadáver". Durante os três anos anteriores, o cardeal Della Genga passara mais tempo na cama com várias enfermidades do que trabalhando no seu gabinete. As primeiras medidas do novo papa, Leão XII, foram nomear como secretário de Estado o cardeal Giulio Maria della Somaglia, que era próximo dos *zelanti*, e ratificar o cardeal Bartolomeo Pacca como encarregado dos serviços de espionagem da Santa Sé.

Os novos inimigos da Santa Aliança pós-napoleônica seriam os bandidos e os membros das sociedades secretas, como os *carbonari* – que organizaram um levante na România. Para mediar pacificamente o conflito, Leão XII decidiu enviar o cardeal Agostino Rivarola. No entanto, o santo padre não sabia que Rivarola levava instruções muito claras de Pacca – endossadas pelo secretário de Estado – para acabar de vez com a revolta.

O fato é que ninguém considerava os *carbonari* apenas meros delinqüentes. Na verdade eles eram uma das diversas seitas que, desde o começo do século XIX, haviam surgido em Nápoles, em Milão ou na Calábria, quase todas nascidas dentro da maçonaria e, portanto, proibidas em inúmeras bulas ratificadas por vários papas. Os *carbonari*, os *protectores*, os *independentes*, os *calderari*, os *peregrines brancos* ou os da *mafia*[4] eram perseguidos nos territórios dos Estados Pontifícios oficialmente por organizações controladas pelo Vaticano e pela própria Santa Aliança, e extra-oficialmente por pequenos grupos clandestinos constituídos por religiosos que operavam através de ações disfarçadas de punições. Entre estas últimas agremiações estavam as renascidas Ordem Negra e Círculo Octogonus, além de outras menos conhecidas, como os Hábitos Negros, a Sociedade dos Treze e os Seguidores de Jesus[5].

---

[2] Frederic J. Baumgartner, *Behind Locked Doors*, cit.
[3] G. D. Painter, *Chateaubriand* (Random House, Londres, 1998).
[4] Eric Frattini, *Mafia S. A.: 100 años de Cosa Nostra* (Espasa Calpe, Madri, 2002).
[5] Jean-Charles Pichon, *Histoire universelle des sectes et des sociétés secrètes* (Robert Laffont, Paris, 1969).

Os agentes da Santa Aliança sabiam que os *carbonari* eram dirigidos por dois homens, Angelo Targhini e Leonida Montanari. Numa tentativa de capturá-los, um espião do Vaticano foi morto por um tiro, enquanto outro, gravemente ferido. Bartolomeo Pacca estava decidido a encontrar os responsáveis e levá-los à justiça papal.

Finalmente, em 20 de novembro de 1825, Targhini e Montanari se deixaram enganar por um agente da espionagem papal que se passou por seguidor dos *carbonari*. Durante o encontro, eles foram detidos por agentes da Santa Aliança e por soldados da Guarda Pontifícia. No dia 21 foram levados para Roma, depois julgados por rebelião e decapitados no dia 23 sob a acusação de terem ofendido o sumo pontífice. Mas a guerra particular entre os *carbonari* e os espiões do papa ainda não acabara.

Mão executora do cardeal Pacca, Rivarola se empenharia ao máximo na tarefa de acabar de uma vez com a rebelião. Auxiliados pela sociedade secreta dos *sanfedisti*, Rivarola e os agentes da Santa Aliança promoveram uma espécie de guerra suja. Os suspeitos de pertencer aos *carbonari* ou mesmo de apoiá-los eram seqüestrados, interrogados, torturados e, quase sempre, executados imediatamente. Centenas de pessoas foram forçadas ao exílio ou às prisões papais[6]. Ao saber das operações clandestinas realizadas pela Santa Aliança contra os *carbonari* com o claro consentimento do secretário de Estado, Leão XII decidiu demitir Giulio della Somaglia, mantendo, porém, no cargo o poderoso Pacca[7].

A partir de então, o novo secretário de Estado, o cardeal Tommaso Bernetti, de nítida ideologia moderada e próximo de Consalvi, resolveu manter um rígido controle do serviço de espionagem, suas operações, seu chefe e, em especial, suas ações para neutralizar os *carbonari*. De qualquer forma, as atividades clandestinas da Santa Aliança contra os rebeldes não haviam terminado ainda.

Os próximos *carbonari* que caíram nas mãos do serviço de espionagem papal foram Luigi Zanoli e Angelo Ortolani. Em fevereiro de 1828, Zanoli interceptou um emissário pontifício que levava instruções secretas de Bartolomeo Pacca para monsenhor Francesco Capaccini, que anos depois se tornaria um importante espião do santo padre contra os *carbonari* na Holanda[8].

Zanoli perseguiu o mensageiro até a fronteira e, antes que ele a atravessasse, assassinou-o e roubou as missivas com o selo da Santa Aliança. O *carbonari* refugiou-se numa cabana da Romênia, até ser localizado pelos homens de Pacca.

---

[6] Frank J. Coppa, *The Modern Papacy Since 1789* (Wesley Longman, Essex, 1998).
[7] Carlo Castiglioni, *Storia dei papi*, cit.
[8] David Alvarez, *Spies in the Vatican*, cit.

Durante a captura, Angelo Ortolani – outro membro do grupo e amigo de Zanoli – atirou em um soldado da Guarda Pontifícia, matando-o de imediato.

Ambos seriam presos, julgados e condenados à morte. Luigi Zanoli foi decapitado na manhã de 13 de maio de 1828, e Angelo Ortolani, enforcado na mesma tarde. O poderoso cardeal Bartolomeo Pacca era declaradamente adepto da expressão "olho por olho, dente por dente", e os agentes da Santa Aliança mostravam-se dispostos a colocá-la em prática.

Os dirigentes *carbonari* queriam "retribuir" ao Vaticano a morte de seus companheiros injustiçados, e o alvo escolhido foi nada mais nada menos do que o próprio cardeal Agostino Rivarola, o enviado papal à România.

Gaetano Montanari, irmão de Leonida, e Gaetano Rambelli seriam encarregados de eliminar o enviado de Leão XII. Contudo, dois dias antes do golpe, o alfaiate responsável por passar aos dois *carbonari* os mantos negros que lhes possibilitariam se aproximar do cardeal Rivarola se enganou e entregou os disfarces a dois sacerdotes, um dos quais era agente da Santa Aliança. No dia seguinte, ambos foram presos. No final de 1828, Montanari foi executado por tentativa de assassinato de Agostino Rivarola, e Rambelli foi enforcado por conspirar contra o Estado Pontifício e o santo padre. Mas nem mesmo a morte de Leão XII, em 10 de fevereiro de 1829, seria suficiente para deter a guerra.

Embora no conclave de 1823 o cardeal Francesco Saverio Castiglioni nem fosse um dos candidatos mais fortes à sucessão de Pio VII, contava-se que certo dia o sumo pontífice, numa conversa com Castiglioni, teria chegado a dizer: "Vossa Santidade Pio VIII [referindo-se a ele] resolverá mais tarde este assunto"[9]. Portanto, a sua eleição em 31 de março de 1829 como novo papa, num cenário de desencontros entre *zelanti* e *politicanti*, não seria surpresa para ninguém[10].

Apesar de curto, seu pontificado, de apenas vinte meses, foi um período cheio de acontecimentos que mudariam a estrutura da Europa. As revoluções ocorridas no verão de 1830 na França, na Alemanha, na Polônia, na Bélgica e nos Estados Pontifícios liquidaram o sistema da restauração. Pio VIII manteve as rédeas da espionagem papal nas mãos do cardeal Bartolomeo Pacca, que se tornara um homem muito poderoso na cúria romana.

Entre os graves problemas que o santo padre – e conseqüentemente a Santa Aliança – enfrentaria estavam os movimentos revolucionários e as seitas secretas dentro do Estado Pontifício, bem como suas relações sempre conturbadas com a França católica. Um dos mais brilhantes agentes da espionagem vaticana nesses anos era monsenhor Francesco Capaccini.

---

[9] Javier Paredes e outros, *Diccionario de los papas y concilios*, cit.
[10] Michael J. Walsh, *The Conclave*, cit.

Na época em que fora núncio na Holanda, Capaccini dedicou-se a estabelecer uma ampla rede de informantes que abrangia desde os bairros mais pobres aos salões da corte. O monsenhor recebia inúmeros relatórios altamente confidenciais, até mesmo de membros dos Estados Gerais, o Parlamento holandês[11].

Bartolomeu Pacca descobrira uma verdadeira mina de ouro com Capaccini e estava disposto a explorá-la. O ex-núncio conhecia tudo o que dizia respeito à família real por intermédio de um conselheiro de Estado que se convertera num freqüentador assíduo da nunciatura. Relatórios sobre homossexualidade, infidelidade e outros assuntos dos membros da Casa de Orange passavam pelas mãos de Capaccini e iam parar aos arquivos da Santa Aliança em Roma.

Por várias vezes Pio VIII chamou a atenção de Pacca quanto aos métodos utilizados pelo núncio na Holanda, mas para o chefe da Santa Aliança qualquer método era aceitável desde que se destinasse a defender os interesses da Igreja, de Roma, do papa e dos Estados Pontifícios.

Um dia, Francesco Capaccini alertou a espionagem vaticana sobre um assunto "altamente sigiloso". "Por poucos minutos tive em mãos um relatório confidencial do embaixador da Holanda na Santa Sé sobre os movimentos que estão ocorrendo nos Estados papais", escreveu o monsenhor a Pacca.

Na verdade, Capaccini teve acesso ao relatório durante uma visita ao Ministério dos Negócios Estrangeiros. Enquanto esperava ser recebido pelo responsável do departamento de assuntos religiosos, e num momento em que a secretária saiu da sala, o agente da Santa Aliança descobriu entre um monte de papéis uma pasta em que se lia "Santa Sé: Assunto Confidencial e de Alto Sigilo". Sem titubear, abriu-a e começou a ler a primeira página.

Datado do verão de 1829, o relatório dos holandeses desvendava uma grande conspiração organizada por um grupo na cidade de Spa, onde eram preparadas algumas operações subversivas contra os Estados Pontifícios. Os conspiradores, que tinham acesso a importantes fundos e à impressão de panfletos, planejavam viajar separadamente até o porto toscano de Livorno e entrar no território da Santa Sé como peregrinos. Uma vez lá, distribuiriam literatura antipapal e revolucionária.

A informação foi passada ao secretário de Estado, cardeal Albani, e ao responsável pela espionagem pontifícia, cardeal Pacca. Os espiões da Santa Aliança puderam se aproximar do grupo revolucionário – que mantinha contato com os *carbonari* – por meio de um artesão envolvido na conspiração[12]. Um dos agentes percebeu que o artesão era um homem jovem que possivelmente

---

[11] David Alvarez, *Spies in the Vatican*, cit.
[12] Idem.

queria se vingar de algum membro do grupo. Entre outubro e dezembro de 1829, os soldados pontifícios detiveram cerca de catorze conjurados, cinco dos quais – os principais chefes – foram condenados à morte e executados.

Se a Santa Aliança pudesse dispor de agentes tão eficazes quanto Francesco Capaccini ou o abade Salamon, o Vaticano seria o Estado mais bem informado da Europa. Mas infelizmente as linhas de espionagem clássica adotadas por Capaccini ou Salamon não eram bem-aceitas por seus colegas de outras nunciaturas. Muitos deles entendiam que a atividade de espionar outro território ou governo não fazia parte da sua função pastoral e inclusive um elevado número de núncios não via com bons olhos os métodos utilizados pelo serviço secreto papal. Em 22 de julho de 1844, monsenhor Francesco Capaccini seria elevado a cardeal *in pectore* pelo papa Gregório XVI por serviços prestados à Igreja, mas esse brilhante agente da espionagem pontifícia morreria um ano depois, exatamente em 15 de junho de 1845.

Pela primeira vez em muitos séculos, a política da Santa Sé e do seu secretário de Estado não se sujeitou a nenhuma potência européia, e talvez por isso a Igreja e a Coroa tenham sido igualmente atacadas na revolução de 1830, que abalaria os alicerces da França. A estratégia de Carlos X – irmão do guilhotinado Luís XVI e soberano da França havia seis anos – foi taxar a Igreja de simpatizante do absolutismo e, portanto, inimiga da liberdade. O núncio em Paris já tinha informado Albani e Pacca de que a política de Carlos X prejudicaria a imagem da Igreja e de Roma perante os cidadãos franceses, mas ao que parece ninguém quis escutá-lo[13].

Como conseqüência, em julho os revolucionários atacaram a sede episcopal, o noviciado dos jesuítas, a casa das missões e a própria nunciatura. Em outras cidades da França, seguindo o exemplo de Paris, foram invadidos conventos, igrejas e mosteiros. Aconselhado por Albani, Pio VIII desvinculou a Igreja da monarquia de Carlos X e reconheceu o novo rei, Luís Felipe de Orleans. O pontífice, por sugestão de Pacca, ordenou a todos os bispos e ao clero da França que prestassem submissão ao monarca escolhido pela nação. Da mesma forma, a Santa Sé apressou-se a reconhecer a Bélgica como um novo Estado, surgido em 1830, resultado da união dos católicos e dos liberais belgas na luta pela sua independência do reino dos Países Baixos. O rei da Holanda, protestante, procurava impor o absolutismo em todos os seus domínios[14].

Em 30 de novembro de 1829, falecia o papa Pio VIII, e assim se constituía um novo conclave. Como previsto, a reunião não foi breve, pelo contrário. Foram precisos cinqüenta dias e dezenas de votações para eleger o sucessor

---

[13] Carlo Castiglioni, *Storia dei papi*, cit.

[14] Javier Paredes e outros, *Diccionario de los papas y concilios*, cit.

de Pio VIII. O cardeal Alberto Cappellari não fazia parte dos prognósticos, e prova disso é que, transcorrido um mês de conclave, ainda não tinha recebido nenhum voto[15].

Enquanto os votos eram contados, Cappellari solicitou aos colegas que deixassem de votar nele, mas o cardeal Zurla, alegando obediência às decisões do conclave, pediu que aceitasse a tiara pontifícia. Em 2 de fevereiro de 1831, Cappellari recebeu os símbolos papais das mãos do próprio chefe da Santa Aliança, Bartolomeo Pacca, e adotou o nome de Gregório XVI.

O novo pontificado mergulharia numa onda revolucionária que sacudiria metade da Europa. A rebelião irrompera em Modena um dia depois da posse de Gregório XVI. Os primeiros êxitos foram surpreendentes, como a formação de um governo revolucionário em Bolonha, onde o legado pontifício fora feito prisioneiro e a república, proclamada. Imbatíveis até mesmo pelas tropas da Igreja, rapidamente os exércitos revolucionários prosseguiram no seu avanço, acabando por tomar Marcas e Úmbria e conquistando 80% do território dos Estados Pontifícios. Orientado por Tommasso Bernetti, secretário de Estado, e por Bartolomeo Pacca, Gregório XVI resolveu pedir ajuda militar à Áustria a fim de sufocar a rebelião. Nessa altura dos acontecimentos, Bartolomeo Pacca estava muito desmoralizado na cúria romana, já que a Santa Aliança se mostrara incapaz de detectar toda aquela rebelião no interior das fronteiras papais[16].

A invasão das tropas austríacas nos Estados Pontifícios acarretou o rápido protesto da França. Durante mais de dois meses estariam imersos quase sempre em permanentes distúrbios e ataques à bomba por parte dos grupos revolucionários, entre os quais se encontrava Luís Napoleão[17].

Assim que a rebelião foi contida, Inglaterra, Franca, Prússia e Rússia convocaram uma conferência em Roma e obrigaram o papa Gregório XVI a promover várias reformas, que apaziguassem os ânimos revolucionários. Nenhuma das potências desejava que os rebelados triunfassem nos territórios papais, porque isso poderia provocar uma "epidemia" nas outras nações européias.

Após a retirada das tropas austríacas, os Estados Pontifícios vivenciariam uma nova revolta – em 1832, na România –, que tampouco foi descoberta pelo serviço secreto vaticano. O único a ser detido pelos agentes da Santa Aliança foi Giuseppe Balzani, que seria acusado de ofensas contra o santo padre e decapitado em 14 de maio de 1833.

---

[15] Frederic J. Baumgartner, *Behind Locked Doors*, cit.
[16] Raffaelle De Cesare, *The Last Days of Papal Rome* (Zimmern, Londres, 1946).
[17] David Baguley, *Napoleon III and his Regime: An Extravaganza* (Louisiana State University Press, Baton Rouge, 2000).

Em janeiro de 1836, Gregório XVI demitiu Tommasso Bernetti e Bartolomeo Pacca[18]. Para cuidar da Secretaria de Estado, o papa nomeou o cardeal Luigi Lambruschini, de tendência conservadora, na esperança de que ele aplicasse a política do "pulso de ferro" com os movimentos e dirigentes revolucionários. Um dos mais famosos da época era Giuseppe Mazzini, fundador da organização "Jovem Itália". Para ele, o sumo pontífice era o principal inimigo de uma Itália unida[19].

Lambruschini seria o primeiro cardeal na história da Santa Sé a assumir ao mesmo tempo a Secretaria de Estado e o serviço de espionagem papal. Por ser conservador, ele acreditava que as mãos do poder deveriam dominar fortemente a diplomacia (a Secretaria de Estado) e o martelo (a Santa Aliança). Como secretário de Estado, Lambruschini tinha a tarefa de negociar o fim das revoltas e pacificar os territórios da Igreja; como chefe da Santa Aliança, deveria acabar com todos aqueles movimentos revolucionários, que ameaçavam quase mil anos de governo do santo padre sobre os Estados Pontifícios.

De qualquer maneira, é verdade, Gregório XVI passaria à história como um dos papas que mais assinaram condenações à morte – um total de 110 –, por coibir de forma absoluta toda liberdade de expressão, tanto verbal como escrita, às pessoas e aos grupos que não seguissem os princípios da Santa Madre Igreja, por proibir aos judeus, sob fortes ameaças, de exercer qualquer atividade cívica ou religiosa fora do gueto e ainda por dar o primeiro passo no completo desmembramento dos Estados Pontifícios.

No início de 1846, Gregório XVI se viu acometido por um câncer, vítima do qual morreria em 1º de junho. O seu falecimento daria vez ao pontificado mais longo da Igreja – protagonizado pelo papa Pio IX – e a um dos períodos mais ricos historicamente falando. Karl Marx, Friedrich Engels, Auguste Comte, Friedrich Nietzsche, Charles Darwin, Cavour, Giuseppe Garibaldi, Otto von Bismarck ou Napoleão III são algumas das figuras que passariam diante de Pio IX e influenciariam de um modo ou de outro os 32 anos do seu governo.

O conclave de 1846 dividiu-se entre os cardeais Gizzi, candidato dos partidários de uma Itália unida, Giovanni Maria dei Conti Mastai Ferretti, candidato dos moderados, e Luigi Lambruschini, candidato dos *zelanti*, que o viam como o único capaz de enfrentar os revolucionários e assim obter o apoio da Áustria[20].

---

[18] O cardeal Bartolomeo Pacca, chefe da espionagem pontifícia por quase 28 anos, morreria em 19 de abril de 1844, com 87 anos.

[19] Denis M. Smith, *Mazzini* (Yale University Press, New Haven, 1996).

[20] Michael J. Walsh, *The Conclave*, cit.

As constantes discussões entre os membros do conclave anunciavam uma demorada eleição, mas, para surpresa de todos, 48 horas depois da primeira votação, o cardeal Mastai Ferretti conseguiu os dois terços necessários para ser proclamado papa. Sob o nome de Pio IX, Ferretti governaria a Santa Sé numa Europa imersa em guerras e revoluções, um verdadeiro campo para que germinassem os espiões.

Um dos grandes agentes secretos que a Santa Aliança do cardeal Luigi Lambruschini teve de enfrentar foi Wilhelm Joahnn Karl Eduard Stieber. Nascido na Saxônia em 3 de maio de 1818, Wilhelm foi educado no seio de uma família luterana que não via com bons olhos os padres nem o poder de Roma. Levado pela família para Berlim – o pai era funcionário público –, concluiu na universidade local os estudos de direito, onde se converteu num informante da polícia prussiana. Quando a Europa foi abalada pelos movimentos operários, Stieber ainda não completara trinta anos[21].

Frederico Guilherme da Prússia receava muito que esses grupos rebeldes, assim como os que apareciam em Paris, em Viena e na Itália, pudessem se apossar do seu trono. Stieber percebeu então o potencial de se promover que jazia nesse medo[22].

De 1845 a 1850, Stieber conciliou o trabalho de advogado com a atividade de passar informações relativas a seus próprios clientes revolucionários ou intelectuais ao serviço secreto da Prússia. Mas o primeiro contato do informante com a Santa Aliança ocorreu em 11 de agosto de 1848.

Nesse dia, Wilhelm Stieber se encontrou com um jovem sacerdote que trabalhava na nunciatura papal em Berlim. O religioso era secretário do monsenhor Carlo Luigi Morichini, representante do papa Pio IX na Corte prussiana. Stieber queria contatar o serviço de espionagem pontifícia por causa de uma informação que lhe caíra nas mãos. Embora ele não precisasse de dinheiro, uma informação sempre poderia ser negociada, em especial se fosse para conseguir influência ou poder, o que no fundo era o que realmente lhe interessava.

No encontro com Morichini, o espião informou o núncio papal de que um agente prussiano infiltrado num grupo revolucionário lhe comunicara que estava sendo preparado um atentado contra uma alta figura de Roma, talvez o próprio papa. Imediatamente, Morichini passou a informação aos cardeais Luigi Lambruschini, chefe do serviço secreto pontifício, e Giovanni Soglia Ceroni, secretário de Estado. Era preciso agir com rapidez para detectar o

---

[21] Eddy Bauer, *Espías: enciclopedia del espionaje*, cit.
[22] Wilhelm Stieber, *The Chancellor's Spy: Memoirs of the Founder of Modern Espionage* (Grove, Londres, 1981).

alvo dos conjurados, mas isso não era tarefa fácil devido ao grande número de personalidades da Santa Sé suscetíveis de serem assassinadas.

Ciente da situação, Pio IX ordenou a Lambruschini que enviasse a Berlim vários agentes da Santa Aliança encarregados de recolher mais informações. Por dois meses os espiões do papa penetraram nos movimentos revolucionários de Berlim com a ajuda de Wilhelm Stieber, mas sem nenhum resultado positivo.

Chefe do governo dos Estados Pontifícios, o conde Pellegrino Rossi nasceu na cidade italiana de Carrara em 13 de julho de 1787 e licenciou-se em direito na Universidade de Pavia e Bolonha. Após terminar os estudos, Rossi começou a trabalhar para Joachim Murat, rei de Nápoles, membro dos *carbonari* e partidário de uma Itália independente e unida.

Após a derrota de Murat em Tolentino, Pellegrino Rossi exilou-se na França e, depois da derrota de Napoleão em Waterloo, regressou a Genebra. Passados anos seria chamado por Pio IX ao conhecer as suas opiniões sobre o restabelecimento de uma autoridade papal dentro de um governo constitucional. Mas Rossi também acreditava que o regime de liberdade exigido pelos movimentos revolucionários deveria ser alcançado de forma lenta e dentro de uma ordem civil. Foi essa idéia que determinou a sua sentença de morte por parte das sociedades secretas, cujos dirigentes viviam exilados em cidades como Berlim, Paris ou Bruxelas.

Em 15 de novembro de 1848, três meses depois da reunião entre Wilhelm Stieber e o núncio papal, monsenhor Carlos Luigi Morichini, Rossi foi à Assembléia Legislativa no Palazzo della Cancelleria para explicar o seu programa. O chefe de governo dos Estados Pontifícios estava na sua carruagem revendo seu discurso quando de repente a portinhola se abriu e um homem que subiu até perto do cocheiro lhe cravou um punhal no pescoço, matando-o instantaneamente[23].

A investigação do assassinato foi conduzida pelos agentes do serviço de espionagem pontifícia, mas misteriosamente o assunto foi arquivado por ordem do cardeal Luigi Lambruschini sem ser concluído, ficando encerrada a investigação da morte de Pellegrino Rossi. Enquanto o papa declarava abertamente que o chefe de governo tinha morrido como um mártir da causa, as pessoas começavam a espalhar rumores de que, na verdade, por detrás do crime podia estar a mão da Ordem Negra ou mesmo do Círculo Octogonus, manipulada na sombra pelo cardeal Lambruschini. O chefe da Santa Aliança era um declarado *zelanti*, alguém que não desejava nenhum movimento de liberdade dentro da Igreja, sob a autoridade infalível do sumo pontífice.

---

[23] Michael Morrogh, *The Unification of Italy* (Palgrave Macmillan, Londres, 2003).

Essa ideologia só reforçava o boato de que Lambruschini tivesse ordenado o extermínio de Pellegrino Rossi, devido às suas idéias liberais sobre o papel que o papa deveria exercer na unidade de Itália, mas a verdade é que o arquivamento da investigação por um dos interessados impediu que se descobrissem o autor material do crime e os cabeças da conspiração. O cardeal Lambruschini, chefe da Santa Aliança durante dezoito anos, morreu em 12 de abril de 1854 e levou para o túmulo o segredo. O certo é que, para as sociedades secretas, o assassinato de Rossi foi um sinal para acender a chama da revolução que levaria ao exílio de Pio IX e à implantação da República Romana[24].

Na manhã seguinte à morte do político pontifício, as demonstrações e as manifestações acabaram em distúrbios e rebeliões que provocariam o assassinato de monsenhor Palma, secretário do papa. Confrontado com essa situação, o santo padre aceitou o ministro que foi imposto pelo povo, mas outra parte da população exigia a extinção da Guarda Suíça e a demissão de Pio IX[25]. Por fim, em 17 de novembro, a Guarda Cívica invadiu a Santa Sé, expulsou os suíços e deteve o papa como prisioneiro da revolução. Em 24 de novembro de 1848 – e como acontecera antes com Pio VI e Pio VII –, o pontífice foi forçado a abandonar Roma, refugiando-se no porto de Gaeta, no reino de Nápoles.

O novo Governo Provisório decidiu redigir uma Constituição que proclamasse a República Romana. Uma Assembléia Constituinte confiou o poder executivo a um triunvirato formado por Mazzini, Carlo Armellini e Aurelio Saffi[26]. Em 9 de fevereiro de 1849, decretou-se que o papa era destituído, de fato e de direito, do governo civil do Estado Romano; o pontífice romano gozaria de todas as garantias para o exercício da sua autoridade espiritual; e a democracia pura seria a forma de governo do Estado Romano, que adotaria o glorioso nome de República Romana[27].

Por iniciativa da Espanha, realizou-se em Gaeta uma conferência das potências católicas: França, Áustria, Espanha e Nápoles. Em 3 de julho de 1849, o general francês Nicolas Charles Victor Oudinot e o general espanhol Fernando Fernández de Córdoba e Valcárcel desembarcavam com a ajuda dos agentes da Santa Aliança em Civittavecchia, rompendo as linhas defensivas de Roma sob o comando de Giuseppe Garibaldi[28]. A capital era tomada, ao passo que os exércitos das outras potências ocupavam os outros Estados Pontifícios. Em

---

[24] N. Doumanis, *Italy* (Edward Arnold, Londres, 2001, Inventing the Nation).
[25] Frank J. Coppa, *The Modern Papacy Since 1789*, cit.
[26] Denis Mack Smith, *Mazzini*, cit.
[27] Michael Morrogh, *The Unification of Italy*, cit.
[28] Jasper Ridley, *Garibaldi* (Phoenix, Londres, 2001).

12 de abril de 1850, o santo padre pôde regressar a Roma, mas a verdade é que o governo civil dos papas acabara definitivamente.

Camilo Benso, conde de Cavour, seria o grande responsável pela unidade da Itália e pelo fim dos Estados Pontifícios. Como primeiro-ministro do Piemonte desde 1852, estabeleceu um plano com base em dois simples pontos: *Chiesa libera in Stato libero** e Roma como capital da Itália unida[29].

Com a ajuda de Garibaldi, Victor Manuel II de Sabóia, rei do Piemonte, ocupou os novos territórios para a jovem Itália, pedindo ao papa que outorgasse aos seus súditos os mesmos direitos de que desfrutavam os cidadãos piemonteses, bem como a aceitação da anexação de alguns dos territórios que faziam parte dos Estados Pontifícios, como a România. Pio IX, aconselhado pelo cardeal Antonelli, recusou a petição. "Eu não posso ceder", explicou ao imperador Napoleão III, "naquilo que não me pertence". Outra razão era o receio de, com isso, ver estendida aos Estados Pontifícios a política laica adotada pelo governo de Turim[30].

Na encíclica *Nullus certi*, proclamada em 19 de janeiro de 1860, Pio IX denuncia "os atentados sacrílegos cometidos contra a soberania da Igreja romana" e exige "a devolução do que foi roubado" – a România. O texto eliminava a ameaça de excomunhão contra os usurpadores dos direitos da Santa Sé. No final de 1860, o papa dispunha apenas de um terço de seus Estados[31].

Um dos primeiros agentes da Santa Aliança a perceber o difícil equilíbrio que haveria entre a França, a Áustria e o Piemonte seria monsenhor Antonino de Luca. Como núncio papal, primeiro em Munique (1853–1856) e depois em Viena (1856–1863), ele se tornou uma inesgotável fonte de informação do serviço secreto pontifício dessa fase, graças à ajuda de Wilhelm Stieber, que voltou a aparecer na cena da espionagem após seus inimigos terem tentado levá-lo à Justiça.

Formado em história, filosofia e teologia, e fluente em várias línguas, o prelado siciliano foi chamado a Roma em 1829 para editar um jornal teológico e atuar como consultor de diferentes setores da cúria romana[32]. Em 1853, De Luca foi enviado à Baviera como núncio e três anos depois transferido para Viena, o lugar mais importante da diplomacia papal nesses anos. A curta experiência em Munique favoreceu a sua entrada na capital austríaca.

---

* Em italiano no original: "Igreja livre num Estado livre". (N. T.)

[29] Denis Mack Smith, *Cavour and Garibaldi 1860: A Study in Political Conflict* (Cambridge University Press, Nova York, 1985).

[30] Nicholas Doumanis, *Italy*, cit.

[31] Frank J. Coppa, *The Modern Papacy Since 1789*, cit.

[32] David Alvarez, *Spies in the Vatican*, cit.

Em fevereiro de 1859, quando o embaixador britânico na França, lord Cowley, chegou a Viena a fim de procurar uma solução para a guerra entre a Áustria e a França, o secretário de Estado e responsável pelo serviço de espionagem papal, cardeal Giacomo Antonelli, escreveu a De Luca: "Já que as questões italianas deixaram de ser diplomáticas, o núncio deveria se ocupar de tarefas mais importantes" – e isso realmente aconteceria[33].

O primeiro grande êxito de monsenhor De Luca como espião ocorreu durante a sua estada em Munique. O núncio assegurou que a espionagem austríaca (mas, na verdade, foi Stieber) o informara de que um grupo revolucionário havia identificado três sacerdotes como agentes da Santa Aliança e que planejava acabar com eles. Ao que parece, um dos espiões tinha sido muito eficaz na hora de denunciar os ativistas garibaldinos à polícia papal[34]. Todos os agentes da Santa Sé que operavam no território italiano foram alertados por ordem do seu responsável, o cardeal Luigi Lambruschini, a se precaver contra qualquer coisa.

Mas, apesar de tudo, no início de janeiro de 1854, quando os três espiões do papa se reuniam numa taberna, entraram de repente Gustavo Paolo Rambelli, Gustavo Marloni e Ignazio Mancini, cada um decidido a atingir um alvo: Rambelli disparou sua arma contra o primeiro agente da Santa Aliança, que estava de costas, e o espião caiu morto no mesmo instante. Marloni tentou atira no segundo agente, mas a pistola travou. O sacerdote, com um salto, conseguiu desarmar Marloni, enquanto Mancini disparou sobre o terceiro e o deixou gravemente ferido.

Quando Mancini se voltou, Marloni ainda se debatia no chão com o espião do papa. Então, Mancini agarrou num punhal e cravou-o várias vezes nas costas do agente, embora após a primeira punhalada ele já estivesse morto. Em seguida, antes da chegada da Guarda Pontifícia, os três homens fugiram pelas estreitas ruas que rodeavam o edifício.

Passados sete dias, Rambelli, Marloni e Mancini foram presos, acusados, julgados e condenados à morte pelo assassinato dos três espiões da Santa Aliança. Em 24 de janeiro de 1854, os três subiriam ao cadafalso, onde foram decapitados. A sentença de morte foi assinada pelo poderoso cardeal e secretário de Estado, Giacomo Antonelli. Devido a esse ato, alguns anos mais tarde, o próprio Antonelli seria vítima de um atentado, cometido por um partidário de Garibaldi, chamado Antonio de Felici. O atacante só feriu o cardeal e homem de confiança de Pio IX no braço e na mão direita, a mesma mão com a qual assinaria depois a execução de Felici.

---

[33] Idem.
[34] Wilhelm Stieber, *The Chancellor's Spy*, cit.

Uma vez em Viena, sempre auxiliado por Stieber e pela ampla rede de espiões, monsenhor Antonino de Luca foi assumindo com interesse crescente o serviço prestado à Santa Aliança. Num dos comunicados informou que oficiais traidores do exército piemontês haviam lhe cedido os planos da fortificação na România, uma região que antes fazia parte dos Estados papais e fora anexada pelo Reino do Piemonte em 1860. Ninguém deu importância a essa informação, exceto Wilhelm Stieber, que a aproveitaria na guerra franco-prussiana de 1870[35].

Em março de 1861, Victor Manuel II proclamou-se rei de Itália e começaram as transações em que se faziam mil promessas ao santo padre no âmbito espiritual, desde que ele cedesse no plano civil. As negociações se prolongaram até 1864, quando o monarca italiano assumiu o compromisso de respeitar o patrimônio e o território pontifícios[36].

Devido ao desmantelamento do império da Igreja, as comunicações da Santa Aliança em Roma com os espiões espalhados pelo mundo eram quase inexistentes, o que impediu a espionagem pontifícia de prever a guerra que despontava nos Estados Unidos.

Em 1861, os Estados Unidos da América, que fazia pouco mais de oitenta anos se chamavam "unidos", foram abalados pela guerra civil. Tratava-se de uma nação onde se confrontavam duas sociedades, cada uma com diferentes modelos sociais, políticos e econômicos. Por ter adquirido a Louisiana e a Flórida, respectivamente, da França e da Espanha, e anexado o Texas – além das terras conquistadas na guerra com o México (1846–1848) –, em quatro décadas o país vira seu território se multiplicar[37].

O ambiente político estava dividido pelos interesses dos habitantes dos estados do Norte e do Sul. Enquanto os sulistas defendiam suas plantações de tabaco, açúcar e algodão e seus quase 3 milhões e meio de escravos, os unionistas se inclinavam mais para o comércio, a navegação e os interesses financeiros e, portanto, os direitos alfandegários. De um lado estavam os capitalistas do Norte, que eram credores, e do outro, os agricultores do Sul, os devedores.

Em 6 de novembro de 1860, um advogado que no Congresso se manifestara contra a escravatura foi eleito presidente dos Estados Unidos: o candidato republicano Abraham Lincoln. Em 20 de dezembro, a Carolina do Sul separou-se da União e poucos dias depois foi a vez do Mississipi, da Flórida, do Alabama, da Geórgia, da Louisiana e do Texas. No início de 1861, os represen-

---

[35] Idem.
[36] Paolo Pinto, *Vittorio Emanuele II: il re avventuriero* (Milão, Arnoldo Mondadori, 1995).
[37] Ivan Ballesteros Armenteros, "La Guerra Civil Americana", disponível em <www.tepatoken.com/arte/guerra-civil-americana.html>.

tantes dos estados separatistas se reuniram em Montgomery, capital do Alabama, para criar uma nova nação: os Estados Confederados da América[38].

Em linhas gerais, a Constituição Provisória adotada era similar à dos Estados Unidos e, embora proibisse o comércio de escravos com a África, permitia o tráfico entre os vários estados. Os do Sul separavam-se, segundo eles, pelo exagero do Norte em torno da questão da escravatura, e o escolhido para dirigir a Confederação seria Jefferson Davis, antigo secretário da Guerra[39].

O presidente dos Estados Confederados da América convocou 100 mil voluntários. Como parte do plano de defesa, a Confederação apoderou-se dos arsenais federais, das instalações militares, dos correios e das alfândegas no interior dos estados do Sul. Fort Sumter, na baía de Charleston, não se renderia aos sulistas. Quando Abraham Lincoln anunciou a sua intenção de enviar reforços, os confederados decidiram usar a força. Às 4h30 da madrugada do dia 12 de abril de 1861, um canhão sulista disparou o primeiro tiro da guerra civil americana. Exatamente como queria Lincoln, a Confederação foi a agressora[40].

Durante o conflito civil, que se desenrolaria de 1861 a 1865, a Santa Aliança contou com Louis Binsse, cônsul papal em Nova York. As suas informações como espião eram muito amenas, nem um pouco interessantes. Por exemplo, após o ataque a Fort Sumter, Binsse escrevia aos seus superiores do serviço secreto vaticano sobre os navios mercantes que se dirigiam para algum porto dos Estados Pontifícios ou sobre cidadãos com sobrenome italiano que se apresentavam a ele para pedir um visto.

Pelos relatórios que Binsse enviava, era fácil perceber que o agente da Santa Aliança se baseava mais na situação política do momento – em grande parte retirada dos jornais – do que no difícil trabalho de um espião, embora isso o não impedisse de obter informações importantes, como a que descobriria em junho de 1861, quase por acaso.

Louis Binsse fora convidado para uma recepção local de políticos e militares do Norte destinada a angariar fundos para a causa. Durante a festa, algumas damas abordaram Binsse sem saber que ele era um agente do serviço de espionagem papal e lhe perguntaram o que ele pensava de Giuseppe Garibaldi. As senhoras da União desconheciam o fato de que Garibaldi era um inimigo para

---

[38] Howard Means, *CSA: Confederate States of America* (William Morrow, Nova York, 1998).

[39] Herman Hattaway, *Jefferson Davis, Confederate President* (University Press of Kansas, Kansas, 2002).

[40] William Gienapp, *Abraham Lincoln and Civil War America: A Biography* (Oxford University Press, Nova York, 2002) e David Detzer, *Allegiance: Fort Sumter, Charleston, and the beginning of the Civil War* (Harvest Books, Pensilvânia, 2002).

o papa Pio IX e, portanto, também o era para o cônsul em Nova York. Usando todo o seu charme, o espião da Santa Aliança pôde obter esta informação da esposa de um general da União: o próprio presidente Abraham Lincoln chamara Garibaldi para assessorar seus generais nas táticas de guerra[41].

O agente Binsse comunicou as intenções do líder unionista à Santa Aliança em Roma e ao cardeal secretário de Estado, Giacomo Antonelli. A notícia provocou um escândalo de tal magnitude na Santa Sé que Lincoln foi obrigado a retirar seu convite e pedir desculpas formais a Pio IX. No entanto, milhares de voluntários garibaldinos que haviam integrado as célebres "camisas vermelhas" formaram então a chamada Garibaldi American Legion, que combateria bravamente ao lado das forças da União em várias batalhas. Logo que tal informação chegou às mãos de Roma, o consulado de Nova York tornou-se um autêntico centro de espionagem de onde se encaminhavam ao serviço secreto pontifício todas as informações procedentes de bispos, padres ou monges "situados" em qualquer parte dos Estados Unidos, fosse no Norte ou no Sul.

As notícias do bloqueio naval do Norte sobre os estados do Sul, que estava deteriorando a posição militar da Confederação, misturavam-se com os pedidos de fundos de qualquer congregação de freiras, a notícia do falecimento de um bispo ou o começo da construção de uma catedral. A Santa Aliança em Roma ou Louis Binsse em Nova York, não classificava as informações recebidas como importantes, pouco importantes ou absolutamente desnecessárias[42]. A Santa Sé pensava que, para poder filtrar a informação recebida dos Estados Unidos em guerra, deveria mobilizar dezenas de milhares de religiosos e funcionários que trabalhavam para a cúria romana, mas em fase de desintegração dos Estados Pontifícios o papa Pio IX não achava necessário gastar mais recursos.

Outra coisa foi mostrar a posição do Vaticano e da Santa Aliança em relação a um dos grupos em conflito. As primeiras pressões chegaram ao santo padre e ao secretário de Estado por parte do arcebispo de Nova York, John Hughes, dez meses após o ataque a Fort Sumter. Hughes disse ao papa Pio IX e ao cardeal Antonelli que ele apenas servia à Igreja e não aos interesses nacionais de uma nação, mas na verdade o arcebispo era um agente encoberto e propagandista de Washington. Seu salário era pago pelo governo de Lincoln e seus relatórios, lidos pelo secretário de Estado, William Seward.

De acordo com as ordens de Seward, o arcebispo John Hughes deveria viajar até Roma e conseguir o apoio público do pontífice para a causa do Norte. Assim, Hughes se apresentou de surpresa na Santa Sé dizendo que durante

---

[41] Jasper Ridley, *Garibaldi*, cit.
[42] David Alvarez, *Spies in the Vatican*, cit.

o seu trabalho para a Santa Aliança descobrira que a Confederação planejava atacar o México e as ilhas católicas do Caribe[43].

Mas a simpatia de Pio IX e do cardeal Giacomo Antonelli pelo Norte perdeu força quando, a partir de maio de 1863, a Santa Aliança começou a receber informações diferentes[44]. A fonte não era outra senão o separatista Martin Spalding, arcebispo de Louisville, no estado confederado de Kentucky. Spalding, tal como Hughes por parte da administração de Lincoln, recebia do governo de Jefferson Davis um importante pagamento secreto por conseguir para a causa confederada o apoio do papa. O principal interlocutor de Spalding era Judah Benjamin, secretário de Estado da Confederação.

Nos relatórios passados à Santa Aliança, o arcebispo assegurava que a emancipação dos escravos negros era um movimento político de protestantes abolicionistas e que as gentes do Sul representavam o verdadeiro catolicismo. Monsenhor Spalding afirmava num informe a Antonelli que "os negros se mostravam naturalmente inclinados à vida licenciosa e que não estavam preparados para a liberdade. Além disso, a sua alforria podia até mesmo causar conflitos sociais que comprometeriam o trabalho missionário da Igreja para com eles"[45].

Os relatórios de John Hughes e de Martin Spalding enviados à Santa Aliança demonstravam que os bispos católicos não eram imunes às causas políticas e às vezes sua lealdade era maior à União e à Confederação do que ao santo padre e à Santa Sé. A má informação recebida pelos agentes da espionagem pontifícia durante o conflito revelou-se um grave problema nas relações de Roma com Washington e Richmond, respectivamente, sedes da União e da Confederação[46]. A princípio, Pio IX simpatizava com a causa do Norte, depois mudou para a do Sul, e em seguida inclinou-se de novo para o Norte. Foi talvez a partir de 1865, no final da contenda, com o triunfo do Norte sobre o Sul, que os responsáveis do serviço secreto vaticano se deram conta de que deveriam formar espiões profissionais se pretendiam fazer da Santa Aliança mais um instrumento que possibilitasse aos papas tomar as decisões necessárias sobre uma situação política concreta.

Como primeira medida, o cardeal Giacomo Antonelli ordenou que todas as administrações da Igreja, nunciaturas e arcebispados preparassem semanalmente relatórios indicando as atividades políticas nas suas áreas, os títulos de

---

[43] David Alvarez, "The papacy in the diplomacy of the American Civil War", *Catholic Historical Review*, Washington, D. C., n. 69, abril de 1983.

[44] Frank J. Coppa, *Cardinal Giacomo Antonelli and Papal Politics in European Affairs* (New York University Press, Nova York, 1990).

[45] Howard Means, *CSA: Confederate States of America*, cit.

[46] Randall Miller e Harry Stout, *Religion and the American Civil War* (Oxford University Press, Nova York, 1998).

livros que deveriam ser censurados, os jornais e as idéias políticas que defendiam, as diversões públicas, os retratos de funcionários públicos, a vigilância a estrangeiros e viajantes suspeitos e qualquer informação sobre grupos ou movimentos políticos subversivos. Os informes eram enviados à Secretaria de Estado, que se ocupava de separar os assuntos de espionagem interna – que só interessavam à direção geral de polícia de Roma – dos temas de espionagem externa, que só diziam respeito à Santa Aliança.

Um dos mais sagazes espiões do serviço secreto papal em obter e analisar informações era, sem dúvida, monsenhor Tancredi Bellà[47]. Como jovem delegado pontifício na pequena cidade de Rieti, a norte de Roma, revelara sua experiência como espião ao descobrir uma conspiração do grupo *Fedeltà e Mistero* [Fidelidade e Mistério], que executava diversas operações de sabotagem contra os austríacos e as autoridades papais. Foi graças à sua informação que o complô foi desarticulado.

Como delegado em 1859 numa Ancona prestes a cair nas mãos dos patriotas italianos, Tancredi Bellà descobriu uma ainda maior conspiração, destinada a acabar com o poder do Vaticano na região, apoiada pelo Reino do Piemonte. As informações recolhidas eram extremamente importantes. Em meados de abril, Bellà apurou que diversos voluntários oriundos de toda a parte de Itália tinham se concentrado no Piemonte para seguir as ordens de Giuseppe Garibaldi nas tropas de "caçadores alpinos" contra os austríacos; que o exílio antipapal estava fazendo graves ameaças aos funcionários da polícia pontifícia e às suas famílias na região da România, situada nos territórios pontifícios; e ainda que a França vinha concentrando batalhões de peso na fronteira com o Piemonte.

Entre março e agosto de 1860, Bellà recebeu de um dos agentes a informação de que, apesar de Garibaldi não estar bem de saúde, o herói da unificação assumira o comando de um contingente de 5 mil homens rumo à Sicília. Uma parte significativa das tropas era proveniente da sociedade secreta *protectores* – ligada aos *carbonari* –, que chefiaria a campanha garibaldina responsável pela libertação da Sicília em 1860[48].

A qualidade da informação secreta obtida pelos agentes de Tancredi Bellà era a melhor, em parte pela organização da sua própria rede, que se encontrava fora do controle da Santa Aliança em Roma e assim operava com mais independência. Como delegado, monsenhor Bellà comandava entre dez e doze espiões, que por sua vez dispunham de informantes próprios. Um deles era um inspetor de polícia de Pesaro que antes servira nos quadros de polícia da Toscana e de Veneza. Após a incorporação do grão-ducado da Toscana ao Reino da Itália, em

---

[47] David Alvarez, *Spies in the Vatican*, cit.
[48] Eric Frattini, *Mafia S. A.: 100 años de Cosa Nostra*, cit.

1860, o policial se mudou para o porto adriático de Pesaro e decidiu abandonar a espionagem papal para trabalhar na polícia de Nápoles, embora continuasse como informante de monsenhor Bellà por muitos anos[49].

Outro dos espiões mais ativos de Bellà era um criado que trabalhava para Odo Russell, diplomata em Roma e agente do serviço secreto inglês entre 1858 e 1870. Por meio dele, o secretário de Estado estava sempre a par das visitas de figuras importantes à cidade, desde aristocratas e diplomatas até jornalistas, religiosos e banqueiros. Por outro lado, o correio diplomático também se tornou uma boa fonte de informação para os espiões do papa. Em 1860, o embaixador americano em Roma apresentou uma nota de protesto ao cardeal secretário de Estado pelo fato de a sua própria correspondência com a embaixada dos Estados Unidos em Parisser aberta por agentes da Santa Aliança. Dois anos mais tarde, o embaixador informou o Departamento de Estado de que todas as cartas que ele recebia de Washington chegavam com os envelopes abertos[50].

Por outro lado, em 1861, curiosamente a Santa Aliança nada fez quando o serviço telegráfico vaticano detectou algumas comunicações cifradas entre o representante do Reino do Piemonte em Roma e o seu ministro das Relações Exteriores, o conde Cavour. O serviço de espionagem pontifícia não fez nenhum esforço para decifrar os simples códigos piemonteses, o que os teria ajudado muito a descobrir as intenções da Casa de Sabóia sobre o futuro da Itália. Único que ainda restava ao santo padre, o ducado de Roma seria protegido pelo exército de Napoleão III até Cavour conseguir, no final de 1866, que os franceses saíssem da cidade. Em 19 de julho de 1870, eclodiu a guerra franco-prussiana, e o imperador Napoleão III se viu obrigado a retirar suas forças de Roma[51].

Quando o último soldado francês abandonava a cidade pontifícia, o rei Victor Manuel anunciou o firme propósito de ocupar Roma "para garantir a manutenção da ordem", segundo as palavras do próprio monarca. Pio IX respondeu então: "Dou graças a Deus por ter permitido que Vossa Majestade encha de amargura o último período de minha vida. De resto, não posso admitir as exigências contidas na vossa carta, nem associar-me aos princípios que revela. Invoco de novo Deus e coloco em Suas mãos a minha causa, que é inteiramente Dele, e rogo-lhe que conceda a Vossa Majestade a misericórdia de que vós tanto precisais"[52].

---

[49] David Alvarez, *Spies in the Vatican*, cit.
[50] Cf. *Consular Relations Between the United States and the Papal States. Instructions and Dispatches* (American Catholic Historical Association, Washington, D. C.).
[51] Jasper Ridley, *Garibaldi*, cit.
[52] Michael Morrogh, *The Unification of Italy*, cit.

Comandado pelo general Cardona, em 20 de setembro de 1870, o exército piemontês entrou em Roma pela Porta Pia, sem encontrar muita resistência. A tomada da Cidade Eterna foi realmente o último passo para a unificação definitiva da Itália.

O novo Estado italiano procurou resolver a difícil situação com a unilateral Lei de Garantias, de 13 de maio de 1871, que reconhecia a inviolabilidade da pessoa do santo padre. Mas Pio IX rejeitou essa lei porque a sua aceitação pressupunha reconhecer a ocupação de Roma e do pouco que ainda restava dos Estados Pontifícios. Como resposta a essa recusa, Victor Manuel II instalou-se no palácio do Quirinal, a histórica sede dos papas, e declarou: "Estamos em Roma e nela permaneceremos"[53].

O santo padre deu então início à política do *Non possumus* em relação à renúncia de seus Estados, considerando-se prisioneiro da Casa de Sabóia no Vaticano. Em 6 de novembro de 1876, o cardeal e homem da confiança do papa, o poderoso Giacomo Antonelli, morria com setenta anos, depois de ter ocupado a Secretaria de Estado durante 27 anos e chefiado a Santa Aliança ao longo de 22.

Em 1877, a saúde de Pio IX começou a declinar, quando já contava 86 anos. O governo italiano pôde preparar os funerais pontifícios com grande antecipação, porque antes disso teve de realizar as cerimônias fúnebres do seu soberano. Curiosamente, por um simples capricho do destino, o rei Victor Manuel II, o grande inimigo do papa, morria em 9 de janeiro de 1878, quatro semanas antes de Pio IX[54]. Nos primeiros dias de fevereiro de 1878, o sumo pontífice ainda concedeu algumas audiências, até que na tarde do dia 7, devido a uma complicada gripe com febre alta, a sua vida se extinguiu, depois de permanecer no cargo 31 anos, 7 meses e 22 dias[55].

Com a morte de Pio IX e a perda dos territórios papais chegava ao fim mais um capítulo da história pontifícia. Os papas seguintes e os agentes da Santa Aliança viveriam alguns anos trágicos. O cavaleiro da guerra passearia pelos céus da Europa, inundando a terra de sangue e devastação.

---

[53] Paolo Pinto, *Vittorio Emanuele II: il re aventuriero*, cit.
[54] Pio IX seria beatificado pelo papa João Paulo II em 3 de setembro de 2000.
[55] Eric Frattini, *Secretos vaticanos*, cit.

CAPÍTULO DEZ

A ASSOCIAÇÃO DOS ÍMPIOS (1878-1914)

> Dizem [os ímpios], com efeito, nos seus falsos raciocínios: [...] cerquemos o justo, porque ele nos incomoda; é contrário às nossas ações; ele nos censura por violar a lei e nos acusa de contrariar a nossa educação. [...] Se o justo é filho de Deus, Deus o defenderá, e o tirará das mãos dos seus adversários. Provemo-lo por ultrajes e torturas [...].
>
> *Sabedoria 2:1,12,18,19**

O cardeal Vincenzo Gioacchino Pecci havia sido um dos mais críticos à gestão de Giacomo Antonelli, razão pela qual esteve afastado de Roma durante quase trinta anos ininterruptos. Entretanto, depois da morte de Antonelli, o papa Pio IX chamou Vincenzo Pecci para o seu lado e nomeou-o camarlengo. Com essa atitude o santo padre desejava que Pecci se encarregasse da administração da Igreja até a eleição de um novo pontífice.

O conclave de 1878 foi o primeiro a ser celebrado após a declaração da infalibilidade papal e da perda dos Estados Pontifícios, em 1870. A eleição ocorreria durante o nascimento do Segundo Império alemão como grande potência européia, desbancando a França do posto; a integração, ao mundo moderno, do Japão, que deixaria de lado suas tradições milenares; o avanço dos Estados Unidos em passos de gigante para se converter na maior potência mundial e ainda o novo impulso colonial que a Europa daria à África e à Ásia[1]. A verdade é que o novo pontificado seria o primeiro do mundo moderno, em parte porque, ao perder influência e territórios, os cardeais se libertavam de pressões externas pela primeira vez em muitos séculos.

O conclave que começou na manhã de 18 de fevereiro foi um dos mais curtos de toda a história. Apenas com três votações, o cardeal Vincenzo Gioacchino Pecci conseguiu os mais de dois terços necessários para ser eleito novo pontífice[2].

---
* *Bíblia Católica Online*, cit. (N. T.)
[1] Javier Paredes e outros, *Diccionario de los papas y concilios*, cit.
[2] Frederic J. Baumgartner, *Behind Locked Doors*, cit.

Os primeiros anos de governo do papa Leão XIII se caracterizam pela instabilidade e a incerteza. O cargo de chefe do serviço de espionagem vaticana estava vago, o que deixava muitas das operações sem comando e seus componentes perdidos. No âmbito político, as coisas não eram muito diferentes.

Assim, a diplomacia pontifícia teve de ressurgir das cinzas. Os conflitos entre Leão XIII e o rei Humberto de Sabóia, bem como as provocações e os ataques do Reino da Itália à Santa Sé, eram constantes. Um dos mais graves ocorreria no dia 13 de julho de 1881, exatamente quando o Vaticano transportava os restos mortais do papa Pio IX para a basílica de San Lorenzo Extramuros.

Dois dias antes, os espiões da Santa Aliança infiltrados nas redes dos movimentos revolucionários que proliferavam em Roma detectaram que muitos deles pretendiam se apossar dos restos mortais do sumo pontífice e atirá-los às águas do Tibre. As tropas da Guarda Suíça foram colocadas de prontidão a fim de evitar qualquer tipo de ataque, enquanto a nova polícia de Roma foi informada. Quando a comitiva entrou numa rua mais estreita, vários revolucionários atacaram seus membros com pedras e objetos contundentes para se apoderar do corpo de Pio IX.

Os policiais italianos que vigiavam os passos da procissão fazem vista grossa ao assalto, mas a Guarda Suíça se mostra corajosa para proteger o corpo do papa. Horas depois, o caixão com os restos mortais do santo padre repousava na cripta de San Lorenzo.

Os ataques ao Vaticano convenceram então Leão XIII a consultar o imperador da Áustria, Francisco José, sobre a possível instalação da administração da Igreja em território austríaco. O problema residia no fato de Francisco José não querer se indispor abertamente com a jovem Itália por uma questão sem importância, como a do papa. Assim, diante da negativa austríaca, Leão XIII decide continuar em Roma e de lá mesmo lutar pelos direitos da Igreja e da Santa Sé, mas em seguida outra frente se abriria na conflituosa política externa pontifícia.

Receoso pelos influentes núcleos católicos que se formaram no partido do Zentrum, entre 1871 e 1878 o chanceler Otto von Bismarck aprovou uma série de leis cujo único objetivo era perseguir e hostilizar os círculos católicos contrários à sua política[3].

A *Kulturkampf*, ou "Luta pela Cultura", expulsava da Prússia as ordens religiosas e os bispos, submetia à ratificação do governo alemão as nomeações das altas hierarquias eclesiásticas e fechava todos os seminários. De repente, o papa Leão XIII se viu em Roma defronte doze dos dezessete bispos que

---

[3] Theodore S. Hamerow, *Otto von Bismarck: A Historical Assessment* (Heath, Londres, 1972).

trabalhavam na Prússia. Os constantes protestos dos núcleos católicos que apoiavam Bismarck e o trabalho dos secretários de Estado do Vaticano fizeram o resto[4].

Em 1890, o *kaiser* Guilherme II decidiu demitir Bismarck, abrindo assim uma nova fase de resplendor para o Zentrum[5].

Embora Leão XIII tenha se rodeado de eficazes chefes da diplomacia pontifícia – como os cardeais Alessandro Franchi, Lorenzo Nina e Ludovico Jacobini –, nenhum deles considerava necessária a ajuda de um serviço de espionagem como a Santa Aliança para apoiar a política externa do Vaticano. Todos os três viam a intervenção do serviço secreto papal muito mais como um entrave ou um inconveniente em questões que deveriam ser resolvidas pela diplomacia e pela política. Com certeza se enganaram. E apenas a chegada do cardeal Mariano Rampolla à secretaria de Estado, após o falecimento de Ludovico Jacobini, devolveu certo brilho à espionagem pontifícia.

Uma tentativa de restaurar o desgastado serviço secreto do Vaticano ocorreu no ano em que se desencadeou a guerra entre a Espanha e os Estados Unidos, mas a verdade é que a Santa Aliança foi incapaz de detectar o conflito que despontava entre as duas nações na primavera de 1898.

A certa altura, as relações hispano-americanas foram perturbadas pelos acontecimentos sucedidos em Cuba. A repressão exercida no território causou uma séria reação da opinião pública dos Estados Unidos. Em fevereiro de 1898, dois fatos deteriorariam ainda mais as frágeis relações entre Madri e Washington[6].

A espionagem norte-americana conseguiu interceptar uma carta do embaixador da Espanha em Washington, Enrique Dupuy de Lôme, endereçada a um amigo seu na ilha do Caribe, na qual ele criticava abertamente os desejos expansionistas dos Estados Unidos e ainda ridicularizava o presidente McKinley. O diplomata foi obrigado a se demitir, mas a imprensa sensacionalista, dominada por William Randolph Hearst, tomou as dores dos americanos. O segundo incidente que causaria uma tragédia foi o do encouraçado Maine[7].

Em 15 de fevereiro, o navio de guerra explodiu acidentalmente e afundou quando estava ancorado no porto de Havana, causando a morte de 266 homens.

---

[4] David Alvarez, "The Professionalization of the Papal Diplomatic Service", *Catholic Historical Review*, Washington D. C., n. 72, abril 1989.

[5] O Zentrum foi o maior partido político alemão até 1903, quando enfrentou uma séria crise interna.

[6] John L. Offner, *An Unwanted War: The Diplomacy of the United States and Spain over Cuba, 1895-1898* (University of North Carolina Press, Chapel Hill, 1992).

[7] Elbridge S. Brooks, *The Story of our War with Spain* (Ross & Perry, Nova York, 2001).

O Congresso, a imprensa e a opinião pública dos Estados Unidos acusaram os espanhóis de terem cometido um ato de sabotagem. Com grande insistência, os Estados Unidos exigiram a retirada espanhola de Cuba.

Leão XIII e o cardeal Mariano Rampolla continuavam a negar a necessidade de dispor de um serviço de espionagem atuante, porque preferiam a diplomacia como forma de evitar as guerras. O santo padre e o secretário de Estado haviam sido bem-sucedidos como mediadores numa disputa entre a Alemanha e a Espanha por algumas ilhas do Pacífico, o que os levava a acreditar que também poderiam interceder com sucesso na questão cubana entre Washington e Madri[8]. Mas o problema residia no fato de o Vaticano não ter relações diplomáticas com os Estados Unidos e isso atrapalharia bastante na solução do conflito.

O pontífice ordenou à Santa Aliança que entrasse em contato com John Ireland, arcebispo de Saint Paul, em Minnesota. O representante papal em Washington tentaria mediar a questão na própria capital, ao passo que Ireland utilizaria outros canais para chegar ao presidente McKinley, mas a experiência com o arcebispo revelou alguns dos perigos em utilizar agentes locais. John Ireland não agia de forma imparcial na crise. Para saber disso, bastaria que Leão XIII e Rampolla tivessem lido o relatório enviado pela espionagem papal sobre o polêmico arcebispo.

O arcebispo era declaradamente simpatizante dos republicanos, cujo partido estava no poder em Washington. Inclusive, poucos anos antes, durante a campanha eleitoral de McKinley em 1896, chegara ao extremo do seu envolvimento com uma atitude que escandalizaria vários setores católicos do país: nas missas que celebrava, John Ireland pedia aos fiéis que votassem no Partido Republicano – fato que a Santa Aliança destacava em seu informe[9].

Com a incumbência do papa, o religioso esperava alcançar a púrpura cardinalícia, para o que contava também com o apoio de importantes personalidades da política local. Além de ser um nacionalista a favor da democracia política, da tolerância religiosa e da expansão econômica, monsenhor John Ireland acreditava que os Estados Unidos estavam destinados a ocupar a liderança mundial em detrimento de outras tradicionais potências, como a Espanha e o Vaticano.

Mas era difícil definir as ligações de John Ireland com a administração McKinley e como o seu nacionalismo influenciou os relatórios enviados ao serviço secreto pontifício, em Roma. O fato é que essa lealdade se via dividida

---

[8] David F. Task, *The War with Spain in 1898* (University of Nebraska Press, Lincoln, 1997).
[9] David Alvarez, *Spies in the Vatican*, cit.

entre a sua paixão nacionalista pelo presidente dos Estados Unidos e a clara obediência ao santo padre. Os analistas da espionagem do Vaticano informaram ao papa Leão XIII que John Ireland desejava ajudá-lo a garantir a paz em Cuba, mas que não queria dar a impressão à administração McKinley ou aos protestantes americanos de que o seu arcebispo ou os seus concidadãos católicos eram pouco patriotas ou mesmo pró-espanhóis[10].

Não havia a menor dúvida de que Ireland trabalhava em prol da paz, tal como o papa lhe solicitara, mas também que a solução para alcançá-la dependia em parte de convencer o Vaticano a pressionar Madri antes de fazer isso com a administração McKinley a fim de estabelecer um armistício imediato em Cuba, como primeiro passo para solucionar a crise. Os agentes da Santa Aliança mantinham o secretário de Estado Rampolla a par das intenções de John Ireland e, de acordo com o serviço secreto pontifício, o arcebispo pretendia agradar os dois grupos sem, no entanto, se declarar favorável a nenhum deles.

Ireland enviou então uma mensagem cifrada a Rampolla e ao santo padre com os pontos que o ele julgava necessários para iniciar o processo de paz: uma declaração de Madri que estabelecesse o armistício imediato em todo o território cubano, negociações entre os dois países para acabar rapidamente com os focos de insurreição e a concordância de uma intermediação do presidente norte-americano na busca de uma solução diplomática. Com essas propostas, Washington assumia o direito de impor à Espanha uma atitude conclusiva, ou seja, Madri seria obrigada a ceder em diversas questões. Os espiões da Santa Aliança em Washington informaram Roma de que as propostas feitas por John Ireland haviam sido redigidas no Departamento de Estado e não pelo próprio arcebispo e se fossem aceitas pelo papa ou por Madri, pressuporiam a retirada de Cuba das tropas espanholas[11].

O problema era que o Vaticano analisava apenas a informação enviada por Ireland e não pelos agentes da espionagem pontifícia ou ainda pelo representante papal em Washington. Rampolla e a sua Secretaria de Estado liam somente os relatórios do arcebispo de St. Paul e se detiveram na declaração de que o presidente McKinley "desejava desesperadamente encontrar uma solução pacífica para o conflito", mas que o Congresso e a opinião pública só acalmariam seus ânimos de guerra se a Espanha cedesse a essa proposta. Na verdade, os Estados Unidos pretendiam controlar Cuba, entre outras razões,

---

[10] Luigi Bruti Liberati, *La Santa Sede e le origini dell'imperio americano: la guerra del 1898* (Unicopli, Milão, 1984).

[11] Carta do arcebispo John Ireland ao cardeal secretário de Estado, Mariano Rampolla, de 1º de abril de 1898. John Ireland Papers, Arquivos da Arquidiocese de St. Paul, Saint Paul (Minesota).

por sua posição estratégica no golfo do México, e assim McKinley estava decidido a comprá-la ou lutar por ela[12].

Enquanto o Vaticano, enganado até certo ponto pelos relatórios de Ireland, buscava uma solução com Madri, o presidente dos Estados Unidos apresentava aos legisladores, em 11 de abril de 1898, a solicitação de poderes especiais para declarar guerra à Espanha[13]. Nesse mesmo dia eles decidem que Cuba deve ser livre e independente e que, se a Espanha não renunciar à soberania, McKinley fica autorizado a utilizar todos os seus recursos para concretizar o que foi combinado. Em 21 de abril, as relações diplomáticas entre Madri e Washington são rompidas e no dia 15 os Estados Unidos declararam guerra à Espanha, como sinal do início do bloqueio à ilha. O resto já pertence à história.

Após a destruição das esquadras espanholas de Cuba e das Filipinas, respectivamente, nas cidades de Santiago e de Cavite, a rendição das forças espanholas do Oriente, a invasão de Porto Rico, o cerco de Manila e a reconhecida incapacidade de enfrentar o poderio naval dos Estados Unidos, o governo de Práxedes Mateo Sagasta deu início às conversações para negociar a paz.

O resultado da estratégia de desinformação do arcebispo John Ireland no conflito e o mimetismo do santo padre e de seu secretário de Estado na questão da falta de apoio à Espanha levaram Theodore Roosevelt, o então presidente dos Estados Unidos, a dar o primeiro passo estabelecer as relações diplomáticas com a Santa Sé[14].

As intrigas enredadas pelo arcebispo John Ireland foram descobertas pelo agente da Santa Aliança monsenhor Donato Sbarretti, um especialista em assuntos norte-americanos dentro da espionagem papal. Em poucos dias Sbarretti detectou que Ireland se aproveitara da confiança que Leão XIII depositava nele para garantir a si mesmo um futuro brilhante na diplomacia vaticana. Mas ao mesmo tempo ficou sabendo que John Ireland informava também o serviço secreto dos Estados Unidos sobre as mensagens que ele enviaria ao sumo pontífice e ao cardeal Rampolla.

Monsenhor Donato Sbarretti alertou Roma para um fato de grande importância: devido aos nítidos preconceitos com as ordens religiosas que atuavam nas ilhas asiáticas, diversos altos funcionários norte-americanos – em especial os do Departamento de Guerra, sob a direção do secretário Elihu Root, responsável pelos assuntos filipinos – haviam proposto a radical solução de expulsar todos os religiosos do arquipélago das Filipinas. Como conclusão, Sbarretti escreveu: "Sinceramente, não creio que os norte-americanos tenham o mínimo interesse

---

[12] Elbridge S. Brooks, *The Story of Our War with Spain*, cit.
[13] John L. Offner, *An Unwanted war*, cit.
[14] David Alvarez, "The Professionalization of the Papal Diplomatic Service", cit.

em estabelecer relações diplomáticas com a Santa Sé, tal como assegura o arcebispo de St. Paul, monsenhor John Ireland"[15].

Misteriosamente, o Vaticano ignorou as advertências de Sbarretti a respeito de John Ireland, e Leão XIII ordenou que o relatório fosse declarado "altamente confidencial". Quando, em 1º de junho de 1902, William Howard Taft[16], governador das Filipinas, chegou a Roma em visita oficial como chefe de uma pequena delegação, foi recebido no palácio papal com um cerimonial reservado apenas a embaixadores[17].

A Santa Aliança, por ordem de Rampolla e do próprio pontífice, fez de tudo para que a visita da delegação de Taft fosse vista pela imprensa como um claro sinal de que os Estados Unidos consideravam a possibilidade de estabelecer relações diplomáticas com o Vaticano. Na verdade, tanto Rampolla como o santo padre continuavam a acreditar mais nas análises partidárias de Ireland do que nas de monsenhor Donato Sbarretti.

A reação dos americanos não tardou. William Howard Taft irritou-se ao saber que os agentes do serviço secreto papal estavam espalhando o boato de que a sua visita era uma missão diplomática formal determinada pelo presidente Theodore Roosevelt. Taft então declarou: "Estamos em Roma apenas para tratar de uma venda de terras"[18]. Mas, após várias semanas, as negociações foram interrompidas, e Washington ordenou a Taft que regressasse às Filipinas.

No começo de julho de 1903, quando estava reunido com o cardeal Rampolla, Leão XIII foi acometido por uma profunda crise de tosse. No dia 7, os médicos diagnosticaram uma infecção nos pulmões do papa. Em decorrência da crescente piora de seu estado de saúde, o santo padre veio a falecer em 20 de julho, rodeado de seus mais fiéis servidores. Com a sua morte, desapareciam 25 anos de um pontificado no qual Leão XIII sujeitou a Santa Aliança a uma rígida política de contenção, deixando-a quase totalmente inoperante, apesar dos graves acontecimentos que poderiam ter afetado a si próprio, como os vários assassinatos ocorridos nos dez últimos anos de sua vida.

O presidente da República da França, Marie-François Sadi Carnot, fora assassinado em 1894; o presidente do governo espanhol, Antonio Cánovas del Castillo, em 1897; a esposa do imperador Francisco José da Áustria, Isabel

---

[15] Carta de monsenhor Donato Sbarretti ao cardeal secretário de Estado, Mariano Rampolla, de 1º de abril de 1902 (Arquivo Histórico da Sacra Congregação dos Assuntos Eclesiásticos Extraordinários, fascículo 369, item 975, Cidade do Vaticano).

[16] William Howard Taft foi presidente dos Estados Unidos de 1909 a 1913.

[17] Paolo Enrico Coletta, *The Presidency of William Howard Taft* (University Press of Kansas, Lawrence, 1973).

[18] Idem.

Wittelsbach, conhecida como Sissi, em 1898; o rei da Itália Humberto I, em 1900; e o presidente dos Estados Unidos, William McKinley, em 1901.

Em 31 de julho de 1903, teve início o conclave para escolher o sucessor de Leão XIII. O candidato mais cotado era Mariano Rampolla, secretário de Estado do falecido papa, mas, em nome de Francisco José I da Áustria, o cardeal da Cracóvia, Jan Puzyna, impôs o seu direito de veto. Devido à sua política de clara aproximação à França e a Roma, Rampolla era considerado inimigo da Tríplice Aliança (Alemanha, Áustria-Hungria e Itália). Assim, em 4 de agosto, com 50 dos 62 votos dos religiosos reunidos, o cardeal Giuseppe Melchiore Sarto foi eleito sumo pontífice, posto para o qual escolheria o nome de Pio X. O começo do século XX traria para a Santa Aliança uma fase extremamente proveitosa, embora não muito célebre.

No novo século, apenas os italianos decidiram convocar agentes secretos no Vaticano. Assim, quando as relações Igreja-Estado começaram a causar controvérsias, muitos governos se sentiram na necessidade de recolher informações sobre a política papal e suas intenções por meio dos espiões.

O problema que persistia era que desde 1880 havia na França uma importante corrente anticlerical, apoiada pelos políticos Jules Ferry e Émile Combes, convencidos de que a intenção do papa era acabar com a Terceira República e restabelecer a monarquia. O conflito culminou com a ocupação de mosteiros e conventos pelo exército, que se encarregou de expulsar os religiosos. Esses acontecimentos só se encerraram com o rompimento das relações entre Paris e a Santa Sé em 1904 e a promulgação da chamada Lei de Separação, que proclamava a cisão entre a Igreja e o Estado[19].

No momento mais crítico das tensões entre a França e o santo padre, a contra-espionagem francesa se dedicava a operações de vigilância do núncio e à interceptação das mensagens cifradas entre o Vaticano e o seu embaixador em Paris. Um dos relatórios interceptados por esses agentes em 1904 descrevia um incidente ocorrido na avenida Gabriel, bem em frente ao palácio do Eliseu, a residência do presidente francês, onde o veículo do núncio, monsenhor Benedetto Lorenzelli, colidira com um ciclista sem grandes conseqüências. Na verdade, os telegramas trocados entre a secretaria de Estado papal e seus núncios eram potencialmente mais importantes para a espionagem do que as cartas, nas quais apenas se informava sobre questões pouco relevantes. Os criptógrafos franceses, que haviam conseguido quebrar os códigos espanhóis, italianos ou turcos, foram incapazes de decifrar os códigos definidos pelo departamento de criptografia da Santa Aliança[20]. Dessa forma, o controle do Vaticano

---

[19] David Alvarez, *Spies in the Vatican*, cit.
[20] Marcel Givierge, *Au service du chifre: 18 ans de souvenirs, 1907–1925*, NAF 17573-17575, Biblioteca Nacional da França, Paris.

pelo serviço secreto francês era mais uma questão de simples acaso do que de operações organizadas com eficácia, mas em 1913 a Santa Aliança promoveria uma operação contra o ministério das Relações Exteriores de França.

Agente da espionagem pontifícia em Paris, monsenhor Carlo Montagnini sabia que Stephen Pichon, chefe da diplomacia gaulesa, era um homem bastante resistente em estabelecer relações com o papa e, por isso, organizou um movimento secreto para acabar com ele. Montagnini ordenara a falsificação de uma suposta mensagem entre o embaixador da Itália na França e o seu ministro das Relações Exteriores em Roma, na qual se revelava que o serviço secreto italiano tinha detectado em Paris a presença de um certo cardeal Vannutelli.

O texto, falsificado pela Santa Aliança, salientava que Vannutelli chegara à França com a intenção de, a portas fechadas, negociar com o presidente Raymond Poincaré e o seu ministro das Relações Exteriores, Stephen Pichon, o restabelecimento das relações com o Vaticano, rompidas em 1904.

Como era de esperar, a Sûreté decifrou o falso telegrama. Informado da mensagem, o ministro do Interior, Louis-Lucien Klotz, foi reclamar com o presidente por não ter conhecimento desse assunto, ameaçando pedir demissão. Poincaré alegou não saber de nada, o que realmente era verdade. Como resultado da crise de governo que se instalou, Stephen Pichon foi obrigado a se demitir e Klotz proibiu seu serviço secreto de decifrar as correspondências diplomáticas. A Santa Aliança afastou assim o incômodo Pichon.

Outra operação da Santa Aliança descoberta pelos franceses seria orquestrada também por Montagnini. Secretário do núncio Lorenzelli, ele fora escolhido como seu sucessor quando o embaixador papal foi obrigado a abandonar a sede de Paris depois do corte de relações. O novo representante de Pio X ocupava o cargo de Assessor de Assuntos Religiosos e Custódia dos Arquivos da Nunciatura, mas na verdade monsenhor Montagnini era um espião da Santa Aliança e os olhos e os ouvidos "não oficiais" do Vaticano na França.

Carlo Montagnini era de fato um homem fútil e indiscreto, que adorava recolher informações nos círculos sociais da época, mas isso não agradava nem um pouco o novo secretário de Estado, o cardeal Rafael Merry del Val. O chefe espanhol da diplomacia pontifícia tinha em muito má conta as habilidades de Montagnini como agente papal e admitia que o seu espião era "frívolo, vulgar e completamente ignóbil"[21].

Mesmo sem ter provas suficientes, o serviço de espionagem da França estava convencido de que Montagnini pretendia organizar clandestinamente

---

[21] Maurice Larkin, *Church and State after the Dreyfus Affair* (Harper & Row, Nova York, 1972).

movimentos de resistência às leis anticlericais e tramava, com alguns políticos conservadores, acabar com a República[22].

Certa tarde de dezembro, o serviço secreto e os agentes da polícia francesa invadiram a embaixada papal em Paris e se apoderaram de todos os documentos encontrados. Alguns deles confirmavam os contatos entre vários políticos franceses e a espionagem pontifícia, mas os mais comprometedores haviam desaparecido. Apesar disso, os franceses fizeram cópias das mensagens cifradas enviadas por monsenhor Carlo Montagnini à Santa Aliança.

Numa delas, que Montagnini não conseguiu destruir, falava-se da possibilidade de pagar importantes somas em dinheiro a Jacques Piou, líder do partido Ação Liberal, e a outros através dele, em troca de vetarem as novas leis anticlericais que se pretendiam aprovar no Parlamento francês. Piou mencionava o nome de Georges Clemenceau, o político responsável pela vitória França na Primeira Guerra Mundial, como um dos possíveis subornados[23].

No final do século XIX diversos governos vivenciaram uma significativa diminuição de seus serviços de inteligência, mas no caso do Vaticano e durante o pontificado de Leão XIII esta diferença foi bem maior. A capacidade da espionagem da Santa Aliança desapareceu com os Estados Pontifícios e com a perda dos poderes civis. Um de seus instrumentos que deveriam proteger e manter esses poderes tornou-se quase supérfluo. As redes de espionagem dos delegados papais no começo do século XX eram quase coisa do passado. Nesses anos, vários agentes experientes da Santa Aliança envergavam um uniforme brilhante nos serviços de segurança e escolta do papa, da Santa Sé bem como na vigilância dos palácios e das instalações pontifícias. As tarefas de espionagem eram realizadas apenas pelos núncios, o que provocou grandes mudanças na filosofia de captar informações estratégicas para a diplomacia papal[24].

Na época da morte do papa Pio IX, em 1878, o Vaticano mantinha relações diplomáticas plenas com quinze países, sete dos quais europeus, que tinham ou maiorias católicas, ou comunidades católicas significativas, tanto do ponto de vista quantitativo como de importância política[25]. Os restantes estavam na América do Sul, divididos em três nunciaturas. O embaixador papal na Argentina também era responsável pelo Paraguai e pelo Uruguai e o do Peru, pela Bolívia, pelo Chile e pelo Equador. O problema se agravava nas regiões do mundo em que não existia uma nunciatura, onde era necessário infiltrar

---

[22] David Alvarez, *Spies in the Vatican*, cit.
[23] Eduardo Soderini, *Leo XIII, Italy and France* (Burns & Oates, Londres, 1935).
[24] David Alvarez, "The Professionalization of the Papal Diplomatic Service", cit.
[25] Em 1878 os países europeus com os quais o Vaticano tinha relações diplomáticas eram Áustria, Bavária, Bélgica, França, Holanda, Portugal e Espanha.

agentes versados da Santa Aliança, como Londres, Berlim ou São Petersburgo, por exemplo.

Durante o pontificado de Leão XIII – um dos que causaram mais prejuízo à organização da espionagem papal em pouco mais de três séculos de sua existência –, as autoridades papais preferiam enviar "delegados apostólicos" a espiões às nações com as quais não tinham relações diplomáticas. Os "delegados apostólicos" forneciam mais informações religiosas à Santa Aliança, ao passo que os "núncios" faziam melhores análises políticas.

Nesses anos, após a rigorosa condenação das idéias modernizadoras pelas encíclicas de Pio IX, progressistas e tradicionalistas disputavam o poder dentro da Igreja católica. O papa Pio X, defensor das idéias de Pio IX, decidiu nomear secretário de Estado um cardeal espanhol, Rafael Merry del Val, que revelou, na época em que os Impérios Centrais e a Entente entravam em conflito, uma evidente preferência pelas monarquias alemã e austríaca[26].

Entre os mais fiéis colaboradores de Merry del Val estava um prelado chamado Umberto Benigni, que com o correr do tempo se tornaria um dos melhores agentes do papa, além de responsável e fundador do serviço de contra-espionagem do Vaticano. Benigni, um sacerdote da Úmbria, era o retrato perfeito do tradicionalista ortodoxo. Com uma modesta reputação de jornalista e polemista, ele se mudara de Perúgia para Roma em 1895 em busca de fortuna. E um clérigo que trabalhava na biblioteca vaticana lhe ofereceu um lugar digno de suas ambições e habilidades[27].

Em 1901, Benigni conseguiu um lugar de professor de história da Igreja no prestigiado Seminário Romano – a instituição das elites onde se formavam todos aqueles que queriam fazer carreira na cúria romana –, mas ao mesmo tempo começou a trabalhar como colaborador articulista no jornal ultraconservador *La Voce della Verità*.

Os seus artigos, envoltos sempre em polêmica, e os seus pontos de vista reacionários sobre a sociedade ou a religião atraíram a atenção dos chamados "integristas" na corte do papa Pio X. Umberto Benigni defendia os poderes civis do santo padre e se opunha a qualquer reforma política ou teológica. Em pouco tempo o inteligente Benigni se converteu num protegido do influente secretário de Estado, o cardeal Rafael Merry del Val, e de Gaetano De Lai, o poderoso prefeito da Congregação Consistorial, departamento do Vaticano encarregado da escolha dos bispos.

Benigni seria nomeado *minutante* no Congregatio de Propaganda Fide, o setor responsável pela atividade missionária, bem como professor dos padres

---

[26] Eddy Bauer, *Espías: enciclopedia del espionaje*, cit.
[27] David Alvarez, *Spies in the Vatican*, cit.

que eram enviados para as missões. Rapidamente, aquele modesto sacerdote da Úmbria se transformara numa verdadeira celebridade nos meios intelectuais conservadores de Roma, a chamada nobreza "negra", que existia às margens do trono de São Pedro.

Em 1906, Umberto Benigni foi alçado para o próprio coração da máquina do Vaticano ao ser nomeado subsecretário de Estado para os Assuntos Extraordinários da Secretaria de Estado[28]. Com total falta de experiência nos temas diplomáticos, Benigni dedicou-se a estabelecer contatos que o ajudassem a ascender na cúria romana. O cardeal secretário de Estado, Merry del Val, tinha sob suas ordens dois secretários, o dos Assuntos Extraordinários, que se ocupava de supervisionar as relações com os outros governos, e o seu "substituto" para os Assuntos Ordinários, a cargo de quem estavam as tarefas administrativas da Santa Sé. Benigni, portanto, era responsável por prestar assistência a monsenhor Pietro Gasparri, que chegara ao posto de secretário dos Assuntos Extraordinários depois de ser diretor do Seminário Vaticano, e foi aí que Gasparri conheceu Benigni, que era por ele considerado um funcionário muito eficiente[29].

Quando a nunciatura em Cuba ficou vaga, Gasparri ofereceu o lugar a Benigni, mas o clérigo almejava ir além, ou seja, nada mais nada menos do que a Secretaria de Estado, embora houvesse algum tempo que o cargo de diretor do Congregatio de Propaganda Fide estava sendo negado a Benigni.

Embora naquela época o cargo de secretário de Estado para os Assuntos Extraordinários fosse de grande importância, misteriosamente Pietro Gasparri foi encarregado de rever e publicar o novo Código de Direito Canônico, tarefa que demandava muito mais tempo.

Com Gasparri tão ocupado, Umberto Benigni tornou-se o principal colaborador de Rafael Merry del Val. O desconhecido clérigo que chegara a Roma em busca de fortuna tinha então liberdade suficiente para circular pelos corredores do poder. O novo subsecretário mudou seu gabinete para o palácio apostólico a fim de ficar mais próximo do cardeal secretário de Estado e apenas a quatro portas do gabinete do santo padre[30].

Por ordem do próprio Rafael Merry del Val, em 1909 monsenhor Umberto Benigni criou uma rede de espiões encarregados de detectar no Vaticano e nas instituições da Igreja todos os defensores do modernização. Em muito pouco

---

[28] Peter Hebblethwaite, *The Next Pope, a Behind-the-Scenes Look at How the Successor to John Paul II Will be Elected and Where He Will Lead the Church* (HarperCollins, São Francisco, 2000).

[29] John Cornwell, *Breaking Faith: The Pope, the People, and the Fate of Catholicism* (Viking, Nova York, 2001).

[30] David Alvarez, *Spies in the Vatican*, cit.

tempo, os agentes começaram a apontar religiosos – quase três centenas deles – que trabalhavam em várias universidades, meios de comunicação e instituições políticas na França, na Grã-Bretanha, na Alemanha e na Itália. Como conseqüência das denúncias, o cardeal secretário de Estado, que nutria uma incondicional repugnância pelas inovações políticas e teológicas, autorizou o subordinado a organizar uma espécie de unidade de contra-espionagem para atuar apenas no interior da Santa Sé e das organizações da Igreja, enquanto as operações de espionagem externas continuariam a cargo da Santa Aliança[31]. A nova estrutura teria o nome de Sodalitium Pianum [Associação de Pio] e seria conhecida dentro dos muros do Vaticano como o SP.

Os primeiros movimentos do Sodalitium Pianum seriam a criação de um consistente programa de propaganda que permitisse combater os argumentos modernizadores a fim de dominar um futuro debate público, tanto na Igreja como na sociedade. O SP deveria realizar operações clandestinas para recrutar, separadamente, os seus agentes na Europa, na América do Norte e na América do Sul, que, por sua vez, identificariam os modernizadores, revelariam suas conspirações e ligações e arruinariam seus planos. Umberto Benigni pôs mãos à obra com toda a força de um fanático e, em pouco tempo, suas funções como subsecretário dos Assuntos Extraordinários deram lugar a outras, no mundo da espionagem, que deveriam permanecer ocultas dos próprios companheiros da Secretaria de Estado e até de seu superior, monsenhor Pietro Gasparri.

Conhecedor da influência potencial dos jornais, Benigni não tinha dúvidas de que o Vaticano deveria usar a imprensa na luta contra a modernização e o liberalismo. O líder do SP se nomeou uma espécie de chefe de redação não oficial da Secretaria de Estado e ao longo de anos determinou a linha editorial que os jornalistas responsáveis por cobrir os eventos do santo padre teriam de seguir nos seus artigos. Benigni qualificava como "inimigos" os correspondentes de periódicos e das agências noticiosas de ideologia liberal e como "amigos" os órgãos de comunicação partidários das idéias conservadoras.

Outra atitude importante do SP foi criar um jornal próprio, o *Corrispondenza Romana*, que Benigni dirigia por meio de um testa-de-ferro. Nas suas páginas atacavam-se a modernização e as políticas liberais, e as prerrogativas papais eram abertamente defendidas. Quando começaram a chegar as primeiras críticas de países como a França ou até a Itália, Pio X enfatizou que a publicação não era um veículo oficial nem semi-oficial do Vaticano. Na verdade, o

---

[31] Émile Poulat, *Catholicisme, démocratie et socialisme: le mouvement catholique et Mgr. Benigni de la naissance du socialisme à la victoire du fascisme* (Casterman, Paris, 1977).

pontífice mentia, já que ele próprio autorizara o cardeal Rafael Merry del Val a financiar o *Corrispondenza Romana*[32].

Para completar, monsenhor Umberto Benigni escreveu um artigo que expunha todas as suas teses integristas e a sua perspectiva conservadora sobre os acontecimentos mundiais políticos e religiosos. Extremamente bem redigido, o texto foi distribuído por agentes do SP a vários correspondentes estrangeiros. O artigo foi publicado por muitos e plagiado por tantos outros, que até mesmo assinavam no lugar do autor. As teses de Benigni foram lidas por milhões de pessoas na Argentina, na Espanha, na Áustria, na Bélgica e nos Estados Unidos[33].

Desse modo, as operações de propaganda e desinformação serviam para desmoralizar a modernização, mas Benigni e seus chefes do Vaticano precisavam conter a influência desse movimento nas organizações civis e nas instituições. Os integristas tinham, assim, de identificar as pessoas que aderiam à modernização e afastá-las das suas posições de maior poder, aplicando rigorosas sanções papais. Para o SP, as principais fontes de informação eram os bispos, os delegados apostólicos e os núncios, mas vários deles não se mostravam propensos a denunciar os outros para colaborar com a contra-espionagem.

Era preciso dispor de uma boa rede de espionagem instalada em pleno coração da Santa Sé, mas infelizmente para os integristas, como Merry del Val ou Benigni, desde a perda dos Estados Pontifícios o Vaticano não contava com um serviço de inteligência eficaz. A chegada de monsenhor Benigni à cúpula da espionagem pontifícia causou um entrave nas operações da Santa Aliança, muitas das quais se cruzavam. Assim, a contra-espionagem papal converteu-se no principal inimigo da espionagem pontifícia. Os agentes do Sodalitium Pianum lutavam com os espiões da Santa Aliança por uma boa fonte de informações.

Na verdade, a organização clandestina SP não tinha designação oficial, não se localizava em nenhuma dependência do Vaticano, nem sequer contava com uma placa que identificasse os seus escritórios ou departamentos. Nem mesmo a sua criação foi divulgada no *Anuario Pontifício*, publicação onde figura o organograma da Santa Sé. As suas despesas eram pagas com fundos secretos que chegavam a monsenhor Benigni por meio do secretário de Estado, o cardeal Merry del Val. Se alguma autoridade perguntava diretamente ao chefe da contra-espionagem quais as suas atividades, Benigni declarava que só três seres poderiam responder: "Deus, o papa Pio X e o cardeal Merry del Val". É

---

[32] David Alvarez, *Spies in the Vatican*, cit.
[33] Lorenzo Bedeschi, "Un episodio di spionaggio antimodernista", *Nuova Rivista Storica*, Milão, n. 56, mai.-ago. 1972.

evidente que, para não ter de se confrontar com nenhum dos três, ninguém fazia mais perguntas.

Benigni utilizou no Vaticano as mesmas técnicas de espionagem de agências de inteligência das grandes potências, como França, Grã-Bretanha, Alemanha ou Rússia, e raramente o SP trocava informações com o serviço de segurança italiano.

Espionagem, intercepção de cartas e telegramas, vigilância pessoal e perseguições eram as atividades realizadas pelos agentes da contra-espionagem pontifícia. Os palácios episcopais, as sacristias, as escolas, os seminários ou as nunciaturas informavam o SP em Roma sobre superiores ou colegas suspeitos de abraçarem a modernização em qualquer parte do mundo. E alguns deles trabalhavam para Benigni.

Uma das mais sombrias operações de espionagem do Sodalitium Pianum aconteceu no final de 1909. Através de vários informantes, Benigni soube que havia em Roma um grupo de sacerdotes modernizadores cujo líder se chamava Antonio De Stefano, um notável medievalista e antigo sacerdote morador de Genebra. A fim de conseguir se infiltrar na organização de De Stefano, o chefe do SP enviou um jovem padre e agente chamado Gustavo Verdesi, que, simpatizante das idéias modernizadoras, comunicou a monsenhor Benigni que a rede dirigida da Suíça fora desarticulada. Desconfiado da veracidade da informação, o comandante da contra-espionagem decidiu enviar o padre Pietro Perciballi, um antigo companheiro de estudos do medievalista no Seminário Romano[34].

Lá, Perciballi conheceria outros partidários da modernização, como Ernesto Buonaiuti, cujos livros e artigos haviam sido declarados hereges pelo Santo Ofício, o departamento vaticano responsável por manter a ortodoxia católica. Munido de dinheiro, um passaporte falso e uma máquina fotográfica, Perciballi viajou para Genebra e, com o propósito de reencontrar seu companheiro, entrou rapidamente em contato com Antonio De Stefano.

No primeiro relatório, o padre Perciballi salientava o desejo de antigo sacerdote de lançar uma revista chamada *Revue Moderniste Internationale*. O texto lido pelo chefe do Sodalitium Pianum ressaltava o fato de que De Stefano convidara o agente a se mudar para a sua própria casa, em Genebra. Durante as longas ausências de Antonio De Stefano, Perciballi fotografava os títulos dos livros expostos numa estante da sala e revistava os papéis do escritório, inclusive a correspondência com Ernesto Buonaiuti. Quando o espião regressou a Roma, entregou a Benigni algumas cópias das cartas do medievalista.

---

[34] David Alvarez, *Spies in the Vatican*, cit.

O arquivo do SP transformou-se rapidamente em valiosos relatórios sobre bispos reformistas, professores liberais de seminários e intelectuais e jornalistas suspeitos. Entre os denunciados estavam os cardeais Amette, arcebispo de Paris; Ferrari, arcebispo de Milão; Mercier, arcebispo de Bruxelas; Maffi, arcebispo de Pisa; Piffle, arcebispo de Viena; e Fischer, arcebispo de Colônia, bem como os reitores das Universidades Católicas de Lovaina, Paris e Toulouse. Outro apontado por afinidade aos "modernizadores" foi o cardeal Giacomo Della Chiesa, que seria enviado para Bolonha. Temeroso de sua má influência, o cardeal Merry del Val desejava afastá-lo da cúria romana e nada melhor do que mandá-lo como arcebispo para longe da Cidade Eterna. Em 1914, Giacomo Della Chiesa seria eleito papa após a morte de Pio X[35].

Mesmo sem ordens expressas de Merry del Val ou do papa, Benigni investigou, inclusive, o seu superior e antigo protetor, monsenhor Pietro Gasparri.

Os relatórios diários do SP obtinham informações como a trajetória do Partido Católico Centrista no Reichstag alemão; o crescimento da organização católica estudantil Sillon, que defendia na França a reforma social e a reconciliação do catolicismo com a Terceira República; a chegada do novo presidente no Uruguai, que propunha a separação da Igreja e do Estado e a extinção das festas religiosas; e as tensões na Rússia decorrentes das perseguições religiosas a católicos da Polônia e da Lituânia por parte das forças de segurança do czar Nicolau II[36].

Logo o SP começou a ser conhecido nas altas hierarquias da cúria romana como o "Sagrado Terror". Além do próprio papa Pio X, entre os seus maiores defensores estavam o cardeal Rafael Merry del Val, secretário de Estado, o cardeal Gaetano De Lai, prefeito da Congregação Consistorial, e ainda o capuchinho espanhol cardeal José de Calasanz Vives y Tutó[37], responsável pelo departamento das ordens religiosas.

Com a aprovação e a cumplicidade de Pio X, monsenhor Umberto Benigni viu-se com um poder ilimitado nas mãos, de tal modo que seus inimigos e vítimas o chamavam de "gênio diabólico do papa". Semanalmente Benigni apresentava longos e detalhados relatórios ao próprio pontífice, a Merry del Val e a monsenhor Giovanni Bressan, secretário particular do santo padre e

---

[35] John F. Pollard, *The Unknown Pope: Benedict XV (1914–1922) and the Pursuit of Peace* (Geoffrey Chapman, Londres, 1999).

[36] Idem.

[37] O cardeal José de Calasanz Vives y Tutó era conhecido na Santa Sé como *Vives fa Tutto* [Vives faz de tudo], uma brincadeira com seu sobrenome composto. Quando, em 1908, o cardeal espanhol ficou louco e teve de ser internado, Mariano Rampolla foi nomeado para o cargo, no qual permaneceu até morrer, em 16 de dezembro de 1913. O cardeal Vives y Tutó falecera em 7 de setembro do mesmo ano.

um dos mais fiéis aliados do chefe da contra-espionagem. Na verdade, Benigni tinha mais protetores nas altas esferas do que amigos, e por isso todos no Vaticano ficaram surpresos quando, em 17 de março de 1911, o diário *L'Osservatore Romano* noticiou a demissão de monsenhor Benigni do posto de subsecretário dos Assuntos Extraordinários da Secretaria de Estado. O seu sucessor seria um jovem funcionário da Santa Sé chamado Eugenio Pacelli, que com o correr do tempo saberia progredir na cúria romana até se tornar papa 28 anos depois. Como consolação, Pio X nomeou monsenhor Umberto Benigni como "protonotário apostólico"[38] e lhe permitiu continuar no comando da contra-espionagem.

Para os "amigos" de Benigni isso pressupunha uma ascensão e uma grande honra, ao passo que para seus "inimigos" representava uma forma de cair em desgraça ou o purgatório. Os boatos que se espalhavam rapidamente pelos corredores dos palácios vaticanos diziam que Benigni fora afastado do seu importante cargo por se descobrir que passava documentos papais secretos ao representante do governo da Rússia imperial na Santa Sé. O fato é que monsenhor Umberto Benigni pediu formalmente para deixar o posto na Secretaria de Estado e poder se dedicar mais ao serviço secreto pontifício[39].

A partir desse momento, as operações e, portanto, as organizações e os efetivos da Santa Aliança e do Sodalitium Pianum seriam unidos sob um único objetivo: a defesa da Igreja, do Vaticano e do papa. A fim de facilitar essa tarefa, Umberto Benigni, além de manter seu livre acesso aos documentos e ao pessoal da Secretaria de Estado, exigiu um salário de sete mil liras por ano e ainda o aumento de fundos para financiar as atividades do serviço de inteligência[40]. O seu protetor e interlocutor seria então o cardeal Gaetano De Lai, e Benigni apenas contatava o cardeal Merry del Val quando este desejava alguma informação sobre um bispo que seria promovido ou receberia honrarias papais. Por exemplo, na primavera de 1912, monsenhor Eugenio Pacelli, amante de intrigas e da espionagem, questionou seu antecessor a respeito de um religioso que seria nomeado bispo. Algumas semanas depois, Pacelli entrou em contato com Benigni para informá-lo de que a Secretaria de Estado estava preparando uma declaração sobre os movimentos operários na Alemanha e

---

[38] O Colégio de Protonotários Apostólicos era uma instituição anacrônica sem nenhum tipo de poder ou função. Seus novos membros eram geralmente ex-altas figuras da cúria com idade avançada. Quando foi nomeado protonotário, Benigni tinha 48 anos, e para ele, oriundo de um departamento tão importante como a Secretaria de Estado, tal fato significou apenas um pequeno percalço na sua carreira.

[39] Émile Poulat, *Catholicisme, démocratie et socialisme*, cit.

[40] David Alvarez, *Spies in the Vatican*, cit.

lhe comunicar que procuravam alguém para substituir um arcebispo alemão, à época, recém-demitido.

Os problemas de Benigni estavam apenas começando. Em uma entrevista do jornalista Guglielmo Quadrotta com um antigo sacerdote católico que se tornara metodista, este lhe confessou que tinha trabalhado como secretário particular de monsenhor Umberto Benigni e, portanto, para a contra-espionagem do Vaticano, freqüentando certos círculos italianos suspeitos de tendências modernistas. Outro escândalo que afetou a imagem de Benigni e do serviço de inteligência pontifício foi o caso divulgado por um grupo de liberais belgas e alemães, que fizeram uma investigação secreta sobre as atividades do Sodalitium Pianum e para isso conseguiram infiltrar no SP um frade dominicano chamado Foris Prims. O dominicano fingiu ser amigo de um advogado belga que trabalhava na cidade de Gant, chamado Jonckx, e, graças a essa relação, conheceu detalhadamente o sistema de operações do SP e da Santa Aliança. Escandalizado e certo de que monsenhor Umberto Benigni agia sem nenhuma proteção, Prims foi a Roma pedir uma audiência com o papa para lhe contar tudo.

Benigni foi salvo por Rafael Merry del Val, que, de todas as maneiras, impediu Foris Prims de chegar a Pio X, recusando-se ele mesmo de ver o dominicano ou receber os documentos que trazia[41]. Em 1912, o cardeal secretário de Estado suspendeu seu apoio financeiro ao jornal *Corrispondenza Romana* e pouco depois solicitou a Benigni que o fechasse. Era óbvio que a estrela de Umberto Benigni começava a perder brilho. Apenas se tivesse reconhecido publicamente a existência do Sodalitium Pianum, o santo padre poderia dar algum poder a ele e a seu fundador. Mas, em vez de legitimar o SP, Pio X preferiu, sempre por meio do cardeal De Lai, enviar os seus "melhores votos apostólicos" ao serviço de contra-espionagem e ao seu chefe.

Cada vez mais, Benigni levava uma vida de completa clandestinidade, o que acabou lhe causando uma doença mental. De seu pequeno apartamento na rua Corso Umberto I procurava manter a rede de informantes e o contato nos círculos papais, muitos dos quais já haviam lhe fechado as portas. Ele acreditava que certos espiões modernistas nas agências de correios da França, da Alemanha e da Itália interceptavam e liam sua correspondência. Temeroso de seus inimigos dentro e fora da Santa Sé, Benigni viajava para se reunir pessoalmente com os informantes e fazia tudo para que as visitas a Bruxelas, Paris e Genebra ficassem no anonimato.

Nos primeiros meses de 1914, Benigni se ocupava apenas de pequenos assuntos pontifícios. Ele, que fora um mestre de espiões, não passava então de uma sombra patética e paranóica do que tinha sido. A sua perspicácia em criar

---

[41] Lorenzo Bedeschi, "Um episodio di spionaggio antimodernista", cit.

um serviço secreto semelhante aos que operavam na Rússia, na Alemanha ou na França converteu-se em algo utópico. Embora tenha tratado pessoalmente de recrutar informantes, controlar as atividades deles, ler relatórios, garantir os documentos, informar o cardeal secretário de Estado e realizar operações secretas, Benigni se esquecera de cuidar do próprio chão onde pisava.

Quando saiu do Vaticano após a eleição do cardeal Giacomo Della Chiesa (um dos denunciados pelo Sodalitium Pianum) como papa Bento XIV, monsenhor Umberto Benigni deixou atrás de si uma Santa Aliança em ruínas, com operações quase inexistentes, e várias amizades falsas ou rompidas entre os membros da cúria romana graças às denúncias feitas uns aos outros. Infelizmente, a visão perfeccionista de Umberto Benigni[42] de um serviço secreto papal eficiente não passou de um sonho. Mas o deflagrar da Primeira Guerra Mundial traria a Santa Aliança de volta à vida e ao mundo das operações de espionagem[43]. Uma oportunidade única fora mal aproveitada quando o cavaleiro do Apocalipse de espada em punho estava prestes a mergulhar o planeta num conflito mundial.

---

[42] Umberto Benigni terminou seus dias como delator do Vaticano para o serviço secreto de Benito Mussolini.
[43] John Cornwell, *Breaking Faith*, cit.

CAPÍTULO ONZE

O CAVALEIRO DO APOCALIPSE
(1914-1917)

> Quando abriu o segundo selo, ouvi o segundo animal clamar: Vem! Partiu então outro cavalo, vermelho. Ao que o montava foi dado tirar a paz da terra, de modo que os homens se matassem uns aos outros; e foi-lhe dada uma grande espada.
>
> *Apocalipse 6:3-4**

Produto das tendências anarco-sindicalistas que fustigavam a Europa naqueles anos, Gavrilo Princip era um estudante servo-bósnio bastante idealista, que sempre sonhara em participar de grandes batalhas de libertação. O jovem estava numa rua de Belgrado quando leu as manchetes de um jornal sobre a visita a Sarajevo do arquiduque Francisco Fernando e de sua esposa, Sofía de Hohenberg. Era 28 de junho de 1914, dia de São Vito, patrono da Sérvia.

Para os sérvios em geral e especialmente para Princip, Francisco Fernando, herdeiro do trono austro-húngaro e sobrinho-neto do imperador Francisco José, representava o poder dos Habsburgo sobre os bósnios e eslavos do Sul, que almejavam a sua independência do Império Central, seguindo o exemplo da Sérvia[1].

Para um nacionalista como Princip, aquela visita era a chance de ter na mira de tiro o mais alto representante do império dominador. O estudante entrou em contato com a Mão Negra, uma organização sérvia que até então, apenas distribuíra folhetos na passagem da comitiva do general Potiorek, governador da Bósnia. Apesar de a organização ter lhe negado ajuda, Princip decidiu recrutar cinco jovens para concretizar seus planos.

Aquele trágico 28 de junho começou cedo, quando a comitiva imperial chegou a Sarajevo. Da estação dirigiu-se para a Câmara Municipal num cortejo de carruagens abertas que atravessariam os portos de Miljacka e a parte velha da cidade para chegar ao museu municipal. Princip e seus cúmplices se

---
* *Bíblia Católica Online*, cit. (N. T.)
[1] Lavender Cassels, *The Archduke and the Assassin: Sarajevo, June 28th, 1914* (Scarborough House, Londres, 1985).

posicionaram ao longo do cais. O primeiro terrorista, Mohammed Mehmedbasic, foi alcançado pela comitiva em um momento no qual do povo saudava efusivamente o arquiduque, o que o impediu de agir. A mesma coisa se passou com o segundo, Vasco Cubrilovic, por estar rodeado de vários policiais. O terceiro, Nedjelko Cabrinovic, atirou a bomba, que explodiu embaixo da carruagem de escolta que seguia a de Francisco Fernando. Ao ver Cabrinovic ser preso, os outros três terroristas – Princip, Cvijetko Popovic e Danilo Ilic – resolveram abortar a operação[2].

No entanto, pouco tempo depois, o destino voltou a colocar o arquiduque no caminho de Gavrilo Princip. O herdeiro austro-húngaro informou o general Potiorek do seu desejo de visitar os feridos do atentado – o conde Boos-Waldeck, o coronel Erik von Merizzi e a condessa Lanjus – no hospital de Sarajevo. O problema todo começou quando os veículos que precediam a carruagem do herdeiro do trono mudaram de itinerário sem aviso prévio. Após entrarem em uma rua estreita, o general Potiorek ordenou ao motorista que desse marcha à ré.

Gavrilo Princip não podia crer que a comitiva imperial estava naquele veículo em situação tão vulnerável. O estudante pegou sua arma, saiu para a rua e, apoiando-se na escadinha da carruagem real, disparou dois tiros. O primeiro logo matou o arquiduque Francisco Fernando e o segundo feriu gravemente a sua esposa, Sofía, que morreria ali mesmo alguns minutos depois. O magnicídio, que a princípio parecia ser um ato isolado na luta de libertação, foi o estopim dos conflitos na Europa. A sorte da guerra estava lançada e os peões, posicionados: de um lado, a Entente, uma unidade compacta formada por 120 milhões de soldados, e do outro, os Impérios Centrais, um bloco com 238 milhões de soldados, espalhados por três zonas geográficas muito afastadas entre si[3].

O papa Pio X pressentia um desenlace fatal e, muito antes de irromper a Primeira Guerra Mundial, a Santa Aliança já falava nos seus relatórios de um "combate" que abalaria a humanidade. A verdade é que o santo padre, no ódio que nutria pelos ortodoxos, cada vez mais incitava o imperador Francisco José da Áustria-Hungria a eliminar os sérvios. Depois do ocorrido em Sarajevo, o barão Ritter, que representava a Baviera na Santa Sé, escreveu ao seu governo: "O pontífice aprova o terrível tratamento que a Sérvia vem recebendo. Ele não tem muito apreço pelos exércitos da Rússia e da França no caso do conflito com a Alemanha. O cardeal secretário de Estado [Rafael Merry del Val] não via outro momento para a Áustria entrar em guerra senão agora"[4].

---

[2] Idem.
[3] David Stevenson, *Cataclysm: The First World War as Political Tragedy* (Basic Books, Londres, 2004).
[4] Edmund Paris, *The Vatican Against Europe* (The Wickliffe Press, Nova Zelândia, 1989).

Em 15 de agosto, Pio X começou a se sentir indisposto. Após quatro dias seu estado inspirava sérios cuidados, e no dia 20, à 1h25 da manhã, quase dois meses depois do crime de Sarajevo, faleceu segurando a mão de seu fiel colaborador, o cardeal Rafael Merry del Val.

Apesar das dificuldades impostas pela guerra, o conclave para eleger o sucessor de Pio X pôde ser realizado. Na tarde de 31 de agosto, estavam reunidos em Roma 57 religiosos dos 65 que faziam parte do Colégio Cardinalício. Em 3 de setembro de 1914, Giacomo Della Chiesa era eleito papa, adotando o nome de Bento XV. Curiosamente, Della Chiesa tinha ascendido ao posto de cardeal quatro meses antes da morte de Pio X e, portanto, com direito a ser candidato no conclave que o escolheria como novo sumo pontífice[5].

Ao soarem os tiros inicias da Primeira Guerra Mundial, já estava clara a divisão dos blocos europeus que entrariam em uma guerra sem precedentes nos quatro anos e meio que se seguiriam: os dois grandes Impérios Centrais, (o alemão e o austro-húngaro) enfrentaria a Tríplice Entente – França, Rússia e Grã-Bretanha. Reunidas secretamente no dia 5 de setembro de 1914, essas três nações concordaram que, durante o conflito, não assinariam nenhum tratado de paz que não fosse coletivo.

Enquanto chegavam ininterruptamente à Secretaria de Estado os primeiros relatórios sobre baixas e destruição vindos das nunciaturas de Bruxelas, Berlim e Viena, Bento XV tomava as primeiras medidas para romper com o passado. Essas mudanças exprimiam a nova diretriz que conduziria a política papal.

O cardeal Mariano Rampolla fora encarregado da insignificante Sacra Congregação da Fábrica de São Pedro. Os novos "favoritos" lhe deram apenas 48 horas para desocupar seu gabinete na ala Bórgia e se mudar para um pequeno apartamento na Palazzina do Arcipreste de São Pedro. A medida seguinte foi demitir o até então poderoso cardeal Rafael Merry del Val de seu cargo de secretário de Estado e nomeá-lo responsável pela abadia de Subiaco. Afastado Merry del Val, seus amigos também caíram em desgraça. O cardeal Nicola Canali, por exemplo, foi deposto do cargo de "substituto" e enviado à menos importante Secretaria da Sacra Congregação de Cerimônias.

Mas o maior golpe contra os fanáticos antimodernistas seria a ordem do sumo pontífice de demitir monsenhor Umberto Benigni[6] e nomeá-lo professor

---

[5] John F. Pollard, *The Unknown Pope: Benedict XV*, cit.

[6] Monsenhor Umberto Benigni morreu em 1934, com 72 anos. Todos os documentos relativos à sua passagem pelos vários departamentos da Santa Sé foram classificados como "altamente confidenciais" e depositados no conhecido Arquivo Secreto do Vaticano, na seção de "Coleções Separadas", em "Papéis Familiares e Pessoais". Ainda não publicados, os documentos sobre "Benigni, Umberto" se encontram entre os das famílias Beni e Benincasa. Ver também Francis X. Blouin (ed.), *Vatican Archives, an Inventory and Guide to Historical Documents of the Holy See* (Oxford University Press, Oxford, 1997).

de protocolo diplomático na Academia de Nobres Eclesiásticos. Essa mudança política ficou clara quando Bento XV promulgou a encíclica *Ad Beatissimi*, com a qual punha fim aos chamados "integristas", termo que o santo padre nem sequer utilizou em seu documento[7]. O Sodalitium Pianum continuou a florescer num mundo em guerra até 1919, quando o serviço secreto alemão descobriu e publicou alguns documentos pertencentes aos seus arquivos[8]. O papa nomeou como secretário de Estado o cardeal Pietro Gasparri, antigo protetor de Benigni e até então responsável pela publicação do novo Código de Direito Canônico.

Enquanto isso, a Primeira Grande Guerra transcorria conforme os objetivos traçados em 1906 no Plano Schileffen, baseado numa guerra de movimentos que supostamente levaria o império alemão à vitória em bem pouco tempo. Contudo, nenhuma das previsões se cumpriu, porque desde a batalha do Marne, travada entre 9 e 12 de setembro de 1914, os alemães tiveram que recuar e isso alterou as condições do conflito[9]. De uma guerra de movimentos rápidos e golpes estratégicos passou-se a uma de trincheiras e contenção, convertida numa luta cruel e duradoura, com a inevitável perda de vidas humanas. O Vaticano e o santo padre foram obrigados a buscar uma solução para o conflito, e a Santa Sé tornou-se um alvo, embora não militar, para os espiões e os complôs.

As diplomacias alemã e austríaca tinham representantes na corte papal. A Alemanha encontrava-se muito bem posicionada desde o século XIX pela presença de dois embaixadores, um da Baváría e outro da Prússia. O conde Otto von Mühlberg, um diplomata prussiano, era um homem enérgico no seu trabalho com o papa, enquanto o seu homólogo bávaro, Otto von Ritter, era sobretudo muito apreciado na administração vaticana por ter um caráter moderado. A Áustria se fazia presente por meio do príncipe Schönberg, herdeiro de uma nobre família que servira o Estado e a Igreja durante séculos. Os três diplomatas eram peritos nas relações com a cúria romana – em especial com os bispos e os cardeais – e também com a imprensa italiana[10].

Em contraste aos embaixadores dos Impérios Centrais, a equipa diplomática dos aliados estava relegada a se contentar com cargos menos importantes da administração pontifícia. O único embaixador aliado com relações nas altas esferas do Vaticano era o belga, embora preferisse uma boa vida à má diplomacia, o que sobrava ao russo. Devido à política clerical do seu país – a

---

[7] John F. Pollard, *The Unknown Pope: Benedict XV*, cit.
[8] C. Falconi, *The Popes in the Twentieth Century* (Faber & Faber, Londres, 1960).
[9] Martin Gilbert, *The First World War: A Complete History* (Henry Holt & Company, Nova York, 1996).
[10] David Alvarez, *Spies in the Vatican*, cit.

Rússia ortodoxa era uma das grandes defensoras do protestantismo em uma Europa católica –, a imagem do representante do czar Nicolau II em Roma não era das melhores.

Contra o poder diplomático da Tríplice Aliança estava o cardeal Francis Aidan Gasquet e seu secretário, Philip Langdon, que trabalhava para o serviço secreto papal como propagandista dos aliados.

Langdon era mais conhecido como especialista em mosteiros ingleses do que como espião da Santa Aliança. Embora fosse Philip Langdon quem realizava as missões de campo para a espionagem pontifícia, diz-se que as ordens partiam de Gasquet. Patriota e leal a Bento XV, o cardeal nunca duvidou da necessidade de apoiar a causa aliada em relação ao belicismo dos Impérios Centrais. Assim, auxiliado por seu fiel Langdon, dedicava-se a recolher informações para a Santa Aliança e enviá-las a Londres.

Certa ocasião, o cardeal Gasquet, por meio de Langdon, conseguiu remeter uma carta ao Foreign Office sobre os esforços do serviço de espionagem dos Impérios Centrais no que tangia a conquistar as simpatias do Vaticano na causa germano-austríaca. A missiva solicitava ao serviço de relações exteriores britânico que nomeasse imediatamente um embaixador na Santa Sé. Em novembro de 1914, Londres enviou sir Henry Howard – um diplomata católico já aposentado –, cujo primeiro relatório descreveu com detalhes um Vaticano muito germânico. Embora na verdade fosse um agente da Santa Aliança, Gasquet transmitia à Inglaterra informações de todos os movimentos dentro do Vaticano relacionados a uma guerra que se desenrolava além de seus muros[11].

Em pouco tempo, o Palazzo San Calisto – edifício da Santa Sé situado no bairro de Trastevere e onde Francis Aidan Gasquet vivia – converteu-se no centro dos simpatizantes aliados. Bento XV chamou o cardeal e lhe pediu que fizesse as suas reuniões mais discretamente, visto que, se um embaixador dos Impérios Centrais descobrisse o jogo de Gasquet, a neutralidade pontifícia no conflito poderia ficar em uma situação delicada[12].

O santo padre também ordenou ao cardeal que primeiro informasse a Santa Aliança – e depois os britânicos – sobre os movimentos dos espiões dos Impérios Centrais no Vaticano. Bento XV lembrou-lhe que devia mais fidelidade à Igreja do que aos ingleses, mas Gasquet receava que os agentes alemães ou austríacos pudessem se infiltrar na Santa Aliança ou no Sodalitium Pianum.

Tanto o cardeal Gasquet quanto sir Henry Howard percebiam os movimentos da Tríplice Aliança para atrair a simpatia do papa à sua causa, e era contra isso que deveriam lutar.

---

[11] David Alvarez, "The Professionalization of the Papal Diplomatic Service", cit.

[12] Leslie Shane, *Cardinal Gasquet: A Memoir* (Burns & Oates, Londres, 1953).

Já nos primeiros meses da guerra, Berlim e Viena enviaram embaixadores à Santa Sé acompanhados de vários diplomatas e agentes secretos. Essas comitivas solicitavam audiências com o papa Bento XV, reuniões semanais com o secretário de Estado, cardeal Pietro Gasparri, encontros com os assistentes dele e jantares com altos membros da cúria romana ou a imprensa italiana.

A princípio, os espiões alemães e austríacos, bem como seus diplomatas, trabalhavam sem descanso para atrair à sua causa o papa e seus auxiliares para justificar a política bélica dos Impérios Centrais e contrariar a dos aliados, destinada a combater a Áustria e a Alemanha. Em pouco tempo, os encontros entre espiões nas ruelas escuras de Roma deram lugar a reuniões sociais em palácios e grandes residências a favor de um ou de outro bloco.

No início de 1915, a guerra-relâmpago transformou-se numa guerra de trincheiras. Os dois grupos buscavam novos aliados para reforçar as linhas defensivas ou simplesmente substituir as unidades que havia alguns meses combatiam em péssimas condições. Por isso, uma das principais metas dos adversários era fazer a Itália entrar na guerra. Os políticos da Itália – que pertencia à Tríplice Aliança – estavam decididos a poupar seus cidadãos dos males do conflito. Nos primeiros meses do ano, as embaixadas dos dois blocos se esforçaram bastante para obter o apoio da Itália às suas respectivas causas[13].

A Santa Aliança já havia informado o papa e o cardeal Pietro Gasparri das intenções dos políticos italianos. A espionagem pontifícia detectara certas reuniões entre os representantes do governo de Roma e do Império austro-húngaro para negociar a entrada. O preço do apoio italiano à Áustria e à Alemanha seria a chamada *terre irredente*, os territórios de língua italiana localizados nos distritos do Trentino e que pertenciam ao Império austríaco. Mas a atitude oportunista de Roma colocou Viena numa situação difícil.

Por outro lado, a Santa Aliança relatava ainda ao santo padre os contatos do governo de Itália com os aliados. O serviço secreto pontifício descobrira que Roma negociava também com a Entente a sua neutralidade no conflito. Se esta se mantivesse e as suas forças ganhassem a guerra, o reino de Itália seria recompensado com os territórios que até então pertenciam à Áustria.

Imediatamente, Bento XV ordenou ao serviço de espionagem e à Secretaria de Estado que se dedicassem de corpo e alma a impedir que a Itália entrasse na guerra a favor da Áustria e da Alemanha. Na verdade, o pontífice duvidava da capacidade do Estado italiano de sobreviver política e economicamente à tempestade bélica, sobretudo se a guerra convertesse a Itália – e, portanto, a cidade de Roma, sede do Vaticano – em um alvo das bombas[14].

---

[13] Robert Cowley, *The Great War: Perspectives on the First World War* (Random House, Nova York, 2003).

[14] John F. Pollard, *The Unknown Pope: Benedict XV*, cit.

O problema surgiu quando a Santa Aliança descobriu que várias altas hierarquias da cúria romana defendiam a intervenção italiana em favor dos Impérios Centrais, que eram os principais poderes católicos na Europa central e barreira contra o avanço da religião russo-ortodoxa e do pan-eslavismo. Isso fortaleceu espionagem alemã, que assim pôde desencadear mais intrigas no Vaticano, com o freqüente apoio do Sodalitium Pianum, a contra-espionagem papal.

Em 21 de fevereiro de 1915, os agentes do serviço secreto pontifício ficaram sabendo da chegada a Roma de Mathias Erzberger (líder do Partido Centrista Católico na Alemanha), que era uma pessoa muito respeitada nas altas esferas da Santa Sé e figura conhecida, inclusive por Bento XV. Apesar de não explicar claramente aos historiadores o apoio do papa e da cúria romana aos Impérios Centrais na Primeira Guerra Mundial, a estreita ligação entre Mathias Erzberger e o Vaticano deixa pelo menos muitas dúvidas no ar[15].

Naquela primavera, Mathias Erzberger esteve diversas vezes na capital italiana, onde manteve encontros nas embaixadas da Áustria e da Alemanha e fez várias visitas aos palácios vaticanos. Mas o político alemão nem desconfiava de que fora colocado sob rígida vigilância, não só pelo serviço de espionagem italiano, como também pela Santa Aliança – partidária da causa aliada e das idéias do cardeal Gasquet – e pelo Sodalitium Pianum, simpatizante dos Impérios Centrais. Todos acreditavam que Erzberger se encontrava na Itália para realizar certas operações clandestinas a favor dos Impérios Centrais, mas o que apenas a Santa Aliança sabia eram as verdadeiras intenções do dirigente do Partido Centrista Católico, a organização política Zentrum, que durante muito tempo fora perseguida pelo próprio Otto von Bismarck.

Mathias Erzberger chegou a Roma por ordem do *kaiser* Guilherme a fim de oferecer a Bento XV *a terre irredente* em troca de convencer o governo a não intervir no conflito. Para a Alemanha era melhor que a Itália não apoiasse a Áustria, já que isso transformaria o território italiano em zona de combate, obrigando tanto os Impérios Centrais quanto a Entente a deslocar outras tropas para cobrir a nova brecha. Mas Guilherme tampouco queria uma intervenção italiana em favor da Entente, porque isso pressupunha uma guerra aberta austro-italiana nos territórios do Trentino[16].

O documento formal assinado por Guilherme que o político e espião Mathias Erzberger levava nas mãos para Bento XV propunha a transferência imediata do Trentino austríaco para o papa, o que permitiria a criação de um território papal independente ao redor do Vaticano e um corredor pontifício

---

[15] Roger Chickering, *Imperial Germany and the Great War, 1914–1918* (Cambridge University Press, Cambridge, 1998).

[16] David Alvarez, *Spies in the Vatican*, cit.

para o mar. Curiosamente, a proposta fora avalizada pelo SP, mas a Santa Aliança recomendou a Gasparri que não a aceitasse.

Tanto o santo padre quanto o cardeal secretário de Estado sabiam que o simples ato de aceitar a oferta de Erzberger pressupunha o fim da neutralidade papal na guerra. Por outro lado, Bento XV e Gasparri não acreditavam que, uma vez acabado o conflito, a Áustria ou a Itália permitiriam aos representantes pontifícios estabelecer a administração da Igreja católica no Trentino. No entanto, era patente que, pela primeira vez desde o início da Primeira Guerra Mundial, os interesses da Alemanha e do Vaticano coincidiam.

Mathias Erzberger era um canal seguro de informação entre Berlim e a Santa Sé. Mas, inesperadamente, o agente do *kaiser* se converteu, graças à diplomacia papal, num aliado da Santa Aliança. Protegido pela espionagem pontifícia por ordem de Gasparri e talvez pelo próprio Bento XV, Erzberger fazia circular propostas diplomáticas de um lado para o outro de Roma. O espião alemão também se tornara uma verdadeira fonte de financiamento para o Vaticano, já que ele próprio se ocupava de entregar, a mando de Guilherme, significativas somas de dinheiro como "doações" feitas ao tesouro papal[17].

Esse fato provocou sérias polêmicas entre os historiadores. Na verdade, desde 1914, os cofres do Vaticano estavam em estado crítico, quase vazios, devido à crise provocada pela economia de guerra, que afetava toda a Europa e particularmente a Itália.

O Vaticano recusara, categoricamente, a indenização anual que, segundo a chamada Lei de Garantias de 1871, o governo da Itália deveria entregar ao santo padre pela perda dos Estados Pontifícios. O papa acreditava que, com as contribuições dos peregrinos e o "óbolo de São Pedro", poderiam ser mantidos não só os gastos da Santa Sé, mas também a ampla estrutura da Igreja católica em todo o mundo. Mas a guerra acabou com o turismo e interrompeu o fluxo de doações e peregrinos ao Vaticano. O único destino dos poucos fundos recebidos eram as vítimas da guerra, os refugiados e os removidos. Talvez a Santa Sé não estivesse falida, mas passava por uma situação financeira delicada que poderia ameaçar a máquina pontifícia num futuro não muito distante[18].

Percebendo a oportunidade de se reconciliar com Bento XV, Guilherme, por meio de Erzberger, passou a enviar importantes somas de dinheiro para aliviar a preocupante situação financeira do Vaticano. E rapidamente esses montantes se converteram em quantias milionárias recebidas de bancos suíços como "fundos secretos". O cardeal Pietro Gasparri ordenara à Santa Aliança que as quan-

---

[17] Klaus Epstein, *Mathias Erzberger and the Dilemma of German Democracy* (Princeton University Press, Princeton, 1959).

[18] John F. Pollard, *The Unknown Pope: Benedict XV*, cit.

tias enviadas pelo *kaiser* fossem contabilizadas no "óbolo de São Pedro", para assim evitar qualquer susceptibilidade das nações que constituíam a Entente.

Como elo de ligação nas operações clandestinas de financiamento da Santa Sé por parte da Alemanha, o serviço secreto pontifício optou pelo padre Antonino Lapoma, um sacerdote pró-alemão que trabalhava na cidade de Potenza. A partir de então, Lapoma e Mathias Erzberger lançaram mãos à obra na chamada Operação Eisbär [osso branco], nome com o qual a espionagem alemã em Roma conhecia o papa Bento XV.

O primeiro passo da Operação Eisbär foi recolher dinheiro entre os cidadãos dos Impérios Centrais para doar ao Vaticano. Erzberger viajou a Berlim com a intenção de organizar uma ampla rede de arrecadação monetária não só das fiéis e devotas comunidades católicas, mas também das luteranas e das protestantes. Os homens de negócios, os banqueiros e até mesmo as donas de casa foram obrigados pelo governo do *kaiser* Guilherme a participar ativamente na angariação de fundos sem nunca saberem que o seu destino era a Santa Sé através de uma conta criada para tal no banco suíço. Aos cidadãos alemães se dizia que o dinheiro seria utilizado na recuperação dos feridos de guerra.

Certa de que, em 1914, Bento XV herdara de Pio X os cofres papais vazios, a inteligência italiana descobria em 1915 que o pontífice conseguira misteriosamente recuperar a economia do Vaticano, sem saber que a principal fonte de renda era o próprio Guilherme e a Alemanha. O serviço secreto da Entente procurava demonstrar as suas suspeitas de que o santo padre estava nas mãos dos Impérios Centrais, pelo menos do ponto de vista financeiro. Erzberger não tinha limites impostos pelo *kaiser* na hora de passar fundos ao Vaticano.

O agente de Guilherme mantinha estreitos contatos com um diplomata da embaixada alemã em Roma, Franz von Stockhammern, que ao irromper a guerra assumira a direção do serviço de inteligência de seu país na Itália. Por intermédio do padre Antonio Lapoma, Erzberger e Stockhammern colaboravam de forma muito próxima em operações clandestinas com a Santa Aliança para evitar que a Itália entrasse na guerra. Lapoma era encarregado de inibir qualquer tentativa de políticos, partidos, movimentos populares ou organizações de levar a Itália ao conflito independentemente do bloco apoiado.

Bento XV e o cardeal secretário de Estado, Pietro Gasparri, sabiam que isso custaria milhões de marcos procedentes do *kaiser*. Mas, devido à posição neutra da Santa Sé, não foi surpresa que os jornais católicos, erguendo-se como porta-vozes das manifestações dos cidadãos italianos, se mostrassem firmes defensores da imparcialidade nacional[19]. No início de 1915, a embaixada da

---

[19] William Renzi, *The Shadow of the Sword: Italy's Neutrality and Entrance into Great War, 1914–1915* (Peter Lang, Nova York, 1987).

Áustria em Roma informou Viena de que vários periódicos católicos italianos – que na realidade eram quase meia centena – diziam que, como única simpatizante dos Impérios Centrais, a Itália se opunha à guerra.

Por meio de vários informantes, a espionagem austríaca soube que os meios de comunicação italianos estavam recebendo subsídios oriundos de fontes misteriosas e que talvez a embaixada da Alemanha em Roma estivesse envolvida. Na verdade, o dinheiro fazia parte dos fundos enviados por Guilherme à Santa Sé através dos bancos suíços e era entregue aos responsáveis dos jornais pelo próprio agente do serviço secreto pontifício, o padre Antonio Lapoma.

Sir Henry Howard, o embaixador britânico no Vaticano, recebera relatórios, certamente do cardeal Francis Aidan Gasquet, sobre suspeitas reuniões ocorridas nos aposentos privados que Franz von Stockhammern mantinha no elegante Hotel Rússia de Roma. Era ali que o diplomata alemão recepcionava seus convidados com champanhe francês e caviar russo. Entre os visitantes se encontravam cardeais, abades de mosteiros romanos e vários bispos relacionados a importantes departamentos da Santa Sé. Estes eram encarregados de escrever os artigos e às vezes até aconselhavam o diplomata alemão sobre a campanha de propaganda realizada dentro da Operação Eisbär. Dirigida por Franz von Stockhammern, do serviço de espionagem alemão, e pelo padre Antonio Lapoma, da Santa Aliança, tal campanha provocou uma mudança na opinião pública a favor dos Impérios Centrais e da neutralidade italiana em detrimento da Entente. Embora sem muito êxito, sir Henry Howard apresentou um protesto formal ao cardeal Pietro Gasparri.

Gasparri prometeu pedir mais moderação aos editores nos seus artigos e editoriais. O papa solicitou ao secretário de Estado que, caso a imprensa continuasse a atacar a Entente, escrevesse ele mesmo um artigo de censura aos editores dos periódicos no *L'Osservatore Romano*. As críticas foram um pouco atenuadas, embora em segredo o cardeal Gasparri de vez em quando desse pequenos "subsídios" a um ou outro jornal para que não publicasse nenhum artigo ou caricatura contra a Entente. Essas quantias provinham do dinheiro entregue pela Alemanha ao Vaticano[20].

Enquanto Franz von Stockhammern trabalhava estritamente com a imprensa, Mathias Erzberger o fazia com o padre Lapoma, espalhando propaganda a favor da neutralidade em vários periódicos e tentando mudar a opinião dos que desejavam uma intervenção da Itália na Primeira Guerra Mundial.

No final da primavera de 1915, os agentes pontifícios informaram os alemães de que o primeiro-ministro italiano, Antonio Salandra, e seu ministro das Relações Exteriores, Sidney Sonnino, estavam forçando o governo e o

---

[20] Idem.

parlamento a cumprir o acordo assinado secretamente por eles em Londres no mês de abril, segundo o qual a Itália deveria entrar na guerra ao lado da França e da Grã-Bretanha. O padre Lapoma pôs Erzberger em contato com Pasquale Grippo, ministro da Educação no governo de Salandra.

Lapoma contara a Mathias Erzberger sobre seus encontros clandestinos em igrejas de Roma, nos quais Grippo tinha lhe comunicado que, depois de Salandra e Sonnino terem apresentado a mencionada proposta, alguns ministros se mostraram contrários à intervenção, entre os estavam Vincenzo Rizzio, responsável pela pasta dos Correios, e Gianetto Cavasola, ministro da Agricultura. Tanto Riccio quanto Cavasola se revelavam firmes defensores da neutralidade a qualquer preço[21].

A informação de Pasquale Grippo sugeria a Viena e a Berlim que fora aberta uma brecha na imparcialidade italiana. O serviço secreto alemão e o governo austríaco depositaram suas esperanças em Giovanni Giolitti, destacada político com grande influência em outros meios sociais e no Parlamento. Para Erzberger, Stockhammern e o padre Lapoma, era preciso ganhar tempo e, se fosse necessário, até comprá-lo. Erzberger recebeu de Berlim 5 milhões de liras para distribuir a diversos parlamentares italiano. Os austríacos compraram vários dos seus membros, e os alemães, por meio de Stockhammern, subornaram boa parte dos jornalistas, que deveriam incrementar os seus ataques à Entente. Lapoma, por sua vez, recolheria assinaturas de bispos e cardeais contra a guerra. Nessa tarefa seria ajudado pelo padre Fonck, diretor do Instituto Bíblico Jesuíta e antigo membro da contra-espionagem vaticana, e por monsenhor Boncompagni, alto dignitário da Santa Sé com boas relações na cúria romana e na aristocracia de Roma[22].

Como era previsto, por ordem do *kaiser* Guilherme a embaixada da Alemanha. Era necessário o apoio de Bento XV. Na noite de 6 de maio, Franz von Stockhammern, auxiliado pela Santa Aliança e por monsenhor Giuseppe Migone, secretário do sumo pontífice, conseguiu entrar no Vaticano. Embora a Guarda Suíça tivesse fechado as portas às nove da noite e o serviço de espionagem e a polícia italiana estivessem vigiando as entradas, monsenhor Migone pôde introduzir o espião Stockhammern nas dependências papais. Num pequeno salão o santo padre esperava por ele.

Bento XV acreditava que Sidney Sonnino, ministro das Relações Exteriores, estava fazendo um jogo muito perigoso com o destino da Itália. Nessa reunião secreta, Stockhammern propôs abertamente lhe entregar os territórios do

---

[21] Idem.
[22] William Renzi, *The Shadow of the Sword*, cit., e Alberto Monticone, *La Germania e la neutralità italiana, 1914–1915* (Il Mulino, Bolonha, 1971).

Trentino austríaco se ele conseguisse impedir a Itália de entrar na guerra. Na nova reunião do gabinete, Bento XV ofereceu ao agente da espionagem alemã no governo italiano todo o apoio do Vaticano; realmente não era necessário falar de Pasquale Grippo. Mas nem com todas essas armações secretas, os encontros clandestinos, as campanhas de propaganda, o esforço de Franz von Stockhammern, Mathias Erzberger[23] ou Antonio Lapoma o serviço secreto alemão e a Santa Aliança puderam evitar o inevitável: em 23 de maio de 1915, a Itália declarou guerra à Áustria[24].

Pouco depois a espionagem italiana descobriu que o serviço secreto alemão mantinha ligações com a Santa Aliança e com o próprio papa para influenciar nas decisões políticas do governo de Itália, o que demonstrava a conivência da Santa Sé com os Impérios Centrais. Quando a Itália entrou no conflito, a Alemanha e a Áustria fecharam as embaixadas em Roma e os seus diplomatas foram chamados a Berlim e a Viena. As embaixadas alemã e austríaca no Vaticano foram instaladas na cidade suíça de Lugano, e Franz von Stockhammern deslocou também para a neutra Suíça as operações de espionagem. Graças à segurança que Lugano proporcionava, a Alemanha organizaria, em parceria com a Santa Aliança, atos clandestinos contra a Itália e os outros países da Entente[25]. Um deles ocorreria na Irlanda, financiado pelos fundos doados por Guilherme ao Vaticano, que estavam nas contas secretas dos bancos suíços.

O serviço secreto britânico descobriu que Roger Casement, um aposentado do corpo consular, estabeleceu contato com o conde Von Bernstorff, embaixador da Alemanha em Washington. Nascido na Irlanda em 1864, Casement trabalhou como cônsul inglês em diversos países da África e no Brasil, onde denunciou a situação de escravidão em que viviam os trabalhadores da borracha. Roger Casement foi nomeado "Cavaleiro" do Império Britânico pelo rei Eduardo VII em 1911, mesmo ano em que tentou organizar uma revolta contra a Grã-Bretanha, a nação a que ele servira durante anos[26].

---

[23] O político e espião Mathias Erzberger foi eleito deputado no Reichstag, ministro da Fazenda do Império e secretário de Estado, tendo sido autor de uma célebre e pouco feliz frase, que o perseguiria até a fim de seus dias: "Ninguém deve se inquietar por quebrar o direito dos povos ou violar as leis da hospitalidade". Como presidente, Erzberger faria parte da delegação alemã que assinaria o armistício na Primeira Guerra Mundial. Em 1921, foi assassinado por um bando da extrema-direita simpatizante do Partido Nacional-Socialista (os nazistas), acusado de ter vendido a Alemanha às potências da Entente em troca da assinatura do armistício.

[24] Em julho de 1916, a Itália declarou guerra à Alemanha, catorze meses depois de tê-lo feito à Áustria.

[25] David Alvarez, *Spies in the Vatican*, cit.

[26] Brian Inglis, *Roger Casement* (Penguin Books, Londres, 2003).

O antigo diplomata expôs ao embaixador alemão em Washington o apoio do *kaiser* Guilherme II à causa irlandesa. A idéia de Casement era incitar os irlandeses contra as tropas britânicas. Para os alemães isso poderia significar uma boa manobra de distração. Se os irlandeses organizassem uma revolta, para acabar com ela Londres não teria outra saída senão enviar unidades de combate à ilha, retirando-as da frente.

Em 2 de novembro de 1915, Roger Casement chegou a Berlim, onde compareceu a vários encontros. A chamada Operação Eire foi confiada a Franz von Stockhammern. O espião alemão ouviu os discursos patrióticos de Casement sobre a necessidade de expulsar os britânicos da Irlanda, mas a Stockhammern apenas interessava que a Grã-Bretanha retirasse suas tropas da frente – e, se preciso fosse, compraria até o próprio diabo para atingir seu objetivo[27].

Casement propôs a Stockhammern a criação de uma tropa irlandesa, financiada e equipada pela Alemanha. Esse suposto contingente seria formado por prisioneiros irlandeses que pertenciam ao exército britânico e haviam sido recolhidos nos campos de concentração alemães. O próprio Casement se encarregaria do recrutamento, e Stockhammern seria o responsável por financiar e armar a tropa[28].

O armamento do pequeno exército irlandês seria uma parte do destinado aos russos na frente oriental, mas o financiamento era outro problema. O espião alemão se lembrou, então, dos fundos entregues pelo *kaiser* ao papa por seu apoio à neutralidade italiana, boa parte dos quais ainda estava depositada em contas secretas do Vaticano. O chefe da espionagem alemã sabia que, se a operação fosse descoberta, a Alemanha apenas teria de rejeitar as acusações e dirigi-las à Santa Sé. Franz von Stockhammern pensava que seria simples explicar a conivência da Igreja na rebelião dos patriotas "católicos" irlandeses contra o exército "protestante" britânico, mas não contou que a cabeça de Bento XV, no século XX, não fosse igual à de Pio V, no século XVI.

Enquanto Roger Casement percorria os campos de prisioneiros alemães em busca de irlandeses, o dinheiro, que antes era da Santa Sé, começou a entrar numa conta secreta na Suíça aberta em seu nome. Algumas semanas depois, pouco mais de uma centena de homens aceitou a proposta de Casement para ingressar no suposto exército rebelde irlandês.

Toda a operação estava sob o controle dos alemães até que a Santa Aliança, por meio do padre Antonio Lapoma, detectou o desvio de fundos pontifícios

---

[27] Reinhard R. Doerries, *Sir Roger Casement in Imperial Germany, 1914–1916* (Irish Academic Printed, Dublin, 2000).

[28] Adrian Weale, *Patriot Traitors: Roger Casement, John Amery and the Real Meaning of Treason* (Penguin Books, Londres, 2001).

para uma conta que pertencia a um tal de Roger Casement. Após terem sido informados o secretário de Estado, Pietro Gasparri, e o papa Bento XV, foi convocada uma reunião de urgência com Franz von Stockhammern na cidade suíça de Lucerna, onde os enviados do santo padre pediram explicações ao serviço de espionagem alemão. Stockhammern explicou que estavam recrutando irlandeses que odiavam os ingleses e queriam combater ao lado dos alemães.

O grupo de Casement foi enviado para Zossen, um lugar seguro e afastado da curiosidade ao sul de Berlim. Por outro lado, o antigo diplomata irlandês a serviço dos britânicos obteve a libertação de mais três irlandeses que estavam detidos no campo de Ruthleben, depois de terem sido capturados na França. Casement decidiu mandá-los para a Irlanda por meio das vias clandestinas com o objetivo de iludir os líderes revolucionários irlandeses. Na cidade de Cork um deles foi preso e enviado a Londres para ser interrogado.

Após ser comprado com dinheiro e em troca de continuar vivo, o homem decidiu revelar aos britânicos toda a Operação Eire, bem como as ligações de Roger Casement com os alemães e, mesmo sem ter como confirmá-las, com o Vaticano. Ao saber que um dos três "mensageiros" fora preso, Casement quis abortar imediatamente a operação, mas Franz von Stockhammern o impediu, usando como argumento a grande soma que havia sido gasta para financiá-la.

Assustado com as possíveis conseqüências, Roger Casement preferiu se afastar, passando o controle da operação a John Devoy, um líder revolucionário irlandês nos Estados Unidos[29]. Tanto Devoy quanto o juiz Cohalan, outro líder irlandês em Washington, propuseram aos alemães o apoio para criar uma República da Irlanda, mas o *kaiser* queria resultados imediatos e não ilusões em que poucos podiam acreditar.

Os telegramas entre a embaixada da Alemanha em Washington e o serviço secreto alemão em Berlim possibilitaram aos britânicos obter a informação mais importante do plano. O desembarque deveria ocorrer nas praias de Tralee Bay. Avisado no último momento, Roger Casement ainda protestou, alegando que essas praias eram continuamente castigadas por fortes ventos, o que complicaria ainda mais o desembarque de homens e de armas – mas era tarde demais. Casement foi conduzido a um submarino e levado para a costa irlandesa[30].

No início de abril, planejaram com Stockhammern que um barco, o Aud, disfarçado de um neutro pesqueiro norueguês, desembarcaria 20 mil espingardas russas na baía de Tralee entre os dias 21 e 24. Foi escolhido o dia 23, Domingo de Páscoa, para a rebelião. Contudo, parece que esperavam também mais ajuda dos alemães do que eles se mostravam dispostos a dar. Ao saber que

---

[29] Eddy Bauer, *Espías: enciclopedia del espionaje*, cit.
[30] John O'Beirne Ranelagh, *A Short History of Ireland*, cit.

os líderes irlandeses estavam enganados, Casement quis chegar à Irlanda em um submarino alemão para avisar Clarke e deter um levante de cujo fracasso estava convencido[31].

Na verdade, a intervenção da espionagem papal no Levante da Páscoa de 1916 teve diferentes versões ao longo da história. Uma delas, bastante ampla, foi que, justamente duas semanas após o começo da guerra, o serviço criptográfico da Santa Aliança conseguira decifrar os códigos navais alemães e os passara a Churchill, primeiro lord do Almirantado. Outras fontes asseguram que foram os russos que os decifraram e os entregaram a Winston Churchill em Murmansk. De qualquer modo, com esses códigos em seu poder, o serviço secreto naval britânico descobriu que os alemães pretendiam colocar a bordo do Aud milhares de armas para os rebeldes irlandeses. Quando as unidades navais britânicas procuraram deter o pesqueiro nas costas de Iralee Bay, o barco atracou no pavilhão da Marinha imperial e pouco depois explodiu[32].

O desembarque de Roger Casement ocorreu ao nascer do dia 21 de abril de 1916, Sexta-feira Santa. Dois dos chefes da revolta, Monteith e Casey, remavam na pequena embarcação em direção à costa, mas uma grande onda virou o barco. Com muito esforço, Casement e Monteith conseguiram alcançar terra a nado, mas Casey não resistiu. Enquanto recuperavam as forças, foram cercados por soldados do exército britânico que os aguardavam na praia. Assim, a tão sonhada revolta teve um fim trágico[33].

Todos os planos do levante pareciam ter saído mal. Quando no Sábado de Aleluia foi dada a notícia de que o Aud havia sido interceptado pela Marinha Real e que sir Roger Casement fora detido perto de Tralee, no condado de Kerry, os responsáveis pela insurreição perceberam que ela estava condenada ao fracasso, cancelando-a. As autoridades inglesas em Dublin ainda tentaram pressionar para que cerca de sessenta a cem homens importantes do Exército do Cidadão e dos Voluntários Irlandeses fossem presos, mas a autorização de Londres chegaria muito tarde, na segunda-feira após a Páscoa.

Ao meio-dia, Connolly e Pearse dirigiram-se com um grupo a Sackville Street (O'Connell Street desde 1924) e entraram no prédio dos Correios, onde James Connolly, aproximando-se de seus homens, proclamou que eles já não eram membros do Exército do Cidadão Irlandês nem dos Voluntários Irlandeses, mas do "Exército Republicano Irlandês". O IRA aparecia em cena pela primeira vez[34].

---

[31] Reinhard R. Doerries, *Sir Roger Casement in Imperial Germany*, cit.
[32] Eddy Bauer, *Espías: enciclopedia del espionaje*, cit.
[33] Reinhard R. Doerries, *Sir Roger Casement in Imperial Germany*, cit.
[34] Brendan O'Brien, *The Long War. The IRA & Sinn Fein from Armed Struggle to Peace Talks* (The O'Brien Press, Dublin, 1993).

As tropas britânicas de Dublin foram atacadas de surpresa, mas rapidamente se mobilizaram. As forças irlandesas não tardaram a ser derrotadas e os cabeças, levados para a prisão. Até o dia 8 de maio, foi executada mais de uma dezena de líderes rebeldes. No total, 77 sentenças de morte foram pronunciadas e, embora a maioria delas não tenha sido cumprida, os chefes da insurreição passaram de "verdadeiros indesejáveis" a "autênticos heróis nacionais". No dia 13 de agosto de 1916, Roger Casement foi executado na prisão de Pentonville, aos 52 anos[35].

Algumas fontes do serviço secreto britânico acusaram a Santa Aliança de, num primeiro momento, ter apoiado o Levante da Páscoa e os planos esboçados por Franz von Stockhammern, da inteligência alemã, e Roger Casement. Mas outros historiadores, na maioria irlandeses, acusaram o papa Bento XV, o cardeal Pietro Gasparri, seu secretário de Estado, e o padre Antonio Lapoma, agente da espionagem pontifícia, de terem abandonado a Irlanda católica na luta contra a protestante Grã-Bretanha. Algumas biografias de Roger Casement asseguram também que um espião do Vaticano (talvez o padre Lapoma) entregara Casement aos ingleses na praia de Tralee Bay por ordem do santo padre ou de Pietro Gasparri. Ao que parece, Bento XV não ficou muito convencido do uso dos fundos por parte da espionagem alemã para financiar a revolta irlandesa, montantes estes que se destinavam principalmente a cobrir os gastos da Santa Sé e da sua debilitada economia.

A verdade é que, nesse acontecimento histórico, conhecido por Levante da Páscoa de 1916, a intervenção a favor ou contra o Vaticano, do papa Bento XV e do seu próprio serviço de espionagem, a Santa Aliança, até hoje continua a ser mais um dos mistérios que envolvem a Santa Sé.

Contudo, tanto a Primeira Guerra Mundial quanto as operações de Franz von Stockhammern e da Santa Aliança continuavam no seu pleno apogeu. Numa manhã de abril de 1916, a contra-espionagem italiana recebeu a visita de um advogado chamado Antonio Celletti. Ele declarou que Archita Valente, de quem alegava ser amigo, andava muito interessado nos anúncios publicados do *Giornale d'Italia* e nos estranhos pacotes que recebia de pessoas desconhecidas[36].

Em maio, Valente pediu a Giuseppe Grassi, também amigo de Celletti, que levasse algumas cartas ao barão Stockhammern à cidade suíça de Lucerna. Sem Valente saber ao certo no que estava metido, Grassi comentou com Celletti a tarefa que lhe fora encomendada e este se ofereceu para fazer a entrega no lugar dele. De posse da correspondência e das contra-senhas dadas por Grassi,

---

[35] Adrian Weale, *Patriot Traitors*, cit.
[36] David Alvarez, *Spies in the Vatican*, cit.

Celletti viajou para Lucerna a fim de se encontrar com o barão Stockhammern. Na Suíça, Celletti foi recebido por Mario Pomarici, um jornalista italiano claramente germanista e que por dinheiro escrevera diversos artigos contra o intervencionismo da Itália na guerra.

Pomarici se tornara um dos principais homens de confiança do chefe da espionagem alemã na Suíça, Franz von Stockhammern, o qual disse a Celletti que Valente era um agente alemão na Itália e que a sua principal tarefa era recolher informações sobre as relações italianas com a Entente e o Vaticano. No seu regresso a Roma, Antonio Celletti denunciou a conspiração ao serviço secreto da Itália. Assim, em julho de 1916, a contra-espionagem italiana tinha já provas suficientes contra Archita Valente e Mario Pomarici, mas os tribunais só conseguiram incriminá-los por alta traição em novembro.

Quando começou a estudar as mensagens codificadas por Valente no *Giornale d'Italia*, o serviço de inteligência de Roma descobriu uma ampla rede de comunicações entre Stockhammern e seus espiões no interior de Itália e no Vaticano. A informação foi passada aos responsáveis pela Santa Aliança, que a encaminharam para a contra-espionagem, o Sodalitium Pianum. Numa das mensagens, Valente citava um tal "cavalieri A" ou "cavalieri G". Interrogado pela espionagem italiana, Archita Valente confessou que tanto "A" quanto "G" eram Giuseppe Ambrogetti, um advogado romano que em muitas ocasiões atuara como carteiro de Bento XV em missões especiais e mensageiro de alguns cardeais e bispos. Na verdade, Ambrogetti era um experimentado agente espionagem vaticana que fora inclusive condecorado pelo próprio pontífice por "serviços prestados à Igreja"[37].

O espião papal foi detido e, talvez para salvar a própria pele, confessou aos italianos que realmente era "A", mas não "G". Ambrogetti revelou que se infiltrara no serviço secreto alemão por ordem da Santa Aliança e que o dinheiro recebido fora depositado no Vaticano. Diante das pressões dos agentes do serviço secreto italiano, Giuseppe Ambrogetti declarou que "G" era monsenhor Rudolph Gerlach, um religioso bávaro que havia sido camareiro e confidente de Bento XV.

Nas suas declarações, Archita Valente confessou que, durante a época de neutralidade italiana, monsenhor Gerlach passara grandes somas de dinheiro procedentes de Franz von Stockhammern a vários jornais e jornalistas e que, numa ocasião específica, o próprio Gerlach fizera entregas a Ambrogetti, o agente da Santa Aliança. O dinheiro recebido pelo bávaro estava depositado em diversas contas numeradas na Suíça. Por sua vez, Giuseppe Ambrogetti disse que a espionagem papal estava vigiando Gerlach sob vigilância. Quando

---

[37] Idem.

o religioso bávaro passou pela prestigiada Academia Eclesiástica Pontifícia, circularam boatos sobre seu caráter e a sinceridade da sua vocação. Foi nessa época que, apesar de considerá-lo um homem ambicioso e muito inteligente, a Santa Aliança, por meio do SP, colocou-se no seu encalço.

Os primeiros sinais surgiram quando Gerlach foi indicado para ocupar um cargo na nunciatura da Baviera. O cardeal Andrea Frühwirth, responsável pela embaixada pontifícia, não quis aceitá-lo no seu gabinete e assim o bávaro continuou em Roma. Na Cidade Eterna manteve contatos com Giacomo Della Chiesa quando o então arcebispo de Bolonha chegava a Roma para receber o capelo cardinalício. Já como papa Bento XV, Della Chiesa colocou monsenhor Rudolph Gerlach a seu serviço, mas o cargo não era suficiente para um aventureiro tão inescrupuloso como ele[38].

A Santa Aliança não se surpreendeu nem um pouco ao descobrir que Gerlach era um traidor. O Sodalitium Pianum já havia falado sobre as contínuas visitas do religioso bávaro às embaixadas da Áustria e da Alemanha em Roma durante a neutralidade da Itália. Os italianos estavam convencidos de que Rudolph Gerlach era o núcleo do serviço de espionagem do *kaiser* na Santa Sé. Se dependesse do governo italiano, todos seriam acusados de espionagem e de alta traição, acabando por fuzilados, mas isso abriria o caminho do escândalo à imprensa. O Vaticano e, em especial, a cúria romana que rodeava o santo padre queriam virar a página do caso Gerlach o mais rapidamente possível.

Pouco a pouco, o Vaticano e a Santa Aliança foram informados pelo serviço secreto italiano sobre os avanços na investigação a respeito do antigo camareiro papal. Em 5 de janeiro de 1917, monsenhor Gerlach foi escoltado por agentes italianos até a fronteira com a Suíça, enquanto Archita Valente e Giuseppe Ambrogetti eram implicados em casos de conspiração por crimes de alta traição e espionagem[39]. Rudolph Gerlach não estava presente no tribunal e por isso não pôde testemunhar nem se defender. Na primavera daquele ano, Valente foi condenado à morte, Gerlach, à prisão perpétua à revelia e Ambrogetti, a três anos de prisão. Graças a um protetor secreto, talvez a Santa Aliança, Giuseppe Ambrogetti permaneceu apenas um dia na prisão.

O caso Gerlach foi talvez um dos maiores escândalos da história do pontificado. A comprovação de que o bávaro havia traído o papa e o Vaticano levou Bento XV a uma profunda depressão. O cardeal secretário de Estado, Pietro Gasparri, pediu numa carta a Gerlach que se apresentasse na Santa Sé para responder às acusações, mas ele nunca deu sinal de vida, preferindo se manter refugiado na tranqüila Suíça, a salvo do longo braço do serviço secreto italiano.

---

[38] John F. Pollard, *The Unknown Pope: Benedict XV*, cit.
[39] David Alvarez, *Spies in the Vatican*, cit.

Um tribunal militar isentou o Vaticano, o papa Bento XV, o secretário Pietro Gasparri, o Sodalitium Pianum e a Santa Aliança de qualquer responsabilidade no escândalo provocado pelo caso Gerlach. Mas não resta a menor dúvida de que o envolvimento do agente pontifício Giuseppe Ambrogetti nisso não ajudaria em nada a imagem de neutralidade que a Santa Sé queria passar. De Londres, Paris, Roma e Washington, começaram a chegar insinuações de que a Igreja simpatizava com os Impérios Centrais e que o serviço secreto papal trabalhava a favor da sua vitória. E, para a Tríplice Entente, o caso Rudolph Gerlach demonstrava exatamente isso. O antigo camareiro utilizara a Santa Sé para fornecer informações a uma potência inimiga em tempo de guerra. Anos depois, descobriu-se também que o Vaticano havia pagado ao advogado de monsenhor Gerlach para defendê-lo no tribunal militar que o acusara de alta traição.

Houve até um agente da Santa Aliança que tentou sem muitas esperanças convencer o general Luigi Cardona, comandante-chefe do Exército italiano, a intervir no tribunal para que o nome de Gerlach fosse retirado da acusação. E também se soube que monsenhor Federico Tedeschini, da Secretaria de Estado, dissera diante da espionagem italiana e do tribunal militar que, após observar as atuações diplomáticas do Vaticano e conforme as normas de censura impostas pelo governo da Itália, a correspondência da Secretaria ficara restrita aos países que constituíam os Impérios Centrais. Tedeschini admitiu que, no final de 1915 e no início de 1916, monsenhor Gerlach trocara várias cartas com Erzberger e Franz von Stockhammern, ambos reconhecidos espiões do *kaiser*, e que essa mesma correspondência fora autorizada pelo próprio papa Bento XV. O sumo pontífice explicou-se dizendo que a autorização tinha como objetivo convencer a Alemanha a acabar com os bombardeios sobre as populações civis, bem como permitir a transferência de soldados franceses e alemães feridos para a Suíça. Gerlach afirmou que nunca se correspondera com agentes alemães em países neutros por ordem do santo padre, embora tenha reconhecido que passava enormes somas de dinheiro procedentes de Berlim para jornais como *La Vittoria* a fim de manter uma linha em prol da neutralidade italiana. Um relatório de Mathias Erzberger para Berlim indicava que monsenhor Gerlach era o principal canal de informação do serviço de espionagem nos círculos próximos do papa.

Nos últimos dias da neutralidade italiana, Erzberger autorizou monsenhor Gerlach a distribuir cerca de 5 milhões de liras a membros da cúria, jornalistas e políticos, num derradeiro esforço para que o país não entrasse na guerra. Mesmo depois de o governo de Roma ter declarado ser partidário da Entente, Gerlach continuou a receber enormes quantias da parte de Stockhammern. Em novembro de 1915, o serviço secreto alemão informou que foram pagos cerca de 200 mil liras ao padre Lapoma, agente da Santa Aliança, e também a monsenhor Francesco Marchetti-Selvaggiani, o núncio papal na Suíça. Desde maio daquele ano, monsenhor Gerlach fora o principal agente alemão no interior da Santa Sé e, quando o caso veio à tona e a Itália exigiu da Igreja o nome dos responsáveis, Bento XV apenas respondeu que o Vaticano havia sido a principal vítima.

Gerlach mudou-se definitivamente para a Suíça, onde depois foi condecorado pelo *kaiser* Guilherme II da Alemanha e pelo imperador Carlos I da Áustria, que sucedera seu avô, Francisco José I, após a sua morte, em 21 de novembro de 1916. Em pouco tempo Gerlach abandonou a vida eclesiástica e, terminada a guerra, várias nações o distinguiram com medalhas por seus serviços prestados[40].

O caso Gerlach só acabou comprovando a simpatia de Bento XV pelos inimigos da Itália. As atividades do santo padre e de seus mais fiéis conselheiros passaram a ser mais vigiadas pelo serviço secreto italiano com o propósito de assegurar que os Impérios Centrais não usariam o Vaticano como fonte de espionagem. Alguns meses depois, a Santa Aliança soube que no Tratado de Londres assinado por Sonnino, ministro das Relações Exteriores, havia sido incluído secretamente o chamado "Artigo 15", com o apoio de Londres, Paris e São Petersburgo. O tratado formalizava a entrada da Itália na guerra e a cláusula proibia a intervenção da Santa Sé, do pontífice ou de qualquer alto dignitário da Igreja numa futura conferência de paz[41].

No início de 1917, tanto a Entente quanto os Impérios Centrais começavam a perceber que apenas uma solução negociada acabaria com a carnificina na qual se convertera a Primeira Guerra Mundial. Os anos seguintes veriam movimentações para alcançar a paz ou pelo menos reduzir o número de inimigos, e a partir de então os serviços secretos, incluindo a Santa Aliança e o Sodalitium Pianum, teriam como principal função ser meros intermediários nessa busca.

---

[40] Após a guerra, monsenhor Rudolph Gerlach enviou uma carta a Bento XV na qual lhe pedia que o liberasse dos votos sacerdotais. A solicitação seria aceita desde que Gerlach devolvesse uma série de documentos confidenciais que tinha levado da Santa Sé quando partira para a Suíça. Diz-se que esses documentos comprovavam a intervenção do Vaticano contra a Itália e a autorização do santo padre ou de seu secretário de Estado, Pietro Gasparri, para a Santa Aliança realizar operações secretas a favor dos Impérios Centrais. Ver William Renzi, *The Shadow of the Sword*, cit.

[41] David Alvarez, *Spies in the Vatican*, cit.

CAPÍTULO DOZE

INTRIGAS PELA PAZ
(1917-1922)

> Entre os homens iníquos não me assento,
> nem me associo aos trapaceiros.
>
> *Salmos 25:4**

Nos últimos anos da Primeira Guerra Mundial, os principais alvos da inteligência italiana eram a Áustria e a Santa Sé. Um dos espiões mais eficientes no interior do Vaticano foi o barão Carlo Monti, que dirigia o Departamento de Assuntos Religiosos, a seção do Ministério da Justiça da Itália responsável por tudo o que dissesse respeito às relações entre a Igreja e o Estado.

Extra-oficialmente, Monti tornou-se o canal de comunicação entre o governo de Roma e a Santa Sé e de certa maneira a ponte entre o serviço secreto italiano e a espionagem pontifícia. Isso foi possível graças também à estreita relação que o barão mantinha com o papa desde que ambos haviam sido companheiros de colégio em Gênova. De fato, Monti agia no Vaticano de forma explícita e sem nenhum tipo de subterfúgio. As informações que ele passava à espionagem italiana eram voluntariamente fornecidas pelos mais próximos colaboradores de Bento XV e com o seu total conhecimento[1].

Em geral, a informação recebida, na maioria por agentes "livres"[2] da Santa Aliança, referia-se a intenções da administração pontifícia em relação a determinado assunto, troca de informações sobre políticos ou notícias recolhidas por espiões do santo padre em alguma capital estrangeira. Em certas ocasiões, o barão Carlo Monti recorria ao serviço secreto papal, como aconteceu em fevereiro de 1917, quando o Vaticano alertou a espionagem italiana sobre a

---
* *Bíblia Católica Online*, cit. (N. T.)
[1] John F. Pollard, *The Unknown Pope: Benedict XV*, cit.
[2] São os agentes da espionagem pontifícia autorizados pelo papa a fornecer certas informações a outros serviços secretos.

deterioração social pela qual passava o interior da Rússia do czar Nicolau. Monti até mesmo participava das reuniões entre Bento XV e seus cardeais e tomava conhecimento das mensagens secretas cifradas enviadas pelo sumo pontífice ou pelo secretário de Estado às nunciaturas. O Diretório Geral de Segurança Pública era o departamento italiano que vigiava as atividades da Santa Sé e de seu pessoal. Cesare Bertini, o comissário de polícia do Borgo – bairro romano onde se situava o Vaticano –, posicionara um grande número de agentes secretos nos mais importantes acessos ao Vaticano, criando postos de observação de onde se controlava principalmente a movimentação de diplomatas, jornalistas e altos membros da cúria romana[3].

Agentes de Bertini à paisana entravam todos os dias nas dependências e nas áreas de lazer da Guarda Suíça para recolher informações. O principal grupo de informantes no seio da Santa Sé era o chamado Vaticaneto. Constituído por importantes eclesiásticos de Roma durante o pontificado de Pio X, formava um bloco de oposição a Bento XV, que afastara seus membros do poder. Seus líderes eram o cardeal Rafael Merry del Val, secretário de Estado de Pio X, monsenhor Nicola Canali, subsecretário de Estado, e os dois camareiros papais, monsenhores Carlo Caccia-Dominioni e Arborio Mella Di Sant'Ellia. A vingança como único fim era a máxima do círculo Vaticaneto, e suas iniciativas pretendiam humilhar o santo padre, denegrir a política do Vaticano, colocar obstáculos ao serviço diplomático papal no exterior e desnudar todas as operações da Santa Aliança, denunciando-as aos serviços secretos aliados ou adversários[4].

Entre a informação manipulada pelo Vaticaneto e passada à inteligência italiana encontrava-se, por exemplo, um relatório datado de 22 de março de 1915, no qual se descrevia a compra de espingardas para a Guarda Suíça fornecidas por um vendedor relacionado ao serviço secreto austríaco. Outro, de 9 de setembro de 1916, informava que o capelão da Guarda Suíça colaborava em termos de espionagem com a embaixada da Áustria. Um terceiro, de outubro de 1916, relatava que monsenhor Gerlach entregava plantas dos portos de Ancona e Bari para facilitar o ataque de submarinos alemães. Outro ainda afirmava que o diretor da Farmácia Vaticana era realmente um espião do *kaiser*. Na verdade, tratavam-se de informações falsas que pretendiam denegrir a imagem do papa e de seus serviços secretos e diplomáticos.

Embora consideradas falsas pelos italianos, algumas informações eram verdadeiras, como o convite feito pelo rei Afonso XIII ao sumo pontífice para se

---

[3] David Alvarez, *Spies in the Vatican*, cit.

[4] Antonio Scotta, *La conciliazione ufficiosa: diario del barone Carlo Monti* (Libreria Editrice Vaticana, Cidade do Vaticano, 1997).

instalar na Espanha, em virtude da posição hostil do governo italiano em relação Vaticano, ou a descoberta, em março de 1917, da tentativa de mediação do monarca espanhol perante o imperador Carlos I da Áustria na busca de uma paz separada da Alemanha com as potências da Entente[5].

Uma das iniciativas para alcançar a paz seria realizada por dois agentes da espionagem papal, o conde Werner de Merodè e sua mulher, Paulina de Merodè. Durante muitos anos, o nobre servira à Santa Aliança como um mensageiro especial. Na verdade, tanto ele quanto sua esposa trabalharam para a Secretaria de Estado vaticana e para o seu chefe, cardeal Pietro Gasparri, levando mensagens pontifícias às altas hierarquias eclesiásticas das nações ocupadas pela Alemanha.

No começo de abril de 1917, um agente da Santa Aliança simpatizante da Alemanha – possivelmente o padre Antonio Lapoma – entrou em contato com Werner de Merodè para combinar um encontro com o barão Von der Lancken, antigo oficial da Guarda Imperial, diplomata e membro da espionagem do *kaiser*. Merodè vinha de uma das famílias mais antigas da França, e Von der Lancken era o chefe do serviço de inteligência alemão na Bélgica.

Werner de Merodè contou ao barão que alguns renomados políticos da Entente queriam realizar um encontro num lugar neutro – a Suíça, por exemplo. O alemão perguntou a Merodè a que "altas esferas" ele se referia, e o nobre belga citou três nomes: "Paul Deschanel, presidente da Assembléia Nacional francesa, Jules Cambon, secretário geral do Ministério das Relações Exteriores, e Aristide Brian, ex-presidente do Conselho".

Após Franz von Stockhammern, chefe da espionagem alemã na Suíça, Zimmermann, secretário de Estado, e o chanceler Bethman-Hollweg serem informados disso, Von der Lancken esperou novas notícias sobre o encontro[6].

A inteligência alemã e a Santa Aliança consideravam Deschanel antiaustríaco demais e Cambon muito indiscreto. Assim, restava apenas Brian, adversário político de Clemenceau, o mais ferrenho belicista, que se negava a qualquer negociação secreta com os Impérios Centrais.

Werner de Merodè propôs a Brian que se encontrasse com Von der Lancken na Suíça, mas o político francês, por mais amante da paz que fosse, se via na obrigação de informar o fato a Raymond Poincaré, o presidente da República. Apesar das advertências do presidente, Brian decidiu solicitar ao primeiro-ministro belga, De Brocqueville, a sua presença no encontro, que deveria ocorrer em 22 de setembro de 1917. Treze dias antes, Brian voltou a contatar Poincaré para lhe dizer o lugar e o dia do encontro. Como testemunha neutra

---

[5] Eddy Bauer, *Espías: enciclopedia del espionaje*, cit.
[6] Idem.

esteve o jovem monsenhor Eugenio Pacelli, futuro papa Pio XII, que ao que parece estava ali a mando do Sodalitium Pianum.

Ao tentar sair da França para a Suíça, Brian foi impedido. Os serviços secretos franceses avisaram ao presidente Poincaré que os alemães, com o apoio da Santa Aliança, preparavam uma emboscada para capturar o ex-presidente do Conselho. Alguém de dentro do Vaticano teria alertado a inteligência italiana e esta, por sua vez, comunicara a espionagem da França. Certas fontes garantem que foi o cardeal inglês Francis Aidan Gasquet[7] que vazou para o serviço secreto italiano a informação sobre o encontro de Brian com Von der Lancken na Suíça. Na verdade, Gasquet receava que a espionagem alemã, auxiliada pelo serviço de inteligência papal, procurasse uma solução negociada e que no final a paz deixasse no poder o *kaiser* Guilherme e o imperador Carlos sem nenhum tipo de reparação por parte da Alemanha e da Áustria-Hungria.

Mas outra personalidade, amante das intrigas, entraria no jogo das mediações. Assim como o barão alemão, esse alto dignitário da Igreja católica tinha influência sobre a Santa Aliança. Além disso, dispunha de uma das melhores redes de espionagem de todo o mundo e talvez até a mais antiga: trata-se de monsenhor Eugenio Pacelli e do Sodalitium Pianum.

A princípio, a Santa Aliança e a contra-espionagem pontifícia estavam dispostas a apoiar a ação do papado, ao mesmo tempo em que dependiam estritamente da Santa Sé. Na verdade, ambos os serviços de inteligência eram os instrumentos de Bento XV para que se mantivesse sempre informado dos movimentos dos adversários na busca pela paz e até mesmo para dar um pequeno impulso, como ocorreu em maio de 1917. No dia 20, monsenhor Eugenio Pacelli saiu de Roma para Munique via Suíça. O homem que o papa acabara de nomear núncio na capital bávara tinha apenas quarenta anos de idade[8].

Uma calvície precoce, um nariz anguloso, uma magreza aguda e os olhos fundos lhe davam o aspecto de um humilde frade. Os seus amplos conhecimentos da diplomacia papal, especialmente no âmbito das questões européias, seriam cruciais para cumprir a incumbência recebida do santo padre. Em 1914, quando era subsecretário de Estado sob o pontificado de Pio X, Pacelli foi enviado a Viena em missão secreta para estabelecer contatos de alto nível com a ajuda de monsenhor Umberto Benigni, o responsável pela contra-espionagem da Santa Sé. Em janeiro de 1917, quando teve início a chamada Negociação Sisto,

---

[7] Nascido em Londres a 5 de outubro de 1856, foi sagrado padre da Ordem Beneditina. Elevado a cardeal em 25 de maio de 1914, foi nomeado pelo papa arquivista da Biblioteca Vaticana e, por fim, responsável pelos Arquivos Secretos do Vaticano em 9 de maio de 1919. O cardeal Gasquet faleceu em 5 de abril de 1929.

[8] M. Conway, *Catholic Politics in Europe: 1918–1945* (Routledge, Nova York, 1997).

monsenhor Eugenio Pacelli encontrou-se pela primeira vez com o conde Goluchowski, o representante do *kaiser*.

Após tomar posse de seu novo cargo em Munique, o núncio Pacelli foi enviado a Berlim em 26 de junho e três dias depois era recebido por Guilherme II no quartel-general do Alto Comando em Bad-Kreuznach. O encontro entre ambos decorreu de forma descontraída. Pacelli entregou ao imperador uma carta manuscrita de Bento XV, na qual ele exprimia os seus desejos de alcançar uma paz estável para eliminar os efeitos desastrosos da guerra. Em seguida, Eugenio Pacelli tentou convencer o *kaiser* da necessidade de a Alemanha aceitar a mediação pontifícia com os países da Entente[9].

Ao tentar pressionar Guilherme II para que aceitasse a intervenção do papa, Pacelli mostrou-se firme, porém educado. Por sua vez, Von Hertling, ministro das Relações Exteriores da Alemanha, lembrou-se do religioso: "Pacelli valia mais do que um exército". O próprio *kaiser* escreveria em suas memórias: "Eugenio Pacelli era a imagem perfeita do príncipe da Igreja".

O enviado do Vaticano saiu de lá apenas com a promessa formal de que Alemanha estudaria a questão. No dia seguinte, encontrou-se com o imperador austro-húngaro Carlos I, que estava visitando Berlim. A reunião teve o mesmo teor da que ocorreu entre Pacelli e Guilherme II.

Enquanto isso, chegavam relatórios ao SP e ao santo padre cheios de sugestões, o que permitiria a Bento XV preparar uma nota oficial do Vaticano na qual se propunha a encontrar uma solução negociada para o conflito.

Em 24 de julho, Eugenio Pacelli entregou pessoalmente a nota papal para Guilherme II, que a recebeu muito bem. Sem esperar uma resposta de Berlim, tal como Pacelli aconselhara, Bento XV exigiu ao seu secretário de Estado, cardeal Pietro Gasparri, que também a transmitisse aos representantes da Entente. A comunicação chegou à França e à Grã-Bretanha em 9 de agosto.

Nessa época, a Suíça se tornara um terreno fértil para as operações do serviço secreto da Itália contra o papado. Já fazia alguns anos que a inteligência italiana estava convencida de que o país transalpino era o centro de operações à sombra da Santa Aliança e do Sodalitium Pianum. Direcionadas a encontrar uma solução para a Primeira Guerra Mundial, as ações da espionagem e da contra-espionagem vaticanas eram controladas por uma espécie de triunvirato, formado por monsenhor Luigi Maglione[10], delegado papal na Suíça, o geral dos

---

[9] John F. Pollard, *The Unknown Pope: Benedict XV*, cit.

[10] Luigi Maglione foi o delegado pontifício na Suíça até 1º de setembro de 1920, quando foi oficialmente nomeado núncio na mesma sede. Em 16 de dezembro de 1935 foi elevado a cardeal pelo papa Pio XI, e em 10 de março de 1939 seria nomeado secretário de Estado pelo papa Pio XII, cargo que ocuparia até morrer, no dia 22 de agosto de 1944.

jesuítas, que transferira sua sede de Roma para a Suíça durante a guerra, e o arcebispo de Coire, uma pequena diocese na Romênia suíça.

Além de receber constantes relatórios sobre a ampla movimentação do serviço secreto vaticano na Suíça para desencadear abrangentes operações de mediação entre os grupos adversários, a inteligência militar italiana detectou uma grande troca de mensagens entre a delegação pontifícia e Berlim e Viena[11].

Em 23 de agosto, o embaixador da Grã-Bretanha em Roma entregou a Bento XV uma petição do rei de Inglaterra, Jorge V, na qual ele indicava que ainda havia alguns detalhes pendentes na negociação com a Alemanha a respeito de uma solução para a questão belga. Para Pacelli era claro que essa negociação dizia respeito apenas a Londres e Berlim, mas pelo menos já era um começo. Quando recebeu a proposta inglesa, o *kaiser* Guilherme II recusou-a, alegando que a Alemanha não estava nem um pouco disposta a fazer concessões à Bélgica[12].

A idéia de que o papa poderia estar por trás de um triunvirato conspiratório internacional na Suíça colocava em guarda não apenas os serviços secretos da Entente, mas também os principais círculos anticlericais europeus. O embaixador britânico no Vaticano disse ao governo de Roma estar certo de que o serviço secreto militar da Itália se mostrava mais inclinado à "quantidade" do que à "qualidade" quando se tratava de recolher de informações. O diplomata sabia que os italianos tinham uma espécie de linha de produção de obtenção de informações, mas alegava que deveriam fazê-lo de forma imparcial, inclusive em relação ao Vaticano. De fato, os ingleses, que haviam descoberto os movimentos da Santa Aliança em Viena e em Berlim, acreditavam que as espionagens pontifícias mantinham um contato mais direto com Guilherme II e Carlos I e que tais contatos deveriam ser aproveitados.

A partir do verão de 1915, o Ministério das Relações Exteriores da Confederação Helvética ofereceu-se para, semanalmente, enviar de Berna para Roma uma mala diplomática, que seria remetida da própria sede do ministério à embaixada da Suíça em Roma. No seu interior, estariam envelopes de vários formatos fechados por um lacre com o escudo das chaves de São Pedro. Na capital italiana, a "encomenda" seria recolhida por um membro da Guarda Suíça e dois agentes da espionagem pontifícia.

A mala diplomática despertaria também o interesse da inteligência italiana, sobretudo por que poderia carregar envelopes procedentes de território inimigo.

---

[11] David Alvarez, *Spies in the Vatican*, cit.

[12] Marguerite Cunliffe-Owen, *Imperator et Rex: William II of Germany* (Fredonia Books, Amsterdã, 2002).

Os conteúdos eram muito difíceis de ler, já que, um pouco antes do início da Primeira Guerra Mundial, a Santa Aliança começou a distribuir às nunciaturas um sistema de códigos criptográficos para as comunicações de teor altamente confidencial.

O departamento encarregado disso era conhecido como Repartição Criptográfica do Vaticano. Durante séculos, os governos protegeram – ou pelo menos tentaram proteger – as suas comunicações secretas dos olhos famintos de outros governos por meio de codificadores e cifradores. Os únicos códigos que os serviços secretos dos países da Entente e dos Impérios Centrais nunca chegaram a decifrar foram os da Santa Sé e os da espionagem papal[13].

Em dezembro de 1915, poucos meses depois de declarada a guerra contra a Áustria-Hungria, o serviço secreto pontifício criou uma unidade especial de codificadores, mas também de criptoanalistas, popularmente chamados de "quebradores" de códigos.

Bastante complicado, o sistema de criptologia da Santa Aliança era geralmente utilizado nas comunicações entre a Secretaria de Estado e os representantes papais em todo o mundo. Entre 1914 e 1917, todos os núncios pontifícios dispunham de um livro de códigos elaborado pela Repartição Criptográfica do Vaticano com setecentos a oitocentos grupos numéricos de três e quatro algarismos cada um. Esses grupos representavam uma palavra ou uma mensagem. Por exemplo, 492-7015-119-3683 (492: mensagem recebida; 7015: Suíça; 119: agente; 3683: Lugano)[14].

A questão era que o livro de códigos demandava alterações freqüentes, em parte por causa de palavras que precisavam ser incluídas, como submarino, ataque, retirada, armistício, canhão e outras do gênero. Quase no fim da guerra, a inteligência italiana conseguiu um desses livros, o que lhe permitiu ler importantes mensagens enviadas entre o Vaticano e suas delegações na Áustria-Hungria, na Bélgica, na Espanha, na Suíça ou nos Estados Unidos. Os relatórios dos núncios sobre as posições políticas dos países onde estavam locados, as conversas confidenciais deles com políticos e intelectuais, as instruções do secretário de Estado aos núncios sobre as mudanças políticas da Santa Sé, os avisos referentes a notícias militares e políticas, as iniciativas de paz dos países da Entente ou dos Impérios Centrais foram algumas das informações obtidas pelos italianos[15].

---

[13] Cipher A. Deavours e Louis Kruh, *Selections from Cryptology: History, People and Technology* (Artech House, Londres, 1998).

[14] David Kahn, *The Codebreakers: The Comprehensive History of Secret Communication from Ancient Times to the Internet* (Scribner, Nova York, 1996).

[15] David Alvarez, *Spies in the Vatican*, cit.

Mas esse quadro seria alterado quando, em 29 de julho de 1917, a Repartição Criptográfica do Vaticano decidiu reforçar seus sistemas de segurança nas transmissões telegráficas. Curiosamente, em 1º de agosto Bento XV enviou a todos os grupos adversários, por meio das nunciaturas, um documento que propunha a paz mediante a aceitação de alguns pontos específicos: evacuação mútua e restauração dos territórios ocupados, renúncia às indenizações de guerra, liberdade de navegação nos mares e nos oceanos, redução do armamento, arbitragem internacional para as disputas e negociações abertas dos territórios em litígio. O sumo pontífice e o cardeal secretário de Estado, Pietro Gasparri, julgavam ser necessário alcançar um acordo de paz o quanto antes, visto que os agentes da espionagem papal tinham começado a remeter informações sobre a possível entrada dos Estados Unidos na guerra. A Santa Sé acreditava que, se isso acontecesse, a situação se tornaria muito difícil para os Impérios Centrais, motivo pelo qual o santo padre ordenou à Secretaria de Estado e ao serviço secreto que tentassem chegar a um acordo de paz antes que o primeiro soldado norte-americano pisasse em solo europeu.

A entrada dos Estados Unidos como aliados da Entente ocorreu em 6 de abril de 1917, mas a mobilização de tropas, transporte e armamento até a frente demoraria um pouco mais, e esse tempo seria aproveitado pelo Vaticano e os Impérios Centrais[16]. As coisas para a Entente não corriam muito bem.

Diversas unidades do exército francês amotinaram-se, recusando-se a avançar, enquanto na Rússia o czar Nicolau II era derrubado por uma revolução e substituído por um governo provisório. O novo regime comunista prometia manter seu apoio aos aliados na guerra, mas os constantes motins, deserções e insubordinações impediram os oficiais e o Estado Maior revolucionário de cumprir sua promessa.

Nesse mesmo ano, monsenhor Eugenio Pacelli informou novamente o papa Bento XV e a Santa Aliança de que o chanceler alemão, Theobald von Bethmann-Hollweg, estava disposto a negociar a paz com os aliados. Pacelli escreveu uma nota de próprio punho que ainda se encontra nos Arquivos Vaticanos:

> Bethmann-Hollweg vê uma oportunidade de alcançar a paz já que o Reichstag passou das mãos de políticos pró-bélicos para outros, que são partidários da paz. Creio que é o momento de dar o passo e fazer um esforço para conseguir uma mediação séria por parte de Sua Santidade.[17]

---

[16] Martin Gilbert, *The First World War: A Complete History*, cit.
[17] E. Paris, *The Vatican Against Europe*, cit.

Os serviços de inteligência da Santa Sé, de Londres, de Paris e de Roma detectaram as reuniões secretas entre Bethmann-Hollweg e o núncio Pacelli. O problema residia no fato de as nações da Entente não terem o mesmo ponto de vista do santo padre em relação a uma solução negociada com a Áustria-Hungria e a Alemanha após três anos de guerra. Essa posição ficou ainda mais patente quando os serviços de espionagem da Entente avisaram as chancelarias e os governos aliados de que o papa, o secretário de Estado vaticano, a Santa Aliança e o Sodalitium Pianum apenas desejavam acabar com a guerra na Europa antes que os Estados Unidos e a sua máquina bélica pudessem intervir.

Para a Entente, Bento XV era definitivamente a favor da Alemanha, o que levou a França a se posicionar contra uma mediação pontifícia. O presidente dos Estados Unidos, Woodrow Wilson, declarou ao núncio papal em Washington que o país não aceitaria negociar com uma Tríplice Aliança que não dera nenhum sinal evidente de querer a paz ao fim de três anos de conflito. A Itália nem sequer havia considerado a mediação papal com seriedade. A verdade é que desde que o caso Gerlach veio à tona, o Vaticano e o santo padre eram vistos claramente como partidários dos Impérios Centrais[18].

Exultante diante dos resultados de seus encontros com o chanceler Theobald von Bethmann-Hollweg, Eugenio Pacelli descrevia a situação com muito otimismo nas mensagens cifradas que enviava à Santa Sé. Mas o que ele não mencionava eram as promessas feitas por sua conta e risco a Viena e a Berlim, embora soubesse que nunca poderia cumpri-las, em parte por não contar sequer com um único apoio nos governos da Entente.

Em 8 de setembro de 1917, Pacelli desapareceu misteriosamente de Berlim e reapareceu em Roma. A sua intenção era entrar em contato com Sidney Sonnino, ministro das Relações Exteriores da Itália, e informá-lo de que a Áustria e a Alemanha estavam dispostas a restabelecer a soberania da Bélgica, mediante o pagamento de indenizações a Bruxelas e o reconhecimento austríaco das aspirações italianas pelo território do Trentino. Sonnino já estava a par de tudo isso devido à interceptação dos telegramas pontifícios, mas o que Pacelli ignorava, e o próprio ministro das Relações Exteriores da Itália sabia, era que o núncio em Viena enviara uma mensagem codificada garantindo que o imperador Carlos não faria nenhuma cessão territorial à Itália.

Para os italianos esse fato pressupunha um jogo duplo por parte do Vaticano e de seu núncio em Berlim, monsenhor Eugenio Pacelli. Durante algum tempo a Santa Sé não conheceu o famoso Artigo 15 do Tratado de Londres, segundo o qual a França, a Grã-Bretanha, a Itália e a Rússia excluiriam a sede da

---

[18] Ver o capítulo 11.

Igreja de qualquer conferência de paz. Mas um agente da espionagem papal no Foreign Office descobriu o documento e passou a informação ao cardeal Pietro Gasparri.

Por ordem de Bento XV, a partir de então começou uma forte campanha da Igreja nas comunidades católicas não apenas dos países em guerra, mas também dos neutros, para que o rei de Inglaterra, Jorge V, apoiasse a retirada do Artigo 15. Mas os efeitos do caso Jonckx, que estava prestes a eclodir, afetariam o Sodalitium Pianum[19].

Do final de 1917 até o início de 1918, o diário *Düsseldorfer Tageblatt* tinha denunciado uma conspiração contra os Impérios Centrais na Bélgica. Heinz Brauweiler, editor do jornal e agente eventual do serviço secreto do *kaiser*, alegava que um grupo de integristas católicos apoiados pela Rússia procurava minar a segurança da Alemanha. Nas páginas do periódico, Brauweiler assegurava que um livro recentemente publicado na França, *La guerre allemande et le catholicisme*, declarava que o império alemão era o verdadeiro inimigo da Igreja católica no mundo e que o *kaiser* desejava substituir o santo padre como figura absolutista da Igreja numa futura Europa[20].

Brauweiler afirmava que o complô fora organizado pelo Sodalitium Pianum e por um certo Jonckx, advogado em Gant, cidade belga então dominada pela Alemanha. O *Düsseldorfer Tageblatt* estava de posse dos documentos que o sacerdote dominicano Floris Prims tentara entregar ao papa Pio X e a seu cardeal secretário de Estado, Rafael Merry del Val[21].

Em 3 de fevereiro de 1918, a polícia militar alemã e agentes do serviço secreto de Guilherme II apresentaram-se na casa de Jonckx. A versão alemã foi que o advogado e espião do SP mantinha permanentes contatos com um tal barão Sonthoff, agente da inteligência russa, para promover campanhas contra a Alemanha e o *kaiser*.

Realmente, a descoberta do caso Jonckx foi um absoluto desastre para o Sodalitium Pianum e para a Santa Sé. Enquanto Bento XV e o seu núncio em Berlim, Eugenio Pacelli, procuravam negociar a paz entre a Entente e os Impérios Centrais, os serviços secretos do santo padre realizavam operações clandestinas contra uma das partes. Bento XV, vendo quão afetada estava a imagem de neutralidade que queria sustentar durante as negociações, ordenou ao secretário de Estado, o cardeal Pietro Gasparri, a total suspensão das atividades do Sodalitium Pianum e transferência de seus efetivos para a

---

[19] Edmund Paris, *The Vatican Against Europe*, cit.

[20] Roger Chickering, *Imperial Germany and the Great War*, cit., e John Cornwell, *Breaking Faith*, cit.

[21] Ver o capítulo 10.

Santa Aliança. A partir de então, as operações de contra-espionagem do Vaticano e sua estrutura funcionariam como um subdepartamento do serviço secreto da Santa Sé[22].

Por isso, Bento XV disse a Gasparri que, dali em diante, todos os padres que se ordenassem na Academia Pontifícia para a Nobreza Eclesiástica – de onde saíam os altos membros da cúria romana – deveriam estar preparados para trabalhar como diplomatas e, se necessário fosse, até mesmo como espiões. Os jovens teriam de concluir os cursos de direito, história, línguas e política para assim se tornarem o corpo diplomático papal.

Em pouco tempo, a decisão do santo padre deu os seus frutos, e uma nova elite de eclesiásticos começou a ocupar as mais importantes nunciaturas em todo o mundo. Entre essa elite de diplomatas e espiões estavam Giuseppe Aversa e Eugenio Pacelli (futuro papa Pio XII) na Alemanha, Raffaelle Scapinelli Di Leguigno na Áustria, Francesco Marchetti-Selvaggiani e Luigi Maglione (futuro secretário de Estado) na Suíça, Giulio Tonti em Portugal e Federico Tedeschini na Espanha[23].

Nessa altura, as perdas alemãs chegavam a quase 2 milhões de pessoas, e nem o presidente Woodrow Wilson com os dirigentes da Entente estavam ainda dispostos a assinar uma paz negociada com a Alemanha e o *kaiser*. Em 11 de novembro de 1918, Guilherme II, imperador da Alemanha, fugiu para a Holanda e abdicou. O príncipe Max de Baden, último chanceler no Segundo Reich fundado por Otto von Bismarck, entregava o poder ao social-democrata Friedrich Ebert, que assumiu como presidente interino[24].

Em 27 de setembro de 1919, o ministro das Relações Exteriores, Hermann Müller, anunciou que a delegação diplomática prussiana em Roma se converteria oficialmente na embaixada da Alemanha no Vaticano e que Diego von Bergen seria o primeiro embaixador.

Mathias Erzberger, o ex-espião e então ministro do Reich, decidiu estabelecer um contato secreto com monsenhor Eugenio Pacelli por meio de espiões dos serviços secretos alemão e pontifício. De fato, tanto Erzberger quanto Pacelli desejavam uma completa retomada das relações entre o Estado alemão e a Santa Sé, mesmo que para isso fosse necessário ativar os dois serviços de inteligência.

---

[22] O Sodalitium Pianum voltaria a realizar operações de contra-espionagem com independência da Santa Aliança em março de 1939, quando o cardeal Eugenio Pacelli seria eleito sumo pontífice, sob o nome de Pio XII.

[23] David Alvarez, "The Professionalization of the Papal Diplomatic Service", cit., e *Spies in the Vatican*, cit.

[24] David Stevenson, *Cataclysm: The First World War*, cit.

A Santa Aliança avisou ao papa Bento XV que monsenhor Eugenio Pacelli estava negociando sem autorização da Secretaria de Estado e o alertou de que, se o núncio de Berlim não conseguisse estabelecer um acordo amigável com o Reich sem ofender a católica Baviera, o Vaticano ficaria em maus lençóis. A decisão de estabelecer uma embaixada da Alemanha na Santa Sé pressupunha o encerramento da missão diplomática bávara. Mas monsenhor Pacelli não estava disposto a tratar com a Chancelaria do Reich, de tendência protestante, se a negociação prejudicasse a delegação bávara, claramente católica[25].

Pacelli desejava uma embaixada do Reich no Vaticano em contrapartida de uma nunciatura papal para os assuntos alemães em Berlim, excluindo a Baviera, e ainda uma missão bávara em Roma em contrapartida de uma nunciatura papal em Munique. Pressionado por Eugenio Pacelli, Mathias Erzberger resolveu apoiar o plano do núncio pontifício. Ao que tudo indica, Pacelli pressionou Erzberger ameaçando revelar aos países aliados a sua antiga ocupação de espião e algumas das operações que realizara na Itália durante a Primeira Grande Guerra[26].

Por fim, o Reich cedeu e a Prússia aceitou contrariada que a sua própria embaixada em Roma se convertesse na delegação do Reich na Santa Sé. Muito tempo havia se passado desde quando Erzberger avisara o arcebispo Giuseppe Aversa de que o *kaiser* nunca aceitaria a nomeação de um núncio papal na Prússia ou no Reich que já tivesse sido núncio na Baviera, já que isso seria uma humilhação.

Pacelli estava retardando a assinatura da concordata e, na opinião do historiador Klaus Scholder, na sua obra *The Churches and the Third Reich*, "criava assim o ponto de partida crucial a partir do qual Adolf Hitler, em 1933, conseguiria a capitulação do catolicismo alemão apenas em duas semanas".

Em outras palavras, Eugenio Pacelli, como núncio em Berlim, poderia ter conseguido uma concordata no começo dos anos 1920 sem comprometer a ação política dos católicos alemães – mas no início da década de 1930 era tarde demais. Com a astúcia que lhe era peculiar, Hitler viu na assinatura da concordata com o Estado vaticano a saída para afastar da esfera política os católicos alemães e os partidos católicos do centro. Segundo os analistas políticos e os historiadores, Pacelli fez o jogo de Hitler e ajudou-o a se ver livre dos incômodos e ainda numerosos grupos políticos católico-centristas. Hitler não desejava um confronto com Pacelli como núncio pontifício e muito menos depois desse se tornar o santo padre.

---

[25] John Cornwell, *Hitler's Pope: The Secret History of Pius XII* (Penguin Books, Nova York, 2002).
[26] Klaus Scholder, *The Churches and the Third Reich* (John Bowden, Londres, 1989).

Outro caso que a espionagem da Santa Sé e Eugenio Pacelli, como núncio papal, tiveram de enfrentar ocorreria em abril de 1920: a ocupação da região da Renânia pela França com regimentos africanos, que estava trazendo sérios problemas para a Alemanha.

Pacelli recebera vários protestos de fiéis sobre inúmeros casos de violação de mulheres e crianças católicas por soldados africanos que serviam no exército francês. Em 31 de dezembro, o cardeal Adolf Bertram escreveu uma carta ao secretário de Estado vaticano, Pietro Gasparri, na qual afirmava que "a França preferia utilizar soldados africanos, que devido à sua primitiva falta de cultura e de moral tinham cometido terríveis ataques a mulheres e crianças da região, situação que chegou a ser conhecida como 'vergonha negra'". Apesar dos protestos alemães, os franceses ainda consideravam a possibilidade de enviar mais tropas africanas para a região, mas Pacelli solicitou a Gasparri que acionasse a Santa Aliança para cuidar do assunto.

O embaixador francês rejeitou as alegações de Eugenio Pacelli e do cardeal Adolf Bertram, definindo-as como "propaganda antifrancesa". O fato é que os envolvidos no caso eram soldados e oficiais de regimentos oriundos de países do norte africano e das colônias francesas na África subsaariana.

A Santa Aliança resolveu enviar "investigadores" para a região a fim de ouvir os implicados, e os espiões do papa descobriram terríveis atrocidades cometidas contra mulheres e crianças da Renânia pelas tropas francesas. Os garotos com menos de dez anos eram seqüestrados e violentados; as adolescentes, raptadas, torturadas e usadas como escravas sexuais; as mulheres, atacadas e estupradas, e tudo em grande quantidade[27].

Os agentes informavam, concomitantemente, Bento XV, em Roma, e Pacelli, em Berlim, e houve um caso que, de tão chocante, acabou mobilizando o núncio. Uma garota de onze anos, chamada Nina Holbech, foi raptada por três soldados e dois oficiais dos regimentos africanos. Decorridos dois dias, o corpo da menina foi encontrado suspenso na viga de um estábulo abandonado. A jovem fora torturada e violentada de forma sádica até a morte. A Alemanha clamava por justiça, mas uma nação derrotada e que provocara uma guerra mundial não tinha o direito de exigir nada. Apesar disso, Eugenio Pacelli acabou acatando seu pedido.

Os "investigadores" decidiram, então, agir contra os algozes. Para isso recolheram informações sobre horários e locais de diversão dos seqüestradores quando estavam de licença, controle de estradas e caminhos secundários até aos quartéis a que pertenciam os cinco responsáveis pela morte da jovem Nina Holbech.

---

[27] John Cornwell, *Hitler's Pope*, cit.

A segunda estratégia de ataque da espionagem pontifícia seria uma ampla campanha de denúncia nos Estados Unidos e na Grã-Bretanha contra a França pelo ataque dos soldados negros do exército francês a meninas brancas na região da Renânia. Como resultado das pressões da inteligência papal em Washington, o Congresso decidiu criar uma comissão de inquérito para se deslocar à Alemanha. Eugenio Pacelli acreditava que o governo norte-americano pressionaria Paris a acabar com as violações e os ataques a mulheres e crianças por parte dos militares africanos, mas o que se passou foi bem diferente. O governo do presidente Wilson instruiu o Comitê do Congresso a não adotar nenhuma medida ou ação contra a França a respeito das queixas que chegavam da Alemanha e do Vaticano[28].

Em 7 de março de 1921, Eugenio Pacelli voltou a escrever a Pietro Gasparri para saber qual a posição do papa, mas dessa vez o cardeal secretário de Estado aconselhou o sumo pontífice a não intervir em defesa das crianças e mulheres alemãs. A partir de então cessaram as censuras da Santa Sé ao governo de Paris.

Misteriosamente, os três soldados acusados de violentar e matar Nina Holbech, e que nem foram incriminados pelas autoridades militares francesas, apareceram despidos com as mãos atrás das costas – haviam sido estrangulados. Os dois oficiais que tampouco foram advertidos e estavam envolvidos no assassinato da jovem apareceram enforcados numa das vigas do mesmo estábulo onde encontraram o corpo dela. Mas nunca se soube quem foram os autores desses crimes, embora as acusações sobre a "vergonha negra" continuassem até ao momento em que Hitler, anos depois, voltaria a ocupar a região.

A tal "vergonha negra" deixaria marcas na atitude do núncio papal em relação às raças e à guerra. Vinte e cinco anos depois, quando as primeiras unidades aliadas entraram em Roma após o fim da ocupação nazista, Eugenio Pacelli, já como papa Pio XII, pediu aos embaixadores norte-americano e britânico na capital italiana que "não houvesse soldados de cor nas tropas que ficariam aquarteladas na cidade depois da libertação"[29].

Em 23 de março de 1919, ou seja, justamente dois anos antes, em algum lugar do Santo Sepulcro de Milão, Benito Mussolini reunia-se com 118 indivíduos para fundar os "fascistas italianos de combate". No programa exigia-se a desapropriação de todos os bens das congregações religiosas e a anulação da chamada Lei de Garantias. A espionagem papal avisou imediatamente Gasparri e Bento XV sobre essa reunião, alertando para a possibilidade de aquele homem

---

[28] John Cornwell, *Hitler's Pope*, cit.
[29] Papéis do Foreign Office, 371/43869/21. Public Record Office, Kew. Ver também Pierre Blet, *Pius XII and the Second World War* (Paulist Press, Nova Jersey, 1997).

tão exibicionista um dia dispor de um poder excessivo. Mas o que a Igreja não podia saber é que, dez anos depois, Mussolini assinaria os chamados "Pactos Lateranenses", pelos quais era criada a Cidade-Estado do Vaticano.

Nos primeiros dias de 1922, o santo padre foi acometido por um resfriado que logo se transformou numa bronquite aguda, agravando o seu estado de saúde. Em 29 de janeiro, os médicos do pontífice diagnosticaram uma pneumonia, que o levaria à morte dois dias mais tarde, às seis da manhã. Pouco depois de morrer, os turcos ergueram uma estátua em homenagem a Bento XV com uma placa onde se lia: "Ao grande papa que viveu a tragédia mundial como benfeitor de todos os povos, independentemente de sua nacionalidade ou religião".

O conclave que decorreu após a morte de Bento XV durou apenas quatro dias. Na manhã de 6 de fevereiro de 1922, o cardeal Achille Ratti conseguiu os dois terços do total de votos necessários para ser eleito. Depois de escolher o nome de Pio XI, manifestou ao Colégio Cardinalício a sua intenção de garantir e defender as prerrogativas da Igreja católica não só em Roma ou na Itália, mas também em todo o mundo. Queria lançar a bênção *Urbi et Orbi* em prol de uma paz duradoura na varanda da Praça de São Pedro, e não no interior da basílica, como vinha sendo feito desde a perda dos Estados Pontifícios, em 1870. Com esse gesto, o papa Pio XI deixava bem claro que no pontificado desejava pôr fim à chamada "questão romana"[30].

A verdade é que, com o falecimento de Bento XV, abria-se uma nova época, uma nova era, a chamada era dos ditadores, que em nada beneficiaria a paz mundial. O cavaleiro do Apocalipse estava prestes a cavalgar de novo.

---

[30] Carlo Castiglioni, *Storia dei papi*, cit.

CAPÍTULO TREZE

A ERA DOS DITADORES (1922-1934)

> Porque em seus lábios não há sinceridade, seus corações só urdem projetos ardilosos. A garganta deles é como um sepulcro escancarado, com a língua distribuem lisonjas. Deixai-os, Senhor, prender-se nos seus erros, que suas maquinações malogrem! Por causa do número de seus crimes, rejeitai-os, pois é contra vós que se revoltaram.
>
> *Salmos 5:10-11**

A Revolução Russa de 1917 colocou a Igreja, o Vaticano, o papa Pio XI e a Santa Aliança perante um novo inimigo, o comunismo ateu, cuja propagação ameaçava destruir a cristandade.

Na manhã de 21 de abril de 1926, uma figura modestamente trajada saía apressada pelas portas giratórias do Hotel Moscou em direção à igreja de São Luís dos Franceses, o único templo católico em atividade na capital soviética. No percurso cruzou a praça onde se encontrava a Lubianka, quartel-general, prisão e local de execuções da temível Obyeddinenoye Gosudarstvennoye Politicheskoye Upravleniye (OGPU), a polícia política do regime. Ao entrar no edifício sagrado, viu duas pessoas rezando diante do altar: uma mulher de meia-idade e um homem de face morena, bem vestido.

Outros três trabalhadores se aproximam nervosos do recém-chegado. Tudo acontece sob um profundo clima de tensão, o que é normal em um país onde o regime comunista persegue, prende e até executa quem se nega a abandonar suas crenças religiosas. Sussurrando, o recém-chegado se apresenta: Michel d'Herbigny, arcebispo católico enviado pelo santo padre a Moscou em missão clandestina com o intuito de estabelecer uma hierarquia católica secreta e uma administração que se ocupe em substituir os bispos e os sacerdotes exilados ou presos pelas autoridades comunistas[1].

---

* *Bíblia Católica Online*, cit. (N. T.)
[1] Paul Lesourd, *Entre Rome et Moscou: le jésuite clandestin, Mgr. Michel d'Herbigny* (Pierre Lethielleux, Paris, 1976); e David Alvarez, *Spies in the Vatican*, cit.

D'Herbigny não era apenas um católico fiel determinado a levar a palavra do senhor aos quatro cantos da União Soviética, mas também um experiente agente do serviço secreto papal incumbido pelo próprio pontífice de criar uma seção especial da espionagem destinada a preparar os sacerdotes que seriam enviados para realizar ali as tarefas pastorais de forma clandestina.

Um dos que se reuniram na igreja era o padre Eugène Neveu, que o embaixador francês em Moscou chamara a pedido de D'Herbigny. O bispo recém-chegado explicou que, segundo determinação do santo padre, ele viajara de Roma até a capital soviética para consagrar Neveu como o primeiro bispo secreto. Quando retornou ao hotel, Michel d'Herbigny foi convocado a se apresentar numa delegacia de polícia moscovita e informado de que deveria abandonar o país naquela mesma noite.

Mas antes, D'Herbigny celebraria a cerimônia de consagração de Eugène Neveu como o primeiro bispo católico da União Soviética. Foram testemunhas a mulher, Alice Ott, sacristã de São Luís dos Franceses, e o tenente Bergera, adido militar na embaixada italiana de Moscou. Bergera era amigo do sumo pontífice desde que ambos se conheceram, em Varsóvia, ele como adido militar e o então cardeal Achille Ratti como núncio papal na Polônia.

Após conceder a Neveu uns minutos de preparação, D'Herbigny leu, no mais perfeito latim, o documento de nomeação assinado pelo secretário de Estado, Pietro Gasparri, e colocou-lhe o anel como símbolo da sua autoridade episcopal, que lhe permitia também a ordenação de sacerdotes e a consagração de bispos[2].

Em seguida, as cinco pessoas que se reuniram no interior da igreja se prepararam para sair, mas antes o bispo Michel d'Herbigny deu as últimas instruções ao mais novo bispo. Eugène Neveu deveria entrar em contato com os padres Alexander Frison e Boleslas Sloskans para lhes entregar as credenciais e, secretamente, consagrá-los bispos[3].

Frison era um padre que comandava uma pequena congregação católica em Odessa, no mar Negro, e Sloskans dirigia outra, em Leningrado. Neveu recordaria sempre as palavras que D'Herbigny lhe sussurrara ao ouvido – "Lembra-te que agora és um sucessor dos apóstolos" –, mas isso não o tranqüilizava em nada, afinal alguns dos apóstolos de Cristo sofreram o martírio em defesa da fé.

A partir desse momento, Neveu, Frison e Sloskans passaram a ser os responsáveis pela Santa Aliança na União Soviética, lá conhecida como "os clandestinos". As missões secretas no exterior eram corriqueiras para o serviço secreto pontifício, que nos últimos anos as tinha realizado na Bélgica ocupada,

---

[2] John Cornwell, *Breaking Faith*, cit.
[3] Ulisse A. Floridi, *Moscow and the Vatican* (Ardis, Londres, 1983).

na Turquia, no território austro-húngaro e até mesmo na Alemanha. De fato, a Santa Sé recebeu com alegria a notícia da queda do czar Nicolau, fiel aliado da Igreja ortodoxa russa e contrário a Igreja católica romana, que fora oficialmente discriminada e perseguida. A saída do czar e a chegada de um governo provisório democrata-liberal em março de 1917 davam outras expectativas à espionagem vaticana. Com a nova legislação aprovada, o governo tentava se reconciliar com o papado e o catolicismo na Rússia[4].

Mas tudo mudou quando em novembro os bolcheviques de Vladimir Lenin tomaram o poder. Para eles, as crenças religiosas eram um problema de classes e deveriam ser erradicadas da sociedade que pretendiam criar.

Em 23 de janeiro de 1918, o Congresso de Comissários do Povo anunciou novas leis para as instituições religiosas. Era decretada a proibição de manterem o controle das escolas, negava-se o apoio à Igreja por parte do Estado, retirava-se o poder da Igreja para ter propriedades, proibia-se nos templos católicos o pedido de contribuição aos fiéis e retiravam-se os direitos cívicos a todos os cidadãos que adotassem a religião católica[5].

O golpe derradeiro chegaria no final de 1919, quando o governo de Lenin proibiu o ensino do catolicismo às crianças, não apenas nas escolas, mas também nas suas próprias casas. A partir de então as relações entre a Santa Sé e a União Soviética foram cortadas.

Em resposta às medidas anti-religiosas, o Vaticano e o então papa Bento XV vacilaram entre aceitá-las e resistir a elas. A princípio, o santo padre e o secretário de Estado optaram por esperar que o governo revolucionário abandonasse as duras resoluções contra os católicos, mas, por outro lado, Bento XV chamou Michel d'Herbigny, antigo membro da Santa Aliança e especialista em assuntos russos, e solicitou-lhe que começasse a espalhar a sua rede clandestina em toda a União Soviética. Essas medidas seriam "ignoradas" pelo sumo pontífice, que apenas deveria ser contatado se fosse necessário o seu apoio na nomeação de algum cargo religioso, como ocorreu com o de Eugène Neveu[6].

Como última decisão do seu governo antes de morrer, Bento XV assinou em 22 de janeiro de 1922 a aprovação de um plano que consistia no envio de uma missão papal à Rússia[7]. A espionagem vaticana tomou as rédeas da operação, mandando o padre Edmund Walsh, um jesuíta norte-americano, e mais trinta sacerdotes a diferentes pontos do país para distribuir roupas e alimentos

---

[4] Malachi Martin, *The Keys of this Blood: Pope John Paul II versus Russia and the West for the Control of the New World Order* (Simon & Schuster, Nova York, 1990).
[5] Donald Rayfield, *Stalin and the Hangmen* (Viking, Londres, 2004).
[6] R. Pipes, *Russia under the Bolshevik Regime* (Vintage, Nova York, 1995).
[7] John F. Pollard, *The Unknown Pope: Benedict XV*, cit.

às populações famintas. Enquanto os agentes recolhiam informações sobre as comunidades católicas para uma futura estratégia, a diplomacia papal estabelecia contatos secretos com Lenin, primeiro em Roma, entre embaixadores, e depois em Berlim, entre o cardeal secretário de Estado, Pietro Gasparri, e o dirigente soviético[8].

Embora a Santa Sé tenha concedido um crédito sem juros à Rússia de mais de 10 milhões de dólares, Lenin atrasou as concessões feitas aos católicos e chegou a assinar na cidade italiana de Rapallo o restabelecimento de relações diplomáticas e de cooperação econômica com a Alemanha, o seu antigo inimigo, antes de fazê-lo com o papa Pio XI. Mas a resposta a essa ação não tardou a chegar.

Na primavera de 1923, três prelados católicos e doze sacerdotes seriam detidos pela polícia secreta russa sob a acusação de atividades contra-revolucionárias e anti-soviéticas. Dois deles, o arcebispo Jan Cieplak e o seu vigário geral, Konstanty Budkiewicz, este último espião do serviço secreto pontifício, seriam condenados – o primeiro à prisão perpétua e a trabalhos forçados, e o segundo, à morte. A sentença de Cieplak seria atenuada para dez anos de reclusão, mas Budkiewicz seria executado com um tiro na nuca em uma masmorra da Lubianka na noite de 31 de março de 1923[9].

Em seguida, as igrejas, os seminários e as escolas foram fechados, e os sacerdotes, presos, executados ou condenados ao exílio. Em 1924, com a morte de Lenin, o velho Zerr de Tiraspol era o único arcebispo católico vivo em liberdade na União Soviética. Algumas vozes pressionaram o pontífice a desaprovar publicamente a política anticatólica de Moscou e mobilizar a opinião pública católica mundial contra o perigo do comunismo. Em dezembro daquele ano, após um breve discurso de condenação diante dos cardeais, o santo padre, orientado por seu conselheiro em assuntos russos, Michel d'Herbigny, ordenou ao núncio em Berlim, monsenhor Eugenio Pacelli, que continuasse as suas negociações secretas com Moscou.

O ministro das Relações Exteriores russo, Georgy Chicherin, liderava os pragmáticos da capital soviética que defendiam a necessidade de uma convivência com a Santa Sé, embora Pacelli se mostrasse decidido a pressionar para obter um acordo que levasse ao reconhecimento da Igreja por parte do Estado. O futuro Pio XII falava até em ameaçar Chicherin com o bloqueio econômico à União Soviética por parte das nações católicas se Moscou não aceitasse um reconhecimento explícito dos direitos católicos no país. Em seguida as relações foram cortadas.

Vários historiadores são unânimes em dizer que Pacelli não desejava entrar em acordo com "um país de hereges e selvagens" – como ele mesmo o definiu –,

---

[8] David Alvarez, "The Professionalization", cit.
[9] Andrea Riccardi, *Il secolo del martirio* (Arnaldo Mondadori Spa, Milão, 2000).

motivo pelo qual exigiu a Chicherin coisas impossíveis de cumprir. Essa ruptura faria com que centenas de sacerdotes e religiosos fossem torturados e executados nos terríveis gulags soviéticos por defenderam a fé[10]. Era evidente que o papa Pio XI deveria ter deixado monsenhor Michel d'Herbigny conduzir as negociações, mas Pacelli conseguiu tirá-lo do caminho, e o catolicismo pagou um alto preço por isso.

D'Herbigny entrou para os jesuítas aos dezessete anos e, durante os estudos em Paris, logo se interessou pela cultura russa e por sua história. Era erudito, mas também um homem de ação. Enquanto escrevia trabalhos sobre a filosofia russa em cirílico, participava de programas da espionagem vaticana para levar o catolicismo até aos mais distantes recantos da União Soviética. A reputação de Michel d'Herbigny chegou aos ouvidos de Roma, que rapidamente o chamou para a Santa Sé. Em 1922, dirigia o novo Instituto Pontifício para os Estudos Orientais e era o especialista consultor da Congregação para as Igrejas Orientais, departamento papal responsável pelos assuntos eclesiásticos na União Soviética e nos países eslavos[11].

A verdade é que, até a chegada de D'Herbigny à Santa Aliança, o Vaticano sabia bem pouco a respeito do que se passava na Rússia czarista e depois na União Soviética comunista. Até então, sem ter um núncio papal em Moscou ou um delegado apostólico, a Santa Sé se informava por meio de jornalistas ligados à Igreja que passavam informações sobre os avanços políticos ou religiosos ocorridos no país.

O jesuíta Edmund Walsh, chefe da missão de ajuda papal, era o único que, por intermédio da embaixada da Alemanha em Moscou, enviava relatórios ao Vaticano, falando até mesmo dos movimentos de tropas. Mas o governo comunista proibiu Walsh de se deslocar livremente pelo país, motivo pelo qual as informações que passaram a chegar ao serviço secreto pontifício estavam mais condicionadas à vaidade desse diplomata ou relacionadas a rumores sobre um comentário de um funcionário soviético feito a um secretário, amigo de um adido militar qualquer – ou seja, não tinham a menor relevância.

Walsh seria substituído pelo padre Eduard Gehrmann, que, de Moscou, continuou a colaborar com a Santa Aliança. Por exemplo, em abril de 1924 os agentes de Walsh informaram que o arcebispo Cieplak fora libertado e expulso do país. O religioso viajou logo para Roma para avisar o santo padre. No início

---

[10] Diz-se que o anticomunismo de Eugenio Pacelli o levara a aplaudir, já como papa Pio XII, a decisão de Adolf Hitler de conquistar a União Soviética durante a chamada Operação Barba Ruiva em 22 de junho de 1941.

[11] Leon Tretjakewitsch, *Bishop Michel d'Herbigny SJ and Russia: A Pre-Ecumenical Approach to Christian Unity* (Augustinus, Berlim, 1990).

de 1925, eram poucos os refugiados católicos, e o Vaticano precisava criar a sua própria rede de informantes na União Soviética[12].

No final de 1925, Michel d'Herbigny recebeu um convite da Igreja ortodoxa russa para visitar o país, algo que o governo de Moscou claramente aprovava. No visto de seu passaporte lia-se "viagem de férias e de estudo". Vestido com a batina negra e o cabeção branco, D'Herbigny viajou até a capital soviética, onde se encontrou com vários diplomatas ocidentais, prelados da Igreja ortodoxa e um dos mais influentes membros do regime soviético, o ministro da Educação, Anatoli Lunarcharski. Quando monsenhor D'Herbigny regressou a Roma levava consigo inúmeras informações recebidas em primeira mão.

O problema era que cada vez menos padres queriam viajar para a Rússia e cuidar, de forma clandestina, das diversas paróquias que se estendiam por todo o país. A vários seminários chegou a notícia de três sacerdotes detidos numa pequena aldeia da Sibéria por membros da OGPU. Depois de interrogados e torturados, os religiosos teriam sido amarrados a um tronco e queimados vivos. Na verdade, isso nunca aconteceu e foi apenas um boato que correu de boca em boca, mas que ninguém podia explicar onde, quando ou quem o tinha contado. O fato é que muitos jovens levaram a história a sério e se recusaram a viajar para a Rússia.

Enquanto as relações soviéticas vaticanas avançavam em marcha lenta, Pio XI decidiu tomar providências diante do colapso das estruturas eclesiásticas na Rússia. Os bispos teriam uma licença papal para ordenar sacerdotes locais, celebrar batismos e casamentos e até dar a extrema-unção. Com essa autorização, apenas os bispos poderiam exercer a sua autoridade em questões administrativas das igrejas locais. Segundo Michel d'Herbigny, o poder outorgado pelo santo padre aos bispos os colocava numa situação de grande perigo, já que bastava à polícia secreta soviética detê-los para desmembrar o esquema de religiosos montado por cada um deles. Em 1924 o papa decidiu criar uma rede clandestina de sacerdotes enviados de Roma com a missão de levar a religião católica a todos os cantos, mas isso acabou por ser deixado de lado e retomou-se a idéia de conseguir essa mesma investida por meio de conversações com o regime de Moscou[13]. Pio XI foi convencido a abandonar esse plano visto que o seu êxito seria muito improvável. O problema residia no fato de os conselheiros papais que poderiam comandar essa operação estarem sob rígida vigilância política da OGPU. Não seriam os bispos que sobreviveriam nas prisões clandestinas na Rússia, mas os simples padres que se misturavam à população sem levantar suspeitas.

---

[12] David Alvarez, *Spies in the Vatican*, cit.
[13] Paul Lesourd, *Entre Rome et Moscou*, cit.

Um deles foi o padre Eugène Neveu, que chegara à Rússia em 1903 pela primeira vez para liderar a congregação francesa e belga na cidade de Makejevka. Neveu permaneceu no seu posto até a Revolução de 1917, quando a maior parte dos estrangeiros regressou aos seus países. Desde então não se soube mais nada dele, até que, em 1922, a espionagem pontifícia recebeu de um lugar afastado da União Soviética uma simples mensagem, na qual Neveu pedia que lhe enviassem um bom par de calças e um mapa-múndi[14].

Neveu tinha muita coragem, era um defensor da ética e acreditava piamente tanto no seu chefe, monsenhor Michel d'Herbigny, quanto na autoridade pontifícia. Por outro lado, Pio XI sabia que Neveu era um homem de ação, um agente perfeito da Santa Aliança, e que as sua presença era muito mais útil em Moscou ou em São Petersburgo do que em Washington ou em Bruxelas.

Em 11 de fevereiro de 1926, o papa chamou D'Herbigny aos seus aposentos particulares para lhe ordenar o cumprimento de uma missão secreta no interior da União Soviética. O francês escutou em silêncio as instruções do sumo pontífice de definir uma hierarquia clandestina católica na Rússia e, como primeiro passo, elevar o padre Eugène Neveu à categoria de bispo. Como bom jesuíta, D'Herbigny aceitou as ordens do papa sem contestar nada nem sequer fazer nenhuma pergunta.

No final de março, Michel d'Herbigny partiu para França a fim de solicitar na embaixada soviética em Paris o visto de entrada em Moscou. De lá, viajou de comboio até Berlim, onde se reuniu com o núncio monsenhor Pacelli. O ministério das Relações Exteriores da França já pedira à sua embaixada na capital soviética que localizasse Eugène Neveu e o chamasse a Moscou para ali aguardar novas instruções[15].

D'Herbigny falou pela primeira vez com Neveu em 1º de abril de 1926. Ao mesmo tempo executava operações clandestinas por ordem do santo padre, o enviado pontifício e agente da espionagem papal fazia ligações telefônicas e encontrava pessoas em lugares públicos com o objetivo de despistar o serviço de inteligência soviético. Um dos "protetores" de monsenhor D'Herbigny era o embaixador da Alemanha, conde Ulrich von Brockdorff-Rantzau. Foi o diplomata alemão quem despistou a polícia soviética para que D'Herbigny pudesse finalmente se reunir com Neveu na igreja de São Luís dos Franceses em 21 de abril.

Quando voltou ao hotel e se defrontou com uma intimação policial para se apresentar na delegacia e ser interrogado sobre a sua missão na Rússia, o espião

---

[14] Leon Tretjakewitsch, *Bishop Michel d'Herbigny SJ and Russia*, cit.
[15] Idem, e Richard Pipes, *Russia under the Bolshevik Regime*, cit.

vaticano soube pela primeira vez que havia um delator infiltrado no grupo. Mas preferiu não revelar sua dedução a ninguém, já que poderia provocar o pânico nos membros da organização, que já começava a ser conhecida como "os clandestinos".

Passando por Karlov, Odessa, Kiev e Leningrado, a segunda etapa da viagem foi realizada abertamente com Neveu. Durante vários dias, os dois religiosos se encontraram com sacerdotes e seminaristas e consagraram tantos outros como bispos, entre eles os padres Boleslas Sloskans, de Leningrado, e Alexander Frison, de Sebastopol. Em 10 de maio, quatro dias antes de regressar a Roma, monsenhor D'Herbigny se reuniu mais uma vez na igreja de São Luís dos Franceses com a senhora Ott e o tenente Bergera para consagrar Sloskans e Frison respectivamente como segundo e terceiro bispos secretos por ordem de Pio XI[16].

Como D'Herbigny era um novato em missões clandestinas, os seus movimentos na Rússia bolchevique não passaram despercebidos à polícia secreta local. Em poucos dias, a OGPU identificou todos os membros da organização dos "clandestinos", bem como os seus esconderijos e pontos de reunião, que partiam da igreja de São Luís dos Franceses. O que Michel d'Herbigny não sabia era que, embora ele, Neveu, Sloskans ou Frison ainda não tivessem sido abordados nem interrogados, toda a rede fora descoberta. Na verdade, os homens de Felix Edmundovich Dzerjinsky, o todo-poderoso da OGPU, começaram a prender os membros menos importantes do grupo. Muitos padres foram detidos e enviados a campos especiais para cumprir pena de trabalhos forçados. Enquanto D'Herbigny continuava a ampliar a rede da Santa Aliança, o serviço secreto soviético dedicava-se a desmantelá-la pela sua parte mais fraca, os sacerdotes[17].

No final de agosto, o enviado do papa viajou da turística Gorki para Leningrado. Na antiga cidade imperial e a portas fechadas na Notre Dame de France, monsenhor D'Herbigny consagrou o quarto bispo clandestino da Rússia, padre Antonio Malecki, que fora libertado depois de cumprir uma condenação de cinco anos de trabalhos forçados por "crimes contra a Revolução".

Os agentes da OGPU acompanharam cada passo de D'Herbigny sem que ele percebesse, mas tinham ordens para não agir até disporem de provas irrefutáveis que permitissem à União Soviética tirá-lo de cena num único golpe sem causar problemas com os países católicos aliados da Santa Sé. Finalmente, a polícia concluiu que as provas em seu poder eram suficientes. Como em 4 de setembro de 1926 expirava o visto do espião da Santa Aliança,

---

[16] Paul Lesourd, *Entre Rome et Moscou*, cit.
[17] Leon Tretjakewitsch, *Bishop Michel d'Herbigny SJ and Russia*, cit.

no dia 28 de agosto ele foi a uma delegacia renovar o visto e solicitar uma autorização para entrar na Ucrânia.

As autoridades prorrogaram o visto até 12 de setembro e disseram que iam estudar o pedido de entrada na Ucrânia. Três dias depois, quatro membros da OGPU foram ao seu hotel e informaram-no de que ele havia sido declarado *persona non grata* no país e, por isso, não era bem-vindo na Rússia. Entregaram-lhe imediatamente o seu passaporte e o escoltaram até à fronteira da Finlândia, de onde D'Herbigny partiu rumo ao Vaticano para encontrar o papa.

Na capital, Neveu esperava D'Herbigny, mas, como o francês não chegava nunca, o bispo decidiu voltar à igreja de São Luís dos Franceses e celebrar a sua missa matinal. De repente, no meio da cerimônia, as portas do templo se abriram e um homem com aspecto de trabalhador aproximou-se do bispo e lhe entregou um pacote com dinheiro e roupas, dizendo-lhe: "Isto é da parte da Santa Aliança. Que Deus o proteja no seu trabalho a partir de agora". Em seguida, o homem deu meia volta e saiu por onde tinha entrado. Neveu compreendeu que a partir daquele momento ele e "os clandestinos" estavam sozinhos, sem a proteção do pontífice ou do serviço secreto papal e apenas nas mãos de Deus[18].

Sistematicamente, as autoridades locais começaram a desmantelar pouco a pouco a rede hierárquica católica na Rússia. O aumento das perseguições dava uma idéia ao Vaticano e à Santa Aliança da política imposta pelo novo líder, Josef Stalin, que depois da morte de Lenin se convertera no homem forte da União Soviética.

Stalin afirmava que o potencial militar-econômico de Moscou, além da segurança da sua posição estratégica, poderia colocá-la contra o mundo capitalista do qual, na opinião dele, um dos maiores representantes era a Igreja e a Santa Sé. Para os marxistas-leninistas, "o papado era um conspirador e os seus sacerdotes ajudavam a propagar as tramóias por todo o planeta. O Vaticano era um aliado dos poderes anticomunistas dispostos a destruir o modo de viver da Rússia". Stalin estava decidido a expandir as idéias comunistas ao redor do mundo e talvez tenha sido isso que levaria a Santa Sé a assinar, no pontificado de Pio XI, tratados com a Itália fascista em 1929 e com a Alemanha nazista em 1933, dois governos extremamente anti-soviéticos[19].

O fato é que para o dirigente soviético os russos católicos eram potencialmente subversivos e a OGPU já lhe enviara relatórios evidentes sobre as intenções da espionagem papal de estabelecer uma rede clandestina de sacerdotes católicos.

---

[18] Paul Lesourd, *Entre Rome et Moscou*, cit.

[19] Donald Rayfield, *Stalin and the Hangmen*, cit., e Ulisse A. Floridi, *Moscow and the Vatican*, cit.

Em 15 de outubro de 1926, semanas antes da expulsão de Michel d'Herbigny, o Conselho de Ministros decidiu proibir os estrangeiros de pregar qualquer tipo de religião. Monsenhor Vincent Ilyin, nomeado secretamente administrador apostólico em Karkov, foi preso por levar embaixo do braço jornais de outros países. Poucos meses depois, monsenhor Sloskans, que em novembro de 1926 tornara pública a sua posição na Igreja católica, foi detido e condenado por crimes de espionagem a trabalhos forçados numa região próxima do Círculo Ártico. Na semana seguinte, o bispo Teofilus Matulionis foi preso e enviado ao Ártico para se juntar a monsenhor Sloskans. Em fevereiro de 1929 já estavam detidos os bispos Malecki e Frison e todas as igrejas católicas, destruídas a dinamite por ordem expressa de Stalin[20].

Calcula-se que em 1924, quando Lenin morreu, havia no interior da União Soviética cerca de duzentos religiosos católicos; em 1936 esse número caiu para cinqüenta, em 1937 passou a dez, e um ano e meio mais tarde restavam apenas dois[21].

Em 1931, o fracasso da coletivização agrícola*, que fez aumentar a fome, levou Moscou a modificar radicalmente a sua política em relação aos países ocidentais e, portanto, com os católicos e a Santa Sé.

As práticas católicas foram permitidas e os religiosos, como o bispo Frison, postos em liberdade, embora de forma temporária. Passada a crise econômica, os serviços religiosos foram novamente proibidos e os clérigos, presos e devolvidos aos campos de trabalho. Em 1937, o serviço secreto pontifício informaria a Pio XI que, pesando apenas quarenta quilos, o bispo Alexander Frison, de Sebastopol, fora executado com um tiro na nuca na sua própria cela do campo de trabalho[22].

Bispos e sacerdotes eram seqüestrados no meio da rua, jogados em veículos pretos e levados para centros ilegais de detenção, onde eram torturados e executados. Às vezes o cardeal secretário de Estado recebia informações das embaixadas alemã e francesa no Vaticano enviadas de Moscou. Na passagem de 1926 para 1927, a única ligação da Santa Aliança e do papa na União Soviética era o bispo Eugène Neveu. Exatamente de duas em duas semanas,

---

[20] Andrea Riccardi, *Il secolo del martirio*, cit.

[21] Eugene H. Van Dee, *Sleeping Dogs and Popsicles: The Vatican versus the KGB* (Rowman & Littlefield, Nova York, 1996).

* Sistema que pretendia transformar as pequenas propriedades agrícolas em cooperativas estatais. (N. T.)

[22] Apenas depois da queda do Muro de Berlim e fim do comunismo é que foram revelados os arquivos da KGB referentes a essa época. Num dos documentos continha a ordem de execução de monsenhor Alexander Frison e de incineração de seu cadáver para não deixar nenhum vestígio. Ver também Eugene H. Van Dee, *Sleeping Dogs and Popsicles*, cit.

Michel d'Herbigny recebia um relatório de Neveu, cada um mais desanimador que o outro. Por ser francês, o bispo podia transitar com mais liberdade pela capital sem ser detido, ao contrário do que ocorria com seus colegas nascidos na Rússia.

O jesuíta classificava todas as informações sobre a Rússia como "extremamente confidenciais", enquanto D'Herbigny e a espionagem vaticana a consideravam "essencialmente delicada". Outra missão de Eugène Neveu foi livrar da destruição ícones e antigos livros religiosos. Fazia anos que as autoridades soviéticas se dedicavam a queimar, sem distinção, todos os objetos religiosos ou qualquer material didático, entre eles os livros. Monsenhor Michel d'Herbigny decidiu, então, lançar a chamada Operação Librorum.

Depois de comunicá-la ao responsável da Santa Aliança na capital soviética, colocou mãos à obra. A princípio, era uma tarefa solitária e de pequena escala, mas em poucas semanas transformou-se numa grande operação. Eugène Neveu comprava livros dos séculos XVI e XVII por poucos rublos, e outros do século XVIII eram oferecidos pelos próprios donos para evitar que fossem queimados. Os sacerdotes espalhados pela Rússia começaram a enviar para Moscou todo tipo de objetos religiosos, como ícones dos séculos XIII e XIV, imagens de virgens do século XVI e um ou outro crucifixo com pedras preciosas do século XV. No total, quando dois anos depois a Operação Librorum foi concluída, os agentes do serviço secreto papal, chefiados por monsenhor Neveu, tinham enviado cerca de mil incunábulos*, 2 mil ícones e quase 3 mil objetos religiosos, como cálices, crucifixos ou imagens sagradas. Enviado diretamente para Roma, por mala diplomática, através da embaixada da Itália em Moscou, todo esse fundo ficaria depositado para posterior catalogação no Instituto Pontifício de Estudos Orientais[23].

No final da década de 1920, a inteligência soviética concluiu que existia uma rede clandestina comandada por um prelado católico (Neveu) e supervisionada por um superior (D'Herbigny) de dentro do Vaticano. O relatório da espionagem de Stalin também assegurava que a igreja de São Luís dos Franceses era a sede das operações clandestinas contra o Estado soviético. A Santa Aliança perderia monsenhor Eugène Neveu em 1936, quando ele resolveu sair do país para se tratar de uma doença na costa francesa. Ao tentar regressar a Moscou, a embaixada soviética em Paris negou-lhe o visto repetidas vezes até fazê-lo desistir de seus propósitos de voltar a atuar na Rússia de Stalin.

O papa Pio XI ordenou, então, a criação de uma unidade especial dentro da Santa Aliança, que se chamaria Russicum. As origens dessa nova divisão

---

* Livros que datam dos primeiros tempos da imprensa até o ano de 1500. (N. T.)
[23] David Alvarez, *Spies in the Vatican*, cit.

da espionagem pontifícia seria a Oficina Especial Vaticana, também conhecida como Comissão para a Rússia. A direção do Russicum ficou a cargo de Michel d'Herbigny.

O bispo decidiu manter a Comissão para a Rússia como uma espécie de instituto no qual os futuros membros do Russicum poderiam ser treinados antes de seguir para a União Soviética. O programa de estudos aprovado por D'Herbigny e pelo sumo pontífice para a comissão enfatizava o total domínio da língua russa, falada e escrita, a história do país, sua cultura e até a própria gastronomia. Os futuros agentes só podiam ler livros de autores russos e jornais soviéticos. As notícias eram discutidas em pequenos grupos, mas sempre em russo[24].

Como última etapa da preparação, dois membros do exército polaco treinavam os "recrutas" em táticas de pára-quedismo, que seriam usadas pelos agentes quando tivessem que saltar dos aviões em diferentes locais da União Soviética.

Ainda em 1929, exatamente no dia 11 de fevereiro, outro acontecimento dominaria as manchetes dos jornais de todo o mundo e alteraria as operações da Santa Aliança na Rússia. O Vaticano e a Itália assinavam os chamados Pactos Lateranenses, acordos que encerravam a chamada "questão romana", demonstrando a muitos países e chancelarias que e como Pio XI e Benito Mussolini haviam finalmente se entendido[25]. Em 1926, iniciou-se uma série de amplas e complicadas negociações para acabar de vez com o problema da Santa Sé. A assinatura da nova concordata permitia a criação do pequeno Estado do Vaticano, através do seu artigo 26: "Reconhece-se a existência do Estado da Cidade do Vaticano sob a soberania do romano pontífice". O território era bem pequeno, apenas 44 hectares, mas a partir de então o papa tinha muito mais independência para agir. No acordo, o regime fascista concedeu ao santo padre a manutenção de dois aspectos fundamentais: o direito ao ensino religioso nas escolas públicas e o reconhecimento, segundo o artigo 34, dos efeitos civis do sacramento do matrimônio regulado pelo Direito Canônico.

Claramente agnóstico e consciente de uma nação italiana católica, Benito Mussolini, por sua vez, sabia que mais cedo ou mais tarde teria que resolver a questão vaticana. O acerto financeiro – a indenização que a Itália era obrigada pagar ao papa por ter ocupado e anexado os territórios pontifícios em 1870 – foi a princípio fixado em 2 milhões de liras, mas Mussolini decidiu baixar esse valor[26].

---

[24] Paul Lesourd, *Entre Rome et Moscou*, cit.

[25] Anthony Rhodes, *The Vatican in the Age of the Dictators, 1922–1945* (Henry Holt & Company, Nova York, 1974).

[26] A concordata assinada entre Benito Mussolini e o papa Pio XI permaneceu em vigor até 18 de fevereiro de 1984. Ver Frank J. Coppa, *Controversial Concordats: The Vatican's Relations*

Por fim, a quantia a ser entregue ficou estabelecida em 85 milhões de dólares anuais. Outra medida que o santo padre e o cardeal secretário de Estado Gasparri deveriam tomar era convencer os políticos dos partidos católicos, como o Partido Popular, a deixar a política, exatamente se faria poucos anos depois de assinada a concordata com a Alemanha entre Hitler e o papa Pio XI.

As pressões do serviço secreto pontifício sobre Luigi Sturzo, líder do Partido Popular, levaram-no a se exilar na Suíça e se afastar completamente da política. Dessa forma, o Vaticano retribuía a Mussolini o que alcançara no Pacto Lateranense. Além disso, Pio XI incentivava os padres de toda a Itália a apoiar os fascistas, definindo Benito Mussolini como "um homem enviado até nós pela Providência"[27].

O texto do Pacto Lateranense – redigido e negociado por Francesco Pacelli, irmão de Eugenio Pacelli, o futuro Pio XII – revelava o propósito de possíveis intervenções de núcleos católicos na política. O documento seria utilizado como base para a concordata com o Reich de Hitler. Mas era óbvio que Eugenio Pacelli sentia aversão pelo catolicismo político e que o ativismo dos setores político-sociais seria a moeda de troca com que a Santa Sé negociaria primeiro na Itália e depois na Alemanha.

Em novembro de 1929, o sumo pontífice resolveu demitir o cardeal Pietro Gasparri, já com quase oitenta anos. Para substituí-lo, Pio XI nomeou o seu protegido durante um quarto de século, monsenhor Eugenio Pacelli. No mês seguinte o novo secretário de Estado envergava a púrpura cardinalícia e em 7 de fevereiro de 1930 ocupava com todos os seus poderes o cargo de cardeal secretário de Estado, o posto mais influente da Igreja católica depois do santo padre, que contava então 54 anos.

Já com Pacelli à frente da política externa do Vaticano, mais uma vez Pio XI denunciou publicamente as perseguições religiosas no interior da União Soviética e condenou os "degradantes ataques" por parte dos bolcheviques, censurando os governos europeus pela impassibilidade que demonstravam em relação a essas agressões. Curiosamente, essa chamada à razão não foi feita apenas às autoridades católicas, mas também às protestantes de toda a Europa, embora sem muito resultado.

Nos jornais do regime definia-se o papa como "um representante da autocracia que procura estrangular a União Soviética", os sacerdotes e os religiosos eram tidos como "uma quadrilha de agitadores" e a Santa Aliança, "como instrumento desestabilizador dos ideais da Revolução e do sistema de vida comunista".

---

with Napoleon, Mussolini and Hitler (Catholic University of America Press, Washington, D. C., 1999).

[27] John Cornwell, *Hitler's Pope*, cit.

Aparentemente, o serviço de inteligência soviético não tinha nenhum informante no interior do Vaticano naqueles anos 1920, e os poucos que ainda atuavam haviam sido descobertos pelo Sodalitium Pianum. Na década seguinte, porém, a situação mudaria por completo.

As células do regime de Stalin começaram a se infiltrar com sucesso na estrutura da cúria romana. Na Grã-Bretanha, na França e nos Estados Unidos a espionagem soviética conseguiu captar agentes locais ou membros do Partido Comunista, mas na Santa Sé tudo era muito diferente. Um dos espiões mais ativos da OGPU no Vaticano era um homem muito próximo de Michel d'Herbigny.

Alexander Deubner nasceu em São Petersburgo em 11 de outubro de 1899. Seu pai era um oficial czarista que se convertera secretamente ao catolicismo e decidira mandar o filho para a Bélgica a fim de ser educado no colégio dos padres assuncionistas*, uma ordem religiosa muito ligada à Rússia.

Em 1921, já com 22 anos, Deubner foi enviado a um seminário na Turquia para se preparar como missionário. Depois de cinco anos de estudos, Alexander Deubner encontrou-se sem dinheiro, o que o levou a recorrer a um velho amigo de seu pai em Varsóvia, o arcebispo Andreas Sheptyckyi. O prelado o colocou como novo pároco da congregação de expatriados russos na cidade francesa de Nice. Lá, o jovem se converteu à Igreja ortodoxa, mas no final de 1928 renunciou à sua apostasia e regressou ao seio de Roma[28].

Novamente, o arcebispo Sheptyckyi intercedeu a favor do seu protegido, conseguindo que o próprio Michel d'Herbigny colocasse Deubner como assistente na nova divisão da Santa Aliança, o Russicum.

D'Herbigny ficara tão impressionado com o novo investigador que o convidou para escreverem juntos uma monografia sobre os bispos russos ortodoxos. Rapidamente, Deubner ascendeu no escalão da espionagem pontifícia até se tornar o principal e mais importante colaborador do chefe do Russicum. No verão de 1932, a organização lhe encomendou uma delicada missão na Polônia relacionada a assuntos eclesiásticos – este seria o começo do fim de Deubner e o primeiro passo na queda do arcebispo Michel d'Herbigny no comando do Russicum.

Por algum tempo, D'Herbigny acreditou que, apesar da ditadura bolchevique, a Rússia poderia um dia se converter ao catolicismo, mas só se a Santa Sé estivesse preparada para adaptar seus costumes e práticas religiosas à cultura local – mantendo o dogma intocável. O líder do Russicum decidiu enviar um relatório ao papa Pio XI e ao secretário de Estado, Pacelli, em cuja capa se lia

---

* Religiosos missionários, cuja ordem foi fundada em 1847 em Nimes, França, conclamados por Pio X a trabalhar nas missões do Oriente. (N. T.)
[28] David Alvarez, *Spies in the Vatican*, cit., e Ulisse A. Floridi, *Moscow and the Vatican*, cit.

"Russificado", ou seja, um documento "extremamente delicado". O texto revelou-se bastante controverso, não só para os tradicionalistas, que se opunham a qualquer mudança ritualística, mas também para os que defendiam a liberalizarão da estrutura da Igreja católica, algo que não estava muito em consonância com o aparelho vaticano[29].

Muitos católicos na Rússia eram poloneses que haviam passado do catolicismo mais hostil ao comunismo mais obediente. Para o regime de Stalin, os católicos da Polônia não deveriam ser convertidos, mas sim combatidos. Michel d'Herbigny e o Russicum estavam bastante interessados em realizar operações em território polaco e estabelecer no país uma rede clandestina de sacerdotes e bispos tal qual a que tinham organizado na União Soviética.

Durante a visita à Polônia, Alexander Deubner chamou a atenção do serviço secreto, que estava interessado não apenas nas suas relações com D'Herbigny, mas também nos contatos com Moscou. O pai de Deubner fora detido pelos bolcheviques logo depois da Revolução e da queda do czar Nicolau e enviado a uma prisão na Sibéria. A sua mãe, francesa, vivia na capital russa com um tio do espião pontifício, num apartamento bem próximo ao Kremlin. O tio de Deubner era amigo de Clara Zetkin, uma célebre ativista comunista da Alemanha. Quando passou por Berlim, o agente do Russicum se encontrou com Zetkin, que lhe proporcionou vários contatos na Alemanha, entre eles diversos diplomatas da embaixada soviética na cidade, membros da OGPU. A polícia detectou também que Zetkin e o jovem sacerdote se reuniam com freqüência num pequeno apartamento, embora não conseguisse descobrir se eram encontros íntimos ou para trocar informações com mais privacidade.

No final de 1932, depois de ser expulso da Polônia por atos de espionagem, Alexander Deubner voltou a Roma, onde se viu envolvido em um grave escândalo. Diplomatas e destacados membros da cúria romana espalharam a notícia de que alguns importantes documentos confidenciais das operações do Russicum na Europa Oriental tinham sido roubados da mesa do santo padre. A imprensa, como se previa, resolveu explorar essa suculenta história, e o nome de Deubner estava no centro dela[30].

Por fim, os principais hierarcas da Santa Aliança cobraram de Michel d'Herbigny uma explicação definitiva sobre a infiltração no coração do Russicum, mas o arcebispo não soube o que dizer. Para tentar descobrir a verdade, os agentes do Sodalitium Pianum exigiram, em vão, a presença de Alexander Deubner – ele havia desaparecido.

---

[29] Leon Tretjakewitsch, *Bishop Michel d'Herbigny SJ and Russia*, cit.
[30] Ulisse A. Floridi, *Moscow and the Vatican*, cit.

Essa fuga desesperada fez supor a muitos uma confissão de culpa. Os principais jornais da Europa começaram a publicar manchetes como "O espião soviético Deubner foge do Vaticano", "O secretário de D'Herbigny, um agente da OGPU" ou "Em Moscou com os documentos roubados"[31].

Seria o padre Eduard Gehrmann, que durante algum tempo fora diretor da Missão de Ajuda Pontifícia na Rússia e conselheiro de assuntos russos para o núncio papal em Berlim, quem desencadearia a tempestade ao obrigar Alexander Deubner a se confessar.

O fugitivo espião do Russicum confessou que, na viagem a Berlim e Varsóvia, mantivera relações sexuais com a comunista Clara Zetkin. Gehrmann descobriria depois que nesses encontros Deubner havia passado a Clara Zetkin documentos do Russicum e da Santa Aliança extremamente importantes e que ela, por sua vez, os entregaria aos agentes da inteligência soviética na Alemanha. Desse modo, nomes, datas, cidades e operações do serviço secreto vaticano foram parar nas mãos da temida OGPU.

Como primeira medida decidiu-se que Deubner permaneceria em total isolamento numa residência dos jesuítas em Berlim, mas três dias depois ele fugiu por uma janela e simplesmente desapareceu da face da Terra. Em fevereiro de 1933, um militante comunista, segundo a versão defendida pelo aparelho nazista, ateou fogo ao Reichstag, o Parlamento da Alemanha. Adolf Hitler e o Partido Nacional-Socialista, prestes a chegar ao poder, viram nisso a oportunidade de lançar as suas hordas contra o Partido Comunista alemão. Dirigentes do comunismo local assassinados nas ruas, publicações incendiadas e sedes do partido atacadas e destruídas foram a tônica geral nesses dias.

Foi nessa época que o padre Alexander Deubner abandonou rapidamente Berlim. Parece que, de acordo com um espião da inteligência pontifícia, Deubner estava sendo procurado por membros do partido nazista pela sua presumível relação com a conhecida militante comunista Clara Zetkin. O ex-agente do Russicum tivera uma discussão com vizinhos de Zetkin e um deles era um dirigente nazista no bairro[32].

Quando procurava cruzar a fronteira com a Áustria disfarçado de estrangeiro, foi detido pela Guarda de Fronteiras da Alemanha, que o manteria encarcerado por dois meses. Antes de ser libertado, no final de maio, seria interrogado sobre as suas possíveis ligações com o serviço secreto soviético. Novamente sumiu do mapa, até aparecer em Belgrado, onde pediu ajuda ao bispo Franz Grivec, um especialista em questões russas.

---

[31] David Alvarez, *Spies in the Vatican*, cit.
[32] Christopher Andrew e Vasili Mitrokhin, *The Sword and the Shield: The Mitrokhin Archive and the Secret History of the KGB* (Basic Books, Londres, 2000).

Convocou, então, uma coletiva de imprensa para negar qualquer acusação de espionagem. Grivec recomendou a Deubner que retornasse a Roma para responder às acusações de espionagem diante do papa Pio XI, do cardeal secretário Pacelli e da Santa Aliança.

A contra-espionagem da Santa Sé empenhara-se em publicar em vários jornais a notícia de que o padre Alexander Deubner era um membro temporário do Russicum e que não tinha acesso a documentos importantes da divisão russa do serviço secreto vaticano. Quando em julho de 1933 Deubner entrou em Roma, monsenhor Michel d'Herbigny havia sido "enviado" a um mosteiro para refletir sobre suas ações e orar por seu perdão. D'Herbigny tinha esperança de que em pouco tempo o sumo pontífice o chamaria de volta a Roma, onde retomaria suas atividades de espionagem. Por sua vez, Alexander Deubner achava que poderia contar com a proteção do amigo e chefe sem saber que D'Herbigny, um dos melhores espiões papais, fora afastado do Vaticano por ordem de Pio XI.

Michel d'Herbigny criara muitos inimizades entre as figuras de Roma e, o que era pior, entre os altos dignitários da cúria. Em 1933, o número de inimigos do Russicum cresceu perigosamente por causa do arcebispo. Um deles era Vladimir Ledochowski, o geral dos jesuítas.

Os acontecimentos que se seguiram permanecem no mais absoluto segredo e todos os documentos sobre o caso estão guardados nos mais recônditos e escuros depósitos dos Arquivos Secretos do Vaticano. Em 29 de setembro de 1933, Pio XI colocou sobre a mesa diversas fotografias de sacerdotes presos em campos de trabalhos soviéticos. As imagens teriam sido captadas pelos agentes da rede "os clandestinos", comandada por monsenhor Eugène Neveu. Sem fazer rodeios, o papa disse a D'Herbigny que o padre Ledochowski decidira, por recomendação de seu superior, enviá-lo a uma clínica da Bélgica para descansar por um tempo.

Em 2 de outubro, Michel d'Herbigny esvaziou seu gabinete com dois agentes da Santa Aliança como testemunhas e, à tarde, inteiramente sozinho, deixou Roma para sempre[33].

No final de novembro, o arcebispo recebeu a visita de Vladimir Ledochowski e dois espiões do Russicum. Um dos agentes tirou do bolso um documento lacrado com o selo papal. D'Herbigny abriu-o cuidadosamente e leu o texto, no qual Pio XI dizia ser seria "conveniente" que ele se demitisse de todos os cargos e de todas as posições na cúria romana. Seguindo as mais estritas normas da Ordem dos Jesuítas, de clara obediência ao sumo pontífice, D'Herbigny assinou o papel sem protestar.

---

[33] Leon Tretjakewitsch, *Bishop Michel d'Herbigny SJ and Russia*, cit.

Monsenhor Michel d'Herbigny permaneceria incomunicável por completo numa casa jesuíta até morrer, em 1957. Os superiores da Ordem lhe proibiram de escrever ou falar publicamente a respeito de suas atividades na contra-espionagem papal[34].

Por sua vez, o padre Alexander Deubner encontrou um abrigo de indigentes graças ao empenho de sacerdotes que serviram no Russicum sob as ordens de Michel D'Herbigny. Curiosamente, Deubner permaneceu lá apenas por cerca de dois meses. Os agentes da espionagem italiana depois o encontraram morando num apartamento alugado em pleno centro de Roma. Ele explicou que conseguira um trabalho na biblioteca do Instituto Pontifício de Estudos Orientais, história na qual seus amigos acreditaram, mas não os italianos.

O serviço secreto italiano, que estava vigiando o padre Deubner, descobriu que ele tinha o hábito de ir à embaixada da União Soviética. Novamente detido, o antigo espião explicou que as visitas ocorriam devido ao seu trabalho no Instituto de Estudos Orientais. A polícia descobriu que, na verdade, Deubner não trabalhava na biblioteca do Instituto, mas freqüentava uma sala de leitura e morava num apartamento alugado, onde não recebia ninguém conhecido. A Santa Aliança contou aos seus colegas italianos que Alexander Deubner tentara obter um visto para regressar à Rússia, mas que os soviéticos, cientes das suas relações com D'Herbigny e com o Russicum, negaram a permissão, embora lhe tenham lhe oferecido dinheiro em troca de informações. Por fim, um belo dia Deubner foi preso pelo serviço secreto local. Antes de ser expulso do país, o governo italiano perguntou à embaixada soviética se tinham interesse em abrigá-lo. A resposta foi não.

Deubner era útil no Vaticano e não fora dele. No final de 1934, o ex-espião pontifício foi escoltado até a fronteira com a França e de lá viajou para Moscou, onde esperava ser condecorado por Stalin por seus serviços prestados ao regime comunista – esses sonhos, porém, não se concretizaram. Nem bem pisara o solo soviético, foi detido por agentes da OGPU e conduzido a um campo de prisioneiros na Sibéria, onde numa fria noite seria executado por membros da polícia secreta local. A nota oficial enviada à Santa Sé explicava que "o padre Alexander Deubner foi assassinado por bandidos que invadiram o campo de trabalho para roubar e matar alguns prisioneiros". A Secretaria de Estado não exigiu mais explicações, e o ameaçador caso Deubner foi encerrado e recolhido aos depósitos dos Arquivos Secretos do Vaticano[35].

Entre 1932 e 1939, a inteligência italiana se concentrou no Vaticano e, em especial, nos núcleos da cúria romana que se diziam contrários à política dos

---

[34] Paul Lesourd, *Entre Rome et Moscou*, cit.
[35] Ulisse A. Floridi, *Moscow and the Vatican*, cit.

fascistas, sem, no entanto, deixar de vigiar as relações externas da Santa Sé com países como Espanha, Alemanha, França e Iugoslávia. A Itália de Benito Mussolini queria estar preparada para a grande tragédia global que se avizinhava. Tudo precisava estar muito bem amarrado antes que os soldados começassem a marchar e cruzar fronteiras a ferro e fogo.

Os tempos de destruição e morte estavam bem próximos. Após dezesseis anos de paz, o cavaleiro do Apocalipse voltava a galopar, e o som dos canhões seria ouvido por todos.

À esquerda, papa Pio V, inquisidor e fundador da espionagem no Vaticano; à direita, desenho anônimo de David Rizzio, primeiro agente da Santa Aliança.

Pintura sobre o assassinato de Rizzio (ver p. 29).

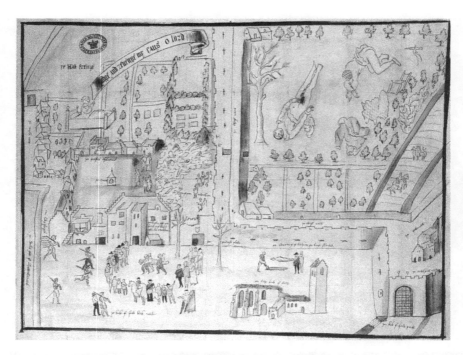

Acima, cena do assassinato de Henrique Darnley em Kirk O'Field. Abaixo, o lorde Darnley ao lado da rainha Maria Stuart da Escócia.

Papa Clemente VIII, o primeiro a ordenar assassinatos seletivos pela Santa Aliança.

John Knox, discípulo de Calvino e um dos alvos dos espiões papais por ser um obstáculo à tarefa de recolocar a Escócia sob o manto protetor da Igreja de Roma.

Agentes da Santa Aliança apoiaram Felipe II a organizar um ataque naval à Inglaterra para derrubar a monarquia protestante da rainha Elizabeth I. A frota espanhola, massacrada pelas defesas lideradas por Francis Drake, foi apelidada ironicamente pelos ingleses de "Armada Invencível" (ver capítulo três, p. 61-9).

Imagem da carnificina dos huguenotes na noite de São Bartolomeu (p. 48).

O papa Paulo V (acima à esquerda) ordenou que sua unidade de assassinos, o Círculo Octogonus, eliminasse o rei francês Henrique IV (acima à direita). Com sua morte, iniciou-se a curta regência de Maria de Médicis, na qual o agente da espionagem papal Concino Concini (ao lado) se tornou um dos políticos mais influentes.

À esquerda, cardeal Richelieu, principal inimigo da Santa Aliança. Ao lado, o padre Joseph du Tremblay, chefe dos espiões de Richelieu.

Olimpia Maidalchini, cunhada do papa Inocêncio X, comandou a espionagem pontifícia com mão de ferro durante décadas.

Em 1798, as tropas de Napoleão Bonaparte ocuparam Roma e depuseram o papa Pio VI do cargo de soberano civil. Após a morte do santo padre depois de anos no exílio, Napoleão escreveu: "Morreu o papa. A velha máquina da Igreja desmorona-se por si mesma".

O papa Pio X fundou o serviço de contra-espionagem do Vaticano, o Sodalitium Pianum (SP).

Roger Casement foi um instrumento nas mãos da Santa Aliança em seu apoio ao levantamento irlandês da Páscoa.

Ao lado, o arcebispo pró-nazismo Gregory Rozman com o general das SS Rösener. Abaixo, foto do padre Karlo Petranovic no porto de Genova ao lado de integrantes das SS; o religioso era um agente da Santa Aliança encarregado de ajudar na fuga de criminosos nazistas.

Acima, foto do interior do colégio de San Girolamo, local onde criminosos nazistas se refugiaram. Entre eles, Josef Mengele (abaixo, ao centro), que viveu no Brasil até sua morte, em 1979. Ao seu lado, Pavelic (esquerda) e Hans Fischbock, general das SS, que também fugiram com ajuda do Corredor Vaticano (ver capítulo dezesseis, p. 315).

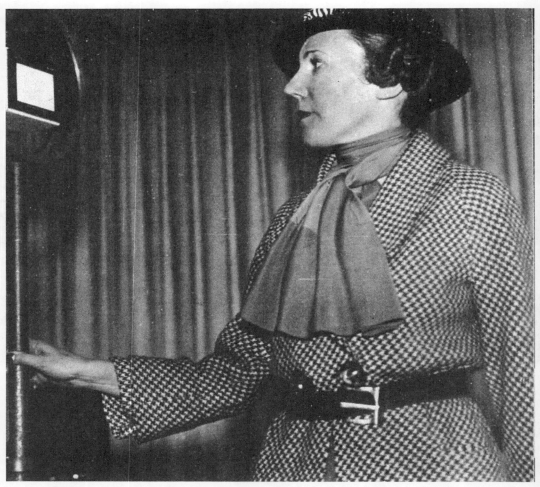

Marguerite d'Andurain, agente da Santa Aliança, ajudou nazistas a atravessarem o estreito de Gilbraltar para o Marrocos.

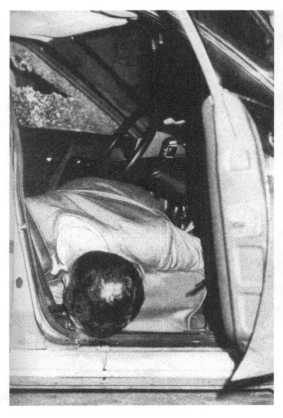

Acima, à esquerda, o cardeal Luigi Poggi, chefe da Santa Aliança sob o pontificado de João Paulo II. Abaixo, William Casey, diretor da CIA durante o governo Reagan que colaborou com a Santa Aliança no financiamento do sindicato Solidariedade de Lech Walesa.
Acima, o assassinato do jornalista Mino Pecorelli, que investigou as relações entre a máfia, o banco do Vaticano e a Santa Aliança.

Acima, momento em que Ali Agca dispara contra João Paulo II na praça São Pedro (p. 380). Abaixo, o cardeal Jean Villot, que levou para o túmulo segredos do Vaticano, como a morte de João Paulo I, o IOR ou a maçonaria.

CAPÍTULO QUATORZE

A ASCENSÃO DO TERROR (1934-1940)

> Ai da [cidade] rebelde e abjeta, da cidade tirânica!
> [...] tirarei do meio de ti teus fanfarrões arrogantes;
> não te orgulharás mais no meu santo monte.
>
> *Sofonias 3:1,11**

A chegada dos nazistas ao governo alemão provocou uma forte reação nas altas hierarquias da Igreja no país. Perante os protestos cada vez maiores dos bispos, o novo regime procurou acalmar os ânimos a fim de ganhar tempo suficiente para infiltrar o Partido Nazista em todas as organizações e esferas do poder, inclusive a católica.

Pouco depois da nomeação de Adolf Hitler como chanceler da Alemanha em 29 de janeiro de 1933, o vice-chanceler, Franz von Papen, manteve reuniões secretas com o ainda núncio Eugenio Pacelli. O papa Pio XI só soube desses encontros dois anos depois, quando lhe chegou às mãos um relatório da Santa Aliança classificado como "Altamente confidencial"[1].

Nas conversações, primeiro informais e depois secretas, Von Papen e Pacelli estabeleceram os pontos definitivos que constituiriam a famosa concordata assinada entre Berlim e a Santa Sé em 20 de julho de 1933. Segundo o acordo, o Reich permitia o exercício público e livre da religião católica, reconhecia a independência da Igreja, garantia a livre comunicação entre o Vaticano e os seus bispos na Alemanha, assegurava a liberdade de nomeação dos cargos eclesiásticos, permitia o ensino católico nos colégios públicos e autorizava a Santa Sé a criar a cadeira de teologia em todas as universidades da Alemanha. Mas todas as cláusulas tinham as suas condições. O Estado poderia exercer o seu direito de veto à nomeação de bispos por razões políticas, e os bispos já eleitos deveriam jurar fidelidade ao Reich e ao *führer*.

---

* *Bíblia Católica Online*, cit. (N. T.)
[1] Joseph E. Persico, *Nuremberg. Infamy on Trial* (Penguin Books, Nova York, 1994).

O que a Santa Aliança descobriu foi que, no último minuto, Pacelli decidiu incluir no texto da concordata uma cláusula segundo a qual os religiosos poderiam pertencer a nenhuma organização ou partido político. Von Papen aceitou-a sem entender por que motivo monsenhor Eugenio Pacelli a desejava tão ardentemente[2].

Diversos historiadores e estudiosos consideraram a assinatura dessa concordata uma demonstração do Vaticano de aprovação e certo apoio ao regime nazista de Hitler. Na verdade, foi mais uma concessão de Pacelli, o futuro Pio XII, do que do sumo pontífice. Para o cardeal secretário de Estado, Pietro Gasparri, não negociar a concordata com Hitler significaria deixar a comunidade católica alemã sujeita a perseguições. Além disso, quando o documento foi firmado, em 1933, o regime nazista ainda não tinha iniciado sua política de terror nem as barbaridades que estavam por vir.

Fazia muito que Pio XI tinha condenado o nazismo e seus dirigentes por meio da encíclica *Mit brennender Sorge*, assinada em 14 de março de 1937. Exatamente como no caso da Itália de Mussolini, Hitler desejava uma espécie de reconhecimento religioso para o seu regime a fim de aumentar o seu prestígio internacional, e para isso nada melhor do que assinar uma concordata com a Santa Sé. Mas, no começo de 1939, a situação era bem diferente e as atrocidades nazistas começavam a ultrapassar as fronteiras da Alemanha. O santo padre preparou um novo texto que pretendia ler no décimo aniversário da assinatura dos Pactos Lateranenses, na presença de todos os bispos italianos e alemães, mas não pôde fazê-lo porque morreu inesperadamente na véspera da comemoração. O polêmico documento só se tornou público quando o papa João XXIII subiu ao trono de São Pedro, em 1958, quase vinte anos depois[3].

No texto original, intitulado *Nella Luce*, Pio XI tornava patente a incompatibilidade entre a ideologia fascista e a doutrina de Jesus Cristo. E na Alemanha também a situação não era boa.

Os espiões da Santa Aliança na nunciatura de Berlim começaram a enviar ao Vaticano relatórios sobre uma espécie de instituição dependente do Reich que se dedicava a "purificar" a raça ariana[4]. Para checar os fatos, o serviço secreto pontifício enviou à capital alemã dois padres e agentes especialistas, Gunther Hessner e Leon Brendt.

---

[2] Javier Paredes e outros, *Diccionario de los papas y concilios*, cit.
[3] Thomas Cahill, *Pope John XXIII* (Viking, Nova York, 2002) e Georges Passelecq e Bernard Suchecky, *Un silencio de la Iglesia frente al fascismo: la encíclica de Pío XI que Pío XII no publicó* (PPC, Madri, 1995).
[4] Robert Jay Lifton, *The Nazi Doctors: Medical Killing and the Psychology of Genocide* (Basic Books, Nova York, 2000).

Hessner e Brendt conseguiram penetrar no misterioso Rasse-Heirat Institut [Instituto de Casamento Racial], respectivamente como mordomo e cozinheiro. Gunther Hessner nascera na região da Baviera, no seio de uma família conservadora e nacionalista, fiel ao *kaiser* Guilherme II e seguidora do novo Reich. Por sua vez, Brendt, que procedia de uma família mista, fora educado num lar de ideologia liberal e, portanto, contrário a Hitler.

O primeiro relatório sobre o Rasse-Heirat Institut chegou a Roma em 1937, assinado por Leon Brendt. Um texto de oito páginas explicava em detalhes como as mulheres consideradas arianas mantinham relações sexuais com destacados membros do Partido Nazista e das unidades SS e SA. Elas eram usadas e vigiadas como porquinhos da Índia, mesmo durante o ato sexual com qualquer membro "ariano" da SS. Uma enfermeira do Partido estava sempre presente[5].

Outro relatório do agente Leon Brendt explicava como algumas dessas mulheres aceitaram ser inseminadas artificialmente. A Santa Sé reagiu imediatamente, enviando através da sua nunciatura 55 notas de protesto sem em nenhuma delas mencionar de forma explícita o Rasse-Heirat Institut. O papa queria garantir a segurança de seus espiões infiltrados a todo custo.

Mas o alarme espalhou-se pelos corredores do Vaticano quando chegou o primeiro relatório do padre Hessner. Por meio de uma jovem do Rasse-Heirat Institut, a Santa Aliança descobriu que em diversos hospitais e clínicas controlados pelos nazistas estavam ocorrendo operações de esterilização e assassinatos de deficientes mentais segundo as leis raciais do Partido[6]. Diante desses fatos, Hessner preferiu enviar o informe a três dos dignatários católicos mais oponentes ao regime nazista, os cardeais Clement August von Galen e Konrad von Preysing e o arcebispo de Munique, monsenhor Michael von Faulhaber, que remeteria o relatório do padre Gunther Hessner para a Santa Sé. Com esse material, Pio XI ordenou a publicação da encíclica *Mit brennender Sorge*, lida clandestinamente em algumas igrejas católicas da Alemanha no Domingo de Ramos de 1937.

Mas a reação de Hitler foi imediata. Através da SS e da Gestapo, as autoridades nazistas prenderam nas semanas seguintes mais de mil católicos, incluindo jornalistas, sacerdotes, frades, seminaristas, freiras e dirigentes de organizações juvenis católicas. No início de 1938, 304 foram deportados para o campo de concentração de Dachau[7].

---

[5] George J. Annas, *The Nazi Doctors and the Nuremberg Code: Human Rights in Human Experimentation* (Oxford University Press, Nova York, 1995).

[6] Robert N. Proctor, *Racial Hygiene: Medicine under the Nazis* (Harvard University Press, Cambridge, 1989).

[7] Andrea Riccardi, *Il secolo del martirio*, cit.

O padre Gunther Hessner continuaria a agir para o serviço secreto pontifício em diferentes locais da Alemanha e a informar a Santa Sé sobre o holocausto judeu até 1941, quando foi detido pela Gestapo e enviado para o campo de concentração de Mathausen. Hessner seria enforcado quando foi surpreendido pelos guardas do campo dando a extrema-unção a um velho polaco que vivia no seu barracão. O padre Leon Brendt, por sua vez, foi preso em abril de 1940 por membros da SS ao descobrirem que ele ajudava os judeus a fugir para a Suíça por meio de uma rede clandestina organizada por ele mesmo sem autorização da espionagem papal. Segundo alguns relatórios, Brendt montou essa rede com o apoio do cardeal Clement August von Galen.

Diante de tais medidas, Pio XI refugiou-se na residência de Castelgandolfo para não ter de receber Adolf Hitler durante a sua viagem a Roma entre 3 e 9 de maio de 1938. O santo padre ordenou ainda que todos os museus do Vaticano não abrissem as portas e que o *L'Osservatore Romano* não publicasse uma única linha sobre a visita do chanceler alemão.

Por outro lado, no coração da Santa Sé, os agentes do Sodalitium Pianum empenhavam-se na caça de espiões. Desde o fim da década de 1920, o serviço de inteligência italiano dedicou-se a infiltrar informantes nos vários departamentos papais. Entre eles, o mais importante era monsenhor Enrico Pucci, homem muito bem relacionado no mundo jornalístico e na administração pontifícia.

Embora sua posição nunca tivesse sido definida, monsenhor Pucci era extra-oficialmente o porta-voz do Vaticano. Redigia e publicava um pequeno boletim com noticias sobre os eventos oficiais da Santa Sé ou qualquer assunto relacionado ao pequeno Estado. Trabalhava ainda como *freelancer*, escrevendo artigos em periódicos de toda a Itália, e os jornalistas credenciados no Vaticano recorriam a monsenhor Pucci quando queriam se inteirar sobre esse ou aquele cardeal ou um certo bispo que fizera uma declaração não oficial. Pucci sabia tudo, e nada se passava no interior dos palácios pontifícios de que ele não fosse informado. De freiras a membros da Guarda Suíça, de cardeais a bibliotecários, ninguém nos corredores de São Pedro se movimentava sem que ele não soubesse.

Monsenhor Pucci revelou-se o melhor espião de Mussolini na Cidade Eterna desde que fora recrutado, no fim de 1927, por Arturo Bocchini, chefe da polícia fascista. A Santa Aliança passou a ter notícias de um "canário" no interior do Vaticano em meados da década de 1930.

Trabalhando como agente 96, Pucci passava todo tipo de informações aos italianos. Sua melhor operação foi realizada em 1932, quando obteve uma cópia do manuscrito das memórias do cardeal Bonaventura Cerretti, nas quais este relatava detalhadamente as negociações e as conversações secretas tidas com o primeiro-ministro Orlando para conseguir os Pactos Lateranenses em 1929, que colocariam fim à "questão romana" sobre a Santa Sé[8].

Os agentes da Santa Aliança comunicaram a existência de um traidor no Vaticano ao Sodalitium Pianum, cujos espiões começaram logo a agir para descobrir esse infiltrado.

Para isso decidiram circular um documento falso com a assinatura do cardeal secretário de Estado, Pietro Gasparri, relatando que um suposto Roberto Gianille – um agente inventado – passara informações da Itália e da Santa Sé à embaixada britânica no Vaticano.

Tomada como verdadeira, a informação chegou às mãos de monsenhor Enrico Pucci graças à ação dos espiões do SP. Em pouco tempo, Bocchini deu ordem de busca e apreensão de Roberto Gianille, sob a acusação de alta traição. Nem os italianos nem Pucci sabiam que Gianille era uma invenção da contra-espionagem pontifícia para detectar o espião, mas o fato é que o traidor caiu na armadilha.

Afastado de suas funções oficiais e extra-oficiais na administração papal, Enrico Pucci continuou a servir ao regime fascista até a queda de Mussolini. Com Pucci, cairia também a sua rede, formada por Stanislao Caterini, Giovanni Fazio e Virgilio Scattolini, todos funcionários de nível intermediário na Santa Sé[9].

Desde o final de 1929 Caterini atuava como funcionário da Secretaria de Estado. Até ser detido, era uma das melhores fontes de informação de Enrico Pucci, por trabalhar no Departamento Criptográfico, a divisão dos códigos da Santa Aliança utilizados pelas nunciaturas nas suas mensagens secretas. Todas as comunicações do Vaticano passavam pelas mãos de Caterini, que logo informava diretamente monsenhor Pucci sobre os assuntos mais sérios. Após ser obrigado a se demitir por traição aos seus superiores, o cardeal foi expulso da Santa Sé.

O segundo membro da chamada "rede Pucci" era Giovanni Fazio, suboficial da polícia papal. A sua posição lhe dava acesso a todo o expediente do pessoal religioso e laico do Vaticano. Uma vez descoberto pela Santa Aliança, Fazio foi demitido do cargo e expulso por desonra das tropas de segurança do santo padre e do território pontifício. Ele continuaria a serviço da espionagem italiana até 1942, quando aparecia enforcado na sua própria casa. Segundo os rumores que circularam em Roma nesses dias, Fazio teria sido executado pela Ordem Negra, a organização de frades assassinos criada no século XVII por

---

[8] Frank J. Coppa, *Controversial Concordats*, cit.
[9] David Alvarez, *Spies in the Vatican*, cit.

Olimpia Maidalchini, a poderosa líder da espionagem vaticana sob o comando do papa Inocêncio X[10].

O terceiro membro da "rede Pucci" a cair seria Virgilio Scattolini, um jornalista que trabalhava como auxiliar de monsenhor Mario Boehm, o editor-chefe de *L'Osservatore Romano*. Scattolini fora recrutado pela inteligência italiana e colocado sob as ordens de Enrico Pucci no início de 1930. Seu trabalho consistia em se infiltrar nos círculos jornalísticos antifascistas e fornecer os nomes de seus membros a Pucci, que por sua vez informava as forças de segurança de Mussolini.

Ao ser descoberto pelos agentes da contra-espionagem papal, Virgilio Scattolini pediu demissão de seu cargo, mas continuou sua carreira de jornalista escrevendo artigos para vários meios de comunicação italianos[11].

Era evidente que o serviço secreto da Itália tinha dado pouca importância à atuação da Santa Aliança e da contra-espionagem papal, mas os alemães não cometeriam esse mesmo erro. Assim, após a assinatura da concordata, os serviços de segurança do Reich decidiram fustigar muito fortemente todas as bases do catolicismo na Alemanha. Embora em fevereiro de 1933 Adolf Hitler tenha declarado que as igrejas católicas faziam parte integrante da vida nacional alemã, apenas um mês depois o chanceler assegurou: "Prometo erradicar completamente o cristianismo da Alemanha. Ou és cristão ou és alemão. Não é possível ser as duas coisas ao mesmo tempo"[12]. O primeiro golpe foi dado nas organizações católicas laicas, acusadas pelo regime nazista de serem o principal foco de atividades subversivas contra o Partido, o *führer* e o próprio povo alemão. Essa medida pressupunha também o fechamento de todos os jornais católicos, a extinção das editoras católicas, a proibição de associação dos jovens católicos e a restrição das cerimônias religiosas.

Hitler também tinha dado ordens concretas aos seus serviços de segurança e de espionagem para vigiarem de perto os bispos alemães, as comunicações com a Santa Sé, o fluxo das fontes de financiamento e as atividades dos serviços de espionagem. Essa tarefa seria atribuída ao Sicherheitsdienst (SD), a espionagem do Partido Nazista. Extremamente inteligente e conhecido por sua crueldade, seu líder, Reinhard Heydrich, era um verdadeiro psicopata.

Heydrich estava convencido de que o papa e seus agentes no interior da Alemanha estavam preparando alguns complôs contra o Reich e, portanto, deveriam ser eliminados.

---

[10] Ver o capítulo 5.

[11] Carlo Fiorentino, *All'ombra di Pietro: la Chiesa Cattolica e lo spionaggio fascista in Vaticano, 1929–1939* (Le Lettere, Florença, 1999).

[12] Martyn Housden, *Resistance and Conformity in the Third Reich* (Routledge, Londres, 1997).

Reinhard Heydrich mostrava-se disposto a "estrangular" a Igreja católica até a morte e para isso utilizaria todos os meios ao seu alcance, incluindo os serviços de inteligência. Na passagem de 1933 para 1934, o SD estabeleceu uma pequena divisão em Munique a fim de vigiar as organizações católicas e seus responsáveis. O primeiro chefe dessa unidade foi o doutor Wilhelm August Patin, um ex-agente da espionagem pontifícia[13].

Patin exerceu o sacerdócio e doutorou-se em teologia. Durante alguns anos, foi agente livre da Santa Aliança na Alemanha até a chegada de Hitler ao poder. O que se descobriria mais tarde é que Patin era primo de Heinrich Himmler, o todo-poderoso *Reichführer**.

A divisão de Patin tinha apenas cinco agentes e sua atividade era mais rotineira do que operacional. Seu maior erro foi ter se queixado ao seu primo Himmler, passando por cima da hierarquia imediata, que nesse caso era Reinhard Heydrich. Por fim, seria afastado do comando e substituído por Martin Wolff, um dos homens de confiança de Heydrich. Wolff permaneceria no cargo poucos meses, já que Heydrich o nomearia chefe da unidade do SD contra o comunismo.

Quando saiu, Wolff entregou o posto ao seu imediato, Albert Hartl, que se tornaria um dos inimigos mais implacáveis da espionagem papal e de seus agentes na Alemanha. *Obersturmbannführer*** e antigo padre católico, Albert Hartl era um apóstata que passara a renegar os padres e as freiras. Começou a trabalhar para o SD como informante pago no início de 1933, época em que estudava no seminário de Freising. Lá, conheceu o padre Josef Rossberger, de quem se tornaria o melhor amigo.

Em pouco tempo, Hartl descobriu que Rossberger comandava uma rede de propaganda antinazista no próprio seminário católico e às vezes até prestava assistência a espiões pontifícios durante as operações no coração da Alemanha de Hitler. E assim Albert Hartl decidiu denunciar o seu melhor amigo ao SD.

No dia seguinte, enquanto se dirigia para uma reunião da rede, o padre Josef Rossberger foi detido em plena rua e levado a um centro de detenção clandestino. Na prisão, passou por sessões de tortura durante dias seguidos, das quais seu denunciante pediu para ser testemunha.

O depoimento de Albert Hartl no julgamento do padre Josef Rossberger foi um choque para os setores católicos da Baviera, porque ninguém imaginava que os aparelhos de segurança do Reich tivessem conseguido ultrapassar as portas de um seminário.

---

[13] George Browder, *Hitler's Enforcers: The Gestapo and the SS Security Service in the Nazi Revolution* (Oxford University Press, Oxford, 1996).
* Mais alta patente das SS, equivalente a marechal. (N. E.)
** Tenente-coronel. (N. T.)

Depois do julgamento, Hartl colocou-se sob o manto protetor de Heydrich, que nesses dias iniciara uma brilhante carreira para chegar à cúpula do serviço de segurança de Adolf Hitler. O seminarista de trinta anos soube aproveitar muito bem a ascensão do seu mentor. Heydrich ofereceu-lhe um trabalho no SD, e Hartl aceitou, abandonando a carreira eclesiástica e abraçando a da espionagem nazista com o entusiasmo de um convertido[14].

Suas primeiras tarefas foram recolher informações de membros do Partido suspeitos de manterem estreitos contatos com a Igreja e com os agentes da Santa Aliança; elaborar relatórios sobre a história da Inquisição para serem utilizados nas campanhas de imprensa anticatólicas do Partido; fazer um levantamento detalhado sobre a trajetória e a organização dos jesuítas, cujo ascetismo, disciplina e objetivos eram muito admirados pelas forças de segurança do Reich.

Depois de trabalhar nessas missões durante muito tempo, Hartl foi paulatinamente deixando-a de lado, mas teve de retomá-las quando Reinhard Heydrich o nomeou diretor do Departamento de Assuntos da Igreja do SD, também conhecido como divisão Amt II[15].

De seu gabinete, Albert Hartl controlava todas as operações contra a Igreja católica no país. Com a nomeação de Heydrich para o cargo de chefe supremo da Geheime Staatspolizei (a Gestapo), as suas ambições eram claras. Hartl queria projetar o Amt II para além das outras divisões operacionais do SD a fim de que mais tarde fosse absorvida com todos os seus efetivos pela Gestapo. Até então o Departamento de Assuntos da Igreja da polícia política da Alemanha era um pequeno grupo formado apenas por uma dezena de agentes que tratavam das denúncias de informantes anônimos sem importância e lhes retribuíam com pequenas quantias pelo seu serviço. Os detidos pela Gestapo, entre eles diversos espiões da Santa Aliança, eram julgados unicamente por crimes contra a moralidade. Albert Hart pretendia deixar esse trabalho burocrático-policial e transformar a sua divisão num departamento de destaque no gigantesco organograma da Gestapo. Para isso incluiu nas tarefas do Amt II a investigação das organizações políticas católicas, pelas quais o próprio Heydrich sentia um profundo desprezo[16].

Os agentes de Hartl converteram-se, então, numa sombra de bispos, clérigos, administradores diocesanos, políticos, editores e até jornalistas católicos.

Como líder da especial Inquisição nazista contra o Vaticano e implacável caçador dos espiões do papa, entre 1939 e 1941 Albert Hartl tornou-se o principal carrasco do catolicismo na Alemanha. A pequena divisão do SD para os

---

[14] David Alvarez e Robert A. Graham, *Nothing Sacred: Nazi Espionage Against the Vatican, 1939-1944* (Irish Academic Press, Nova York, 1998).

[15] George Browder, *Hitler's Enforcers*, cit.

[16] David Alvarez, *Spies in the Vatican*, cit.

assuntos da Igreja transformou-se numa organização importante, cujos membros eram treinados numa pequena escola na periferia de Berlim[17].

Com a saúde debilitada desde novembro do ano anterior, Pio XI cumpriu as celebrações da Natal com tanto esforço que mal se ouvia sua voz no pronunciamento da Rádio Vaticano. Grande parte dos primeiros meses de 1939 passou na cama, sempre acompanhado por seu médico pessoal.

Em 4 de fevereiro, levantou-se cedo para celebrar a missa, mas uma crise cardíaca levou-o de volta ao leito. Cinco dias depois, a crise agravou-se após uma insuficiência renal, e às cinco e meia da manhã do dia 10 o papa morria tranquilamente.

A eleição do novo pontífice seria uma das mais politizadas da história do papado. A Santa Sé tornou-se o principal campo de batalha político da crise mundial que se aproximava. Em todas as chancelarias da Europa e da América faziam-se apostas sobre o possível sucessor. Em Londres, Washington e Paris desejava-se um santo padre que seguisse a linha de Pio XI ou, o que seria a mesma coisa, contrário à política de Hitler e de Mussolini. Em Roma e Berlim pretendia-se um papa mais germanófilo e menos pró-aliados.

No próprio dia da morte de Pio XI, o ministro das Relações Exteriores francês, Georges Bonnet, sugeriu ao embaixador britânico em Paris, sir Eric Phipps, que a França e a Grã-Bretanha cooperassem para garantir a eleição de um religioso claramente a favor da democracia e avesso às ditaduras. O ministro francês tinha em mente o ex-secretário de Estado de Pio XI, o cardeal Eugenio Pacelli[18].

O representante britânico na Santa Sé, D'Arcy Osborne, garantia ao Foreign Office que Pacelli tinha grandes possibilidades de ser escolhido. Os cardeais francófonos reuniram-se com o embaixador francês no Vaticano, François Charles-Roux, para lhe comunicar que todos votariam em Pacelli. O único que se mostrou contrário foi o cardeal Tisserant, que preferia o cardeal Maglione, antigo núncio em Paris e dono de idéias muito mais antifascistas e antinazistas do que Eugenio Pacelli.

A Alemanha e a Itália faziam a mesma coisa. O embaixador italiano na Santa Sé, Bonifacio Pignatti, reuniu-se com o seu homólogo alemão, Diego von Bergen, para discutirem as preferências de Roma e de Berlim. O candidato de ambos também era Eugenio Pacelli, mas Von Bergen disse a Pignatti que o *führer* não descartava a idéia de apoiar Maurilio Fossati, de Turim, e Elia Dalla Costa, de Florença[19].

---

[17] Idem.
[18] David Alvarez e Robert Graham, *Nothing Sacred*, cit.
[19] Michael J. Walsh, *The Conclave*, cit.

Para Adolf Hitler, Pacelli era o candidato ideal e o primeiro na sua lista de preferências. Tratava-se de um conhecido germanófilo, fora um importante núncio na Alemanha durante doze anos, falava fluentemente a língua e no cargo como secretário de Estado do Vaticano cercou-se de uma significativa corte de alemães.

O embaixador Von Bergen não era o único observador na Santa Sé interessado nesse conclave – o Amt II também já tinha tomado suas providências. Com a morte de Pio XI, o serviço secreto do Terceiro Reich introduziu um de seus espiões no Vaticano. Taras Borodajkewycz era um vienense filho de pais ucranianos que estudara teologia e tinha boas relações na cúria romana. O departamento do *Obersturmbannführer* Albert Hartl decidiu, então, enviá-lo à Cidade Eterna.

Infelizmente, os contatos de Borodajkewycz não eram tão bons quanto pareciam, e seus relatórios enviados a Berlim erraram em todas as previsões. O agente alemão garantia que um dos mais certos candidatos para suceder Pio XI era o cardeal Ildefonso Schuster, o pró-fascista arcebispo de Milão. Mas Schuster não obteve nem sequer um único voto no conclave[20].

Enquanto isso, vários cardeais e bispos já tinham alertado a contra-espionagem pontifícia sobre os movimentos de um espião alemão diante da proximidade do novo conclave. O SP desejava impedir qualquer interferência de agentes estrangeiros que tentassem manipular as decisões dos cardeais com direito a voto na iminente eleição do santo padre, mas não contavam com a habilidade de Albert Hartl e do Amt II para alçar um papa pró-alemão ao trono de São Pedro. O SD prepararia contra o Vaticano a chamada Operação Eitles Gold [ouro puro], cujo líder seria Taras Borodajkewycz.

O espião do SD na Santa Sé convencera Hartl de que com 3 milhões de marcos em lingotes de ouro o Reich poderia comprar a eleição do conclave. Borodajkewycz garantiu a Hartl e a Roth que com esse dinheiro seria possível convencer diversos membros do Sacro Colégio a votar nos favoritos da Alemanha, os cardeais Maurilio Fossati e Elia Dalla Costa. Uma onda de otimismo percorreu os quartéis-generais do Amt II e do Departamento de Assuntos Religiosos do Reich em Berlim.

Com a informação recebida do seu agente no Vaticano, Hartl solicitou uma reunião com os superiores Reinhard Heydrich e Heinrich Himmler, à qual também compareceu Karl Wolff, o fiel adjunto do todo-poderoso da SS. Depois de mais de três horas de debate, Albert Hartl deixou o quartel-general da SS na capital alemã.

Na manhã seguinte, o chefe do Amt II e Josep Roth foram convocados a se apresentar ao *führer*. Roth foi o primeiro a falar, explicando ao chanceler nazista

---

[20] David Alvarez e Robert A. Graham, *Nothing Sacred*, cit.

que, se o Terceiro Reich desse os 3 milhões de marcos em lingotes de ouro, talvez conseguissem comprar a eleição do novo papa. Hartl foi bem mais cauteloso do que seu colega e, inteligentemente, preferiu se manter em segundo plano, sem demonstrar muito otimismo na presença de Hitler. Afinal, se a Operação Eitles Gold não saísse como se esperava, toda a responsabilidade poderia recair em Josef Roth e no Departamento de Assuntos Religiosos do Reich[21].

Hitler aprovou o plano e solicitou ao Reichbank que entregasse os 3 milhões de marcos em ouro aos enviados de Himmler. O ouro foi colocado num trem especial e levado para Roma. A Santa Aliança foi informada de que o valioso carregamento se encontrava a caminho da Cidade Eterna. Um relatório enviado da nunciatura em Berlim comunicava à espionagem pontifícia em Roma que uma carga de ouro havia sido mandada para a Itália com o intuito de subornar altos cargos da Igreja católica e até mesmo alguns cardeais para que mudassem seu voto no conclave.

Taras Borodajkewycz, o espião de Hartl na Santa Sé, encontrou-se com um sacerdote que dizia trabalhar na Secretaria de Estado como uma espécie de mensageiro entre os membros do Colégio Cardinalício, o qual prometeu a Borodajkewycz que ele mesmo se ocuparia de sondar os cardeais. O agente alemão contou ao seu contato que Hitler e Himmler tinham aprovado pessoalmente a entrega de 3 milhões de marcos em lingotes de ouro garantidos pelo Reichbank. A sua idéia era ficar com uma parte do carregamento e distribuir o resto aos cardeais que votassem nos preferidos da Alemanha[22].

O sacerdote assegurou-lhe que com esse dinheiro poderiam viver luxuosamente em qualquer lugar da Suíça. O espião alemão temia apenas o longo alcance da SS e não acreditava que Heinrich Himmler ficasse de braços cruzados ao descobrir que um de seus agentes se apoderara de 3 milhões de marcos alemães que pertenciam ao Reich.

No dia 1º de março de 1939, às seis da manhã, começou o conclave com 62 cardeais reunidos na Capela Sistina. Na primeira votação, Pacelli recebeu 28 votos, seguido por Dalla Costa e por Maglione. O número necessário não foi atingido, e a votação teve de se repetir.

Na segunda rodada, o cardeal Maglione obteve 35 votos, o que ainda provocou nova fumaça negra. Contudo, na terceira votação, às 17h25 de 2 de março, o cardeal Eugenio Pacelli tornou-se o novo sumo pontífice, com 48 votos. Eleito no conclave mais curto ao longo de mais de trezentos anos, Pacelli escolheria o nome de Pio XII em homenagem aos seus antecessores[23].

---

[21] David Alvarez, *Spies in the Vatican*, cit.
[22] Michael J. Walsh, *The Conclave*, cit.
[23] John Cornwell, *Hitler's Pope*, cit.

A notícia causou surpresa na chancelaria de Berlim e no quartel-general da SS. Heinrich Himmler mandou chamar Josef Roth e Albert Hartl à sua presença e os fez se comprometerem a obrigar o agente da SD em Roma, Taras Borodajkewycz, a devolver o carregamento de ouro aos cofres do Reich. O problema era que fazia alguns dias que o espião da SD não se comunicava com Berlim – e o ouro não aparecia.

O último contato de Borodajkewycz ocorreu na manhã de 27 de fevereiro – três dias antes da eleição papal –, quando ele se encontrara com o sacerdote da Secretaria de Estado num apartamento situado no bairro romano do Trastevere. Depois disso, simplesmente desapareceu.

O corpo do espião da SD foi achado pela polícia italiana enforcado numa viga de um pavilhão no parque central da Cidade Eterna. O ouro do Reich sumira. A versão que circulou durante muito tempo dizia que o agente alemão Taras Borodajkewycz havia sido eliminado por membros da SS enviados a Roma por Heinrich Himmler e que o ouro fora devolvido aos cofres ao Reichbank[24].

Outra versão, esta mais longa, e que quase se converteu numa lenda, afirmava que o contato de Borodajkewycz era na verdade um espião da Santa Aliança. Tudo indica que o religioso pertencia a uma sociedade secreta da inteligência pontifícia conhecida como os Assassini, herdeiros da Ordem Negra, criada por Olimpia Maidalchini no século XVII.

Um relatório do Abwehr* dizia que Taras Borodajkewycz poderia ter sido executado por um agente papal de nome Nicolás Estorzi, com quem mantinha contatos. O informe da espionagem militar alemã descrevia Estorzi como um homem alto, bem-apessoado, de tez morena, cabelo escuro e farto e que beirava os trinta anos. Nascido em Veneza, ele estudara num seminário de Roma e, como dominava várias línguas, esteve alguns meses a serviço do Sodalitium Pianum. Pouco depois seria absorvido pela Santa Aliança, onde realizaria "missões" especiais no exterior para a Santa Sé.

O serviço secreto do *duce* manteve Borodajkewycz sob intensa vigilância, detectando inclusive os seus encontros com o agente da espionagem pontifícia. Datado de 26 de fevereiro de 1939, o último relatório da inteligência italiana garantia que "Tara Borodajkewycz esteve o dia inteiro percorrendo diversas fundições dos arredores de Roma acompanhado de um homem alto, bem-apessoado e de tez morena". O fato é que o alemão queria apagar qualquer vestígio da marca do Reichbank nos lingotes e isso o levou a procurar uma oficina onde pudesse refundir os 3 milhões de marcos em outros lingotes de ouro.

---

[24] Kenneth D. Alford, *Great Treasure Stories of World War II* (DaCapo, Nova York, 2001).
* Serviço de espionagem do Estado-Maior alemão que atuou entre 1925 e 1944. (N. T.)

Ao que parece, Estorzi ficara com o ouro depois de ter assassinado Taras Borodajkewycz. De Roma teria levado o valioso carregamento para a ilha de Murano, perto de Veneza, onde há séculos se encontram as famosas fábricas de cristais. Nos seus fornos voltaria a fundir o metal em lingotes menores e os depositaria num banco suíço. Lá, eles permaneceriam desde então com a marca vaticana da mitra e as chaves cruzadas, símbolo das que foram entregues por Cristo ao apóstolo Pedro.

A verdade é que os 3 milhões de marcos alemães em lingotes de ouro desapareceram da face da Terra sem deixar vestígio. Até hoje o ouro utilizado na Operação Eitles Gold é um dos grandes mistérios dos vários tesouros desaparecidos durante a Segunda Guerra Mundial[25].

Alguns dias após ser eleito, Pacelli chamou os quatro cardeais de língua alemã, Bertram, Schulte, Faulhaber e Innitzer. Na reunião, Pio XII deixou bem claro que continuaria a dirigir os assuntos alemães da Igreja. Por fim, o santo padre resolveu lhes mostrar o rascunho de uma carta que no dia seguinte enviaria a Hitler.

Ao contrário de seu antecessor, que se mostrava decidido a lançar um duro protesto contra Adolf Hitler e o regime do Terceiro Reich, Pio XII queria suavizar a relação entre os dois Estados. A carta dizia:

> Ao ilustre *herr* Adolf Hitler, *führer* e chanceler do Reich alemão. No começo do nosso pontificado desejamos garantir que continuamos comprometidos com o bem-estar espiritual do povo alemão entregue à sua liderança. [...] Agora que as responsabilidades da nossa função pastoral aumentaram as nossas oportunidades, rezamos muito mais ardentemente pelo êxito desse objetivo. Que a prosperidade do povo alemão e o seu progresso em todos os domínios possam ser alcançados com a ajuda de Deus![26]

O apoio explícito a Hitler e ao seu regime foi ratificado quando o santo padre ordenou ao arcebispo Orsenigo, núncio em Berlim, que promovesse uma grande recepção para comemorar os cinqüenta anos do *führer*. A partir de então, durante todos os anos do grave conflito Adolf Hitler receberia de Berlim felicitações por parte do cardeal Bertram. O texto era sempre igual:

> As mais calorosas felicitações ao *führer* em nome dos bispos e das dioceses da Alemanha. Fervorosas as orações que os católicos alemães enviam de seus altares ao céu.[27]

---

[25] Kenneth D. Alford, *Great Treasure Stories of World War II*, cit., e Kenneth D. Alford e Theodore P. Savas, *Nazi Millionaires: The Allied Search for Hidden SS Gold* (Casemate, Nova York, 2002).

[26] John Cornwell, *Hitler's Pope*, cit.

[27] Klaus Scholder, *A Requiem for Hitler and Other New Perspectives on the German Church Struggle* (John Bowden, Londres, 1989).

A SANTA ALIANÇA

Ao mesmo tempo em que Adolf Hitler recebia as felicitações de Pio XII, no quartel-general do SD, Hartl e seus assistentes analisavam e processavam cada informação que chegava sobre pessoas ou organizações relacionadas ao catolicismo alemão, incluindo o ramo do serviço secreto pontifício no Reich. Em maio de 1939, Albert Hartl encontrou-se com o ex-sacerdote e professor de Teologia Josef Roth, responsável pela seção católica do Departamento de Assuntos Religiosos do Reich. A função de Roth era manter freqüentes contatos com os bispos locais e os dirigentes laicos católicos do país. O seu setor controlava os fundos vindos do exterior para os bispos e os sacerdotes que viajavam para a Cidade Eterna. Roth tinha uma boa rede de informantes, com os quais discutia os resultados de suas reuniões no Vaticano. Durante um desses encontros, um padre revelou a Josef Roth e a Albert Hartl que a Santa Aliança tinha um espião que circulava pelos territórios do Reich levando dinheiro e mensagens das altas hierarquias eclesiásticas para a Santa Sé. Esse agente era conhecido como Mensageiro[28].

Hartl ordenou que vários membros do Amt II se dedicassem a procurar e localizar o Mensageiro. Todos os padres interrogados falavam dele como se o conhecessem, mesmo que nunca tivessem visto seu rosto. Ninguém era capaz de reconhecê-lo.

Como falava fluentemente alemão, o Mensageiro não teve dificuldade para se infiltrar no território do Reich. Ele era, na verdade, nada mais nada menos do que Nicolás Estorzi, membro dos Assassini que supostamente teria eliminado o espião do SD no Vaticano durante a Operação Eitles Gold.

Por sua vez, o almirante Wilhelm Canaris escolhera um novo chefe da inteligência alemã em Roma, de nome Josef Müller. Quando tocou em solo italiano na Estação Central, os jornais publicaram em todas as primeiras páginas a entrada do exército alemão na Polônia. Era 1º de setembro de 1939 e foi nesse dia que a Segunda Guerra Mundial começou.

Minuciosamente preparado por Hitler e seus generais desde abril daquele ano, o chamado "Plano Branco" entrava em ação na data prevista, ao mesmo tempo em que a Wehrmacht* invadia a Polônia e a Luftwaffe** bombardeava cidades e metralhava a população civil. Depois de ter conquistado sem um único tiro a Áustria e a Tchecoslováquia, em menos de um mês caía a Polônia, que deixava de existir no mapa europeu[29].

---

[28] Branko Bokun, *Spy in the Vatican 1941–1945* (Tom Stacey, Nova York, 1997).
* Forças armadas. (N. T.)
** Força aérea. (N. T.)
[29] VV. AA., *Gran crónica de la Segunda Guerra Mundial* (Reader's Digest, Madri, 1965, 3 vs.).

O papa então ordenou aos chefes da espionagem e da contra-espionagem pontifícias que, a partir daquele dia, ficassem atentos às comunicações com seus agentes no exterior, sobretudo com os que operavam em áreas críticas ou de conflito.

Até 1939 a Santa Sé utilizara somente o código conhecido como "Vermelho", que consistia em 12 mil grupos numéricos a partir dos quais se imprimiam 25 linhas numa página de livro com a chave. Para maior segurança, a Santa Aliança determinaria que os grupos numéricos se convertessem em letras que substituíam o número da página mediante um dígrafo formado por um par de tábuas, utilizadas alternadamente nos dias pares e ímpares. As mensagens mais secretas do Vaticano, ou seja, todas as que o sumo pontífice desejava enviar ou as que diziam respeito aos serviços de espionagem papais, eram designadas como "Amarelo" e "Verde".

O "Amarelo" era um código de 13 mil grupos cifrados com base em tábuas digráficas e alfabetos mistos aleatórios, respectivamente, para os números das páginas e para os números das linhas. As tábuas e os alfabetos eram trocados todos os dias para diferentes circuitos. Utilizado até hoje, o código "Verde" é um dos segredos mais bem guardados pela Santa Sé. Existem indícios de que se tratava de um código numérico de grupos de cinco cifras codificados através de pequenas tábuas aditivas, cada uma das quais com mais de cem grupos aditivos de cinco cifras. Nem o "Amarelo" nem o "Verde" eram códigos mecânicos, o que dificultava muito a sua decodificação pelos serviços de inteligência italiana e alemã[30]. Das quase 8 mil mensagens enviadas, o Servizio Informazione Militare (SIM) conseguiu decifrar cerca de quatrocentas e parece que isso ajudou a unidade de infiltração do SIM, conhecida como Sezione Prelevamento, a penetrar na polícia vaticana e até mesmo na Secretaria de Estado.

As notícias da agonia da Polônia foram apenas o começo. Enquanto os seus 35 milhões de habitantes, na maioria católicos, eram massacrados pela Blitzkrieg alemã, Pio XII permaneceu em silêncio e ordenou à sua Secretaria de Estado e ao geral dos jesuítas, Wladimir Ledochowski, responsável pela Rádio Vaticano, que reduzissem os seus pronunciamentos em alemão, bem como as críticas ao Reich pela invasão da Polônia. O embaixador polaco na Santa Sé queria que o papa se posicionasse publicamente contra a política de Hitler, mas, como o Vaticano não dava nenhuma resposta, o diplomata pediu ao pontífice que recebesse o cardeal primaz, August Hlond. O encontro, que durou duas horas e meia, não foi bem-sucedido, pois o santo padre se negou a falar em defesa da Polônia[31].

---

[30] Simon Singh, *The Code Book: The Science of Secrecy from Ancient Egypt to Quantum Cryptography* (Anchor, Nova York, 2000).

[31] John Cornwell, *Hitler's Pope*, cit.

Assinadas pelo Mensageiro, as informações sobre a máquina de guerra alemã continuavam a chegar à Cidade Eterna vindas de diferentes pontos da Alemanha. A espionagem papal converteu-se, assim, numa verdadeira fonte de dados para os outros serviços secretos, tanto dos países aliados como das nações do Eixo.

Josef Müller, o agente do Abwehr, era uma figura familiar em Roma graças às freqüentes viagens que fazia à Cidade Eterna. No quartel-general da inteligência militar, no número 74 da rua berlinense Tirpitz Ufer Straße, Müller revelava-se uma pessoa inteiramente misteriosa e obscura. Ninguém sabia de onde ele tinha saído e talvez isso o tornasse mais perigoso aos olhos de seus superiores. Curiosamente, algo parecido se passava entre a hierarquia vaticana e o espião da Santa Aliança Nicolás Estorzi. Mas o que ninguém sabia era que os dois eram amigos. Müller, um prestigiado advogado de Munique, devoto católico e veemente antinazista, havia sido encarregado por Canaris de contatar o papa Pio XII através do serviço secreto pontifício e, para não levantar suspeitas, fora por ele nomeado chefe da estação do Abwehr na capital italiana[32].

Antes de partir de Berlim, Müller reuniu-se com Nicolás Estorzi para lhe falar da perigosa missão de que Canaris o encarregara na Santa Sé. O espião papal preparou o terreno ao agente alemão que noutro tempo colaborara com a Santa Aliança. Assim, o Mensageiro enviou uma longa mensagem em código "Verde" ao cardeal secretário de Estado, Luigi Maglione, em cujas páginas fornecia dados sobre Josef Müller e a chamada Operação Amtlich Vatikanische [fontes vaticanas][33].

Müller e seus dois assistentes no Abwehr, o coronel Hans Oster e o major Hans Dohnanyi, pertenciam ao círculo de notáveis antinazistas liderados pelo general aposentado Ludwig Beck. Müller reuniu-se primeiro com o exilado monsenhor Ludwig Kaas, arcipreste da basílica de São Pedro e ex-líder do Zentrum, e com monsenhor Johannes Schönhöffer, membro da Congregatio de Propaganda Fide. O encontro ocorreu na cervejaria Dreher, local muito procurado pela comunidade alemã de Roma.

Müller disse a Kaas e a Schönhöffer que precisava conversar em particular com o santo padre a fim de lhe transmitir um importante comunicado de altas personalidades alemãs e que fora rigorosamente instruído para não falar com mais ninguém a não ser o papa.

Kaas disse ao agente do Abwehr que antes teria de falar com o jesuíta e professor alemão de história eclesiástica Robert Leiber. Mas o que pouca gente sabia era que o jesuíta era uma espécie de auxiliar de Pio XII para "assuntos

---

[32] David Alvarez e Robert A. Graham, *Nothing Sacred*, cit.
[33] Heinz Hohne, *Canaris: Hitler's Master Spy* (Rowman & Littlefield, Londres, 1999).

especiais". O sumo pontífice tinha em Leiber o mais prefeito assistente em matéria de espionagem, e vários membros da cúria garantiam que ele era o verdadeiro responsável pela Santa Aliança. O fato é que o padre Robert Leiber era o melhor conhecedor dos mais bem guardados segredos do papado[34].

No encontro de Müller e Leiber, o enviado do Abwehr comunicou ao assistente do pontífice que um grande grupo de altas patentes alemãs contrárias à política belicista de Adolf Hitler desejavam que Pio XII sondasse Londres para negociar o fim da guerra após uma mudança de regime em Berlim.

Graças ao padre Nicolás Estorzi, Leiber sabia que a desorganizada resistência antinazista nunca poderia promover um golpe de Estado contra Hitler e suas tropas. Na verdade, o que os chefes de Müller desejavam era que Londres e Paris não aproveitassem as circunstâncias do golpe para avançar militarmente contra a Alemanha.

A relação de Josef Müller com o serviço secreto papal datava de quando os bispos e os cardeais alemães descobriram que a Gestapo interceptava sua correspondência. Assim, Müller se converteu no correio secreto entre a Alemanha e o Vaticano, e vice-versa. Ele ajudaria a encobrir as atividades de Nicolás Estorzi, o Mensageiro, em Berlim.

Após uma curta permanência em Munique, Müller foi chamado a Roma pelo sumo pontífice por meio do padre Estorzi. Quando o agente do Abwehr pisou em solo italiano, Leiber o informou de que Pio XII resolvera que a voz da oposição alemã deveria ser escutada em Londres. Essa decisão do papa lançou Josef Müller numa verdadeira missão clandestina que duraria vários meses e dezenas de viagens entre Berlim e Roma.

Na verdade, Müller nunca chegou a falar com o santo padre, já que todas as comunicações se faziam através de Robert Leiber. As reuniões eram realizadas no apartamento do padre jesuíta na Universidade Gregoriana, mas por questões de segurança o lugar de encontro passou a ser uma igreja da Ordem dos Jesuítas na periferia da capital italiana[35].

Por fim, na primavera de 1940, Leiber avisou a Josef Müller que Pio XII decidira recebê-lo nos seus aposentos privados no Palácio Apostólico do Vaticano. Nessa reunião também estaria presente sir D'Arcy Osborne, embaixador britânico na Santa Sé.

O alemão repetiu toda a história ao papa e a Osborne, contando como fora organizada a Operação Amtlich Vatikanische. Após o Foreign Office ser informado, o governo britânico mostrou-se cético quanto à credibilidade e

---

[34] Pierre Blet, *Pius XII and the Second World War* (Paulist Press, Nova Jersey, 1997).

[35] Harold Deutsch, *The Conspiracy Against Hitler in the Twilight War* (University of Minnesota Press, Minneapolis, 1968).

aos motivos declarados pelos conspiradores. Winston Churchill não acreditava que o apoio, nem dos militares nem da população civil, fosse suficiente para promoverem um golpe de Estado bem-sucedido contra Adolf Hitler. O tempo lhe daria razão quando a França e a Holanda foram conquistadas pelas unidades da Wehrmacht.

A fim de demonstrar a boa-fé dos conjurados, Josef Müller viajou para Roma a toda a velocidade com objetivo de contar ao papa que Hitler se preparava para lançar uma campanha militar contra a França, não sem antes invadir a Holanda e a Bélgica. Com essa informação, Pio XII ordenou que fossem alertadas as nunciaturas em Bruxelas e em Haia, assim como os governos dos dois países.

Leiber avisou em segredo o embaixador belga no Vaticano, Adrien Nieuwenhuys, que imediatamente passou um telegrama para Bruxelas. Por sua vez, o pontífice recebeu em audiência privada o príncipe herdeiro da Coroa italiana, Humberto, e sua esposa, a princesa Maria. O santo padre explicou o perigo que a Holanda estava correndo e insistiu na necessidade de a princesa Maria comunicar o fato com urgência ao seu irmão, o rei Leopoldo. Todos esses contatos ocorreram entre 2 e 4 de maio de 1940. No dia 8, tanto o governo da Bélgica como o da Holanda fizeram pouco caso dos avisos e ainda mais quando descobriam que a fonte de tal informação era um espião do Abwehr que trabalhava para o serviço secreto papal – mas esse foi seu erro. Em 10 de maio, as primeiras unidades Panzer cruzaram a fronteira rumo à França, passando pela Holanda e pela Bélgica a ferro e fogo.

O certo desprezo que os belgas e holandeses manifestaram quanto aos avisos do Vaticano acabou aborrecendo Pio XII, o que o levou a ordenar à Santa Aliança que estabelecesse relações secretas com o serviço secreto britânico e com a Resistência na França ocupada. Ao colaborar em negociações secretas com os governos estrangeiros e passar informações militares da Alemanha e da Itália aos países aliados, o sumo pontífice punha em sério perigo a tradicional neutralidade da Santa Sé. Futuramente, o papa mandaria o seu conselheiro e espião, padre Robert Leiber, destruir todos os papéis, mesmo as notas e os documentos, sobre as relações do Estado do Vaticano com os aliados ou a resistência alemã.

No seio da Cidade Eterna apenas mais três pessoas sabiam desses contatos: o cardeal secretário de Estado, Luigi Maglione, e seus dois homens de confiança, monsenhores Domenico Tardini e Giovanni Montini – e todos levariam esse segredo para o túmulo.

O papa solicitou ao seu fiel espião e conselheiro que elaborasse uma lista de pessoas que pudessem ter estado em contato de algum modo com a Operação Amtlich Vatikanische. Na lista elaborada estavam monsenhor Johannes Schönhöffer, amigo de Josef Müller, monsenhor Paul Maria Krieg, capelão da Guarda Suíça e confessor de Schönhöffer, Ivo Zeiger, jesuíta do Colégio Germano-Húngaro de Roma, Augustine Mayer, monge beneditino e professor do Colégio de Santo Anselmo, o padre Vincent McCormick, reitor americano da Universidade Gregoriana e superior de Robert Leiber, e o geral dos jesuítas, padre Wladimir Ledochowski. Pio XII, então, ordenou aos seis religiosos, sob pena de excomunhão, que não tornassem público nenhum detalhe da Operação Amtlich Vatikanische. Ainda hoje para o mundo nada disso se passou, e assim mais uma lenda na longa história da Santa Aliança pôde ser forjada.

CAPÍTULO QUINZE

O FIM DOS MIL ANOS (1940-1945)

> Tu, porém, cinge-te com o teu cinto e levanta-te para dizer-lhes tudo quanto te ordenar. Não temas a presença deles; senão eu te aterrorizarei à vista deles; quanto a mim, desde hoje, faço de ti uma fortaleza, coluna de ferro e muro de bronze, [erguido] diante de toda nação, diante dos reis de Judá e seus chefes, diante de seus sacerdotes e de todo o povo da nação. Eles te combaterão mas não conseguirão vencer-te [...].
>
> *Jeremias 1:17-19**

Herbert Keller era um homem terrível e ambicioso, sem nenhum escrúpulo. Esse monge beneditino era membro de uma antiga abadia de Beuron, de onde saíra para o exílio, por ordem do seu superior, para um mosteiro num lugar deserto da Palestina pouco antes da guerra.

Ao regressar à Alemanha, Herbert Keller tornou-se um informante esporádico do Abwehr e do Sicherheitsdienst (SD), o serviço de inteligência do Partido Nazista. O monge passava aos nazistas qualquer informação secreta obtida nas suas viagens pela França, a Alemanha e a Suíça à procura de livros e manuscritos antigos para a biblioteca da abadia. Quando Hitler e as suas tropas massacraram a Polônia, Keller arranjou um trabalho mais condizente com as suas ambições e abandonou a vida monástica[1].

A sua carreira no mundo da espionagem foi sempre muito mais motivada por dinheiro do que por lealdade. Na primeira missão para o Abwehr foi enviado à Suíça, onde estabeleceu contatos com destacados membros da resistência antinazista.

Entre mulheres, bebidas e bons cigarros, um deles confessou a Keller que alguns oficiais do Abwehr e da Wehrmacht conspiravam para derrubar Hitler e que Müller, um agente do Abwehr, era o contato com o Vaticano e a Santa Aliança por meio de um padre conhecido como Mensageiro. Herbert Keller soube que Müller e o Mensageiro pretendiam negociar a paz com os aliados logo que Hitler fosse derrotado.

---

* *Bíblia Católica Online*, cit. (N. T.)
[1] David Alvarez, *Spies in the Vatican*, cit.

Keller conhecia muito bem Müller. Os dois se tornaram inimigos ferrenhos quando o advogado de Munique ajudou os beneditinos a falar do caso de Keller, que culminaria na ordem de exílio em um mosteiro na Palestina. Na esperança de encontrar mais provas contra o colaborador da espionagem pontifícia, Herbert Keller decidiu viajar para Roma a fim de recolher mais dados sobre Müller. Em bem poucos dias, o agente do serviço secreto alemão descobriu todos os pormenores do complô, tal como a missão de Josef Müller e o importante papel que desempenhara.

Keller regressou à Alemanha com o seu relatório e, ao chegar a Berlim, foi aos quartéis-generais do Abwehr e do SD para informá-los. O documento era tão significativo que caiu na mesa do próprio Reinhard Heydrich, o então chefe do Reichssicherheitshauptamt (RSHA), ou Escritório Central de Segurança do Reich[2]. Heydrich estava impressionado com a exatidão dos dados trazidos pelo ex-monge beneditino. Sem demora, o poderoso dirigente do RSHA chamou Herbert Keller. Quando ele chegou, Heydrich, após expressar sua antipatia pelo papa, a quem ele acusava de ser o maior conspirador contra o Reich, confessou a Keller que Josef Müller era vigiado desde 1936.

Reinhard Heydrich estava convencido de que Müller era um agente a serviço da espionagem papal, e suas suspeitas eram verdadeiras – o ex-beneditino tinha em mãos um documento que falava de uma operação chamada Amtlich Vatikanische [fonte vaticana][3]. O primeiro sinal de desastre veio por meio de Arthur Nebe, chefe da polícia criminal do RSHA. Nebe fez uma cópia do relatório de Herbert Keller e enviou-a ao responsável pelo Abwehr, o almirante Wilhelm Canaris, que intercedeu rapidamente para tentar proteger o maior número possível de conspiradores[4].

Canaris era um tipo enigmático, que se dividia entre a lealdade à Alemanha e o ódio ao Partido Nazista e seus dirigentes – e foi isso que o fez ajudar e proteger os grupos contrários ao *führer*. Para evitar o golpe, Canaris pediu a Müller que elaborasse com urgência um relatório sobre a descoberta de um complô na Cidade Eterna organizado para negociar a paz com os aliados. Os chefes da conspiração seriam os generais Werner von Fritsch e Walter von Reichenau. Canaris sabia que Von Fritsch caíra em desgraça na campanha da Polônia e, portanto, não poderia ser interrogado, mas que Von Reichenau, entretanto, era um conhecido e fervoroso seguidor de Hitler e do Terceiro Reich. Na verdade, nenhum deles mantivera contato com os círculos antinazistas, mas Heydrich

---

[2] Fred Ramen, *Reinhard Heydrich: Hangman of the 3rd Reich* (Rosen, Londres, 2001).
[3] Ver o capítulo 14.
[4] Heinz Hohne, *Canaris: Hitler's Master Spy*, cit.

precisava de um bode expiatório para provar que Müller era um agente de Pio XII e da Santa Aliança.

Canaris foi muito mais hábil do que Reinhard Heydrich. Quando o falso documento escrito por Müller chegou às mãos do *führer*, o próprio Hitler classificou-o como "lixo", declarando que Walter von Reichenau era um dos seus mais devotados generais e seria impossível que o "filho mais fiel" pudesse ter conspirado com o Vaticano contra o Reich. Mas o chefe do Abwehr conseguira afastar as suspeitas da Santa Sé e de Josef Müller pelo menos por algum tempo[5].

No verão de 1940, novamente a espionagem alemã se colocou na pista da Operação Amtlich Vatikanische. Em maio, o embaixador da Bélgica no Vaticano, Adrien Nieuwenhuys, telegrafou para o seu ministério em Bruxelas comunicando os alertas do papa Pio XII sobre a ofensiva seguinte da Wehrmacht na frente ocidental. Mas o telegrama, mesmo cifrado, foi interceptado pelo Forschungsamt [Gabinete de Investigação], um dos serviços de decodificação do Terceiro Reich.

A mensagem decifrada acabou na mesa do próprio *führer*, que ordenou ao Abwehr que realizasse uma profunda investigação para descobrir todos os traidores. Com o relatório de Herbert Keller ainda bem fresco na sua mente, Reinhard Heydrich foi afastado da investigação por causa do informe sobre Werner von Fritsch e Walter von Reichenau. Canaris havia permitido que o SD entregasse a Hitler o falso documento de Müller.

Para comandar a investigação solicitada pelo *führer*, Wilhelm Canaris designou Josef Müller. O agente alemão regressou a Roma para dizer ao "suposto" chefe da Santa Aliança, o padre jesuíta alemão Robert Leiber, que deveriam inventar uma história que fosse convincente para Adolf Hitler. A história teria que culminar na mensagem que o embaixador Nieuwenhuys enviara a Bruxelas contando do perigo alemão. Leiber e Müller colocaram mãos à obra e prepararam a chamada Operação Wind Westlich [vento ocidental]. A idéia deles era criar uma operação de espionagem, mas dessa vez do princípio ao fim.

Leiber propôs que a notícia vazasse da esfera do ministro das Relações Exteriores da Itália, conde Galeazzo Ciano, mas este fora informado da operação militar da Wehrmacht por seu homólogo Joachim von Ribbentrop[6].

O passo seguinte era explicar que a informação sobre a operação militar tinha sido fornecida por alguém não identificado e próximo de Ciano. A informação foi transmitida ao padre Monnens, um jesuíta belga, que por sua vez a tinha passado ao embaixador de seu país em Roma, Adrien Nieuwenhuys.

---

[5] Idem.
[6] David Alvarez, *Spies in the Vatican*, cit.

Robert Leiber sabia que nem Nieuwenhuys nem Monnens estavam ao alcance do serviço de segurança do Reich. Nieuwenhuys era diplomata e contava com a sua imunidade, ao passo o padre Monnens se encontrava numa missão perdida nas florestas centro-africanas e fora do alcance da SS e da Gestapo. Müller e Leiber acreditavam que essa versão tranqüilizaria os dirigentes nazistas, mas enganavam-se, porque Reinhard Heydrich não permitiria isso.

Um tenente-coronel do Abwehr chamado Joachim Rohleder, amigo de Heydrich, não se mostrava muito convencido da veracidade da história. Rohleder estudou o telegrama do embaixador belga interceptado e decodificado. No texto, Nieuwenhuys mencionava uma fonte alemã que saíra de Berlim em 29 de abril de 1940 e chegara a Roma em 1º de maio, onde permaneceria até o dia 3. Com esses dados, o oficial do Abwehr decidiu rever a lista de todos os cidadãos alemães que teriam abandonado o país na mesma data e entre os vários nomes estava Josef Müller, que havia entrado na Itália em 29 de abril e regressado em 4 de maio.

Rohleder então entrou em contato com a divisão do Abwehr em Munique, à qual Müller estava subordinado, na esperança de descobrir se o oficial viajara para Roma nos dias indicados. Josef Müller, no entanto, garantiu em um relatório que o seu destino era Veneza. Na verdade ele lançou mão de suas relações na Santa Aliança para se proteger, solicitando aos agentes italianos do serviço secreto papal destacados na Guarda Fronteiriça italiana que carimbassem o seu passaporte com o visto de entrada na bela cidade do Norte. Mas Rohleder estava convencido – e assim informou a Heydrich – de que Josef Müller e os seus contatos com a espionagem pontifícia eram a chave do mistério. Por algum tempo a investigação ficou parada, até que a filial do Abwehr em Estocolmo manifestou interesse num conhecido jornalista católico chamado Siegfried Ascher, que tinha visitado Roma pela primeira vez em 1935 e pouco depois ocupado o posto de secretário do padre Friedrich Muckermann, um jesuíta alemão bem conhecido por suas polêmicas declarações antinazistas[7].

Pelas mãos de Muckermann, Ascher teve acesso a todos os setores importantes da cúria romana até fazer uma longa lista de amizades. Em 1937, acompanhou Muckermann quando os jesuítas o enviaram à capital austríaca. Assim, quando a Áustria foi anexada pela Alemanha no chamado Anschluss, Ascher viu-se obrigado a fugir para a Holanda e logo em seguida para a Suíça, onde trabalhou como correspondente do jornal *Basler Nachrichten* no Vaticano. Depois da aprovação das leis raciais, foi novamente forçado a mudar de cidade. Mas o que ninguém sabia era que Ascher se chamava realmente Gabriel e não

---

[7] Lauran Paine, *German Military Intelligence in World War II: The Abwehr* (Stein & Day, Munique, 1984).

Siegfried e que abandonara a religião judaica havia poucos anos para abraçar o catolicismo.

No final de 1940, Ascher encontrou uma melhor fonte de informações na pessoa do tenente-coronel do Abwehr Joachim Rohleder. O oficial da contra-espionagem alemã não abandonara a sua investigação sobre Josef Müller. Com suas valiosas credenciais antinazistas por ter trabalhado com o padre Muckermann, Ascher venceu as barreiras de segurança impostas pelo santo padre à Santa Aliança no caso Amtlich Vatikanische.

Em janeiro de 1941, depois de ter feito um curso intensivo nos centros de treinamento de espiões do Abwehr, Siegfried Ascher já estava preparado para viajar de Berlim a Roma[8].

Ascher conseguiu do editor-chefe do Basler Nachrichten uma carta de recomendação como correspondente na Santa Sé. O espião do Abwehr disse a seu chefe que não precisava receber honorários, já que o seu salário sairia direto do Vaticano. Obviamente, estava mentindo. No final de abril, Siegfried Ascher reuniu-se em Berlim com o tenente-coronel Rohleder para pegar os fundos necessários à sua viagem a Roma. Antes de partir, telefonou ao núncio pontifício, o cardeal Cesare Orsenigo, e pediu que lhe entregasse uma carta de apresentação. A carta era dirigida ao poderoso substituto na Secretaria de Estado do Vaticano, monsenhor Giovanni Montini, o futuro papa Paulo VI. Na Cidade Eterna, em apenas uma semana, Siegfried Ascher foi recebido por Montini, pelo padre Leiber e por monsenhor Kaas. Graças à sua cobertura como repórter especialista em assuntos da Igreja, ninguém suspeitou de nada a princípio, mas Robert Leiber não acreditava que alguém de origem judaica pudesse viajar livremente pela Alemanha. Leiber entrou em contato com seu agente Nicolás Estorzi, o Mensageiro, para que averiguasse o máximo possível sobre Ascher.

Leiber foi avisado pelo responsável máximo da Ordem dos Beneditinos de que Ascher poderia ter mantido contato com o agente do SD e ex-monge Herbert Keller. Estorzi informou a Leiber que um judeu, supostamente sueco, que se fazia passar por jornalista realizara treinamento na divisão de contra-espionagem da escola do Abwehr.

Leiber, então, chamou Siegfried Ascher a fim de saber sobre sua passagem pela Alemanha, mas ele declinou do convite, alegando motivos de trabalho. Robert Leiber informou Montini de que o agente da inteligência pontifícia na Alemanha lhe garantira que Siegfried Ascher era um perigoso espião da Gestapo[9].

---

[8] David Alvarez e Robert A. Graham, *Nothing Sacred*, cit.
[9] Harold Deutsch, *The Conspiracy Against Hitler in the Twilight War*, cit.

A verdade é que, já no final de fevereiro de 1941, o agente de Rohleder conhecia em linhas gerais a missão de Josef Müller na Santa Sé, bem como a implicação do papa Pio XII, que na primavera de 1940 alertara os governos holandês e belga da possível intervenção alemã em seus territórios, como pouco depois realmente aconteceria.

O relatório final de Siegfried Ascher era conclusivo, e foi exatamente isso que Rohleder comunicou a Canaris. O chefe do Abwehr fez pouco caso do documento e afirmou que sem provas mais concretas seria impossível deter um dos espiões mais experientes nas questões vaticanas. O almirante Wilhelm Canaris não podia permitir que Rohleder e Ascher prendessem Müller. Assim, o chamado relatório "Müller, Josef" foi guardado no lugar mais escondido dos arquivos do serviço secreto militar do Reich.

No final de 1942, a SS prendeu Ascher numa rua de Berlim. Alguém enviara um relatório, em forma de denúncia, que evidenciava a origem judaica do agente alemão. Ascher foi logo entregue à Gestapo antes mesmo que o Abwehr tomasse conhecimento do fato. Quando o tenente-coronel Joachim Rohleder, chefe da contra-espionagem, foi informado da captura de Ascher era tarde demais. O jornalista foi morto durante o interrogatório. Vários escritores e historiadores dizem que naquele ano Canaris caíra em desgraça perante Hitler e o abismo entre as forças de segurança do Reich, o Abwehr e a SS já era enorme. Talvez por isso mesmo, quando receberam o relatório que apontava a origem judaica Ascher, os agentes da SS de Himmler tenham preferido entregar o caso à Gestapo[10].

Outras fontes asseguram que, nos meses anteriores à prisão de Siegfried Ascher pela SS, o Mensageiro percorrera a Holanda e a Suécia recolhendo informações sobre o jornalista. Na verdade, seria o padre Robert Leiber, chefe dos espiões do papa, quem aconselharia Nicolás Estorzi "a se afastar" do perigoso Siegfried Ascher. Mais uma vez o longo braço da Santa Aliança voltou a agir de forma implacável contra um inimigo.

Enquanto isso, graças à proteção do coronel Hans Oster e do major Hans Dohnanyi – membros da rede anti-Hitler –, Josef Müller foi nomeado responsável pela divisão do Abwehr na Santa Sé.

Mas um novo perigo ameaçava o Vaticano. Em fevereiro de 1943, Paul Franken chegava a Roma para lecionar história no Colégio Alemão, situado

---

[10] O almirante Wilhelm Canaris foi chefe do Abwehr de 1939 a 1943. No final de 1942, estava prestes a cair em desgraça aos olhos de Hitler e andava sob vigilância devido às possíveis relações com os círculos antinazistas. Em 23 de julho de 1944 foi detido e interrogado como suspeito de ter participado no atentado contra o *führer*, três dias antes. Em 9 de abril de 1945 seria executado na prisão de Flossenburg, acusado de "alta traição". Ver também Heinz Hohne, *Canaris: Hitler's Master Spy*, cit.

na Via Nomentana. O professor era, na verdade, um agente da inteligência militar alemã.

Seus contatos preferidos seriam Josef Müller, monsenhor Kaas, Krieg, Schönhöffer, Ivo Zeiger e o responsável dos espiões pontifícios, Robert Leiber. Devido a seu perfil de estudante católico e por ter participado dos movimentos operários anteriores à guerra, Franken fora detido pela Gestapo e condenado a dois anos de prisão por atividades contrárias ao regime[11]. Mas tudo isso o ajudaria a mergulhar nas profundas e escuras águas da cúria romana.

Graças a seus conhecimentos em matéria de política papal, Franken foi chamado por Jacob Kaiser, um ex-líder operário, para trabalhar para o Abwehr infiltrado no Vaticano. Mais uma vez Leiber entrou em contato com o Mensageiro a fim de recolher informações sobre Franken. Duas semanas depois, Nicolás Estorzi enviou uma mensagem cifrada em "Verde" de uma cidade austríaca para o seu chefe, mas ela seria decodificada. No texto, o agente da Santa Aliança deixava Leiber de sobreaviso para as verdadeiras intenções de Paul Franken, mas sem fazer muitas afirmações. Dessa forma, o espião de Pio XII decidiu manter o alemão em "quarentena"[12].

Em 25 de julho de 1943, voltou a soar o alarme no serviço secreto pontifício quando Vittorio Emanuele III, apoiado por generais e líderes fascistas, decidiu demitir Mussolini e nomear o marechal Pietro Badoglio para o cargo de chefe do governo. Os sonhos do *duce* de criar um novo império romano esvaíram-se com a mesma rapidez do desastre militar italiano. A invasão aliada na Sicília aconteceu em 10 de julho com a promessa de libertar do jugo alemão toda a península italiana. Após a queda de Mussolini, Hitler resolveu enviar um batalhão do exército para o norte de Itália, antecipando-se ao colapso do exército local. As notícias que chegavam ao Vaticano do seu agente Nicolás Estorzi eram claras a respeito das unidades da Wehrmacht que estavam se preparando para o ataque final a Roma. Os avisos do agente da espionagem papal se cumpriram quando em 8 de setembro Badoglio anunciou oficialmente a assinatura do armistício com as forças anglo-americanas que ocupavam o sul do país. Hitler e seus generais tinham dado "luz verde" para a tomada da Cidade Eterna[13].

As intenções do líder nazista não eram muito evidentes. Pela cidade circulavam boatos de que, para o *führer*, o santo padre e seus serviços de espionagem haviam ajudado a depor Mussolini. A verdade é que as autoridades papais não tinham muitas ilusões sobre o respeito que Hitler poderia ter

---

[11] David Alvarez, *Spies in the Vatican*, cit.
[12] Branko Bokun, *Spy the Vatican 1941-1945*, cit.
[13] Eugen Dollmann, *Roma nazista, 1937-1943* (RCS, Milão, 2002).

quanto à neutralidade vaticana ou à figura do sumo pontífice. Segundo relatórios em poder da Santa Aliança, na primavera de 1941, durante uma reunião entre o ministro das Relações Exteriores da Itália, conde Galeazzo Ciano, e seu homólogo alemão, Joachim von Ribbentrop, o representante de *führer* sugeriu ao italiano a possibilidade de expulsar Pio XII de Roma, porque "na nova Europa não há lugar para o papado. Na nova Europa, dominada pelo nacional-socialismo, o Vaticano deveria ficar reduzido a um simples museu"[14]. Apesar das mensagens de tranqüilidade dos italianos, esses rumores tornaram-se cada vez mais reais no final de 1943, ano em que o regime nazista completava uma década de atividades. Nessa altura, os pára-quedistas alemães já controlavam o perímetro da praça de São Pedro sob os olhares apreensivos dos membros da Guarda Suíça.

Adiantando-se ao ataque de Roma pelas tropas do Terceiro Reich, as embaixadas estrangeiras deram fim aos documentos classificados como secretos ou importantes, bem como às suas máquinas codificadoras. Por outro lado, o comandante da Guarda Suíça foi verbalmente informado de que o papa não desejava um derramamento de sangue e por isso ordenara a seus componentes que não resistissem à iminente invasão da Santa Sé[15].

Indignado com a situação, o oficial teve de ser chamado à presença do próprio papa para acatar a ordem. De fato, não estava nos planos de Adolf Hitler apropriar-se do Vaticano, mas o *führer* estava sendo pressionado pelos dois lados. Contra a invasão havia Josef Goebbels – o terrível ministro de Propaganda do Reich –, segundo o qual a invasão do Vaticano teria um impacto arrasador na opinião pública mundial. E a favor dela estava Joachim von Ribbentrop, que aconselhava o chefe do governo alemão a, com um só golpe, tirar de cima dos ombros o peso que Pio XII representava[16].

Em maio de 1944, Paul Franken regressou à Alemanha, exatamente quando os exércitos aliados pressionavam as forças do Eixo a conquistar Roma. Em fevereiro, após uma série de erros do Abwehr e a deserção de alguns de seus membros, o *führer* assinou o decreto que subordinava todos os componentes e as operações do Abwehr ao RSHA, a organização nazista responsável por controlar as forças policiais e de espionagem do Reich. O almirante Canaris foi relegado a um posto menor num departamento de economia de guerra, enquanto a Gestapo intensificava o interesse pelos estranhos contatos entre civis e o pessoal do Abwehr.

---

[14] Michael Bloch, *Ribbentrop* (Omnibus, Berlim, 1998).
[15] Pierre Blet, *Pius XII and the Second World War*, cit.
[16] Michael Bloch, *Ribbentrop*, cit.

As investigações levaram à prisão do coronel Hans Oster e do major Hans Dohnanyi, dois dos mais importantes cérebros antinazistas no Abwehr. Mesmo torturados, nem Oster nem Dohnanyi falaram sobre os seus contatos com a Santa Sé e a espionagem pontifícia. Por fim, os dois agentes foram executados com um tiro na nuca e seus corpos, suspensos por um gancho de açougueiro.

O seguinte a ser detido e interrogado brutalmente foi Josef Müller, que rejeitou os crimes e negou qualquer implicação nas conspirações antinazistas com o Vaticano. O espião seria um dos poucos integrantes do Abwehr a escapar à morte.

Procurando não atrair a atenção da Gestapo e da SS, Paul Franken, por sua vez, deixou a espionagem militar da Wehrmacht e conseguiu um cargo de tradutor dos trabalhadores italianos na Alemanha. O agente sobreviveu ao regime nazista e ao final da Segunda Guerra Mundial[17].

Nesses anos, a Santa Sé e, em especial, a cúria romana oscilavam no apoio a um ou outro grupo. Tanto o secretário de Estado do Vaticano, cardeal Maglione, como os seus substitutos, monsenhores Montini e Tardini, deram ordens a todos os altos dignitários eclesiásticos para não falarem ou manterem contato com nenhum membro da embaixada da Alemanha na Cidade Eterna.

A Santa Aliança logo informaria sobre os contatos quase diários do bispo Alois Hudal[18], o reitor pró-nazista de um dos colégios religiosos alemães em Roma, com altos membros da diplomacia do Terceiro Reich. Em poucos anos, Hudal se tornaria uma das figuras-chave da organização Odessa[19], montada por antigos membros da SS com o intuito de ajudar na fuga de criminosos de guerra nazistas para a América do Sul através do chamado Corredor Vaticano. Paulatinamente, a guerra voltava-se contra os países do Eixo. O que restava do glorioso VI Exército alemão rendeu-se ao Exército Vermelho em Stalingrado; na África o terrível Afrika Korps, do marechal Erwin Rommel, e as unidades italianas se entregavam aos exércitos anglo-americanos, deixando o litoral mediterrânico livre para o ataque à Sicília; os aviões norte-americanos fustigavam sem descanso as indústrias bélicas nazistas e os britânicos reduziam cidades inteiras a cinzas, como Dresden, em 13 de fevereiro de 1945, em represália aos bombardeios alemães sobre Londres.

---

[17] Segundo relatórios da Santa Aliança, Paul Franken morou na cidade de Bonn até 1963, quando se mudou para uma pequena aldeia perto de Frankfurt. Faleceu em 1971.

[18] Alois Hudal, bispo austríaco, seria um dos principais instrumentos da Santa Sé para organizar a retirada de nazistas. Hudal colaboraria na fuga de Franz Stangl, comandante do campo de concentração de Treblinka, através do chamado Corredor Vaticano.

[19] Organisation der ehemaligen SS-Angehörigen [Organização de ex-membros da SS].

A vontade de Ernest von Weizsäcker – que substituiu Diego von Bergen à frente da embaixada alemã na Santa Sé – de acabar com a guerra por meio da mediação papal não passara de um simples sonho. Era preciso, então, convencer Pio XII a negociar a paz e evitar uma derrota total da Alemanha, o que poderia resultar na "sovietização" do continente ou da Europa oriental. No corpo diplomático restavam dois agentes: Harold Friedrich Leith-Jasper, como adido de imprensa da embaixada, e Carl von Clemm-Hohenberg, um insignificante oficial da espionagem, como adido comercial. No outono de 1942, Leith-Jasper informou a capital alemã das muitas viagens de Myron Taylor, o representante do presidente Roosevelt no Vaticano. Embora os Estados Unidos e a Itália estivessem em guerra, Taylor transitava por Roma sem ser incomodado. O relatório chegou às mãos de Heinrich Himmler em Berlim, e o perigoso chefe da SS ordenaria então a Carl von Clemm-Hohenberg que eliminasse Myron Taylor durante uma de suas viagens a Roma. A ordem seria dada através do ministério das Relações Exteriores alemão por um comunicado especial.

Ao mesmo tempo, chegava à sede da inteligência pontifícia uma mensagem sobre um possível atentado a um diplomata aliado. O jesuíta Robert Leiber repassou ao papa a informação recebida por seu agente, o padre Nicolás Estorzi. Em seguida, a mesma fonte avisaria a Santa Aliança de que três agentes da Gestapo haviam sido enviados a Roma com esse pretexto.

A espionagem vaticana alertou, então, os serviços secretos norte-americanos e britânicos. Leiber se via na obrigação de salvar o representante dos Estados Unidos. Na manhã de 22 de janeiro de 1943, os três espiões nazistas chegaram de trem à Itália e foram recebidos por agentes italianos, que os instalaram num pequeno apartamento de onde planejavam comandar a operação.

Durante semanas vigiaram todos os passos de Myron Taylor e, no final de fevereiro, decidiram dar o golpe. A idéia era seguir o veículo do diplomata americano e, no momento propício, atirar nele. No dia anterior ao atentado, um dos agentes da Gestapo desapareceu sem deixar rasto, mas os dois colegas decidiram concluir a missão.

Numa estrada saindo de Roma, os agentes avistaram o carro estacionado na guia. Abriram as janelas, disparando contra o veículo e o passageiro no seu interior, e depois fugiram.

Após o atentado, voltaram à estação ferroviária e rapidamente desapareceram. Em Berlim, apresentaram-se ao Himmler para informá-lo do êxito da operação – mas tiveram uma surpresa. Na verdade, quem eles haviam matado no carro do diplomata era o agente nazista que estava desaparecido. Ele fora seqüestrado, dopado e deixado no veículo. Assim, Myron Taylor continuou executando tarefas especiais entre Washington e o Vaticano para o presidente Roosevelt sem nunca saber que o serviço secreto papal lhe salvara a vida.

Seria Harold Friedrich Leith-Jasper quem contaria a Himmler que um membro da inteligência alemã tinha visto Myron Taylor entrando na Santa Sé, para surpresa do perigoso chefe da SS.

As operações secretas do Reich contra o Vaticano e a Santa Aliança duplicaram nos últimos anos de guerra. Desde junho de 1941, Walter Schellenberg, um jovem e fanático oficial, assumiu o controle do Amt VI, a divisão da RSHA para a espionagem no exterior. A partir de então o Amt VI seria o principal responsável pelas operações de inteligência na Cidade Eterna.

Com a criação da RSHA, o departamento de espionagem para os assuntos da Igreja, chefiado por Albert Hartl, foi transferido para a polícia política secreta, a Gestapo. Hartl, o especialista do SD, não era bem-visto pelos dirigentes da Gestapo, principalmente porque não gostava de ser controlado pelos olhares indiscretos de outros colegas[20].

O ex-sacerdote era, inclusive, acusado de ocultar informações valiosas de seus homólogos de outros departamentos de segurança, e isso chegou aos ouvidos do chefe da Gestapo, Heinrich Müller, que via com bons olhos os métodos usados por Albert Hartl. Uma semana depois de decidir abrir um inquérito para acusar Hartl de "alta traição", Müller concluiria que ele era realmente um jesuíta e um agente duplo que trabalhava para a Santa Aliança infiltrado no serviço secreto alemão.

Por outro lado, Albert Hartl tornou-se muito conhecido nas noites berlinenses por suas conquistas. Embora suas aventuras sexuais com o contingente feminino da RSHA lhe tivessem feito sofrer sérios castigos, ele não estava disposto a abrir mão delas em prol da causa do *führer*.

Em uma viagem de Viena para Berlim, Albert Hartl tentou seduzir uma jovem de dezessete anos, filha de um alto dirigente da SS. Heinrich Müller achou por bem afastar Hartl das tropas militares e transferi-lo para os esquadrões de extermínio de judeus na frente russa. Quando soube disso, Reinhard Heydrich deu uma contra-ordem e, em homenagem aos serviços prestados, Hartl passou a ser oficial de campo da RSHA em Kiev, incumbido de controlar a opinião pública na Ucrânia ocupada. Aquele que criara uma das divisões mais eficientes do regime nazista contra a Santa Sé e seu serviço de inteligência nunca mais voltou a ocupar o comando de uma unidade de espionagem. A partir de então, o serviço secreto do Terceiro Reich assumiria a chamada Diretriz Heydrich.

Em 1941, houve uma conferência no quartel-general da Gestapo a respeito das operações de espionagem contra a Igreja católica, cujo tema central foi intitulado como "Política mundial vaticana e as nossas operações de espionagem" ou "Operações de espionagem no conflito com o catolicismo político no Reich".

---

[20] David Alvarez, *Spies in the Vatican*, cit.

No evento, Reinhard Heydrich falou sobre a necessidade de melhorar as tarefas de espionagem contra o papado por meio das operações de contra-espionagem para descobrir os agentes do Vaticano, da Santa Aliança e do Sodalitium Pianum infiltrados na Alemanha e nos países ocupados[21].

A Diretriz Heydrich ordenava a todos os espiões e seguranças do Reich que intensificassem seus esforços para se infiltrar na segurança da Cidade Eterna. A primeira medida da norma foi o envio de agentes da RSHA para todas as embaixadas alemãs incumbidos de recolher dados sobre as relações da Santa Sé com esses países. Foi uma idéia de Reinhard Heydrich convencer Joachim von Ribbentrop, ministro das Relações Exteriores, a estabelecer os "adidos policiais" nas delegações no estrangeiro. O adido policial na embaixada da Alemanha no Vaticano era Richard Haidlen, um homem inescrupuloso e muito fiel a Heydrich.

No começo de 1942, o cargo de Haidlen foi ocupado por Werner Picot, um policial que tinha boa influência na RSHA e no ministério das Relações Exteriores. Picot era também um homem fiel a Heydrich, que diariamente recebia três relatórios muito concisos, elaborados pelo próprio Picot, sobre as atividades dos serviços secretos estrangeiros, da Santa Aliança e da inteligência italiana. Pouco a pouco, Werner Picot tornou-se conhecido nos salões sociais do Vaticano, para onde era convidado pelos cardeais pró-fascistas. Nessas ocasiões, para substituir o oficial da RSHA nas tarefas de segurança, Heydrich destacava o violento major Herbert Kappler, adido policial na embaixada alemã na Itália[22]. Amante da tortura, Kappler era um homem de baixa estatura, loiro, e seu rosto trazia as cicatrizes dos duelos travados na juventude.

O primeiro agente de Kappler no interior da Santa Sé foi um auxiliar de professor da Gregoriana, a universidade jesuíta de Roma, que ofereceu voluntariamente seus serviços depois de ler *Mein Kampf*, o ideário político de Adolf Hitler. Durante o trabalho na instituição de ensino, o espião de Kappler aproveitava para abrir a correspondência dos professores e escutar suas conversas para depois informar seu chefe pessoalmente. Nomeado monitor dos alunos, o agente foi chamado a Berlim pelo arcebispo-cardeal Michael von Faulhaber. Por meio do Sodalitium Pianum, Robert Leiber já havia sido informado de um suposto espião na Universidade Gregoriana. A mando do agente de Pio XII, o espião alemão foi transferido para Berlim.

Outro famoso agente nazista no Vaticano foi Alfred von Kageneck, pertencente a uma nobre família católica alemã. Recrutado em maio de 1940 por

---

[21] Fred Ramen, *Reinhard Heydrich: Hangman of the 3rd Reich*, cit.
[22] Susan Zuccotti, *Under his Very Windows: The Vatican and the Holocaust in Italy* (Yale University Press, New Haven, 2002).

Helmut Loos, adjunto de Kappler, Kageneck foi alocado em Roma graças às suas excelentes relações com o padre Robert Leiber, amigo da sua família. Em cada viagem a Roma o espião recolhia importantes informações para os seus superiores em Berlim. Somente depois da guerra, descobriu-se que Kageneck trabalhava na verdade para a Santa Aliança no chamado Teutonicum, a divisão da contra-espionagem papal responsável por atravancar o trabalho do serviço de segurança do Terceiro Reich[23].

Tanto Kappler quanto Loos estavam convencidos de que finalmente tinham conseguido penetrar nos herméticos serviços de inteligência pontifícios. Em abril daquele ano, Alfred von Kageneck foi recrutado pela Santa Aliança e logo colocado no Teutonicum por Robert Leiber. Na sua primeira visita a Roma, Kageneck contou ao jesuíta sobre suas conexões com o Amt VI da espionagem nazista e qual era o propósito da sua viagem à capital italiana. Leiber informou o fato ao papa Pio XII e ao geral dos jesuítas, e ambos recomendaram a Leiber que mantivesse contato com o agente duplo.

Nos encontros, a Santa Aliança preparava um relatório com documentos supostamente muito importantes para entregar ao agente do Teutonicum, que por sua vez os repassava a Helmut Loos na embaixada alemã em Roma.

Nos anos seguintes, a informação transitava da Santa Sé a Berlim, e vice-versa, por intermédio de Alfred von Kageneck, o agente duplo que denunciaria ao serviço secreto papal o nome dos espiões alemães recrutados pelo Amt VI para se infiltrar na Cidade Eterna. Graças à sua atuação cairiam Charles Bewley, um antigo diplomata irlandês que fora embaixador de seu país na Alemanha e no Vaticano, e Werner von Schulenberg, um ex-oficial do exército alemão que mudara para Roma a fim de iniciar a carreira de escritor. Schulenberg freqüentava então os círculos aristocráticos e intelectuais da Santa Sé com o pretexto de promover as relações culturais germano-italianas. Bewley e Schulenberg trabalhavam para a espionagem alemã por dinheiro[24].

Decidido a penetrar de qualquer modo nos corredores do Vaticano, Heydrich solicitou a vários eclesiásticos seguidores do Reich que o ajudassem nesse intento. Um dos mais eficazes seria o diretor do colégio de Santa Maria dell'Anima, ou simplesmente Anima, um centro religioso perto da Piazza Navona. O seu diretor era o bispo Alois Hudal, conhecido pela espionagem pontifícia como Bispo Negro devido à simpatia que nutria pelo regime nazista e por Heinrich Himmler. A princípio, Hudal foi declarado *persona non grata* pela Secretaria de Estado graças ao relatório do Sodalitium Pianum no qual

---

[23] David Kahn, *Hitler's Spies: German Military Intelligence in World War II* (Da Capo, Nova York, 2000).
[24] David Alvarez e Robert A. Graham, *Nothing Sacred*, cit.

se afirmava que o austríaco era, na verdade, um agente do serviço secreto do Terceiro Reich.

Alois Hudal tinha importantes contatos sociais na poderosa cúria romana e se movimentava muito bem nos seus suntuosos salões. Um dia, a Santa Aliança informou ao padre Robert Leiber que Hudal estava escrevendo um texto para apresentar a Adolf Hitler e ao papa Pio XII, no qual expunha diversos argumentos em prol de uma reconciliação entre a Igreja católica e o regime nacional-socialista. Leiber ordenou que seus agentes se apoderassem do documento antes que ele se tornasse público. Essa missão foi atribuída a Alfred von Kageneck – espião da inteligência pontifícia na RSHA –, que conhecera Hudal nas comemorações da Semana Santa em 1941. Depois de uma breve conversa, Kageneck entrou no Anima como assistente para as relações culturais germano-italianas.

Quando o documento original estava quase pronto, o seu manuscrito desapareceu da caixa-forte de Hudal. Embora nunca tenha sido encontrado, algumas fontes garantem que chegou às mãos de Leiber e deste ao santo padre, que ordenaria guardá-lo no chamado Arquivo Secreto do Vaticano, onde permanece até hoje. Diversos escritores e historiadores têm certeza de que esse documento não deixava dúvidas quanto ao conhecimento de Pio XII da chamada Solução Final[25] para o problema judaico e o extermínio dos sérvios ortodoxos por parte dos *ustachis*[26] [nacionalistas radicais] do ditador croata pró-nazista Ante Pavelic. O papa sempre se negou a enviar uma mensagem de claro protesto e repúdio a essas barbaridades[27].

Havia anos que Pio XII e os membros da espionagem pontifícia viam os croatas como a vanguarda da Igreja católica nos Bálcãs. Quando em 6 de abril de 1941 Hitler decidiu invadir o país como parte da campanha contra a Grécia, os fascistas croatas declararam a sua independência. No dia 12, o *führer* expôs todo o seu plano, que se baseava numa condição "ariana" para a Croácia independente comandada por Ante Pavelic. O grupo de Pavelic – os

---

[25] Em 20 de janeiro de 1942, numa casa de campo às margens do lago Wansee, reuniram-se quinze oficiais de altas patentes nazistas presididos por Reinhard Heydrich. O texto que foi redigido e aprovado por unanimidade – batizado de "Solução Final" – determinaria o extermínio de todos os judeus na Europa. Segundo Adolf Eichmann, que presenciou o terrível encontro de Wansee, deveriam ser eliminados 11 milhões de judeus. A Santa Aliança comunicou ao Vaticano dessa reunião e das suas conclusões em 9 de fevereiro, justamente vinte dias depois de sua realização. Em 18 de março, a Santa Sé recebeu a primeira informação de agentes da espionagem papal sobre assassinatos em massa e deportações de judeus na Eslováquia, na Croácia, na Hungria e na França ocupada.

[26] Do verbo *ustati*, "levantar-se".

[27] Francis X. Blouin (ed.), *Vatican Archives*, cit.

ustachis – mostrara-se contrário à formação de um reino eslavo no sul após a Primeira Guerra Mundial.

Entre 1941 e 1945, os *ustachis* praticaram uma verdadeira política de terror calcada no assassinato sistemático de sérvios ortodoxos, ciganos, judeus e comunistas. A idéia de Ante Pavelic era criar uma Croácia católica pura por meio de conversões forçadas, deportações ou extermínios.

As torturas e as mortes em massa foram de tão terríveis que alguns membros das unidades alemãs enviaram relatórios aos superiores em Berlim denunciando os desmandos dos *ustachis*.

O legado histórico em que se apoiava a formação da chamada NDH (Nezavisna Drzava Hrvatska, ou Estado Independente da Croácia) consistia numa mistura de antigas lealdades ao papado, que remontavam a três séculos atrás, e um ardente ressentimento contra os sérvios de religião ortodoxa pelas injustiças cometidas no passado[28]. Para os católicos, os sérvios eram responsáveis por favorecer a fé ortodoxa, incentivar o rompimento entre os católicos e colonizar zonas católicas até que se convertessem em majoritariamente ortodoxas. Pio XII, que desde o começo do governo de Pavelic apoiara publicamente o nacionalismo católico dos croatas, afirmou durante uma peregrinação a Roma, em novembro de 1939, que os *ustachis* eram "o grande avanço da cristandade", utilizando as mesmas palavras de Leão X. "A esperança de um futuro melhor parece sorrir-nos, um futuro em que as relações Igreja-Estado no vosso país se regularão com harmonia", disse o sumo pontífice ao grupo de croatas que chegaram ao Vaticano chefiados pelo arcebispo Alojzije Stepinac[29].

Em 25 de abril de 1941, as novas autoridades decretaram a proibição de todas as publicações editadas em cirílico e um mês depois foram aprovadas as leis anti-semitas. No final de maio, os primeiros judeus de Zagreb foram deportados para campos de extermínio. A espionagem papal começou a enviar telegramas cifrados a Robert Leiber na Santa Sé alertando sobre os massacres da população civil e de padres ortodoxos. Misteriosamente, a Secretaria de Estado pediu a seus agentes alocados no Estado Independente da Croácia que evitassem qualquer "confronto" com as autoridades.

Em 14 de julho, o ministro da Justiça reuniu os bispos da Croácia para comunicar-lhes que havia uma parcela importante da população, principalmente de religião ortodoxa, que não entraria nas "conversões forçadas" para "não contaminar o catolicismo da Santa Croácia". Quando Stepinac perguntou

---

[28] John Cornwell, *Hitler's Pope*, cit.
[29] Carlo Falconi, *The Silence of Pius XII* (Faber & Faber, Londres, 1970).

o que fazer com eles, o funcionário respondeu: "Só lhes resta a deportação e o extermínio".

Com essa premissa, os *ustachis*, a quem o papa designara como "o grande avanço da cristandade", lançaram-se em seguida na matança indiscriminada. Os agentes da Santa Aliança, a despeito das advertências que chegavam do Vaticano, continuaram a documentar as atrocidades[30].

Em 28 de abril de 1941 um desses espiões, que assinava como L. T., enviaria a Robert Leiber um relatório no qual contava: "[...] um bando de *ustachis* atacou seis aldeias do distrito de Bjelovar e deteve 250 homens, incluindo um professor primário e um padre ortodoxo. Amarradas com arames, as vítimas foram obrigadas a abrir uma cova, onde foram jogadas e enterradas vivas". Outro informe, chegado através de um agente do Sodalitium Pianum, com a data de 11 de maio de 1941, dizia: "Os *ustachis* prenderam 331 sérvios, entre os quais estavam um padre sérvio ortodoxo e seu filho de nove anos. Todos foram esquartejados com machados. O padre foi obrigado a rezar enquanto seu filho era morto. Em seguida, veio a tortura: arrancaram-lhe a barba, furaram-lhe os olhos e esquartejaram-no vivo".

Após o massacre, do qual o Vaticano vinha sendo informado pelos agentes da espionagem pontifícia, Pavelic, que passou a ser chamado de *poglavnik** (o equivalente a *führer* em croata), decidiu visitar a Itália a fim de assinar um pacto com Benito Mussolini. Durante essa visita, Ante Pavelic teve um encontro secreto com Pio XII. O beijo dado pelo *poglavnik* no anel papal selava não apenas o reconhecimento do Estado Independente da Croácia por parte da Santa Sé, mas também o silêncio do papa em relação às barbaridades cometidas pelos *ustachis* em nome da fé católica no passado e no futuro.

Na sua obra *Hitler's Pope. The Secret History of Pius XII*, John Cornwell salienta que entre 1941 e 1945 foram assassinados cerca de 487 mil sérvios ortodoxos e 27 mil ciganos. Além disso, dos 45 mil judeus que constituíam a comunidade hebraica da Iugoslávia morreram cerca de 30 mil. Destes, entre 20 e 22 mil foram eliminados nos campos de concentração *ustachis*, e o restante, nas câmaras de gás.

---

[30] No início da década de 1970, o escritor e investigador Carlo Falconi reuniu documentos a respeito das barbaridades cometidas na Croácia de Ante Pavelic. Ele teve acesso aos arquivos da República Federal da Iugoslávia e aos Arquivos Secretos Vaticanos referentes à posição da Igreja e da Santa Sé perante as carnificinas na Croácia. Lá, descobriu vários relatórios da espionagem pontifícia sobre os verdadeiros morticínios. Os Arquivos Vaticanos relativos à Nezavisna Drzava Hrvatska foram abertos por ordem do papa João XXIII e novamente guardados a pedido de Paulo VI.

* "Chefe de Estado", em servo-croata. (N. T.)

O arcebispo de Zagreb, Alojzije Stepinac[31], esteve o tempo todo a favor dos princípios básicos do novo Estado da Croácia, esforçando-se inclusive para que o sumo pontífice reconhecesse Ante Pavelic como uma dos pilares da Igreja católica na Europa eslava. Para Stepinac, Pavelic era "um católico sincero", segundo as palavras que escreveria no seu diário. Do alto dos púlpitos pedia-se à população uma oração sincera para o *poglavnik*, enquanto outros padres, quase sempre franciscanos, participavam ativamente dos extermínios[32].

Um espião da Santa Aliança informou num relatório enviado ao Vaticano:

Muitos deles [os padres franciscanos] passeiam armados e realizam com um extraordinário zelo os seus atos assassinos. Um padre chamado Bozidar Bralow, conhecido por carregar sempre uma metralhadora, foi acusado de dançar em volta dos cadáveres de 180 sérvios assassinados em Alipasin-Most, e outro, de atiçar os bandos de *ustachis* de crucifixo na mão, enquanto cortavam o pescoço das mulheres sérvias.

Esta última parte do relato também seria contada por um jornalista italiano, que acrescentou na sua descrição o detalhe de que a carnificina ocorrera em Banja Luka.

Outro investigador, Jonathan Steinberg, teve acesso aos arquivos escritos e fotográficos do ministério das Relações Exteriores da Itália, onde existem imagens dos massacres e relatórios decodificados dos agentes da Santa Aliança, que informavam os seus superiores do extermínio de cidades e povoações inteiras. Todos esses fatos estão descritos em *All or Nothing: The Axis and The Holocaust, 1941–1943*. A pergunta que até hoje se faz é como é que a Igreja, o papa Pio XII, o Vaticano, as autoridades católicas da Croácia e os serviços secretos não fizeram absolutamente nada para deter a matança ou apenas condená-la.

Steinberg tornou pública uma carta enviada pelo arcebispo primaz da Igreja católica na Croácia, Alojzije Stepinac, ao ditador Ante Pavelic na qual o religioso menciona as opiniões favoráveis de todos os bispos às "conversões forçadas" e chega até a afirmar que monsenhor Miscic, bispo de Mostar, apoiava o emprego de todos os meios necessários para salvar as almas dos croatas. Depois de elogiar as operações de conversão religiosa por parte das autoridades croatas, Stepinac

---

[31] Embora tenha dado apoio católico ao governo pró-nazista de Ante Pavelic e soubesse desde o princípio das matanças e dos extermínios de sérvios, judeus e ciganos, Alojzije Stepinac foi um dos pilares na fuga de criminosos de guerra nazistas e croatas para a América do Sul depois da Segunda Guerra Mundial. No dia 3 de outubro de 1998, acabou sendo beatificado pelo papa João Paulo II durante sua visita à Croácia.

[32] Carlo Falconi, *The Silence of Pius XII*, cit., e John Cornwell, *Hitler's Pope*, cit.

ainda escreveu na missiva: "Na paróquia de Klepca, setecentos dissidentes das aldeias mais próximas foram assassinados". Muitos foram executados no campo de concentração de Jasinovac, um dos maiores dessa época[33].

A maioria dos bispos, a própria Santa Sé, a Secretaria de Estado e até o papa Pio XII aproveitaram a derrota da Iugoslávia perante o nazismo para incrementar o poder e o alcance do catolicismo nos Bálcãs. A passividade dos bispos croatas em relação a se distanciar do regime, denunciá-lo e excomungar Ante Pavelic e seus cúmplices se devia ao seu desejo de aproveitar as oportunidades oferecidas por aquela "boa ocasião" para firmar uma forte base católica na região.

Entre os papéis guardados nos Arquivos Secretos Vaticanos, o escritor e investigador John Cornwell encontrou num relatório da Congregação para as Igrejas Orientais a informação de que a Santa Sé estava ciente das conversões forçadas desde julho de 1941. Cornwell teve também acesso a um documento do serviço secreto pontifício no qual se falava do envio de quase 6 mil judeus para uma ilha deserta sem comida nem água. "Todas as tentativas de ajudá-los foram proibidas pelas autoridades croatas", lia-se no relatório. Não existem dados sobre uma resposta ou iniciativa por parte do Vaticano a respeito desse assunto.

O padre Cherubino Seguic, representante especial de Ante Pavelic, chegou a Roma para desmentir o que classificava como "boatos da parte de comunistas, judeus e membros do serviço de inteligência do Vaticano". Em 6 de março de 1942, o cardeal francês Eugène Tisserant, perito nos Bálcãs, membro da loja maçônica do Grande Oriente e de extrema confiança do santo padre, teve um encontro secreto com Nicola Rusinovic, o representante oficioso do governo de Pavelic na Santa Sé, no qual lhe disse:

> Estou ciente de que os franciscanos – por exemplo, o padre Simic de Knin – participaram dos ataques à população ortodoxa, chegando a destruir igrejas, como aconteceu em Banja Luka. Sei que os franciscanos agiram de forma abominável e isso me incomoda muito. Esses atos não devem ser cometidos por gente instruída, culta e civilizada e muito menos por sacerdotes.[34]

A verdade é que Pio XII nunca deixou de se mostrar complacente com o regime de Ante Pavelic. Por exemplo, em julho de 1941, o santo padre

---

[33] Este autor que vos fala, juntamente com o jornalista Julio Fuentes do periódico *El mundo*, testemunhou o bombardeio da artilharia sérvia sobre o povoado croata de Jasinovac em 1991. As autoridades sérvias afirmaram, então, que o ataque era "uma questão de honra e de vingança" contra os croatas cinquenta anos depois.

[34] Jonathan Steinberg, *All or Nothing: The Axis and the Holocaust, 1941–1943* (Routledge, Londres, 2002).

recebeu vários agentes da segurança croata trazidos pelo chefe da polícia de Zagreb, que depois da guerra seria acusado por "crimes contra a humanidade" e por ter pessoalmente executado diante de testemunhas seis mulheres e nove crianças, filhos delas. Em 6 de fevereiro de 1942, o pontífice recebeu em audiência um pequeno grupo de membros das chamadas Juventudes *Ustachis*, aos quais recordou que "eles eram a salvaguarda da cristandade" e ainda salientou, com algum desgosto, que "apesar de tudo, ninguém queria reconhecer o único e verdadeiro inimigo da Europa: não houve uma cruzada militar comum contra o bolchevismo".

Em relação à Rússia, uma nova operação seria realizada pela Santa Aliança. Quando Hitler pôs em prática a chamada Operação Barba Ruiva, em 22 de junho de 1941, o papa Pacelli viu nela uma boa oportunidade de, através da evangelização, se estabelecer definitivamente no inimigo bolchevique. O santo padre chamou, então, o cardeal Tisserant e o chefe dos espiões, padre Robert Leiber, e ordenou-lhes que arquitetassem um meio de enviar missionários católicos na esteira das divisões da Wehrmacht na sua caminhada para Moscou, enquanto estas "libertavam" os territórios da União Soviética. Para isso, Tisserant e Leiber prepariam uma verdadeira operação de espionagem, que ficou conhecida como Plano Tisserant.

Mas Hitler tinha realmente outros planos quando disse que "o cristianismo é a pior calamidade que caiu sobre a humanidade. O bolchevismo não é mais do que um filho bastardo do cristianismo, mas ambos são monstros criados pelos judeus". Quando foi interrogado no Tribunal Militar Internacional de Nuremberg, em 12 de outubro de 1945, Franz von Papen declarou: "Seja por meio de suas missões ou até de seus serviços secretos, a reevangelização da União Soviética foi uma operação do Vaticano"[35].

O certo é que o Plano Tisserant foi dirigido pessoalmente pelo cardeal Eugène Tisserant e não por Robert Leiber, embora a operação tenha sido concretizada por agentes da Santa Aliança. O responsável da espionagem pontifícia por colocá-la em prática na União Soviética foi Nicolás Estorzi, o Mensageiro.

As atividades do cardeal no leste da Europa já haviam sido investigadas em julho de 1940. O então dirigente nazista e fervoroso anticatólico Alfred Rosenberg proibiu a entrada de padres nas áreas "libertadas" da União Soviética. Mas foi Reinhard Heydrich, o chefe do Escritório Central de Segurança do Reich, quem se caçou na Rússia os espiões da Santa Sé. Em 2 de julho de 1941, Heydrich distribuiu um documento entre as altas hierarquias nazistas intitulado

---

[35] Richard Overy, *Interrogations: The Nazi Elite in Allied Hands, 1945* (Penguin Books, Nova York, 2002).

"Novas táticas no trabalho do Vaticano na Rússia". No texto, o influente chefe da RSHA explicava que o Vaticano e seus serviços secretos tinham concebido uma operação chamada Plano Tisserant, cujo objetivo era infiltrar sacerdotes católicos nas zonas controladas pela Wehrmacht. O esquema consistia em, com a ajuda de padres espanhóis e italianos, recrutar capelães para acompanhar as unidades que combatiam na frente oriental.

Protegidos pelo avanço alemão, os religiosos liderados por Estorzi dedicavam-se a recolher toda a informação possível a fim de estabelecer o catolicismo. O relatório de Heydrich explicava ainda:

> É preciso impedir que o catolicismo se converta no principal beneficiado da guerra na nova situação que está surgindo na área russa conquistada com o sangue alemão. Os agentes do papa estão se aproveitando dessa situação, e é necessário acabar com isso.[36]

Uma ordem datada de 6 de setembro exigia que os chefes das divisões informassem o alto comando do exército sobre qualquer "sinal de ativação das operações da Santa Sé e de seus serviços de espionagem na Rússia". Na verdade, o Plano Tisserant não foi arquitetado nessa época, mas muito antes, mais precisamente no pontificado de Pio XI.

Nicolás Estorzi dedicou-se a entrevistar todos os candidatos a participar do Plano Tisserant e para isso se prepararam as abadias de Grotta Ferrara, na Itália, Chevetogne, na Bélgica, e Velehrad, na Morávia, onde foram chegando os agentes da Santa Aliança desejosos de se envolver numa das operações mais importantes da história do serviço de espionagem papal.

Eles viajavam disfarçados de comerciantes, com seus crucifixos pregados no interior de penas de escrever, ou como trabalhadores de estábulos, protegidos pelo avanço alemão. Quando chegavam a locais onde poderiam celebrar missas clandestinas, os espiões do papa separavam-se das tropas e seguiam por sua conta e risco. Muitos deles eram aceitos pela população, mas outros eram executados por comunistas ou simplesmente detidos e enviados para campos de trabalho na Sibéria. Segundo fontes extra-oficiais, 217 membros do Russicum morreram durante o Plano Tisserant.

Responsável por concretizar a operação, Nicolás Estorzi manteve-se no interior da Rússia até fevereiro de 1943, quando voltou a se juntar às tropas alemãs que se retiravam em debandada diante do avanço do Exército Vermelho. Em 31 de janeiro, o general Von Paulus rendeu-se em Stalingrado. Dos 330 mil homens que formavam o VI Exército alemão, só 91 mil sobreviveram, muitos dos quais morreriam ainda nos campos de prisioneiros da Sibéria.

---

[36] Carlo Falconi, *The Silence of Pius XII*, cit.

A rendição alemã na cidade russa seria o primeiro passo para o fim do Reich dos Mil Anos, um dia sonhado por Adolf Hitler. Enquanto isso, depois do fracasso do Plano Tisserant, Pio XII pediria na encíclica *Ecclesiae decus*, de 23 de abril de 1944:

> Espero que por fim amanheça o dia em que haja um só rebanho num único redil, todos obedientes, com um único pensamento em Jesus Cristo e no seu Vigário na terra. [...] os fiéis de Cristo devem trabalhar juntos na única Igreja de Jesus Cristo, de forma a serem uma frente comum, ligada, unida e invencível aos ataques crescentes dos inimigos da religião.

Os historiadores John Cornwell, Carlo Falconi, Jonathan Steinberg e Harold Deutsch são unânimes ao afirmar que a ambição do papa Pio XII por evangelizar o leste da Europa não explica o seu silêncio diante do extermínio de 6 milhões de judeus na chamada Solução Final[37].

O histórico silêncio em relação ao assassinato de milhões de judeus, do Vaticano em geral e do sumo pontífice em particular, provocou uma declaração do embaixador britânico na Santa Sé, sir D'Arcy Osborne, que dizia:

> A política de silêncio a respeito desses crimes contra a consciência do mundo significou uma renúncia à liderança moral e a conseqüente atrofia da influência e autoridade do Vaticano, e precisamente da manutenção e afirmação dessa autoridade depende qualquer sinal de uma contribuição papal no restabelecimento da paz mundial.[38]

As tropas soviéticas chegariam às portas da Berlim, o coração do Reich, em 19 de abril de 1945. No dia 30, num escuro e úmido refúgio subterrâneo da chancelaria do Terceiro Reich, aquele que fora "amo e senhor" da Europa punha fim à sua vida. Adolf Hitler acabava de fazer 56 anos. Três dias antes, em 27 de abril, caía também o *duce* Benito Mussolini, cujo corpo seria pendurado pelos pés na Piazza de Loreto, em Milão.

Na verdade, a respeito da atuação do Vaticano, da Santa Aliança e do Sodalitium Pianum no período da Segunda Guerra Mundial, cabe ressaltar uma

---

[37] O serviço de espionagem do Vaticano teve pouco a ver com o trágico destino de milhões de judeus em toda a Europa. Existem relatórios indicando que apenas alguns agentes da Santa Aliança ajudaram, pessoalmente, dezenas de famílias judaicas das zonas ocupadas pelo exército nazista a se esconder ou a fugir para países neutros. Em contrapartida, não há nenhuma prova documental nem bibliográfica sobre operações oficiais concretas do serviço secreto papal ou até mesmo planos para salvar os judeus das deportações e do extermínio. É por isso que este livro não faz nenhuma referência à questão "A Santa Aliança e a Solução Final".

[38] Owen Chadwick, *Britain and the Vatican During the Second World War* (Cambridge University Press, Cambridge, 1987).

frase do cardeal Eugène Tisserant, o responsável pela Congregação das Igrejas Orientais, escrita numa carta dirigida ao cardeal Emmanuel Suhard em maio de 1940: "Temo que a história censure a Santa Sé por ter praticado um pouco mais do que política de proveito egoísta". Isso demonstraria que, quase no começo do conflito, o Vaticano já receava que uma política de neutralidade "encoberta" fosse "julgada" e "condenada" pela própria história – como de fato aconteceu.

Passados doze anos apenas da subida de Hitler ao poder, restavam do Reich dos Mil Anos somente as ruínas, a morte e a destruição. O número de mortos da Segunda Guerra Mundial passava dos 55 milhões, entre civis e militares. Seis anos e um dia depois do ataque de Adolf Hitler à Polônia, os canhões se calaram. Cabia apenas salvar o que sobrara das ruínas, enquanto os assassinos, os executores da política do *führer*, escapavam da justiça internacional graças ao chamado Corredor Vaticano e a uma organização conhecida como Odessa. O império comunista começava a estender os seus tentáculos pelo leste europeu. Um novo conflito desabava sobre o mundo: a Guerra Fria.

CAPÍTULO DEZESSEIS

ODESSA E O CORREDOR VATICANO (1946-1958)

> Porque os ímpios andam de todos os lados, enquanto a vileza se ergue entre os homens.
>
> *Salmos 11:9**

Durante a Segunda Guerra Mundial, o Colégio de San Girolamo degli Illirici, em Roma, servia também como abrigo de sacerdotes croatas que chegavam à Cidade Eterna para executar diferentes tarefas. Após o fim do conflito, a instituição de ensino, situada no número 132 da Via Tomacelli, transformou-se num refúgio seguro para os *ustachis* procurados como criminosos de guerra. A Santa Aliança fornecia a muitos deles rotas seguras e identidades e passaportes falsos para facilitar a sua fuga. O principal responsável por San Girolamo era o padre Krunoslav Draganovic.

Ex-professor de um seminário croata e considerado pelos serviços de inteligência norte-americanos o *alter ego* de Ante Pavelic, Draganovic chegara a Roma no final de 1943 com o intuito de trabalhar para a Cruz Vermelha. Os serviços de espionagem da Santa Sé garantiram que, na verdade, Draganovic estava na capital da Itália para coordenar certas operações na Croácia com grupos fascistas italianos. Com o término da guerra, o religioso tornou-se o eixo principal do chamado Corredor Vaticano. A princípio, eram organizadas fugas de San Girolamo, especialmente para a Argentina. Depois veio a ajuda na fuga de criminosos de guerra nazistas, como Josef Mengele, o médico de Auschwitz; Klaus Barbie, o "carniceiro de Lyon" e antigo chefe da Gestapo naquela cidade; Ante Pavelic, o ditador croata; o capitão da SS Erich Priebke; o general da SS Hans Fischböck ou o célebre Adolf Eichmann.

Segundo certos escritores e historiadores, não existem provas suficientes para garantir que a Santa Sé ou o papa Pio XII tinham conhecimento das

---
* *Bíblia Católica Online*, cit. (N. T.)

operações da organização Odessa, embora existam fortes indícios de que pelo menos alguns destacados agentes da espionagem pontifícia estiveram envolvidos no Corredor Vaticano.

O comandante do campo de concentração de Treblinka, Franz Stangl, por exemplo, ganhou uma nova identidade e papéis falsos e refugiou-se em Roma com a ajuda do bispo Alois Hudal e de alguns membros da Santa Aliança. Por sua vez, Klaus Barbie também teria sido auxiliado por agentes da Cidade Eterna[1].

Mas em troca disso o Vaticano e várias instituições receberam grandes quantias, com freqüência procedentes da extorsão a judeus ricos em troca de não serem deportados para os campos de extermínio. O do general-de-divisão da SS Hans Fischböck foi um dos que participaram desse esquema. Juntamente com Eichmann e o capitão da SS Erich Rajakowitsch, exercera cargos importantes na Áustria anexada e posteriormente na Holanda. Os relatórios da Santa Aliança e dos serviços secretos norte-americanos demonstravam que tanto Fischböck como Rajakowitsch haviam juntado uma enorme fortuna espoliando as famílias milionárias judaicas holandesas mediante a promessa de não figurarem nas listas de deportações da SS. Uma parcela desse dinheiro entrava nos bolsos de Eichmann, outra, nos de Fischböck e outra, nos de Rajakowitsch, mas a parte maior era depositada em diversas contas na Argentina através dos bancos suíços, em especial da Union de Banques Suisses de Zurique[2].

Dessa forma os três ex-membros da SS, com a ajuda da Odessa, conseguiram escapar para a Argentina. O serviço secreto britânico, o M16, descobriu que uma parte da operação de fuga fora financiada por dois cidadãos suíços: Arthur Wiederkehr, um desumano advogado que obteve cerca de 2 milhões de francos suíços em comissões provenientes dos resgates, e Walter Büchi, um jovem muito habilidoso em pôr os seus "clientes" nas mãos da Gestapo depois de receber o dinheiro do resgate[3]. Alguns relatórios britânicos indicavam que Büchi mantinha "influentes contatos com a cúria romana e alguns elementos próximos do serviço de espionagem papal".

Walter Büchi manteve contatos com agentes do Teutonicum, a divisão de assuntos alemães da Santa Aliança, e realizou certas missões especiais para o serviço secreto pontifício. Büchi atuava como um "agente livre" da espionagem do Vaticano e ao mesmo tempo como elo suíço da chamada Unidade Monetária da SS, dirigida pelo general Hans Fischböck. Um dos melhores negócios de Bani

---

[1] Mark Aarons e John Loftus, *Ratlines: The Vatican's Nazi Connection* (Arrow, Nova York, 1991).

[2] Uki Goñi, *The Real Odessa: Smuggling the Nazis to Peron's Argentina* (Granta Books, Londres, 2002).

[3] Idem.

foi intermediar a libertação do banqueiro judeu Hans Kroch, que conseguira escapar para a Holanda quando as perseguições contra a comunidade judaica começaram em Berlim.

Kroch se encontrou com Walter Büchi para pagar o resgate por toda a sua família. O suíço recorreu pessoalmente a Adolf Eichmann para obter os salvo-condutos, mas o problema foi que a esposa de Kroch havia sido detida pela Gestapo e enviada para o campo de concentração de Ravensbrück. O advogado Wiederkehr aconselhou Kroch a fugir para a Suíça com as suas filhas e, de lá, para a Argentina. Uma vez na América do Sul, Kroch remeteu a Büchi e Wiederkehr uma lista de milionários judeus que estariam dispostos a pagar consideráveis fortunas pela liberdade dos familiares. Essa lista seria conhecida como a Lista Kroch. A partir de então, Büchi e Wiederkehr, na Suíça, e seus sócios Adolf Eichmann e Hans Fischböck, na Alemanha, passaram a receber grandes quantias em ouro e francos suíços, que eram depositadas em contas confidenciais e em seguida transferidas para bancos argentinos[4]. Esse dinheiro serviria anos depois para financiar a evasão de importantes criminosos de guerra nazistas para a América do Sul, especialmente para a Argentina, a Bolívia e o Brasil, por intermédio do mencionado Corredor Vaticano.

Na verdade, os primeiros planos de fuga para os dirigentes nazistas foram traçados dois meses antes do término da Segunda Guerra Mundial. Quando percebeu que tudo estava perdido, Heinrich Himmler decidiu criar a chamada Operação Aussenweg [caminho para o exterior] e para isso colocou à frente da iniciativa o jovem capitão da SS Karl Fuldner.

O alemão de 34 anos se tornaria peça indispensável na evasão de criminosos de guerra, que receavam a Justiça aliada pós-conflito, ou seja, durante os cinco anos seguintes, exatamente até 1950. Espanha, Portugal, Marrocos, Áustria e Itália se converteriam em locais seguros de passagem e refúgio para os fugitivos que viajavam com documentação falsa, em grande parte arranjada pelo de espionagem do Vaticano. Houve, inclusive, muitos agentes da Santa Aliança que atuaram como guias e protetores de criminosos de guerra até encontrarem um lugar seguro, longe do alcance da Justiça internacional[5].

Fuldner percorreu várias capitais da Europa, entre as quais Madri e Roma. Nesta última reuniu-se com o responsável por San Girolamo. O padre Krunoslav Draganovic confirmou ao enviado de Himmler que "a sua organização" estava pronta para dar assistência e refúgio às altas hierarquias nazistas que decidissem escapar para a América do Sul. E até garantiu a Fuldner que contava com a proteção e o apoio da Santa Sé por meio do serviço secreto papal.

---

[4] Relatório da Comissão Independente de Peritos da Suíça (CIE), cap. 5, casos "Kroch, Hans; Hellinger, Bruno; Kooperberg, L. H.".

[5] Uki Goñi, *The Real Odessa*, cit.

Fuldner nasceu em Buenos Aires em 16 de dezembro de 1910, no seio de uma família de emigrantes alemães, mas em 1922 o pai decidiu regressar à sua terra natal e instalar-se na cidade de Kassel. No começo de 1932, o portenho foi admitido nas unidades de elite da SS: tinha 21 anos e media 1,76 metro.

Depois da guerra, Karl Fuldner refugiou-se em Madri, onde estabeleceu sua base de atuação. Na capital espanhola, o ex-capitão da SS manteve boas relações com personalidades do mundo social e artístico, como Gonzalez Serrano Fernández de Villavicencio, visconde de Uzqueta; o jornalista Victor de la Serna e os irmãos Dominguín, toureiros famosos. A fim de não ser descoberto nesses encontros, Fuldner reunia-se no banheiro do restaurante Horcher, de propriedade de Otto Horcher, que o inaugurara em 1943, na rua Alfonso XII[6].

Foi lá que Fuldner teve seu primeiro contato com o bispo argentino monsenhor Antonio Caggiano, que pouco depois seria nomeado cardeal pelo papa Pio XII. Caggiano foi acompanhado por dois homens, que afirmaram pertencer à Santa Aliança. De um deles não se sabe o nome, mas o outro se chamava Stefan Guisan.

Este era um padre franciscano nascido numa aldeia próxima à cidade suíça de Berna. No seminário, Stefan foi apresentado a Krunoslav Draganovic por um sacerdote croata e, em 1944, começou a colaborar com o serviço de inteligência da Santa Sé. Após o desembarque dos aliados na Normandia em junho daquele ano, tornou-se o elo entre a Santa Aliança e a instituição de San Girolamo. O outro agente era a ligação da espionagem papal na sede da Comissão Pontifícia para a Assistência (CPA), localizada na Villa San Francesco. Presidida por Pietro Luigi Martín, a CPA era o órgão vaticano encarregado de expedir os documentos de identidade para os refugiados, mas com a derrota alemã passou a emitir documentos falsos a um grande número de fugitivos nazistas. Na CPA trabalhavam cerca de trinta sacerdotes de diferentes ordens, embora na maioria franciscanos, que se dedicavam a falsificar carimbos de órgãos internacionais de apoio aos refugiados. O padre Guisan atuava como ponte entre as várias organizações da Santa Sé auxiliando na evasão dos criminosos de guerra. Essa ajuda compreendia esconder os fugitivos, facilitar-lhes a documentação falsa, financiar a viagem ou entregar-lhes uma lista de contatos de cada etapa da operação[7].

Tudo indica que existem documentos demonstrando que Draganovic não era o real líder da chamada Operação Convento. Um relatório da inteligência norte-americana indicou que o rosto visível do Corredor Vaticano era, na verdade, o

---

[6] Idem.

[7] Mark Aarons e John Loftus, *Unholy Trinity: The Vatican, the Nazis and the Swiss Banks* (St. Martin's Griffin, Nova York, 1998).

cardeal Eugène Tisserant. William Gowen, que pertencia à contra-espionagem militar dos EUA na Itália, escreveu num informe datado de 1946:

> Tisserant disse acreditar piamente que neste momento existe 50% de probabilidade de que a Rússia provoque uma guerra ainda este ano. Segundo o cardeal, os russos estão numa posição privilegiada para invadir o leste europeu [...] uma oportunidade que sabem não voltará a se repetir.[8]

Monsenhor Caggiano e o agente Stefan Guisan se encontraram com o cardeal Tisserant no Vaticano para informá-lo de que "o governo da Argentina estava disposto a receber os franceses cuja atitude política durante a guerra os exporia a rigorosas medidas ou à vingança pessoal se regressassem à França". A aversão de Tisserant ao comunismo era extrema. Para ele, os comunistas não deveriam ser enterrados em sepultura cristã e era preciso criar um grupo de peritos "nazistas" anticomunistas na América do Sul para o caso de estourar uma guerra contra os soviéticos. A partir de então, a embaixada da Argentina em Roma começou a receber uma chuva de pedidos de vistos para cidadãos franceses.

Os criminosos de guerra ou colaboracionistas franceses Marcel Boucher, Fernand de Menou, Robert Pincemin e Émile Dewoitine receberam um visto especial por ordem do cardeal Antonio Caggiano para entrar na Argentina. Os quatro dispunham de passaportes com numeração seguida emitidos pela Cruz Vermelha de Roma e portavam um certificado de recomendação do Vaticano. Curiosamente, eles haviam encontrado abrigo em San Girolamo, a instituição que era comandada por Krunoslav Draganovic e "infiltrada" pela Santa Aliança e o Sodalitium Pianum.

Enquanto isso, no mais alto escalão discutia-se um acordo secreto entre o sumo pontífice e o presidente da Argentina, Juan Domingo Perón. O cardeal Giovanni Battista Montini, o futuro papa Paulo VI, falou ao embaixador argentino na Itália sobre o interesse de Pio XII na melhor forma de acertar a emigração para a Argentina "não apenas italiana". O santo padre sugeria que "os técnicos da Santa Sé [os agentes do serviço secreto vaticano] entrassem em contato com os técnicos argentinos [membros da organização Odessa] para estabelecerem um plano de ação". Entendendo que o interesse do papa se estendia aos detidos nos campos de prisioneiros aliados na Itália – ou seja, oficiais nazistas de alta patente –, o diplomata argentino se comunicou com o seu ministério das Relações Exteriores em Buenos Aires para receber instruções[9].

---

[8] Relatório de William Gowen datado da Cidade do Vaticano, em 18 de setembro de 1946. National Archives and Record Administration (Nara), RG 59/250/36/27, caixa 4016, 761.00/9, 1946.

[9] A conversa entre o cardeal Giovanni Battista Montini e o embaixador da Argentina em Roma foi revelada na carta, "secreta", número 144 do diplomata ao seu ministro das Relações

Para funcionar com ponte entre Fuldner e o padre Krunoslav Draganovic, os nazistas e a Santa Aliança escolheram, respectivamente, Reinhard Kops e Gino Monti de Valsassina.

Monti de Valsassina era um nobre italiano de origem croata que voara na Luftwaffe e, após se ferir em combate, fora integrado ao serviço secreto de Himmler. Em abril de 1945, foi capturado pelos ingleses e enviado a um "campo especial" de prisioneiros para o qual iam todos os nazistas que estivessem dispostos a colaborar de alguma maneira depois da guerra, desde fornecendo uma simples informação sobre seus partidários fugidos até dando assessoria técnica e científica em questões desenvolvidas e financiadas durante o regime de Hitler. O conde Monti entrou em contato com a espionagem pontifícia no final de 1944, durante uma viagem familiar a Milão em que conheceu vários membros da cúria e com os quais estabeleceu depois boas relações – afinal de contas, Monti era um católico devoto.

Um desses religiosos era amigo do padre Robert Leiber, o "espião" de Pio XII, e responsável por tê-lo introduzido no serviço secreto do Vaticano. No final de 1945, Monti escapou e, de acordo com os dados levantados pela espionagem norte-americana, refugiou-se numa instituição da Santa Sé, certamente San Girolamo.

Protegido pelos homens de Draganovic e graças à ajuda do padre Karlo Petranovic, Gino Monti de Valsassina conseguiu viajar para a Argentina partindo do porto de Gênova[10].

Monti chegou à Argentina em 4 de janeiro de 1947, com um documento de "cidadão apátrida" emitido pelo Vaticano, e sete meses depois foi enviado por Perón à Espanha a fim de recrutar alemães com grandes conhecimentos técnicos. Os protegidos de Monti eram simples criminosos de guerra nazistas, como o general da Luftwaffe Eckart Krahmer, ou espiões alemães, como Reinhard Spitzy. No verão de 1947, Monti voltou à Santa Sé através da Itália para atuar como elemento de ligação da Santa Aliança em San Girolamo.

O contato alemão em San Girolamo, Reinhard Kops, que usava o codinome de Hans Raschenbach e um passaporte fornecido pelo serviço de inteligência papal, nascera na cidade alemã de Hamburgo em 29 de setembro de 1914.

Exteriores, Juan Bramuglia, datada de 13 de junho de 1946. A missiva foi publicada no relatório da Comissão de Esclarecimento das Atividades Nazistas na Argentina (Ceana), em 1999.

[10] O padre Karlo Petranovic, agente serviço secreto vaticano, foi acusado de participar da carnificina de sérvios ortodoxos durante a guerra. Existem fotografias de Petranovic dando a extrema-unção a cadáveres de sérvios numa vala comum na cidade de Ogulin. O governo comunista do marechal Tito solicitou à Santa Sé a sua extradição, pedido que, no entanto, nunca foi concedido.

Segundo uma investigação do Centro Simon Wiesenthal, Kops foi responsável por exterminar e deportar judeus na Albânia na Segunda Guerra Mundial e também na França e na Bulgária ocupadas. Logo após a queda de Hitler, ele chegou a Roma fugido de um centro de detenção do exército britânico. Foi nessa época que Kops começou a trabalhar na Secretaria para os Refugiados Alemães do Vaticano, departamento pontifício utilizado como disfarce pela Santa Aliança. Sempre amparado pelo serviço secreto papal, facilitou a fuga de criminosos de guerra, especialmente para a América do Sul e para a Austrália, até que em 1948 decidiu ele mesmo se mudar para a Argentina a fim de escapar de uma Europa que começava a reclamar a entrega dos nazistas evadidos.

De acordo com um relatório da Comissão de Esclarecimento das Atividades Nazistas na Argentina (Ceana), durante a guerra Reinhard Kops fez parte da contra-espionagem do Terceiro Reich. Após a derrota alemã e sua fuga para Roma, tornou-se um "ajudante especial" do bispo (pró-nazista) Alois Hudal e elo entre a Santa Aliança e os evadidos nazistas que chegavam a San Girolamo.

Em Buenos Aires, Reinhard Kops, que passou a usar o nome de Juan Maler[11], converteu-se num entusiasmado intelectual de extrema direita e administrador na América do Sul do departamento financeiro da organização Odessa até ao início da década de 1950 e do movimento neonazista internacional nos anos 1960 e começo dos 1970. Kops fugiu para a Argentina ou por Gênova, auxiliado pelos padres Karl Petranovic e Ivan Bucko[12], ambos da maior confiança de Draganovic no Corredor Vaticano, ou por Marrocos, com a ajuda de Marguerite d'Andurain.

Foi Draganovic quem colocara o capitão da SS Karl Fuldner e Reinhard Kops em contato com a misteriosa e bonita Marguerite d'Andurain. Além de estar ligada a Nicolás Estorzi, o Mensageiro de Robert Leiber, durante a guerra ela havia participado de algumas operações realizadas pela Santa Aliança em Berlim.

Filha de um juiz francês, Marguerite casara-se com o visconde Pierre d'Andurain quando tinha apenas dezessete anos. Em 1918, viajariam para o Líbano, onde se estabeleceriam como negociantes de pérolas. Marga, como

---

[11] O agente alemão entrou na Argentina em 4 de setembro de 1948, no navio Santa Cruz, procedente de Gênova, depois de efetuar uma pequena escala num porto marroquino. O Departamento de Imigração abriu o registro de número 180086-48. Posteriormente, e graças a um salvo-conduto passado pelo Vaticano a Reinhard Kops, entregou-lhe uma carteira de identidade em nome de Juan Maler. O ex-espião alemão declarou às autoridades argentinas que era um cidadão "apátrida".

[12] O padre Ivan Bucko foi acusado de, durante a ocupação nazista da Ucrânia, abençoar as carnificinas de judeus e *partisans* por parte da temível Divisão Galitzia, que pertencia à SS ucraniana.

era conhecida entre as amigas, aprendeu a falar fluentemente o árabe. Sabe-se que por uns tempos foi proprietária do Grande Hotel de Palmira, no deserto sírio, rebatizado por ela como Hotel Rainha Zenóbia em homenagem à soberana dos beduínos.

Entre 1918 e 1925, Marguerite d'Andurain infiltrou-se no universo da espionagem por meio do Deuxième Bureau, o serviço secreto francês. Em seguida teve um romance com o célebre agente britânico coronel Sinclair, que pouco tempo depois seria encontrado morto em Damasco. Embora a princípio se pensasse em suicídio, os serviços de inteligência da França e da Inglaterra suspeitaram do envolvimento de D'Andurain e da espionagem do *kaiser* na morte do espião inglês – mas a verdade nunca foi descoberta.

Em 1925, Marguerite d'Andurain divorciou-se e casou com um xeique *wahabi* de nome Suleyman. Existem informações de que D'Andurain teria envenenado o marido para herdar propriedades e dinheiro. Pouco depois ela regressaria a Palmira e casaria novamente com o visconde Pierre d'Andurain em 1937. Meses após a cerimônia, o visconde apareceria morto com dezessete punhaladas, sem que nunca fosse descoberto o autor do crime[13].

De Nice ao Cairo, a viúva começou então a levar uma vida de luxo, sempre acompanhada por jovens homens. Na ocupação da França, Marguerite d'Andurain participou de várias operações de espionagem para os nazistas, mais especificamente para o Escritório Central de Segurança do Reich, dirigido por Reinhard Heydrich, ao mesmo tempo em que mantinha contato com o serviço secreto pontifício através das suas estreitas relações com o núncio papal na capital francesa e com o bispo austríaco Alois Hudal, uma das figuras-chave da organização Odessa[14].

Na verdade, não existem provas documentais conclusivas sobre a "colaboração" de D'Andurain com a Santa Aliança, embora as suas ligações com monsenhor Hudal sejam publicamente conhecidas. Depois da guerra, o religioso austríaco convidou D'Andurain a se juntar à rede do Corredor Vaticano. A princípio, ela se recusou a prestar serviços ao Vaticano, até que um dia aquele que fora seu amante apareceu morto por envenenamento. No dia seguinte, Marguerite d'Andurain sumiu da face da terra para reaparecer meses depois na costa norte do Marrocos.

Proprietária de um luxuoso iate, o Djeilan, D'Andurain cruzava constantemente o estreito de Gibraltar, entre Peñon e Tanger[15]. Diz-se que em um desses

---

[13] Richard Deacon, *The Israeli Secret Service* (Warner Books, Nova York, 1977).

[14] Élise Nouel, *Carré d'as... aux femmes!: lady Hester Stanhope, Aurélie Picard, Isabelle Eberhardt, Marga d'Andurain* (Guy Le Prat, Paris, 1977).

[15] Eddy Bauer, *Espías: enciclopedia del espionaje*, cit.

misteriosos cruzeiros a espiã ajudou na fuga, pelo Marrocos, de importantes figuras do nazismo, como Franz Stangl, comandante do campo de concentração de Treblinka; Adolf Eichmann, o encarregado máximo da chamada Solução Final; Erich Priebke, um dos chefes da Gestapo na Itália e causador do conhecido Massacre das Fossas Ardeatinas; ou ainda Reinhard Kops, responsável pela deportação e o extermínio de judeus da Albânia durante a guerra e com quem a Santa Aliança mantinha ótimas relações.

D'Andurain era apenas uma simples e pequena peça na complexa engrenagem que a Santa Sé e a organização Odessa tinham montado para ajudar na fuga de criminosos de guerra nazistas, por meio das duas vias que constituíam o Corredor Vaticano: Suíça/San Girolamo/Porto de Gênova/América do Sul e Suíça/França/Espanha/Gibraltar/Marrocos/América do Sul. Marguerite d'Andurain tinha a missão de, utilizando a segunda rota, transportar fugitivos pelo estreito até Marrocos, onde eles embarcariam em navios mercantes rumo aos portos argentinos, uruguaios, brasileiros, peruanos ou chilenos.

Na noite de 5 de novembro de 1948, o corpo de Marguerite foi encontrado flutuando na baía de Tanger. As investigações realizadas pelo serviço secreto britânico em Gibraltar sobre o culpado da morte apontavam três possibilidades. A primeira, que D'Andurain poderia ter sido assassinada pelos elementos da Odessa como queima de arquivo por saber demais a respeito do destino de nazistas como Eichmann, Kops, Priebke, Mengele ou Fischböck[16].

Diversas fontes interrogadas por britânicos e norte-americanos garantiam que D'Andurain conhecia um tal de Poncini, um homem alto, moreno e bem-apessoado, com quem mantivera relações sexuais. Como os dois haviam sido vistos juntos em festas e cassinos, os britânicos passaram a investigar Hans Abel, ex-membro do serviço secreto do Reich, como presumível autor do assassinato ou execução da espiã de 47 anos.

A segunda versão, defendida pela inteligência norte-americana, rezava que o assassino poderia ter sido qualquer membro dos serviços secretos israelitas. Essa versão foi retomada pelo investigador Richard Deacon no seu livro *The Israeli Secret Service*, sobre a história da espionagem de Israel.

De acordo com Deacon, os americanos sabiam que um agente israelita que atuava em Tanger tinha descoberto todo o arranjo para ajudar na fuga dos criminosos de guerra envolvidos com o massacre de judeus da Europa durante Segunda Guerra Mundial através do Vaticano do papa Pio XII. Os israelitas encontraram diversas provas em Tetuan, zona espanhola do Marrocos, por intermédio de um espanhol que abrigava muitos dos nazistas evadidos até que a condessa Marguerite d'Andurain conseguisse cruzar o estreito com eles a bordo

---

[16] Élise Nouel, *Carré d'as... aux femmes!*, cit.

do iate Djeilan. O espanhol revelou aos israelitas que D'Andurain pertencia à organização Odessa e que ajudava na fuga de nazistas para a América do Sul.

A informação teria sido passada para Tel-Aviv, onde foi dada a ordem de "liquidação" da colaboradora da Odessa. No final de outubro de 1948, três agentes israelitas chegaram a bordo de um navio de carga ao porto do Marrocos. Depois do desembarque, instalaram-se num pequeno hotel em Tanger. Na tarde de 4 de novembro, um dos agentes detectou o Djeilan entrando no porto, com Marguerite d'Andurain ao leme.

Nessa noite, Marguerite e os três israelitas desapareceram. O corpo dela foi encontrado na noite seguinte flutuando nas águas da baía. A inteligência norte-americana suspeitou de que D'Andurain teria sido executada pelo serviço secreto de Israel.

A terceira versão sobre a morte de D'Andurain era defendida pela espionagem francesa, que também a vigiava. Segundo os agentes gauleses, Marguerite d'Andurain tinha sido vista em companhia de um "homem alto, bem-apessoado, de tez morena", descrição que se ajustava muito à do padre Nicolás Estorzi, o agente da Santa Aliança conhecido como o Mensageiro. Algumas semanas antes, Estorzi fora visto na nunciatura de Madri, onde provavelmente recebera instruções de seus superiores.

Estorzi não teve dificuldade para abordar uma mulher tão dedicada aos homens como Marguerite d'Andurain. Na noite anterior à sua morte, a espiã foi vista no concorrido restaurante de Tanger com um homem que lembrava muito com o agente da Santa Aliança. Na manhã seguinte, Estorzi desapareceu, e o cadáver de Marguerite d'Andurain foi encontrado flutuando nas águas de Tanger com um forte golpe na cabeça.

O relatório da inteligência francesa revelava que Marguerite poderia ter sido executada por um agente pertencente a uma misteriosa organização ou seita conhecida como os Assassini, intimamente ligada à Santa Aliança. Segundo o Deuxième Bureau, a espiã teria sido assassinada por causa dos amplos conhecimentos sobre a chamada Operação Convento, organizada pela espionagem papal em parceria com James Angleton, chefe da Organização de Serviços Estratégicos. Antecessora da CIA, a OSS – o serviço secreto americano na Itália – facilitou a fuga de vários criminosos de guerra nazistas para a América do Sul[17].

O fato é que, fosse quem fosse o assassino – os serviços secretos norte-americanos, israelitas ou vaticanos –, a morte de Marguerite d'Andurain continua sendo um dos maiores mistérios que cercam a Santa Aliança. Alguns anos depois, o nome e paradeiros de Adolf Eichmann, Reinhard Kops ou Erich

---

[17] Mark Aarons e John Loftus, *Unholy Trinity*, cit.; e *Ratlines*, cit.

Priebke se transformariam em moeda de troca na nova cooperação entre a espionagem pontifícia e o "amigo israelita" – o Mossad[18].

Outro caso célebre em que a Santa Aliança se envolveu dentro da Operação Convento seria a fuga de Carl Vaernet, o chamado Mengele dinamarquês. Na década de 1930, Vaernet garantiu ter desenvolvido uma terapia baseada no que ele próprio denominava de "inversão da polaridade hormonal". Suas teorias foram muito difundidas pelos jornais do Partido Nazista, e Heinrich Himmler viu nelas uma "solução final" para a questão dos homossexuais[19].

Após a subida de Hitler ao poder, Vaernet foi recrutado pelos serviços médicos da SS, grupo do qual Josef Mengele era membro fundador.

Em 1943, Carl Peter Jensen, ou Carl Vaernet, assinou um contrato com o Escritório Central de Segurança do Reich (RSHA) cedendo os direitos exclusivos da patente de suas descobertas a uma empresa da SS, a Deutsche Heilmiteel, em troca de financiamento, material de laboratório e prisioneiros homossexuais dos campos de concentração para serem aproveitados como cobaias humanas[20].

Em janeiro de 1944, Himmler colocou à disposição de Vaernet a população homossexual de Buchenwald. Em quinze prisioneiros, o médico implantou uma glândula sexual masculina artificial, que nada mais era do que um tubo metálico que liberava testosterona através da virilha durante certo tempo. Dos quinze presos, treze morreram de infecções[21].

Já no final de 1943, um agente do serviço secreto papal na ocupada Copenhague informou o Vaticano sobre uma possível experiência que poderia eliminar da terra a "terrível doença da homossexualidade". O relatório da Santa Aliança se referia ao doutor Carl Peter Jensen. No final da guerra, Vaernet foi preso na Dinamarca pelas forças britânicas e, em 29 de maio de 1945, o comandante aliado comunicou à Associação Médica Dinamarquesa que Carl Vaernet seria julgado como criminoso de guerra. No fim daquele ano, o prisioneiro foi entregue pelos ingleses à Justiça dinamarquesa, mas pouco antes do julgamento conseguiu fugir. Tudo indica que, ao tomar conhecimento de caso do médico que conseguiria acabar com a "terrível doença da homossexualidade", o cardeal Eugène Tisserant teria ordenado aos serviços secretos que ajudassem o "eficiente" cientista.

---

[18] Gordon Thomas, *Gideon's Spies: The History of Mossad* (St. Martin Press, Nova York, 1998).
[19] Gunter Grau, *The Hidden Holocaust?: Gay and Lesbian Persecution in Germany 1933–45* (Fitzroy Dearborn, Londres, 1995).
[20] Richard Plant, *The Pink Triangle: The Nazi War Against Homosexuals* (Henry Holt & Company, Nova York, 1988).
[21] Uki Goñi, *The Real Odessa*, cit.

Tudo indica que o antigo médico da SS teria se refugiado na embaixada argentina ou na nunciatura do Vaticano em Estocolmo. Com o auxílio da organização Odessa, Vaernet deixara a Suécia rumo à Argentina. Os argentinos negaram ter conhecimento da sua chegada, mas o jornalista Uki Goñi transcreveu no seu livro *The Real Odessa: Smuggling the Nazis to Peron's Argentina* um documento provando que o médico dinamarquês da SS entrou no país e que foi aberto registro em seu nome com o número 11692 e um anexo com o número 3480, no qual Vaernet solicita a nacionalidade argentina[22].

Outra figura envolvida no resgate de nazistas foi o coronel Henri Guisan, filho do general e comandante-chefe Guisan, ambos do exército suíço. O general, que foi acusado de simpatizar com o regime de Hitler durante a guerra, era primo de Stefan Guisan, padre e agente da Santa Aliança que acompanhou o cardeal Antonio Caggiano na reunião em Madri com o ex-capitão da SS Karl Fuldner.

Durante a Segunda Guerra Mundial, Guisan travou relações com o capitão da Waffen-SS Wilhelm Eggen, que, como oficial alemão, era responsável por comprar madeira na Suíça, motivo pelo qual contatou Henri Guisan.

Como membro da administração da companhia madeireira Extroc, Guisan conseguiu a concessão de fornecer o produto para os campos de concentração de Dachau e Oranienburgo até 1944[23]. Foi Guisan quem apresentou Eggen a Roger Masson, chefe da espionagem suíça. Outras fontes garantem que teria sido outro Guisan, Stefan e não Henri, que promoveu o encontro no castelo de Wolfsburg. Não ficou claro se Guisan agia sob as ordens da Santa Aliança ou se por iniciativa própria. O fato é que, entre 1949 e 1950, Guisan (Henri ou Stefan) entrou em contato com o serviço secreto de vários países, entre eles o da Argentina, com a intenção de oferecer os préstimos de cientistas especializados no desenvolvimento de mísseis que tinham trabalhado com Werner von Braun, ex-cientista do regime nazista e, depois da guerra, um dos fundadores da Nasa.

---

[22] Carl Vaernet morreu na Argentina em 25 de novembro de 1965 e foi sepultado no cemitério britânico de Buenos Aires, fila 11.A.120. O seu neto, Christian Vaernet, que ainda vive na Dinamarca, explicou que, ao pesquisar os documentos de seu avô, encontrou vários certificados emitidos em nome dele por diferentes departamentos da Santa Sé. Achou também uma carta assinada por Krunoslav Draganovic dirigida ao avô, na qual lhe explicava como "a sua organização" o ajudaria a fugir para a América do Sul. Todos os documentos foram doados pela família aos Arquivos Nacionais da Dinamarca.

[23] Os campos de concentração de Dachau e Oranienburgo funcionaram de 1933 a 1945. No primeiro foram registradas 206 mil prisões e 31.951 mortes. No segundo não existem números oficiais de mortos.

Guisan oferecia nada mais nada menos do que os planos das bombas V-3 – substitutas das famosas V-2, com as quais Hitler bombardeara Londres –, mas Perón não estava disposto a pagar tão caro por esse armamento. A informação chegou à Santa Aliança, que encontrou na América do Sul um governo disposto a financiar a fuga de vários cientistas detidos no lado russo da Alemanha. No final daquele ano, a Operação Ouro da Croácia estava prestes a cair nas mãos do serviço de inteligência do papa Pio XII, que obviamente não podia deixá-la escapar por entre os dedos.

As investigações feitas pela espionagem militar aliada depois da guerra revelavam que o tesouro saqueado pelos dirigentes *ustachis* alcançava cerca de 80 milhões de dólares em moedas de ouro, quase quinhentos quilos de ouro em lingotes, mais uns milhões em diamantes lapidados e uma quantidade considerável em divisas, principalmente francos suíços e dólares norte-americanos. O "tesouro *ustachi*" foi transportado em dois caminhões para a Áustria, escoltado por dois ex-seguranças de Ante Pavelic e três padres, provavelmente agentes da Santa Aliança[24]. Os britânicos receberam grande parte desse dinheiro, que serviu para pagar a libertação de altos dirigentes croatas, como o próprio *poglavnik* Ante Pavelic e ainda Stjepan Peric, que fora seu ministro das Relações Exteriores.

Descontada a parte britânica do bolo, restavam ainda cerca de 350 quilos de ouro e 1100 quilates de diamantes. Segundo uma versão, desse tesouro quase cinqüenta quilos de ouro em lingotes foram colocados em caixas e levados para Roma. Esse carregamento particular seria escoltado por Krunoslav Draganovic e dois agentes da Santa Aliança. O restante foi enterrado num lugar seguro na fronteira da Áustria, mas a cobiça era maior do que os sentimentos patrióticos dos croatas refugiados. Pavelic ordenou ao general Ante Moskov e a Lovro Ustic, ex-ministro da Economia, que pegassem o tesouro e o guardassem num banco suíço a salvo de tudo e de todos. Quando chegaram ao lugar onde deveria estar enterrado, porém, ele tinha desaparecido.

Um relatório do Corpo de Contra-Espionagem Militar (CIC*) norte-americano baseado em Roma informava:

> Transportado em dois caminhões, o tesouro foi colocado sob a proteção do tenente-coronel britânico Johnson. Nos caminhões havia diversos bens da Igreja católica na Zona Britânica da Áustria. Escoltados por vários padres e pelo coronel Johnson, os veículos entraram na Itália e em seguida se dirigiram a um destino desconhecido.[25]

---

[24] "Croatian Gold Question" (CIA Reference Operations Files, 2 de fevereiro de 1951).
* Counter Intelligence Corps. (N. T.)
[25] CIC n. 5650, NARA, RG 319, 631/31/59/04, caixa 173.

Outro documento, este redigido pelo agente Emerson Bigelow, da SSU*, uma unidade de espionagem do Departamento de Guerra, e enviado ao Departamento do Tesouro dos Estados Unidos, explicava:

> Pavelic levou consigo um total de 350 milhões de francos suíços da Croácia, em moedas de ouro. Esse dinheiro procede da espoliação a sérvios e judeus para apoiar os *ustachis* fugidos da guerra [...]. Os cerca de 200 milhões de francos suíços restantes acabaram nos cofres do Vaticano após a intervenção de um padre chamado Draganovic e outros dois sacerdotes, que possivelmente pertenciam ao serviço secreto da Santa Sé.

Outros relatórios da espionagem norte-americana e do Departamento do Tesouro asseguravam que uma parte do tesouro *ustachi* em poder do Vaticano fora desviada para 22 contas em quatro bancos suíços. A operação teria sido realizada pelo bispo esloveno Gregory Rozman, um fervoroso anti-semita e criminoso de guerra, protegido por Pio XII e, depois da guerra, pela Santa Aliança[26]. Terminada a guerra, o governo iugoslavo de Tito pediu reiteradamente a extradição de Gregory Rozman, mas a resistência da Grã-Bretanha, dos Estados Unidos e, claro, também da própria Santa Sé tornou impossível o seu julgamento. Para norte-americanos e ingleses, era inconcebível permitir que um alto dignitário da Igreja católica caísse nas mãos de um governo comunista. O Vaticano, por sua vez, não tinha a menor intenção de entregar um componente seu que sabia demais sobre as operações *non sancta* da administração papal pós-guerra[27].

Escoltado por três agentes do serviço secreto pontifício, Rozman viajou para Berna a fim de cuidar das finanças, o "dinheiro sujo" obtido pelo Vaticano, que serviria para financiar a Operação Convento. "Muitos dos evadidos do campo de prisioneiros de Afragola refugiaram-se em San Girolamo, o principal centro de organização da fuga de criminosos alemães e croatas para outros países", garante um relatório da inteligência norte-americana. No mesmo documento, o agente responsável pela investigação a respeito dos movimentos *ustachis* em San Girolamo explicava:

> O apoio de Draganovic dado a esses colaboracionistas croatas vincula-o definitivamente ao plano da Santa Sé de proteger esses nacionalistas ex-membros *ustachis* até poderem obter os documentos necessários que lhes permitam ir para a América

---

* Special Service Unit. (N. T.)

[26] Relatório de 1998, intitulado *Supplement to Preliminary Study on U. S. and Allied Efforts to Recover and Restore Gold and Other Assets Stolen or Hidden During the World War II*, redigido por William Slany, historiador do Departamento de Estado.

[27] Mark Aarons e John Loftus, *Unholy Trinity*, cit., e Paul L. Williams, *The Vatican Exposed: Money, Murder and the Mafia* (Prometheus Books, Nova York, 2003).

do Sul. Sem dúvida alguma contando com os fortes sentimentos anticomunistas desses homens, o Vaticano esforça-se por infiltrá-los na América do Sul de qualquer forma para conter a difusão da doutrina vermelha.

Ante Pavelic, o mais importante criminoso de guerra que escapou pelo Corredor Vaticano, esteve até maio de 1946 escondido no Colégio Pio Pontifício, localizado no número 3 da Via Gioachino Belli, no bairro romano de Prati. Em seguida seria transferido para uma pequena casa no complexo de Castelgandolfo, a residência de verão dos pontífices, onde se reunia quase semanalmente com o cardeal Montini, o então futuro papa Paulo VI. Em dezembro de 1946, o *poglavnik* se refugiou em San Girolamo e estava prestes a embarcar de Gênova para a Argentina, escoltado pelos padres Ivan Bucko e Karl Petranovic, quando a chegada de agentes norte-americanos o obrigou a voltar ao mosteiro de Santa Sabina para não ser preso.

Em abril de 1947, um infiltrado da espionagem norte-americana em San Girolamo informou que Pavelic sumira sem deixar pistas. Em agosto, soube-se de uma reunião secreta entre os chefes dos serviços de inteligência britânicos e norte-americanos em Roma e o cardeal Montini. No encontro, o "suposto" enviado do papa Pio XII disse aos espiões que

> para o Vaticano, não para o santo padre, Ante Pavelic era um católico militante, mas que se enganara lutando pelo catolicismo e, por essa razão, estava em contato com a Santa Sé e sob a proteção da Igreja. Não se podem esquecer os crimes que cometeu no passado, mas ele só pode ser julgado por croatas que sejam representantes de um governo croata independente.

Estava evidente que o Vaticano, o pontífice e a Santa Aliança consideravam Ante Pavelic culpado do assassinato de cerca de 150 mil pessoas, mas também era fato que Stalin era responsável pela morte de milhões de pessoas na Ucrânia, na Bielo-Rússia, na Polônia e no Báltico, e que o marechal Tito era o seu agente na Iugoslávia.

Por fim, em 11 de outubro de 1948, o líder dos *ustachis* dirigiu-se ao porto de Gênova e embarcou no navio Sestriere, num camarote de primeira classe. Tinha consigo um passaporte da Cruz Vermelha de número 74.369, que lhe atribuía a identidade de Pal Aranyos, um engenheiro búlgaro. Num relatório de 1950, a CIA assegurava que Pavelic estava acompanhado por dois agentes da espionagem papal, os quais foram seus guarda-costas nos dois anos seguintes.

O Corredor Vaticano foi uma das maiores operações secretas de todos os tempos. Não existem provas conclusivas de que o Corredor Vaticano ou a Operação Convento fossem organizadas ou planejadas como uma operação única por parte da Santa Aliança, embora haja provas evidentes de que importantes membros da cúria romana e agentes dos serviços de inteligência da Santa Sé tenham participado de várias operações de fuga de criminosos de guerra para países seguros e afastados da Justiça internacional[28].

Dois colaboradores de Alois Hudal, e que também ajudaram na evasão desses criminosos de guerra, seriam monsenhores Heinemann e Karl Bayer. Não muito bem visto pelos alemães, Heinemann era encarregado de atender aos pedidos dos dirigentes nazistas refugiados na igreja de Hudal, Santa Maria dell'Anima. Ao contrário do primeiro, Karl Bayer contava com o apreço dos nazistas procurados. Quando, anos depois, foi entrevistado pela escritora Gitta Sereny para o seu livro *Into that Darkness: An Examination of Conscience*, monsenhor Bayer recordaria como mais tarde ele e Hudal ajudariam os nazistas com o respaldo do Vaticano: "O papa [Pio XII] financiava essas operações e, embora às vezes pingasse, o dinheiro acabava chegando", afirmaria Bayer[29].

A abertura dos processos da Cruz Vermelha Internacional redigidos durante o pós-guerra encerrou a polêmica sobre se os criminosos de guerra nazistas e croatas haviam contado com a ajuda da Santa Sé para fugir da Justiça rumo a América do Sul, Austrália, África do Sul ou Canadá. A resposta é óbvia. Os cardeais Montini, Tisserant e Caggiano determinaram as rotas de evasão; alguns bispos e arcebispos, como Hudal, Siri e Barrère, concretizaram os trâmites necessários para arranjar documentos e identidades falsas para os criminosos; e certos padres, como Draganovic, Heinemann, Dömöter, Bucko, Petranovic e muitos outros, assinaram de próprio punho os pedidos para a concessão de passaportes da Cruz Vermelha a criminosos como Josef Mengele, Erich Priebke, Adolf Eichmann, Hans Fischböck, Ante Pavelic e Klaus Barbie. Diante de todas essas evidências, resta uma pergunta principal: estaria o papa Pio XII ciente da Operação Convento e da organização Corredor Vaticano? A Santa Aliança e o Sodalitium Pianum teriam participado dos planos de fuga dos criminosos de guerra?

Segundo os números do Departamento de Imigração da Argentina, estima-se que durante o pós-guerra chegaram ao país cerca de 5 mil croatas, dos quais 2 mil vindos de Hamburgo, outros 2 mil de Munique e cerca de mil da Itália – ou, mais precisamente, da Cidade Eterna.

Em um relatório do Foreign Office que foi tornado público, o especialista em assuntos sul-americanos Victor Perowne escreve:

---

[28] O autor tem provas da intervenção de agentes da Santa Aliança em pelo menos 54 operações de fuga de criminosos de guerra nazistas e croatas. Por uma questão de espaço, apenas algumas delas foram selecionadas e incluídas neste livro.

[29] Gitta Sereny, *Into that Darkness: An Examination of Conscience* (Vintage, Nova York, 1983).

Dependendo do ponto de vista, as atividades do clero católico para proteger os refugiados iugoslavos na emigração para a América do Sul podem ser consideradas humanitárias ou politicamente perigosas. Creio que existem muitos dirigentes fascistas de menor importância refugiados em *San Paolo fuori le mura* [extramuros da basílica de São Paulo] e não é impossível que alguns criminosos de guerra iugoslavos tenham se escondido em San Girolamo, porque não seria nada estranho. É improvável que o Vaticano aprove as atividades políticas, tão contrárias às religiosas, do padre Draganovic e companhia, na medida em que não se podem desvincular umas das outras. Trata-se de uma situação em que é quase impossível separar a política da religião. Ainda que não possamos condenar a atitude caritativa da Igreja católica para com os "pecadores individuais", pensamos que existem abundantes provas de que a Santa Sé permitiu, de forma velada ou abertamente, que os membros da Ustachi fossem ajudados.[30]

Existe apenas um documento que revela a posição da Santa Aliança no caso envolvendo a Operação Convento, o Corredor Vaticano e o padre Krunoslav Draganovic. Segundo um relatório da CIA, datado de 24 de julho de 1952, o cardeal Pietro Fumasoni-Biondi, chefe da espionagem papal, também estava a par das operações do padre Draganovic e dos acontecimentos relacionados a San Girolamo. Fumasoni-Biondi estava bastante contrariado com a Irmandade, a organização de auxílio comandada por Draganovic. Em 1952, a despeito da proibição expressa do dirigente da Santa Aliança em conceder mais vistos a alemães e croatas, o padre Krunoslav Draganovic continuava a ajudar os criminosos de guerra.

Ao longo dos anos que durou a Operação Convento, o cardeal Pietro Fumasoni-Biondi esteve informado de tudo que se passava no Corredor Vaticano graças ao padre franciscano Dominic Mandic, agente da contraespionagem pontifícia. Mandic, que trabalhava em San Girolamo no departamento gráfico, era responsável por imprimir os documentos falsos para os criminosos de guerra protegidos por Draganovic. Mas a situação mudaria consideravelmente quando em 6 de outubro de 1958, hospedado em Castelgandolfo, o papa sofreu um acidente vascular. Naquela noite, Pio XII recebeu os últimos sacramentos. Após uma longa agonia, o santo padre, um dos homens que mais conhecia segredos da Igreja católica, muitos dos quais gerados por ele mesmo, morria à meia-noite do dia 9 de outubro, com 82 anos. Seu corpo foi sepultado nas grutas vaticanas, na capela de Madonna della Bocciata. Os tempos de glória de Krunoslav Draganovic acabaram poucos dias depois da morte de Pio XII.

---

[30] Relatório do Foreign Office (FO) arquivado no Public Record Office (PRO), FO 371/67401 R15533.

Em outubro de 1958, a CIA soube que o padre fora inclementemente expulso, sem poder levar nada da sua paróquia de San Girolamo, por "decisão expressa da Secretaria de Estado do Vaticano". A determinação foi executada por cinco agentes da Santa Aliança, comandados pelo padre Nicolás Estorzi, o Mensageiro, cumprindo as ordens estritas do cardeal Pietro Fumasoni-Biondi, dirigente da inteligência pontifícia.

Ao perder todos os poderes na Santa Sé, em 1962 Krunoslav Draganovic perdeu ainda os favores das agências de espionagem ocidentais, como a CIA e o M16, por razões de segurança. O relatório da CIA mostra que Draganovic, "também conhecido como Bloody Draganovic [Draganovic Sanguinário], Dr. Fabiano ou Dynamo, é perigoso, pois sabe demais a respeito do pessoal da divisão e de atividade. Em troca de sua cooperação, exige exorbitantes tributos e a ajuda norte-americana para as organizações croatas". Ao tornar-se um "repudiado" tanto para os Estados Unidos quanto para o Vaticano, em 1967 Draganovic decidiu cruzar a fronteira e regressar à Iugoslávia, onde se dedicou a difundir mensagens em favor de Tito. Existem indícios de que o religioso poderia ter sido seqüestrado por agentes da espionagem local.

Krunoslav Draganovic faleceu em julho de 1983 na mais extrema miséria, levando para a cova um dos maiores segredos do Estado do Vaticano, isto é, as "perigosas" relações entre os criminosos de guerra nazistas e croatas e os serviços secretos da Santa Sé, bem como os mistérios da Operação Convento no Corredor Vaticano.

A chegada de um novo pontífice traria uma verdadeira rajada de ar fresco ou, como diria Allen Dulles, então diretor da CIA, "a eleição do novo santo padre trará uma corrente de ar puro aos estáticos palácios vaticanos e isso ajudará a acabar com o ar putrefato em que se movimentou a anterior administração papal".

Talvez essa afirmação estivesse correta. Em 25 de outubro de 1958 começou o conclave, do qual sairia eleito o cardeal Angelo Giuseppe Roncalli. O recém-escolhido sumo pontífice, de 77 anos, adotaria o nome de João XXIII. Uma fase de breve otimismo chegava ao Vaticano. Para a Santa Aliança seriam anos de tranqüilidade, em um pontificado mais interessado nas questões da alma e do espírito do que nas políticas terrenas.

CAPÍTULO DEZESSETE

As novas alianças (1958-1976)

Depois o furacão muda de rumo e passa,
pratica o mal, ele, cujo deus é a força.

*Habacuc 1:11**

Nos quatro anos, sete meses e seis dias que a Igreja de Roma foi governada por João XXIII, a espionagem papal viveu um período de grande inatividade. O pontífice estava mais ocupado em receber Raisa – filha do dirigente soviético Nikita Kruschev – em audiência e preparar o que seria o revolucionário Concílio Vaticano II do que em se cuidar das questões mais terrenas e políticas que ocorriam do outro lado da Cortina de Ferro.

Diante do avanço cada vez maior do comunismo e em plena conflagração da Guerra Fria, a Santa Aliança procurava infiltrar agentes nos países do leste europeu. Por sua vez o Sodalitium Pianum empenhava-se na intensa vigilância de personalidades da cúria romana e de seus respectivos departamentos, encarregados de concretizar o Concílio Vaticano II.

Quando em 12 de julho de 1960 faleceu o cardeal Pietro Fumasoni-Biondi, responsável pelos serviços de inteligência da Santa Sé desde o governo de Pio XII, João XXIII decidiu não nomear um substituto para o cargo. O santo padre era favorável a "abrir as portas do Vaticano ao mundo" e isso pressupunha o fim das operações clandestinas da Santa Aliança e do Sodalitium Pianum.

No final de 1962, João XXIII teve uma forte hemorragia, primeiro sinal da grave doença que o atormentava. Em 17 de maio de 1963 seu estado inspirava cuidados, o que o levou a ficar de cama. Depois de certa recuperação nos dias que se seguiram, o papa sofreu uma peritonite. Em 3 de junho, João XXIII morria, deixando vazio o trono de São Pedro. Novamente o conclave teria de se reunir, pela sexta vez no século, para eleger um sucessor[1].

---

* *Bíblia Católica Online*, cit. (N. T.)
[1] Thomas Cahill, *Pope John XXIII*, cit.

Dias antes de participarem do conclave, os cardeais liderados por Giacomo Lercaro, de Bolonha, encontraram-se na Villa Grottaferrata, uma propriedade de Umberto Ortolani. Protegidos pela noite e pelos agentes da Santa Aliança encarregados de proteger os religiosos antes da reunião em que escolheriam o novo papa, eles decidiram qual o nome do cardeal em quem deveriam votar. O escolhido foi Giovanni Battista Montini, arcebispo de Milão, que já havia sido informado do encontro na casa do célebre membro da maçonaria[2].

O conclave começou na tarde de 19 de junho de 1963. Passados dois dias, na quinta votação, o cardeal Giovanni Battista Montini, de 65 anos, foi eleito papa, adotando o nome de Paulo VI. A coroação ocorreria nove dias depois, e a primeira decisão do novo pontífice foi recompensar a hospitalidade do maçônico Ortolani, nomeando-o Cavaleiro de Sua Santidade.

Aquele que ajudara Krunoslav Draganovic a criar o Corredor Vaticano e um dos mais altos dignitários da cúria romana envolvido na Operação Convento, que facilitou a fuga de criminosos de guerra nazistas e croatas após a Segunda Guerra Mundial, era o novo santo padre[3]. Renascendo das cinzas, a Santa Aliança e o Sodalitium Pianum voltariam a atuar a todo vapor. Essa dura tarefa, Paulo VI deixaria nas mãos de um simples sacerdote: Pasquale Macchi. O novo homem de confiança do sumo pontífice conhecera o ainda cardeal Montini quando ele assumiu o arcebispado de Milão. Macchi tornara-se seu secretário particular e sua melhor fonte de informação. Paulo VI, então como papa, colocava nas mãos de Macchi um dos mais poderosos aparelhos de espionagem, a Santa Aliança, quando ela estava prestes a completar quatro séculos de existência, desde que fora criada por ordem do inquisidor geral, cardeal Miguel Ghislieri, o papa Pio V.

Existem informações que apresentam Macchi como o principal dirigente dos serviços de inteligência do Estado do Vaticano, embora outras revelem que ele nunca chegou a comandar a Santa Aliança, não passando de um simples e humilde "filtro" entre o santo padre e o cardeal responsável pelos serviços secretos. Os pouco mais de quinze anos de pontificado de Paulo VI seriam dos mais frutíferos nas operações da espionagem papal.

Michele Sindona, Roberto Calvi, Paul Marcinkus, Carlos, o Chacal, Setembro Negro, Golda Meir ou Mossad são alguns nomes dos adversários que a espionagem da Santa Sé enfrentaria. O inimigo, porém, não estava apenas fora do Vaticano, mas também no seu interior, como a maçonaria.

Uma das operações mais surpreendentes do Sodalitium Pianum ocorreria nos primeiros anos do governo de Paulo VI. Evidentemente, o Estado do

---

[2] Discípulos da Verdade, *Bugie di sangue in Vaticano* (Kaos, Milão, 1999).
[3] Uki Goñi, *The Real Odessa*, cit.

AS NOVAS ALIANÇAS (1958-1976)

Vaticano era do maior interesse para Moscou e a KGB, e por isso o serviço de espionagem soviético infiltrou um informante nas mais altas esferas da cúria romana, bem ao lado do próprio sumo pontífice.

Alighiero Tondi freqüentara o seminário na Ordem dos Jesuítas e, graças à sua eficiência, logo se convertera no secretário e camareiro de monsenhor Giovanni Battista Montini. Quando foi eleito papa e se mudou de Milão para o Vaticano, Montini trouxe Tondi consigo[4].

Na verdade, o jesuíta Tondi era um agente da KGB infiltrado no Vaticano – talvez um dos mais ativos. Assim que concluiu o seminário, em 1936, Tondi se dedicou a colaborar em editoriais católicos, onde travou contato com grupos de esquerda. Nessa época, foi escolhido pelo Partido Comunista italiano para fazer um curso na Universidade Lenin de Moscou, onde seria recrutado pela espionagem soviética para operar dentro do Vaticano.

Como agente soviético, começou a agir no final de 1944, delatando todos os padres do Russicum que eram enviados clandestinamente para a União Soviética em missão evangelizadora. A Santa Aliança acredita que Alighiero Tondi tenha denunciado à KGB cerca de 250 membros do Russicum, muitos dos quais acabariam os seus dias nos *gulags* soviéticos ou seriam acusados de espionagem contra a nação e executados[5].

Em 1967, um espião do Sodalitium Pianum informou que Tondi fora visto num café de Roma com um indivíduo identificado pela Santa Aliança como suposto agente da KGB alocado na embaixada soviética em Roma. A partir de então, o padre Alighiero Tondi foi posto sob vigilância da contra-espionagem sem que o papa soubesse. Na verdade, a Santa Aliança desejava descobrir qual o grau de infiltração de Tondi na segurança da Cidade Eterna. Por fim, numa noite de 1968, o Sodalitium Pianum recebeu um aviso de que o secretário de Sua Santidade pedira para ter acesso a certos documentos guardados no Arquivo Secreto. Imediatamente, o cardeal Eugène Tisserant, responsável pelo departamento, foi instruído a ganhar tempo até a chegada dos agentes da Santa Aliança. A pasta solicitada por Alighiero Tondi continha as comunicações de Paulo VI com as suas nunciaturas e delegações nos países do leste europeu, isto é, do outro lado da Cortina de Ferro. Se Tondi tivesse acesso a essas informações, o disfarce e a segurança de vários espiões da inteligência vaticana na Hungria, na Polônia, na Tchecoslováquia e na Romênia estariam ameaçados.

Tondi disse aos agentes da contra-espionagem que os arquivos em questão haviam sido solicitados pelo próprio santo padre e que, por esse motivo, apenas responderia perante o sumo pontífice. O jesuíta foi escoltado por dois

---

[4] Eugene H. Van Dee, *Sleeping Dogs and Popsicles*, cit.
[5] Eddy Bauer, *Espías: enciclopedia del espionaje*, cit.

agentes da segurança papal até um gabinete, onde deveria permanecer até a manhã seguinte. O primeiro a ser inteirado da situação foi o cardeal secretário de Estado, Amleto Giovanni Cicognani. O chefe da Santa Aliança informou o cardeal de que haviam detido o secretário do papa sob suspeita de espionar a Santa Sé para a União Soviética. Sem demora, o próprio Cicognani falaria com o santo padre, recomendando-o a entregar Tondi à polícia italiana para ser julgado. Mas o serviço de inteligência pontifício aconselhou Paulo VI a colocar panos quentes na situação, expulsando Tondi do Vaticano sem muitas explicações e com a condição de nunca mais regressar.

Naquela noite, uma escolta da Guarda Suíça acompanhou Alighiero Tondi até a fronteira ítalo-vaticana. Levando apenas a roupa do corpo, aquele que fora secretário do papa Paulo VI e agente da KGB na Santa Sé por 24 anos partiu para a Rússia, onde se tornou assessor para os assuntos da Igreja de Leonid Brezhnev, o então dirigente da União Soviética[6].

Além dos soviéticos, a maçonaria também tinha membros infiltrados na Cidade Eterna. No final de 1968, a contra-espionagem papal passou a vigiar diversos religiosos da cúria romana em busca de possíveis infiltrações por parte dos maçônicos. A investigação estendeu-se até o início de 1971, quando o responsável do Sodalitium Pianum foi chamado à presença de Paulo VI, que estava interessado em conhecer os pormenores da operação. O chefe do SP apresentou ao santo padre um grosso dossiê com nomes, datas e lugares relacionados às ligações da organização clandestina nos vários departamentos do Estado do Vaticano[7].

Os maçônicos da cúria sabiam que deveriam estar "onde a história pulse", como disse o escritor Cesare Pavese, e seguindo a clara palavra de ordem de "acreditar o menos possível, sem chegar a ser herege, para obedecer o menos possível, sem chegar a ser rebelde".

O relatório da contra-espionagem papal revelava os tentáculos do polvo maçônico nos diversos palácios da Santa Sé. Muitos anos e muitos papas já tinham se passado desde que Clemente XII (12/7/1730–8/2/1740), por meio de uma bula, declarara a excomunhão de todos os maçônicos, situação que perduraria até 19 de outubro de 1974, quando o padre jesuíta Giovanni Caprile iria tranqüilizar os católicos filiados à maçonaria num artigo da revista *Civiltà Cattolica*. Realmente, desde a chegada de Montini ao trono de São Pedro, os maçônicos haviam se espalhado pelos corredores do Vaticano. O mais importante deles era o banqueiro Michele Sindona, a quem o pontífice nomearia seu assessor financeiro. Poucos anos depois, Paulo VI entregaria o

---

[6] Eddy Bauer, *Espías: enciclopedia del espionaje*, cit.
[7] Los Milenarios, *Via col vento in Vaticano* (Kaos, Milão, 1999).

poder do Istituto per le Opere di Religione (IOR) aos maçônicos Sindona, Roberto Calvi, Licio Gelli e Umberto Ortolani.

O próprio papa pediu ao chefe da contra-espionagem que encerrasse a investigação sobre a maçonaria na Santa Sé e ordenou que o relatório fosse guardado no Arquivo Secreto.

Em 1987, o jornalista Pier Carpi defendeu a tese de que numerosos cardeais e bispos pertenciam à loja maçônica Propaganda Due ou P-2[8], definida por ele como a *Loggia Ecclesia* intimamente ligada à Loja Unida da Inglaterra e ao seu grão-mestre, duque Michael de Kent. Outro artigo veiculado pela imprensa[9] dizia que "a maçonaria dividiu o Vaticano em oito seções nas quais atuam quatro lojas maçônicas de rito escocês, cujos adeptos, altos funcionários do pequeno Estado do Vaticano, lhe pertencem com caráter independente e ao que parece não se conhecem nem um pouco entre si". A verdade é que desde 1971, quando Paulo VI ordenou que a investigação do SP contra a maçonaria fosse concluída, esse tema nunca mais voltou a ser remexido dentro dos muros pontifícios[10].

Na lista de ilustres maçônicos da Santa Sé apontados pelo Sodalitium Pianum estavam cardeais como Augustin Bea, secretário de Estado nos pontificados de João XXIII e Paulo VI; Sebastiano Baggio, prefeito da Sagrada Congregação dos Bispos; Agostino Casaroli, secretário de Estado no pontificado de João Paulo II; Achille Lienart, arcebispo de Lille; Pascuale Macchi, secretário particular de Paulo VI; Salvatore Pappalardo, arcebispo de Palermo; Michele Pellegrino, arcebispo de Turim; Ugo Poletti, vigário da diocese de Roma; e Jean Villot, secretário de Estado de Paulo VI[11].

O famoso dossiê elaborado pelos agentes da contra-espionagem sobre os tentáculos maçônicos na cúria romana ficou "enterrado" nos Arquivos Secretos Vaticanos.

No início de janeiro de 1974, o papa ordenou aos responsáveis da Santa Aliança e do Sodalitium Pianum que se reunissem com ele na sua sala de jantar particular. Ninguém soube exatamente como transcorreu a conversa, mas a verdade é que no encontro, que durou cerca de três horas e meia, Paulo VI pediu aos dirigentes de seus serviços de espionagem que colocassem em ação a chamada Operação Nessun Dorma (que ninguém durma).

---

[8] Fundada em 9 de maio de 1975, é a mais poderosa, politizada e violenta das organizações secretas italianas. Como grão-mestre da P-2, Licio Gelli separou-a da hierarquia maçônica e a transformou num "Estado" clandestino dentro do Estado. Recrutou importantes figuras dos setores político, econômico, judiciário, policial, militar e religioso. Todas elas prestaram juramento a Gelli de destruir a democracia parlamentarista que governa a República Italiana.

[9] Revista *Proceso*, do México, de 12 de outubro de 1992.

[10] Martin Short, *Inside the Brotherhood*, cit.

[11] Paul L. Williams, *The Vatican Exposed*, cit.

A SANTA ALIANÇA

A iniciativa consistia na redação de um amplo relatório que apresentasse não apenas as carências e as necessidades de todos os departamentos vaticanos, mas também as denúncias de corrupção feitas pelos funcionários da Santa Sé. Embora a investigação tenha sido delegada à Santa Aliança, a elaboração do documento final foi confiada ao arcebispo Édouard Gagnon e a monsenhor Istvan Mester, chefe da Congregação para o Clero[12].

Durante meses, os agentes da Santa Aliança percorreram quilômetros pelos corredores interrogando todos os funcionários dos diversos departamentos pontifícios. Em poucas semanas tinham em mãos centenas de denúncias de irregularidades e delitos cometidos por bispos e cardeais nos seus serviços. Por fim, o presidente da comissão, monsenhor Gagnon, passou três meses organizando o material recolhido. O volumoso relatório, que revelava as atividades secretas da cúria, era vigiado todas as noites por membros da Santa Aliança e do SP, mas outras forças ocultas não estavam dispostas a permitir que o documento fosse lido pelo papa.

Concluída a redação do dossiê, que também recebeu o título de *Nessun Dorma*, monsenhor Gagnon, por meio da Secretaria de Estado, solicitou uma audiência com o santo padre. Gagnon pretendia expor pessoalmente a Paulo VI as descobertas dos espiões do serviço secreto vaticano. Depois de algumas semanas sem receber nenhuma resposta, o responsável pelo relatório foi comunicado pela própria Secretaria de Estado de que, devido à delicadeza do assunto, o documento deveria ser entregue à guarda da Congregação para o Clero – comandada pelo cardeal John Joseph Wright –, onde ficaria protegido por monsenhor Istvan Mester até que Gagnon fosse chamado à presença do papa.

O relatório foi guardado num baú com trancas de ferro numa das salas da Congregatio pro Clericis. Na manhã de 2 de junho de 1974, monsenhor Mester abriu a porta e, ao ver livros espalhados pelo chão, papéis soltos e caixas abertas, percebeu que havia algo errado. Avisou a monsenhor Édouard Gagnon, que por sua vez chamou os dirigentes da Santa Aliança e do Sodalitium Pianum. Quando chegaram à sala, Mester estava de joelhos diante da arca onde na tarde de 30 de maio colocara o dossiê *Nessun Dorma*. As trancas tinham sido arrancadas e o documento não estava mais lá dentro. A contra-espionagem deduziu que os ladrões tinham a chave das portas das salas da Congregação para o Clero, já que as fechaduras estavam intactas. Os autores do furto tiveram o sábado 31 de maio e o domingo 1º de junho para consumá-lo.

---

[12] Los Milenarios, *Via col vento in Vaticano*, cit.

Informado do assalto, o papa ordenou que todos os indivíduos relacionados ao caso, incluindo os agentes do serviço de espionagem envolvidos na investigação, se colocassem sob Segredo Pontifício[13].

Monsenhor Gagnon comunicou à Secretaria de Estado que se propunha a fazer um novo relatório, mas surpreendentemente foi instruído, sempre sob Segredo Pontifício, a entregar suas anotações e abandar essa idéia até novas ordens. De modo inesperado, os serviços secretos – que tinham recolhido toda a informação de *Nessun Dorma* – são afastados do caso e Camillo Cibin, chefe do Corpo de Vigilância, é designado a comandar o inquérito para descobrir os culpados pelo roubo.

Cibin devia apenas informar a Secretaria de Estado sem mencionar nenhuma das atuações realizadas durante a investigação. O papa determinou que o assunto permanecesse no mais absoluto sigilo, mas os boatos sobre o roubo de um dossiê secreto começaram a se espalhar, inclusive para fora da Santa Sé.

Em 3 de junho, a imprensa noticiou que "alguns larápios forçaram uma sala de segurança no interior do Vaticano e se especula sobre o desaparecimento de um relatório elaborado por solicitação direta do próprio papa". O doutor Federico Alessandrini, porta-voz do Vaticano, não sabia mais como se esquivar dos jornalistas. Por fim, o *L'Osservatore Romano*, jornal oficial da Santa Sé, acabou por dar a notícia do ocorrido. "Foi um roubo autêntico e vergonhoso. Ladrões desconhecidos penetraram no gabinete do prelado e surrupiaram papéis e documentos guardados num baú reforçado com trancas duplas. Um verdadeiro escândalo", informava o artigo.

Nos dias que se seguiram, catorze membros da cúria que haviam fornecido aos agentes da Santa Aliança dados de corrupção em diferentes departamentos foram expulsos do Vaticano, enquanto outros cinco foram enviados para a África em "missão evangelizadora".

Embora ninguém tivesse solicitado a elaboração de um novo relatório, monsenhor Gagnon preparou, em segredo, um dossiê similar ao roubado. Após tê-lo concluído, o religioso pediu outra audiência com Paulo VI, – e mais uma vez não foi atendido. Gagnon solicitou então à Secretaria de Estado que entregasse o documento ao sumo pontífice, mas ele tampouco chegou ao seu destino. Alguém na Secretaria informou ao santo padre que era impossível localizar o relatório *Nessun Dorma*. Segundo dizem os rumores, a conspiração era comandada pelo ex-secretário de Estado e antigo cardeal camarlengo da Câmara Apostólica Jean Villot, que no Vaticano era mais conhecido como "vice-papa".

---

[13] A violação do chamado Segredo Pontifício pressupõe a excomunhão imediata para o acusado e a expulsão automática da Igreja católica e, por conseguinte, do Estado do Vaticano.

Por fim, monsenhor Édouard Gagnon pediu para deixar a Santa Sé e regressar ao seu país, o Canadá, para se aposentar. Em 1983, ele seria novamente chamado a Roma pelo papa João Paulo II, que o consagraria cardeal em 25 de maio de 1985.

Pelos corredores do Vaticano nunca mais se falou da Operação *Nessun Dorma* e nenhum papa exigiria à Santa Aliança e ao Sodalitium Pianum uma investigação semelhante. Os serviços secretos da Santa Sé atuariam a todo o vapor no governo de Paulo VI contra novos inimigos, como o iminente Setembro Negro.

A Operação Jerusalém, para a Santa Aliança, e a Operação Diamante, para o Mossad[14], demonstrariam a conivência entre os dois serviços de espionagem, numa colaboração que daria frutos poucos anos depois, quando o Mossad, em plena guerra contra o Setembro Negro pela morte de atletas israelitas nos Jogos Olímpicos de Munique, em 1972, tornou público um plano para seqüestrar ou assassinar Paulo VI.

No final do outono de 1972, a primeira-ministra israelita, Golda Meir, recebeu uma comunicação secreta do Vaticano na qual o papa informava que estava disposto a recebê-la em breve numa audiência a portas fechadas. Em 11 de dezembro daquele ano, Meir reuniu-se com Zvi Zamir, o *memuneh*[15] do Mossad, e seus assessores para se aconselhar sobre a reunião com o sumo pontífice e discutir as medidas de segurança que deveriam ser tomadas.

Meir disse a Zamir que "não queria ir a Canossa", um ditado popular israelita que faz uma referência ao castelo italiano onde o imperador Henrique IV do Sacro Império se humilhou ao se apresentar como um penitente diante do papa Gregório VII no ano de 1077. Golda Meir era orgulhosa demais para isso.

Zamir, por meio da Santa Aliança, e o Ministério das Relações Exteriores de Israel, através da Secretaria de Estado do Vaticano, souberam que a data escolhida para o encontro foi 15 de janeiro de 1973. O cardeal Jean Villot informou que a audiência duraria 35 minutos, depois haveria troca de presentes e, em nenhum momento, a reunião entre Paulo VI e Golda Meir seria determinada por uma agenda específica, o que significava que qualquer assunto poderia ser tratado pelas duas partes. Por questões de segurança, a vigilância e o controle do encontro ficariam nas mãos do Mossad, dirigido por Zamir, e da Santa Aliança, mas nem antes e nem depois, sob nenhum pretexto, o encontro entre os dois dignitários seria tornado público[16].

---

[14] *Ha Mossad, le Modiyn ve le Tafkidim Mayuhadim* (Instituto de Inteligência e Operações Especiais).

[15] Nome pelo qual o diretor geral do Mossad é conhecido.

[16] Gordon Thomas, *Gideon's Spies*, cit.

Segundo o plano, Meir deveria voar para Paris nos dias 13 e 14 de janeiro a fim de assistir à conferência da Internacional Socialista e de lá para Roma, num avião alugado por El Al, sem emblemas. Os acompanhantes de Golda Meir seriam informados do destino final apenas durante o vôo. Após a audiência com o papa, Meir viajaria para a Costa do Marfim no intuito de comparecer ao encontro de dois dias com o presidente Félix Houhouiet-Boigny e, então, regressaria a Israel.

Uma semana antes, Zamir viajou para Roma a fim de preparar as medidas de segurança e estabelecer contato com os agentes do serviço secreto pontifício. Na opinião do *memuneh*, era bem possível que ocorresse um golpe de terroristas árabes na Cidade Eterna. Desde o ataque do grupo Setembro Negro à delegação israelita nos Jogos Olímpicos de Munique, no ano anterior, a capital italiana se convertera num local de encontro de todos os tipos de terroristas à caça de uma boa informação e de traficantes de armas à procura de um bom cliente.

Os elementos de ligação entre o Mossad e a Santa Aliança eram Mark Hessner e o padre Carlo Jacobini, respectivamente, de Israel e da espionagem papal. A Hessner se juntaria Shai Kauly, o *katsa* responsável pela delegação de Milão. Numa reunião secreta, Zvi Zamir expôs a Jacobini, Kauly e Hessner todos os pormenores da viagem de Golda Meir e do encontro com Paulo VI. Era evidente que, para evitar um possível atentado contra a dirigente israelita, nenhuma informação poderia ser vazada.

Um dia depois o Sodalitium Pianum comunicou a Jacobini que alguém, possivelmente um sacerdote auxiliar da Secretaria de Estado, passara uma informação sobre Meir a um contato em Roma conhecido por suas relações com extremistas árabes.

O agente da Santa Aliança transmitiu a notícia a Zamir, que telefonou para Golda Meir na tentativa de convencê-la a anular a audiência com Paulo VI. Mas ele sabia que uma simples suspeita não a demoveria da intenção de conseguir que o Vaticano reconhecesse o Estado de Israel, mesmo que para isso tivesse de assumir o risco de um atentado terrorista árabe. Assim, ele não se surpreendeu nem um pouco ao ouvir de Golda Meir a seguinte resposta: "*Memuneh*, o seu trabalho é evitar qualquer tipo de golpe. Israel não pode recuar diante de uma ameaça".

Para cuidar da segurança da reunião, a Santa Sé escolheu outro membro do Sodalitium Pianum: o experimente sacerdote em contra-espionagem Angelo Casoni. Foi ele quem descobriu que a informação da viagem clandestina de Golda Meir poderia ter chegado às mãos de Abu Yusuf. Carlo Jacobini e Zvi Zamir sabiam que mais cedo ou mais tarde um grupo terrorista apareceria em cena. Realmente, Yusuf enviara uma mensagem a Ali Hassan Salameh, o

Príncipe Vermelho – dirigente do grupo terrorista palestino Setembro Negro e mentor da operação contra os atletas israelitas em Munique –, com o seguinte texto: "Acabemos com aquela que está derramando o nosso sangue por toda a Europa"[17]. A definição de como e onde ocorreria o atentado dependia exclusivamente de Salameh. Enquanto para o Príncipe Vermelho o assassinato de Golda Meir seria um golpe de grande efeito na luta contra os israelitas, para Yusuf pressupunha uma ocasião excelente para demonstrar ao mundo que o Setembro Negro continuava a ser uma poderosa facção terrorista que deveria ser respeitada. Assassinar a líder israelita no Vaticano colocaria o seu grupo nas primeiras páginas de todos os jornais[18].

Em 10 de janeiro, cinco dias antes da reunião, o *memuneh* Zvi Zamir e os *katsas* Mark Hessner e Shai Kauly cruzaram as ruas de Roma num carro preto em direção à Santa Sé. Os guardas suíços de serviço na entrada perfilaram-se enquanto o veículo entrava na área administrativa da Cidade Eterna. Quando desceram do carro, o padre Carlo Jacobini estava à sua espera. Zamir sabia, graças ao relatório sobre Jacobini que tinha em seu poder, que ele fora educado nos Estados Unidos e adquirira a sua experiência nos serviços secretos por meio de vários cursos em Langley, o quartel-general da CIA, no Estado da Virgínia. O agente da Santa Aliança falava seis línguas fluentemente e, no Vaticano, era considerado um verdadeiro "nobre" devido à sua ascendência familiar, que incluía os cardeais Domenico Maria Jacobini, Ludovico Jacobini – secretário de Estado do papa Leão XIII – e Angelo Jacobini. Sem dúvida alguma, Zvi Zamir sabia que o jovem Carlo era um bom guia para orientá-lo nos intrincados corredores do Vaticano, especialmente depois da perda de confiança da Santa Aliança em relação à CIA.

Nada se sabe da reunião secreta entre o Mossad e a espionagem pontifícia na Santa Sé, nem qual foi o assunto tratado, mas o fato é que Zamir saiu de lá muito satisfeito. Ao atravessar a praça de São Pedro, o *memuneh* pediu ao motorista que o levasse ao aeroporto para apanhar um avião para Tel-Aviv.

No Instituto, nome pelo qual é conhecido o serviço de inteligência israelita, sabia-se, através do padre Angelo Casoni, que Ali Hassan Salameh havia sido informado da viagem de Golda Meir a Roma e que deveriam estar preparados para um atentado a qualquer momento.

Os grupos terroristas mantinham uma relação especial com a KGB. Em Moscou eram doutrinados politicamente e treinados para assassinar e preparar

---

[17] Esse texto viria a público após a invasão do Líbano por parte das Forças de Defesa Israelitas em 1982. Uma unidade israelita encontrou esse documento num quartel da OLP, ao sul do Líbano.

[18] Victor Ostrovsky e Claire Hoy, *By War of Deception* (Stoddart, Toronto, 1991).

explosivos, que depois colocavam em centros comerciais ou nos concorridos terminais aeroviários.

Tanto o Mossad quanto a Santa Aliança sabiam que não poderiam contar com a KGB para identificar os terroristas do Setembro Negro que desejavam atentar contra Golda Meir. Se pretendiam evitar o ataque, eles próprios deveriam lutar contra o tempo.

Os soviéticos não revelariam que os homens de Hassan Salameh dispunham de mísseis de fabricação russa escondidos em um armazém num porto da Iugoslávia. O plano consistia em embarcar os mísseis num barco de pesca no porto de Dubrovnik até o de Bari, na região italiana do Adriático. Num caminhão, seriam transportados para Roma à espera da chegada de Golda Meir. Zvi Zamir e o padre Carlo Jacobini continuavam trabalhando juntos para descobrir quando e como seria realizado o ataque, mas lhes restava apenas esperar.

O golpe contra Israel aconteceria em 28 de dezembro de 1972, quando um comando do Setembro Negro atacou a embaixada de Israel em Bangcoc. Salameh pretendia desviar a atenção do Mossad, e para tal não havia nada melhor do que um atentado a uma delegação diplomática judaica.

Segundo uma das fontes de Angelo Casoni, do Sodalitium Pianum, o ataque do Setembro Negro à embaixada de Israel na Tailândia era apenas uma forma de atrair a atenção da opinião pública. Jacobini não acreditava nisso, mas Zamir sim[19]. O Mossad sabia que uma investida dos comandos israelitas seria suficiente para libertar os reféns, mas Golda Meir não permitiria que os tailandeses entrassem aos tiros no prédio da missão diplomática. Por fim, após algumas horas de negociações, os terroristas conseguiram salvo-condutos para sair do país rumo ao Cairo. Carlo Jacobini recomendou que continuassem atentos quanto à possibilidade de ocorrer um ataque em solo vaticano contra a política israelita.

Nas primeiras horas de 14 de janeiro, um dia antes do encontro entre Paulo VI e Golda Meir, um agente da contra-espionagem disse a Angelo Casoni que um informante o avisara de que se falava de uma operação de guerrilheiros palestinos em Ostia ou Bari. Ao mesmo tempo, um *sayan*[20] avisou à delegação do Mossad na embaixada de Israel na Itália que ouvira uma conversa entre dois homens com sotaque árabe na qual um confirmava ao outro o breve recebimento de uma remessa de velas.

Ao mesmo tempo, o pessoal do Mossad em Londres repassava a Zvi Zamir a informação, vazada, de que o alvo do Setembro Negro era "um dos seus". E o

---

[19] Gordon Thomas, *Gideon's Spies*, cit.
[20] Informante judeu do Mossad que não trabalhava oficialmente para o serviço secreto israelita, sendo considerado um mero colaborador.

chefe do serviço secreto israelita se via atormentado por duas certezas: de que a remessa de velas mencionada por seu contato eram, na verdade, os mísseis, e que tanto Golda Meir quanto o papa não cancelariam a reunião.

Zamir telefonou a Hessner e Kauly e solicitou uma reunião com os padres Jacobini e Casoni. Os serviços de inteligência do Vaticano deveriam ser informados de cada passo da operação, e é certo que as fontes da Santa Aliança na capital italiana eram mais eficientes do que as do Mossad.

Ali Hassan Salameh, também conhecido como Abu Hassan ou Príncipe Vermelho, era um homem culto, enérgico e cruel. Diz-se que matou o seu meio-irmão com um tiro na cara quando descobriu que ele dava informações à Al Fatah, a divisão da OLP partidária de Yasser Arafat[21]. Salameh era casado com uma bela libanesa, Georgina Rizak, que fora Miss Universo em 1971. Segundo o Mossad, o Príncipe Vermelho estava por trás da tentativa de assassinato de Golda Meir, mas a Santa Aliança duvidava que o terrorista palestino conseguisse circular por Roma sem ser notado por ela.

O dia do encontro, 15 de janeiro, amanheceu chuvoso e frio. O Mossad, a Santa Aliança e os *digos*, a unidade antiterrorista italiana, estavam em alerta máximo. Certo de que o Setembro Negro não deixaria Golda Meir sair viva de Roma, o padre Carlo Jacobini procurou o pontífice para lhe inteirar de suas preocupações. Zamir e Jacobini sabiam que se fossem usados mísseis no ataque, o único lugar seguro para fazê-lo eram as imediações do aeroporto e, claro, quando o avião estivesse aterrissando ou decolando. Tanto o Mossad quanto a Santa Aliança enviaram agentes para o local a fim de controlar qualquer movimento suspeito[22].

O primeiro sinal de alerta soou poucas horas antes da chegada de Golda Meir. Quando fazia a ronda próximo ao aeroporto, um agente do Sodalitium Pianum comunicou ao padre Angelo Casoni que, ao ver uma Van da Fiat estacionada na guia, ele tinha aproximado para perguntar se precisavam de ajuda. Visivelmente nervosos, os homens responderam que já haviam chamado um guincho. Casoni avisou Zamir e Hessner por rádio, que sem demora se dirigiram ao local. Armados, pediram ao condutor que saísse do veículo para se identificar, enquanto eram observados a uma prudente distancia por Carlo Jacobini.

Nesse instante, a porta traseira se abriu e começou uma chuva de disparos. Os membros do Mossad conseguiram sair ilesos, deixando dois terroristas gravemente feridos, enquanto o motorista fugiu a pé. Mas em seguida os agentes

---

[21] Michael Bar-Zohar e Eitan Haber, *The Quest for the Red Prince* (William Morrow, Nova York, 1983).

[22] Ian Black e Benny Morris, *Israel's Secret Wars: A History of Israel's Intelligence Services* (Grove Weidenfeld, Nova York, 1991).

israelitas conseguiram alcançá-lo e o colocaram num carro, ao que parece com placa do Estado do Vaticano. Hessner pegou o volante, Jacobini entrou a seu lado e Zamir e o terrorista foram no banco de trás. O *memuneh* do Mossad perguntava ao palestino onde estavam os outros mísseis, enquanto o agredia com o cabo da arma. Com a silhueta do avião ao longe, os agentes viram outro veículo, uma van branca, cujo teto tinha sido alterado e por onde saíam canos apontados para o céu.

Hessner pisou fundo no acelerador e investiu contra a lateral do veículo, fazendo-o capotar. No interior, dois membros do Setembro Negro ficaram esmagados pelo peso dos mísseis. Zamir pediu ao padre Jacobini que voltasse para poder executar os terroristas, mas, antes que o chefe do Mossad pudesse atirar, o agente da Santa Aliança lhe disse que se os matasse ele seria obrigado a contar o fato ao sumo pontífice, e Israel ficaria novamente numa posição difícil.

Para não dificultar ainda mais as já tão complicadas relações entre Israel e o Vaticano, Zamir entregou os terroristas ao Digo.

Golda Meir conseguiu se encontrar com Paulo VI. Apesar de estar certo de que aquele não era o momento adequado para estabelecer relações, o papa acabou se comprometendo a visitar a Terra Santa. Ao sair da Cidade Eterna, a primeira-ministra israelita disse a Zvi Zamir que "o relógio do Vaticano não é igual ao do resto do mundo" – e talvez isso fosse verdade.

A partir desse dia, as relações entre o Mossad e a Santa Aliança se tornaram muito próximas, situação que se prolongou até o pontificado de João Paulo II. Os padres Carlo Jacobini e Angelo Casoni, respectivamente, da Santa Aliança e do Sodalitium Pianum, mantiveram-se como ponte com os serviços secretos de Israel durante os anos que se seguiram, até mesmo quando Jacobini deixou a inteligência pontifícia. Os terroristas detidos pelos italianos foram soltos e enviados para a Líbia. Alguns meses depois, quase todos seriam executados por uma divisão do Kidon[23], os assassinos do Metsada. Assim, as suspeitas da contra-espionagem vaticana a respeito do membro da Secretaria de Estado da Santa Sé que teria passado a informação aos terroristas do Setembro Negro referente à viagem secreta de Golda Meir recaíram cobre o padre Idi Ayad. Mas o que o Mossad não sabia – e talvez nunca tenha descoberto – é que na verdade Ayad era não apenas um agente da Santa Aliança, mas também elo extra-oficial entre o papa Paulo VI e a cúpula da OLP[24].

Enquanto isso, num escritório perdido entre os intermináveis corredores da Cidade Eterna, um homem carimbava numa pasta com o nome de Operação

---

[23] *Kidon*, que significa "baioneta", é o nome dado ao braço de operações do Metsada, a divisão do Mossad encarregada de seqüestrar e executar suas vítimas.

[24] Gordon Thomas, *Gideon's Spies*, cit.

Jerusalém e ordenava que ela fosse guardada nos Arquivos Secretos da Biblioteca Vaticana. Para o mundo, aquela operação para salvar a vida de Golda Meir simplesmente nunca existiu. Apesar disso, o Mossad jamais esqueceria que, graças à Santa Aliança, a primeira-ministra de Israel ainda estava viva.

A retribuição pelo favor do Mossad à Santa Aliança com a Operação Jerusalém ocorreria três anos depois, exatamente em abril de 1976.

Após a ação contra os delegados da Opep reunidos em Viena no dia 21 de dezembro de 1975, o terrorista Carlos, o Chacal, viu-se abertamente confrontado com os grupos palestinos que até então tinham sido seus aliados. Para eles, Carlos não era mais do que um mercenário que ganhara uma enorme quantia apenas para "esbanjá-la em coisas burguesas". O Chacal e seus parceiros embolsaram cerca de 20 milhões de dólares do resgate pago pelos sauditas em troca da liberdade de seu representante na organização petrolífera, o xeque Ahmed Zaki Yamani[25].

Wadi Haddad, líder da Frente Popular de Libertação da Palestina (FPLP), exigiu a Carlos uma parte do dinheiro, mas o Chacal recusou. Haddad, um guerrilheiro curdo, não gostava da atenção dada a Carlos, definido por ele como "um mau ator com vontade de ser uma estrela de cinema". O fato é que, após o golpe de Viena contra a Opep, Carlos e seus amigos se transferiram para a Argélia e depois para o Iêmen. No país árabe foram recepcionados com banda de música como verdadeiros heróis: o mito de Carlos, o Chacal, crescia cada vez mais.

Numa manhã do final de março, tocou o telefone num escritório administrativo da Santa Sé. O padre atendeu e o interlocutor identificou-se como Yitzhak Hofi, o *memuneh* que substituíra Zvi Zamir à frente do Mossad havia apenas dois anos. Hofi disse ao sacerdote que precisava falar com ele em um local seguro.

Naquela mesma tarde, o padre dirigiu-se a pé até um hotel central de Roma. Feitas as devidas identificações, dois homens de cabelo curto acompanharam o religioso até o apartamento onde, sentado numa poltrona, Yitzhak Hofi o esperava. Assim que o recém-chegado se instalou, o chefe dos espiões israelitas lhe disse que havia chegado a hora de retribuir à Santa Aliança o favor de ter salvado a vida de Golda Meir em janeiro de 1973.

O padre Carlo Jacobini explicou que, embora ele já não pertencesse mais à espionagem papal, talvez pudesse fazer o contato entre os israelitas e alguém da organização. Hofi recusou a oferta, ressaltando que fora instruído por seu antecessor, Zvi Zamir, a tratar apenas com ele. Jacobini então disse que, antes de escutar a informação que o Mossad tinha para lhe dar, deveria pedir a

---

[25] David A. Yallop, *To the Ends of the Earth: To the Hunt of the Chacal* (Poetics Products, Londres, 1993).

permissão do Vaticano. Hofi respondeu-lhe que não falaria com ninguém a não ser ele ou o agente Angelo Casoni, do Sodalitium Pianum.

Yitzhak Hofi acomodou-se na poltrona e informou a Jacobini que uma das divisões do Mossad detectara um plano de um grupo terrorista árabe para seqüestrar ou assassinar o sumo pontífice. Depois de alguns rodeios, o israelita revelou que seus *katsas* tinham certeza de que o ataque era comandado por Carlos, o Chacal. Ao escutar aquelas palavras, Jacobini ficou gelado. Ele sabia por relatórios da Santa Aliança que Carlos raramente falhava em uma missão e, quando não alcançava o seu objetivo, sempre deixava um rasto de sangue e morte.

Na verdade, a informação não vinha de um departamento do Mossad, mas do adido político da embaixada norte-americana em Teerã, John D. Stempel. O diplomata comunicara à CIA que, durante um encontro com o segundo secretário da embaixada soviética no Irã, Guennady Kazankin, este lhe dissera que a KGB tinha detectado um possível plano para seqüestrar ou assassinar o papa. Na ação poderiam estar envolvidos vários membros do grupo Baader-Meinhof, que haviam colaborado com o Chacal no seqüestro dos representantes da Opep em Viena. Hofi concluiu dizendo ao padre Jacobini que a espionagem vaticana poderia contar com toda a ajuda possível do Mossad para desmantelar o plano[26].

Ao terminar a reunião, o religioso pegou um táxi em direção à Santa Sé. Com as palavras de Hofi fervilhando na cabeça, ele sentia que precisava compartilhá-las com alguém. Ao cruzar os portões da Cidade Eterna, dirigiu-se para a área das dependências dos serviços secretos papais e pediu para falar urgentemente com o seu amigo padre Angelo Casoni. Durante duas horas, Jacobini relatou a Casoni a história contada pelo *memuneh* do Mossad.

Carlos tinha duas sugestões: de armas em punho, entrar de surpresa na própria basílica de São Pedro quando o santo padre estivesse celebrando a missa e tomar o edifício; ou, usando atiradores de elite, disparar contra Paulo VI quando ele aparecesse na varanda que dava para a praça na sua bênção dominical aos fiéis. A primeira opção foi estudada por semanas, devido ao sucesso que essa tática teve no seqüestro dos representantes da Opep em Viena. O Chacal não acreditava que os membros da Guarda Suíça, munidos apenas de lanças e alabardas, fossem capazes de oferecer resistência ao ataque.

O segundo método era defendido pelo anarquista alemão Wilfred Böse, amigo de Carlos Ramirez, e por Gabrielle Kroche-Tiedemann, uma terrorista de 23 anos que participara da operação em Viena juntamente com o Chacal no ano anterior. Para Böse, era fácil conseguir uma arma de grande calibre com mira telescópica e atirar em um "alvo imóvel vestido de branco".

---

[26] David A. Yallop, *To the Ends of the Earth*, cit.

Kroche-Tiedemann era mais favorável a esse plano porque matar o papa diante das câmaras de televisão do mundo inteiro enquanto ele abençoava os fiéis reunidos na praça de São Pedro significava dar a Carlos, o Chacal, uma publicidade nunca antes conseguida por um terrorista.

Em parceria com o Mossad, a Santa Aliança trabalhava contra o tempo para desarticular o complô que se aproximava. A fim de obter mais informações, Jacobini telefonou para Hofi, que se comprometeu a enviar à Santa Sé uma cópia dos dossiês sobre os homens e as mulheres que acompanhavam Carlos em todas as suas operações. No dia seguinte, pastas e mais pastas repletas de carimbos se amontoavam na mesa do padre Angelo Casoni, da contra-espionagem pontifícia. Fotografias de cadáveres em preto-e-branco, rostos captados a distancia por máquinas fotográficas de um espião qualquer desfilavam diante de seus olhos.

Pouco depois, o Mossad entrou em contato com Jacobini e Casoni para avisar que Wilfred Böse e Gabrielle Kroche-Tiedemann haviam sido detectados no Bahrein e Carlos Ramirez no Iêmen. Mas o que nem os agentes do serviço de inteligência papal nem Yitzhak Hofi sabiam naquele momento era que a organização do Chacal decidira mudar de alvo. Por vontade do próprio Carlos Ramirez, o atentado contra Paulo VI fora substituído pelo seqüestro do avião da Air France que fazia a rota AF 139, de Tel-Aviv para Paris com escala em Atenas.

Esse avião realmente ficaria famoso ao ser tomado por uma equipe de comandos israelitas e elementos do Kidon pertencentes ao Mossad no dia 4 de julho de 1976 numa operação-relâmpago, realizada no aeroporto ugandense de Entebbe e que libertou todos os passageiros reféns. No tiroteio que ocorreu nas pistas e no terminal, os israelitas acabaram matando Wilfred Böse e Gabrielle Kroche-Tiedemann, além de mais cinco terroristas.

Poucos dias depois da chamada Operação Entebbe, o padre Carlo Jacobini receberia um misterioso telefonema no Vaticano. Do outro lado da linha, Hofi contava sobre os terroristas mortos e garantia que a "ameaça contra Paulo VI" havia passado. Finalmente, em 22 de janeiro de 1979, o Mossad localizou Ali Hassan Salameh – o Príncipe Vermelho, cérebro do Setembro Negro – em Beirute. Uma bomba de controle remoto colocada pela *katsa* Erika Chambers, do Kidon, o braço armado do Metsada, mataria Salameh, quatro de seus guarda-costas, diversos civis e ainda Susan Wareham, uma secretária da embaixada britânica no Líbano.

Alguns boatos indicavam que Salameh havia sido localizado na capital libanesa graças aos serviços secretos da Santa Sé, cujos espiões, após terem tomado conhecimento de uma informação vazada pela CIA, teriam repassado a notícia ao *memuneh* do Mossad, Yitzhak Hofi. Esses agentes poderiam muito bem ser os padres Carlo Jacobini ou Angelo Casoni, mas, assim como no Vaticano nos seus serviços de espionagem valia a máxima:"Tudo o que não é sagrado é segredo".

Paul Casimir Marcinkus, Michele Sindona e Roberto Calvi seriam os protagonistas de um dos maiores escândalos de toda a história da Cidade Eterna. O Banco Vaticano estava prestes a falir. As posteriores investigações de órgãos financeiros, tribunais de Justiça dos Estados Unidos e da Itália e de escritores de vários países comprovariam que, embora a Santa Aliança não estivesse envolvida direta e oficialmente nas suspeitas manobras do IOR, dirigido por monsenhor Paul Marcinkus, a verdade é que alguns de seus agentes haviam participado de forma ativa em operações concretas. Para muitos deles, defender o Vaticano S. A. era uma questão de fidelidade ao santo padre.

CAPÍTULO DEZOITO

O Vaticano S. A. e os negócios de Deus (1976-1978)

> Esses tais são falsos apóstolos, operários desonestos, que se disfarçam em apóstolos de Cristo, o que não é de espantar. Pois, se o próprio Satanás se transfigura em anjo de luz, parece bem normal que seus ministros se disfarcem em ministros de justiça, cujo fim, no entanto, será segundo as suas obras.
>
> *II Coríntios 11:13,15**

O Istituto per le Opere di Religione (IOR), popularmente conhecido como Banco Vaticano, é, assim como os serviços de espionagem, um dos órgãos mais secretos de todo o complexo pontifício. Depois de passar pelas portas de Santa Ana e à direita da Colunata de Bernini, deixar para trás a igreja de Santa Ana à direita e os pavilhões da Guarda Suíça à esquerda, pode-se encontrar o edifício onde está instalado o IOR. O prédio foi construído por ordem do papa Nicolau V há quase 650 anos, como parte dos planos defensivos da Santa Sé. Apenas um pequeno destacamento da Guarda Suíça protege ainda hoje a entrada de mármore e as portas de bronze hermeticamente fechadas, que se abrem somente a alguns escolhidos e ilustres membros da cúria romana.

O Banco Vaticano já esteve envolvido em vários escândalos, como perda de milhões de dólares, falências bancárias, venda de armas a nações em conflito, criação de sociedades fantasmas em paraísos fiscais, financiamento de golpes de Estado, lavagem de dinheiro da máfia e "suicídios" misteriosos. Conseguiu ainda violar centenas de leis financeiras internacionais sem que nenhum dos seus dirigentes fosse julgado em qualquer tipo de tribunal. Desde a sua fundação, o IOR nunca foi um departamento oficial do Estado do Vaticano. Existe como uma entidade, mas sem um vínculo claro com os assuntos eclesiásticos ou com outros órgãos da Santa Sé, sendo o sumo pontífice o seu único controlador[1].

Ao contrário de outras instituições financeiras internacionais, o Banco Vaticano não é fiscalizado por nenhuma agência interna ou externa, nem

---

* *Bíblia Católica Online*, cit. (N. T.)
[1] Paul L. William, *The Vatican Exposed*, cit.

existem registros escritos de suas transações. Por exemplo, em 1996, o cardeal Edmund Szoka, auditor interno da Santa Sé, informou a diversos investigadores que ele não tinha nenhuma autoridade sobre o Banco Vaticano, acrescentando que desconhecia por completo as suas operações ou o seu sistema de funcionamento.

Em 1990, o Estado do Vaticano anunciou um déficit de 78 milhões de dólares, enquanto o Banco Vaticano "declarou" extra-oficialmente ter lucrado mais de 10 mil milhões de dólares no mesmo ano[2].

Em 1967, Paulo VI criou um escritório de contabilidade geral denominado pelo Vaticano de Prefeitura de Assuntos Econômicos da Santa Sé. O papa entregou a direção a um amigo, o cardeal Egidio Vagnozzi, que poucos meses depois foi demitido. Tudo indica que Vagnozzi descobriu as estranhas relações entre o santo padre e o chamado Banqueiro da máfia, Michele Sindona. Curiosamente, Egidio Vagnozzi foi proibido de falar sobre qualquer tema relacionado à Prefeitura devido ao famoso Segredo Pontifício.

Aquele que era responsável por conduzir a Prefeitura descobriu que milhões de dólares de origem desconhecida eram depositados semanalmente nos cofres do Banco Vaticano sem nenhum tipo de explicação e que, nem bem entrava, o dinheiro saía pela porta dos fundos para contas privadas em bancos suíços e empresas do Grupo Sindona. Esse dinheiro servia para financiar conspirações e golpes de Estado, como o que ocorreu em abril de 1967 na Grécia.

A loja maçônica Propaganda Due, intimamente ligada ao Vaticano e aos seus serviços de inteligência, concentrara toda a sua atenção nas próximas eleições gregas. O favorito era o líder da esquerda Andreas Papandreu, inimigo político do monarca Constantino II, rei da Grécia e comandante-chefe de seus exércitos. As pesquisas indicavam que Papandreu conseguiria o poder, enquanto o exército temia ver o país entregue aos comunistas. O coronel Papadopoulos garantiu que, se isso acontecesse, a Grécia seria arrastada para uma guerra civil[3].

No final daquele ano, o Continental Bank of Illinois, uma das propriedades de Sindona, fez uma transferência de 4 milhões de dólares para a Banca Privata Finanziaria, instituição pertencente à esfera vaticana. Quando o dinheiro foi recebido, o próprio Michele Sindona encarregou um agente do serviço secreto papal de levantar esses fundos e entregá-los pessoalmente ao coronel Papadopoulos. O montante foi depositado numa conta corrente da imobiliária Helleniki Tecniki, controlada pelo exército grego e garantida pelo próprio Banco Central da Grécia.

---

[2] Charles Raw, *The Moneychangers: How the Vatican Bank Enabled Roberto Calvi to Steal $250 Million for the Heads of the P2 Masonic Lodge* (Vintage/Ebury, Londres, 1992).

[3] Luigi DiFonzo, *Michele Sindona, el banquero de San Pedro* (Planeta, Barcelona, 1984).

O VATICANO S. A. E OS NEGÓCIOS DE DEUS (1976-1978)

Em uma associação com Michel Sindona, Licio Gelli e a Propaganda Due, a Santa Aliança decidiu financiar um golpe de Estado para evitar a chegada da esquerda ao poder. Os pesquisadores não estão de acordo se a chamada Operação Tatoi[4] foi realmente elaborada pela Santa Aliança e apenas financiada por Gelli e Sindona ou se a espionagem pontifícia teria sido um mero instrumento dos dois maçônicos.

O fato é que, em 21 de abril de 1967, um grupo de coronéis deu um golpe de Estado, decretou a vigência da lei marcial e suspendeu a Constituição, reprimindo com violência os movimentos democráticos, principalmente os sindicatos e as organizações comunistas. O líder socialista Andreas Papandreu foi condenado a nove anos de prisão.

Em dezembro, o rei Constantino II tentou em vão derrubar o novo governo, sendo então obrigado a se exilar em Roma com toda a família. Para as funções de presidente e primeiro-ministro, os militares nomearam, respectivamente, o general Zoitakis e Papadopoulos. O "regime dos coronéis", como ficou conhecido, continuou recebendo ajuda dos Estados Unidos, da Propaganda Due e de grandes empresários gregos, como Aristóteles Onassis e Stavros Niarchos[5].

Devido ao êxito obtido na Grécia, Michele Sindona, com a ajuda dos fundos vaticanos angariados com a rede montada por ele mesmo para o IOR e de alguns agentes "autônomos" da Santa Aliança, decidiu financiar os grupos de extrema-direita. Poucos anos depois, apareceu em cena o misterioso Paul Casimir Marcinkus, um homem aparentemente ligado aos serviços secretos pontifícios.

Nascido nos arredores de Chicago em 1922, Marcinkus completou seus estudos religiosos nos Estados Unidos e mais tarde mudou-se para Roma, onde ingressou na Universidade Gregoriana, formando-se em direito canônico. Em 1952, entrou na Secretaria de Estado e foi alocado nas nunciaturas do Canadá e da Bolívia para em seguida se tornar chefe de segurança de Paulo VI. Foi nesse período que Marcinkus estabeleceu estreitas relações com os serviços de inteligência do Vaticano e importantes membros da Santa Aliança, que anos mais tarde lhe seriam de grande ajuda. Um desses agentes envolvidos no futuro escândalo do Banco Ambrosiano foi o jesuíta polonês Kazimierz Przydatek.

Em 1969, Marcinkus foi elevado a bispo pelo papa Paulo VI e, na manhã seguinte, "consagrado" secretário do Banco Vaticano. Dois anos depois, surpreendentemente o papa Paulo VI premiou a fidelidade de Paul Marcinkus ao

---

[4] Esta operação foi batizada de Tatoi pelos serviços secretos do Vaticano em homenagem ao nome do Palácio Real de Atenas.

[5] O desprestígio dos militares gregos cresceu até 1974, quando decidiram abandonar o poder depois do "fiasco" de Chipre. Em seguida, Karamanlis regressou do exílio e assumiu o governo. Nas eleições de 1974 o seu partido conseguiu a maioria, e um referendo posterior determinou a abolição da monarquia.

nomeá-lo responsável máximo do IOR, dando assim início a uma brilhante carreira financeira. O seu círculo mais íntimo era formado por Michele Sindona, Roberto Calvi, Umberto Ortolani e Licio Gelli, todos envolvidos com a máfia (a família Gambino), a loja maçônica Propaganda Due e as finanças da Santa Sé.

Marcinkus utilizou o serviço secreto pontifício em proveito próprio como fonte de informação. Um relatório da Santa Aliança, em poder de Paul Marcinkus, demonstrava que Sindona havia criado, possivelmente com verba do Vaticano, uma *holding* em Liechtenstein chamada Fasco AG e que por meio dela adquirira em Milão a Banca Privada Finanziaria (BPF). O que esse relatório não esclarecia era que com uma parte dos lucros da compra ele criara a Casa della Madonnina. O então cardeal Montini, arcebispo de Milão, precisava de fundos e Sindona se prontificou a fornecê-los. No total, 2,5 milhões de dólares foram para os cofres do arcebispado a fim de financiar a instituição religiosa.

Anos depois Marcinkus saberia que esse dinheiro não vinha dos lucros pela aquisição da BPF, mas da lavagem de dinheiro sujo oriundo da máfia siciliana, fruto, principalmente, do tráfico internacional de heroína. A partir de então, por intermédio do cardeal Montini, Sindona desenvolveu uma importante carteira de clientes que ele próprio assessorava em assuntos relacionados a impostos, investimentos e até evasão fiscal.

Assim, pouco a pouco, os negócios do Banco Vaticano e de seus "assessores" ficaram cada vez mais perigosos, colocando em sérias dificuldades não só as várias instituições financeiras, mas também os sistemas econômicos da própria Santa Sé e da Itália. Um relatório da CIA desses anos detalhava as duradouras relações do banqueiro de Paulo VI com as famílias Gambino, dos Estados Unidos, e Inzerillo e Spatola, da Sicília. Com cerca de vinte páginas, o dossiê explicava em pormenores as ligações de Carlo Gambino com as famílias Colombo, Bonanno, Lucchese e Genovese, todas envolvidas em manipulação, tráfico e venda de heroína, cocaína e maconha. O informe dizia ainda que Sindona depositava parte dos lucros provenientes de droga, prostituição, fraude bancária, pornografia e agiotagem em contas bancárias secretas na Suíça, em Liechtenstein e em Beirute. A verdade é que Michele Sindona não era apenas o assessor financeiro do santo padre e do Vaticano, mas também de famílias mafiosas[6]. Ao que parece, seria Marcinkus quem ordenaria a destruição do relatório sobre o banqueiro que a Santa Aliança recebeu da CIA. Anos depois, o responsável do IOR recordaria esse fato ao próprio Sindona pouco antes de sua derrocada.

---

[6] David A. Yallop, *In God's Name: An Investigation into the Murder of Pope John Paul I* (Bantam Book, Nova York, 1984).

Nesse ínterim, a saúde do grande protetor das suspeitas manobras financeiras do Vaticano começou a enfraquecer, situação originada em 1968, quando Paulo VI foi operado da próstata, aos 71 anos. Dez anos depois, o papa foi muito afetado por dois fatos que marcariam os seus últimos meses de vida: o seqüestro seguido de assassinato do líder da democracia-cristã Aldo Moro pelas Brigadas Vermelhas e a aprovação da lei do aborto na Itália.

No sábado 5 de agosto, depois de jantar, o pontífice rezou o rosário na sua capela particular e, antes de se deitar, assinou vários documentos supostamente relacionados a assuntos do Banco Vaticano. Na manhã seguinte, de tão mal que estava, não conseguiu celebrar a missa e, à tarde, seu estado piorou. Os médicos da Santa Sé diagnosticaram um grave edema pulmonar, e pouco depois o papa já não respondia aos medicamentos, acabando por falecer.

A partir desse momento, a máquina do Vaticano se focou na escolha de um novo papa. As alianças palacianas estavam preparadas para o conclave no qual seria eleito o sucessor do sumo pontífice falecido[7].

Receosos de uma possível investigação com a chegada de um santo padre mais liberal, os funcionários do Banco Vaticano começaram então a queimar vários documentos. Além disso, Marcinkus, Gelli, Calvi e Sindona, por exemplo, teriam bastante trabalho para explicar ao novo papa muitas transações financeiras realizadas em nome do Vaticano, do pontífice e de Deus.

Em 10 de agosto, o cardeal Albino Luciani, patriarca de Veneza, decidiu partir para Roma a fim de participar do conclave, mas a verdade é que o seu nome sequer figurava entre os favoritos. Dessa forma, o religioso manteve-se tranqüilo na sua cela, de número 60.

Em apenas nove horas de votações, 110 cardeais chegaram a um consenso sobre a pessoa que deveria assumir o ministério papal[8].

Nas reuniões anteriores ao conclave o cardeal Giovanni Benelli comentou com seus colegas Albino Luciani, Stefan Wyszynski, primaz da Polônia, e Laszlo Lekai, primaz da Hungria, que o próximo papa enfrentaria sérias dificuldades ao chegar ao trono de São Pedro devido à condição econômica da Igreja. Benelli disse aos perplexos cardeais que estavam à sua volta que a situação "não apenas é crítica, como está prestes a rebentar".

O camarlengo, Jean Villot, que estava perto, escutou as advertências de Benelli e pediu silêncio. Em seguida chamou o prefeito dos Assuntos Econômicos do Vaticano, o cardeal Egidio Vagnozzi, e solicitou-lhe que, com o auxílio da Santa Aliança, preparasse um relatório sobre a situação "tão crítica" a que Benelli se referia.

---

[7] Javier Paredes e outros, *Diccionario de los papas y concilios*, cit.
[8] Michael J. Walsh, *The Conclave*, cit.

Vagnozzi sabia que sua investigação não poderia nunca revelar os fundos duvidosos do IOR comandado por monsenhor Paulo Marcinkus nem a rede por ele criada sob o manto protetor de Paulo VI. Misteriosamente, o cardeal Pietro Palazzini avisou a Santa Aliança e o Sodalitium Pianum que deveriam dar toda a assistência necessária a Vagnozzi. O problema foi que, como muitos agentes da espionagem papal faziam trabalhos especiais para Marcinkus, ele acabou sendo informado dos movimentos de Benelli e de Palazzini.

Paul Marcinkus e Michele Sindona haviam sido tranqüilizados pelo próprio Villot sobre a quase certa eleição do cardeal Giuseppe Siri, de Florença, homem conservador e de imponente figura. Marcinkus sabia que, se Siri fosse eleito, o IOR não estaria sujeito a incômodas investigações, porque afinal Giuseppe Siri não mantinha boas relações com os cardeais Benelli e Palazzini.

Um dos mais firmes defensores da abertura do inquérito sobre o IOR era o cardeal Sergio Pignedoli. Meses antes de começar o conclave, Pignedoli falou talvez muito abertamente a outros cardeais acerca da necessidade de investigar o destino de milhões de dólares procedentes da Santa Sé. O religioso teve uma reunião secreta com Benelli, Palazzini e Vagnozzi, na qual lhes expôs a sua preocupação a respeito dos constantes boatos que circulavam sobre o IOR e algumas transações com o ditador nicaragüense Anastasio Somoza.

Durante o conclave, o cardeal Franjo Seper revelou ao ainda cardeal Luciani que certas forças ocultas dentro do Vaticano tinham afastado o "perigoso" Pignedoli da corrida ao pontificado. O iugoslavo garantiu a Luciani que durante a ceia alguém mencionara em voz baixa, apenas para quem estava próximo, os rumores acerca da condição sexual de Sergio Pignedoli durante o seu apostolado na juventude, relatando que "por isso às vezes o seu apartamento ficava repleto de sacos de dormir quando não arranjava outro alojamento para eles"[9].

A verdade é que esse boato era apenas uma desculpa infundada para eliminar as chances de Pignedoli no conclave – propósito, por sinal, alcançado. Seper garantiu que o cardeal responsável pelo diz-que-diz fora expulso da reunião, mas o estrago já estava feito. Segundo parece, ele trabalhara durante anos no Banco Vaticano até ser transferido para outro lugar. As "forças ocultas", como as definia o próprio Albino Luciani, conseguiram assim afastar um candidato que incomodava o IOR e Paul Marcinkus.

No sábado 26 de agosto de 1978, a primeira votação foi encarada como uma sondagem, mas nela surgiu um patente domínio do cardeal Giuseppe Siri, que apesar disso não conseguiu os dois terços necessários, 75 votos. Na segunda rodada, Luciani obteve cinqüenta votos e Pignedoli, vinte[10].

---

[9] Ricardo de la Cierva, *El diario secreto de Juan Pablo I* (Planeta, Barcelona, 1990).
[10] Michael J. Walsh, *The Conclave*, cit.

Após uma breve pausa, os conclavistas voltaram à Capela Sistina para se realizar as duas votações da tarde. A primeira delas ocorreu às quatro e o cardeal Bafile leu o nome de Albino Luciani por mais de 75 vezes. Em seguida, os influentes cardeais Villot, pelos bispos, Siri, pelos presbíteros, e Felici, pelos diáconos, aproximaram-se de Luciani para lhe pedir que aceitasse o seu destino. Depois de pronunciar a palavra "Aceito", o cardeal Jean Villot perguntou: "Como vos desejais chamar, santo padre?" E Luciani respondeu: "João Paulo". "Sereis João Paulo I", replicou o cardeal Felici, sem se dar conta da gafe que acabava de cometer. O pontífice que inaugura uma dinastia de nomes não se distingue por um ordinal até chegar o segundo que utilize esse nome. As palavras que o novo papa então proferiu seriam quase premonitórias: "Seja João Paulo I, já que o segundo chegará em breve", disse o ex-cardeal Albino Luciani.

Mas, enquanto jornais como *L'Osservatore Romano* estampavam na primeira página a notícia da eleição de João Paulo I, a revista *The Economist* publicava as estranhas operações feitas por financistas a serviço do Banco Vaticano.

Ao saber da novidade, Paul Marcinkus logo avisou Roberto Calvi, que estava em Buenos Aires, e os sócios do IOR. Enfatizando que o novo papa era muito diferente de Paulo VI, recomendou-lhes que transferissem todos os fundos da instituição financeira pontifícia para um país mais seguro, como as Bahamas ou a Suíça.

Mas nos corredores da Cidade Eterna corriam boatos e especulações sobre as atuações dos responsáveis máximos do IOR, que negavam qualquer contato com figuras como Michele Sindona ou Roberto Calvi. Alguns dias depois da nomeação do cardeal Bernardin Gantin para o cargo de presidente do Conselho Pontifício Cor Unum, o próprio papa encontrou no seu gabinete uma cópia do relatório da Repartição Italiana de Controle Bolsista, a UIC. Alguém decidira deixar a primeira pista a João Paulo I sobre os suspeitos negócios que o IOR estava fazendo[11].

Assinado pelo ministro do Comércio Exterior, Rinaldo Ossola, o informe declarava que o Banco Vaticano se tratava de uma instituição financeira não residente, isto é, "estrangeira" e inviolável[12].

O ministro Ossola estava incomodado pelos abusos no tráfico de moeda, que causara uma grande evasão de divisas de Itália, deixando a lira numa situação perigosa. Ossola acreditava saber quem no Vaticano ou próximo dele era responsável por essa operação do IOR.

---

[11] Algumas fontes garantem que o importante relatório foi entregue ao papa João Paulo I por agentes da Santa Aliança ou do Sodalitium Pianum, enquanto outras alegam que foi o cardeal Benelli que o deixou no gabinete do santo padre.

[12] John Cornwell, *A Thief in the Night: Life and Death in the Vatican* (Penguin Books, Nova York, 1989).

Dizem que quando João Paulo I, ainda como cardeal, pedia explicações sobre os boatos da situação financeira do IOR, Paulo VI mandava Marcinkus fazer-lhe as mesmas perguntas. "Sua Eminência não tem hoje mais o que fazer? Deveria cuidar do seu trabalho e me deixar cuidar do meu", retrucava o encarregado das finanças pontifícias ao patriarca de Veneza[13].

Depois de ler o documento, o papa convocou uma reunião secreta com os cardeais Benelli e Felici, a quem exigiu que lhe contassem tudo o que haviam descoberto nos últimos anos sobre a investigação realizada no Banco Ambrosiano pelo Banco da Itália.

Por várias noites, Benelli relatou ao santo padre as relações do IOR com Licio Gelli, Michele Sindona, Roberto Calvi e a Propaganda Due, enquanto Felici expôs as conexões de Calvi com o Vaticano S. A. e Paul Marcinkus. Parece que Benelli era informado de cada passo do inquérito por uma fonte secreta muito bem infiltrada no Banco da Itália, mas monsenhor Felici, por sua vez, tinha um informante na própria Santa Aliança.

Esta última fonte foi aquela que inteirara o cardeal Benelli a respeito da investigação que vinha sendo realizada contra o império de Roberto Calvi e que em setembro de 1978 atingiria o seu ponto de maior tensão[14]. O agente da Santa Aliança que informava Benelli era Giovanni DaNicola, um padre infiltrado no IOR de Marcinkus. Formado em economia e especialista na criação de empresas bolsistas e de sociedades em paraísos fiscais, DaNicola não encontraria dificuldade para se infiltrar no IOR. Os seus serviços eram muito solicitados na época em que o Banco Vaticano era proprietário de sociedades nas Bahamas, nas Ilhas Cayman, em Luxemburgo, em Mônaco, em Genebra e em Liechtenstein. DaNicola revelara ao cardeal Benelli que o Banco da Itália estava investigando as ligações da Santa Sé com as sociedades de Calvi e que os próprios inspetores tinham já provas suficientes para prendê-lo. Na lista dos investigados constavam Paul Marcinkus, Luigi Mennini e Pellegrino de Strobel, respectivamente, diretor, secretário-inspetor e contador chefe do Banco Vaticano.

Mas não era apenas o cardeal Benelli que dispunha do acesso a esses fatos. No próprio Banco da Itália os membros da Propaganda Due informavam Licio Gelli na Argentina e ele, por sua vez, repassava as notícias a Roberto Calvi e Umberto Ortolani, maçônico e Cavaleiro de Sua Santidade[15]. Ao mesmo tempo, alguns membros da Propaganda Due colocados na magistratura de

---

[13] David A. Yallop, *In God's Name*, cit.

[14] Heribert Blondiau e Udo Gümpel, *El Vaticano santifica los medios: el asesinato del "banquero de Dios"* (Ellago, Castellon, 2003).

[15] Ver o capítulo 17.

Milão informaram a Gelli que a investigação sobre o Banco Ambrosiano tinha terminado e que o extenso e volumoso processo seria entregue ao juiz Emilio Alessandrini. Nesse relatório, conforme atestou o padre DaNicola, havia sido incluída uma reportagem publicada no periódico *Osservatore Politico* (*OP*) e assinada por um jornalista chamado Mino Pecorelli. Intitulada "A Grande Loja Vaticana", a matéria fazia referência, citando nomes completos, a 121 integrantes do Vaticano que pertenciam a diferentes lojas maçônicas. Cardeais, bispos, prelados e oficiais da Santa Sé apareciam numa lista que acabava com o nome de Licio Gelli, grão-mestre da Propaganda Due. Segundo descobriu a espionagem papal, Pecorelli era um ativo membro da loja cujas manchas negras se dedicava, então desencantado, a limpar, ainda que elas maculassem a própria Cidade Eterna.

Em 12 de setembro, o padre Giovanni DaNicola em pessoa apresentou formalmente a lista ao santo padre. João Paulo I viu nela o nome do cardeal Jean Villot, de monsenhor Agostino Casaroli, do cardeal-vigário de Roma, Ugo Poletti, do cardeal Sebastiano Baggio, do bispo Paul Marcinkus e de monsenhor Donato de Bonis, do Banco Vaticano[16].

O pontífice perguntou a Felici e a Benelli se aquele documento era verdadeiro, e os dois religiosos confirmaram que em 1976 uma lista semelhante já circulara na sede do Sodalitium Pianum.

Roberto Calvi acreditava que o papa queria se vingar dele devido ao desfalque que o seu grupo havia dado na Banca Cattolica del Veneto. Mas o que os seus sócios no IOR não sabiam era que ele conseguira desviar cerca de 400 milhões de dólares e depositá-los em contas secretas em vários bancos da América Latina. Gelli disse a Calvi que, segundo as suas fontes, João Paulo I pretendia recuperar as finanças do Vaticano e que, se fizesse isso, descobriria os inúmeros desvios de fundos, as empresas em paraísos fiscais, a lavagem do dinheiro oriundo da máfia e muitas outras falcatruas[17].

Licio Gelli garantiu a Roberto Calvi que o "problema" seria resolvido. Calvi nunca soube se o chefe da Propaganda Due se referia ao responsável pelo Banco Ambrosiano ou ao santo padre.

Na manhã do domingo 17 de setembro, após um ligeiro café-da-manhã, o sumo pontífice chamou o padre DaNicola para que este lhe entregasse o relatório elaborado pela Santa Aliança sobre o processo da crise financeira do Vaticano, que fora intitulado *IOR – Banco Vaticano. Situação e Processo*. Redigido à mão por um agente da inteligência papal e classificado como "Altamente

---

[16] Martin Short, *Inside the Brotherhood*, cit.
[17] David A. Yallop, *In God's Name*, cit.

Confidencial" e "Sob Segredo Pontifício"[18], o documento começava afirmando que "o papa João XXIII tinha deixado ao seu sucessor alguns fundos de reserva oriundos do óbolo de São Pedro e administrados pelo IOR. A quantia totalizava 50 bilhões de liras". Naquela época, a Administração de Bens era dirigida pelo cardeal Gustavo Testa e o IOR, por monsenhor Alberto Di Jorio. "Paulo VI chegou a preparar um decreto para unir todas as administrações, mas misteriosamente no último momento a idéia não foi concretizada", dizia o informe. "Eu [o agente que escreveu o documento] creio que a presença de Michele Sindona nos nossos negócios e a sua ligação com Licio Gelli teve muito a ver com a não-promulgação desse decreto."

A análise da espionagem pontifícia referia-se ainda "a uma figura sombria chamada Umberto Ortolani, um bolonhês amigo íntimo dos cardeais Giacomo Lercaro e Joseph Frings".

O Sodalitium Pianum era o departamento da espionagem vaticana mais bem informado sobre Ortolani. Segundo o relatório do SP, Ortolani era um bolonhês baixo e gordinho, que usava sempre um grosso cordão de ouro no colete. Ele comandava suas operações de sua luxuosa casa de campo em Grottaferrata, onde diversas vezes os cardeais Lercaro e Frings se hospedaram. "Umberto Ortolani dedica-se a comprar empresas em crise, reabilitá-las e depois vendê-las por um preço bem mais alto", lia-se no documento. Um anexo especial indicava ainda que Ortolani ingressara na Ordem de Malta e em seguida se iniciara na loja Propaganda Due, de Licio Gelli[19].

Desde janeiro de 1977, a Santa Aliança conhecia a chamada "Lista dos 500". Nessa época, Mario Barone, companheiro universitário de Michele Sindona, revelou a existência da célebre lista com quinhentos nomes de empresários, políticos, economistas, membros da cúria romana, industriais e mafiosos que haviam utilizado os bancos de Sindona para tirar da Itália grandes somas de dinheiro. Barone prometeu entregá-la às autoridades em troca da imunidade, mas quando abriu o cofre de segurança da Banca Privata, onde deveria estar o documento, ele estava vazio – e até hoje ninguém sabe onde é que o serviço secreto papal conseguiu uma cópia[20].

Em 23 de setembro, João Paulo I já tinha em mãos praticamente tudo o que fora investigado a respeito do Vaticano S. A. Naquela tarde, após uma reunião com o responsável pela Santa Aliança, este falou ao santo padre sobre outra figura suspeita que circulava entre as finanças do Vaticano, o

---

[18] Paul L. William, *The Vatican Exposed*, cit.
[19] Ricardo de la Cierva, *El diario secreto de Juan Pablo I*, cit.
[20] Luigi DiFonzo, *Micheie Sindona, el banquero de San Pedro*, cit.

eslovaco monsenhor Pavel Hnilica[21]. Alguns diziam que era ele que passava as informações do IOR para os agentes da espionagem pontifícia, mas isso nunca foi comprovado.

João Paulo I também teve acesso a outro relatório vindo do padre Giovanni DaNicola. A Santa Aliança descobrira que os inspetores do Banco da Itália tinham passado a investigar o Banco Ambrosiano após uma denúncia anônima (Luigi Cavallo, amigo de Michele Sindona e um mafioso de pouca importância) feita em 21 de novembro de 1977. Era evidente que o alvo se tratava de Roberto Calvi, e pouco a pouco as autoridades fiscais começaram a desmantelar a sua complexa organização.

Calvi tinha negócios no Peru, na Nicarágua, em Porto Rico, nas Ilhas Cayman, no Canadá, na Bélgica e nos Estados Unidos, mas seu ponto fraco eram as empresas Suprafin e Ultrafin. Nem Calvi nem Sindona tinham interesse que a verdade sobre essas sociedades fosse descoberta, e a sua única tábua de salvação era Paul Marcinkus. Quando os investigadores italianos começaram a decifrar as ligações entre elas e sua movimentação financeira, apareceu Carlo Oligati, administrador geral do Banco Ambrosiano, declarando que, na verdade, a Suprafin pertencia ao Vaticano e, portanto, era "intocável". Marcinkus precisou apenas confirmar com a cabeça para dispensar as autoridades italianas.

O último dia de vida de João Paulo I foi uma jornada normal de trabalho. Aquele 28 de setembro de 1978 começou com uma oração na sua capela particular, um leve café-da-manhã enquanto escutava as notícias da RAI e um primeiro contato com seus secretários, John Magee e Diego Lorenzi.

Às nove da manhã iniciaram-se as audiências. O papa recebeu o cardeal Bernardin Gantin e o padre Riedmatten, responsáveis por todas as obras sociais da Igreja. Por volta das duas da tarde, o sumo pontífice retirou-se para almoçar com um pequeno grupo que costumava acompanhá-lo. Sentaram-se à mesa o cardeal Jean Villot e os padres Lorenzi e Magee. Em seguida, todos fizeram uma longa caminhada, de cerca de uma hora, pelos jardins da Santa Sé.

No começo da tarde, João Paulo I, acompanhado por dois membros de sua escolta e dois agentes da Santa Aliança, cuidou de alguns papéis e reviu cartas pessoais às quais deveria responder. Ao entardecer passou horas com o cardeal secretário de Estado, Jean Villot, despachando assuntos do Vaticano. Falou ainda ao telefone com os cardeais Giovanni Colombo, arcebispo de Milão, e Benelli.

---

[21] Foi Pavel Hnilica, fundador do Pro Fratibus, quem tentou recuperar a pasta que Roberto Calvi levava consigo antes de seu suposto "suicídio" em Londres. Ao que parece, Hnilica oferecia alguns milhões por ela.

Às oito da noite, retirou-se para rezar o terço em companhia de duas freiras e seus dois secretários. Depois foi servida a ceia, constituída de sopa de peixe, feijão verde, queijo fresco e fruta. Por volta das nove, como era de costume, sentou-se à frente da televisão para assistir ao jornal. Em seguida, recolheu-se para o seu quarto e solicitou à irmã Vincenza que providenciasse um jarro com água para colocar na sua mesinha. Às nove e meia da noite, João Paulo I fechou a porta do quarto, pronunciando suas últimas palavras[22].

Como tinha o hábito de ler um pouco na cama antes de dormir, o papa mandara instalar uma luminária no criado-mudo. Naquela noite, os agentes da Santa Aliança que faziam a segurança do pontífice foram dispensados por ordem de um superior não identificado, segundo informou na manhã seguinte o padre Giovanni DaNicola ao cardeal Benelli.

O santo padre morreria de "causa natural" ou "assassinado" entre as 21h30 de 28 de setembro e as 4h30 da madrugada do dia 29[23].

Existem duas versões sobre quem descobriu o cadáver. A oficial, ou seja, a do Vaticano, diz que o primeiro a entrar no aposento do papa morto foi o secretário John Magoe[24]. Mas, de acordo com a versão extra-oficial e verdadeira, foi a irmã Vincenza Taffarell quem, ao entrar no dormitório do sumo pontífice por ele não responder à sua chamada, encontrou o corpo de João Paulo I.

Às 5h40, como fazia todas as manhãs, a irmã Vincenza bateu na porta para acordar o santo padre. Sem obter resposta mesmo depois de ter chamado com insistência, entrou no quarto, encontrando o corpo sem vida de João Paulo I. A luz do criado-mudo ainda estava acesa. Saiu apressada do aposento, e imediatamente a pesada máquina vaticana foi acionada. A ajudante do papa avisou o padre John Magee, que por sua vez informou o cardeal secretário de Estado, Jean Villot, e o decano do Sacro Colégio Cardinalício, cardeal Carlo Confalonieri. Foi Villot quem deu a notícia ao médico pontifício, Renato Buzzonetti.

No interior do dormitório a confusão era total. O médico papal atestou que João Paulo I morrera por volta das 23h30 de 28 de setembro devido a um enfarte agudo do miocárdio. Às 7h30 da manhã, a agência Ansa dava a notícia do falecimento do sumo pontífice.

Dirigida pelos cardeais Silvio Oddi e Antonio Samore, a comissão cardinalícia criada para investigar o caso concluiu que João Paulo I falecera de "morte

---

[22] John Cornwell, *A Thief in the Night*, cit.

[23] David A. Yallop, *In God's Name*, cit.

[24] Esta versão é a defendida ainda hoje pelo Vaticano. Para a Santa Sé não era muito "decoroso" que o corpo do sumo pontífice fosse encontrado na cama por uma mulher. Ao que parece, a versão oficial foi inventada pelo cardeal secretário de Estado, Jean Villot.

natural por enfarte", mas muitas perguntas ficaram sem resposta quando o processo de inquérito foi classificado como Segredo Pontifício por ordem do papa João Paulo II. Ainda hoje esse relatório permanece, como muitos outros, num escondido canto do Arquivo Secreto do Vaticano.

Por que foi dito que o pontífice sofria do coração quando o médico que o acompanhou por toda a vida, doutor Antonio Da Ros, não confirmou esse diagnóstico? Por que o doutor Da Ros não foi chamado se o secretário papal John Magee disse que o pontífice se queixara várias vezes durante o dia de dor no peito? Por que foi dito que o santo padre tomava apenas vitaminas quando na verdade o doutor Buzzonetti lhe prescrevera injeções para estimular a glândula que segrega a adrenalina? Por que não se divulgou que foram receitadas a João Paulo I injeções para minorar o problema de pressão baixa? Por que a garrafa térmica com café que a irmã Vincenza levava ao quarto todas as manhãs estava intacta quando se descobriu o corpo do santo padre e desapareceu pouco depois sem deixar o menor rasto? Por que e quem ordenou a retirada da vigilância ao papa feita pelos agentes da Santa Aliança? Por que Paul Marcinkus não demonstrou nenhum espanto quando o oficial da Guarda Suíça Hans Roggan lhe deu a notícia da morte do sumo pontífice, segundo o testemunho do próprio Roggan? Por que foi dito que não havia sido feita nenhuma autópsia ao cadáver do papa quando na verdade se fizeram três? Por que o resultado de nenhuma das três autópsias foi publicado? Por que a Santa Aliança foi instruída a não abrir nenhum inquérito? Sim, todas essas perguntas e muitas outras ficariam sem resposta[25].

O padre Giovanni DaNicola, que informava ao sumo pontífice os maus investimentos financeiros realizados por Paul Marcinkus e seus sócios através do IOR, sabia que, após a morte de João Paulo I, estava com os seus dias contados. O espião solicitou proteção ao cardeal Benelli, mas por algum motivo o pedido não foi atendido. Benelli tinha conseguido que a Santa Sé, por meio da Secretaria de Estado, transferisse DaNicola para a nunciatura no Canadá, mas a confirmação dessa mudança nunca chegou.

Nem bem o mundo se recuperara do choque pela morte de João Paulo I – ocorrida apenas quatro dias antes –, o agente da espionagem papal apareceu enforcado num mal-cuidado parque de Roma muito freqüentado por travestis e prostitutas à procura de clientes. Talvez pelo fato de a polícia italiana ter arquivado o caso depois de considerar que se tratara de suicídio, ninguém quis investigar as estranhas marcas que DaNicola trazia nos braços e no corpo, como se tivesse lutado com alguém. A autópsia revelava que Giovanni DaNicola tinha

---

[25] David A. Yallop, *In God's Name*, cit.; John Cornwell, *A Thief in the Night*, cit., e Luigi DiFonzo, *Michele Sindona, el banquero de San Pedro*, cit.

o pescoço partido, ao que parece provocado por uma forte pancada na nuca e não pelo tranco do corpo ao despencar com a corda amarrada ao pescoço. Era evidente que aquele que sabia quase todos os segredos do IOR e de Paul Marcinkus havia sido assassinado. Ninguém fez perguntas, nem sequer os chefes da Santa Aliança ou do Sodalitium Pianum.

Com a misteriosa morte de João Paulo I, mais uma vez o conclave para escolher o sucessor do papa foi convocado. Em 14 de outubro de 1978, às 4h30 da tarde, 111 cardeais entraram na reunião da qual sairia o novo ocupante do trono de São Pedro. Na Capela Sistina, os religiosos ouviram em silêncio as rigorosas normas do conclave. O cardeal Wojtyla estava muito tranqüilo na véspera da primeira votação[26].

No dia seguinte, domingo 15 de outubro, começaram as votações. A luta trava-se entre os cardeais Giuseppe Siri e Benelli, cada um com trinta votos[27]. Na segunda rodada, os dois perdem apoio, mas à tarde o cardeal Ugo Poletti, presidente da Conferência de Bispos Italianos, consegue trinta votos. Na quarta votação, entram na disputa os cardeais Felici e Wojtyla, que recebe cinco votos. Apesar do silêncio que reinava nas celas ao redor da Capela Sistina, um grande combate pelo controle da Igreja católica se desenrolava.

Embora Siri não viesse perdendo terreno, em cada votação apenas entravam e saiam novos nomes de candidatos, sem que se alcançasse o resultado esperado. Naquela mesma noite, o cardeal Franz König negocia com os conclavistas franceses, alemães, espanhóis e norte-americanos o possível apoio ao polaco Wojtyla. Na manhã de segunda-feira, dia 16, ocorrem mais duas votações e Siri continua perdendo terreno em relação a outros cardeais, como Giovanni Colombo, Ugo Poletti e Johannes Willebrands[28].

No sufrágio seguinte, cresce o número de votos no cardeal Karol Wojtyla. Naquela tarde ele se reúne na sua cela com o cardeal primaz da Polônia, Wyszynski, que lhe diz que, se for eleito, deve aceitar. Duas votações depois, Karol Wojtyla ouviu seu nome anunciado: dentre 108 cardeais, 99 tinham votado nele.

O inimaginável e inédito ocorrera: um papa de um país do leste europeu, de uma nação da Cortina de Ferro. Depois de pronunciar as palavras de aceitação e dizer o nome que adotaria como pontífice, o santo padre foi escoltado até a antecâmara conhecida como *camera lacrimatoria*, o salão onde os papas recém-eleitos vestem seu hábito branco.

Em seguida, num passo firme, João Paulo II dirigiu-se para a varanda a fim de proferira bênção *Urbi et Orbi* ao mundo e aos fiéis. Momentos depois,

---

[26] Carl Bernstein e Marco Politi, *His Holiness* (Bantam Doubleday, Nova York, 1996).
[27] Michael J. Walsh, *The Conclave*, cit.
[28] Carl Bernstein e Marco Politi, *His Holiness*, cit.

convidou os membros do conclave para jantar com ele. As expectativas com a chegada de um novo papa desfizeram-se logo nas primeiras nomeações. Para chefiar a Santa Aliança e o Sodalitium Pianum, João Paulo II nomeou monsenhor Luigi Poggi – religioso de 61 anos nascido na região italiana de Piacenza –, que ocupava o cargo de delegado apostólico na Polônia desde 1975. Poggi era sem dúvida aquele de quem a Santa Aliança precisaria numa época em que começavam a surgir as primeiras brechas na Cortina de Ferro. Trata-se de novos tempos, e para isso são necessários serviços de espionagem ativos, num dos pontificados mais políticos de toda a história da Igreja católica romana e quando as repercussões pelas operações econômicas do IOR ainda são recentes.

Se o cardeal Benelli tivesse sido eleito, não haveria a menor dúvida de que o Jean Villot seria substituído, enquanto Marcinkus, Mennini e De Strobel, demitidos e talvez processados, mas nada disso aconteceu. O cardeal polaco Karol Wojtyla tornou-se papa e, apesar da mudança, tudo continuou exatamente como era antes.

Embora toda a informação sobre o escândalo financeiro recolhida pelos cardeais Benelli e Felici, pela Santa Aliança e pelo Sodalitium Pianum tenha sido posta à disposição do santo padre, bem como as provas contra os membros da cúria que faziam parte da maçonaria, nada mudou. O cardeal Jean Villot foi confirmado à frente da Secretaria de Estado; Paul Casimir Marcinkus, ajudado por Mennini e De Strobel, permaneceu controlando o IOR e encobrindo as atividades ilegais do Banco Ambrosiano. Calvi, Gelli e Ortolani continuaram com toda a liberdade para se dedicar ao roubo organizado, apoiados pelo IOR. Por sua vez, Sindona garantiu sua liberdade nos Estados Unidos longe da alçada da lei italiana. Como diria um dia o personagem do príncipe de Lampedusa, no célebre romance O *Leopardo*: "Faz falta que tudo mude para que tudo permaneça igual".

Dez anos após ser fundado por Licio Gelli, a loja Propaganda Due continuou a controlar e manipular a política de diversos países e apoiar golpes de Estado, como o dos militares argentinos.

Em 1979 e 1982, cinco cardeais envolvidos no inquérito do IOR e do Banco Ambrosiano, gozando de boa saúde e com uma média de idade de 69 anos, morreram misteriosamente: Jean Villot, 73 anos, Sergio Pignedoli, setenta anos, Egidio Vagnozzi, 74 anos, Pericle Felici, setenta anos, e Giovanni Benelli, 61 anos.

Vários escritores especularam a misteriosa morte do papa João Paulo I, como o investigador David Yallop no seu livro *In God's Name – An Investigation into the Murder of Pope John Paul I*, e o historiador John Cornwell, na sua obra *A Thief in the Night – Life and Death in the Vatican*. Mas enquanto Yallop defende que o falecimento do pontífice foi resultado de um complô organizado pela Propaganda Due e os círculos financeiros do IOR, Cornwell sustenta que, embora o papa possa ter morrido naturalmente, não descarta uma conspiração que "considerasse conveniente" a morte dele para continuar com as veladas operações financeiras.

De qualquer forma, o fato é que o falecimento de João Paulo I continua sendo um dos maiores e mais bem guardados segredos de toda a história da Santa Sé. As intervenções da espionagem e da contra-espionagem pontifícias nesse caso foram apenas testemunhais e quase acidentais. Com a chegada de João Paulo II ao trono de São Pedro, os agentes da Santa Aliança assumiriam um papel muito mais ativo em operações clandestinas, como a venda de armas à Argentina durante a Guerra das Malvinas contra a Grã-Bretanha de Margareth Thatcher ou o financiamento ilegal com fundos desviados do IOR feito ao sindicato Solidariedade, de Lech Walesa. Em todo caso, ainda faltava ajustar contas com muitos dos protagonistas dos escândalos financeiros em que o Vaticano estava envolvido, e nesse plano, é verdade, o serviço secreto papal seria estratégico na hora dos assassinos.

CAPÍTULO DEZENOVE

A HORA DOS ASSASSINOS
(1979-1982)

> O dia inteiro eles me difamam, seus pensamentos
> todos são para o meu mal. Reúnem-se, armam ciladas,
> observam meus passos, e odeiam a minha vida.
>
> *Salmos 55:6,7**

O coronel Ryszard Kuklinski escancarou a porta para anunciar ao general Wojciech Jaruzelski, de 57 anos, que Karol Wojtyla acabava de ser eleito sumo pontífice. Para o ministro da Defesa da República Popular da Polônia aquela notícia era como qualquer outra, mas o que ele não sabia naquele momento era que a eleição de um polaco como novo papa lhe causaria uma dor de cabeça a mais.

Os resquícios do escândalo IOR continuavam a atingir o Vaticano, mas Licio Gelli, com sua poderosa influência, estava disposto a solucionar a questão. Em janeiro de 1979, Mario Sarcinelli convenceu Roberto Calvi a se apresentar à comissão especial do Banco da Itália. O "banqueiro de Deus" seria interrogado sobre suas relações com a Suprafin, os contatos entre o Banco Ambrosiano e o IOR de Marcinkus e a filial do banco que operava em Nassau. Um dos investigadores solicitou a Calvi que indicasse o nome dos acionistas do Ambrosiano, mas o "banqueiro de Deus" se negou a falar.

Outro obstáculo seria o advogado e jornalista Carmine "Mino" Pecorelli. Na sua revista, *Osservatorio Politico*, a *OP*, Pecorelli revelou vários escândalos na década de 1960. A maior parte deles procedia de informantes envolvidos com a máfia. Com o passar dos anos, a *OP* tornou-se uma importante celeiro de informações não apenas para políticos, mas também para economistas, advogados e auditores fiscais[1].

---
* *Bíblia Católica Online*, cit. (N. T.)
[1] Mario Guarini, *I mercanti del Vaticano: Affari e scandali – l'industria della anime* (Kaos, Milão, 1998).

A verdade é que o jornalista tinha acesso a privilegiadas fontes de dados devido aos estreitos contatos com componentes dos serviços secretos italianos e papais e, naturalmente, com pessoas de destaque na Propaganda Due. Pecorelli era membro da loja graças às suas relações com Licio Gelli.

O próprio grão-mestre pedia aos seus poderosos irmãos da loja que facilitassem papéis e documentos à OP como forma de denunciar todos aqueles que se opusessem em segredo à Propaganda Due ou aos interesses dela. Em meados de 1977, Pecorelli decidiu iniciar uma investigação sobre um dos maiores roubos na história financeira da Itália. O caso consistia em adulterar e vender de maneira fraudulenta um derivado de petróleo utilizado no aquecimento central dos edifícios e como combustível nos caminhões. Os lucros, segundo os dados apresentados por Pecorelli, chegavam a quase 9,5 bilhões de dólares. O jornalista continuou a investigar perigosamente até descobrir que o IOR e monsenhor Paul Marcinkus estavam envolvidos na fraude. Por meio de um agente autônomo da Santa Aliança, talvez o jesuíta polaco Kazimierz Przydatek, o Banco Vaticano desviava o dinheiro sujo obtido para contas no estrangeiro, sobretudo em Nassau e na Suíça. De repente, em agosto de 1977, os artigos a respeito do escândalo do combustível sumiram. O senador democrata-cristão Claudio Vitalote, o juiz Carlo Testi e o general Donato Prete, da Central de Finanças, haviam pressionado Pecorelli a deixar o assunto de lado. Fala-se também de uma misteriosa visita que Przydatek teria feito ao jornalista. Uma fonte garantiu, após o assassinato de Pecorelli, que o jesuíta polaco e espião do serviço de inteligência papal Kazimierz Przydatek era mesmo um agente livre às ordens de monsenhor Marcinkus.

No início de 1978, Mino Pecorelli voltou a publicar artigos sobre a infiltração da maçonaria na Santa Sé e em especial nos seus três grandes núcleos de poder: a diplomacia, as finanças e os serviços secretos[2]. Em uma das matérias o jornalista apresentava uma lista dos principais membros maçônicos do Vaticano, na qual o poderoso cardeal Jean Villot era citado. Licio Gelli soube que, se essa relação chegasse às mãos do papa Luciani, poderia colocá-los em sérias dificuldades, principalmente Paul Marcinkus e Roberto Calvi.

Após a morte de João Paulo I, Gelli negociou diretamente com Pecorelli e, ao que tudo indica, o jornalista pediu pelo seu silêncio cerca de 3 milhões de dólares – mas Gelli se negou a pagar tal valor.

O primeiro artigo apareceu na OP, o que deixava em má situação o próprio Licio Gelli. O texto afirmava que o grão-mestre da Propaganda Due havia sido espião da KGB, depois da CIA e por último da Santa Aliança[3].

---

[2] Mario Guarini, *I mercanti del Vaticano*, cit.
[3] Martin Short, *Inside the Brotherhood*, cit.

Passados alguns dias da publicação dos primeiros cinco artigos na OP, Licio Gelli convidou Mino Pecorelli para jantar e falar do assunto. Naquela noite, Przydatek foi visto perto da casa do jornalista, mas a polícia italiana nunca o interrogou a esse respeito.

No fim do dia seguinte, depois de trabalhar exaustivamente no seu escritório, Mino Pecorelli saiu do edifício para se encontrar com Gelli, com havia sido combinado na véspera. Quando caminhava em direção ao carro estacionado no parque, dois homens aproximaram-se do jornalista e lhe deram três tiros na boca. A máfia fizera a sua própria justiça, aplicando em Pecorelli o *sasso in bocca*: "um traidor não voltará a falar"[4]. Mas nunca ninguém foi detido por esse crime.

Em 29 de março de 1979, foi emitida uma ordem de prisão para os diretores do Banco da Itália que investigavam as conexões do Banco Ambrosiano e do IOR de Marcinkus. Mario Sarcinelli e Paolo Baffi foram detidos e acusados de esconder deliberadamente informações a respeito do inquérito[5].

Embora tenha sido posto em liberdade, Sarcinelli, chefe de investigadores do Banco da Itália, não conseguiu autorização do juiz para regressar à instituição financeira e, portanto, para prosseguir seu trabalho no inquérito do Banco Ambrosiano[6].

Outro inspetor que tentara fazer uma investigação independente sobre as relações entre Michele Sindona e o Banco Vaticano foi Giorgio Ambrosoli. Como auditor fiscal do império Sindona desde 1974, Ambrosoli não encontrou dificuldade para denunciar as operações que o banqueiro da máfia tinha realizado em colaboração com o Banco Vaticano.

A sua iniciativa permitiu identificar quase 97 altos funcionários da administração, da política, das finanças e do Vaticano com contas correntes no exterior, especialmente em Londres, na Suíça e nos Estados Unidos. Entre eles estavam homens de confiança dos papas Paulo VI e João Paulo II, como Máximo Spada ou Luigi Mennini[7].

Ambrosoli encontrou provas irrefutáveis da cumplicidade do Banco Vaticano com as operações fraudulentas realizadas por Michele Sindona. Em maio de 1979, o auditor calculava a falência do império Sindona por perdas que chegavam aos 757 bilhões de liras.

---

[4] Rita di Giovacchino, *Scoop mortale: Mino Pecorelli, storia di un giornalista kamikaze* (Tulio Pironti, Nápoles, 1994).

[5] Heribert Blondia e Udo Gümpel, *El Vaticano santifica los medios*, cit.

[6] Desmoralizado pelos obstáculos impostos à sua investigação e devido às ameaças feitas a toda sua família, no final de 1979 Paolo Baffi decidiu abandonar o seu posto no Banco da Itália.

[7] Corrado Stajano, *Un eroe borghese: il caso dell'avvocato Giorgio Ambrosoli assassinato dalla mafia politica* (Einaudi, Turim, 1991).

Giorgio Ambrosoli contou com a colaboração de Boris Giuliano, superintendente das forças policiais em Palermo, e do tenente-coronel Antonio Varisco, chefe da segurança de Roma. Quando estava investigando Sindona, por acaso Giuliano descobriu no colete de um mafioso assassinado dois cheques que envolviam o banqueiro da máfia no envio de dinheiro sujo procedente do tráfico de heroína para uma conta bancária no Caribe. Por sua vez, Varisco fez uma pesquisa profunda sobre as origens da Propaganda Due. Ambrosoli descobriu, por exemplo, como a Banca Cattolica del Veneto mudara de mãos e como um agente da Santa Aliança de um país do Leste (possivelmente, Kazimierz Przydatek) transportara em duas maletas 9,5 milhões de dólares em comissões destinadas a Roberto Calvi, Paul Marcinkus e ao cardeal John Cody[8].

Em 11 de junho de 1979, Ambrosoli foi morto na porta de sua casa por William Arico, um assassino profissional. Novamente diversas testemunhas relataram à polícia que, alguns dias antes do crime, um homem alto, de cabelos castanho-claros, fora visto nas proximidades tomando notas de algo. Przydatek, o agente da espionagem pontifícia que trabalhava para Marcinkus, se encaixava nessa descrição.

Em 13 de junho, o tenente-coronel Antonio Varisco foi metralhado por dois homens num semáforo. Em 20 de julho, Boris Giuliano entrou no Lux Bar, em Palermo, para tomar o seu café como fazia todas as manhãs. Quando se dirigia ao caixa para pagar a conta, um homem se aproximou por trás e lhe deu um tiro na nuca. Antes de ir embora, o assassino deixou sobre o corpo um cravo branco. Uma investigação demonstraria anos depois que o cravo branco era um sinal utilizado pela Inquisição em Roma durante os anos em que o cardeal e inquisidor-geral Miguel Ghislieri[9] espalhava o terror na Cidade Eterna. A flor era colocada pelos denunciantes anônimos na frente da casa daqueles que deveriam ser presos e torturados pelo Santo Ofício.

Embora Ambrosoli não tivesse concluído a sua investigação, o volumoso dossiê foi usado como prova de acusação no julgamento que seria realizado em Nova York contra Michele Sindona. Roberto Calvi e Paul Marcinkus declaram nunca ter recebido nenhuma comissão pela venda da Banca Cattolica del Veneto. O julgamento de Sindona pela quebra do Franklin Bank começou em fevereiro de 1979.

Altos membros da cúria romana, como Paul Marcinkus, e ilustres cardeais, como Giuseppe Caprio e Sergio Guerri estavam prestes a depor a favor de

---

[8] Peter T. Schneider, *Reversible Destiny: Mafia, Antimafia, and the Struggle for Palermo* (University of California Press, Los Angeles, 2003).

[9] Em 7 de janeiro de 1566, o cardeal Miguel Ghislieri foi nomeado papa. Já como Pio V decidiu fundar a Santa Aliança, o serviço secreto pontifício.

Sindona, mas poucas horas antes das suas declarações, na embaixada dos Estados Unidos em Roma, o cardeal Agostino Casaroli, segundo consta por ordem expressa de João Paulo II, exigiu que Marcinkus, Caprio e Guerri "ficassem de boca fechada". Em seguida, o Vaticano, por meio da Secretaria de Estado, emitiu um comunicado que dizia:

> Podem criar um precedente muito conflituoso e prejudicial. Houve publicidade demais. Dói-nos muito que o governo dos Estados Unidos não reconheça o Vaticano no plano diplomático, porque o Vaticano é um Estado de direito.[10]

O fato é que Casaroli salvou o Estado do Vaticano de um escândalo, sem saber que desobedecera a uma ordem direta do papa, que havia autorizado o depoimento de Marcinkus, Caprio e Guerri a favor de Sindona. O fiel Casaroli só saberia disso anos depois[11].

Por fim, em 23 de março de 1980, Michel Sindona, o banqueiro da máfia, foi declarado culpado por 95 crimes, entre eles fraude, conspiração, perjúrio, falsificação de documentos bancários e apropriação indevida de fundos depositados nos seus bancos. Sindona ficou preso no Centro Correcional Metropolitano de Manhattan à espera da sentença. Enquanto passava as horas numa cela vestido com um macacão laranja de presidiário em vez de seus ternos de 1,5 mil dólares, Roberto Calvi e Paul Marcinkus continuavam com seus negócios sujos. Uma das empresas mais rentáveis para a Santa Sé seria a Bellatrix, sediada no Panamá.

Embora a Bellatrix tivesse sido fundada em 1976 por Calvi com dinheiro do IOR, todas as suas operações eram na verdade controladas e dirigidas por Marcinkus – como representante do IOR –, Licio Gelli, o maçônico Umberto Ortolani e Bruno Tassan Din, diretor executivo e estrategista financeiro do poderoso grupo editorial Rizzoli[12].

Por meio da Bellatrix foram transferidos milhões de dólares todos os dias para contas secretas. Por um lado, entravam fundos oriundos da lavagem de dinheiro do tráfico de drogas ou de operações financeiras fraudulentas, e, por outro lado, eles saíam para as mãos de políticos corruptos sul-americanos. Para cuidar da Bellatrix, Marcinkus tinha destacado três agentes da Santa Aliança, que se comunicavam diretamente com ele, passando por cima de seu superior imediato, monsenhor Luigi Poggi.

---

[10] David Alvarez, "The Professionalization of the Papal Diplomatic Service", cit.
[11] John Cornwell, *A Thief in the Night*, cit.
[12] David A. Yallop, *In God's Name*, cit.

A espionagem pontifícia sabia que em setembro de 1976 Calvi abrira em Manágua uma sucursal do Banco Comercial, pertencente ao Grupo Ambrosiano. Mesmo que a função oficial fosse facilitar as transações comerciais entre países da região, a extra-oficial, com a aprovação de Paul Marcinkus, consistia em desviar fundos provenientes dos negócios fraudulentos para contas em Nassau.

Luigi Poggi e a Santa Aliança não se importavam de fazer vista grossa para as operações fraudulentas preparadas por Marcinkus por intermédio do IOR, uma vez que, no fim das contas, os lucros sempre poderiam ser utilizados para financiar operações clandestinas a favor da Igreja e em defesa da fé.

Foi Licio Gelli quem apresentou Anastasio Somoza a Calvi. Em troca de transformar a Nicarágua num refúgio seguro para o caixa 2 do Vaticano e do passaporte diplomático nicaragüense que Calvi teria até morrer, o IOR pagou grandes somas ao ditador, sempre em maletas levadas por um membro do serviço secreto papal[13].

No começo de 1978, os sandinistas derrubaram o ditador e tomaram o poder na Nicarágua. A primeira medida do novo regime foi a nacionalização de todos os bancos estrangeiros, com exceção do Banco Comercial do Grupo Ambrosiano. Por um "simples acaso", como em toda a história da política exterior da Santa Sé, o IOR de Paul Marcinkus enviou milhões de dólares aos "comandantes" da Frente Sandinista de Libertação Nacional (FSLN) para financiar a compra de material de guerra em países como Espanha, França e Bélgica.

As ações do Banco Ambrosiano negociados ilegalmente e escondidas em companhias fantasmas criadas pelo IOR no Panamá estavam fora do alcance dos auditores do Banco da Itália, mas Calvi não parecia muito tranqüilo com a chegada dos sandinistas e por isso resolveu mudar todos os seus negócios da Nicarágua para o Peru. Dessa forma, no dia 1º de outubro de 1979 inaugurou o Banco Ambrosiano Andino, mas apenas as operações da Bellatrix foram transferidas para Lima; as outras empresas continuaram proliferando em Luxemburgo. No total, dezenove sociedades financeiras operavam na cidade européia, todas pertencentes ao IOR, como demonstra o certificado emitido pelo próprio Banco Vaticano e assinado por Paul Marcinkus.

Ao término de 1979, os prejuízos do IOR atingiam os 200 milhões de dólares e para o ano seguinte estavam previstos 280 milhões de dólares. Segundo o cardeal Sergio Guerri, administrador do governo da Cidade do Vaticano, o papa João Paulo II em pessoa lhe teria dito que, se essa tendência continuasse, estava convencido de que no final de 1985 o Estado do Vaticano se encontraria completamente arruinado. Mas ao mesmo tempo o Bank for International

---

[13] Mario Guarini, *I mercanti del Vaticano*, cit.

Stetlements publicara um relatório demonstrando que entre 1978 e 1979 o IOR havia depositado em bancos estrangeiros valores entre 900 milhões e 1,3 bilhões de dólares. Os fundos totais depositados dentro e fora do Vaticano chegavam à casa dos 2,5 bilhões de dólares. João Paulo II conhecia esses dados, mas omitiu-os em sua reunião com os cardeais Felici e Benelli[14].

No início de 1980, enquanto a dívida externa da Polônia aumentava e o país enfrentava um inverno sem carvão, o governo decidiu lançar mão do congelamento salarial e aumentar os preços dos bens de primeira necessidade, e por isso ninguém se surpreendeu quando as greves gerais começaram a ser decretadas em todo o país. Enquanto o sumo pontífice trabalhava em Castelgandolfo com monsenhor Luigi Poggi, o seu chefe da espionagem, o eletricista desempregado Lech Walesa, de ombros largos e bigode farto, subia numa escavadeira nos estaleiros Lenin. Fazia vários meses que aqueles trabalhadores se recusavam a aderir às greves[15].

A economia da Polônia estava quebrada, milhões de operários mostravam-se descontentes e as greves, que a princípio eram espontâneas, estenderam-se a mais de 150 grandes empresas.

Apesar de a polícia ter matado 45 trabalhadores nos estaleiros desde 1970, ninguém queria um novo confronto. Mas naquele dia, enquanto Klemens Giech, gerente e diretor dos estaleiros de Gdansk, prometia aumentos salariais aos que voltassem ao trabalho, do alto da escavadeira Lech Walesa o chamava de mentiroso a plenos pulmões[16].

O fato é que o que num primeiro momento eram greves isoladas tornou-se em pouco tempo uma verdadeira "insurreição política contra-revolucionária", segundo as palavras de Leonid Brezhnev. Walesa contra-atacou quando, em 16 de agosto, diversos trabalhadores estiveram prestes a abandonar a greve por um aumento salarial em torno de 1,5 mil *zlotys* e a garantia de que um monumento à memória das vítimas de dezembro de 1970 seria erguido nos estaleiros.

Muito entusiasmado, Walesa apresentou uma lista com dezesseis exigências e, quando estavam a ponto de ser aceitas, apareceu com outra, contendo mais 21 reivindicações, entre elas a aceitação por parte do governo de um sindicato livre. Nesse mesmo dia, 180 fábricas do país uniram-se em bloco à greve, apoiando todas as imposições feitas por Walesa.

Enquanto isso, no Vaticano, João Paulo II recebia, na presença do cardeal Agostino Casaroli, belas pastas das mãos de monsenhor Luigi Poggi com os

---

[14] David A. Yallop, *In God's Name*, cit.
[15] Carl Bernstein e Marco Politi, *His Holiness*, cit.
[16] Robert Eringer, *Strike for Freedom!: The Story of Lech Walesa and Polish Solidarity* (Dodd Mead, Nova York, 1982).

relatórios elaborados pelos espiões da Santa Aliança. Poggi ordenara ao agente e sacerdote jesuíta polaco Kazimierz Przydatek que formasse um grupo de religiosos poloneses para se infiltrar nos círculos grevistas e nos sindicatos. A partir de então, Przydatek tornou-se uma sombra de Walesa e o melhor informante da Santa Sé sobre a situação polaca.

Segundo o pontífice, "Walesa foi enviado por Deus, pela Providência", e Poggi precisava de um contato permanente perto do líder sindical. Todas as noites, o agente da Santa Aliança recolhia informações em primeira mão depois de conversar com trabalhadores e religiosos. Uma de suas melhores fontes era o padre Henryk Jankowski, da Igreja de Santa Brígida, a paróquia de Lech Walesa em Gdansk. O papa gostou de saber que vários trabalhadores do estaleiro tinham escalado as altas redes de arame e pendurado enormes fotografias dele perante o assombro da polícia que vigiava as instalações. Desde os tempos que auxiliara Paul Marcinkus, Przydatek sabia o que gostavam de ouvir no Vaticano e por isso inventou que os operários tinham desobedecido uma ordem de recuar e, depois de subirem às redes, arrancaram as imagens dos dirigentes polacos para trocá-las pelas de João Paulo II. Claro que era mentira, mas o santo padre ficou muito satisfeito com a história.

O sindicato Solidariedade, criado por Lech Walesa fazia pouco tempo, seria o objetivo seguinte da Santa Aliança.

Diante do receio de que a associação se tornasse mais um refúgio de comunistas moderados, o pontífice ordenou a Poggi que os seus agentes se infiltrassem no Solidariedade e de alguma forma obrigassem seus dirigentes a aceitar uma organização muito mais aberta, na qual estivessem representados líderes e intelectuais católicos.

Przydatek convenceu Walesa a aceitar, na direção do sindicato, Tadeusz Mazowiecki, chefe de redação do jornal católico *Wiez*, e o também católico historiador Bronislaw Geremek. A partir de então, o movimento grevista ficou sob o controle da Igreja. Em poucos dias a Santa Aliança informou Poggi de que o cardeal-primaz Wyszynski preparava uma homilia contra a greve e que o governo de Varsóvia havia noticiado o fato na televisão pública. Poggi transmitiu a informação a Casaroli, mas o especialista em diplomacia sabia que não poderia dizer nada ao papa sobre o amigo e antigo protetor.

Naquele dia, o cardeal Wyszynski começou falando sobre os erros que todos cometem e que ninguém (referia-se aos grevistas) deveria culpar o próximo (o governo comunista polonês). "Todos cometemos erros e pecados", disse o cardeal no púlpito do templo de Czestochova. O discurso teve seu ápice quando se referiu às reivindicações dos grevistas: "Não podem exigir tudo de uma vez. É melhor estabelecer um programa. Ninguém deve colocar o país em perigo".

O sermão caiu como uma bomba. Os grevistas o consideraram uma iniciativa da Igreja para atrasar as reivindicações de um sindicato independente; os intelectuais católicos protestaram, mas mantiveram-se em silêncio; Walesa não fez caso do que disse o arcebispo-primaz; e o papa passou três dias murmurando a mesma frase por entre dentes nos corredores de Castelgandolfo: "Ah! Esse velho... esse velho"[17].

Em 31 de agosto de 1980 seriam assinados os famosos Acordos de Gdansk, que ratificavam a criação do primeiro sindicato independente da Cortina de Ferro, enquanto o Solidariedade, apoiado politicamente pelo Vaticano e por João Paulo II e financeiramente pela Santa Aliança, começava a se estender por todo o país. Poucos dias depois, Edward Gierek perderia o poder, sendo substituído por Stanislaw Kania.

Em 29 de outubro de 1980, o politburo* reuniu-se em segredo, numa sessão extraordinária. Andropov, Gorbachov, Kirilenko, Chernenko, Rusakov e todos os outros abordaram a situação da Polônia. "Creio, e os fatos o demonstram, que os dirigentes poloneses não entendem plenamente a gravidade da situação", afirmou Yuri Andropov, chefe da KGB. "A não ser que se imponha a lei marcial, as coisas podem se complicar ainda mais. As nossas forças do Norte estão na plena disposição e bem preparadas para a luta", declarou Ustinov. Porém, a mais radical das posições foi de Andrei Gromyko, ministro das Relações Exteriores, que disse: "Não devemos perder a Polônia. A União Soviética perdeu 600 mil soldados para libertá-la do jugo nazista. Não podemos permitir uma contra-revolução". E todos ficaram calados.

Ninguém desejava uma nova rebelião húngara, como a de 1956, nem uma reedição da Primavera de Praga (1968). Realmente, no início de 1980, nenhum dirigente soviético queria ver os tanques russos avançarem sobre o solo de Varsóvia para reprimir uma contra-revolução.

Dois dias depois dessa reunião, João Paulo II e Agostino Casaroli tinham em seu poder, graças a um agente do serviço secreto papal infiltrado no Ministério da Defesa da Polônia, tudo o que fora transmitido de Moscou para Varsóvia. Esse espião era na verdade o coronel Ryszard Kuklinski, ajudante de campo do general Wojciech Jaruzelski.

Em 20 de janeiro de 1981, Ronald Reagan assumiu a presidência dos Estados Unidos, mas algumas semanas antes do juramento no Capitólio já haviam sido estabelecidos alguns contatos estratégicos entre Washington e a Cidade

---

[17] Carl Bernstein e Marco Politi, *His Holiness*, cit.

* Acrônimo usado para se referir, neste caso, ao comitê político do então Partido Comunista da União Soviética. (N. T.)

do Vaticano, entre Ronald Reagan e o santo padre, e entre William Casey, da CIA, e monsenhor Luigi Poggi, da Santa Aliança.

Desde o final de 1980, os contatos entre os Estados Unidos e a Cidade Eterna a respeito da situação na Polônia foram estabelecidos entre Zbigniew Brzezinski, assessor da Segurança Nacional do presidente Carter, e o cardeal Josef Tomko, chefe da Propaganda do Vaticano e antigo dirigente do Sodalitium Pianum. Tomko ocupou esse último cargo até João Paulo II nomear monsenhor Luigi Poggi como responsável de todos os serviços de inteligência do Vaticano, que ficaram assim ligados num único comando, situação que se mantém até hoje.

Foram Tomko e Brzezinski que organizaram, com a autorização de Jimmy Carter e de João Paulo II, a chamada Operação Livro Aberto, que consistia em inundar de livros anticomunistas os países do Leste e regiões da União Soviética como a Ucrânia e os países bálticos. Essa operação seria coordenada pela CIA e pela espionagem papal por meio dos padres que trabalhavam nessas áreas.

Enquanto João Paulo II apoiava a Operação Livro Aberto, Carter limitava-se a fazer algumas objeções. Zbigniew Brzezinski escreveria anos depois nas suas memórias: "Era claro que João Paulo II é quem deveria ser eleito presidente dos Estados Unidos, e Jimmy Carter, escolhido como sumo pontífice"[18].

Visto que as possibilidades de ocorrer uma invasão soviética na Polônia estavam aumentando, a Santa Aliança resolveu compartilhar com a CIA a informação fornecida pelo coronel Kuklinski, que durante onze anos, como militar polonês e oficial do Estado-Maior, fornecera dados muito valiosos aos serviços secretos do Vaticano.

Com a nova administração, a Santa Sé tinha dois novos interlocutores para a questão polonesa: Richard Allen, conselheiro da Segurança Nacional, e William Casey, diretor da CIA. As ligações de Kuklinski com a Santa Aliança e o Vaticano tornavam a informação muito valiosa do ponto de vista estratégico. Zbigniew Brzezinski mantinha sua posição de elo entre a Casa Branca e a espionagem papal.

No entanto, a opinião de Ronald Reagan sobre a Igreja católica e o Vaticano era muito diferente da visão das anteriores administrações, até mesmo de John F. Kennedy, o único presidente católico dos Estados Unidos. Mas Reagan era filho de um trabalhador católico irlandês, e isso o marcara demais. Um de seus principais núcleos eleitorais eram os católicos, no meio de quem se sentia muito à vontade. Para Reagan e seus assessores, a Igreja era o perfeito murro de contenção do comunismo. Tal como João Paulo II, o presidente dos

---

[18] Zbigniew Brzezinski, *The Grand Failure: The Birth and Death of Communism in the Twentieth Century* (Scribner, Nova York, 1989).

Estados Unidos via o marxismo, o leninismo e o comunismo como os sinais do mal que era preciso afastar do planeta.

Era óbvio que o Solidariedade representava para Moscou uma ameaça séria sem precedentes, talvez uma "infecção" que contagiava um sistema monolítico, como o comunista, e que, se infectasse os países bálticos, poderia desfazer o bloco soviético.

O sumo pontífice e os principais assessores da Santa Sé estavam convencidos de que, se o Solidariedade triunfasse na Polônia, a onda expansiva afetaria também a Ucrânia, os Bálcãs, a Letônia, a Lituânia, a Estônia e talvez a Tchecoslováquia. Reagan entendeu que, se isso ocorresse, poderia pensar no fim da Guerra Fria e na vitória do capitalismo sobre o comunismo[19].

Em uma reunião do presidente Reagan com William Casey e William Clark, assessor presidencial, este declarou: "Não podemos nos ver entrando no país e derrubando o governo em nome do povo. A única coisa que nos resta fazer é utilizar o Solidariedade como arma para conseguir isso". Reagan decidiu então que os Estados Unidos ajudariam o Solidariedade financeiramente. Casey não sabia de onde viriam os fundos, mas isso seria resolvido no coração da Cidade Eterna.

Para intermediar as novas operações conjuntas entre a CIA e o serviço secreto papal na Polônia foi nomeado Jan Nowak, chefe do congresso polaco-americano. A sua função era manter o fluxo constante de informações entre Varsóvia e o Vaticano e deste até Washington. Nowak também ficaria responsável por arrecadar fundos e enviá-los à Polônia a fim de financiar a imprensa clandestina, a aquisição de máquinas tipográficas, a compra de fotocopiadoras e outras necessidades[20].

Outra figura que teve papel decisivo na Operação Polônia foi o delegado apostólico do papa em Washington, o arcebispo Pio Laghi. Casey e Clark gostavam de visitar Laghi na sua residência e, enquanto tomavam café, falavam desde a situação política na América Central até o controle da natalidade, mas o tema principal era sempre a Polônia. Era imprescindível que Ronald Reagan soubesse de todos os detalhes da espionagem realizada pela Santa Aliança no país. Foi nessa altura que apareceu em cena o cardeal John Krol, da Filadélfia.

Allen, Casey e o próprio Reagan começaram a se reunir com Krol, que entrava na Casa Branca pela porta dos fundos. Mais do que nenhuma outra figura da Igreja, Krol se esforçava por manter o governo norte-americano sempre informada sobre a situação do Solidariedade, as suas necessidades e

---

[19] Carl Bernstein e Marco Politi, *His Holiness*, cit.
[20] Zbigniew Brzezinski, *The Grand Failure*, cit.

as relações com o episcopado polonês[21]. Embora John Krol – que era chamado pelos próprios colaboradores de Reagan de "cupincha do papa" – em muitos sentidos interferir nas operações e nas comunicações da Santa Aliança de monsenhor Luigi Poggi, para a Santa Sé e para João Paulo II o vínculo entre o arcebispo da Filadélfia e o presidente dos Estados Unidos deveria ser aproveitado. Na primavera de 1981, as relações entre a Casa Branca e o Vaticano eram muito fluidas, especialmente nas questões referentes à Polônia e à América Central. Dessa forma, William Casey, Vernon Walters, William Clark e Zbigniew Brzezinski, pelo lado norte-americano, e monsenhor Luigi Poggi e os cardeais Pio Laghi, John Krol e Agostino Casaroli, pelo lado da Igreja, transformaram-se numa espécie de tropa de choque, cuja única meta era apoiar o sindicato Solidariedade na sua luta particular contra o governo comunista de Varsóvia.

Os relatórios que Walters, o embaixador especial de Reagan, trazia de Roma, onde tinha audiências secretas com o santo padre, eram cada vez mais abrangentes. Walters falava com o papa sobre a Polônia, a América Central, o terrorismo, o Chile, o poder militar chinês, a Argentina, a teologia da libertação, a saúde de Leonid Brezhnev, as ambições nucleares do Paquistão, da Ucrânia ou a situação no Oriente Médio. Na verdade, o que João Paulo II e Vernon Walters faziam era manter "contatos geoestratégicos".

Em contrapartida, o serviço de inteligência vaticano recebeu da CIA informes de ligações telefônicas realizadas entre padres e bispos da Nicarágua e de El Salvador favoráveis à teologia da libertação e que, por isso, participavam ativamente da oposição às forças apoiadas pelos Estados Unidos. Por ordem de William Casey, Oliver North e outros membros do Conselho de Segurança Nacional efetuaram pagamentos secretos a padres da classe dirigente da América Central e leais ao pontífice e à Santa Aliança. Na verdade, não existe nenhum documento que demonstre que João Paulo II ou qualquer outro alto dignitário da Santa Sé aprovasse tais pagamentos, embora haja indícios de que Luigi Poggi estaria ciente dessas transações.

Em 23 de abril de 1981, William Casey chegou a Roma para discutir a manutenção do apoio da CIA e da Santa Aliança ao Solidariedade. O diretor da Agência sabia que a situação da Polônia era muito mais um processo evolutivo do que revolucionário e não havia a menor dúvida de que se fazia necessário conseguir seu afastamento da órbita soviética. João Paulo II e Casaroli teriam três reuniões com o embaixador soviético em Roma, e Casey seria informado de todo o conteúdo dos encontros.

---

[21] Carl Bernstein e Marco Politi, *His Holiness*, cit.

Temeroso de que as tropas do Exército Vermelho pudessem invadir Varsóvia e acabar com os homens do Solidariedade, Jaruzelski solicitou ao cardeal Wyszynski que convencesse Walesa a suspender a greve geral. Quando Walesa e os outros dirigentes se recusaram, o cardeal se ajoelhou diante dele, agarrou-o pelas calças e disse que não o soltaria enquanto não se comprometesse a interromper a paralisação.

A chantagem emocional funcionou: Walesa ordenou o fim da greve e o general Jaruzelski avisou a Moscou que a situação estava sob controle. Em 9 de fevereiro de 1981, depois de um golpe de Estado e da destituição de Jozef Pinkowski, Jaruzelski foi nomeado primeiro-ministro da República Popular da Polônia[22]. Conforme Luigi Poggi informou ao papa, o general era considerado um homem rígido e contrário a qualquer forma de liberalizarão da vida pública. Sem dúvida alguma ele se tornaria o principal inimigo do Solidariedade e ainda das operações serviço secreto vaticano na Polônia.

Na reunião com o pontífice, William Casey falou da América Central, do possível alastramento do comunismo por toda a área centro-americana, do treino de militares nicaragüenses e sandinistas por Cuba. Casey chegou a dizer a João Paulo II que "os russos, os cubanos, os búlgaros e os norte-coreanos estão comprometidos". Entregou ainda ao santo padre uma pasta com um relatório em cuja capa se lia "Altamente Confidencial". João Paulo II não a abriu, mas entregou-a a monsenhor Luigi Poggi, que sempre o acompanhava nos encontros com o diretor da CIA.

O informe fora trazido pela espionagem italiana à CIA, que por sua vez passara-o à Santa Aliança. O documento dizia que, quando Lech Walesa tinha viajado para Roma, em janeiro, a fim de visitar o papa, ele também se reunira com Luigi Scricciollo, da Confederação Italiana do Trabalho. A contra-espionagem italiana afirmava no relatório que Scricciollo era na verdade um agente do serviço secreto búlgaro. Para os italianos isso significava a possibilidade de os planos do Solidariedade já serem conhecidos ou de Lech Walesa ser assassinado.

Em 13 de maio de 1981, ninguém poderia prever a tragédia que se aproximava. João Paulo II almoçou ao meio-dia com diversos convidados e, por volta das cinco da tarde, dirigiu-se ao Palácio Apostólico para a audiência geral semanal na Praça de São Pedro, que começou pontualmente. Milhares de pessoas – entre elas, um jovem turco que chegara meia hora antes – espremiam-se no círculo formado pela Colunata de Bernini: 264 colunas coroadas por 162 estátuas de santos.

---

[22] Leopold Labedz, *Poland under Jaruzelski: A Comprehensive Sourcebook on Poland During and After Martial Law* (Scribner, Nova York, 1984).

O percurso do papamóvel já estava delimitado. Após recusar sua escolta, João Paulo II caminhou até o veículo e com uma agilidade surpreendente subiu na plataforma. Seguiam-no de perto Camillo Cibin, chefe de Segurança do Vaticano, dois homens de terno azul, dois agentes da Santa Aliança e à frente quatro membros da Guarda Suíça. Meses antes, depois de receber um relatório da espionagem francesa sobre o plano de um serviço secreto do Pacto de Varsóvia para tentar matar o sumo pontífice, Poggi convocara Cibin e lhe solicitara que deixasse seus homens de olhos bem abertos[23].

Exatamente às 17h18, quando o papa segurava uma menina no colo, ouviu-se o primeiro tiro na praça São Pedro. Apoiando-se na barra do papamóvel, João Paulo II começou a cambalear. A bala disparada por Mehmet Ali Agca perfurara-lhe o estômago, ferindo gravemente o intestino delgado, o cólon e o intestino grosso. Sem pestanejar, o santo padre, ciente de que estava ferido pela dor insuportável no abdômen, tentava, em vão, conter com as mãos o sangue que jorrava pelo pequeno orifício.

Apenas alguns segundos depois soou o segundo tiro, cuja bala acertou a mão direita do papa. O terceiro tiro disparado por Agca atingiu-o mais acima, no braço. Quando olhou para trás sem entender o que se passava, o motorista viu Cibin segurando a cabeça de João Paulo II, caído no banco, em meio a uma poça de sangue.

Cibin gritava para os agentes, que com armas na mão já procuravam o atirador. Agca corria por entre a multidão, abrindo caminho de arma em punho, uma Browning automática de nove milímetros. De repente sentiu uma pancada nas pernas, que o fez cair: era um policial italiano que passeava na praça e acabou surpreendendo-o.

Estendido no chão, Ali Agca foi chutado e golpeado por vários agentes pontifícios antes de ser arrastado para uma viatura policial, enquanto o papamóvel se dirigia a toda a velocidade para a Porta de Bronze, onde o papa seria transferido para uma ambulância. Entre gritos, o veículo abriu passagem até a Clínica Gemelli de Roma, a mais próxima do Vaticano[24].

Já no centro cirúrgico do nono andar, a batina branca de João Paulo II foi rasgada, deixando transparecer uma medalha de ouro e uma cruz manchadas de sangue. Curiosamente, a medalha estava deformada pelo impacto de uma das balas. Ao que parece, se ela não estivesse ali, o projétil, que apenas lhe feriu o indicador da mão direita, teria atingido seu peito.

---

[23] Christine Ockrent e Alexandre De Marenches, *Dans le secret des princes* (Stock, Paris, 1986).

[24] Gordon Thomas, *Gideon's Spies*, cit.

Quando se recuperou depois de seis horas na mesa de operação entre a vida e a morte, o pontífice acreditava ter sido salvo pela Virgem de Fátima. Ao longo dos muitos meses de recuperação, o desejo de saber quem havia dado a ordem para assassiná-lo converteu-se numa obsessão. João Paulo II leu, então, todos os relatórios da Santa Aliança que caíam em suas mãos vindos da CIA, da BND alemã, do Mossad israelita, do serviço secreto austríaco ou da espionagem turca, mas nenhum deles respondia à sua pergunta. Nem sequer se inteirou de nada quando, na última semana de julho de 1981, Mehmet Ali Agca foi condenado à prisão perpétua pela Justiça de Roma[25].

Segundo o escritor Gordon Thomas, no seu livro *Gideon's Spies. The History of Mossad*, seria monsenhor Luigi Poggi, chefe do serviço de inteligência vaticano, quem lhe daria a resposta. Durante meses, o espião pontifício mantivera contatos muito próximos com Yitzhak Hofi, o *memuneh* do Mossad. Poggi compareceu a encontros secretos em Viena, Varsóvia, Paris e Sofia. Em novembro de 1983, monsenhor Luigi Poggi voltava de uma reunião em Viena e trazia consigo a resposta para a pergunta do santo padre: Quem havia dado a ordem para matá-lo?

O motorista esperou horas no aeroporto pelo avião que trazia Poggi da capital austríaca. Ao chegar à Porta dos Sinos, o veículo passou livremente, mas, apesar da placa vaticana, foi detido pelos membros da Guarda Suíça para identificação do passageiro. Ao ver que se tratava do chefe da Santa Aliança, o soldado pôs-se em posição de sentido e apresentou armas.

O arcebispo vestia um sobretudo preto e um cachecol que lhe cobria todo o rosto, mas notava-se que era um homem grande. E, enquanto aquecia o corpo, ainda recordava a reunião secreta no bairro judeu de Viena. Em uma sala um tanto bagunçada, Poggi escutara atentamente o *katsa* chamado Eli lhe dar a resposta que João Paulo II tanto queria.

Poggi foi acompanhado por um mordomo até o gabinete do papa. Livros e relatórios militares amontoavam-se nas estantes. O chefe da espionagem pontifícia sabia que o atentado abalara muito o santo padre, tanto física quanto mentalmente. Após uma breve saudação, Poggi sentou-se com as mãos sobre os joelhos e num tom baixo começou a relatar a história que ouvira na Áustria. Depois daquele 13 de maio de 1981 não paravam de chegar notícias ao quartel-general do Mossad em Tel-Aviv, e o fato de todos os serviços secretos terem feito as suas próprias investigações levou Hofi a deixar o Mossad fora do assunto.

A investigação da espionagem israelita começou mesmo em 1982, por ordem de Nahum Admoni, que substituíra Yitzhak Hofi na direção do Mossad. Para

---

[25] Se até o final de 2009 tiver demonstrado bom comportamento, Mehmet Ali Agca poderá sair da prisão em liberdade provisória.

os norte-americanos estava claro que Ali Agca tinha apertado o gatilho, mas que a ordem partira de uma KGB desesperada ao ver que o apoio explícito de João Paulo II e da Santa Aliança ao sindicato Solidariedade poderia acender o fogo do nacionalismo polonês. No livro *The Time of the Assassins*, a escritora Claire Sterling também se mostra adepta a essa versão[26]. Para os israelitas, a conspiração havia sido preparada em Teerã sob orientação do aiatolá Komeini: assassinar o papa era o primeiro passo para o *yihad* contra o Ocidente. Essa opinião é defendida ainda pelo jornalista russo Eduard Kovaliov no seu livro *Atentado en la plaza de San Pedro*.

Antecipando-se ao fracasso de Agca, o Mossad decidiu apresentar o turco como um fanático solitário, e para isso preparou um relatório à altura[27].

Antes de entregar ao pontífice uma pasta vermelha com o relatório da Santa Aliança sobre Agca, Poggi leu parte dele:

> Mehmet Ali Agca nasceu na aldeia de Yesiltepe, no leste da Turquia. Com dezenove anos entrou para os Lobos Cinzentos, um grupo terrorista pró-iraniano financiado por Teerã. Em fevereiro de 1979, Agca assassinou o editor de um jornal conhecido pela sua posição favorável ao Ocidente. Poucos dias depois do crime, o periódico recebeu uma carta supostamente escrita por Agca, na qual se referia a João Paulo II como o comandante das Cruzadas e ameaçava matá-lo se ele [o papa] pisasse o solo do Islã.

Às vezes, João Paulo II interrompia o relato de Poggi para beber água e perguntar algo. Depois da Líbia, continuou o espião, Agca viajou para a Bulgária em fevereiro de 1981 a fim de se juntar aos agentes do serviço de inteligência búlgaro. William Casey estava tão furioso pelo fato de a KGB ter envolvido a CIA no atentado que determinou a criação de uma "conexão búlgara" para investigar a tentativa de assassinato. Segundo ele, a KGB ordenou aos búlgaros que preparassem um complô para liquidar o papa devido à sua política referente à Polônia e ao Solidariedade.

Em 23 de dezembro de 1983, o santo padre pôde perguntar diretamente a Mehmet Ali Agca aquilo que não lhe saía da cabeça desde 1981. O papa caminhou sozinho até à cela T4 da prisão de Rebibbia. Ao vê-lo, Ali Agca ajoelhou-se e beijou com todo o respeito o anel do Pescador. Os dois homens se sentaram bem próximos um do outro, e Agca começou a falar, quase sussurrando, ao ouvido do pontífice. Conforme escutava o que o turco dizia, o seu rosto foi se tornando mais sério. Finalmente, João Paulo II obteve a resposta à sua pergunta.

---

[26] Claire Sterling, *The Time of the Assassins* (Holt, Rinehart & Winston, Nova York, 1983).

[27] Eduard Kovaliov, *Atentado en la plaza de San Pedro* (Novosti, Moscou, 1985).

Mais tarde, o próprio monsenhor Poggi explicaria: "Ali Agca sabe coisas apenas até certo ponto. Além disso, não sabe nada. Se o atentado se tratou de uma conspiração, ela foi tramada por profissionais, e estes não deixam vestígios. Nunca ninguém encontra nada".

O fato é que, desde o dia 13 de maio de 1981, escreveram-se dezenas de livros e reportagens sobre quem tentou matar João Paulo II naquela tarde, na Praça de São Pedro. Foram procurados inúmeros culpados e várias explicações para os motivos políticos que teriam levado a essa conspiração. Os iranianos foram implicados no crime por causa do *yihad*; os soviéticos, pela política papal na Polônia; a CIA, pela ligação de Mehmet com um ex-agente alocado na Líbia; os búlgaros, como marionetes da KGB, mas ninguém sabe com certeza, nem sequer a Santa Aliança, mesmo passados mais de vinte anos do terrível atentado, quem estava por trás do gatilho de Mehmet Ali Agca.

Após o encontro de 23 de dezembro de 1983 entre o papa e Ali Agca na prisão de Rebibbia, João Paulo II ordenou a monsenhor Luigi Poggi – e portanto à Santa Aliança e ao Sodalitium Pianum – que qualquer inquérito a respeito do crime fosse imediatamente fechado. O espião papal cumpriu, então, a ordem pontifícia ao mais puro estilo vaticano, ou seja, encobrindo tudo o que se relacionasse ao "13 de maio de 1981". No dia 24 de dezembro de 1983, enquanto a Santa Sé se preparava para as festividades de Natal, dois agentes da inteligência pontifícia, escoltados por quatro membros da Guarda Suíça, transportaram em várias caixas, hermeticamente fechadas e seladas com o escudo papal, todos os documentos que referentes ao atentado na Praça de São Pedro até o Arquivo Secreto Vaticano, onde ainda jazem no esquecimento.

Enquanto isso, as pontas que ficaram soltas no caso IOR-Banco Ambrosiano-Calvi-Marcinkus estavam prestes a ser bem amarradas. No dia em 13 de junho de 1980, Michele Sindona, o banqueiro da máfia, seria condenado a 25 anos de prisão por um tribunal norte-americano, mas ele ainda teria muito a dizer até ser assassinado, em 1986. E os anos polacos mal tinha começado.

CAPÍTULO VINTE

OS ANOS POLACOS
(1982-2005)

> Eis que os maus entesam seu arco, ajustam a flecha na corda para ferir, de noite, os que têm o coração reto.
>
> *Salmos 11:2**

A década de 1980 foi cansativa para a Santa Aliança devido às operações em andamento no exterior. O maior número dos efetivos encontrava-se alocado na Polônia, e um grupo mais reduzido, na América Central. Foi nessa época que monsenhor Luigi Poggi solicitou ao papa o afastamento de "tão grande responsabilidade", mas João Paulo II não estava disposto a perder o seu chefe da espionagem num momento tão crucial. O pontífice rejeitou o pedido de Poggi oito vezes.

Na Polônia, as coisas iam de mal a pior, beirando o desastre. Em 4 de novembro de 1981, Jaruzelski propôs a Walesa e ao cardeal-primaz local, Josef Glemp, a criação da chamada Frente de Salvação Nacional para acabar com o caos que reinava no país. Walesa não aceitou a sugestão, pois sabia que, na verdade, Jaruzelski pretendia ofuscar o Solidariedade mergulhando-o num grande grupo de sindicatos oficiais.

A Santa Aliança informou então o papa, ainda em recuperação, o cardeal Casaroli e monsenhor Poggi a respeito de uma carta de protesto que Brezhnev escrevera a Jaruzelski. A mensagem chegara por meio do espião vaticano e ajudante de campo de Jaruzelski, o coronel Ryszard Kuklinski, conhecido pelo serviço secreto pontifício pela alcunha de Gull. A carta terminava dizendo: "Alerto-o sobre o conseqüente desmantelamento do socialismo caso sejam atribuídos ao Solidariedade e à Igreja certos papéis relevantes no exercício do poder". Sem dúvida nenhuma era, mais do que uma análise, uma premonição[1].

---

* *Bíblia Católica Online*, cit. (N. T.)
[1] Robert Eringer, *Strike for Freedom!*, cit.

Na manhã de 30 de novembro, o embaixador especial de Ronald Reagan, Vernon Walters, reuniu-se com o santo padre. No encontro o diplomata norte-americano mostrou ao papa várias fotografias tiradas por satélites espiões. Nas imagens em preto-e-branco viam-se as torres dos estaleiros e os quebra-mares de Gdansk e, a menos de quarenta quilômetros, diversos veículos enfileirados, na verdade tanques soviéticos que se aproximavam das instalações. O pontífice sabia melhor do que Walters o que aquilo significava.

O agente Gull havia informado à Santa Aliança que o general Jaruzelski e o Estado-Maior polonês preparavam a operação militar para decretar a lei marcial, mas o problema era que não se sabia quando nem como. Depois disso, o contato com Kuklinski foi cortado. De manhã, ele compareceu a uma reunião no gabinete do chefe-adjunto do exército polaco, encarregado de planejar a aplicação da lei marcial. No grande salão coberto de mapas e fotografias, o general disse a Kuklinski que ignorava como, mas o Vaticano e os norte-americanos conheciam os planos[2].

Na verdade, o próprio Kuklinski passara a informação. Durante a reunião manteve a calma, mas compreendeu que se encontrava sob suspeita quando, ao sair do quartel-general do Estado-Maior polaco, notou que era seguido por agentes do serviço secreto local. Gull estava na mira dos poloneses, e não havia a menor dúvida de que precisava de ajuda para fugir.

Tudo indica que alguém da Santa Sé informara à KGB e esta aos seus homólogos polacos que um espião papal, certamente um militar próximo da cúpula do poder, passava informações aos serviços secretos norte-americano e pontifício.

O coronel Ryszard Kuklinski correu para casa em busca de seus familiares. Em poucos dias, informou ao seu contato na Santa Sé que precisava fugir com a família, mas que para isso necessitava de uma rota segura. Monsenhor Luigi Poggi acionou, então, a máquina da inteligência papal a fim de facilitar a fuga do ex-espião.

O plano de evasão de Kuklinski, que começou a passar todas as manhãs parado na frente da embaixada do Canadá em Varsóvia, foi facilitado por seus contatos com a cúria canadense. A Santa Aliança determinou que tudo ocorreria na sexta-feira seguinte, um dia de festa em toda a Polônia.

Pela manhã, rigorosamente vigiados, Kuklinski e a família entraram em um carro vestidos com roupas de passeio e carregando cestas de piquenique. Na verdade, lá dentro levavam todos os documentos familiares. Quando se aproximava da avenida que dava acesso à entrada principal da embaixada canadense, o veículo acelerou e virou de forma brusca para a esquerda, enquanto

---

[2] Carl Bernstein e Marco Politi, *His Holiness*, cit.

um caminhão carregado de tubos metálicos e conduzido pelo agente Kazimierz Przydatek se colocou na frente dos dois automóveis pretos que seguiam Kuklinski de perto. Quando o carro do ex-agente entrou a toda a velocidade no pátio do prédio diplomático, os grandes portões se fecharam atrás dele. O coronel Ryszard Kuklinski, ou Gull, o melhor espião da Santa Aliança na Polônia, deixava sua vida para trás. O longo braço de Luigi Poggi, em colaboração com a CIA, conseguira salvar Gull e toda a sua família[3]. Em 12 de dezembro, o general Wojciech Jaruzelski estabelecia a lei marcial no país.

Enquanto os corredores da Santa Sé eram sacudidos pelas notícias inquietantes que chegavam do país natal do santo padre, nos bastidores do IOR Paul Marcinkus preparava uma das operações mais lucrativas em que o Banco Vaticano estaria envolvido e da qual a conhecida empresa Bellatrix seria o instrumento.

Marcinkus convocou três agentes do serviço secreto pontifício sob a chefia do padre Kazimierz Przydatek, que regressara de Varsóvia após salvar Kuklinski e a família, para dirigir a chamada Operação Peixe Voador, realizada no final de 1981.

Desde 24 de março de 1976, quando uma comissão formada por altas patentes do exército chefiadas pelo general Jorge Rafael Videla decidiu tomar o poder na Argentina, depois de derrubar a presidente Isabel Martínez de Perón, as relações entre Buenos Aires e a Cidade Eterna ficaram muito mais próximas. Alguns dos comandantes que faziam parte desse triunvirato, como o almirante Emilio Eduardo Massera, tinham fortes ligações com a Propaganda Due, de Licio Gelli.

Graças a Gelli, e com a proteção de agentes livres da Santa Aliança, Roberto Calvi canalizaria através da companhia Bellatrix milhões de dólares oriundos da junta militar argentina para a compra de mísseis Exocet, de fabricação francesa. A operação secreta foi batizada de Peixe Voador numa referência ao peixe *exocoetus*, que desliza na superfície das ondas, assim como o Exocet[4].

---

[3] Depois de fugir, Kuklinski e a família instalaram-se nos Estados Unidos. Em 1990, quando Walesa foi nomeado presidente, ele decidiu regressar à Polônia, mas logo abandonou a idéia, pois seus conterrâneos ainda acreditavam que o ex-militar era um traidor. Gull passou cerca de 35 mil páginas de documentos aos serviços secretos norte-americano e pontifício. Em 1998, pisou pela primeira vez em seu país natal após a fuga, mas apenas como turista. Regressou aos Estados Unidos juntamente com a família, onde viveu até morrer, no dia 10 de fevereiro de 2004.

[4] O Exocet foi desenvolvido pela divisão de armas táticas do Aérospatiale. Em 1974 a empresa produziu o MM-40. O novo míssil era menor que o Styx e muito mais veloz (800 km/h). Funcionava à base de combustível sólido e tinha um alcance de 55 quilômetros (o dobro do alcançado pelo Styx). Seu sucesso jaz na capacidade de voar a altitudes muito baixas, fora do alcance dos sistemas antiaéreos, e na dificuldade em ser detectado. Em maio de 1982 já

Enquanto os militares argentinos procuravam, por meio de Calvi e da espionagem papal, obter o maior número possível de mísseis, a primeira-ministra Thatcher e o MI6, o serviço secreto britânico, tentavam de todos os modos evitar que isso ocorresse. "Os argentinos só tinham uma pequena quantidade dos devastadores mísseis Exocet. Fizeram esforços incalculáveis para aumentar o seu arsenal [...] Pela nossa parte, estávamos igualmente desesperados para impedir que o conseguissem", afirmaria anos depois Margaret Thatcher nas suas memórias, *The Downing Street Years*[5]. Em 1981, a Argentina assinou um contrato com o governo francês de compra de catorze Super-Etendard e catorze Exocet, mas em 2 de abril de 1982 tinha recebido apenas cinco aviões e cinco mísseis.

Mas, naquele momento, a primeira-ministra da Grã-Bretanha ignorava que quem procurava os mísseis no mercado negro não eram os argentinos, e sim toda uma conspiração orquestrada pela Propaganda Due, financiada pela Santa Sé e executada por agentes livres da inteligência pontifícia.

De acordo com um relatório do MI6, a junta militar conseguiu, não se sabe como, seis mísseis Exocet. O resultado da Operação Peixe Voador veria seus frutos da parte argentina quando, em 4 de maio de 1982, decolaram da base aeronaval de Rio Grande dois Super-Etendard armados cada um com um Exocet. A fim de não serem descobertos pelos britânicos, os aviões logo desceram para a zona morta do radar. Assim que detectaram os alvos, um grande e três médios, os pilotos miraram os seus Exocet no maior e, quando estavam a cerca de cinqüenta quilômetros de distância, lançaram os mísseis. O destróier HMS Sheffield fora letalmente atingido[6].

No final desse combate, os mísseis fornecidos pelos homens do Vaticano atingiram os destróieres britânicos HMS Sheffield e HMS Glamorgan e o porta-contêineres SS Atlantic Conveyor, deixando 255 mortos e mais de cem feridos.

Quando a Operação Peixe Voador foi concluída, a Bellatrix tinha lucrado mais de 700 milhões de dólares, dos quais 11 milhões acabariam no caixa B da Santa Sé. Segundo uma investigação posterior, esse dinheiro foi destinado pelo cardeal Luigi Poggi, chefe da inteligência pontifícia, com a aprovação de monsenhor Paul Casimir Marcinkus, representante do IOR, e do cardeal

---

haviam sido vendidas 1800 unidades, o que o convertia numa arma muito popular e versátil. Esse míssil foi a principal ameaça para a Forca Expedicionária Britânica enviada por Margaret Thatcher para recuperar as ilhas Malvinas. O AM-39, versão aérea do MM-40, demonstrou todo o seu poder mortífero durante o conflito.

[5] Margaret Thatcher, *The Downing Street Years* (HarperCollins, Londres, 1993).

[6] Max Hastings e Simon Jenkins, *The Battle for the Falklands* (W. W. Norton & Company, Londres, 1984).

Agostino Casaroli, responsável pela diplomacia vaticana, e com a autorização de João Paulo II, para financiar o Solidariedade. Mas uma sombria mão estava decidida a acabar com as pontas ainda soltas do escândalo do Banco Ambrosiano, e Roberto Calvi, conhecido como o "banqueiro de Deus", seria a primeira delas a ser amarrada.

Desde 31 de maio de 1982, Calvi vinha se queixando a um grupo de cardeais, entre os quais estava Pietro Palazzini, prefeito da Congregação para a Beatificação. Em tom ameaçador, Calvi lhes dizia que, se o Banco Ambrosiano caísse, cairia também o Banco Vaticano. Havia alguns anos que Roberto Calvi exigia a Marcinkus que solucionasse de forma conjunta o problema da enorme dívida acumulada nas empresas transatlânticas da rede formada pelas duas instituições financeiras. Mas a tentativa de reconciliação falhara mais uma vez. Calvi então se encontrou com Luigi Mennini, diretor do IOR, e ameaçou contar às autoridades monetárias de Itália tudo o que sabia sobre o Banco Vaticano[7].

Em 7 de junho, Roberto Calvi expôs ao conselho de administração a situação dramática do IOR, afirmando que, se o banco não quitasse suas dívidas, teriam que pedir falência. No dia seguinte, o banqueiro foi procurado por um estranho, Alvaro Giardili, que viera lhe avisar que sua mulher e suas filhas corriam perigo de vida. Segundo a polícia, Giardili estava envolvido com a máfia e com a Santa Aliança, mas parece também que tinha relações com um homem chamado Vincenzo Casillo, um assassino da máfia que esporadicamente trabalhava para Marcinkus e para o serviço secreto papal. Casillo foi depois identificado pela Promotoria do Estado de Roma como um dos executores diretos de Roberto Calvi. Vincenzo Casillo seria assassinado em 23 de janeiro de 1983[8].

As reclamações de Roberto Calvi tornam-se cada vez mais ameaçadoras não só para o IOR, mas também para as operações da Santa Aliança na Polônia. "O banqueiro de Deus" queixava-se abertamente de que Paul Marcinkus, a fim de não ser investigado por ordem pontifícia ou pelos agentes do Sodalitium Pianum, sob o comando de monsenhor Luigi Poggi, pegou dos cofres sem autorização 100 milhões de dólares destinados ao Solidariedade[9].

No dia 14, por volta das onze da manhã, monsenhor Paul Casimir Marcinkus pediu demissão do Conselho Administrativo do Banco Ambrosiano Overseas Limited (Baol), com sede em Nassau. Foi por meio dessa instituição que o IOR conseguiu cerca de 1 bilhão de dólares para cobrir o buraco do Banco Ambrosiano.

---

[7] Heribert Blondiau e Udo Gümpel, *El Vaticano santifica los medios*, cit.
[8] Charles Raw, *The Moneychangers*, cit.
[9] Tal fato foi comprovado na declaração feita ao investigador Pier Luigi Dell'Osso pelo empresário sardo Flavio Carboni, que mantinha estreitos contatos com a máfia.

Em 15 de junho, Roberto Calvi chega a Londres e instala-se no quarto 881 do Chelsea Cloisters, um hotel decente para qualquer viajante a negócios – mas não para o presidente de um dos bancos católicos mais importantes e poderosos da Europa. No dia seguinte, de tão desconfiado de todos que o cercam, Calvi liga para Clara, sua mulher, e lhe diz que receia "os homens de preto [os agentes da Santa Aliança] que andam à volta de Paul Marcinkus. Eles sempre sabem onde me localizar".

No dia 17 de junho de 1982, Roberto Calvi continua ligando desesperadamente para a família, pedindo que saiam da Suíça e se escondam nos Estados Unidos.

Às dezessete horas, Roberto Calvi é destituído da direção do Banco Ambrosiano. Nessa condição, o "banqueiro de Deus" sabe que suas horas estão contadas. Por volta das 22 horas, segundo consta nos documentos da promotoria de Roma, dois homens que falam italiano – poderiam ser agentes do serviço secreto papal ou assassinos da máfia – levaram Calvi do hotel. Saíram pelos fundos, bem longe dos olhares do recepcionista, e entraram numa limusine preta. No dia seguinte, Roberto Calvi seria encontrado suspenso pelo pescoço sob a ponte londrina de Blackfriars (Frades Negros).

O corpo de Roberto Calvi foi submetido a três autópsias e todas indicaram que a hora da morte havia sido às duas da madrugada de 19 de junho de 1982. O famoso forense Antonio Fornari garantiu no seu relatório que, sem nenhuma dúvida, Calvi fora assassinado. Se tivesse se suicidado, Calvi teria de descer por uma escada úmida muito inclinada, em seguida dar um pulo de quase um metro para alcançar a plataforma sob a ponte, com a água acima dos joelhos por causa da maré cheia e, ainda, com os quase cinco quilos de pedras que carregava nos bolsos da calça e do casaco quando foi encontrado. E mais: uma vez sobre a plataforma, teria de escalar cerca de sete metros até chegar ao extremo onde estava enforcado[10]. Não havia a menor dúvida que de Roberto Calvi havia sido assassinado, e ele nunca soube o que se passara em Milão horas antes da sua morte.

Na tarde de 18 de junho, dois homens que se identificaram como enviados da Santa Sé chegaram à sede do Banco Ambrosiano com vários documentos procedentes do IOR. Eles pegaram um elegante elevador até o quarto andar do solene edifício. No fundo do corredor ficava o escritório do influente Roberto Calvi, ainda vivo em Londres. Os dois caminharam até a ante-sala do gabinete de Calvi, onde trabalhava Graziella Corrocher, a fiel secretária do "banqueiro de Deus" e uma das pessoas que mais segredos conhecia do seu todo-poderoso chefe. Minutos depois ela se jogava pela janela em um ato de suicídio[11]. A nota

---

[10] Heribert Blondiau e Udo Gümpel, *El Vaticano santifica los medios*, cit.
[11] David A. Yallop, *In God's Name*, cit.

encontrada pela polícia responsabilizava Roberto Calvi por tudo o que acontecera no Banco Ambrosiano. Não fazia nem uma única referência à família, à sua vida ou aos amigos, apenas uma oportuna acusação contra o presidente da instituição financeira.

Em setembro, Licio Gelli foi acusado de espionagem, conspiração política, formação de quadrilha e fraude. Num primeiro instante, conseguiu escapar da polícia, mas no dia 13 daquele mês, o grão-mestre da Propaganda Due, o homem conhecido por todos como *il Burattinaio* (o Saltimbanco), foi detido em Genebra quando saía de um banco levando uma pasta com 50 milhões de dólares.

Um mês depois, em 2 de outubro de 1982, Giuseppe Dellacha, um dos altos executivos do Ambrosiano, também "se suicidaria", saltando pela janela de seu escritório, no sexto andar do edifício do banco em Milão. Parece que Dellacha era o "mensageiro especial" entre Roberto Calvi e monsenhor Paul Marcinkus. Sua função era levar informações que não poderiam ser escritas em nenhum lugar da sede da instituição para o Vaticano. Giuseppe Dellacha sabia muitas coisas e também precisava ser eliminado.

Pouco a pouco, as pontas estavam sendo amarradas por mãos misteriosas. Clara Calvi, a viúva do "banqueiro de Deus", dizia então: "A Santa Sé assassinou o meu marido para esconder a sujeira do Banco Vaticano". Desde a queda de Michele Sindona, Roberto Calvi assumira suas funções, lavando dinheiro da máfia e da Propaganda Due, traficando armas, desviando dinheiro sonegado por altas personalidades para paraísos fiscais ou financiando regimes ditatoriais em países como Nicarágua, Uruguai, Argentina e Paraguai.

Em outubro de 1982, João Paulo II nomeou uma comissão especial para investigar o papel desempenhado pela Santa Sé, pelo IOR e por seus serviços secretos na fraude do Banco Ambrosiano. As investigações do caso Calvi, da falência da instituição financeira e das conexões com o IOR estenderam-se até 1989. No dia 22 de março de 1986, Michele Sindona foi envenenado com cianureto misturado ao café na prisão italiana de Voghera, para onde fora transferido após ter sido extraditado pelos Estados Unidos. O famoso banqueiro da máfia morreu na sua cela sem que ninguém o socorresse, apenas dois dias depois de um tribunal tê-lo condenado à prisão perpétua e de ele ter dito que, se ninguém o ajudasse, "revelaria tudo o que sabia sobre as relações da máfia e da Santa Sé e o papel exercido por alguns departamentos pontifícios, como o IOR ou os serviços de espionagem". Em 20 de fevereiro de 1987, o juiz de instrução de Milão Antonio Pizza decretou a detenção e o encarceramento de Paul Marcinkus, Luigi Mennini e Pellegrino de Strobel, os três mais altos dirigentes do IOR. Até então, o papa os conservara nos seus cargos, talvez porque soubessem demais e seria melhor não revolver as poluídas águas financeiras da Cidade Eterna. Nos arredores de São Pedro e em todas as saídas da Santa Sé, agentes da polícia esperavam para algemar toda a cúpula do banco e o governador do Vaticano. Marcinkus presidia não apenas o IOR, mas também o Conselho do Governo do Vaticano.

O cardinalato já estava quase ao alcance de monsenhor Marcinkus quando estourou o escândalo, o que obrigou João Paulo II a retê-lo no Vaticano para impedir que fosse preso pelas autoridades italianas e repatriado para os Estados Unidos. Hoje vive aposentado na pequena cidade de Sun City, no Arizona, protegido por seu passaporte diplomático do Estado do Vaticano, o que o torna intocável perante a Justiça norte-americana.

Graças às pressões exercidas pelo santo padre, um supremo tribunal italiano anulou a ordem de prisão, e os banqueiros do Vaticano foram declarados imunes na Itália, devido à sua condição de diretores de uma instituição financeira estrangeira.

Por seu envolvimento na falência do Banco Ambrosiano, o IOR teve de pagar mais de 240 milhões de dólares aos credores. No julgamento, concluído em 1998, as maiores condenações recaíram sobre os chefes da Propaganda Due: Licio Gelli e Umberto Ortolani foram condenados, respectivamente, a dezoito e dezenove anos de prisão.

Em 1988, realizou-se o julgamento pelo assassinato de Roberto Calvi. Em 1993, foram condenados por cumplicidade o bispo Pavel Hnilica, importante membro da Santa Aliança e homem da maior confiança do papa, Flavio Carboni e Giulio Lena. Assim, com todas as pontas então bem amarradas, deu-se por encerrada a investigação do "Vaticano S. A.". Mas um novo caso de corrupção financeira estava prestes a irromper no coração da Cidade Eterna.

Leopold Ledl era um ex-açougueiro que estivera envolvido em vários negócios fraudulentos da Santa Sé e executara operações suspeitas para a Santa Aliança. O ex-agente da espionagem papal serviu de intermediário entre o Vaticano e a máfia numa transação de títulos e ações falsificados. Quando o caso veio à tona, soube-se que Ledl não fora apenas o responsável por ele, mas também sua vítima.

Parece que o negócio consistia em Ledl arranjar para alguém do Vaticano títulos falsificados por um valor de 1 bilhão de dólares. A função do ex-espião pontifício era ser a ponte entre a Santa Sé e a máfia norte-americana para conseguir não apenas falsificar títulos de empresas como Boeing, Chrysler, General Motors ou ITT, mas também inseri-los no mercado. A operação era dirigida pessoalmente por monsenhor Marcinkus, e de vez em quando os cardeais Tisserant e Benelli assistiam às reuniões com Ledl[12].

---

[12] Richard Hammer, *The Vatican Connection: Mafia & Chiesa como il Vaticano ha comprato azioni false e rubate per um miliardo di dollari* (Tullio Pironti, Nápoles, 1983).

Preocupado, monsenhor Pavel Hnilica alertou Marcinkus do perigo de colocar nos mercados financeiros tal quantidade de títulos falsos, pois isso pressuporia enfrentar o Departamento do Tesouro dos Estados Unidos, e Hnilica recordou ao colega sua nacionalidade norte-americana. "Se Reagan quiser, pode pedir ao santo padre a sua extradição", explicou a Marcinkus o perigoso agente da Santa Aliança. O então responsável pelo IOR não estava disposto a correr o risco de cometer um crime federal no seu país, sabendo como agiam os seus compatriotas.

Em maio de 1992, Licio Gelli, detido na sua residência, é notificado da sentença por envolvimento na falência do Banco Ambrosiano. Seis anos depois de recorrer, aquele que fora o grão-mestre da Propaganda Due recebe a ratificação da sentença pelo Tribunal de Apelação, que confirma a decisão do Supremo Tribunal. Em 20 de maio de 1998, Gelli foge de sua casa sob os olhares da polícia, que controla seus passos. Quase quatro meses depois, em 10 de setembro, é novamente preso na Costa Azul, parece que graças a informações passadas pela inteligência vaticana à DST, a contra-espionagem francesa[13].

Em seu interrogatório, ocorrido em 1990, o maçônico e membro da Propaganda Due, Umberto Ortolani, revelou que, por meses, os serviços secretos da Santa Sé haviam tentado resgatar certas fotografias comprometedoras de João Paulo II.

Em abril de 1981, Licio Gelli mostrara a um membro do Partido Socialista italiano algumas fotografias do papa Wojtyla completamente nu na piscina de Castelgandolfo. Gelli calculou que, se elas tivessem sido tiradas com teleobjetiva, seria simples atirar no sumo pontífice com uma arma de mira telescópica[14].

A fim de resgatar os negativos desaparecidos, Poggi decidiu acionar os agentes da Santa Aliança, numa missão que batizaria de Operação Imagem. O chefe dos espiões vaticanos sabia que a maior parte das fotos já estava em poder de Rizzoli, a quem tinham chegado por meio de Licio Gelli e de Giulio Andreotti. As fotografias foram entregues em mãos ao santo padre na presença de monsenhor Poggi[15].

Em seguida, o dirigente do serviço secreto pontifício convocou dois religiosos do Sodalitium Pianum. Como sempre, Poggi foi claro, breve e objetivo nas ordens dadas. Teriam de localizar os negativos extraviados por dois motivos:

---

[13] Heribert Blondiau e Udo Gümpel, *El Vaticano santifica los medios*, cit.

[14] Um relatório do Sismi (o serviço de inteligência militar italiano), datado de 13 de junho de 1981 e endereçado ao Viminale (o palácio-sede do Ministério das Relações Exteriores), confirmava a existência das fotografias e atribuía a sua compra às editoras Rizzoli e Rusconi por 500 milhões de liras. Ao que parece, alguém da Rizzoli informou ao Vaticano que o material estava em seu poder, mas faltavam três negativos originais.

[15] Discípulos da Verdade, *All'ombra del papa infermo* (Kaos, Milão, 2001).

primeiro, para evitar a sua publicação e um posterior escândalo; segundo, e mais importante, para saber como os autores das imagens conseguiram captá-las sem ser detectados pela segurança da Santa Sé. Não havia a menor dúvida de que meros fotógrafos foram capazes de burlar os aparatos de proteção ao papa.

Os agentes começaram a investigar os laboratórios de Roma que revelavam o material dos profissionais. Em menos de uma semana, o SP descobriu um homem que tentava vender fotos muito comprometedoras sem dizer do que se tratava. O homem era um ajudante de laboratório de uma empresa qualquer conhecida por trabalhar com fotógrafos da imprensa cor-de-rosa, o que provavelmente os levava a revelar o material o mais rápido possível. Um dia, quando regressou do trabalho, encontrou seu pequeno apartamento, na periferia da cidade, todo revirado, as gavetas jogadas no chão, o colchão rasgado e as sofás totalmente destruídos. Alguém estivera lá à procura de algo, e o homem sabia o que era.

Quando entrou no banheiro do apartamento soube que os intrusos tinham encontrado o que procuravam. Um dos encanamentos de chumbo fora cortado e do seu interior levaram um rolo de plástico onde estavam os negativos. Os homens de Poggi haviam concluído o seu trabalho, e a Operação Imagem nunca existiu, já que monsenhor Poggi acabou destruindo todo o material.

O Sodalitium Pianum descobriu que o padre Lorenzo Zorza, membro da Santa Aliança, estivera implicado na história das fotografias. O espião também se envolvera no caso da falência do Banco Ambrosiano e numa operação em parceria com Francesco Pazienza, um ex-agente do Sismi, o serviço de inteligência militar italiano. Zorza seria investigado ainda por suas presumíveis relações com organizações de mafiosos comprometidos no tráfico de drogas e obras de arte.

Quando as autoridades italianas pediram à Santa Sé que entregasse Lorenzo Zorza, a Secretaria de Estado do Vaticano mais uma vez se negou a atendê-las, alegando que se tratava de um funcionário de um país estrangeiro e, portanto, não sujeito às leis da República da Itália. Meses depois, o agente da espionagem papal foi enviado por conveniência para uma nunciatura na África, mas as intrigas não acabariam, porque logo uma nova conspiração abalou uma das organizações renomadas e populares da Cidade Eterna: a Guarda Suíça.

Em 4 de maio de 1998, pouco depois das 21 horas, no apartamento do quartel da Guarda Suíça ocupado pelo comandante-chefe do exército pontifício, descobriram-se três cadáveres cobertos de sangue. Os três tinham sido mortos a tiro. Os corpos foram encontrados por uma freira, cuja identidade foi protegida pela Santa Aliança. Os primeiros a chegar ao local foram Joaquin Navarro-Valls, porta-voz do Vaticano, o cardeal Giovanni Battista Re, suplente da Secretaria de Estado, e monsenhor Pedro López Quintana, assessor para os Assuntos Gerais da Secretaria de Estado.

Meia hora depois, a cena do crime era uma verdadeira confusão de altos membros da cúria, agentes da Santa Aliança e do Sodalitium Pianum e ainda componentes da Guarda Suíça à paisana[16].

Passados 45 minutos, chegaram ao local três altos dirigentes da Vigilanza vaticana, o inspetor geral Camillo Cibin, o superintendente-chefe Raoul Bonarelli e outro superintendente. Ao passar os olhos pelo aposento, logo Cibin descobriu que alguém levara quatro vasos, com certeza os agentes da espionagem papal, que misteriosamente haviam sido os primeiros a chegar ao local do crime[17]. Apareceu também um funcionário do governo, que com uma máquina Polaroid tirou algumas fotos dos corpos do comandante da Guarda Suíça, Alois Estermann, de sua esposa, a venezuelana Gladys Meza Romero, e do cabo da Guarda Suíça, Cédric Tornay. Bonarelli chamou a atenção de Cibin para o detalhe das gavetas abertas na mesa de Estermann. Não havia dúvida de que alguém revistara a mesa de trabalho e os arquivos do oficial.

A poucos metros dali o cardeal Luigi Poggi[18], que havia apenas dois meses conseguira ser afastado da direção dos serviços secretos pontifícios, informou João Paulo II da tragédia. Do lado de fora da Porta de Santa Ana, diante de um pelotão da Guarda Suíça, os curiosos e a imprensa começaram se juntar, porque "notícia ruim voa".

Transportados para o necrotério, os três cadáveres foram colocados no chão e cobertos com um lençol. Os membros do Corpo della Vigilanza e da Santa Aliança solicitaram a todos que deixassem o apartamento e lacraram a porta com o selo pontifício. Ninguém poderia entrar sob pena de excomunhão.

Com 44 anos, Alois Estermann, nascido em Gunzwill, no cantão* suíço de Lucerna, era subcomandante da Guarda Suíça desde 1989 e tinha sido nomeado seu comandante horas antes pelo próprio pontífice. A cerimônia oficial de posse do cargo estava programada para ocorrer em 6 de maio, dois dias depois da sua morte. A esposa, Gladys Meza, trabalhava na embaixada da Venezuela na Santa Sé. O cabo Cédric Tornay, de 23 anos, era natural da cidade de Saint-Maurice, localizada no cantão suíço de Valais, e fora incorporado no exército papal em 1º de fevereiro de 1994[19].

---

[16] Discípulos da Verdade, *Bugie di sangue in Vaticano*, cit.

[17] John Follain, *City of Secrets: The Truth Behind the Murders at the Vatican* (HarperCollins, Nova York, 2003).

[18] Devido a seus serviços especiais prestados, Monsenhor Luigi Poggi foi elevado ao cardinalato por João Paulo II em 26 de novembro de 1994. Em 7 de março de 1998, depois de ter feito esse pedido várias vezes, o santo padre aceitou a demissão de Poggi do cargo de responsável pela Santa Aliança e pelo Sodalitium Pianum.

* Unidade político-territorial em alguns países europeus, como a Suíça. (N. T.)

[19] Discípulos da Verdade, *Bugie di sangue in Vaticano*, cit.

Imediatamente Navarro-Valls fez a reconstituição do crime, que, como depois se constataria, em nada se aproximavam do que de fato ocorrera. Segundo o porta-voz da Santa Sé, "os corpos foram descobertos por uma vizinha"[20]. Tanto Estermann como Meza e Tornay foram assassinados a tiro, e sob o corpo do cabo foi encontrada a arma utilizada". Ainda de acordo com ele, "num arrebatamento de loucura, Tornay matou com a sua própria pistola o comandante e sua esposa, e o Vaticano tem certeza de que foi assim que tudo se passou". Ninguém fez mais perguntas sobre o assunto.

Na noite de 5 de maio, três agentes do Sismi participaram de uma reunião com um antigo membro da Guarda Suíça. Na verdade, nem a espionagem e nem a polícia italianas acreditavam na versão oficial do Vaticano. A imprensa baseou a sua informação em três hipóteses: a primeira, Estermann teria um envolvimento homossexual com Tornay; a segunda, Tornay poderia ter uma relação com a esposa do comandante; a terceira, por trás do crime haveria uma história muito mais suja e complexa.

A Santa Sé defendeu oficialmente a tese de que Tornay tinha graves conflitos com Estermann e que este inclusive recusara a promovê-lo e dar-lhe uma insígnia, mas a espionagem não acreditou nessa versão. Segundo Navarro-Valls, num acesso de loucura, Tornay dera cinco tiros: uma das balas ficara presa do tambor, duas mataram Estermann e a outra atingira o teto. Este não seria, porém, o único incidente ocorrido no coração da Guarda Suíça[21].

As perguntas continuavam a correr pelos intermináveis corredores do Vaticano: como é que, se Tornay fizera cinco disparos, foram recolhidos apenas quatro cartuchos no local do crime? Por que é que a porta do apartamento dos Estermann estava aberta quando a suposta freira que descobriu os cadáveres chegou?

Outro questionamento feito pelos investigadores era que, se Tornay utilizara a sua arma oficial, uma Sig Sauer 75 com carregador de nove balas, como é possível que ao disparâ-la para se suicidar caísse para a frente, sobre ela. A Sig Sauer 75 tem uma grande potência de fogo e o mais normal é que tivesse tombado para trás com o impacto da bala. Também se especulou sobre os motivos que teriam levado à estranha coincidência de o novo comandante da Guarda Suíça ter sido morto apenas duas horas depois de ser nomeado justamente após a corporação ter passado vários meses sem um dirigente. Estas e outras perguntas a Santa Sé não respondeu – ou preferiu não responder.

---

[20] A vizinha pode ter sido Caroline Meyer, esposa de Stefan Meyer, sargento da Guarda Suíça.

[21] Em 4 de maio de 1959, o cabo Adolf Rückert invadiu o gabinete do comandante Robert Nünlist e deu quatro tiros. Em seguida, tentou se suicidar, mas a arma travou.

Em 6 de maio, questionado pela imprensa, o ministro do Interior, Giorgio Napolitana, esclareceu que as autoridades italianas não haviam recebido nenhum pedido de ajuda na investigação do caso da Guarda Suíça[22]. De fato, foi o Corpo della Vigilanza[23] do Estado do Vaticano que se encarregou de rapidamente abrir e fechar a investigação. No velório, que foi um só para os três falecidos, o pontífice se pronunciou acerca de Alois Estermann: "Era uma pessoa de muita fé e de profunda entrega no seu dever. Por dezoito anos prestou um fiel e valioso serviço, que em pessoa lhe agradeço".

Mas diversas perguntas sobre o crime continuam sem resposta. Por que a porta do apartamento estava aberta se os corpos foram encontrados no quarto dos fundos? Por que a suposta vizinha que descobriu os cadáveres disse que ouviu "vários ruídos surdos no apartamento e estranhou"? A mulher deveria ter ouvido cinco fortes disparos da pistola de Tornay, mas ela garantiu a um jornalista que o escutara cinco tiros secos, "como se fosse houvesse um silenciador na arma". A história se complica quando quatro ilustres cardeais, Silvio Oddi, Darío Castrillón, Roger Etchegaray e Carlo Maria Martini, afirmaram ao papa que desconfiavam da versão apresentada. Outra teoria que acabou confundindo o caso é a defendida pelo escritor John Follain no livro *City of Secrets – The Truth Behind the Murders at the Vatican*. Segundo ele, o controle da Guarda Suíça estava sendo disputado pelos seguidores da Opus Dei, que pretendiam transformá-la numa tropa de elite direcionada a tarefas antiterroristas, e pelos maçônicos da cúria, que desejavam acabar com ela, reduzindo-a uma atração para turistas desejosos de conhecer o Corpo della Vigilanza.

Em 7 de maio de 1998, o jornal *Berliner Kurier* publicou uma versão na qual relacionava o comandante Alois Estermann à Stasi, a espionagem da Alemanha Oriental. O artigo fornece uma série de dados e pormenores bem explícitos. O periódico afirma inclusive que Alois Estermann, quando ainda era capitão da Guarda Suíça, trabalhara para a Santa Aliança em operações clandestinas. Seria ele, por exemplo, quem teria viajado diversas vezes para Varsóvia e Gdansk quando a ala radical do Solidariedade pleiteara a militarização do sindicato pensando numa possível defesa armada dos grevistas durante a aplicação da lei marcial de 12 de dezembro de 1981 imposta pelo general Jaruzelski à Polônia. Estermann teria também se ocupado de coordenar a compra de armas no mercado negro pagas com dinheiro do IOR e ainda da

---

[22] John Follain, *City of Secrets*, cit.

[23] O Corpo della Vigilanza é formado por seis gendarmes, dois bombeiros, dois empregados da telefonia pontifícia e alguns técnicos da Rádio Vaticano. Esses superintendentes são os chamados "especiais" e constituem o batalhão policial que faz a escolta do papa. Pertencente à Secretaria de Estado, o Corpo della Vigilanza é controlado pelos monsenhores Giovanni Battista Re (elevado a cardeal em 21 de fevereiro de 2001), Pedro López Quintana e Gianni Danzi.

preparação de campos de treino na Áustria e na Alemanha para os futuros combatentes do Solidariedade[24].

Markus Wolf, o poderoso chefe da Stasi por 33 anos, afirmou que por trás do agente com o codinome Werder se escondia um membro do exército pontifício. De acordo com os arquivos da Stasi revelados após a queda do Muro de Berlim, Werder converteu-se em informante no início de 1980, quando Alois Estermann entrou para a Guarda Suíça[25].

A notícia das ligações de Alois Estermann com a Stasi causou grande indignação na cúpula do Vaticano e na Santa Aliança[26]. Posteriormente, o próprio Markus Wolf, em entrevista a um jornal polonês, confirmou que Estermann era membro da organização. "Nos sentimos muito orgulhosos em 1979 quando conseguimos recrutar Estermann como agente. Esse homem tinha um acesso ilimitado à Santa Sé e, com ele, nós também. Quando iniciamos nossos contatos, Estermann só queria ingressar na guarda papal. E quando o Vaticano o integrou, a sua importância como informante cresceu de forma considerável."[27]

O contato no interior do Vaticano era um frade dominicano chamado Karl Brammer, de codinome Licht Blick (raio de luz). Brammer foi expulso da Santa Sé no final da década de 1980, quando agentes do Sodalitium Pianum o surpreenderam nos arquivos da Comissão Científica do Vaticano coletando informações secretas para passá-las a um jornalista italiano.

Um mês depois da tragédia, a mãe de Tornay fez declarações ao semanário italiano *Panorama*[28]. Na entrevista contou ter falado com o filho na manhã do crime e disse que de maneira alguma ele estava deprimido. Em um certo momento, ela se refere a um tal de "padre Yvan" como conselheiro espiritual do filho, revelando que os dois se encontrariam naquela tarde a fim de tratar de um futuro trabalho para Tornay num banco suíço como chefe da segurança.

Na verdade, o padre Yvan, ou padre Ivano, era Yvan Bertorello, um francês dos seus 35 a 40 anos, que sempre usava batina e circulava pelos corredores vaticanos sem que ninguém o controlasse. Bertorello era um espião que participara de várias operações especiais da Santa Aliança. Fala-se até que tinha formação militar feita no exército francês ou suíço.

---

[24] Discípulos da Verdade, *All'ombra del papa infermo*, cit.

[25] Markus Wolf e Anne McElvoy, *Markus Wolf, the Man without Face* (Times Books, Nova York, 1997).

[26] Discípulos da Verdade, *Bugie di sangue in Vaticano*, cit.

[27] Anos depois, Wolf desmentiria tais palavras, garantindo que o seu agente era realmente um frade dominicano da Comissão Científica do Vaticano.

[28] *Panorama*, 18/6/1998. Entrevista feita pela jornalista Anna Maria Turi.

Tempos depois, a mãe de Cédric Tornay declararia ao juiz da Santa Sé ter conhecido Yvan, mas posteriormente lhe diriam que, segundo informação do Corpo della Vigilanza, no Estado Vaticano não existia nenhum padre Yvan ou Ivano, nem nada parecido.

O fato é que Yvan Bertorello, de origem franco-italiana, é realmente um membro da Santa Aliança ou do Sodalitium Pianum, encarregado de certas missões diplomáticas e de espionagem na África e na Bósnia. O chefe de Bertorello, monsenhor Pedro López Quintana, confiou-lhe a missão de espionar a Guarda Suíça a fim de descobrir as conexões com a Opus Dei[29].

Nascido na cidade espanhola de Barbastro, em 27 de julho de 1953, López Quintana pertencera ao corpo diplomático do Vaticano e à Comissão Disciplinar da Cúria Romana até 1987, quando foi nomeado prelado honorário de Sua Santidade e alocado na nunciatura de Nova Deli. Em 1992 foi trazido de volta para a Santa Sé, onde assumiu o cargo de assessor dos Assuntos Gerais da Secretaria de Estado. Na Cidade Eterna murmurava-se que monsenhor Pedro López Quintana ficara responsável pela contra-espionagem papal após a demissão do cardeal Luigi Poggi, em 7 de março de 1998.

Uma fonte do serviço secreto francês revelaria ao escritor David Yallop que no crime de 4 de maio havia realmente três pessoas envolvidas num complô: o próprio Alois Estermann, Gladys Estermann e o agente da Santa Aliança Yvan Bertorello.

Em março de 1999, o novo comandante da Guarda Suíça, Pius Segmüller, foi encarregado de criar uma unidade especial no seio da Guarda Suíça, o chamado Comitê de Segurança, aprovado pela Comissão Pontifícia para o Estado da Cidade do Vaticano. Esse novo comitê tinha a missão de coordenar as atividades relacionadas à segurança da Santa Sé e do papa, bem como prevenir as práticas fraudulentas no Vaticano.

Chefiado por monsenhor Giovanni Danzi, secretário geral do governo, o Comitê de Segurança revela-se uma espécie de serviço secreto fora da área de abrangência da Santa Aliança e do Sodalitium Pianum.

Segundo fontes da Santa Sé, Danzi é um homem sem escrúpulos com um grande poder na Comissão Pontifícia para o Estado da Cidade do Vaticano. De sua mansão, Danzi controla com mão de ferro o Comitê de Segurança. Na investigação do crime de 4 de maio é aventada a possibilidade de que, naquela noite, uma quarta pessoa tenha acompanhado Cédric Tornay no apartamento dos Estermann[30].

---

[29] Discípulos da Verdade, *Bugie di sangue in Vaticano*, cit.

[30] Fala-se da possibilidade de um membro do serviço secreto papal, o padre Yvan Bertorello, ter estado no apartamento dos Estermann no momento dos disparos e que teria sido ele quem deixara a porta aberta ao sair correndo do local.

Entretanto, ficou provado que essa quarta pessoa, que talvez já estivesse no apartamento, foi apenas uma testemunha, já que todas as balas saíram da arma oficial de Tornay e havia vestígios de pólvora na sua mão e no dedo indicador. Também é possível que essa pessoa tenha se escondido em algum local do apartamento até a chegada das primeiras autoridades e, no meio da confusão, conseguido fugir. Pelo que se sabe, os primeiros a chegar foram quatro agentes da Santa Aliança, que rapidamente mudaram de lugar os vasos que estavam na mesa do escritório de Alois Estermann.

Posteriormente viria à tona que Cédric Tornay fora vigiado durante alguns meses pela Santa Aliança, pelo Sodalitium Pianum ou pelo Comitê de Segurança. O jovem cabo foi conquistado por uma jovem italiana chamada Manuela, que ele conheceu numa cafeteria perto do Vaticano freqüentada pelos membros da Guarda Suíça. A tal Manuela relatava a um bispo do Vaticano todos os passos de Tornay, o que derrubava a possibilidade de o rapaz ter entrado no apartamento de Alois Estermann sem ser visto[31].

Apesar da solidariedade do Vaticano para com a dor de Muguette Baudat, a mãe de Cédric Tornay, ainda houve um agente da Santa Aliança que pressionou a senhora e seus advogados.

Desde aquela noite de 1998, especulou-se muito a respeito da conspiração. As teorias mais difundidas foram que a Santa Aliança executara Alois Estermann devido a tudo o que ele sabia sobre as suas operações clandestinas; que Estermann poderia ter sido assassinado por um Tornay que o adorava e se sentia infeliz porque o comandante o trocara na cama por outro jovem policial; que ele teria sido executado pelas suas estreitas relações com a Opus Dei ou com o clã maçônico da loja vaticana; que o comandante fora eliminado por causa de suas antigas relações com algum serviço de espionagem da ex-Cortina de Ferro; e muitas outras. Mas o fato é que o segundo cabo da Guarda Suíça Cédric Tornay era visto por todos como um jovem comum, como muitos outros. Seus amigos da própria Guarda Suíça e seus familiares garantem que ele não estava drogado nem louco e que certamente se viu envolvido numa situação que fugiu do seu controle, levando-o à morte.

As autoridades vaticanas não promoveram nenhuma investigação policial nem judiciária independente acerca do que ocorrera na noite de 4 de maio de 1998. A Santa Aliança, o Sodalitium Pianum, o Comitê de Segurança ou o Corpo della Vigilanza não se aprofundaram em nada. O secretário de Estado, Angelo Sodano, com o pleno consentimento de João Paulo II, decidiu que toda

---

[31] Quando foi localizada, a jovem trabalhava na agência de viagens Ivet, na Via della Conciliazione. A partir de 1997, a empresa mudou seu nome para Viagens QuoVadis, quando foi comprada pela Santa Sé através da Agenzia per il Giubileo 2000. A jovem era realmente funcionária do Estado do Vaticano.

a documentação referente àquela trágica noite em que três pessoas perderam a vida dentro dos muros da Cidade Eterna deveria ser selada e, em seguida, guardada no Arquivo Secreto.

Ninguém nunca descobrirá a verdade sobre o assassinato de Alois Estermann, Gladys Meza e Cédric Tornay. O espião da Santa Aliança Yvan Bertorello, que poderia saber mais sobre o que se passou naquela noite, simplesmente desapareceu e nunca mais foi visto nos perigosos corredores da Santa Sé.

No seu livro *In God's Name – An Investigation into the Murder of Pope John Paul I*, o escritor David Yallop fez uma duríssima acusação contra João Paulo II:

> Temos um papa que condena abertamente os padres nicaragüenses por seu envolvimento na política e ao mesmo tempo dá o seu beneplácito para que uma grande quantidade de dólares seja encaminhada secreta e ilegalmente para a Polônia, com destino ao Solidariedade. Este é um pontificado de duas caras: uma para o santo padre e outra para o resto do mundo. Mas o governo de João Paulo II tem sido e ainda é um triunfo para especuladores, corruptos e ladrões internacionais, como Roberto Calvi, Licio Gelli e Michele Sindona, enquanto o sumo pontífice continua a aparecer publicamente em viagens freqüentes, semelhantes a uma *tournée* de estrela de rock. Os homens que o rodeiam dizem que o faz por negócio, como é habitual, e que os lucros desde a sua chegada ao trono de São Pedro aumentaram. É lamentável que os discursos moralistas de Sua Santidade não possam ser aplicados nos bastidores.

Seja como for, o fato é que durante os longos anos do governo de João Paulo II o Vaticano vendeu armas, financiou ditaduras e golpes de Estado, comandou operações clandestinas através da Santa Aliança e ocorreram falências financeiras e bancárias – devido às quais muitas pessoas "se suicidaram".

Hoje, em pleno século XXI, ninguém conhece a Santa Aliança por esse nome. No mundo da espionagem o serviço secreto pontifício – a espionagem e a contra-espionagem como um todo – é chamado de A Entidade. Mas, seja qual for seu nome, ele conserva intactos os mesmos princípios com os quais foi criado pelo papa Pio V no ano do Senhor de 1566. A defesa da fé, da religião católica, dos interesses do Estado do Vaticano e a suma obediência ao papa continuarão a ser os quatro grandes pilares que o sustentarão até o mais obscuro momento da história. Enquanto a Igreja católica continuar a transmitir a fé ao mais ermo lugar da Terra, A Entidade estará sempre ao abrigo de qualquer inimigo que apareça no caminho do santo padre ou da sua política. E o Estado do Vaticano continua negando a existência do seu serviço de espionagem.

EPÍLOGO

Os anos vindouros: Bento XVI

> Sei viver na penúria, e sei também viver na abundância.
> Estou acostumado a todas as vicissitudes: a ter fartura e
> a passar fome, a ter abundância e a padecer necessidade.
> Tudo posso naquele que me conforta.
>
> *Filipenses 4:12-13*[*]

Na manhã de sexta-feira, 1º de abril, o chefe dos serviços secretos da Santa Sé foi chamado à presença do cardeal camarlengo Eduardo Martínez Somalo. Ao entrar no seu escritório, situado no Palácio Apostólico, deparou-se com faces preocupadas. Estavam lá também os cardeais Joseph Ratzinger, prefeito da Congregação da Doutrina da Fé, os arcebispos Leonardo Sandri e Giovanni Lajolo, respectivamente responsáveis pelas relações interiores e exteriores do Vaticano, o cardeal secretário de Estado, Angelo Sodano, e Camilo Ruini, vigário de Roma. O estado do sumo pontífice inspirava sérios cuidados. Logo depois entrou na sala o cardeal Giovanni Battista Re, prefeito da Congregação para o Clero.

O arcebispo encarregado da Santa Aliança e do Sodalitium Pianum fora convocado para tomar todas as providências cabíveis assim que João Paulo II falecesse. Era dele a responsabilidade de proteger o corpo depois que o doutor Renato Buzzonetti tivesse certificado o óbito do santo padre, recrutando os agentes da contra-espionagem vaticana para sua primeira tarefa. Os membros dos serviços secretos pontifícios estariam ao inteiro dispor do camarlengo. A Operação Catenaccio, ou Ferrolho, seria acionada uma vez declarada a morte do papa.

Na manhã de sábado, 2 de abril, o delegado do Ministério do Interior em Roma, Acquile Serra, cruzou os portões do Vaticano. Um telefonema de um alto dignitário eclesiástico informou-lhe: "O papa vai morrer. Estejam preparados".

Por volta das 21 horas o dirigente dos espiões pontifícios foi novamente chamado. Ao entrar numa das salas contíguas aos aposentos papais no Palácio Apostólico encontrou o coronel Pius Segmüller, o comandante-chefe da Guarda

---
[*] *Bíblia Católica Online*, cit. (N. T.)

Suíça, coronel Elmar Theodor Mader, o inspetor geral da Gendarmaria vaticana, Camillo Cibin, e o subinspetor Domenico Giani. Os cinco ali presentes seriam os responsáveis pela segurança do Estado do Vaticano e dos 115 membros do Sacro Colégio Cardinalício, que deveria se reunir em conclave na segunda-feira 18 de abril. Durante o *interregno* até a escolha do sucessor de Pedro, os purpurados seriam a maior autoridade na Santa Sé e na Igreja católica.

Pouco depois, o doutor Renato Buzzonetti atestou o falecimento do santo padre: "Declaro que o papa João Paulo II, nascido em Wadowice em 18 de maio de 1920, residente na Cidade do Vaticano, cidadão vaticano, morreu às 21h37 do dia 2 de abril de 2005 no seu quarto do Palácio Apostólico do Vaticano, em decorrência de uma infecção e de um colapso cardiovascular irreversível".

O burburinho atingiu o quarto. Como uma onda que chega, um grande silêncio tomou conta de todas as salas da Santa Sé. Os cinco homens apoiaram o joelho esquerdo no chão e se benzeram. Camillo Cibin, o mesmo que estancara com a mão a ferida quando atentaram contra a vida de João Paulo II na praça de São Pedro, em 13 de maio de 1981, comandou a rápida oração. Todos sabiam que a partir daquele momento toda uma máquina perfeitamente azeitada durante séculos começaria a se movimentar e eles e os seus departamentos seriam peças cruciais nas horas seguintes.

Devido ao fluxo cada vez maior de fiéis que se aproximavam do Vaticano preocupados com a saúde do papa, os homens de Segmüller e Mader deveriam se posicionar ao redor da praça de São Pedro. Os de Cibin e Giani foram orientados a escoltar os altos dignitários do Colégio Cardinalício, que assumiriam os poderes civis até a eleição do novo pontífice. O responsável dos serviços de espionagem foi incumbido de escoltar o camarlengo Martínez Somalo e proteger os aposentos papais até serem selados.

A partir do exato momento em que a morte de João Paulo II foi anunciada, o chefe da Santa Aliança começou a dar ordens a seus agentes. A primeira delas foi escoltar o cardeal Martínez Somalo até o gabinete do papa para destruir o selo de chumbo do Pescador e o anel que João Paulo II usava no dedo. Isso impedia que alguém utilizasse os selos pontifícios para assinar documentos não aprovados antes do falecimento do santo padre.

Assim que saiu da sala, Martínez Somalo ordenou que os aposentos papais fossem lacrados. Cinco selos de lacre sobre uma fita vermelha foram colocados pelo vigário de Roma, o cardeal Ruini. Dois agentes do Sodalitium Pianum e dois membros da Guarda Suíça ficariam de sentinelas para proteger os selos até que fossem quebrados pelo novo papa. O sucessor de Pedro era o único que poderia entrar naquele que fora o escritório de João Paulo II naqueles últimos 26 anos.

Em seguida, Martínez Somalo solicitou a Cibin, ao coronel Mader, da Guarda Suíça, e ao chefe da espionagem que se preparassem para uma reunião do chamado Comitê de Crise, formado pelas autoridades da república italiana e da cidade de Roma. Os três seriam o elo entre o Vaticano e as forças de segurança do Estado italiano. Depois, às 21h55 de sábado, 2 de abril, exatamente dezoito minutos após ser declarado o falecimento do papa, o arcebispo Leonardo Sandri anunciou o fato ao mundo.

Por volta das 23h30, o cardeal camarlengo telefonou para o arcebispo-chefe da Santa Aliança e lhe pediu que comparecesse aos aposentos de monsenhor Stanislaw Dziwisz, secretário do papa por mais de quarenta anos. Ele tinha em seu poder o testamento de João Paulo II, que só deveria ser aberto numa data específica. O chefe da espionagem ofereceu ao bispo polonês um cofre para guardar o valioso documento, mas Dziwisz preferiu mantê-lo em seu poder, tal como lhe recomendara o sumo pontífice.

Roma vivia horas de angústia. Mas o barulho da multidão concentrada na praça de São Pedro não ultrapassava o portão de bronze que dá acesso ao Palácio Apostólico. No seu interior apenas se escutavam os passos das tropas da Guarda Suíça e os murmúrios de cardeais e altos membros da cúria. Era evidente que, após tantos séculos de rituais, o coração da Igreja católica continuava a bater regularmente como um relógio e marcava os minutos do ritual de *Sede Vacante*. Os dias prosseguiriam dentro de uma espécie de pânico controlado. O cardeal Eduardo Martínez Somalo dava ordens precisas ao vigário de Roma, o também cardeal Camillo Ruini, e a Joseph Ratzinger, responsável, como decano do Sacro Colégio Cardinalício, de realizar a chamada oficial para o conclave e dar assistência aos seus membros na chegada a Roma. Naqueles dias, os serviços de segurança e de espionagem receberiam ordens de Somalo, Ruini e Ratzinger.

À meia-noite de 7 de abril, um dia antes do funeral de João Paulo II, o "substituto" do secretário de Estado, arcebispo argentino Leonardo Sandri, ligou às pressas para o chefe de espionagem: o Air Force One, o avião presidencial, acabara de informar que, após aterrissar em Roma, os chefes da delegação norte-americana se dirigiriam à basílica de São Pedro. Em poucas horas, um presidente e dois ex-presidentes dos Estados Unidos estariam rezando de joelhos diante do corpo de João Paulo II.

Sob as ordens do arcebispo-chefe dos serviços de espionagem do Estado do Vaticano, o dirigente do Sodalitium Pianum, entrou em contato com as autoridades italianas em Roma e com os responsáveis do serviço secreto norte-americano. A comitiva do presidente George W. Bush, formada por sua esposa, seu pai – o ex-presidente George Bush –, pelo ex-presidente Bill Clinton e pela secretária de Estado, Condoleezza Rice, chegou às portas da Santa Sé à

1h35 da madrugada. O interior da basílica estava completamente tomado por agentes e guardas, mas o serviço secreto foi impedido de portar suas armas no local. Por alguns minutos, a segurança daquelas três personalidades políticas norte-americanas ficou nas mãos da Guarda Suíça, do Corpo de Vigilância e da contra-espionagem papal.

Ao mesmo tempo acontecia uma reunião de emergência no escritório do cardeal camarlengo. Os presentes discutiam a possibilidade de, após o funeral, que deveria ocorrer horas depois com a presença de quase duzentos chefes de Estado e de governo, monarcas e líderes de outras religiões, levar o corpo de João Paulo II de helicóptero para a igreja de São João de Latrão, a catedral de Roma, para que o povo pudesse prestar sua última homenagem ao pontífice falecido.

Ratzinger concordava com a operação, mas Ruini alegou que seria difícil fazer a segurança do corpo fora dos muros da Cidade Eterna. Apoiado pelo chefe da Santa Aliança, Cibin dirigiu-se aos cardeais reunidos e advertiu-os de que montar um dispositivo móvel fora da Santa Sé seria muito complicado em vista da avalanche de fiéis que tentariam entrar na catedral romana. "A Guarda Suíça pode controlar a segurança no Vaticano, mas fora dele é responsabilidade da polícia italiana", concluiu Cibin.

O cardeal Martínez Somalo resolveu acabar com a discussão declarando que tomara uma decisão. O papa João Paulo II seria sepultado depois do funeral, sem demora alguma. Quando surgiram nas janelas que davam para a praça de São Pedro, os membros da cúria romana e das suas forças de segurança viram como as longas filas de fiéis se estendiam por quilômetros e quilômetros, ultrapassando as pontes sobre o Tibre. Os devotos avançavam duzentos metros a cada três horas. Seria uma longa noite para todos.

Na sexta-feira, 8 de abril, depois de uma oração, ocorreu a última reunião com os responsáveis de segurança do Estado do Vaticano e da Itália. Como um general antes da batalha, o cardeal camarlengo Eduardo Martínez Somalo, acompanhado pelo penitenciário maior, Francis James Stafford, pelo vigário de Roma, Camillo Ruini, e pelo vigário-geral para a Cidade do Vaticano, Angelo Comastri, estudava um grande mapa da Santa Sé e uma planta da praça de São Pedro abertos sobre a mesa. Espetadas na planta havia pequenas bandeirinhas de diferentes cores representando presidentes, primeiros-ministros, reis e líderes religiosos. O prefeito de Roma, Walter Veltroni, e Guido Bertolaso, chefe do Departamento da Defesa Cível de Roma, escutavam as explicações de Martínez Somalo. Tudo estava planejado e muito bem previsto.

Em plena madrugada, os agentes da Santa Aliança e do Sodalitium Pianum, misturados na multidão, começavam a se posicionar entre os fiéis que disputavam os melhores lugares para assistir ao pronunciamento que seria feito pelo cardeal Joseph Ratzinger. Ao longe, membros do chamado Corpo de Vigilância da Santa Sé, vestidos de terno e gravata preta e conectados por fones de ouvido intra-auriculares à divisão de coordenação de segurança, patrulhavam os arredores orientados por um representante da República da Itália e outro do Vaticano. Nos telhados em volta da praça, centenas de fotógrafos, câmaras de televisão e jornalistas de noventa países, representando mais de 3 mil veículos de comunicação, esperavam o início da cerimônia. No meio deles, havia agentes da Santa Aliança disfarçados e atiradores de elite da polícia e do exército italianos.

Já nas primeiras horas da manhã, cerca de 600 mil pessoas se espremiam atrás das grades colocadas pela polícia italiana ao redor da colunata de Bernini. Um membro da Guarda Suíça chegou a dizer que "nunca antes em toda a história soubera de tantas forças de segurança do mundo inteiro concentradas em tão poucos quilômetros quadrados". Era óbvio que se referia aos homens encarregados de proteger os quase duzentos chefes de Estado e de governo sentados diante do corpo do santo padre. Para os responsáveis da segurança não resta a menor dúvida de que se trata do primeiro funeral em uma escala global.

A manhã chegou com muitas nuvens e um forte vento, que levantava as vestes vermelhas dos cardeais na praça de São Pedro. O mundo inteiro estava ligado nas duas centenas de poderosos que se juntaram para render seu último tributo a João Paulo II.

A cerimônia começa no interior da basílica, de forma privada. O cardeal Martínez Somalo, sempre assistido por um membro do Sodalitium Pianum e três agentes da Gendarmaria da Santa Sé, celebra o ritual do fechamento do ataúde, um caixão simples de cipreste. O arcebispo Pietro Marini, mestre das celebrações litúrgicas, procedeu à leitura do *rogito*, uma breve biografia do falecido, e depositou-o no caixão. Em seguida, o secretário Dziwisz cobriu o corpo com um pano branco. Mas o que ninguém sabia é que, naquele mesmo instante, o chefe da espionagem do Vaticano e o inspetor geral da Gendarmaria vaticana, Camillo Cibin, haviam recebido um alerta de violação de segurança vindo do comando italiano.

Um avião não identificado estava entrando no espaço aéreo da Cidade Eterna. Ao que tudo indica, o controle do espaço aéreo da Itália não conseguiu se comunicar com os pilotos, e o alarme foi dado. Pela cabeça de Cibin e do responsável da Santa Aliança passaram inúmeras imagens de um avião se estatelando sobre dezenas de monarcas, três príncipes herdeiros, 57 chefes de Estado, dezessete chefes de governo e mais de vinte líderes religiosos. Era impossível evacuá-los a tempo de evitar uma tragédia. Trajando o mais rigoroso luto, àquela altura já estavam todos sentados nos seus lugares à espera da saída do caixão de João Paulo II e do início da homilia do cardeal Joseph Ratzinger.

Em poucos segundos, a aeronave em questão se viu cercada por quatro caças da Força Aérea Italiana, que a obrigaram a descer e aterrissar numa base militar. Quando pousou, agentes da polícia e membros dos serviços de espionagem italianos e vaticanos comprovaram que não havia sinal algum de explosivos. Ao que parece, o piloto tivera problemas de comunicação e não pôde avisar que o avião estava a caminho do aeroporto de Ciampino para apanhar a delegação da Macedônia que viera assistir ao funeral pontifício. Do centro de comando, os agentes informaram Cibin e o chefe da Santa Aliança do incidente, enquanto prosseguiam as cerimônias fúnebres do santo padre.

Quando o cardeal Ratzinger, decano do Colégio Cardinalício, estava prestes a começar o seu pronunciamento, Cibin e o arcebispo-chefe da espionagem papal receberam outra comunicação de alerta. Dessa vez o incidente se passava entre agentes italianos e norte-americanos. Os seguranças do presidente Bush tentavam entrar armados numa área controlada pelos serviços secretos da Itália. Era óbvio que o incidente no qual o agente italiano Nicola Calipari perdera a vida ao ser metralhado por *marines* no Iraque ainda causava desavenças entre os norte-americanos e os italianos. Mas foi Cibin quem deu ordens para expulsar os seguranças de Bush do campo de ação dos serviços secretos da Itália e da Santa Sé.

O clamor dos assistentes e das mais de 350 mil pessoas reunidas na praça de São Pedro se transformou num murmúrio quando surgiu o caixão, seguido por 140 cardeais vestidos de vermelho, para ser colocar sobre um tapete também vermelho. Atentos, os agentes do Vaticano não tiravam os olhos dos fiéis que estavam mais próximos da área ocupada pelas autoridades. A grande quantidade de cartazes com frases como "Santo Súbito" ou "João Paulo, o Magno" os impedia de vigiar toda a multidão.

Na reunião do dia anterior, Camillo Cibin, o coronel Elmar Theodor Mader, comandante-chefe da Guarda Suíça, e o chefe da Santa Aliança haviam aventado a possibilidade de a polícia italiana impedir o acesso de devotos com cartazes. Para não ofender quem os trazia consigo, poderiam alegar, por exemplo, que eles ocupavam muito espaço. Camillo Ruini, vigário de Roma, sugeriu que fosse montado um tipo de posto onde as pessoas pudessem deixar seus cartazes e pegá-los de volta após a cerimônia. A idéia foi apoiada por Angelo Comastri, vigário-geral para a cidade do Vaticano, mas acabou sendo rejeitada pelos cardeais Somalo e Ratzinger. Eles argumentaram que isso poderia ofender os fiéis que com tanta devoção tinham esperado horas a fio para apresentar seus pêsames ao papa falecido. E isso obrigou a segurança da Santa Sé a colocar vários agentes da contra-espionagem no meio do público.

Depois da homilia – treze vezes interrompida por aplausos –, da comunhão e da oração aos mortos, a cerimônia foi encerrada, aos gritos de "santo, santo".

O coro vaticano entoou o *Magnificat*, acompanhado pelo badalo dos sinos. Os homens da Santa Aliança e da Gendarmaria voltavam a se movimentar pela praça, já que o ataúde do sumo pontífice seria de novo levado para o interior da cripta de São Pedro, onde seria sepultado.

O local estava protegido por agentes da Gendarmaria e do Sodalitium Pianum. O caixão foi envolvido por tiras vermelhas, lacradas pelos selos da Câmara Apostólica, da Prefeitura da Casa Pontifícia, da Repartição das Celebrações Litúrgicas do Papa e do Capítulo Vaticano. A urna de cipreste foi encaixada em outra de chumbo, com quatro milímetros de espessura, que por sua vez foi introduzida em outra, de madeira de olmo envernizada. Sobre esta foram colocados um crucifixo e as armas do papa falecido. Uma lápide simples, com o nome de João Paulo II em latim e as datas de nascimento e de morte, cobriu a sepultura. Um tabelião do Capítulo da Basílica do Vaticano redigiu e leu a ata do sepultamento aos presentes, um pequeno grupo formado pelo camarlengo e por alguns membros escolhidos da "família pontifícia" do santo padre – os seus secretários, as freiras que cuidavam dele, seu médico pessoal e Stanislaw Dziwisz, seu fiel secretário.

Com esse ato e a saída do aeroporto de Roma do último chefe de governo estava encerrada a chamada Operação Ferrolho, e as forças de segurança vaticanas reduziram o seu nível de alerta. A Santa Aliança e o Sodalitium Pianum tinham, então, de se mobilizar para preparar a reunião da qual sairia eleito o sucessor de João Paulo II. "É hora dos *Novendiales* [os nove dias de luto], do conclave e de um novo papa", disse Martínez Somalo aos chefes de segurança.

Na primeira hora da manhã da segunda-feira, 11 de abril, depois de assistir a uma missa em memória do pontífice falecido, os cinco homens encarregados da segurança da Santa Sé se reuniram numa sala do Palácio Apostólico com o camarlengo Martínez Somalo e o cardeal Joseph Ratzinger. Após uma breve saudação e oração, o coronel da Guarda Suíça, Pius Segmüller, o comandante-chefe da Guarda Suíça, coronel Elmar Theodor Mader, o inspetor geral da Gendarmaria vaticana, Camillo Cibin, o subinspetor Domenico Giani e o chefe do serviço secreto papal começaram a fazer um tipo de relatório dos fatos ocorridos no dia anterior.

O cardeal Ratzinger tomou a palavra para felicitar os presentes e lhes pedir que continuassem empenhados num momento tão importante para a Santa Sé como aquele.

Aqueles cinco homens foram os primeiros a saber que o dia escolhido para o conclave seria a segunda-feira seguinte, 18 de abril, o que significava que teriam apenas sete dias para organizar tudo.

Os agentes do Sodalitium Pianum seriam responsáveis por resguardar os 115 cardeais eleitores contra influências externas durante as votações.

Deveriam também proteger o interior da Casa de Santa Marta, onde os religiosos ficariam instalados. Todos os dias tinham de "limpar" os aposentos dos cardeais para impedir quaisquer escutas, microfones ocultos e até mesmo aparelhos de rádio ou televisão. No período do conclave era terminantemente proibido qualquer meio de comunicação, norma cujo transgressor seria imediatamente excomungado.

Por sua vez, os homens da Santa Aliança ficariam encarregados de, todas as manhãs, antes de começar o conclave, "varrer" a Capela Sistina de quaisquer escutas eletrônicas e se certificar de que os 115 eleitores não traziam nenhum aparelho eletrônico, nem mesmo celulares, quando passassem pela porta de acesso. Os serviços de inteligência do Vaticano também se ocupariam de manter em perfeitas condições a barreira eletrônica ao redor da Capela Sistina e da Casa de Santa Marta instalada para garantir que, mesmo que um cardeal conseguisse esconder um celular do controle da contra-espionagem, o telefone não tivesse sinal.

À última hora, o cardeal Martínez Somalo comunicou ao chefe da Santa Aliança que seus homens se ocupariam ainda de proteger os *fustigadores* eleitos pelo Colégio Cardinalício para controlar as normas do conclave. Os dois *fustigadores* eram o padre capuchinho Raniero Cantalamessa, de 71 anos, especialista em práticas espirituais e pregador oficial da Casa Pontifícia, e o cardeal tcheco Tomas Spidlik, de 86 anos, um dos maiores peritos em espiritualidade oriental.

Estavam abertas as apostas para a sucessão ao trono de São Pedro. Os responsáveis pelos serviços secretos preferiam, obviamente, um pontífice que desse continuidade à linha de seu predecessor e que, se possível, pertencesse ao chamado "círculo polaco", formado pelos cardeais mais próximos a João Paulo II. O arcebispo-chefe da Santa Aliança sabia que a espionagem e a contra-espionagem entrariam numa fase de quase total estagnação se o eleito como o 266º pontífice fosse um dos seguintes cardeais: Dionigi Tettamanzi, arcebispo de Milão e defensor dos jovens antiglobalização; o brasileiro Claudio Hummes, arcebispo de São Paulo, amigo do presidente Lula e partidário dos Sem-Terra; ou o arcebispo de Tegucigalpa, o hondurenho Oscar Andrés Rodríguez Maradiaga, que, segundo dizem, era simpatizante da Teologia da Libertação. Haja visto o que ocorrera quando, em 28 de outubro de 1958, o conservador cardeal Roncalli se tornou o papa João XXIII: ele seria um dos pontífices mais progressistas de toda a história da Igreja católica, convocando, inclusive, o Concílio Vaticano II. A Santa Aliança e o Sodalitium Pianum permaneceram na mais absoluta inatividade por cinco anos, até o seu falecimento, em 3 de junho de 1963.

O cardeal Montini, eleito como Paulo VI, retomou as atividades da Santa Aliança e do Sodalitium Pianum, cujas operações tiveram seu ponto culminante na primeira década do pontificado de João Paulo II, entre 1978 e 1988. Era evidente que, para o serviço de inteligência vaticano, a escolha de um progressista para a cadeira de São Pedro seria perigosa.

Os principais favoritos para substituir João Paulo II eram os cardeais Dionigi Tettamanzi e Joseph Ratzinger. No sábado 16 de abril, Ratzinger, na última reunião dos eleitores antes do conclave, determina um "silêncio absoluto". Ficam proibidas as declarações aos meios de comunicação, e para isso o camarlengo ordena a Camillo Cibin e ao chefe da espionagem papal que, a partir daquele momento até se recolherem em Santa Marta para a eleição, os 115 cardeais, pertencentes a 52 países dos cinco continentes, devem estar sempre acompanhados.

Finalmente chega a hora da verdade para os cardeais que devem eleger o novo dirigente da Igreja católica. Assim que o arcebispo Pietro Marini, mestre de cerimônias da Santa Sé, pronunciar as célebres palavras *"extra omnes"* (todos fora), o cardeal decano Joseph Ratzinger lerá em voz alta o juramento por meio do qual os eleitores se comprometem a cumprir as normas da constituição *Universi Dominici Gregis* e manter o mais absoluto segredo sobre tudo o que diga respeito ao conclave.

Protegidas por dois agentes do SP e dois membros da Guarda Suíça, as urnas de prata e bronze onde serão depositados os votos já estão colocadas à frente do altar-mor. Foram também preparados os dois incineradores: o antigo, que queimará os votos, e o mais moderno, que, com a ajuda de substâncias químicas, produzirá a fumaça branca ou a fumaça preta. Estão arrumados ainda os bancos nos quais os cardeais devem se sentar e a mesa coberta com um pano arroxeado onde os responsáveis por conferir e contar os votos os abrem, fazem a sua leitura em voz alta e os prendem com uma agulha grossa antes de queimá-los. O jornal *L'Osservatore Romano*, órgão oficial do Vaticano, tem já prontas umas sessenta possíveis primeiras páginas. Em 18 de abril de 2005, às 17h30, inicia-se oficialmente o conclave e naquela mesma noite, às 20h06, horário da Santa Sé, sai pela chaminé instalada no telhado da basílica de São Pedro a primeira fumaça preta. Nenhum candidato conseguira os votos necessários para ser eleito sumo pontífice – ou seja, 76 mais um.

Na manhã de terça-feira, 19 de abril, os conclavistas estão novamente reunidos. A votação a favor de Ratzinger é liderada por um seleto grupo de cardeais – o espanhol Julián Herranz, membro da Opus Dei e presidente do Pontifício Conselho para a Interpretação dos Textos Legislativos, o colombiano Dario Castrillón Hoyos e o colombiano Alfonso López Trujillo –, todos pertencentes à ala conservadora da cúria.

Pouco depois, o grupo receberia a adesão dos cardeais italianos Angelo Scola e Camillo Ruini, um dos pupilos de Ratzinger. O austríaco Christoph Schönborn, amigo do chamado *Panzerkardinal*, também se juntaria aos partidários da candidatura de Ratzinger.

A vitória de Ratzinger cada vez se mostrava mais fácil. Era óbvio que Tettamanzi tinha a oposição do bloco liderado por Angelo Scola. O cardeal Carlo Maria Martini, líder da ala reformista e promotor da candidatura de Tettamanzi, fez um sinal ao seu grupo para desistir do apoio ao arcebispo de Milão. A candidatura de Joseph Ratzinger estava cada vez mais fortalecida com as adesões conquistadas. Segundo o vaticanista Orazio Petrosiello, do jornal *Il Messagero*, na primeira votação do conclave, na tarde de segunda-feira, Martini conseguira quarenta votos, enquanto Ratzinger, 38.

Às 17h50, surgiu na pequena e estreita chaminé o que parecia ser fumaça branca, mas os sinos da basílica de São Pedro não repicaram como deveria ocorrer. Houve um grande alvoroço na praça, mas de repente os pesados sinos começaram a tocar. Os 115 cardeais haviam escolhido o 265º sucessor de São Pedro.

Minutos antes, após a quarta votação do conclave, o cardeal alemão Joseph Aloysius Ratzinger alcançara o quórum necessário para ser eleito santo padre, obtendo 107 dos 115 votos. Em seguida, o cardeal Angelo Sodano perguntou a Ratzinger: "Aceitas a tua eleição canônica como sumo pontífice?" e o alemão respondeu afirmativamente. À segunda pergunta – "Por qual nome desejas ser chamado?" –, o cardeal respondeu: "Pelo nome de Bento XVI".

O novo papa rezou diante do altar da Capela Sistina e depois se retirou para uma pequena sala, conhecida como o Quarto das Lágrimas, onde permaneceu alguns minutos a sós, com os seus sentimentos. Foi lá também que ajudaram Bento XVI a vestir o hábito de santo padre, que o conhecido alfaiate Grammarelli confeccionara em três tamanhos diferentes.

Minutos antes e como assinala a tradição, o cardeal protodiácono, o chileno Jorge Arturo Medina Estévez, cumpriu a sua tarefa de fazer o anúncio oficial: "*Annuntio vobis gaudium magnum; habemus Papam: Eminentissimum ac Reverendissimum Dominum, Dominum Josephum Sanctae Romanae Ecclesiae Cardinalem Ratzinger qui sibi nomen imposuit Benedictum XVI*". Nesse mesmo momento, Bento XVI aparecia à varanda para lançar a sua bênção *Urbi et Orbi*, mas, enquanto milhões de olhos viam essa cena, no interior da Santa Sé os serviços de segurança eram avisados de que o novo papa fora eleito e que um esquema de proteção e escolta deveria ser preparado.

À noite, o cardeal Eduardo Martínez Somalo reuniu-se com Camillo Cibin, o coronel da Guarda Suíça Elmar Theodor Mader e o arcebispo-chefe

---

* Ou "cardeal-tanque", em referência ao *panzer*, famoso tanque alemão usado na Segunda Guerra Mundial. (N. T.)

da Santa Aliança. "Devem estar prontos para serem chamados à presença do papa", disse-lhes Somalo. "Agora é a hora de orar pelo nosso novo santo padre." Os membros da Gendarmaria e da Guarda Suíça continuariam a patrulhar o interior do Palácio Apostólico, mas os agentes do SP, pelo menos naquela noite, ficariam encarregados de proteger o sumo pontífice. Até que seus aposentos no Palácio Apostólico fossem preparados, Bento XVI ficaria na residência de Santa Marta, onde jantaria com os outros 114 cardeais que haviam participado do conclave.

Tarde da noite, Camillo Cibin foi informado de que, no dia seguinte, Bento XVI queria visitar o antigo gabinete da Congregação para a Doutrina da Fé, bem como passar naquela que até então fora a sua residência na Santa Sé para recolher alguns pertences pessoais. Pelo interfone, Cibin solicitou ao subinspetor da Gendarmaria Domenico Giani que comunicasse à Santa Aliança a programação do pontífice. Antes da visita papal, os agentes da inteligência vaticana deveriam passar pelas dependências da Congregação e pelo seu apartamento para se certificarem de que o percurso estava seguro e "limpo".

Na quinta-feira, 20 de abril, às sete da manhã, os cardeais que ainda se encontravam na Casa de Santa Marta viram o papa Bento XVI entrar no refeitório para tomar, como fizera durante anos, o café-da-manhã com seus colegas. A única diferença é que daquela vez vinha vestido de um branco imaculado e era escoltado por três agentes do SP e da Gendarmaria. As fundas olheiras revelavam o enorme peso que assumira no dia anterior. O cardeal Schönborn foi o primeiro a se aproximar do pontífice e beijar-lhe o anel do Pescador. Em seguida, o santo padre chamou o cardeal Sodano em particular e lhe disse alguma coisa.

Depois do café, Bento XVI dirigiu-se para o Palácio Apostólico, acompanhado pelos cardeais Eduardo Martínez Somalo e Angelo Sodano. Chegando lá, o religioso espanhol pediu ao soldado da Guarda Suíça e aos dois agentes do Sodalitium Pianum que se retirassem para ele poder quebrar os selos da porta do gabinete que, durante 26 anos, fora ocupado por João Paulo II. Tendo o pontífice como testemunha, Martínez Somalo cortou as fitas vermelhas e quebrou os cinco lacres que selavam a grande porta. O papa descreveu, então, as várias reformas que deveriam ser feitas antes que ele se instalasse no escritório de seu antecessor, falecido havia apenas dezoito dias.

Logo depois, o santo padre ratificou no cargo de secretário de Estado do Vaticano o cardeal de 77 anos Angelo Sodano, que desde 1990 já vinha ocupando esse posto sob as ordens de João Paulo II. Confirmou ainda o arcebispo Giovanni Lajolo nos Negócios Estrangeiros e Leonardo Sandri como vice-secretário de Estado, os quais, juntamente com Sodano, formavam o chamado "Triunvirato do Poder" da cúria romana. A primeira orientação pontifícia dada ao recém-nomeado secretário de Estado foi confirmar nos seus cargos, até nova ordem, todos os responsáveis pelas congregações, comissões e tropas de segurança.

O chamado "círculo alemão", que tomou o lugar do "círculo polaco", ficou completo com a incorporação do secretário particular – o sacerdote Georg Gaenswein – e uma mulher, Ingrid Stampa, nas relações diretas de Bento XVI.

De acordo com relatórios da Santa Aliança entregues ao secretário de Estado, Gaenswein é um padre de 49 anos, teólogo, loiro, alto e de porte atlético, além de ser bastante perspicaz e eficiente no seu trabalho. "Entende qualquer coisa muito complexa em menos de dez segundos e dá uma resposta imediata e objetiva", afirmam aqueles que o conhecem.

Com 55 anos, Ingrid Stampa trabalha para Ratzinger desde que substituíra sua irmã Maria, após esta ter falecido, em 1991, nas tarefas administrativas da residência do ainda cardeal. Espécie de faz-tudo, se necessário ela atua como ajudante, secretária e até cozinheira. Mulher de alto nível intelectual, Ingrid foi professora de música em Hamburgo antes de estudar teologia, fazer traduções para editoras católicas e exercer outras atividades docentes na Itália. Tal como o papa Bento XVI, é uma grande admiradora da música de Mozart.

Pouco antes do início do conclave, Ingrid Stampa revelou que o então cardeal Joseph Ratzinger havia lhe dito: "Agora falta pouco para descansarmos. Semana que vem vamos fazer uma excursão". Dias depois, Ratzinger ocupava a cadeira de São Pedro.

O arcebispo-chefe da Santa Aliança não tinha dúvidas de que o pontificado alemão de Bento XVI não seria muito diferente dos anos polacos de Karol Wojtyła. Esperam-se tempos de glória, mas também de grande atividade nos serviços de inteligência do Vaticano, porque afinal de contas os então inimigos comunistas de João Paulo II se transformaram em outros inimigos: as seitas evangélicas, cada vez mais fortes na América Latina e que estão provocando um enorme êxodo de católicos, o gigante chinês, onde os representantes da Igreja continuam a ser perseguidos pelo governo de Pequim, ou os teólogos que querem se afastar das rigorosas diretrizes definidas pela Santa Sé. São ainda vários adversários para enfrentar e várias operações secretas para realizar.

"Parece que sinto sua forte mão [a de João Paulo II] apertando a minha. Parece que vejo seus olhos sorridentes e ouço suas palavras: 'Não tenhas medo'", declarou Bento XVI. Talvez seja esta a filosofia que marque a atuação dos serviços de espionagem e contra-espionagem do Estado do Vaticano, a Santa Aliança e o Sodalitium Pianum, nos anos de Bento XVI. *Alea jacta est!* [A sorte está lançada].

ANEXO

Relação dos papas desde a criação da Santa Aliança

Pio V	7 de janeiro 1566 – 1º de maio 1572
Gregório XIII	13 de maio 1572 – 10 de abril 1585
Sisto V	24 de abril 1585 – 27 de agosto 1590
Urbano VII	15 de setembro 1590 – 27 de setembro 1590
Gregório XIV	5 de dezembro 1590 – 15 de outubro 1591
Inocêncio IX	29 de outubro 1591 – 30 de dezembro 1591
Clemente VIII	30 de janeiro de 1592 – 5 de março de 1605
Leão XI	11 de abril 1605 – 27 de abril 1605
Paulo V	16 de maio 1605 – 28 de janeiro 1621
Gregório XV	6 de fevereiro 1621 – 8 de julho 1623
Urbano VIII	6 de agosto 1623 – 29 de julho 1644
Inocêncio X	15 de setembro 1644 – 7 de janeiro 1655
Alexandre VII	7 de abril 1655 – 22 de maio 1667
Clemente IX	20 de junho 1667 – 9 de dezembro 1669
Clemente X	29 de abril 1670 – 22 de julho 1676
Inocêncio XI	21 de setembro 1676 – 12 de agosto 1689
Alexandre VIII	6 de outubro 1689 – 1º de fevereiro 1691
Inocêncio XII	12 de julho 1691 – 27 de setembro 1700
Clemente XI	23 de setembro 1700 – 19 de março 1721
Inocêncio XIII	8 de maio 1721 – 7 de março 1724
Bento XIII	29 de maio 1724 – 21 de fevereiro 1730
Clemente XII	12 de julho 1730 – 8 de fevereiro 1740

Bento XIV	17 de julho 1740 – 3 de maio 1758
Clemente XIII	6 de julho 1758 – 2 de fevereiro 1769
Clemente XIV	19 de maio 1769 – 21 de setembro 1774
Pio VI	15 de fevereiro 1775 – 29 de agosto 1799
Pio VII	14 de março 1800 – 20 de agosto 1823
Leão XII	28 de setembro 1823 – 10 de fevereiro 1829
Pio VIII	31 de março 1829 – 30 de novembro 1830
Gregório XVI	2 de fevereiro 1831 – 1º de junho 1846
Pio IX	16 de junho 1846 – 7 de fevereiro 1878
Leão XIII	20 de fevereiro 1878 – 29 de julho 1903
Pio X	4 de agosto 1903 – 20 de agosto 1914
Bento XV	3 de setembro 1914 – 22 de janeiro 1922
Pio XI	6 de fevereiro 1922 – 10 de fevereiro 1939
Pio XII	2 de março 1939 – 9 de outubro 1958
João XXIII	28 de outubro 1958 – 3 de junho 1963
Paulo VI	21 de junho 1963 – 6 de agosto 1978
João Paulo I	26 de agosto 1978 – 29 de setembro 1978
João Paulo II	16 de outubro 1978 – 2 de abril 2005
Bento XVI	19 de abril 2005

Bibliografia

AARONS, Mark; LOFTUS, John. *Ratlines:* The Vatican's Nazi Connection. Nova York, Arrows, 1991.

____. *Unholy Trinity*: The Vatican, the Nazi and the Swiss Banks. Nova York, St. Martin's Griffin, 1998.

ALFORD, Kenneth D. *The Spoils of World War II:* The American Military's Role in the Stealing of Europe's Treasures. Londres, Birch Lane, 1994.

____. *Great Treasure Stories of World War II*. Nova York, DaCapo, 2001.

ALFORD, Kenneth D.; SAVAS, Theodore P. *Nazi Millionaires*: The Allied Search for Hidden SS Gold. Nova York, Casamate Publishers, 2002.

ALLEN, John L. *Cardinal Ratzinger*: The Vatican's Enforcer of the Faith. Nova York, Continuum Publishing, 2000.

____. *Conclave*: The Politics, Personalities and Process of the Next Papal Election. Nova York, Doubleday, 2002.

ALVAREZ, David. The Papacy in the Diplomacy of the American Civil War, *Catholic Historical Review*. Washington, D. C., n. 69, abr. 1983.

____. The Professionalization of the Papal Diplomatic Service, *Catholic Historical Review*. Washington, D. C., n. 72, abr. 1989.

____. *Spies in the Vatican*: Espionage and Intrigue from Napoleon to the Holocaust. Kansas, University Press of Kansas, 2002.

ALVAREZ, David; GRAHAM, Robert A. *Nothing Sacred:* Nazi Espionage Against the Vatican, 1939–1945. Nova York, Irish Academic Press, 1998.

ANDERSON, Robin. *Pope Pius VII (1800–1823):* His Life, Times, and Struggle with Napoleon in the Aftermath of the French Revolution. Nova York, Tan Books & Publishers, 2000.

ANDREW, Christopher; MITROKIHN, Vasili. *The Sword and the Shield:* The Mitrokhin Archive and the Secret History of the KGB. Londres, Basic Books, 2000.

ANNAS, George J. *The Nazi Doctors and the Nuremberg Code:* Human Rights in Human Experimentation. Nova York, Oxford University Press, 1995.

ARENDT, Hannah. *Eichmann in Jerusalen*: A Report on the Banality of Evil. Nova York, Penguin Books, 1992.

ARETIN, Karl Otmar von. *El papado y el mundo moderno*. Madri, Ediciones Guadarrama, 1964.

ASPREY, Robert. *The Rise of Napoleon Bonaparte*. Londres, Basic Books, 2001.

BAGULEY, David. *Napoleon III and his Regime:* An Extravaganza. Baton Rouge, Louisiana State University Press, 2000.

BALLESTER, Rafael. *Historia de los papas*. Barcelona, Bruguera, 1972.

BALTEAU, J. *Dictionnaire de biographie française*. Paris, Letouzey et Ané, 1933.

BAR-ZOHAR, Michael; HABER, Eitan. *The Quest for the Red Prince*. Nova York, William Morrow, 1983.

BAUER, Eddy. *Espias*: enciclopedia del espionaje. Paris, Idées & Éditions, 1971, 8 v.

BAUMGARTNER, Frederic J. *Behind Locked Doors:* A History of the Papal Elections. Nova York, Palgrave Macmillan, 2003.

BEDESCHI, Lorenzo. Un episodio di spionaggio antimodernista, *Nuova Rivista Storica*. Milão, n. 56, mai./ago. 1972.

BEIK, William. *Louis XIV and Absolutism:* A Brief Study with Documents. Londres, Palgrave Macmillan, 2000.

BERGIN, Joseph. *The Rise of Richelieu*: Studies in Early Modern European History. Manchester, Manchester University Press, 1997.

BERNSTEIN, Carl; POLITI, Marco. *His Holiness*. Nova York, Bantam Doubleday, 1996.

BLACK, Ian; MORRIS, Benny. *Israel's Secret Wars*: A History of Israel Intelligence Services. Nova York, Grove Weidenfeld, 1991.

BLACK, Jeremy. *From Louis XIV to Napoleon:* The Fate of a Great Power. Londres, UCL Press 1999.

BLANNING, T. C. *The French Revolutionary Wars, 1787–1802*. Oxford, Edward Arnold Publisher, 1996, Modern Wars.

BLET, Pierre. *Pius XII and the Second World War*. Nova Jersey, Paulist Press, 1997.

BLOCH, Michael. *Ribbentrop*. Berlim, Omnibus, 1998.

BLONDIAU, Heribert; GÜMPEL, Udo. *El Vaticano santifica los medios*: el asesinato del "banquero de Dios". Castellon, Ellago, 2003.

BLOUIN, Francis X. (ed.). *Vatican Archives:* An Inventory and Guide to Historical Documents of the Holy See. Oxford, Oxford University Press, 1997.

BOKUN, Branko. *Spy in the Vatican 1941-1945*. Nova York, Tom Stacey, 1997.

BONNEY, Richard. *The European Dynastic States 1494-1660*. Oxford, Oxford University Press, 1992.

_____. *The Thirty Year's War 1618-1648*. Londres, Osprey Publishers Company, 2002.

BOSSY, John. *Giordano Bruno and the Embassy Affair*. New Haven, Yale University Press, 2002.

BROOKS, Elbridge S. *The Story of our War with Spain*. Nova York, Ross & Perry, 2001.

BROWDER, George. *Hitler's Enforcers:* The Gestapo and the SS Security Service in the Nazi Revolution. Oxford, Oxford University Press, 1996.

BROWNING, Oscar. *Journal of Sir George Rooke, Admiral of the Fleet*. Londres, Navy Records Society (reprodução da edição de 1897), 1998.

BRUCE, George. *Dictionary of Wars*. Londres, HarperCollins, 1995.

BRUECK, Heinrich. *History of the Catholic Church*. Chicago, Benziger Brothers, 1885.

BRUTI LIBERATI, Luigi. *La Santa Sede e le origini dell'imperio americano:* la guerra de 1898. Milão, Unicopli, 1984.

BRZEZINSKI, Zbigniew. *The Grand Failure:* The Birth and Death of Communism in the Twentieth Century. Nova York, Scribner, 1989.

BUISSERET, David. *Henry IV:* King of France. Boston, Unwin Hyman, 1990.

BURMAN, Edward. *Assassins*: Holy Killers of Islam. Nova York, HarperCollins, 1987.

CADBURY, Deborah. *The Lost King of France:* A True Story of Revolution, Revenge and DNA. Londres, St. Martin's Press, 2002.

_____. *The Lost King of France:* How DNA Solved the Mystery of the Murdered Son of Louis XVI and Marie Antoinette. Londres, Griffin Trade Paperback, 2003.

CAHILL, Thomas. *Pope John XXIII*. Nova York, Viking Penguin, 2002.

CALVO POYATO, José. *Carlos II el Hechizado y su época*. Barcelona, Planeta, 1991.

CANNY, Nicholas. *Making Ireland British, 1580-1650*. Oxford, Oxford University Press, 2001.

CARBONERO Y SOL, Manuel. *Fin funesto de los perseguidores y enemigos de la Iglesia*, desde Herodes el Grande hasta nuestros días. Barcelona, Librería y Tipografía Católica, 1878.

CARLYLE, Thomas. *The French Revolution:* A History. Londres, Modern Library, 2002.

CARRILLO DE ALBORNOZ, José Miguel. *Carlos V, la espada de Dios*. Madri, Biblioteca Nueva, 2000.

CASSELS, Lavender. *The Archiduke and the Assassin:* Sarajevo, June 28th, 1914. Londres, Scarborough House, 1985.

CASTIGLIONI, Carlo. *Storia dei papi*. Turim, Torinese, 1939.

CAVOLI, Alfio. *La papessa Olimpia*. Milão, Scipion, 1992.

CHADWICK, Owen. *Britain and the Vatican During the Second World War*. Cambridge, Cambridge University Press, 1987.

CHICKERING, Roger. *Imperial Germany and the Great War, 1914-1918*. Cambridge, Cambridge University Press, 1998.

CHIOVARO, Francesco; BESSIÈRE, Gérard. *Urbi et Orbi*: i papi nella storia. Paris, Gallimard, 1995.

CIAPPARA, Frans. *The Roman Inquisition in Enlightened Malta*. Malta, Pubblikazzjonijiet Indipendenza, 2000.

CIERVA, Ricardo DE LA. *El diario secreto de Juan Pablo I*. Barcelona, Planeta, 1990.

COLETTA, Paolo Enrico. *The Presidency of William Howard Taft*. Lawrence, University Press of Kansas, 1973.

COMPTON, Piers. *The Broken Cross:* The Hidden Hand in the Vatican. Nova York, N. Spearman, 1995.

CONWAY, Martin. *Catholic Politics in Europe:* 1918-1945. Nova York, Routledge, 1997.

COPPA, Frank J. *Cardinal Giacomo Antonelli and Papal Politics in European Affairs*. Nova York, New York University Press, 1990.

_____. *Controversial Concordats:* The Vatican's Relations with Napoleon, Mussolini and Hitler. Washington, D. C., Catholic University of America Press, 1999.

_____. *The Modern Papacy since 1789*. Essex, Wesley Longman Ltd., 1998.

CORDINGLY, David. *Under the Black Flag:* The Romance and the Reality of Life Among the Pirates. Nova York, Harvest Books, 1997.

CORNWELL, John. *A Thief in the Night*: Life and Death in the Vatican. Nova York, Penguin Books, 1989.

_____. *Breaking Faith*: The Pope, the People, and the Fate of Catholicism. Nova York, Viking, 2001.

_____. *Hitler's Pope*: The Secret History of Pius XII. Nova York, Penguin Books, 2002.

COWLEY, Robert. *The Great War*: Perspectives on the First World War. Nova York, Random House, 2003.

CUNLIFFE-OWEN, Marguerite. *Imperator Et Rex:* William II of Germany. Amesterdã, Fredonia Books, 2002.

DAIM, Wilfried. *The Vatican and Eastern Europe.* Londres, Ungar, 1989.

DE CESARE, Raffaellle. *The Last Days of Papal Rome.* Londres, Zimmern, 1946.

DE ROSA, Peter. *Vicars of Christ*: The Dark Side of the Papacy. Dublin, Poolbeg, 2000.

DEACON, Richard. *The Israeli Secret Service.* Nova York, Warner Books, 1977.

DEAVOURS, Cipher A.; KRUH, Louis. *Selections from Cryptology:* History, People and Techonology. Londres, Artech House, 1998.

DEDIJER, Vladimir. *The Yugoslav Auschwitz and the Vatican:* The Croatian Massacre of the Serbs During World War II. Nova York, Prometheus Books, 1999.

DELORME, Philippe. *L'affaire Louis XVII.* Paris, Jules Tallandier, 2000.

DETZER, David. *Allegiance Fort Sumter, Charleston, and the Beginning of the Civil War.* Pensilvânia, Harvest Books, 2002.

DEUTSCH, Harold. *The Conspiracy Against Hitler in the Twilight War.* Minneapolis, University of Minnesota Press, 1968.

DIFONZO, Luigi. *Michele Sindona, el banquero de San Pedro.* Barcelona, Planeta, 1984.

DISCÍPULOS da Verdade. *All'ombra del Papa infermo.* Milão, Kaos, 2001.

_____. *Bugie di sangue in Vaticano.* Kaos, Milão, 1999.

DOERRIES, Reinhard R. *Sir Roger Casement in Imperial Germany, 1914–1916.* Dublin, Irish Academic Printed, 2000.

DOLLMANN, Eugen. *Roma nazista, 1937–1943.* Milão, RSC Libri, 2002.

DORAN, Samuel. *Monarchy and Matrimony*: The Countersships of Elizabeth I. Nova York, HarperCollins, 1996.

DORAN, Susan. *Elisabeth I and Religion 1558–1603.* Londres, Taylor & Francis Books, 1993.

DOUMANIS, Nicholas. *Italy.* Londres, Edward Arnold, 2001, Inventing the Nation.

DUCHEIN, Michel. *Élisabeth Ire d'Angleterre.* Paris, Fayard, 1992.

ELIOT, John; BROCKLISS, Laurence. *The World of the Favourite.* New Haven, Yale University Press, 1999.

EPSTEIN, Klaus. *Mathias Erzberger and the Dilemma of German Democracy.* Princeton, Princeton University Press, 1959.

ERINGER, Robert. *Strike for Freedom!*: The Story of Lech Walesa and Polish Solidarity. Nova York, Dodd Mead, 1982.

ERLANGER, Philippe. *St. Bartholomew's Night:* The Massacre of Saint Bartholomew. Nova York, Greenwood Publishing Group, 1975.

FAGLE, Robert. *William of Orange and the Revolte of the Netherlands, 1572–1584.* Londres, Ashgate Publishers Company, 2003.

FALCONI, Carlo. *The Popes in the Twentieth Century.* Londres, Faber & Faber, 1960.

_____. *The Silence of Pius XII.* Londres, Faber & Faber, 1970.

FERNÁNDEZ ÁLVAREZ, Manuel. *Felipe II y su tiempo.* Madri, Espasa Calpe, 1998.

FERNÁNDEZ DÍAZ, Roberto. *La España del siglo XVIII.* Madri, Anaya, 1990.

FEUCHTWANGER, Edgar. *Bismarck.* Londres, Routledge Historical Biographies, 2002.

FIORENTINO, Carlo. *All'ombra di Pietro:* la Chiesa Cattolica e lo spionnagio fascista in Vaticano, 1929–1939. Florença, Le Lettere, 1999.

FLETCHER, Banister (sir). *Historia de la arquitectura por el método comparado.* Barcelona, Canosa, 1931, v. 1, parte I.

FLORIDI, Ulisse A. *Moscow and the Vatican.* Londres, Ardis Publishers, 1983.

FOLLAIN, John. *City of Secrets*: The Truth Behind the Murders at the Vatican. Nova York, HarperCollins, 2003.

FORSSELL, Nils. *Fouché, the Man Napoleon Feared.* Nova York, AMS Press, 1971.

FRATTINI, Eric. *Máfia S. A.*: 100 años de Cosa Nostra. Madri, Espasa Calpe, 2002.

_____. *Secretos vaticanos.* Madri, EDAF, 2003.

GABRIEL, Paul. *Bras de fer KGB-Vatican:* dimensons spirituelle et politique du message de Fatima. Paris, Bréchant, Société d'Études Personnalisées Appliquées, 1989.

GALLO, Max. *Napoléon.* Paris, Robert Laffont, 1997.

GALLOIS, Leonardo. *Historia general de la Inquisición.* Barcelona, Servicio de Reproducción de Libros, 1869.

GARCÍA CÁRCEL, Ricardo; ALABRÚS, Rosa María. *España en 1700*: ¿Austrias o Borbones? Madri, Arlanza, 2001.

GIBSON, Wendy. *A Tragic Farce:* The Fronde (1648–1653). Nova York, Intellect, 1998.

GIENAPP, William. *Abraham Lincoln and Civil War America:* A Biography. Nova York, Oxford University Press, 2002.

GILBERT, Martin. *The First World War:* A Complete History. Nova York, Henry Holt & Company, 1996.

GIOVACCHINO, Rita di. *Scoop mortale:* Mino Pecorelli, storia di un giornalista kamikaze. Nápoles, Tulio Pironti, 1994.

GIVIERGE, Marcel. *Au service du chifre:* 18 ans de souvenirs, 1907–1925. Paris, Bibliothèque Nationale de France, NAF 17573-17575.

GOÑI, Uki. *The Real Odessa:* Smuggling the Nazis to Peron's Argentina. Londres, Granta Books, 2002.

GOETZ, Walter et al. *La época de la revolución religiosa, la Reforma y la Contrarreforma (1500-1660)*. Madri, Espada Calpe, 1975, tomo V.

GRAU, Gunter. *The Hidden Holocaust?*: Gay and Lesbian Persecution in Germany 1933-45. Londres, Fitzroy Dearborn, 1995.

GUARINI, Mario. *I mercanti del Vaticano*: Affari e scandali – l'industria della anime. Milão, Kaos, 1998.

HAMEROW, Theodore S. *Otto von Bismarck:* A Historical Assessment. Londres, Heath Publisher, 1972.

HAMILTON-WILLIAMS, David. *The Fall of Napoleon:* The Final Betrayal. Londres, John Wiley & Sons, 1996.

HAMMER, Richard. *The Vatican connection*: Mafia & Chiesa come il Vaticano ha comprato azioni false e rubate per un miliardo di dollari. Nápoles, Tulio Pironti, 1983.

HANSON, Neil. *The Confident Hope of a Miracle:* The Real History of the Spanish Armada. Londres, Doubleday, 2003.

HARDMAN, John. *Louis XVI*. New Haven, Yale University Press, 1994.

HASTINGS, Max; JENKINS, Simon. *The Battle for the Falklands*. Londres, W. W. Norton & Company, 1984.

HATTAWAY, Herman. *Jefferson Davis, Confederate President*. Kansas, University Press of Kansas, 2002.

HEBBLETHWAITE, Peter. *The Next Pope*, a Behind-the-scenes Look at How the Successor to John Paul II Will be Elected and Where he Will Lead the Church. São Francisco, HarperCollins, 2000.

HERMAN, Edward S.; BRODHEAD, Frank. *The Rise and Fall of the Bulgarian Connection*. Londres, Sheridan Square Publishing, 1986.

HILL, Henry B. *Political Testament of Cardinal Richelieu:* The Significant Chapters and Supporting Selections. Wisconsin, University of Wisconsin Press, 1964.

HOHNE, Heinz. *Canaris:* Hitler's Master Spy. Londres, Rowman & Littlefield, 1999.

HOUSDEN, Martyn. *Resistance and Conformity in the Third Reich*. Londres, Routledge, 1997.

HOWARTH, David. *Great Battles:* Waterloo – A Near Run Thing. Nova York, Phoenix Press, 2003.

HURLEY, Mark J. *Vatican Star, Star of David:* The Untold Story of Jewish. Londres, Sheed and Ward, 1998.

HUTCHINSON, Robert. *Their Kingdom Come*: Inside the Secret World of Opus Dei. Nova York, St. Martin's Press, 1997.

IDE, Arthur F. *Unzipped, the Popes Bare All*: A Frank Study of Sex and Corruption in the Vatican. Texas, American Atheist Press, 1987.

INGLIS, Brian. *Roger Casament*. Londres, Penguin Books, 2003.

INSO, Jaime do. *China*. Lisboa, Europa, 1938.

JANSEN, Sharon. *The Monstrous Regiment of Women:* Female Rulers in Early Modern Europe. Nova York, Palgrave Macmillan, 2002.

JONAH GOLDHAGEN, Daniel. *La Iglesia Católica y el Holocausto:* una deuda pendiente. Madri, Taurus, 2002.

KAHN, David. *Hitler's Spies:* German Military Intelligence in World War II. Nova York, DaCapo, 2000.

_____. *The Codebreakers:* The Comprehensive History of Secret Communication from Ancient Times to the Internet. Nova York, Scribner, 1996.

KAMEN, Henry Arthur. *Philip V of Spain:* The King Who Reigned Twice. New Haven, Yale University Press, 2001.

_____. *Spain in the Later Seventeenth Century, 1665–1700*. Londres, Longman Group, 1983.

_____. *The War of Succession in Spain, 1700–1715*. Bloomington, Indiana University Press, 1969.

KELSEY, Harry. *Sir Francis Drake:* The Queen's Pirate. New Haven, Yale University Press, 2000.

_____. *Sir John Hawkins:* Queen Elizabeth's Slave Trader. New Haven, Yale University Press, 2003.

KERMOAL, Jacques. *L'onorata società*. Paris, Éditions de la Table Ronde, 1971.

KERTZER, David I. *The Kidnapping of Edgardo Mortara*. Nova York, Vintage, 1998.

_____. *The Popes Against the Jews*: The Vatican's Role in the Rise of Modern Anti-semitism. Nova York, Knopf, 2001.

KOVALIOV, Eduard. *Atentado en la Plaza de San Pedro*. Moscou, Novosti, 1985.

KUNG, Hans. *The Catholic Church:* A Short History. Nova York, Modern Library, 2003.

LABEDZ, Leopold. *Poland under Jaruzelski:* A Comprehensive Sourcebook in Poland During and After Martial Law. Nova York, Scribner, 1984.

LANGLEY, Edward Frederick. *Henry of Navarre:* Henry IV of France. Londres, Hale, 1998.

LARKIN, Maurice. *Church and State after the Dreyfus Affair*. Nova York, Harper & Row, 1972.

LE BRIS, Michel. *D'or, de rêves et de sang*: l'épopée de la flibuste (1494–1588). Paris, Hachette, 2001.

LE CARRÉ, John. *¿El traidor del siglo?*. Barcelona, Plaza & Janés, 1991.

LESOURD, Paul. *Entre Rome et Moscou:* le jésuite clandestin, Mgr. Michel d'Herbigny. Paris, Pierre Lethielleux, 1976.

LEVI, Anthony. *Cardinal Richelieu and the Making of France.* Nova York, Carroll & Graf, 2000.

LIFTON, Robert Jay. *The Nazi Doctors:* Medical Killing and the Psychology of Genocide. Nova York, Basic Books, 2000.

LLOYD, Mark. *The Guinness Book of Espionage.* Nova York, DaCapo, 1994.

LIVERSIDGE, Douglas. *The Day the Bastille Fell:* July 14th, 1789, the Beginning of the End of the French Monarchy. Nova York, Franklin Watts, 1972.

LYNCH, John. *The Hispanic World in Crisis and Change, 1598–1700* (History of Spain). Londres, Blackwell, 1992.

MACCAFFREY, Wallace. *Queen Elizabeth and the Making of Policy, 1572–1588.* Princeton, Princeton University Press, 1981.

MARSHALL, Samuel Lyman. *The American Heritage History of the World War I.* Nova York, Bonanza Books, 1964.

MARTIN, Colin; PARKER, Geoffrey. *The Spanish Armada:* Revised Edition. Manchester, Manchester University Press, 2002.

MARTIN, Malachi. *The Jesuits*: The Society of Jesus and the Betrayal of the Roman Catholic Church. Nova York, Simon & Schuster, 1988.

_____. *The Keys of this Blood*: Pope John Paul II versus Russia and the West for the Control of the New World Order. Nova York, Simon & Schuster, 1990.

MATTINGLY, Garret. *The Defeat of Spanish Armada.* Londres, Random House, 2000.

MAYOR, Adrienne. *Greek Ire, Poison Arrows & Scorpion Bombs.* Biological and Chemical Warfare in the Ancient World. Londres, Overlook Duckworth, 2003.

MEANS, Howard. *CSA: Confederate States of America.* Nova York, William Morrow Publisher, 1998.

MILENARIOS, Los. *Via col vento in Vaticano.* Milão, Kaos, 1999.

MILLER, Randall; STOUT, Harry. *Religion and the American Civil War.* Nova York, Oxford University Press, 1998.

MINERBI, Sergio; SCHWARTZ, Arnold. *The Vatican and Zionism:* Conflict in the Holy Land 1895–1925. Oxford, Oxford University Press, 1990.

MONTICONE, Alberto. *La Germania e la neutralità italiana, 1914–1915.* Bolonha, Il Mulino, 1971.

MOORE, Lloyd. *Louis XIII, The Just.* Los Angeles, University of California Press, 1991.

MORROGH, Michael. *The Unification of Italy.* Londres, Palgrave Macmillan, 2003.

MOUSNIER, Roland. *The Assassination of Henry IV*: The Tyrannicide Problem and the Consolidation of the French Absolute Monarchy in the Early Seventeenth Century. Nova York, Scribnier, 1973.

NAUNTON, Robert. *Fragmenta Regalia* or Observation on Queen Elizabeth, Her Times and Favourites. Toronto, Cerovski, 1985.

NEILL, Stephen. *A History of Christian Missions*. Nova York, Viking, 1994.

NICOTRI, Pino. *Mistero Vaticano*: la scomparsa di Emanuela Orlandi. Milão, Kaos, 2002.

NOUEL, Élise. *Carré d'as... aux femmes!:* lady Hester Stanhope, Aurélie Picard, Isabelle Eberhardt, Marga d'Andurain. Paris, G. Le Prat, 1977.

O'BEIRNE RANELAGH, John. *A Short History of Ireland*. Cambridge, Cambridge University Press, 1995.

O'BRIEN, Brendan. *The Long War*: The IRA & Sinn Fein from Armed Struggle to Peace Talks. Dublin, The O'Brien Press, 1993

OCKRENT, Christine; DE MARENCHES, Alexandre. *Dans le secret des princes*. Paris, Stock, 1986.

O'DWYER, Margaret. *The Papacy in the Age of Napoleon and the Restoration:* Pius VII, 1800–1823. Londres, Rowman & Littlefield, 1986.

OFFNER, John L. *An Unwanted War*: The Diplomacy of the United States and Spain over Cuba, 1895–1898. Chapel Hill, University of North Carolina Press, 1992.

OSTROVSKY, Victor; HOY, Claire. *By War of Deception*. Toronto, Stoddart Publishing, 1991.

OVERY, Richard. *Interrogations*: The Nazi Elite in Allied Hands, 1945. Nova York, Penguin Books, 2002.

PAINE, Lauran. *German Military Intelligence in World War II:* The Abwehr. Munique, Stein & Day, 1984.

PAINTER, G. D. *Chateaubriand*. Londres, Random House, 1998.

PAKENHAM, Antonia. *King James VI of Scotland, I of England*. Nova York, Random House, 1975.

PALMOWKI, Jan. *A Dictionary of Twentieth-Century World History*. Oxford, Oxford University Press, 1998.

PAREDES, Javier et al. *Diccionario de los papas y concilios*. Barcelona, Ariel, 1998.

PARIS, Edmund. *The Vatican Against Europe*. Nova Zelândia, The Wickliffle Press, 1989.

PARKER, Geoffrey. *Success is Never Final:* Empire War, and Faith in Early Modern Europe. Londres, Basic Books, 2002.

PASSELECQ, Georges; SUCHECKY, Bernard. *Un silencio de la Iglesia frente al fascismo*: la encíclica de Pío XI que Pío XII no publicó. Madri, PPC Editorial, 1995.

PERSICO, Joseph E. *Nuremberg*: Infamy on Trial. Nova York, Penguin Books, 1994.

PHELPS, Eric Jon. *Vatican Assassins:* Wounded in the House of my Friends. Londres, Halcyon Unified Services, 2000.

PICHON, Jean-Charles. *Historie universelle des sectes et des sociétés secrètes.* Paris, Robert Laffont, 1969.

_____. *The Vatican and its Role in World Affairs.* Londres, Greenwood Publishing Group, 1969.

PINTO, Paolo. *Vittorio Emanuele II:* il re avventuriero. Milão, Arnaldo Mondadori, 1995.

PIPES, Richard. *Russia under the Bolshevik Regime.* Nova York, Vintage, 1995.

PLANT, Richard. *The Pink Triangle:* The Nazi War Against Homosexuals. Nova York, Henry Holt & Company, 1988.

POCHIA, Hsia. *The World of Catholic Renewal 1540–1770.* Cambridge, Cambridge University Press, 1998.

POLLARD, John F. *Vatican & Italian Fascism.* Cambridge, Cambridge University Press, 1985.

_____. *The Unknown Pope Benedict XV (1914–1922) and the Pursuit of Peace.* Londres, Geoffrey Chapman Publishers, 1999.

POULAT, Émile. *Catholicisme, démocratie et socialisme:* le mouvement catholique et Mgr. Benigni de la naissance du socialisme à la victoire du fascisme. Paris, Casterman, 1977.

PROCTOR, Robert N. *Racial Hygiene:* Medicine under the Nazis. Cambridge, Harvard University Press, 1989.

RAMEN, Fred. *Reinhard Heydrich:* Hangman of the 3rd Reich. Londres, Rosen Publishing Group, 2001.

RANUM, Orest. *The Fronde:* A French Revolution, 1648–1652 (Revolutions in the modern world). Londres, W. W. Norton & Company, 1993.

RAW, Charles. *The Moneychangers:* How the Vatican Bank Enabled Roberto Calvi to Steal $250 Million for the Heads of the P2 Masonic Lodge. Londres, Vintage/Ebury, 1992.

RAYFIELD, Donald. *Stalin and the Hangmen.* Londres, Viking, 2004.

REESE, Thomas J. *Inside the Vatican*: The Politics and Organization of the Catholic Church. Cambridge, Harvard University Press, 1996.

RENZI, William. *The Shadow of the Sword:* Italy's Neutrality and Entrance into Great War, 1914–1915. Nova York, Peter Lang Publisher, 1987.

RESH THOMAS, Jane. *Behind the Mask:* The Life of Queen Elizabeth I. Londres, Houghton Mifflin, 1998.

RHODES, Anthony. *The Vatican in the Age of the Dictators, 1922–1945*. Nova York, Henry Holt & Company, 1974.

_____. *The Vatican in the Age of the Cold War 1945–1980*. Nova York, Michel Russell Publishing, 1992.

RICCARDI, Andrea. *Il secolo del martirio*. Milão, Arnaldo Mandadori Spa, 2000.

RIDLEY, Jasper. *Garibaldi*. Londres, Phoenix, 2001.

ROBERT, Denis; BACKES, Ernest. *Revelaciones*: investigación en la trastienda de las finanzas internacionales. Madri, Foca, 2003.

ROBINSON, J. G. G. *Historical and Philosophical Memoirs of Pius the Sixth and of his Pontificate*. Londres, S. Hamilton, 1799.

SCHAMA, Simon. *Citizens:* A Cronicle of the French Revolution. Nova York, Vintage, 1990.

SCHNEIDER, Peter T. *Reversible Destiny:* Mafia, Antimafia, and the Struggle for Palermo. Los Angeles, University of California Press, 2003.

SCHOLDER, Klaus. *A Requiem for Hitler and Other New Perspectives on the German Church Struggle*. Londres, John Bowden, 1989.

_____. *The Churches and the Third Reich*. Londres, John Bowden, 1989.

SCOTTA, Antonio. *La conciliazione ufficiosa:* diario del barone Carlo Monti. Cidade do Vaticano, Libreria Editrice Vaticana, 1997.

SERENY, Gitta. *Into that Darkness:* An Examination of Conscience. Nova York, Vintage, 1983.

SHANE, Leslie. *Cardinal Gasquet:* A Memoir. Londres, Burns & Oats, 1953.

SHORT, Martin. *Inside the Brotherhood*: Explosive Secrets of the Freemasons. Nova York, HarperCollins, 1989.

SINGH, Simon. *The Code Book:* The Science of Secrecy from Ancient Egypt to Quantum Cryptography. Nova York, Anchor, 2000.

SMITH, Denis Mack. *Cavour and Garibaldi 1860:* A Study in Political Conflict. Nova York, Cambridge University Press, 1985.

_____. *Mazzini*. New Haven, Yale University Press, 1996.

SODERINI, Eduardo. *Leo XIII, Italy and France*. Londres, Burns & Oates, 1935.

SPENCE, Jonathan D. *Emperor of China:* Self-Portrait of K'ang-Hsi. Nova York, Vintage, 1988.

_____. *The Memory Palace of Matteo Ricci*. Nova York, Viking, 1994.

_____. *The Chan's Great Continent:* China in Western Minds. Nova York, W. W. Norton & Co., 1999.

STAJANO, Corrado. *Un eroe borghese:* il caso dell'avvocato Giorgio Ambrosoli assassinato dalla mafia politica. Turim, Einaudi, 1991.

STEHLE, Hansjakob. *The Eastern Politics of the Vatican, 1917–1979*. Ohio, Ohio University Press, 1981.

STEHLIN, Stewart A. *Weimar and the Vatican 1919–1933:* German-Vatican Diplomatic Relations in the Interwar Years. Princeton, Princeton University Press, 1999.

STEINBERG, Jonathan. *All or Nothing:* The Axis and the Holocaust, 1941–1943. Londres, Routledge, 2002.

STERLING, Claire. *The Time of the Assassins*. Nova York, Holt, Rinehart & Winston, 1983.

STEVENSON, David. *Cataclysm:* The First World War as Political Tragedy. Londres, Basic Books, 2004.

STIEBER, Wilhelm. *The Chancellor's Spy:* Memoirs of the Founder of Modern Espionage. Londres, Grove Press, 1981.

STRACHEY, Lytton. *Elizabeth and Essex:* A Tragic History. Londres, Harvest Books, 2002.

STRADLING, Robert A. *Philip IV and the Government of Spain, 1621–1665*. Cambridge, Cambridge University Press, 1988.

STRONG, Roy. *Gloriana:* The Portraits of Queen Elizabeth I. Londres, Pimlico, 2003.

SUTHERLAND, Norman. *The Massacre of St. Bartholomew and the European Conflict, 1559–1572*. Nova York, Barnes & Noble, 1996.

TASK, David, F. *The War with Spain in 1898*. Lincoln, University of Nebraska Press, 1997.

THACKRAH, John Richard. *Dictionary of Terrorism*. Londres, Routledge, 2004.

HATCHER, Margaret. *The Downing Street Years*. Londres, HarperCollins, 1993.

THOMAS, Gordon. *Gideon's Spies*: The History of Mossad. Nova York, St. Martin Press, 1998.

TRENTO, Joseph J. *The Secret History of the CIA*. Nova York, Random House, 2001.

TRETJAKEWITSCH, Leon. *Bishop Michel d'Herbigny SJ and Russia:* A Pre-Ecumenical Approach to Christian Unity. Berlim, Augustinus-Verlag, 1990.

URQUHART, Gordon. *The Pope's Armada*: Unlocking the Secrets of Mysterious and Powerful New Sects in the Church. Nova York, Prometheus Books, 1999.

VAN DEE, Eugene H. *Sleeping Dogs and Popsicles*: The Vatican Versus the KGB. Nova York, Rowman & Littlefield, 1996.

VERBIST, Henri. *Les grandes controverses de l'Église contemporaine*. Lausanne, Rencontre, 1971.

VV. AA. *Ciudad del Vaticano*. Trento, Atesina, 1971.

_____. *Gran crónica de la Segunda Guerra Mundial*. Madri, Reader's Digest, 1965, 3 v.

VV. AA. *Dictionary of Belief and Religions*. Londres, W. & R. Chambers, 1992.

_____. *La Stampa a Firenze, 1471-1550:* omaggio a Roberto Ridolfi. Roma, L. S. Olschki, 1984.

WALSH, Michael J. *The Conclave:* A Sometimes Secret and Occasionally Bloody History of Papal Elections. Londres, Sheed and Ward, 2003.

WEALE, Adrian. *Patriot Traitors:* Roger Casement, John Amery and the Real Meaning of Treason. Londres, Penguin Books, 2001.

WEIR, Alison. *Mary, Queen of Scots, and the Murder of Lord Darnley*. Londres, Random House, 2003.

WEST, Nigel. *The Third Secret*: The CIA, Solidarity and the KGB's Plot to Kill the Pope. Londres, HarperCollins, 2001.

WILLIAMS, Neville. *All the Queen's Men:* Elizabeth I and her Courtiers. Londres, Cardinal, 1974.

_____. *A Tudor Tragedy:* Thomas Howard, Fourth Duke of Norfolk. Londres, Barrie & Jenkins, 1989.

WILLIAMS, Paul L. *The Vatican Exposed*: Money, Murder and the Mafia. Nova York, Prometheus Books, 2003.

WILLIAMSON, Murray; BERNSTEIN, Alvin. *The Making of Strategy:* Rulers, States and War. Cambridge, Cambridge University Press, 1996.

WILLS, Garry. *Pecado papal*: Las deshonestidades morales de la Iglesia católica. Barcelona, Ediciones B, 2001.

WOLF, Markus; MCELVOY, Anne. *Markus Wolf,* The Man Without Ace. Nova York, Times Books, 1997.

WOODWARD, Bob. *Veil*: las guerras secretas de la CIA 1981-1987. Barcelona, Ediciones B, 1987.

YALLOP, David A. *In God's Name*: An Investigation into the Murder of Pope John Paul I. Nova York, Bantam Book, 1984.

_____. *To the Ends of the Earth*: To the Hunt of the Chacal. Londres, Poetics Products, 1993.

YOUNGSON, Robert. *Medical Curiosities:* A Miscellany of Medical Oddities, Horrors and Humors. Londres, Carroll & Graf, 1997.

ZUCCOTTI, Susan. *Under his Very Windows:* The Vatican and the Holocaust in Italy. New Haven, Yale University Press, 2002.

ZWEIG, Stefan. *Fouché*. Frankfurt, Fischer AG, 2000.

_____. *Maria Stuart*. Zurique, Williams Verlag AG, 1976.

Arquivos Consultados

Active Museum of German Jewish History (Wiesbaden, Alemanha)
Alexander Ganse Archives (www.zum.de/whkmla)
Archives du Ministère des Affaires Étrangères (Paris, França)
Archives Nationales (Paris, Franca)
Archivio Centrale dello Stato (Roma, Itália)
Archivio del Istituto per la Storia del Risorgimento Italiano (Roma, Itália)
Archivio del Ministero per i Beni e la Attivitá Culturali (Roma, Itália)
Archivio dell'Accademia Ecclesiastica Napoletana di S. Pietro in Vinculis (Nápoles, Itália)
Archivio dell'Istituto Storico Italo-Germanico in Trento/Jahrbuch des Italienisch-Deutschen Historischen Instituts in Trient (Bolonha, Itália)
Archivio della Società Romana di Storia Patria (Roma, Itália)
Archivio di Nuova Rivista Storica (Milão, Itália)
Archivio per la Storia Ecclesiastica dell'Umbria (Itália)
Archivio Segreto Vaticano (Cidade-Estado do Vaticano)
Archivio Storico della Sacra Congregazione degli Affari Ecclesiastic Straordinari (Cidade-Estado do Vaticano)
Archivio Storico di Malta (Roma, Itália)
Archivio Storico per le Province Napoletane (Nápoles, Itália)
Archivio Trentino (Trento, Itália)
Archivo General de Indias (Sevilha, Espanha)

Archivo General de Simancas (Valladolid, Espanha)

Archivo Histórico Nacional (Madri, Espanha)

Archivos de la Comisión por el Esclarecimiento de las Actividades del Nazismo en la Argentina, Ceana (Buenos Aires, Argentina)

Archivum Historicum Societatis Jesu (Roma, Itália)

Arnold Daghani Collection

Bibliothèque Nationale de France (Paris, França)

Catholic Historical Association (Washington D.C., Estados Unidos)

Center for German-Jewish Studies (Universidade de Sussex, Inglaterra)

Christ Church Cathedral Dublin Ireland Library and Archives (Dublin, Irlanda)

David M. Cheney Archives (<www.catholic-hierarchy.org>)

Institute of Documentation in Israel for the Investigation of Nazi War Crimes (Haif, Israel)

National Archives and Record Administration (Washington D.C., Estados Unidos)

National Library of Ireland (Dublin, Irlanda)

Public Record Office (Londres, Inglaterra)

Public Record Office Kingdom of Scotland (Edimburgo, Escócia)

Royal Geographical Society (Londres, Inglaterra), Ruhr-Universität Bochum (Vestefália, Alemanha)

The Catholic University of America (Washington D.C., Estados Unidos)

The National Archive of Ireland (Dublin, Irlanda)

Uniwessytetu Jagiellońskiego (Cracóvia, Polônia)

ÍNDICE ONOMÁSTICO

Abel, Hans, 323
Abu Yusuf, 341
Acquaviva, Claudio, 51, 56, 59
Acton, lord, 14
Admoni, Nahum, 381
Afonso XIII, rei da Espanha, 222
Agca, Mehmet Ali, 380-3
Alba, duque de (Fernando Álvarez de Toledo y Pimentel), 36, 40-3, 45-7, 49-50
Albani, cardeal Annibale, 116-7, 119, 122, 124, 127-34
Albani, cardeal Giovanni Francesco, 151
Albani, cardeal Juan Francisco, 115
   ver também Clemente XI
Alberoni, Giulio, 15, 124-5
Alberto de Habsburgo, arquiduque, 67, 71, 74
Albrech, Gaspar de, 57
Aldobrandini, cardeal Hipólito, 70-1
   ver também Clemente VIII
Alexandre I, czar da Rússia, 156
Alexandre VII, papa, 99-103, 110
Alexandre VIII, papa, 110, 111, 114
Alexandre Magno, 79
Alessandrini, Emilio, 359
Alessandrini, Federico, 339
Allen, Richard, 376-7

Althan, cardeal Mihály Frigyes, 127
Altieri, cardeal Emilio, 104
   ver também Clemente X
Amette, cardeal Léon-Adolphe, 196
Ambrogetti, Giuseppe, 217-9
Ana da Áustria, rainha da França, 49, 96, 98-9, 101
Ana Bolena, rainha da Inglaterra, 21, 22
Ana Stuart, rainha da Inglaterra, 118
Ancre, marechal, ver Concini, Concino
Andreotti, Giulio, 393
Andropov, Yuri, 375
Andurain, Marguerite d' (Marga), 321-4
Andurain, visconde Pierre d', 321, 322
Anjou, duque Henrique de, 47-8
Anjou, Felipe de, ver Felipe V
Antonelli, cardeal Giacomo, 172-3, 176-7, 180-1
Antônio, dom (Prior do Crato), 73
Arafat, Yasser, 344
Aranyos, Pal, 329
Arico, William, 370
Aristides, João, 137
Armellini, Carlo, 171
Arnault, Jean, 55
Arundel, duque de, 40, 43

Ascher, Siegfried/Gabriel, 296-8
Astalli, cardeal Camilo, 96
Áustria, dom João da, 50, 61
Aveiro, duque de (José de Mascarenhas), 137
Aversa, monsenhor Giuseppe, 231-2
Ayad, padre Idi, 345
Azzolini, cardeal, 104
Babington, Thomas, 13, 59
Bacon, Anthony, 73
Badoglio, Pietro, 299
Bafile, cardeal Corrado, 357
Baffi, Paolo, 369
Baggio, cardeal Sebastiano, 337, 359
Ballard, 59
Balzani, Giuseppe, 167
Barbarigo, cardeal Gregório, 106, 111
Barberini, cardeal Antonio, 89, 95
Barberini, cardeal Carlos, 89
Barberini, cardeal Francesco, 89, 95
Barberini, cardeal Maffeo, 88-9
    ver também Urbano VIII
Barbie, Klaus, 315-6, 330
Barbin, 85-6
Barone, Mario, 360
Barrère, bispo Agustín, 330
Barrio, Maximiliano, 19, 112
Baudat, Muguette, 400
Baviera, José Fernando de, 113-5, 121
Bayer, monsenhor Karl, 330
Bazán, Álvaro de, 66
Beck, Ludwig, 288
Beillard, 82
Bell, John, 15
Bellà, monsenhor Tancredi, 178-9
Benelli, cardeal Giovanni, 355-9, 361-5, 373, 392
Benigni, Umberto, 191-9, 203-4, 224
Benjamin, Judah, 177
Bentivoglio, cardeal Guido, 86-7
Bento XIII, papa, 125, 128-33
Bento XIV, papa, 86, 128, 135-6, 138, 199
Bento XV, papa, 203-9, 211-4, 216-22, 224-6, 228-35, 239

Bento XVI, papa, 403, 412-4
Bergen, Diego von, 231, 281-2, 302
Bergera, tenente, 238, 244
Bernetti, cardeal Tommaso, 163, 167-8
Bernini, Giovanni Lorenzo, 93, 103
Bernis, cardeal De (François-Joachim de Pierre), 139
Berthier, Louis, 150, 153
Bertini, Cesare, 222
Bertorello, Yvan, 398-9, 401
Bertram, cardeal Adolf, 233, 285
Berwick, duque de (James Stuart Fitz-James), 124
Bethmann-Hollweg, Theobald von, 228-9
Bewley, Charles, 305
Bigelow, Emerson, 328
Binsse, Louis, 175-6
Biron, duque de (Charles de Gontaut), 75
Bismarck, Otto von, 168, 182-3, 207, 231
Black, William B. (Junior), 11
Blount, Charles, 113
Bocchini, Arturo, 276-7
Boehm, monsenhor Mario, 278
Bonaparte, Lucien, 159
Bonarelli, Raoul, 395
Boncompagni, cardeal Hugo, 44-5, 211
    ver também Gregório XIII
Bonelli, cardeal Miguel, 70
Bonis, monsenhor Donato de, 359
Bonnet, Georges, 281
Boos-Waldeck, conde, 202
Bourbon, Carlos de, 134
Bourbon, Louis-Antoine Henry de, 152-5
Bourbon, Louis Joseph de, príncipe de Condé, 98-9, 124
Borghese, cardeal Camilo, 78-9, 81
    ver também Paulo V
Borghese, Paolo, 96
Borodajkewycz, Taras, 282-5
Borromeo, cardeal Carlos, 20-1
Böse, Wilfred, 347-8
Bossy, John, 55
Bothwell, lord James, 30-5, 43

ÍNDICE ONOMÁSTICO

Boucher, Marcel, 319
Bralow, padre Bozidar, 309
Brammer, Karl, 398
Bramuglia, Juan, 320
Braschi, cardeal Juan Angel, 143
   ver também Pio VI
Braun, Werner von, 326
Brauweiler, Heinz, 230
Brendt, Leon, 274-6
Bressan, monsenhor Giovanni, 196
Brezhnev, Leonid, 336, 373, 378, 385
Brian, Aristide, 223-4
Brockdorff-Rantzau, conde Ulrich von, 243
Brockliss, Laurence, 84
Broz, Josip, *ver* Tito
Bruno, Giordano, 55
Brzezinski, Zbigniew, 376, 378
Büchi, Walter, 316-7
Bucko, padre Ivan, 321, 329-30
Budkiewicz, Konstanty, 240
Buonaiuti, Ernesto, 195
Burghley, lord, 47, 73, 74
Buillon, 83
Burman, Edward, 79
Buzzonetti, Renato, 362-3, 403-4
Cabrinovic, Nedjelko, 202
Caccia-Dominioni, monsenhor Carlo, 222
Cadbury, Deborah, 148
Cadoudal, Georges, 152-4
Caggiano, monsenhor Antonio, 318-9, 326, 330
Calasanz Vives y Tutó, cardeal José de, 196
Calvi, Clara, 390-1
Calvi, Roberto, 334, 337, 349, 354-5, 357-9, 361, 365, 367-8, 370-2, 383, 387-92, 401
Calvino, 24, 259
Cambon, Jules, 223
Campion, padre Edmon, 56
Canali, cardeal Nicola, 203, 222
Canaris, Wilhelm, 286, 288, 294-5, 298, 300
Cánovas del Castillo, Antonio, 187
Capaccini, monsenhor Francesco, 163-6
Capeto, Carlos Luís, *ver* Luís XVII

Cappellari, cardeal Alberto, 167
   ver também Gregório XVI
Caprara, cardeal Giovanni Battista, 15, 144, 152, 154
Caprile, padre Giovanni, 336
Caprio, cardeal Giuseppe, 370-1
Caraffa, cardeal Alfonso, 20
Caraffa, cardeal Carlo, 20
Caraffa, cardeal Juan Pedro, 17-9
   ver também Paulo IV
Caraffa, Juan (duque de Paliano), 20
Carboni, Flavio, 389, 392
Cardona, Luigi, 180, 219
Carew, padre, 74-5
Carlos I da Áustria, 220, 223, 225-6
Carlos I da Espanha e V da Alemanha, 21
Carlos II, rei da Espanha, 113-6, 121
Carlos III, rei da Espanha, 122, 137-8
Carlos IV, rei da Espanha, 147-8
Carlos VI da Áustria, 123, 133
Carlos IX, rei da França, 23, 37, 39, 45, 47-50
Carlos X, rei da França, 166
Carlos, arquiduque, *ver* Carlos VI da Áustria
Carlos, o Chacal, *ver* Ramirez, Carlos
Carnot, Marie-François Sadi, 187
Carpi, Pier, 337
Carter, Jimmy, 376
Carvalho e Melo, Sebastião José de, 136-7, 140-1
Casaroli, cardeal Agostino, 337, 359, 371, 373-5, 378, 385, 389
Casement, Roger, 212-6, 267
Casey, William, 15, 215, 271, 376-9, 382
Casillo, Vincenzo, 389
Casoni, padre Angelo, 341-5, 347-8
Castelnau de Mauvissière, Michel de, 55
Castiglioni, Carlo, 14
Castiglioni, cardeal Francesco Saverio, 164
   ver também Pio VIII
Castrillón, cardeal Darío, 397, 311
Catarina de Aragão, rainha da Inglaterra, 21-2
Catarina de Médicis, rainha da França, 33, 48-9

435

Caterini, Stanislao, 277
Cavalchini, cardeal, 136
Cavallo, Luigi, 361
Cavasola, Gianetto, 211
Cavour, Camilo Benso, conde de, 168, 172, 179
Cecil, Robert, 43, 73, 75
Celletti, Antonio, 216-7
Cerretti, cardeal Bonaventura, 276
Chambers, Erika, 348
Charles-Roux, Francois, 281
Chateaubriand, François René, visconde de, 162
Chateaurenaud, conde de, 120
Chaulues, duque de, 103
Chaumette, Pierre Gaspard, 147
Cherbury, lord Edward, 113
Chernenko, Konstantin, 375
Chiaramonti, cardeal Barnaba, 151
    ver também Pio VII
Chicherin, Georgy, 240-1
Chigi, Agostino, 103
Chigi, cardeal Fabio, 99-100, 103-4
    ver também Alexandre VII
Chigi, Mario, 103
Churchill, Winston, 215, 290
Ciano, conde Galeazzo, 295, 300
Cibin, Camillo, 339, 380, 395, 404-8, 411-3
Cibo, cardeal Alderano, 106-9
Cicognani, cardeal Amleto Giovanni, 336
Cienfuegos, cardeal Álvaro, 132
    ver também Clemente XII
Cieplak, monsenhor Jan, 240-1
Clark, William, 377-8
Clarke, Thomas, 215
Clemenceau, Georges, 190, 223
Clemente VII, papa, 21
Clemente VIII, papa, 70-8, 85, 89, 96, 259
Clemente IX, papa, 104
Clemente X, papa, 104-7, 114
Clemente XI, papa, 115-9, 121, 123-5, 127
Clemente XII, papa, 125, 132-5, 336
Clemente XIII, papa, 137-8
Clemente XIV, papa, 138-41, 143

Clemm-Hohenberg, Carl von, 302
Cobham, duque de, 43
Cody, cardeal John, 370
Coelho da Silva, Francisco, 140
Cohalan, 214
Coligny, Gaspar de, 45, 47-9
Colombo, cardeal Giovanni, 361, 364
Combes, Émile, 188
Comte, Auguste, 168
Concini, Concino (marechal de Ancre), 84-8, 90
Confalonieri, cardeal Carlo, 362
Connolly, James, 215
Consalvi, cardeal Ettore, 151, 157, 161-3
Constantino II, rei da Grécia, 352-3
Conti, Michelangelo, 127
    ver também Inocêncio XIII
Cornolli, 140
Corrado, cardeal, 100-1
Corrocher, Graziella, 390
Corsini, cardeal Lorenzo, 132
    ver também Clemente XII
Corsini, cardeal Neri 134-6
Cornwell, John, 308, 310, 313, 365-6
Coscia, Filippo, 133
Coscia, Niccolò, 129-34
Cosimo I, grão-duque de Toscânia, 77, 85
Costa, cardeal Elia Dalla, 281-3
Cowley, lord, 173
Cranmer, monsenhor Thomas, 22
Crèqui, duque de, 102-3
Crichton, padre, 56-8
Cromwell, Oliver, 101
Cubrilovic, Vasco, 202
Da Ros, Antonio, 363
DaNicola, Giovanni, 15, 358-9, 361-3
Danton, Georges-Jacques, 144
Danzi, Gianni, 397, 399
Dapper, Olfert, 104
Darnley, lord Henrique, 23-5, 27-31, 33-6, 41, 43, 53-4, 258
Darwin, Charles, 168
D'Asfeld, general, 124

ÍNDICE ONOMÁSTICO

D'Aubigny, padre, 83
David, Louis, 154
Davis, Jefferson, 175, 177
De Brocqueville, 223
De Genlis, general, 47
De Jeannin, 83
De Lai, cardeal Gaetano, 191, 196-8
De Launey, governador, 144
De Stefano, Antonio, 195
Deacon, Richard, 323
DeKerry, William, 112
Dell'Osso, Pier Luigi, 389
Della Chiesa, cardeal Giacomo, 196, 199, 203, 218
  ver também Bento XV
Dellacha, Giuseppe, 391
D'Elce, cardeal Escipión 104
D'Epernon, duque, 81-3
D'Estrées, duque, 105-6
Deschanel, Paul, 223
Desmond, conde de, 51
Desmoulins, Camille, 144
Desnot, 144
Deubner, Alexander, 250-4
Deutsch, Harold, 313
Devoy, John, 214
Dewoitine, Émile, 319
D'Harcourt, conde, 99
D'Herbigny, monsenhor Michel, 237-48, 250-4
Di Jorio, monsenhor Alberto, 360
Dohnanyi, Hans, 288, 298, 301
Dömöter, padre, 330
D'Ormea, marquês, 131
Dougnano, Apollon, 86
Draganovic, padre Krunoslav, 315, 317-21, 326-8, 330-2, 334
Drake, sir Francis, 62-6, 68-9, 260
Dulles, Allen, 332
Duphot, Mathurin-Léonard, 149-50, 157
Dupuy de Lôme, Enrique, 183
Ebert, Friedrich, 231
Edgeworth, abade, 145

Edmundovich Dzerjinsky, Felix, 244
Eduardo VII, rei de Inglaterra, 212
Eggen, Wilhelm, 326
Eli, katsa, 381
Eliot, John, 84
Elisabetta de Farnese, rainha da Espanha, 124-5
Elizabeth I, rainha da Inglaterra, 15-7, 22, 25-7, 31-3, 35-7, 39, 41-7, 49-54, 58-60, 63-7, 69-70, 72-4
Engels, Friedrich, 168
Ernesto da Áustria, arquiduque, 71
Erzberger, Mathias, 207-12, 219, 231-2
Esmé de Aubigny, duque de Lennox, ver Stuart, Esmé
Essex, conde de, 72-3
Estêvão I, Báthory, rei da Polônia, 70
Estermann, Alois, 395-401
Estorzi, Nicolás (o Mensageiro), 284-6, 288-9, 293, 297-9, 302, 311-2, 321, 324, 332
Estrasburgo, Gerhard de, 80
Etchegaray, cardeal Roger, 397
Falconi, Carlo, 308, 313
Farnese, Alessandro, 50, 64-5, 67-8, 71, 117, 124, 138, 159
Fasano, padre Enrico, 130, 132
Faulhaber, cardeal Michael von, 275, 285, 304
Fawdonshide, lord, 31, 36, 41
Fazio, Giovanni, 277
Felici, cardeal Pericle, 357-9, 364-5, 373
Felici, Antonio de, 173
Felipe II, rei da Espanha, 21, 23, 25, 33, 35-7, 39-56, 59-74, 76-8, 115
Felipe III, rei da Espanha, 75, 78, 88
Felipe IV, rei da Espanha, 100-1, 103, 113-4
Felipe V, rei da Espanha, 116-9, 121-5, 128-9, 134, 136
Fernández de Córdoba y Valcárcel, Fernando, 171
Fernández de Portocarrero, cardeal Luis Manuel, 121, 136
Fernando VI, rei da Espanha, 136-8
Fernando da Áustria, 23
Ferrari, cardeal Andrés Carlos, 196
Ferry, Jules, 188

Fesch, cardeal Joseph, 159
Fiescherati, monsenhor, 20
Fieschi, Tebaldo, 15, 119-22, 124-5, 129
Fini, cardeal Francesco, 133
Fischböck, Hans, 315-7, 323, 330
Fischer, cardeal Antonius, 196
Fitzmaurice, James, 15, 51-2
Follain, John, 397
Fonck, padre, 211
Fornari, Antonio, 390
Fossati, cardeal Maurilio, 281-2
Fouché, Joseph, 152-3, 158
Fouquet, Nicolás, 101
Franchi, cardeal Alessandro, 183
Francisco I da Áustria, 151, 156
Francisco II, imperador do Sacro Império Romano Germânico, *ver* Francisco I da Áustria
Francisco II, rei da França, 43
Francisco, duque de Alençon, 48
Francisco Fernando de Habsburgo, arquiduque da Áustria, 201-2
Francisco José I, imperador da Áustria-Hungria, 182, 187-8, 201-2, 220
Frangipani, Pompeo, 86
Franken, Paul, 298-301
Frederico I Barba Ruiva, imperador, 80
Frederico II da Prússia, 137
Frederico V, príncipe palatino, 89
Frederico Guilherme III da Prússia, 169
Friedman, Tuviah, 11
Frings, cardeal Joseph, 360
Frison, padre Alexander, 238, 244, 246
Fritsch, Werner von, 294-5
Fronzac, Émille, 148
Frotté, 148
Frühwirth, cardeal Andrea, 218
Fuentes, conde de, 71
Fuentes, Julio, 310
Fuldner, Karl, 317-8, 320-1, 326
Fumasoni-Biondi, Pietro, 331-3
Gagnon, monsenhor Édouard, 338-40
Galen, cardeal Clement August von, 275-6

Galigai, Leonora, 84-5, 87-8
Galli, cardeal, 58
Gallois, Leonardo, 19
Gambino, Carlo, 354
Gamurrini, Giuseppe, 86
Ganganelli, cardeal Antonio, 139, 141
    ver também Clemente XIV
Gantin, cardeal Bernardin, 357, 361
Garibaldi, Giuseppe, 168, 171-3, 175-6, 178
Gasparri, cardeal Pietro, 192-3, 196, 204, 206, 208-10, 214, 216, 218-20, 223, 225, 228, 230-1, 233-4, 238, 240, 249, 274, 277
Gasquet, cardeal Francis Aidan, 205, 207, 210, 224
Gelli, Licio, 337, 353-5, 358-60, 365, 367-9, 371-2, 387, 391-3, 401
Genga, cardeal Annibale della, 162
    ver também Leão XII
Gérard, Baltasar, 57
Geremek, Bronislaw, 374
Gehrmann, padre Eduard, 241, 252
Gerlach, monsenhor Rudolph, 217-20, 222, 229
Ghislieri, cardeal Miguel, 17-21, 334, 370
    ver também Pio V
Gianille, Roberto, 277
Giardili, Alvaro, 389
Giech, Klemens, 373
Gierek, Edward, 375
Giolitti, Giovanni, 211
Giuliano, Boris, 370
Gizzi, cardeal, 168
Glemp, cardeal Josef, 385
Goebbels, Josef, 300
Goluchowski, conde, 225
Goñi, Uki, 326
Gorbachov, Mikail, 375
Gowen, William, 319
Gowrie, conde de, 56
Grassi, Giuseppe, 216
Gregório Magno, São, 45
Gregório VII, papa, 37, 340
Gregório XIII, papa, 45, 48-54, 56-9, 70, 76
Gregório XIV, papa, 70

ÍNDICE ONOMÁSTICO

Gregório XV, papa, 88-9
Gregório XVI, papa, 159, 166-8
Grey, lady Jane, 22
Grimaldo, marquês José de, 128
Grippo, Pasquale, 211-2
Grivec, monsenhor Franz, 252-3
Gromyko, Andrei, 375
Guaras, Antonio de, 46
Guarnieri, padre Giulio, 15, 91-3
Guerri, cardeal Sergio, 370-2
Guilherme, o Conquistador, rei da Inglaterra, 76
Guilherme II, kaiser da Alemanha, 16, 183, 207-13, 220, 224-6, 230-1, 275
Guilherme III de Orange, rei da Inglaterra, 16, 46-50, 53, 57-8, 110, 115, 118, 120
Guisa, Henrique, duque de, 60, 81, 83
Guisa, Maria de, 24, 34, 60
Guisan, Henry, 326-7
Guisan, padre Stefan, 318-9, 326-7
Habsburgo, Maximiliano de, 70
Haddad, Wadi, 346
Haidlen, Richard, 304
Hanson, Neil, 67
Hartl, Albert, 279-80, 282-4, 286, 303
Hawkins, John, 42-3
Hearst, William Randolph, 183
Heinemann, monsenhor, 330
Henrique III de Valois, rei da França, 50, 54, 56, 58, 60, 67, 71
Henrique IV, imperador do Sacro Império Romano Germânico, 340
Henrique IV, rei da França, 16, 71-2, 75, 77-9, 81-5, 89-90, 104, 150
Henrique VIII, rei da Inglaterra, 21-2, 44, 51
Henrique de Bourbon, ver Henrique IV, rei da França
Hertling, Georg Graf von, 225
Hessner, Gunther, 274-6
Hessner, Mark, 341-2, 344-5
Heydrich, Reinhard, 278-80, 282, 294-6, 303-6, 311-2, 322
Himmler, Heinrich, 279, 282-4, 298, 302-3, 305, 317, 320, 325

Hitler, Adolf, 13, 16, 232, 234, 241, 249, 252, 273-6, 278-83, 285-7, 289-90, 293-5, 297-300, 304, 306, 308, 311, 313-4, 320-1, 325-7
Hlond, cardeal August, 287
Hnilica, monsenhor Pavel, 361, 392-3
Hofi, Yizhak, 346-8, 381
Holbech, Nina, 233-4
Holt, padre, 56
Horcher, Otto, 318
Houhouiet-Boigny, Félix, 341
Howard, Charles, 66, 68
Howard, sir Henry, 205, 210
Hudal, monsenhor Alois, 301, 303, 305-6, 316, 321-2, 330
Hughes, John, 176-7
Humberto I de Sabóia, rei da Itália, 188
Huntley, 30-1
Inácio de Loyola, Santo, 31-2, 51
Ilic, Danilo, 202
Ilyin, monsenhor Vincent, 246
Imperiali, cardeal, 103
Innitzer, cardeal Theodor, 285
Inocêncio IX, papa, 70
Inocêncio X, papa, 95-6, 98-100, 102, 106, 278
Inocêncio XI, papa, 106-7, 109-12, 114
Inocêncio XII, papa, 110-4, 116
Inocêncio XIII, papa, 125, 127-8
Ireland, John, 184-7
Isabel Clara Eugênia, infanta, 74
Jacobini, cardeal Angelo, 342
Jacobini, padre Carlo, 341-44, 346, 348
Jacobini, cardeal Domenico Maria, 342
Jacobini, cardeal Ludovico, 183, 342
Jacob I da Inglaterra e VI da Escócia, 28, 30-1, 33, 49-50, 53-4, 56, 60, 62, 66-7, 69, 76, 110
Jacob II, rei da Inglaterra, 110
Jankowski, Henryk, 374
Jaruzelski, Wojciech, 367, 375, 379, 385-8, 397
Jensen, Carl Peter (Carl Vaernet), 325-6
Joana de Albret, rainha de Navarra, 42
João XXIII, papa, 274, 308, 332-3, 337, 360, 410

João Paulo I, papa, 357-66, 368
João Paulo II, papa, 14-5, 180, 309, 337, 340, 345, 363-6, 369, 371-6, 378-83, 385, 389, 391-3, 395, 400-1, 403-7, 411, 413-4
Jonckx, advogado, 198, 230
Jorge V, rei da Inglaterra, 226, 230
José I Bonaparte, rei da Espanha, 150
José I, imperador da Áustria, 188
José I, rei de Portugal, 16, 137, 140
José II, imperador da Áustria, 137
Josefina, imperatriz da França (Marie Josèphe Tascher de La Pagerie), 154, 156
Julio III, papa, 18
Kaas, monsenhor Ludwig, 172, 297, 299
Kageneck, Alfred von, 404-6
Kaiser, Jacob, 299
Kamen, Henry Arthur, 136
Kania, Stanislaw, 375
Kappler, Herbert, 304-5
Karamanlis, Konstantinos, 353
Kauly, Shai, 341-2, 344
Kazankin, Guennady, 347
Keller, Herbert, 293-5, 297
Kennedy, John F., 376
Kent, conde de 60
Kent, duque Michael de, 337
Killigrew, Henry, 49
Kirilenko, Andrei, 375
Klotz, Louis-Lucien, 189
Knin, padre Simic de, 310
Knox, John, 24-5, 28, 31, 36
Komeini, Ruhollah, 382
König, cardeal Franz, 364
Kops, Reinhard, 320-1, 323-4
Kovaliov, Eduard, 382
Krahmer, Eckart, 320
Krieg, monsenhor Paul Maria, 290, 299
Kroch, Hans, 317
Kroche-Tiedemann, Gabrielle, 347-8
Krol, cardeal John, 377-8
Kruschev, Nikita, 333
Kruschev, Raisa, 333

Kuklinski, Ryszard, 367, 375-6, 385-8
La Fayette, marquês de (Marie-Joseph Motier), 144
La Marck, Guilherme de, 46-7
Laforce, 81
Laghi, monsenhor Pio, 377-8
Lambertini, cardeal Próspero, 135
  ver também Bento XIV
Lambruschini, cardeal Luigi, 168-71, 173
Langdon, dom Philip, 205
Lanjus, condessa, 202
Lapoma, padre Antonio, 209-13, 216, 220, 223
Lascari, Vicenzo, 117
Lavalette, padre, 138
Leão X, papa, 307
Leão XI, papa, 77-8, 84-5
Leão XII, papa, 135, 162-4
Leão XIII, papa, 135, 182-8, 190-1, 342
Lebey de Batilly, Denis, 79-80
Ledl, Leopold, 392
Ledochowski, padre Vladimir, 253, 287, 291
Lefebvre, François-Joseph, 158
Leiber, padre Robert, 288-91, 295-9, 302, 304-8, 311, 320-1
Leicester, conde de, 47, 69, 73
Leith-Jasper, Harold Friedrich, 302-3
Lekai, monsenhor Laszlo, 355
Lena, Giulio, 392
Lenin, Vladimir Ilich Ulianov, 239-40, 245-6, 335, 373
Lennox, conde de (pai de Henrique Darnley), 33, 53-4, 56
Leopoldo I, imperador do Sacro Império Romano Germânico, 115, 122
Leopoldo III, rei da Bélgica, 290
Leopoldo da Toscana, 137
Lercaro, cardeal Giacomo, 334, 360
Liebereich, barão Marck von, 155
Lienart, monsenhor Achille, 337
Lincoln, Abraham, 174-7
Llancourt, 81
Loménie, 83
Loos, Helmut, 305

ÍNDICE ONOMÁSTICO

Lopes, Rodrigo, 72-4
López Quintana, monsenhor Pedro, 394, 397, 399
Lorena, duque de, 99
Lorenzelli, monsenhor Benedetto, 188-9
Lorenzi, Diego, 361
Losme-Salbray, comandante, 144
Louville, marquês de, 122
Lozier, Bouvet de, 152
Luca, monsenhor Antonino de, 172-4
Luciani, cardeal Albino, 355-7, 368
    ver também João Paulo I
Luçon, Laforce, 86
Ludovisi, cardeal Alessandro, 88-9
    ver também Gregório XV
Ludovisi, Ludovico, 15
Luísa Isabel de Orleans, rainha da Espanha, 128-9
Luís Bonaparte, rei da Holanda, 159
Luís I, rei da Espanha, 128-9
Luís XIII, rei da França, 83, 85-7, 90, 92, 96
Luís XIV, rei da França, 93, 96, 98, 101-3, 105-10, 112-5, 118, 122-3, 125
Luís XV, rei da França, 125
Luís XVI, rei da França, 143-8, 152, 154, 166
Luís XVII, rei da França, 147-8
Luís XVIII, rei da França, 154, 158
Lumley, duque de, 43
Lunarcharski, Anatoli, 242
Lutero, Martinho, 13
Macchi, monsenhor Lamberto, 15, 31-6, 41 46-7, 49, 50
Macchi, padre Pasquale, 334, 337
Maffi, cardeal Pietro, 196
Magaloti, cardeal Lorenzo, 15, 90-3
Magee, padre John, 361-3
Maglione, cardeal Luigi, 225, 231, 281, 283, 288, 290, 301
Maidalchini, cardeal Francesco, 96
Maidalchini, Olimpia, 15, 95-100, 102, 278, 284
Maitland, William, 25
Malecki, padre Antonio, 244, 246
Maler, Juan, ver Kops, Reinhard

Mancini, Ignazio, 173
Mandic, Dommic, 331
Mangot, 85-6
Mansfeld, conde, 71
Mântua, duque de, 117, 150
Manuel, Maximiliano, 113
Marat, Jean-Paul, 144
Marcelo II, papa, 19
Marchetti-Selvaggiani, monsenhor Francesco, 220, 231
Marcinkus, monsenhor Paul Casimir,16, 334, 349, 353-9, 361, 363-5, 367-72, 374, 387-93
Marco Polo, 35
Maria, princesa da Itália, 290
Maria I, rainha de Portugal, 140
Maria Antonia, arquiduquesa, 113
Maria Antonieta, rainha da França, 146, 148, 154
Maria Letícia, ver Ramolino, Maria Letícia
Maria Luísa Gabriela de Sabóia, rainha da Espanha, 122
Maria Luísa de Habsburgo-Lorena, imperatriz da França, 156, 159
Maria de Médicis, rainha da França, 85, 87-8, 90
Maria Stuart, rainha da Escócia, 11, 15, 21, 23, 25-36, 39-43, 45, 49-50, 53-4, 56-63, 66-7, 72, 74, 76
Maria Teresa, infanta, 101
Maria Tudor, rainha da Inglaterra, 22
Mariana da Áustria, rainha da Espanha, 113
Mariana de Neuburgo, rainha da Espanha, 121
Markof, embaixador, 153
Marloni, Gustavo, 173
Martin, Colin, 67
Martín, Pietro Luigi, 318
Martínez de Perón, Isabel, 387
Martinho V, papa, 108
Martini, cardeal Carlo Maria, 397, 412
Marx, Karl, 168
Massera, Emilio Eduardo, 387
Massia, Marco Antonio, 15, 65, 67-9
Masson, Roger, 326

Mastai Ferretti, cardeal Giovanni Maria dei Conti, 168-9
  ver também Pio IX
Mattingly, Garret, 65, 67
Matulionis, monsenhor Teofilus, 246
Max de Baden, príncipe, 231
Maximiliano I o Grande, duque, 89
Mayer, Augustine, 291
Mazarino, cardeal Jules, 95-101, 109
Mazowiecki, Tadeusz, 374
Mazzini, Giuseppe, 168, 171
McCormick, padre Vincent, 291
McKinley, William, 183-6, 188
Médicis, cardeal Alexandre de, 15, 77-8, 84-5
  ver também Leão XI
Médicis, cardeal Giovanni Angelo, 20
  ver também Pio IV
Medina-Sidônia, duque de (Alonso Pérez de Guzmán), 66, 68-9
Mehmedbasic, Mohammed, 208
Meir, Golda, 15, 334, 340-6, 350-6
Mella Di Sant'Ellia, monsenhor Arborio, 222
Mendoza, embaixador, 52, 55
Mengele, Josef, 315, 323, 325, 330
Mennini, Luigi, 358, 365, 369, 389, 391
Menou, Fernand de, 319
Mercati, Alberto, 97-9
Mercier, cardeal Désiré-Joseph, 196
Merizzi, Erik von, 202
Merodè, conde Werner de, 223
Merodè, Paulina, imperatriz da França, 223
Merry del Val, cardeal Rafael, 189, 191-2, 194, 196-8, 202-3, 222, 230
Mester, monsenhor Istvan, 338
Meyer, Caroline, 396
Meyer, Stefan, 396
Meza Romero, Gladys, 395-6, 401
Migone, monsenhor Giuseppe, 211
Mildway, Walter, 69
Miollis, Sextius-Alexandre, 157
Mirabeau, marquês de (Honoré Gabriel Riqueti), 81, 144-5, 174-5
Miscic, monsenhor, 309

Modena, duque de, 117
Mole, Boniface de la, 48
Monnens, padre, 295-6
Montagnini, monsenhor Carlo, 189-90
Montalban, 81-2
Montanari, Gaetano, 164
Montanari, Leonida, 163
Monteith, 215
Monti, barão Carlo, 221-2
Monti de Valsassina, Gino, 320
Montini, cardeal Giovanni Battista, 290, 297, 301, 319, 329-30, 334-6, 354, 410
  ver também Paulo VI
Moray, lorde, 25, 28, 30-1, 33-4, 36, 41
Moreau, Jean, 152-4
Moreta, marquês de, 23
Morgan, Thomas, 54, 58
Morichini, monsenhor Carlo Luigi, 169, 70
Moro, Aldo, 355
Morone, cardeal, 20
Morton, Thomas, 50, 53-4
Moskov, Ante, 327
Muckermann, Friedrich, 296-7
Mühlberg, Otto von, 204
Müller, Heinrich, 303
Müller, Hermann, 231
Müller, Josef, 286, 288-90, 293-9, 301
Murat, Joachim, 170
Mussolini, Benito, 249, 255, 274, 276-8, 281, 299, 308, 313
Napoleão I Bonaparte, imperador da França, 13, 16, 147, 149-59
Napoleão III, imperador da França (Carlos Luís Napoleão Bonaparte), 159, 168, 172, 179
Napolitana, Giorgio, 397
Nassau, Justin de, 67
Nassau, Luís de, 47
Nassau, Mauricio de, 71
Navagero, Giacomo, 19
Navarro-Valls, Joaquin, 394, 396
Nebe, Arthur, 294
Necker, Jacques, 144

ÍNDICE ONOMÁSTICO

Neveu, padre Eugène, 238-9, 243-7, 253
Neville, Edmond, 58-9
Ney, Michel, 158
Niarchos, Stavros, 353
Nicolau II, czar da Rússia, 196, 205, 228
Nicolau V, papa, 351
Nietzsche, Friedrich, 168
Nieuwenhuys, Adrien, 290, 295-6
Nina, cardeal Lorenzo, 183
Norfolk, quarto duque de, 40-4, 66
Norfolk, terceiro duque de, 40
North, Oliver, 378
Northumberland, duque de, 40
Nowak, Jan, 377
Nünlist, Robert, 396
Oddi, cardeal Silvio, 362, 397
Odescalchi, cardeal Benedito, 106
  ver também Inocêncio XI
Oligati, Carlo, 361
Onassis, Aristóteles, 353
Orange, Guilherme de, 16, 46-50, 53, 57-8, 120
Orlando, Vittorio Emmanuele, 277
Orleans, Luís Felipe de, 166
Ormond, conde de, 52
Orry, Jean, 122
Orsenigo, cardeal Cesare, 285, 297
Orsini, Pietro Francesco, 128, 132, 134-6
  ver também Bento XIII
Ortolani, Angelo, 163-4
Ortolani, Umberto, 334, 337, 354, 358, 360, 365, 371, 392-3
Osborne, sir D'Arcy, 281, 289, 313
Ossola, Rinaldo, 357
Oster, Hans, 288, 298, 301
Ott, Alice, 238, 244
Ottoboni, cardeal Pedro, 110
  ver também Alexandre VIII
Oudinot, Moncey, 158
Oudinot, Nicolas Charles Victor, 171
Pacca, cardeal Bartolomeo, 15, 144, 157, 159, 161

Pacelli, Eugenio, 197, 224-6, 228-34, 240-1, 243, 249-50, 253, 273-4, 281-3, 285, 311
  ver também Pio XII
Pacelli, Francesco, 249
Paget, Charles, 55
Palazzini, cardeal Pietro, 356, 389
Pallavicini, cardeal, 139, 143
Pallavicino, cardeal Sforza, 15, 101-3
Palma, monsenhor, 171
Paluzzi Altieri Degli Albertoni, cardeal Paluzzo, 105, 114
Pamphili, cardeal Camilo, 95-6, 106
Pamphili, cardeal Giambattista, 95
  ver também Inocêncio X
Panciroli, cardeal, 96-9
Paolucci, cardeal Fabrizio, 116-7, 120-2, 124-5, 127-31, 133
Papadopoulos, Tassos, 352-3
Papandreu, Andreas, 352-3
Papen, Franz von, 273-4, 311
Pappalardo, monsenhor Salvatore, 337
Paredes, Javier, 112
Parisio, cardeal, 44
Parker, Geoffrey, 67
Parma, duque de, ver Farnese, Alessandro, 50, 63-5, 67-8, 71, 117, 124, 138
Parry, William, 15, 58
Parsons, padre Robert, 56
Pasmany, cardeal, 92
Pastor, Luis von, 132
Patin, Wilhelm August, 279
Paulo III, papa, 22
Paulo IV, papa, 17, 19-20, 22-3, 35
Paulo V, papa, 59, 78-81, 83-90, 262
Paulo VI, papa, 14, 297, 308, 319, 329, 334-41, 343, 345, 347-8, 352-8, 360, 369, 410
Paulus, Friedrich von, 312
Pavelic, Ante, 306-10, 315, 327-30
Pavese, Cesare, 336
Pazienza, Francesco, 394
Pearse, Patrick Henry, 215
Pecci, cardeal Vincenzo Giocchino, 181
  ver também Leão XIII

443

Pecorelli, Carmine (Mino), 359, 367-9
Pellegrino, monsenhor Michele, 337
Perciballi, padre Pietro, 195
Peretti, cardeal Felice, 59
    ver também Sisto V
Pérez de Herrera, Cristóbal, 74
Peric, Stjepan, 327
Perón, Juan Domingo, 319-20, 327
Perowne, Victor, 330
Petit, doutor, 82
Petranovic, padre Karlo, 320-1, 329-30
Phipps, sir Eric, 281
Piazza, cardeal, 128, 159
Pichegru, Jean, 152-3
Pichon, Stephen, 189
Picot, Werner, 304
Piffle, monsenhor, 196
Pignatelli, cardeal Antonio, 111-2
    ver também Inocêncio XII
Pignatti, Bonifacio, 281
Pignedoli, cardeal Sergio, 356, 365
Pincemin, Robert, 319
Pinkowski, Jozef, 379
Pio IV, papa, São, 17, 20-1, 25, 44
Pio V, papa, 14-5, 21, 24-5, 27-8, 30-1, 35-7, 39-41, 44-5, 59, 70, 88, 106, 143, 213, 334, 370, 401
Pio VI, papa, 140, 143-6, 148-51, 153, 171
Pio VII, papa, 20, 135, 151, 153-4, 156-9, 161, 164, 171
Pio VIII, papa, 164-7
Pio IX, papa, 17, 20-1, 25, 44
Pio X papa, São, 14, 97, 188-9, 191, 193-4, 196-8, 202-3, 209, 222, 224, 230, 250
Pio XI, papa, 225, 235, 237, 240-50, 253, 273-6, 281, 282
Pio XII, papa, 11, 224-5, 231, 234, 240-1, 249, 274, 283, 285-91, 295, 297-300, 302, 304-10, 313, 315, 318-20, 323, 327-33
Piou, Jacques, 190
Pizza, Antonio, 391
Plessis, Armand Jean du (cardeal Richelieu), 16, 85-8, 90-3, 96, 101

Poggi, cardeal Luigi, 15, 271, 365, 371-4, 376, 378-83, 385-9, 393-5, 399
Poincaré, Raymond, 189, 223-4
Poletti, Ugo, 337, 364-5
Pomarici, Mario, 217
Pombal, marquês de, ver Carvalho e Melo, Sebastião José, 136-7, 140-1
Poncini, 323
Popovic, Cvijetko, 202
Potiorek, Oskar, 201-2
Pralin, capitão, 81
Prete, Donato, 368
Preysing, cardeal Konrad von, 275
Priebke, Erich, 315, 323, 325, 330
Princip, Gavrilo, 201-2
Prims, frade Foris, 198, 230
Przydatek, Kazimierz, 353, 368-70, 374, 387
Pucci, monsenhor Enrico, 276-8
Puzyna, Jan, 188
Quadrotta, Guglielmo, 198
Radet, general, 157
Rajakowitsch, Erich, 316
Raleigh, sir Walter, 49
Rambelli, Gaetano, 164
Rambelli, Gustavo Paolo, 173
Ramirez, Carlos, 16, 334, 346-8
Ramolino, Maria Letícia, 159
Ramos-Lissón, Domingo, 112
Rampolla, cardeal Mariano, 183-8, 196, 203
Randolph, Thomas, 25-7, 54
Raschenbach, Hans, 320
Ratti, cardeal Achille, 235, 238
    ver também Pio XI
Raulet, 23-4
Ravaillac, Jean-François, 82-3, 90, 104, 150
Re, cardeal Giovanni Battista, 397, 403
Reagan, Ronald, 11, 275-8, 386, 393
Reichenau, Walter von, 394-5
Requesens, Luis de, 50
Retz, cardeal de (Jean François Paul de Gondi), 82, 98-9
Rezzonico, cardeal Carlo, 136-7
    ver também Inocêncio XIII

Ribbentrop, Joachim von, 295, 300, 304
Ricci, padre Lorenzo, 139-40
Ricci, Matteo, 35
Richelieu, cardeal, ver Plessis, Armand Jean
Richemont, visconde de, 149
Ridley, monsenhor, 22
Ridolfi, Roberto, 19, 39-46, 49-50
Riedmatten, padre, 361
Ritter, barão Otto von, 202, 204
Rivarola, cardeal Agostino, 161-4
Rizak, Georgina, 344
Rizzio, David, 15, 23-34, 36, 53
Rizzio, José, 35
Rizzio, Vincenzo, 211
Robespierre, Maximilien de, 144
Rodt, cardeal, 136
Roggan, Hans, 363
Rohan, Charlotte de, 155
Rohleder, Joachim, 296-8
Rommel, Erwin, 301
Roncalli, cardeal Angelo Giuseppe, 332, 410
    ver também João XXIII
Rooke, lady Elisabeth, 120
Rooke, sir George, 120-3
Roosevelt, Franklin D., 302
Roosevelt, Theodore, 186-7
Root, Elihu, 186
Rosenberg, Alfred, 311
Rospigliosi, cardeal Giulio, 102
Ross, bispo de, 41, 43
Rossberger, padre Joseph, 279
Rossi, conde Pellegrino, 170-1
Roth, Josef, 282-4, 286
Rozman, Gregory, 328
Rückert, Adolf, 396
Ruthven, lorde Patrick, 29-31, 36, 56
Rusakov, Vladimir, 375
Rusinovic, Nicola, 445
Russell, Odo, 171
Sabóia, Carlos Manuel de, 88
Sabóia-Carignan, príncipe Eugenio de, 118
Sachetti, cardeal, 445

Saffi, Aurelio, 171
Sagasta, Práxedes Mateo, 186
Salameh, Ali Hassan (Abu Hassan, o Príncipe Vermelho), 341-4, 348
Salamon, abade, 146-9, 166
Salandra, Antonio, 210-1
Saldanha, cardeal, 136-7
Samore, cardeal Antonio, 362
Samson, Henri, 154
Sanabria, Juan Gómez de, 74
Sanders, padre Nicholas, 51-2
Santa Cruz, marquês de, 128
Sarcinelli, Mario, 367, 369
Sarto, cardeal Giuseppe Melchiore, 188
    ver também Pio X
Savage, 59
Savary, Anne Jean Marie, 154-5
Sbarretti, monsenhor Donato, 186-7
Scapinelli Di Leguigno, Raffaelle, 231
Scaramelli, Giovanni, 75
Scarlatti, Alessandro, 119
Scattolini, Virgilio, 277-8
Schama, Simon, 144
Schellenberg, Walter, 303
Scholder, Klaus, 232
Schönberg, príncipe, 204
Schönhöffer, Johannes, 288, 290-1, 299
Schulenberg, Werner von, 305
Schulmeister, Karl, 154-6
Schulte, cardeal Karl Josef, 285
Schuster, cardeal Ildefonso, 282
Scricciollo, Luigi, 279
Sebastião, rei de Portugal, 51
Segismundo de Vasa, rei da Polônia, 70
Segmüller, Pius, 399, 403-4, 409
Seguic, padre Cherubino, 310
Seper, cardeal Franjo, 356
Sereny, Gitta, 330
Serna, Victor de la, 318
Serrano Fernández de Villavicencio, Gonzalo, 318
Seward, William, 176
Shakespeare, William, 74

Sheptyckyi, monsenhor Andreas, 250
Shovell, sir Cloudesley, 120-1
Shrewsbury, conde de, 60
Silva, Guzman da, 25
Sinan, príncipe, 80-1
Sinclair, coronel, 322
Sindona, Michele, 334, 336-7, 349, 352-8, 360-1, 363, 365, 369-71, 383, 391, 401
Siri, cardeal Giuseppe, 330, 356-7, 364
Sittich de Altemps, cardeal Marcos, 20
Sisto V, papa, 59-62, 64-72
Sloskans, padre Boleslas, 238, 244, 246
Sodano, cardeal Angelo, 400, 403, 412-3
Sofía de Hohenberg, arquiduquesa da Áustria, 201
Soglia Ceroni, cardeal Giovanni, 168
Solís, cardeal Francisco, 139
Somaglia, cardeal Giulio Maria della, 162-3
Somoza, Anastasio, 16, 356, 372
Sonnino, Sidney, 210-1, 220, 229
Sonthoff, barão, 230
Soult, Nicolas Jean de Dieu, 159
Southampton, duque de, 42
Spada, Máximo, 369
Spalding, monsenhor Martin, 177
Spes, Guerau de, 37, 39, 41, 43, 46
Spinelli, cardeal, 136
Spínola de la Cerda, cardeal Buenaventura, 139
Spitzy, Reinhard, 320
Stalin, Joseph (Viassarionovich Yugachvili), 245-7, 250-1, 254, 329
Stangl, Franz, 301, 316, 323
Steinberg, Jonahtan, 309
Stempel, John D., 347
Stepinac, monsenhor Alojzije, 307, 309
Sterling, Claire, 382
Stieber, Wilhelm Johann Karl Eduard, 169-70, 172-4
Stockhammern, Franz von, 209-14, 216-7, 219, 223
Strickland, Lee, 11
Strobel, Pellegrino de, 358, 365, 391
Stuart, Esmé, 53-4, 56
Stukeley, Thomas, 51

Sturzo, Luigi, 249
Suárez, Luis, 19, 112
Suhard, cardeal Emmanuel, 314
Suleyman, xeique wahabi, 322
Sully, duque de, 84
Szoka, cardeal Edmund, 352
Taffarell, irmã Vincenza, 362
Taft, William Howard, 187
Talleyrand-Périgord, Charles Maurice, príncipe de Benevento, 158
Tardini, monsenhor Domenico, 290, 301
Targhini, Angelo, 163
Tassan Din, Bruno, 371
Távora, marquês Francisco de Assis de, 137
Távora, marquesa Leonor de, 137
Taxis, Juan Bautista, 55
Taylor, Myron, 302-3
Tedeschini, monsenhor Federico, 219, 231
Teresa de Ávila, Santa, 45
Testa, cardeal Gustavo, 360
Testi, Carlo, 368
Thatcher, Margaret, 366, 388
Thomas, Gordon, 381
Throckmorton, Francis, 54-5
Tinico, Claudio, 74
Tiraspol, monsenhor Zerr de, 240
Tisserant, cardeal Eugène, 281, 310-4, 319, 325, 330, 335, 392
Tito (Josip Broz), 320, 328-9, 332
Tomko, cardeal Josef, 372
Tondi, Alighiero, 335-6
Tonti, Giulio, 231
Tornay, Cédric, 395-401
Torrigiani, cardeal, 137, 139
Toscana, grão-duque da, 41, 77, 85
Touche, Méhée de la, 153
Tournon, Charles, 15
Tremblay, François Le Clerc du (padre Joseph), 90-3
Urbano IV, papa, 37
Urbano VII, papa, 70
Urbano VIII, papa, 88-93, 96

ÍNDICE ONOMÁSTICO

Ursinos, princesa dos (Anne de La Trémouille), 122
Ustinov, Dmitri, 375
Vaernet, Carl, ver Jensen, Carl Peter
Vaernet, Christian, 326
Vagnozzi, cardeal Egidio, 352, 355-6, 365
Valdés, Pedro de, 69
Valdo, padre Lorenzo, 131-2
Valente, Archita, 214-18
Valenti, cardeal Silvio, 135-6
Van Hoorn, 104
Vannutelli, cardeal Vicenzo, 189
Varisco, Antonio, 370
Vendôme, duque de, 81, 124
Verdesi, Gustavo, 195
Vergniaud, príncipe de Benevento, 144
Verneuil, marquesa de, 83
Victor Manuel II de Sabóia, rei do Piemonte, 172, 174, 179-80
Videla, Jorge Rafael, 16, 387
Vidoni, cardeal, 104
Villeroy, 81
Villot, cardeal Jean, 337, 339-40, 355-7, 359, 361-2, 365, 368
Vitalote, Claudio, 368
Vittorio Amadeo II de Sabóia, 131
Vittorio Emanuele III, rei da Itália, 299
Von Bernstorff, conde, 212
Von der Lancken, barão, 223-4
Walesa, Lech, 16, 366, 373-5, 379, 385, 387
Walsh, padre Edmund, 239, 241
Walsh, Michael J., 139
Walsingham, sir Francis, 23-4, 28, 47, 49, 54-8, 62-4, 66-9, 72
Walters, Vernon, 378, 396
Wareham, Susan, 348
Weizsäcker, Ernest von, 302
Wellington, Arthur Wellesley, duque de, 175
Westmoreland, duque de, ver Neville, Edmond
Wiederkehr, Arthur, 316-7
Wiesenthal, Simon, 15
Willebrands, cardeal Johannes, 364

Wilson, Woodrow, 229, 231, 234
Wilton, lorde Grey de, 52
Wishart, George, 24
Wittelsbach, Isabel (Sissi), 188
Wojtyla, Karol, 264-5, 367, 393
    ver também João Paulo II
Wolf, Markus, 398
Wolff, Karl, 282
Wolff, Martin, 279
Wright, cardeal John Joseph, 338
Wyszynski, cardeal Stefan, 355, 374, 379
Yallop, David, 365, 399, 401
Yepes, frei Diego de, 74
Zaki Yamani, xeque Ahmed, 346
Zamir, Zvi, 340-6
Zanoli, Luigi, 163-4
Zeiger, padre Ivo, 291, 299
Zetkin, Clara, 251-2
Zimmermann, Arthur, 223
Zoitakis, Gheorghios, 353
Zorza, Lorenzo, 394
Zuñiga, embaixador, 48
Zurla, cardeal, 167

Este livro foi composto em Revival 565
corpo 10,5/12,6 e reimpresso em
papel Avena 80g/m² pela gráfica
UmLivro para a Boitempo,
em agosto de 2025.